그 가공할 힘

우주 3부작 제3권

그 가공할 힘

C. S. 루이스 지음

공경희 옮김

홍성사

차

례

들어가기 전에

내가 이 작품을 '동화'라고 부른 것은, 판타지를 싫어하는 독자가 앞의 두 장을 읽은 후 장르를 오해하고 더 읽었다가 실망감을 토로하는 경우가 없기를 바라기 때문이다. 마법사, 악령, 동물, 행성의 천사들에 대해 쓸 거면서 왜 평범한 환경과 사람들의 이야기로 시작했냐고 묻는다면, 전통적인 동화의 기법을 따르기 위해서라고 대답하겠다. 우리가 그 기법을 눈치 채지 못하는 것은, 동화의 첫 대목에 나오는 오두막, 성, 나무꾼, 속 좁은 왕이 뒤에 나오는 마녀와 유령만큼이나 멀게 느껴지기 때문이다. 하지만 처음 이야기를 만들고 즐긴 사람들에게는 먼 개념이 아니었다. 사실 내게는 그것들이 브랙톤 칼리지보다 더 현실적이고 평범하게 느껴진다. 독일 사람들은 실제로 못된 계모를 만난 반면 나는 어디서도 브랙톤 같은 칼리지를 만난 적이 없다. 이것은 사악함에 대한 '과장된' 이야기다. 물론 그 배후에는 내가 《인간폐지》(루이스가 더럼 대학에서 한 강연을 옥스퍼드 출판부에서 출판한 책―옮긴이)에서 진지하게 지적한 것과 관련된 내용이 나온다. 이야기에서는 평범하고 존경받는 직업을 가진 사람들이라도 생활에서는 사악한 일면을 볼 수 있다. 내가 나와 직업이 같은 이들을 선택한 이유는 물론 동료 교수들이 남들보다 부패해서가 아니라, 교수직이 내가 유일하게 글로 잘 표현할 수 있는 직업이기 때문이다. 아주 작은 대학을 상상한 것은 소설 전개상 편리해서다. 에지스토는 더럼―내가 아주 쾌적하게 생각하는 대학―과는 규모가 작다는 것 외에는 비슷한 점이 없다.

이 이야기의 핵심 아이디어가 머리에 떠오른 것은, 과학 교수와의 대화에서였다. 그 후 올라프 스테이플든(Olaf Stapledon. 영국 철학자, SF 소설가—옮긴이)의 작품들에서 아주 유사한 힌트를 얻었다. 내가 제대로 못해도, 스테이플든 씨야 워낙 작품 세계가 풍부하니, 아이디어를 조금 빌려 주실 수 있을 것 같아서였다. 또 (그의 철학은 아니지만) 그의 작품을 워낙 흠모하니, 아이디어를 빌려도 부끄럽지 않다.

누미노르(톨킨의 신화에 나오는 인간들이 받은 땅 누메노르. 톨킨의 책이 출간되기 전 독서 클럽에서 읽어 준 '누메노르'를 루이스는 '누미노르'로 들은 것 같다—옮긴이)와 서쪽 세계에 대해 더 알고 싶은 분은 내 친구 J. R. R. 톨킨 교수의 책이 출판되기를 기다려야 한다 (아쉽게도!)

이 소설의 배경은 '전후'의 어느 시기다. 이 작품은 《침묵의 행성 밖에서》와 《페렐란드라》에 이은 우주 3부작의 종결편이지만, 이 이야기만으로도 독립된 작품으로 읽힐 수 있다.

1943년 크리스마스 이브에
옥스퍼드 모들린 칼리지에서

C. S. Lewis.

이 책에 나오는 **태양계 언어***

글룬드Glund, 글룬단드라Glundandra 목성.

루르가Lurga 토성.

말라칸드라Malacandra 화성. 접두사 말라크Malac와 '행성'을 뜻하는 명사 한
   드라handra로 이루어진 복합명사.

말렐딜Maleldil the Young 말라칸드라의 전승에 따르면 세상을 창조하고 통
   치하는 신. 위대한 존재인 '옛적부터 계신 이The Old One' 와 함께 산다.

비리트릴비아Viritrilbia 수성.

술바Sulva 달.

엘딜eldil; pl. 엘딜라eldila 유기체가 아닌 다차원적이며 이성적인 존재.
   영spirit, 천사. 엘딜 중에 행성의 오야르사 역할을 하는 이들이 있다.

오야르사Oyarsa; pl. 오예르수Oyéresu 말라칸드라, 페렐란드라를 통치하
   는 보이지 않는 존재. 상위 천사. 지구를 통치하는 오야르사는 나쁜 자(Bent
   One).

페렐란드라Perelandra 금성. 접두사 페렐Perel과 '행성'을 뜻하는 명사 한드
   라handra로 이루어진 복합명사.

---

* 옛 솔라어Old Sola: 태양계Field of Arbol에 거주하던 이성적인 생물들의 공통 언어. '흐레사−흘랍' 또는
   '흘랍−에리볼−에프−코르디' 라고도 한다.

등장인물

주인공

마크 게인스비 스터독 : 사회학자. 브랙톤 칼리지 교수였다가 국가공동실험연
구소에 영입된다. 자신이 속한 사회에서 '내부 패거리inner circle'에 소속되
고자 하는 열망이 강하다.

제인 튜더 스터독 : 마크 스터독의 아내. 존 던에 관한 박사학위 논문을 쓰는 학
생이지만 결혼 후 거의 진전이 없다. 예지몽을 꾸면서 점차 자신에게 예지력이
있음을 알게 된다.

국가공동실험연구소** 측 인물들

프랑수아 알카산 : '헤드The Head', 살인죄로 처형당한 프랑스 과학자. 그의 머
리는 국공연의 기술로 되살아나나, 실제로는 타락한 엘딜들인 '매크로브'들
과 그들을 추종하는 이들이 소통하는 장치일 뿐이다.

존 위더 : 국공연의 부소장이자 실세. 매크로브의 종. 매크로브와 오래 교류한 탓에
그는 정신이 시들어withered 말이나 생각이 분명하지 않고 애매모호하다.

어거스터스 프로스트 : 심리학자. 대학 교수였다가 국공연에서 일한다. 국공연
에서 '헤드'가 어떤 존재인지 알고 매크로브와 교류하는 이는 그와 위더밖에
없다. 지극히 냉정하고 침착하며 말과 생각이 정확하고 분명한 인물.

하드캐슬 국장(별칭은 '요정'): 국공연 자체 '기구 수사국'과 '보조 여경찰단'의 국장.
심문할 때 고문하는 것을 즐기며, 특히 여성 수감자 학대를 즐기는 가학 성애자.

** The National Institute of Co-ordinated Experiments(N.I.C.E. 이하 '국공연'이라 칭함): 과학에 기초를
둔 사회를 기획하는 연구소. 그 프로그램은 소수의 우월한 인간을 남기고 남은 인간과 자연을 전멸시키는
것을 비밀리에 추구한다. 이 연구소에 영감을 주고 이끌어 가는 배후 세력은 타락한 엘딜들 중 최고의 존재
들인 '매크로브'들이다. 국공연이 목적을 달성한다면 지구 전체가 '매크로브'의 손아귀에 들어갈 것이다.

필로스트라토 교수 : 뚱뚱한 이탈리아인 물리학자. 알카산의 머리가 부패하지
    않도록 보존하는 일을 한다. 인간이 유기체적 삶에서 벗어나는 것이 그의
    궁극적 목표다.

피버스톤 경(딕 디바인) : 정치가, 명목상의 교수로서 마크 스터독을 처음에는 브
    랙톤 교수로, 그다음엔 국공연으로 유인한다. 《침묵의 행성 밖에서》에서 랜
    섬을 유괴한 두 사람 중 하나였다. 자기 이익에만 관심 있는 인물. 매크로브
    에 대해서 알지만 관심 없다.

스트레이크 사제 : 국공연 추종자. 어떤 힘이든 하나님을 드러내는 것이라고 믿는
    다. 한때 좋은 사람이었으나 딸이 죽고 나서 광기를 드러내는 인물.

호레이스 줄스 : 런던 토박이로서 명목상의 국공연 소장. 소설가, 잡지 기고가로
    서 대학 때 배운 과학 지식이 전부라서 기초 수준을 넘어서지 못했지만 국공
    연을 선전하는 데 필요하므로 소장으로 지목되었다. 국공연의 핵심 리더라
    고 착각하지만 실제로는 국공연의 성격도 모르며 위더와 프로스트에게 조종
    당할 뿐이다.

세인트 앤 측 인물들

엘윈 랜섬 박사 : '펜드래건' 혹은 '피셔 킹'으로도 불림. 세인트 앤 장원의 공동
    체에서 '대장Director'으로 불린다. 페렐란드라에 다녀온 후 왕다운 면모를
    갖추게 되었다. 선한 엘딜들과 교류한다.

그레이스 아이언우드 : 겉으로는 엄격해 보이지만 인정 많은 심리학자이자 의
    사로서 제인의 꿈 해석을 돕는다.

세실 딤블 교수 : 랜섬의 오랜 친구이자 조언자. 제자였던 제인 스터독은 아끼지
    만 남편 마크 스터독을 좋아하지 않는 데서 죄책감을 느낀다.

마거릿 딤블 : 딤블 교수의 아내. 자녀가 없지만 친절하고 온화하여 장원 사람들
    에게 딤블 '엄마'로 불린다.

아이비 맥스 : 제인 스터독의 집에 가서 일하는 사람이었으나 국공연 정책으로 마
    을에서 쫓겨나 세인트 앤 장원에 산다. 남편 톰은 가벼운 절도죄로 감옥에
    있다.

멀리누스 암브로시우스 : 마법사 멀린으로 불리는 아서 왕 시대의 전설적 인물.
브랙돈 숲에 잠들어 있는 그의 힘을 빌리려고 국공연에서는 숲을 강제로 사
들이고, 세인트 앤 장원 측에서는 멀린과 국공연의 연합을 막으려고 그를 찾
아 나선다.

앤드류 맥피 : 매사에 합리적이고 논쟁적인 사람. 랜섬 박사의 가까운 친구로서
세인트 앤 장원에 합류한다. 장로교 집안 배경이 있지만 종교에 대해 회의적
이다. 맥피는 인간의 힘으로 국공연과 맞서 싸우고 싶어 한다.

벌티튜드 씨 : 동물원에서 탈출하여 장원에 와서 랜섬에게 길들여진 곰. 국공연에
잡혀갔다가 중요한 역할을 한다.

아서 데니스톤 : 대학생 시절 마크 스터독과 친구였다. 브랙톤 칼리지 교원 후보
직에 마크와 함께 올랐으나 피버스톤 경의 영향력으로 마크만 뽑혔다. 마크는
브랙톤의 '내부 패거리'에 집착하면서 데니스톤과 멀어졌다.

카밀라 데니스톤 : 아서 데니스톤의 아내. 키가 크고 아름다운 여인으로 제인이
세인트 앤 장원에 방문했을 때 처음 만나 매력을 느낌.

기타 인물들

커리 : 브랙톤 칼리지의 부학장. 브랙톤 칼리지의 '혁신파' 혹은 '커리와 일당'으로
불리는 패거리의 우두머리로 실제로는 피버스톤 경에게 조종당한다.

제임스 버스비 : 브랙톤 칼리지의 회계 담당자. 커리 일당에 속하여 브랙돈 숲을
국공연에 매각하는 데 일조한다.

찰스 플레이스 : 브랙톤 칼리지의 학장. 혁신파에 대립할 힘이 없고, 보수파 지지
자들의 기대에도 부응하지 못하는 인물.

캐논 주얼 : 브랙톤 칼리지의 노교수. 보수파로서 브랙돈 숲 매각을 반대했지만 뜻
을 이루지 못했다.

윌리엄 힝기스트 : 브랙톤 칼리지의 보수파 교수. 혁신파들이 '눈보라' 빌이라고
부르는 사람. 국공연에서 만난 마크에게 국공연의 위험성을 경고하고 자신
은 탈퇴를 표명하고 집으로 가다가 살해당한다.

방랑자 : 국공연 사람들이 멀리누스(멀린) 암브로시우스로 착각한 인물. 그가 브랙
돈 숲에 캠프를 치고 머물 때 멀린이 그의 옷과 말을 빼앗아 간다.

1
대학 부지 매도

1

"셋째, 결혼은 서로 하나 되고, 도움과 위로를 얻도록 하나님이 정하신 것입니다."

제인 스터독은 혼잣말로 중얼댔다. 학창시절 이후 교회에 가지 않다가, 6개월 전 처음으로 결혼식을 위해 갔다. 혼례 예배 때 들은 말이 마음에 박혔다.

열린 문으로 작은 부엌이 보이고, 시끄러운 벽시계 소리가 들렸다. 그녀는 막 부엌에서 나왔으므로 그곳이 얼마나 깔끔한지 알고 있었다. 아침 식사 때 쓴 그릇들을 설거지하고, 행주는 스토브 위에 걸고 바닥은 걸레질을 해두었다. 침대도 정돈하고 방들도 다 청소되어 있었다. 그날 장 볼 것들도 이미 사가지고 돌아온 참이었다. 그래도 11시가 안 되었다. 점심 먹고 차를 마시고 나면 저녁 6시까지는 할 일이 없었다. 그것도 마크가 정말로 집에 와서 저녁 식사를 한다면 말이다. 하지만 오늘은 대학에서 회의가 있는 날이다. 그는 저녁 시간쯤 전화해서 회의가 예상보다 길어진다고, 저녁 식사는 대학에서 해야 될 거라고 할 게 분명했다. 그녀 앞에 아파트만큼이나 휑하게 시간이 펼쳐져 있었다. 햇살이 비치고 시곗바늘은 째깍째깍 움직였다.

"서로 하나됨, 도움, 위로."

제인은 씁쓸하게 중얼댔다. 사실 결혼은 일, 동료애, 웃음, 많은 할 일들의 세계를 빠져나가는 문으로 밝혀졌다. 그 문에서 나와 외롭게 갇혀버리는 듯한 게 결혼이었다. 최근 6개월과 달리 결혼 전에는 마크를 못 만난 적이 없었다. 마크는 집에 있을 때도 거의 말이 없었다. 늘 졸려 하거나 학문 생각에 빠져 있었다. 두 사람은 친구 사이였는데, 나중에 연인 관계로 발전한 후에는 서로 나눌 이야기가 어찌나 많은지 인생이 너무 짧게 느껴졌었다. 하지만 지금은…… 마크는 왜 그녀와 결혼했을까? 그는 여전히 제인을 사랑할까? 그렇다면 '사랑하고 있다'는 것은 틀림없이 남녀 간에 완전히 다른 것들을 의미했다. 결혼 전 그녀에게는 사랑의 매개체로 보이던 끝없는 대화가 마크에게는 그저 준비 작업에 불과했을까?

제인은 신경질적으로 중얼댔다.

"이렇게 또 한 번의 아침을 쓸데없는 생각으로 낭비하네. 나도 일을 해야 돼."

그녀에게 '일'은 존 던(John Donne, 1572-1631, 영국의 시인— 옮긴이)에 관한 박사 논문을 뜻했다. 제인은 결혼 후에도 학자가 되기 위해 필요한 과정을 계속 밟을 생각으로 살아왔다. 그들이 어쨌거나 오래 아이를 갖지 않기로 한 데는 그 이유도 있었다. 제인은 독창적으로 사고하는 사람은 아니기에, 존 던의 "신체에 대한 득의양양한 옹호"를 강조하는 논문을 구상했다. 공책과 책들을 모두 꺼내 놓고 앉아서 시작만 하면, 논문에 대한 식어 버린 열정을 되찾을 수 있으리라 믿었다. 하지만 그러기 전에—시작하는 순간을 미루기 위해—탁자에 놓인 신문을 뒤집어서 뒷면에 실린 사진을 힐끗 보았다.

사진을 본 순간 그녀는 꿈이 기억났다. 꿈뿐만 아니라 살그머니 침대에서 나와 동이 트기를 기다리며 앉아 있던 기억도 났다. 불을 켜면 마크가 깨서 법석을 떨까 걱정스러우면서도 그의 고른 숨소리가 거슬렸다. 그는 잘 자는 사람이었다. 잠자리에 든 뒤 그를 깨어나게 할 수 있는 것은 딱 한 가지뿐인 것 같았고, 그나마 오래 깨어 있게도 못했다.

대부분의 꿈처럼 이 꿈에 대한 공포감은 이야기를 하면서 사라졌지만, 나중에 생긴 일로 볼 때 의식 속에 자리 잡고 있었음이 분명했다.

단순히 어떤 얼굴을 보는 것으로 꿈은 시작됐다. 외국인의 얼굴이었다. 수염을 길렀고 누르스름한 얼굴에 매부리코였다. 겁먹은 표정이어서 보기가 겁났다. 헤벌린 입, 멍하니 응시하는 눈. 그녀는 사람들이 갑자기 충격을 느껴 1~2초쯤 멍하니 응시하는 광경을 본 적이 있다. 하지만 이 얼굴은 몇 시간 동안 지속되는 충격을 접하고 있는 듯했다. 제인은 점점 더 많은 것을 인식하게 되었다. 그것은 남자 얼굴이었다. 그는 흰 색으로 칠한 작은 방의 한쪽 구석에 웅크리고 앉아 있었다. 그를 붙잡은 자들이 와서 무서운 짓을 저지를 것을 두려워하며 기다린다고 제인은 짐작했다. 마침내 문이 열리고 뾰족한 잿빛 수염을 기른 선한 인상의 남자가 들어왔다. 죄수는 그를 오랜 지인으로 알아보는 눈치였다. 그들은 앉아서 대화를 시작했다. 지금껏 꾼 모든 꿈에서 제인은 사람들이 하는 말을 알아듣거나 소리를 듣지 못하거나 했다. 하지만 이 꿈에서는—이것이 독특한 사실감을 자아내는 데 한몫했다—대화가 프랑스어로 이루어졌고 제인은 일부는 이해했지만 다 알아듣지는 못했다. 현실이었다 해도 그랬을 것이다. 방문자는 포로가 희소식으로 받아들이기를 원하며 뭔가 애써 말하고 있었다. 포로는 처음에는 희망 어린 눈빛으로 고개를 들고 프랑스어로 "잠깐…… 아…… 됐소"라고 말했다. 하지만 그는 동요했고 마음이 변했다. 방문자는 계속 낮고 유창한 말투로 자기 관점을 토해 냈다. 냉담하면서도 좋은 사람으로 보였다. 코에 걸치는 안경을 썼는데, 안경알에 빛이 비쳐서 그의 눈이 보이지 않았다. 그래서 포로는 점점 낙담했고 마침내 공포감을 느꼈다. 방문자의 제안이 뭐든 포로를 겁에 질리게 했다. 이즈음 꿈은 사실적인 면이 싹 없어지고 일반적인 악몽으로 변했다. 방문자는 코안경을 만지면서 여전히 차가운 미소를 지은 채, 양손으로 포로의 머리통을 잡았다. 그가 힘껏 머리를 돌렸다. 지난여름 어떤 사람들이 다이버의 머리에 쓴 헬멧을 휙 돌리는 모습과 비슷했다. 방문자는 포로의 머리통을 돌려서 빼냈다. 그 순간 모든 게 혼란스러워졌다. 머리통은 여전히 꿈의 중심이었지만 이제는 전혀 다른 머리통이었다. 흙투성이에 하얀 수염이 덥수룩한 머리통이었다. 교회 묘지를 파면 나올 법한 노인의 두상이었다. 고대 영국인, 긴 망토를 걸친 드루이드교(고대 갈리아, 브리튼의 종교—옮긴이) 사제 같은 부류였다. 제인은 처음에는 시신이라고 생각해서 별로 꺼리지 않았다. 그러다가 문득 이 고대인이 되살아나고 있다는 것을 눈치챘다.

꿈속에서 그녀가 소리쳤다.

"조심해요! 그가 살아 있어요. 멈춰요! 멈춰! 당신들이 그를 깨우고 있다구요!"

하지만 그들은 멈추지 않았다. 묻혔던 노인은 일어나 앉아서, 얼핏 스페인어 비슷한 언어로 말하기 시작했다. 왠지 제인은 몹시 겁을 먹었고 결국 잠에서 깼다.

꿈은 그랬다. 다른 악몽보다 더 나쁠 것도, 좋을 것도 없었다. 하지만 그녀는 아파트 거실이 눈앞에서 너울대는 통에 넘어질까 봐 얼른 앉았다. 단순히 악몽이 기억나서만은 아니었다. 문제는 다른 데 있었다. 거기 신문 뒷면에 그녀가 악몽에서 본 두상이 있었다. 첫 번째 머리통(머리가 둘이었다면), 바로 죄수의 머리통이었다. 그녀는 몹시 꺼려졌지만 마지못해 신문을 들었다. '알카산 처형'이 기사 제목이고 그 밑에 '아내를 죽인 과학자, 처형대로 가다'라고 나와 있었다. 제인은 그 사건을 어렴풋이 기억했다. 알카산은 이웃 나라의 저명한 방사능 학자로 아랍계 후손이라고 했다. 그는 아내를 독살하는 바람에 잘나가던 이력이 중단되었다. 그녀가 그 꿈을 꾼 것도 그런 내용을 알아서였다. 잠자리에 들기 전 이 사진을 신문에서 봤음이 분명하다고 생각했다. 그의 얼굴은 아주 불쾌했다. 그런데 그게 아니었다. 그럴 리가 없었다. 이것은 이날 조간신문이었다. 하지만 분명히 그녀가 전에 사진을 보고 잊었음에 틀림없다. 어쩌면 재판이 시작된 몇 주일 전에 그랬겠지. 이런 일로 그렇게 놀라다니 바보 같은 일이었다. 그러니 이제 존 던으로 돌아가야지. 어디 보자, 어디까지 봤더라? '사랑의 연금술'에 나오는 애매한 마지막 대목.

여자에게서 정신적인 것을 기대하지 말라.
잘해야 재색을 갖추었다 해도, 소유되면 미라에 불과하나니.

"'여자에게서 정신적인 것을 기대하지 말라'고."
어느 남자가 진정으로 여자들의 정신을 원할까? 하지만 핵심은 그게 아니었다.
"난 집중력을 되찾아야 해."
제인이 말했다. 그러고는 이렇게 덧붙였다.
"알카산의 이전 사진이 있었나? 혹시……."
5분 후 제인은 책을 모두 치우고 거울 앞으로 가서 모자를 쓰고 외출했다. 어디로 갈지 잘 몰랐다. 그 방에서, 그 아파트에서, 그 건물에서 벗어날 수 있다면 어디든 상관없었다.

2

한편 마크는 브랙톤 칼리지로 걸어가면서 전혀 다른 문제를 생각하고 있었다. 그는 작은 길에서 느낄 수 있는 아침의 아름다움 따위는 의식하지 못했다. 이 길은 부부가 사는 옅은 갈색의 산등성이 교외 지역과 에지스토의 중심가이자 대학가까지 이어졌다.

나는 옥스퍼드에서 자랐고 케임브리지를 아주 좋아하지만, 두 곳보다 에지스토가 더 아름답다고 생각한다. 우선 이곳은 아주 작다. 자동차, 소시지, 잼 공장이 있었지만 대학촌인 이 작은 고장을 아직 산업화시키지 않았다. 또 대학촌 자체도 작았다. 브랙톤과 철로 너머에 있는 19세기에 세워진 여자 칼리지를 제외하면, 칼리지는 두 군데만 있었다(영국의 대학교university는 여러 단과대college로 구성되어 있다. 단과대마다 이름, 교직원, 교정이 따로 있다. 단과대 건물들은 '안뜰'을 중심으로 모여 있는 경우도 있다—옮긴이). 노섬버랜드 칼리지는 브랙톤 칼리지 아래쪽으로 윈드 강에 면해 있고, 듀크 칼리지는 대성당 맞은편에 있다. 브랙톤 칼리지는 학부생을 받지 않았다. 이 칼리지는 1300년에 열 명의 학자들을 지원하기 위해 설립되었다. 이 학자들의 의무는 헨리 드 브랙톤(13세기 영국의 법조인—옮긴이)의 영혼을 위해 기도하고 영국의 법을 연구하는 일이었다. 연구원은 마흔 명으로 늘어났고, 지금은 여섯 명만이(베이컨 교수를 제외하고) 법을 연구하며, 브랙톤의 영혼을 위해 기도하는 연구자는 없었다. 마크 스터독은 사회학자로, 5년 전 특별연구원으로 선발되었다. 그는 브랙톤에서 자리를 잡아 가기 시작했음을 의심치 않았다. 과연 그럴까 하는 마음이 들었다 해도, 우체국 앞에서 만난 커리가 같이 학교로 걸어가면서 자연스레 회의 주제를 자신과 의논하는 걸 보아 그런 의심은 사라졌을 터였다. 커리는 브랙톤 칼리지의 부학장이었다.

커리가 말했다.

"그래, 시간이 엄청나게 걸릴 걸세. 아마 저녁 식사 후에도 계속될 걸. 우리는 온갖 반대에 부딪칠 테고 저쪽에서는 가능한 한 시간을 허비하겠지. 하지만 다행히도 그 정도가 저들이 저지를 수 있는 최악이지."

커리 부학장이 '우리'라는 표현을 쓰자 스터독이 얼마나 기분 좋은 말투로 대답했는지 독자는 짐작도 못할 것이다. 아주 최근까지 그는 이방인으로 당시 그가 '커리와 일당'이라고 부르는 자들이 해나가는 일들을 감탄하며 구경만 했다. 또 스터독은 그들의 일을 이해하지 못했고, 대학 회의에서 그의 짧고 초조해 하는 발언은 일의 전반에 영향을 미치지 못했다. 그런데 이제 그는 '내부 인사'가 되었고 '커리와 일당'이 '우리' 혹은 '대학의 혁신파'가 되었다. 이 모든 일이 느닷없이 벌어졌고 여전히 달콤하게 느껴졌다.

스터독이 물었다.

"그럼 그 안이 통과될 거라고 보십니까?"

커리가 대답했다.

"그럴 걸세. 우선 학장이 우리 편이고 회계 담당자를 비롯해 화학과 생화학 부문 전원을 확보했지. 펠럼과 테드를 공략했고, 그들은 사리 분별을 할 수 있는 사람들이네. 난 산초가 핵심을 안다고 믿게 했지. 산초도 찬성하는 쪽이 되었네. '눈보라' 빌은 제법 엄청난 짓을 벌일 테지만 결국 표결하면 우리 쪽으로 오게 되어 있지. 게다가 아직 자네에게 말하지 않았지만 딕이 그 자리에 올 걸세. 그가 어제 저녁 식사 시간에 올라와서 곧 바빠졌지."

스터독은 딕이 누군지 모른다는 사실을 들키지 않으려고 이런저런 궁리를 했다. 아슬아슬한 순간에 세례명이 '리처드'인(리처드의 애칭이 '딕'—옮긴이) 동료가 어렴풋이 기억났다.

"텔포드 말입니까?"

스터독이 당황스러운 목소리로 물었다. 텔포드가 커리가 말하는 '딕'일 리 없다는 것은 분명히 알았다. 그래서 그의 질문에는 약간 변덕스럽고 비꼬는 말투가 배어났다.

"맙소사! 텔포드라니!"

커리가 웃음을 터뜨리며 말을 이었다.

"아닐세. 피버스톤 경 말일세. 예전 이름이 딕 드바인이었지."

스터독이 같이 웃으며 말했다.

"텔포드라는 생각에 저도 좀 당황스러웠습니다. 피버스톤이 온다니 반갑네요. 저는 만나 본 적이 없거든요."

"그렇군. 하지만 자네도 꼭 만나 봐야 하네. 이보게, 오늘 밤에 내방에 와서 식사하게. 그쪽도 오라고 해놓았거든."

커리가 말했다.

"그러면 좋겠네요."

스터독이 진솔하게 말했다. 그는 잠시 가만히 있다가 말을 이었다.

"그런데 피버스톤의 입지가 확고한가요?"

"그게 무슨 말인가?"

커리가 물었다.

"기억하실지 몰라도, 자리를 너무 많이 비운 사람이 연구원 자리를 유지할 수 있는지 이야기가 있어서요."

"아, 글로솝과 그 모든 소란을 말하는 거군. 아무 일도 없을 걸세. 완전히 허튼소리라고 생각하지 않았나?"

"우리끼리 말이지만 그랬습니다. 하지만 거의 늘 런던에 있는 사람이 브랙톤의 특별연구원직을 유지해야 되는 이유를 공개적으로 요구받으면, 말하기가 쉽지 않을 겁니다. 왓슨의 말마따나 '가늠하기 어렵다'는 게 이유겠지요."

"난 생각이 다르네. 공개적으로 진짜 이유를 설명하는 데 추호도 망설이지 않을 걸세. 이런 대학은 외부 세계와 영향력 있는 관계를 맺는 게 중요하지 않은가? 딕이 다음 내각에 들어가는 것은 조금도 불가능한 일이 아닐세. 이미 딕이 런던에 있는 것이 글로솝과 나머지 네댓이 평생 여기 틀어박혀 있는 것보다 더 대학에 유용하단 말일세."

"네. 물론 그게 진짜 핵심입니다. 하지만 대학 회의에서 그런 식으로 발언하기는 좀 어려울 겁니다!"

"자네가 딕에 대해 알아야 될 게 한 가지 있네."

커리는 약간 딱딱한 어조로 말했다.

"그게 뭡니까?"

"그가 자네를 연구원직에 앉혔지."

마크는 잠잠했다. 그는 한때 '혁신파' 밖뿐 아니라 대학 밖에 있었다는 사실을 되새기게 만드는 것들이 싫었다. 또 커리도 늘 맘에 드는 게 아니었다. 그와 있는 즐거움은 그런 종류의 즐거움이 아니었다.

커리가 말했다.

"그렇네. 데니스톤이 자네의 주요 경쟁자였지. 우리끼리 말이네만 꽤 많은 사람들이 자네의 논문들보다 그의 논문들을 마음에 들어 했지. 자네가 진짜 필요한 사람이라고 줄기차게 주장한 사람이 딕이었네. 그는 듀크 칼리지 주변을 돌면서 자네에 대해 모든 것을 밝혀냈지. 고려해야 될 점은 우리에게 필요한 유형의 사람이지 논문의 수준이 아니라고 주장했네. 그가 옳았음이 판명되었다고 해야겠지."

"그렇게 말씀해 주시니 고맙습니다."

스터독이 가볍게 절하며 말했다. 그는 대화가 이런 식으로 흐른 것에 놀랐다. 대부분의 대학이 그렇지만, 당사자 앞에서 임용된 경위를 언급하지 않는 것이 브랙톤 칼리지의 오랜 규칙이었다. 그래서 스터독은 지금까지는 이것 역시 혁신파가 타파하려고 작정한 관례들 중 하나라는 사실을 깨닫지 못했다. 또한 그의 임용이 심사에서 뛰어난 논문이 아니라 다른 요소 때문이었다는 생각은 해본 적이 없었다. 간신히 임용되었다는 사실은 더더욱 몰랐다. 이제 그는 현재의 자리에 익숙한 나머지 이런 생각으로 인해 묘한 감정을 느꼈다. 아버지가 한때 다른 여자와 결혼 직전까지 갔다는 사실을 알게 된 사람의 마음과 비슷했다.

커리가 또 다른 생각들을 펼치면서 말을 이었다.

"그렇네. 데니스톤이 임용됐다면 제대로 못 해냈을 걸세. 결단코 못 해냈을 걸세. 물론 당시에는 뛰어난 사람이었지만, 그 이후 분배주의니 뭐니 하면서 궤도를 이탈해 버린 것 같아. 내가 듣기에는 결국 그는 수도원에 들어갈 거라더군."

"하지만 그는 바보가 아닙니다."

스터독이 말했다.

"자네가 딕을 만나게 되어 다행이야. 지금은 시간이 없지만, 그와 관련해서 자네와 이야기하고 싶었던 점이 한 가지 있다네."

커리가 말했다.

스터독은 그에게 궁금하다는 눈길을 던졌다.

커리는 목소리를 낮춰 말했다.

"제임스와 나를 비롯해 한두 사람은 그가 새 학장이 되어야 한다고 생각하고 있다네. 그런데 다 왔구만."

"아직 12시가 안 됐습니다. '브리스톨'에 잠깐 들러 한잔하면 어떨까요?"

스터독이 말했다.

그들은 브리스톨로 들어갔다. 이런 수많은 작은 특혜가 없었다면 혁신파의 분위기를 고수하기가 쉽지 않았을 터였다. 이것은 미혼에 부학장 급여를 받는 커리보다는 스터독에게 더 중요한 점이었다. 스터독은 커리가 마실 더블 위스키와 자신이 마실 맥주를 가져왔다.

3

나는 딱 한 번 브랙톤에 손님으로 갔었는데, 초청한 사람에게 숲에 들어가서 딱 한 시간만 혼자 있게 해달라고 부탁했다. 그는 내가 숲에 들어간 후 문을 잠가야 하는 것을 사과했다.

'브랙돈 숲'은 일반인 출입이 금지되어 있었다. 문은 이니고 존스(Inigo Jones, 16~17세기의 영국 건축가—옮긴이)가 건축한 것으로, 그곳이 유일한 입구였다. 숲 주변을 높은 담장이 둘러싸고 있었다. 숲은 폭이 4백 미터, 동쪽에서 서쪽까지 1.6킬로미터였다. 거리에서 들어가서 대학을 지나 숲에 이르면, 점점 성소 안으로 들어가는 느낌이 들었다. 먼저 건조하고 자갈이 깔린 '뉴턴' 안뜰을 지나니, 불그스름하지만 아름다운 그레고리식 건물들이 안뜰 위로 우뚝 솟아 있다. 다음으로 서늘한 터널 같은 좁은 길로 들어가야 한다. 오른쪽 강당으로 들어가는 문이나 왼쪽에 열린 작은 창으로 나는 갓 구운 빵 냄새를 느끼지 못하고 나무 패널에 쏟아지는 빛을 힐끗 보지 못한다면, 그 길은 한낮에도 어두컴컴할 것이다. 이 터널에서 나오면 중세 대학에 들어와 있게 된다. '리퍼블릭'(공화국이란 뜻—옮긴이)이라는 훨씬 작은 안뜰을 중심으로 회랑이 있다. 무미건조한 뉴턴과 돌로 된 작은 창들을 본 터라 안뜰의 파릇파릇함이 부드럽고 생기 있는 인상을 준다. 예배당은 멀지 않다. 머리 위쪽에서 유서 깊은 거대한 시계가 묵직한 소리를 내며 울린다. 이 회랑을 따라 석판들과 돌항아리들, 브랙톤 학자들을 추모하는 흉상들 앞을 지나면, 낮은 계단을 내려가 햇빛 쏟아지는 '레이디 앨리스'라는 뜰에 들어선다. 왼쪽과 오른쪽에 17세기 건축물들이 있다. 간결하고 둥근 창과 이끼 낀 회색 타일로 지은 건물들은 가정집의 느낌을 자아낸다. 기분 좋은 프로테스탄트의 세계에 있게 된다. 버니언(John Bunyan. 《천로역정》의 저자—옮긴이)이나 월턴(Isac Walton. 17세기 영국의 전기 작가—옮긴이)의 《인생들》을 저절로 떠올리게 된다. '레이디 앨리스'의 한쪽 면 앞쪽으로는 건물이 없이 줄줄이 늘어선 느릅나무와 벽만 있었다. 여기서 처음으로 물 흐르는 소리와 산비둘기들의 울음소리를 들을 수 있었다. 벽에는 문이 나 있었다. 문으로 들어가면 지붕 있는 회랑이 나왔다. 회랑 한쪽에 좁은 창문들이 있었다. 창문을 내다보다 다리를 건너고 있음을 알아차렸다. 밑에서 진갈색 윈드 강이 잔물결을 일으키며 흐르고 있었다. 이제 목적지에 아주 가까워졌다. 다리 저쪽 끝에 있는 작은 문으로 나가면 교직원 잔디 볼링장이 있었고, 그곳을 지나면 '브랙돈 숲'의 높은 담장이 보였다. 이니고 존스 문을 통해 햇살 머금은 푸른 잎과 짙은 그늘이 언뜻 눈에 들어왔다.

담장이 둘러쳐져 있다는 단순한 사실이 숲에 독특한 특징을 부여한다는 생각이 든다. 뭔가에 둘러싸여 있으면 평범하다고 보기 어려운 법이니까. 나는 조용한 풀밭을 지나 걸어가면서 받아들여진다는 감정을 느꼈다. 나무들이 워낙 띄엄띄엄 있어서 멀리서 봐도 나뭇잎들이 겹치지 않았다. 하지만 늘 숲속의 빈터에 서 있는 것 같았다. 그늘의 세계에 둘러싸여 부드러운 햇살 속을 걸었다. 풀이 자라지 못하게 계속 뜯어 먹는, 가끔 기다랗고 바보스런 얼굴을 들어 바라보는 양 떼만 없었다면, 나 혼자였다. 야외 특유의 고적함보다는 꼭 썰렁한 집의 아주 큰 방에 있는 적적함이 느껴졌다. '아이가 겁내거나 아주 맘에 들어 하거나 둘 중 하나겠네'라고 생각했던 기억이 난다. 잠시 후 나는 다시 생각했다. '하지만 혼자 있으면, 정말 혼자면 누구나 아이지. 안 그래?' 젊음과 늙음은 인생의 표면으로만 드러나는 법이니까.

8백 미터쯤 되는 짧은 산책길이다. 하지만 숲 가운데까지 가는 데 오래 걸린 것 같았다. 나는 거기가 중앙이라는 것을 알았다. 그것을 보려고 여기 왔으니까. 그것은 바로 우물이었다. 계단 몇 개를 내려서면 우물이 나왔고, 주변에 고대의 포석이 깔려 있었다. 지금은 몹시 불완전했다. 나는 포석을 밟지 않고 풀밭에 누워서 손가락으로 만졌다. 여기가 '브랙톤' 혹은 '브랙돈' 숲의 심장이었으니까. 여기서 모든 전설이 퍼져 나갔고, 이 칼리지의 초석이 바로 이곳이라는 게 내 짐작이었다. 고고학자들은 석조 조형물이 후기 브리티시-로만 작품이라는 데 동의한다. 앵글로색슨의 침략이 있기 전날 밤에 만들어졌다고 본다. 브랙돈 숲이 변호사 브랙톤과 어떻게 연관되었는지는 미스터리였지만, 브랙톤 가문이 이름이 비슷한 점을 이용해서 그들과 이 숲이 관련 있다고 믿었거나 사람들이 믿게 했던 것 같다. 전하는 이야기가 전부 혹은 절반이라도 사실이라면, 이 숲은 브랙톤 가문보다 오래전부터 존재했다. 16세기 칼리지 학장은 "브랙돈이 없으면 영국에 대한 어떤 오래된 보고도 우리는 모른다"라고 했지만, 이제 시인 스트라보의 '발라크톤'을 대단히 중요하게 여기는 사람은 없을 것이다. 하지만 그의 중세 노래는 우리를 14세기로 거슬러 올라가게 한다.

브랙돈에서 이 밝음은 끝났고

멀린이 거기 누워 있다고 들었네

노래하고 슬퍼할진저.

로마가 브리튼을 다스릴 때 포석을 깐 우물이 이미 '멀린의 우물'이었다는 게 좋은 증거다. 물론 그 이름이 밝혀진 것은 엘리자베스 여왕 재임기에 워든 쇼블이 숲 주변에 담장을 쌓을 때였다. 담을 두른 이유는 "지금껏 '멀린의 우물'이라고 불린 샘 주변에서 벌어진 모든 철야제, 경기, 춤판, 연주, 모간 빵 굽기 따위로 신성을 모독하고 이교도적인 미신과 천박한 훼방 행위를 하는 것을 몰아내서, 가톨릭과 사교邪教와 외설, 우매함이 뒤범벅된 것을 근절하고 차단하기 위해서"였다. 담을 쌓는 것으로 칼리지가 숲에 대한 관심을 포기한 것은 아니었다. 백 세 가까이 장수한 쇼블 박사는 무덤 속에서 가만히 있지 못했을 것이다. 크롬웰(스튜어트 왕조를 전복시키는 데 앞장선 영국 군인, 정치가─옮긴이)의 수하 장군이 '숲과 산꼭대기 신전'을 파괴하는 것이 임무라고 믿고 이 경건한 임무를 위해 촌사람들에게 깊은 감동을 줄 기병 몇 명을 보냈다. 결국 이 계획은 수포로 돌아가 브랙돈 숲 가운데서 칼리지와 기병들의 마찰이 있었고, 저명한 학자 리처드 크로가 우물 계단에서 머스킷 총탄을 맞고 죽었다. 크로를 천주교도나 '사교도'라고 비난한다면 간이 큰 자일 것이다. 하지만 그는 마지막으로 이런 말을 남겼다고 전해진다. "저런. 이보시오, 악마의 아들 멀린은 왕의 진정한 신하였지만(아서 왕의 조언자인 멀린은 아버지가 없는 사

생아여서 '악마의 아들'로 불렸다. 그를 마법사로 묘사한 판도 있고 왕의 충실한 조
언자로 묘사한 판도 있다—옮긴이) 고작 개자식들인 그대들은 폭도요 국왕
살해범이라니 수치가 아닌가?" 늘 그렇듯 모든 변화를 겪는 와중에
도 브랙톤의 학장들은 선출되는 날 '멀린의 우물' 물을 칼리지의 최
고 보배인 오래된 아름다운 컵에 담아서 마셨다.

　나는 '멀린의 우물' 옆에 누워서 이런 생각을 했다. 멀린의 시대까
지 거슬러 올라가면 진짜 멀린이 누워 있던 곳이 이 우물 옆 여름 밤
케넬름 딕비 경(17세기 영국의 외교관, 철학자—옮긴이)이 누워서 아주 이
상한 광경을 봤던 곳. 시인 콜린스가 누워 있던 곳. 조지 3세가 울었
던 곳. 널리 사랑받았던 탁월한 시인 너새니얼 폭스가 프랑스에서 살
해되기 3주 전에 유명한 시를 쓴 곳. 대기는 잠잠하고 머리 위에서
나뭇잎들이 마구 흔들리자 나는 잠에 빠졌다. 그러다가 먼 곳에서 나
를 부르는 친구의 소리에 깼다.

4

　칼리지 회의가 열리기 전에 가장 논란의 여지가 많았던 일은 브랙
돈 숲 매각 문제였다. 매입자는 국가공동실험연구소(National Institute
of Co-ordinated Experiments, NICE. 이후 '국공연'이라 칭함—옮긴이)였다.
그들은 이 예사롭지 않은 기관을 상주시킬 만한 건물을 지을 터를 구
하려 했다. 이 연구소는 국가와 연구소의 건설적인 통합의 첫 결실이
었다. 많은 사려 깊은 사람들은 더 나은 세상에 대한 희망을 여기에

걸었다. 이 조직은 이 나라에서 지금껏 연구를 방해한 거의 모든 제한들—이 기구의 지지자들이 '관료적 형식주의'라고 일컫는—을 받지 않을 터였다. 경제적인 제한에서도 자유로울 터였다. 전쟁을 벌여 하루에 수백만 파운드를 쓸 수 있는 국가는 평화 시에 생산적인 연구를 하는 데 한 달에 수백만 파운드를 쓸 수 있다는 주장이 펼쳐진 덕분이었다. 조직이 들어갈 건물은 뉴욕(영국 링컨셔 주에 있음—옮긴이) 스카이라인 중에서도 눈에 띨 정도일 것이고, 구성원은 어마어마하게 많고 엄청난 급여를 받을 터였다. 에지스토 상원 의원의 집요한 압력과 끝없는 외교로 이 새 기구를 옥스퍼드도 아니고, 케임브리지도 아니고, 런던도 아닌 이곳으로 끌어들였다. 이제껏 이 연구소는 옥스퍼드, 케임브리지, 런던을 연구에 적합한 장소로 여겼다. 그래서 가끔 에지스토의 '혁신파'는 낙담했다. 하지만 이제 성공이 현실적으로 확실해졌다. 연구소가 필요한 부지를 확보할 수 있다면 그들은 에지스토로 올 참이었다. 일단 그들이 오면 마침내 일이 진행될 터였다. 커리는 옥스퍼드와 케임브리지가 주요 대학 도시로 생존할 수 있을까 우려를 표하기까지 했다.

마크 스터독이 3년 전 그런 문제를 결정해야 할 칼리지 회의에 참석했다면, 혁신에 반대하는 감상적인 의견과 연구소에 반대하며 아름다움 운운하는 주장을 들으리라 기대했을 것이다. 하지만 오늘 '레이디 앨리스' 2층의 남쪽으로 난 길쭉한 방 '솔러'에 앉으면서, 그는 그런 문제는 예상하지 않았다. 이제 상황이 그런 식으로 처리되지 않는다는 것을 그는 알고 있었다.

혁신파는 일을 정말 잘 처리했다. 대부분의 교직원들은 숲 매각 문제가 있다는 사실을 모른 채 '솔러'에 들어섰다. 물론 그들은 회의 안건 목록에서 15번이 '칼리지 부지 매각' 건이라는 것은 알았지만 그리 흥미가 없었다. 한편 1번 항목이 '브랙돈 숲 관련 문제들'이라는 것은 알고 있었다. 이것은 매각 제의와는 관계가 없었다. 부학장으로서 안건을 소개하려고 일어선 커리는 칼리지 전체에게 낭독할 편지가 몇 통 있었다. 먼저 고대 기념비 보존과 관련해서 학회에서 보낸 편지였다. 그 학회는 편지 한 통에 두 가지 불만을 토로하는 실수를 저질렀다. 차라리 칼리지가 숲을 에워싼 담장의 파손에 주목하게 하는 데 집중해서 항의하는 게 현명한 처사였으련만. 우물을 보호할 건축물의 필요성을 역설한 다음, 지난번에도 촉구한 사항이라고 지적하자 교직원들은 적대감을 보이기 시작했다. 칼리지 측이 우물을 조사하려는 유적 연구가들에게 더 호의적이기 바란다는 대목에 교직원들은 분통을 터뜨리기 시작했다. 커리의 입장에서 편지를 잘못 읽었다고 비난하고 싶지는 않다. 하지만 그는 이 편지의 본래 어조에서 드러나는 흠결을 대충 넘어가지 않았다. 커리가 다시 자리에 앉기 전, 회의실에 모인 사람 거의 전원은 외부에서 브랙돈 숲이 브랙톤 칼리지의 사유물이며 외부 세계는 자기들 일이나 잘 챙기라는 점을 분명히 알아주기를 강하게 요구했다. 그러자 커리는 다시 일어나서 다른 편지를 낭독했다. 이것은 유심론을 신봉하는 학회에서 보낸 서한으로, 숲에서 '일어난 현상들로 보고된' 점들을 조사하도록 허락해 달라는 내용이었다. 커리의 말에 따르면 이 편지는 '내가 여러분에게 낭독하도록 학장님이 허가하신 다음 편지와 관련'이 있었다. 이것은 유심론자 학회의 제안에 대해 들은 한 회사가 촬영 승인을 요청하는 편지였다. 그들은 현상이 아닌 유심론자들이 현상을 찾는 과정을 촬영하고 싶다고 했다. 커리에게 이 세 통의 서한에 대해 거절하는 짧은 답장을 쓰라는 지시가 떨어졌다.

이어서 회의실의 다른 쪽에서 새로운 목소리가 들렸다. 피버스톤 경이 일어났다. 그는 다양한 외부 집단이 참견하는 무례한 편지에 대해 칼리지가 취하기로 한 조치에 찬성했다. 하지만 숲의 담장이 매우 불만족스러운 상태인 것은 사실이 아니냐고 물었다. 스터독은 예외였지만 다수 교직원은 피버스톤이 '커리와 일당'에게 반기를 드는 광경을 보고 있다고 추측하며 강한 관심을 갖게 되었다. 거의 동시에 회계 담당자인 제임스 버스비가 일어났다. 그는 피버스톤의 질문을 환영했다. 그는 최근 회계 담당자의 재량으로 숲의 담과 관련해 전문가의 조언을 구한 바 있었다. 버스비는 '불만족스럽다'는 것은 담장의 상태를 표현하기에는 너무 완곡한 말이라고 밝혔다. 완전히 새로운 담장만이 이 상황의 해결책이 될 터였다. 그는 아주 어렵사리 담장 공사비 예상액을 밝혔고, 회의 참석자들은 그 액수를 듣고 경악했다. 피버스톤 경은 칼리지가 그런 비용을 떠맡아야 되느냐고 회계원에게 차갑게 물었다. 버스비(검은 수염이 덥수룩한 거구의 전직 목회자)는 발끈하면서, 자기는 어떤 제안도 하지 않았다고 대답했다. 굳이 제안하라고 한다면, 이 문제를 나중에 다룰 중요한 재정 문제들과 별개로 취급하면 안 된다는 것뿐이라고 했다. 이 불길한 발언에 잠시 소강상태가 이어지더니 결국 혁신파가 아닌 '외부인들'과 '방해꾼들'이 하나씩 토론에 끼어들기 시작했다. 이들 대부분은 완전히 새로운 담장의 필요성을 믿기 어렵다고 했다. 그러자 다시 한 번 피버스톤 경이 실제로 외부인들을 선도하는 것처럼 보였다. 그는 회계 담당자와 '보존 위원회'가 새 담장 건축과 브랙돈 숲이 울타리 없는 황무지로 전락하는 상황 사이에서 대안을 강구할 수 있겠는지 알고 싶어 했다. 그는 대답을 하라고 다그쳤다. 외부인들 일부는 그가 회계 담당자에게 지나치게 무례하게 군다고 느끼기 시작했다. 마침내 버스비는 낮은 목소리로, 순전히 이론적으로 대안에 대한 몇 가지 사실을 파악하고 있다고 대답했다. 그가 철망 담장을 언급하자 나머지 참석자들은 반대의 목청을 높였고, 그 와중에서 캐논 주얼은 숲에 철망 담장을 두르느니 나무를 전부 쓰러뜨리는 게 낫겠다며 투덜댔다. 결국 이 문제의 논의는 다음 회의로 연기되었다.

다음 안건은 교직원 다수가 이해하지 못하는 항목이었다. 국공연이 에지스토 대학교에 제안한 협조 건에 대해 칼리지와 대학 이사회가 장기간 주고받은 문건을 커리 부학장이 간략히 설명했다. 이후 토의에서 '헌신적인'이란 표현이 계속 등장했다. 왓슨은 말했다.

"우리는 칼리지로서 새 기관을 최대한 지지하겠다고 서약한 것 같군요."

피버스톤이 말했다.

"우리는 스스로 손발을 묶고 대학교에 백지 위임장을 넘겨준 것 같소."

이 모든 말이 외부인 누구에게도 명료하게 느껴지지 않았다. 그들은 이전 회의에서 국공연과 그 조직의 활동들에 반대해 격렬하게 싸워 패배한 것을 기억했다. 하지만 그들의 패배가 무엇을 의미하는지 알아내려는 모든 노력은, 커리의 분명한 대답에도 불구하고 대학교 조직이라는 뚫을 수 없는 미로로 얽혀 들었다. 대학교와 칼리지의 더 어두운 미스터리한 관계만 부각될 뿐이었다. 토의 결과, 에지스토에 이 연구소가 설립되는 것이 칼리지의 영광과는 무관하다는 인상만 남았다.

이 안건을 토의하는 중에 몇 명이 의견을 밝혔고 결국 초점이 흐려졌다. 하지만 1시 5분 전 커리가 일어나서 3번 항목을 설명하자, 다시 강한 관심이 쏠렸다. '신참 교직원들의 급여 예외 조항 개정안' 항목이었다. 당시 브랙톤 칼리지의 신참 교직원들이 다 그랬다고 하고 싶진 않지만, 그들은 칼리지 내에 의무적으로 거주할 때 드는 비용을 급여로는 충당하기 힘들었을 것이다. 최근 신참을 면한 스터독은 그들에게 큰 연민을 느꼈다. 그는 그들의 표정을 이해했다. 개정안이 통과된다면 옷과 휴가, 고기 점심이 주어지고 필요한 책의 5분의 1이 아닌 절반을 구입할 수 있을 터였다. 회계 담당자가 커리의 제안에 답하려고 일어나자, 신참 교직원들의 눈이 일제히 쏠렸다. 버스비는 1910년 최하위 교직원들을 새로운 법령 17조 18항에서 제외시킨 예외 조항에 자신이 찬성한다고 상상하지 말라고 했다. 그는 참석자 전원이 이 조항의 개정을 원한다는 것을 알지만, 회계 담당자로서 그날 오전에 언급한 막대한 지출과 관련된 두 번째

안이라는 것을 밝혀야겠다고 말했다. 앞의 안처럼, 이 안 역시 칼리지의 현재 재정 상태에서 떼어낼 수 없다는 말밖에 할 수 없으며, 오후 회의 중 재정 문제가 논의되기를 바란다고 했다. 더 많은 이야기가 나왔지만 회계 담당자는 계속 대답하지 않았고 문제는 연기되었다. 그래서 1시 45분에 교직원들은 점심 식사를 위해 '솔러'에서 빠져나왔다. 다들 배고프고 머리가 아프고 담배를 피우고 싶어 안달이 났다. 신참 교직원들은 누구나 숲의 새 담장 건축과 급여 인상이 동시에 이루어질 수 없다는 생각에 몰두했다.

"오전 내내 그놈의 숲이 우리 앞길을 막았네요."

교직원 한 명이 말했다.

다른 사람이 대꾸했다.

"우린 아직 거기서 빠져나오지 않았지요."

이런 생각을 하면서 칼리지 전체가 점심 식사를 마치고 회의실에 모였다. 재정 문제를 상의하기 위해서였다. 당연히 회계 담당자인 버스비가 주로 이야기했다. 햇살 좋은 오후에 '솔러'는 몹시 덥다. 거기에 버스비의 유창한 상황 설명과 그의 수염 위로 보이는 희고 고른 치아까지도(그의 치아는 유난히 반듯했다) 일종의 최면 효과를 발휘했다. 교원들은 돈 문제를 잘 이해하지 못한다. 돈 문제를 잘 파악하는 사람이라면 대학의 교원이 되지도 않았을 것이다. 그들은 상황이 나쁘다는 것, 실은 아주 안 좋다는 점은 파악했다. 일부 제일 젊고 경험이 적은 사람들은 새 담을 쌓을지 급여가 인상될지에 대한 궁금증을 접고 대신 칼리지가 계속 기능할 수 있을지 걱정하기 시작했다. 회계 담당자가 진술하게 말했듯이 예외적으로 힘든 시기였다. 연장자들은 이전의 회계원 수십 명에게 이런 시기에 대한 말을 워낙 자주 들어서 별로 마음 쓰지 않았다. 브랙톤 칼리지의 회계 담당자가 상황을 잘못 전했다고 하는 것은 절대 아니다. 지식의 발전에 막연히 기여하는 대규모 조직의 일들은 명확하게 '만족스럽다'라고 표현할 수 없기 마련이다. 버스비의 상황 설명은 뛰어났다. 한 문장 한 문장이 명료함의 표본이었다. 청취자들이 발언의 전체 요지를 세부 사항들보다 명확히 파악 못했다면 그것은 본인의 잘못이었을 것이다. 그가 제안한 소소한 경비 절감과 재투자 건 몇 가지가 만장일치로 통과되었고, 칼리지는 원만한 분위기에서 티타임을 위해 휴회했다. 스터독은 제인에게 전화해서 집에서 저녁 식사를 못할 거라는 말을 전했다.

앞의 안건에서 비롯된 생각과 감정을 수렴하는 말이 브랙돈 숲의 매각 문제로 모아진 것은 6시가 되어서였다. 이 안건은 '브랙돈 숲의 매각'이라고 불리지 않았다. 버스비는 이것을 '평면도에서 분홍색으로 칠한 지역의 매각과 관련된 안건을 학장님의 승낙으로 지금부터 제가 발의하겠습니다'라고 말했다. 그는 이 일이 숲의 일부 상실과 관련 있다고 솔직하게 지적했다. 사실 제의받은 국공연 부지를 제하면 칼리지에는 남쪽의 절반을 따라서 폭이 5미터인 부지가 남았다. 하지만 교직원들이 평면도를 직접 확인할 수 있기에 여기에 속임수 따위는 없었다. 소규모 도면이므로 완벽하게 정확하지도 않았다. 전체적으로 가늠할 수 있게 해주는 정도였다. 쏟아지는 질문에 대한 답으로 버스비는 불운하게도—또는 운 좋게도—우물이 연구소가 원하는 지역에 들어 있다고 인정했다. 물론 칼리지가 우물에 접근할 수 있는 권한은 보장될 터였다. 또 연구소는 우물과 주변 판석을 세계의 모든 고고학자들이 만족할 만한 수준으로 보존할 예정이었다. 회계 담당자는 어떤 조언을 말하는 것은 절제하고 그저 연구소가 제안한 어마어마한 금액만 밝혔다. 그러자 회의는 활기를 띠었다. 매각의 이점이 익은 과일이 뚝뚝 떨어지듯 하나하나 저절로 드러났다. 부지를 매각하면 담장 문제가 해결된다. 고대 유적을 보호하는 문제도 해결된다. 재정 문제도 해결된다. 신참 교원들의 급여 문제도 해결될 것 같다. 연구소가 에지스토에서 이 땅을 유일하게 가능성 있는 부지로 본다는 사실도 드러났다. 혹시라도 브랙톤 칼리지가 매각하지 않으면, 계획 전체가 무산되고 국공연은 케임브리지로 옮겨갈 터였다. 쏟아지는 질문 끝에 회계 담당자는, 케임브리지의 칼리지 한 군데가 부지를 팔고 싶어 안달이라는 점을 털어놓았다.

브랙돈 숲을 생명으로 여기는 몇 안 되는 골수 보수파들은 어떤 상황이 벌어지는지 가늠하지 못했다. 활발하게 의견이 표명되는 가운데 그들의 목소리는 불협화음을 만들어 냈다. 그들은 브랙돈 숲을 철조망으로 둘러싸려고 안달하는 집단처럼 비춰졌다. 마침내 늙은 주얼 교수가 일어났다. 시력을 잃은 데다 몸을 떠는 그는 속삭이듯 말해서 소리가 들리지 않았다. 참석자들이 그를 보려고 몸을 돌렸다. 윤곽이 뚜렷한 천진한 얼굴과, 긴 회의실이 어두워지면서 더욱 도드라지는 흰 머리에 감탄하는 사람들도 있었다. 하지만 그와 가까이 있는 이들만 그의 발언을 들을 수 있었다. 그 순간 피버스톤 경이 벌떡 일어나서 팔짱을 끼고, 노인을 똑바로 보면서 말했다. 아주 크고 또렷한 목소리였다.

"캐논 주얼이 우리에게 자신의 견해를 들려주지 않겠다면, 목적을 달성하는 데 침묵이 더 도움이 될 것 같습니다."

1차 대전 전, 노인들이 공경받던 시절에 이미 노인이었던 주얼은 바뀐 세상에 적응하지 못했다. 순간적으로 그가 머리를 쑥 내밀자 사람들은 그가 응수할 거라고 생각했다. 그런데 갑자기 그는 할 수 없다는 뜻으로 양손을 펴더니, 물러나서 힘겹게 자리에 앉았다.

제안이 통과되었다.

5

그날 아침 제인은 아파트를 나와서 에지스토로 가 모자를 샀다. 전에는 기분 전환과 위안을 위해 술을 사는 남자나 모자를 사는 여자를 경멸했었다. 자신이 그런 사람이 될 거라는 생각은 해본 적이 없었다. 그녀는 간소한 옷차림과 엄격한 미적 기준에서 어울리는 색상을 좋아했다. 그래서 누구에게나 지적인 어른으로 보일 옷을 입었다. 요란스런 여자로 보이는 것은 질색이었다. '스패로'에서 나오다가 딤블 부인을 만났을 때 약간 짜증스러웠던 것도 그 때문이었다.

딤블 부인이 말했다.

"어머나! 모자를 산 거야? 집에 가서 점심 같이 하면서 모자를 구경하자구. 세실이 저 모퉁이에 차를 세워 놓고 있거든."

세실 딤블은 '노섬버랜드' 칼리지의 교수로, 지난해에 제인의 지도 교수였다. 딤블 부인은 (그녀는 '딤블 엄마'로 불리곤 했다) 제인과 같은 학년 여학생들에게는 이모 같은 존재다. 남편이 지도하는 여학생들을 좋아하는 것은 다른 교수 부인들에게서는 흔히 발견할 수 없는 면모였다. 하지만 딤블 부인은 딤블 교수가 맡은 남녀 학생 모두를 좋아하는 것 같았다. 그래서 강 끝 쪽에 있는 딤블 교수의 집은 언제나 소란스러운 '살롱'이었다. 그녀는 특히 제인을 좋아했다. 유머 있고 느긋한 성품에 자식 없는 여자가, 예쁘장하고 좀 우스꽝스럽다고 생각되는 여자애에게 느끼는 것 같은 애정이었다. 지난 한 해 동안 제인은 딤블 교수 내외를 자주 못 만났고 그게 죄스럽게 느껴졌다. 그래서 점심 초대를 받아들였다.

그들은 차를 타고 다리를 건너 브랙톤의 북쪽으로 간 다음 윈드 강둑을 따라 남쪽으로 달렸다. 전원주택들을 지나 노르만 교회에서 좌회전해서 동쪽으로 향했다. 한쪽에는 포플러 나무가, 다른 쪽에는 브랙돈 숲이 펼쳐진 도로를 쭉 달린 후 마침내 딤블 내외의 저택 현관에 도착했다.

"정말 아름답네요."

제인이 차에서 내리며 진심으로 말했다. 딤블 교수네 정원은 유명한 곳이었다.

"그러면 찬찬히 봐두는 게 좋을 거야."

딤블 교수가 말했다.

"무슨 말씀이세요?"

제인이 물었다.

"제인한테 말 안 했소?"

딤블 교수가 부인에게 말했다.

"그 말까지 할 새가 없었어요. 게다가 우리 제인의 남편이 그쪽 악당 무리 중 한 명인걸요. 아무튼 제인도 알겠지만요."

딤블 부인이 말했다.

"무슨 말씀을 하시는지 도무지 모르겠는데요."

제인이 말했다.

"제인네 칼리지가 진저리나게 굴고 있다구. 그들은 우리를 쫓아내려 하지. 임대 계약을 갱신해 주지 않을 거야."

"어머나, 사모님! 저는 이 집이 브랙톤 칼리지 소유인 줄도 몰랐는데요."

제인이 한탄했다.

딤블 부인이 말했다.

"이것 보라니까! 세상의 절반은 나머지 절반이 어떻게 사는지 모른다구. 여기서 나는 제인이 스터독 씨에게 모든 영향력을 발휘해서 우리를 구해 주려고 애쓴다고 상상했는데, 실제로는……."

"마크가 저한테 칼리지 일은 말하지 않아서요."

딤블 교수가 말했다.

"좋은 남편은 그렇지. 적어도 남의 칼리지에 관련된 일만 이야기하지. 마거릿이 브랙톤 칼리지에 대해서는 모르는 게 없지만 노섬버랜드 칼리지에 대해서는 아는 게 없는 이유도 그 때문이고. 점심 식사하러 또 누가 오나?"

그는 브랙톤 칼리지가 숲과 강 너머 모든 부지를 매각할 거라고 예측했다. 그가 보기에는 지역 전체가 25년 전 처음 거기 살기 시작했을 때와 비교할 때 파라다이스가 된 것 같았다. 그리고 브랙톤 사람의 아내 앞에서 꺼내기에는 너무 과한 화제라고 느꼈다.

"먼저 제인의 모자를 구경하고 나서 점심 준비할게요."

'딤블 엄마'가 그렇게 말하고 제인을 위층으로 데려갔다. 으레 여자들끼리만 나누는 대화가 잠시 오갔다. 제인은 내심 일종의 우월감을 느끼면서도 이런 대화에서 막연한 위안을 받았다. 딤블 부인은 그런 문제에 대해 엉뚱한 관점을 갖고 있었지만, 그녀가 조언하는 사소한 변화가 문제의 뿌리까지 건드린다는 점은 부인할 수 없었다. 다시 모자를 옆으로 치우자 느닷없이 딤블 부인이 물었다.

"아무 문제도 없는 거지, 그렇지?"

"문제요? 왜요? 무슨 문제가 있다고 그러세요?"

제인이 반문했다.

"제인이 제인다워 보이지 않아서 말이야."

"아, 저는 괜찮아요."

제인은 큰 소리로 대답하고는 속으로 덧붙였다. '사모님은 내가 아기를 가지려고 하는지 알고 싶어 안달하는구나. 늘 그런 타입의 여자였지.'

"제인은 키스받는 게 싫어?"

딤블 부인은 예기치 못한 질문을 던졌다.

제인은 속으로 중얼댔다. '키스받는 게 싫으냐고? 중요한 질문이네. 내가 키스받는 걸 싫어하나? 어떤 여자가……' 그녀는 '물론 그렇지 않지요'라고 대답하려 했지만, 뭐라 할 말이 없고 몹시 짜증스럽게도 자기도 모르게 울음이 나왔다. 그러자 한동안 딤블 부인은 어린 아이를 대하는 어른처럼 어른다워졌다. 무릎이 까지거나 장난감이 망가지면 달려가는 크고 따뜻하고 부드러운 대상이 되어 주었다. 어린 시절을 회상할 때면, 제인은 보모나 어머니가 요란스레 포옹해 주던 일들이 기억났다. 그럴 때면 다 컸다는 듯 모욕감을 느끼며 포옹을 거부하곤 했다. 누군가 그녀를 다독거려 주는 것은 그녀가 용납할 수 없는 일이었다. 하지만 아래층에 내려가기 전에 제인은 딤블 부인에게 아기를 갖지 않을 예정이지만 몹시 외로운 데다 악몽 때문에 우울하다고 털어놓았다.

점심 식사를 하면서 딤블 교수는 아서 왕 전설에 대해 말했다.

"말로리(아서 왕 전설을 집대성한 저서 《아서 왕의 죽음》의 저자―옮긴이)의 책 같은 후기 판본에서조차 사건 전체가 맞아떨어지는 것이 정말 놀라운 일이지. 등장인물들이 두 무리로 나뉜다는 걸 알고 있나? 기네비어(아서 왕의 아내―옮긴이)와 랜슬롯(아서 왕의 원탁의 기사. 기네비어 왕비를 사랑했다고 알려짐―옮긴이)을 비롯한 중심인물들이 있지. 이들은 모두 아주 공손하지만 특별히 영국적인 면은 없지. 하지만 배후의, 말하자면 아서의 반대편에는 모간과 모가우저(아서 왕의 이복 누이들―옮긴이) 같은 '어두운' 인물들이 있지. 이들은 대단히 영국적British이고,

보통은 아서의 친인척인데도 어느 정도 적대적이며, 마법을 쓰지. "온 나라를 마녀였던 여인들로 활활 타게 하라"는 모간의 멋진 대사를 기억하겠지. 물론 멀린도 적대적이지는 않지만 영국적인 인물이지. 침범당하기 전날 밤 브리튼 섬의 모습과 아주 비슷하지 않나?"

"무슨 말씀이세요, 딤블 교수님?"

제인이 물었다.

"음, 거의 완전히 로마식인 일부 사회 집단이 있지 않았을까? 토가(고대 로마 시대의 겉옷—옮긴이)를 입고 켈트어화된 라틴어—우리가 들었다면 스페인어와 비슷하다고 느꼈겠지—를 말하고 완전히 기독교도인 이들이 있었겠지. 하지만 위쪽으로 올라가면 숲으로 차단된 오지에 옛 브리튼 왕들이 통치한 작은 나라들이 있었을 테지. 웨일스어 비슷한 언어를 사용하고 상당 부분 드루이드교를 신봉했겠지."

"그러면 아서 왕은 어땠을까요?"

제인이 물었다. '스페인어와 비슷하다고 느꼈겠지'란 말에 가슴이 덜컥 내려앉다니 어처구니없었다.

딤블 교수가 대답했다.

"그게 핵심이지. 옛 브리튼 종족이면서 기독교도이고 로마식 기술을 완전히 연마한 장군으로, 이 사회 전체를 하나로 묶으려 했으며 거의 성공한 남자를 상상할 수 있지. 그의 브리튼인 친족들의 질시가 있고 로마화된 쪽인 랜슬롯 일가와 라이오넬(아서 왕의 원탁의 기사 중 한 명—옮긴이) 일가에서는 브리튼인들을 멸시했겠지. 케이 경(아서 왕의 원탁의 기사 중 한 명—옮긴이)이 늘 촌뜨기로 표현되는 것도 그런 이유에서야. 그는 원주민 종족의 일원이거든. 그리고 항상 역류해서 드루이드교로 되돌아가지."

"그러면 멀린은 어디 속하나요?"

"그래…… 정말 흥미로운 인물이지. 그가 너무 일찍 죽어서 모든 일이 실패한 걸까? 멀린이 얼마나 특이한 사람인지 생각해 본 적이 있어? 악마가 아니라 마법사지. 분명히 드루이드교 신자야. 그런데도 성배(예수가 최후의 만찬 때 사용했다는 잔. 나중에 예수의 피를 담는 잔으로 썼다는 설도 있다—옮긴이)에 대해 모든 걸 알지. 그는 '악마의 아들'이지만 레이어몬(아서와 영웅들의 이야기를 중세 영어로 기록한 장시 〈브루트〉를 쓴 시인—옮긴이)은 멀린의 아버지가 반드시 사악하다는 법은 없다고 역설하지. "하늘에는 다양한 종류의 초자연적 존재가 산다. 일부는 선하고 일부는 악한 일을 한다"라는 구절을 기억해 보라구."

"상당히 당황스럽네요. 저는 그 생각을 해본 적이 없거든요."

"난 멀린이 후대의 전통이 잊은 뭔가의 마지막 자취를 나타내지 않는지 종종 궁금해지지. 초자연과 교감하는 유일한 이들이 백인이거나 흑인, 사제거나 마법사일 때는 불가능해지는 뭔가의 마지막 자취 말이야."

제인이 딴 생각에 빠진 듯한 기색을 눈치 채고 딤블 부인이 말했다.

"무시무시한 생각이기도 해라. 아무튼 멀린은 존재했다 해도 오래 전의 일이고, 우리 모두 아는 것처럼 그는 안전하게 죽어서 브래돈 숲 밑에 묻혀 있으니까요."

"이야기에 따르면 묻혀 있긴 해도 죽지는 않았소."

딤블 교수가 아내의 말을 바로잡았다.

"어머!"

제인은 자기도 모르게 내뱉었지만, 딤블 교수는 생각하던 것을 말로 계속 옮겼다.

"국공연이 자신들의 토대로 삼을 곳을 파기 시작하면 무엇이 나타날지 궁금하구만."

"먼저 흙이 나오고 다음에는 물이 나오겠죠. 그래서 거기다 건물을 짓지 못할 거예요."

딤블 부인이 말했다.

"그건 당신 생각이고. 그렇다면 그들이 왜 여기 오고 싶어 하겠소? 줄스 같은 런던내기는 그에게 드리운 멀린의 망토(멀린은 마법사 같은 옷이나 망토와 두건 차림의 노인 모습으로 그려진다—옮긴이)에 대해 어떤 시적인 공상에도 영향 받고 싶지 않을 텐데!"

"멀린의 망토라니요!"

딤블 부인이 말했다.

딤블이 대꾸했다.

"맞소, 기묘한 생각이지. 내 장담컨대 그 패거리 일부는 망토를 덮고 싶어할 거요. 망토가 몸에 맞느냐는 다른 문제지! 망토와 함께 멀린이 살아 나온다면 그들은 좋아하지 않을걸."

"저 아이가 기절하게 생겼어요."

딤블 부인이 벌떡 일어나며 말했다.

"아니! 왜 그래? 방이 너무 더운가?"

딤블 교수가 놀라서 제인의 얼굴을 보며 물었다.

"아, 너무 이상하네요."

제인이 말했다.

"우리 응접실로 가자구. 자. 내 팔에 몸을 기대."

딤블 교수가 말했다.

잠시 후 응접실에 들어선 제인은 누런 잎이 나뒹구는 잔디밭이 보이는 열린 창가에 앉았다. 그녀는 이상한 행동에 대한 변명 삼아 꿈 이야기를 했다.

"제가 무지막지하게 무너진 것 같아요. 이제 두 분이 제 정신분석을 시작하셔도 되요."

제인은 딤블 교수의 표정으로 보아 그가 꿈 이야기에 큰 충격을 받았으리라 짐작할 수도 있었으련만 그러지 못했다. 딤블 교수가 중얼거렸다.

"특이한 것은……가장 특이한 점은 두 머리통이야. 그리고 하나는 알카산의 것이지. 이제 그 냄새 비슷한 것은……?"

"그만 해요, 세실."

딤블 부인이 말했다.

"제가 정신분석을 받아야 된다고 생각하세요?"

제인이 물었다.

"분석?"

딤블 교수는 무슨 말인지 못 알아들은 것처럼 그녀를 힐끗 보며 되묻고는 말을 이었다.

"아, 알았어. 브리지커나 그런 사람에게 간다는 뜻인가?"

제인은 그녀의 질문에 딤블 교수가 다른 생각을 하다가 빠져나왔다는 것을 알아차렸다. 당황스럽게도 그녀의 건강 문제는 밀려났다. 꿈 이야기는 제인으로서는 그게 뭔지 상상도 못했지만 다른 문제를 불러왔다.

딤블은 창밖을 응시했다.

"나의 가장 멍청한 학생이 초인종을 누르는군. 서재로 가서 '스위프트가 태어났다'로 시작되는 스위프트(Jonathan Swift. 아일랜드 태생의 풍자 소설가로 《걸리버 여행기》의 저자—옮긴이)에 관한 글에 대해 들어야겠군."

딤블은 일어나서 잠시 제인의 어깨에 한 손을 짚고 서 있다가 입을 열었다.

"자, 난 어떤 조언도 하지 않겠네. 하지만 꿈 때문에 누군가 찾아가려거든 먼저 아내나 내가 알려 주는 주소지로 가보면 좋겠네."

"브리지커 씨는 믿지 않으세요?"

제인이 물었다.

"설명할 수 없어. 지금은 못 해. 워낙 복잡한 일이라서. 너무 신경 쓰지 말게. 하지만 누군가 찾아가야겠다면 먼저 우리에게 알려 줘. 잘 가고."

그가 응접실에서 나가자마자 다른 손님들이 도착하는 바람에 제인과 딤블 부인은 사적인 대화를 할 기회가 없었다. 그녀는 반 시간 후 그곳을 나와 집으로 걸어갔다. 포플러 가로수 길이 아닌, 뜰을 가로

지르는 오솔길로 접어든 그녀는 당나귀들과 거위 떼를 지나갔다. 그녀의 왼쪽으로는 에지스토의 첨탑과 탑들이, 오른쪽 지평선으로는 고풍스런 풍차가 보였다.

2

부학장과의 만찬

1

"이거 대단하군!"

뉴턴이 내려다보이는 근사한 집무실의 벽난로 앞에 서서 커리가 말했다. 그들이 있는 곳이 칼리지 최고의 자리였다.

"엔오NO에게서 연락이 있습니까?"

제임스 버스비가 물었다. 그와 피버스톤 경, 마크는 커리와의 만찬 전에 셰리주를 마시고 있었다. 엔오는 '논–올렛Non-Olet('돈에서는 악취가 나지 않는다'는 로마 격언으로, 베스파시아누스 황제가 공중 화장실의 소변을 사용하는 양모업자들에게 세금를 부과한 사건에서 연유—옮긴이)을 뜻하며, 브랙톤 칼리지의 학장인 찰스 플레이스의 별명이었다. 15년 전 그가 학장에 선출된 것은 혁신파 초기의 승전보 중 하나였다. 칼리지에 '새로운 피'가 필요하며 '학계의 관례'를 털어 내야 한다는 주장으로 그들은 나이든 공무원을 영입하는 데 성공했다. 그는 전 세기에 케임브리지의 잘 알려지지 않은 어느 칼리지를 마친 후, 학문적 역량을 인정받은 적이 없는데도 공중위생에 관한 기념비적인 보고서를 작성했다. 혁신파의 눈을 끈 것이 있다면 보고서의 주제 정도였다. 그들은 새 학장에게 '논-올렛'이란 별명을 붙임으로써 뭘 모르는 이 사람과 골수 보수파들을 골탕 먹인 것으로 여겼다. 하지만 플레이스의 지지자들도 점차 그를 이 별명으로 부르게 되었다. 플레이스가 그저 소화불량을 달고 사는 우표 수집가인 데다가 지지자들의 기대에 부응하지 못하는 사람이었기 때문이다. 좀처럼 들리지 않게 말해서 신임 교원들 중에는 그의 목소리를 모르는 이들도 있었다.

"그렇소. 그 작자는 가장 중요한 문제를 두고 내가 식사를 마치고 편안한 시간에 찾아가면 만나겠다고 하오."

커리가 말했다.

"그 말은 주얼과 그의 무리가 그를 찾아가서 일 전체를 없던 걸로 돌릴 방법을 찾고 싶어 한다는 뜻이군요."

회계 담당 버스비가 말하자 커리가 대꾸했다.

"난 조금도 신경 쓰지 않소. 결의 사항을 어떻게 취소할 수 있소? 그렇지가 않아요. 하지만 저녁 시간을 망치긴 하겠지."

"그거야 부학장님의 저녁 시간이겠지. 아주 특별한 그 브랜디 놔두고 가시는 걸 잊지 마시오."

피버스톤이 말했다.

"주얼이라니! 맙소사!"

버스비가 왼손으로 수염을 쓰다듬으면서 말했다.

"저는 늙은 주얼이 좀 안쓰럽더군요."

마크가 말했다. 그가 이런 말을 한 동기는 상당히 복잡하고 미묘했다. 의중을 정확히 밝히자면, 피버스톤이 노인에게 보인 예상 밖의 불필요하게 가혹한 태도가 못마땅하다고 말해야 될 터였다. 그렇지만 그가 교원이 될 때 피버스톤에게 신세를 졌다는 생각이 종일 마음을 괴롭혔다. 이 피버스톤이란 자는 누구인가? 하지만 아이러니하게도, 독자성을 주장하고 혁신파의 모든 방식에 당연히 동의하는 것은 아니라는 의사를 밝힐 때가 왔다고 느꼈고, 한편 약간의 독립적인 태도가 혁신파 안에서 위상을 더 높일 것 같기도 했다. '적대감을 보이면 피버스톤이 더 중요한 인물로 봐줄 것'이란 생각이 스쳤다면 비굴하게 여겼겠지만 그런 생각은 나지 않았다.

커리가 빙그르르 돌면서 말했다.

"주얼이 안쓰럽다고? 한창 잘나갈 때의 그를 안다면 자네는 그런 말은 하지 않을 걸세."

"나도 그 말에 동의하지만 나는 클라우제비츠(프로이센의 유명한 군인, 《전쟁론》의 저자―옮긴이)의 견해를 취하오. 길게 보면 총력전이 가장 인간적이지. 나는 곧장 그의 입을 닫게 했소. 이제 그는 충격에서 벗어났으니 느긋해질 거요. 지난 40년간 그가 젊은 세대에 대해 말한 모든 것을 내가 확인시켜 주었으니 말이지. 어떤 대안이 있었소? 기침을 해대거나 심장마비를 일으킬 때까지 주절대도록 놔두었다면 그는 공손한 대접을 받았음을 알고 실망만 커졌을 테지."

"그것도 하나의 관점이지요."

마크가 말했다.

피버스톤이 말했다.

"빌어먹을. 자기 일을 빼앗기는 걸 반길 사람이 있겠나. 어느 날 골수 보수파가 골수 보수파 노릇을 거부하면 여기 있는 가여운 커리는 어쩔까? 오셀로 역할이 없어져 버릴 테지."

"식사가 준비됐습니다."

커리의 '사수'가 알렸다. 브랙톤에서는 칼리지 소속 급사를 그렇게 부른다.

그들이 자리 잡고 앉자 커리가 말했다.

"그건 헛소리요, 딕. 이 골수 보수파와 방해꾼들의 종말을 보고 그 일에 관여할 수 있는 것보다 흡족한 일은 없소. 내가 길 닦는 데만 내 모든 시간을 쏟아야 되는 걸 좋아한다고는 생각지 않겠지요?"

마크는 피버스톤이 아까 한 농담에 커리 부학장이 약간 발끈하는 것을 느꼈다. 피버스톤은 매우 힘 있고 전염성 강한 웃음의 소유자였다. 마크는 그가 좋아지기 시작했다.

"그 일은……?"

피버스톤이 말했다. 눈을 찡긋하기는커녕 힐끗 보지도 않았지만 그는 마크에게 함께 농담을 하는 기분을 느끼게 했다.

"저기, 우리 중 몇몇은 맡아서 할 일이 있지요."

커리가 목소리를 낮추자 더 심각한 말투로 들렸다. 사람들이 병이나 신앙 문제를 말할 때 목소리를 낮추는 것과 비슷했다.

"난 당신이 그런 부류의 사람인 줄 몰랐소만."

피버스톤이 말했다.

"그게 전체 시스템의 가장 나쁜 점이에요. 이런 곳에서는 매사가 지리멸렬해지는 것을—지지부진해지는 것 말이지요—보는 데 만족하거나 아니면 이 모든 터무니없는 대학 정책에 학자로서의 일을 희생하거나입니다. 언젠가 나는 이쪽을 접고 책에 매달릴 거예요. 알다시피 모든 자료가 다 있지요, 피버스톤. 긴 휴가를 확보하면 책의 모양새를 갖출 수 있으리라 믿어요."

커리가 놀림당하는 것을 본 적이 없는 마크는 상황이 재미있어지기 시작했다.

피버스톤이 말했다.

"그렇군. 이곳이 학문 사회로 계속 굴러가게 하려면 여기 있는 최고의 두뇌들이 학문을 포기해야 되는구만."

"그렇지요! 다만……."

커리가 말을 하다가, 그의 말이 진지하게 받아들여지는지 자신이 없자 입을 다물었다. 피버스톤이 웃음을 터뜨렸다. 이제껏 정신없이 먹기만 하던 회계 담당자 버스비가 조심스럽게 수염을 닦고 진지하게 말했다.

"이론적으로는 다 좋지만, 커리가 옳다는 생각이 드는군요. 부학장 집무실에서 물러나 자신만의 동굴로 들어간다고 해봅시다. 커리는 뛰어난 경제학 저서를 우리에게 안겨 줄 겁니다."

"경제학?"

피버스톤이 눈썹을 추켜올리면서 반문했다.

"나는 군역사학자예요, 제임스."

커리가 말했다. 그가 어떤 전공으로 교원으로 임용됐는지 동료들이 기억 못하는 것이 종종 짜증스러웠다.

버스비가 말했다.

"물론 군역사학이라고 말하려 했지요. 틀림없이 커리는 뛰어난 군역사학 저서를 우리에게 안겨 줄 겁니다. 하지만 20년이면 그 책을 능가하는 저서가 나오겠지요. 반면 커리가 칼리지를 위해 하는 일은 수세기 동안 칼리지에 도움이 될 겁니다. 국공연을 에지스토로 끌어들이는 모든 일 말입니다. 그렇게 생각하면 어떻습니까, 피버스톤? 난 재정적인 면만을 말하는 것은 아닙니다. 물론 회계 담당자로서 당연히 그 점도 높은 점수를 주지만요. 하지만 새로운 삶, 새로운 비전을 일깨우는 것, 잠자는 충동을 휘젓는 것에 대해 생각해 보십시오. 그 어떤 경제서가……."

"군역사학."

피버스톤이 점잖게 지적했지만, 버스비는 그 말을 듣지 못했다.

버스비가 계속 말했다.

"그 어떤 경제서가 이런 과업과 비교되겠습니까? 나는 이 일을 금세기 최고의 실용적인 이상주의라고 봅니다."

고급 와인이 효과를 발휘하기 시작했다. 와인 석 잔이면 자기가 사제 신분임을 잊는 부류가 있다. 하지만 버스비의 습관은 반대였다. 석 잔을 마신 후 그는 사제였던 일을 기억하기 시작했다. 와인과 촛불에 혀가 풀렸고, 30년간의 변절 후에도 내면에 잠재한 사제 기질이 깨어나 이상한 활기를 띠기 시작했다.

버스비가 말했다.

"여러분도 알다시피 나는 정통파를 주장하지 않습니다. 하지만 가장 심오한 의미에서 종교를 이해한다면 커리는 국공연을 에지스토에 끌어들인 것으로 1년 사이에 주얼이 평생 일군 업적보다 많은 일을 한 겁니다."

그러자 커리가 겸손한 투로 말했다.

"저, 그거야 바라던 종류의 일이니 그렇지요. 나는 당신처럼 말하지는 않겠소, 제임스………."

버스비가 말했다.

"그래요, 그렇지요. 물론입니다. 우리 모두 다른 언어를 갖고 있지요. 하지만 모두 말하려는 의미는 같습니다."

"국공연이 정확히 무엇인지, 혹은 무엇을 하려는 심산인지 누구 알아낸 사람이 있소?"

피버스톤이 물었다.

커리는 약간 당황한 표정으로 그를 바라보더니 입을 열었다.

"딕, 당신이 그런 말을 하다니 이상하군요. 난 당신이 그쪽 사람이라고 생각했는데요."

"어떤 곳에 속한 사람이 그곳의 공식 프로그램을 잘 안다고 짐작하는 것은 좀 순진한 생각 아니오?"

피버스톤이 대꾸했다.

"아, 세부 사항을 뜻하는 거라면요."

커리가 말하다가 입을 다물었다.

버스비가 말했다.

"피버스톤, 당신은 아무 일도 아닌 일을 엄청난 미스터리로 만들고 있어요. 국공연의 목적이 아주 명료하다고 생각합니다. 그 기관은 국가의 관점으로 보면 응용과학을 진지하게 받아들이는 첫 번째 시도지요. 그곳과 이전 기관의 규모 차이는 수준이 다릅니다. 건물들만 해도, 조직만 해도 그렇지요! 그 기관이 이미 산업에 어떤 효과를 주는지 생각해 보십시오. 어떻게 온 나라의 모든 영재를 결집시킬지 생각해 보세요. 좁은 의미의 과학 영재들만이 아닙니다. 매년 15개 부서의 관리자들이 1년에 만 오천을 받지요! 자체 법률 담당자도 있고! 자체 경찰도 있다고 들었습니다! 상주하는 건축가, 조사원, 기술자도 있고요! 엄청난 일이지요!"

"우리 아들들을 위한 일자리들이지요."

피버스톤이 말했다.

"그게 무슨 뜻입니까, 피버스톤 경?"

버스비가 술잔을 내려놓으며 물었다.

"이런! 실수했구만. 제임스, 당신에게 자식이 있다는 걸 깜빡했소."

피버스톤이 웃음기 넘치는 눈빛으로 말했다.

참을성 있게 말할 기회를 기다리던 커리가 말했다.

"나는 제임스와 같은 생각입니다. 국공연은 새로운 시대, 진짜 과학 시대를 알립니다. 지금까지는 매사가 우연이었지요. 이 기관은 과학을 과학적 토대 위에 올려놓을 겁니다. 40개의 관련 위원회가 매일 모일 것이고, 그들에게는 근사한 기계가 있지요. 지난번에 모델을 봤어요. 그 기계 덕분에 각 위원회가 발견한 내용이 그들의 작은 사무실에서 30분마다 저절로 '분석 게시판'에 인쇄됩니다. 그러면 그 보고서는 제자리를 잡고, 다른 보고서들의 관련 부분과 작은 화살표로 연결됩니다. 게시판을 힐끗만 봐도 모든 기관의 정책이 윤곽이 잡히는 것을 눈으로 확인할 수 있는 거지요. 건물 꼭대기 층의 지하철 통제실처럼 생긴 방에서 이 게시판을 작동하는 전문가가 최소한 20명은 될 겁니다. 놀라운 기계지요. 다른 종류의 일이 다른 색깔로 게시판에 나타나지요. 50만 파운드는 족히 들었을 겁니다. 이 기계를 '프래그마토미터'라고 부르더군요."

버스비가 말했다.

"그것 봐요. 그 기관이 이미 나라를 위해 일한다는 게 다시 확인되는군요. '프래그마토미터'는 대단한 물건이 될 겁니다. 수백 명이 그것에 매달리겠지요. 건물이 완공되기 전에 이 '분석 게시판'이 구식이 되겠는데요!"

피버스톤이 말했다.

"그래요. 그리고 오늘 아침 엔오는 내게 그 기관의 위생 환경이 예사롭지 않을 거라고 했소."

"그렇군요. 그걸 중요하지 않게 여기는 이유를 모르겠다니까요."

버스비가 무뚝뚝하게 말했다.

"이 일에 대해 어떻게 생각하오, 스터독?"

피버스톤이 물었다.

마크가 대답했다.

"저는 제임스가 그 기관이 자체 법률 팀과 경찰을 둘 거라고 할 때 가장 중요한 사항을 건드렸다고 생각합니다. 저는 프래그마토미터와 호화로운 위생 환경 따위는 개의치 않습니다. 진짜 문제는 이번에 우리가 과학을 사회 문제에 적용하고 국가의 전폭적인 지원을 받는다는 것입니다. 과거에 전쟁이 국가의 전폭적인 지원을 받은 것처럼 말입니다. 물론 그 기관이 예전의 체계적이지 않은 과학보다 많은 것을 알아내기를 바랍니다. 하지만 확실한 것은 그 기관이 더 많은 것을 할 수 있다는 점이지요."

커리가 손목시계를 보며 말했다.

"쳇, 이제 가서 엔오와 이야기해야겠구만. 와인을 다 마셨다면 브랜디는 저 찬장에 있어요. 불룩한 잔은 위쪽 선반에 있습니다. 최대한 빨리 돌아오겠소. 가지 않을 거지요, 제임스?"

"가야죠, 난 일찍 잠자리에 들어야겠네요. 나 때문에 두 분의 파티가 깨지면 안 되지요. 알다시피 난 종일 서 있어서요. 이 칼리지에 재직하는 것은 바보나 할 짓이지. 내내 초조감에 시달리니 말이에요. 짓누르는 책임감은 또 어떻고요. 그런데 사람들은 도서관과 실험실 밖으로는 코빼기도 안 보이는 공부벌레들을 진짜 일꾼으로 여기지요! 글로솝 같은 부류가 오늘 내가 한 일 같은 업무에 맞닥뜨리는 꼴을 보고 싶소만. 커리, 당신이 경제학에 매달렸다면 삶이 한결 수월했을 겁니다."

"아까도 말했지만……."

커리가 말을 시작했지만, 자리에서 일어난 버스비는 피버스톤 경에게 몸을 숙이고 우스운 이야기를 했다.

두 사람이 방에서 나가자마자 피버스톤 경은 알 수 없는 표정으로 잠시 마크를 응시했다. 그리고 킬킬댔다. 킬킬대는 웃음이 큰 웃음으로 바뀌었다. 그는 호리호리하지만 다부진 몸을 의자에 기대며 점점 더 큰 소리로 웃었다. 그의 웃음은 전염성이 있어서 마크 역시 자기도 모르게 웃음을 터뜨렸다. 아이처럼 무력할 정도로 한껏 웃어댔다.

"프래그마토미터…… 궁궐 같은 연구소…… 실용적인 이상주의."

피버스톤이 헉헉대며 말했다. 이때가 마크에게는 이례적으로 자유로운 순간이었다. 이전에는 알아차리지 못했거나 알았더라도 혁신파에 대한 존경심 때문에 대충 넘어간 커리와 버스비에 대한 모든 것이 머릿속에서 되살아났다. 그들의 우스꽝스러운 면을 어쩌면 그렇게도 못 볼 수 있었는지 의아했다.

어느 정도 호흡이 안정되자 피버스톤이 말했다.

"일을 이루기 위해 동원했어야 하는 자들이 자기에 대해 물으면 그렇게 엉뚱한 소리를 늘어놓으니 정말 황당하지요."

"하지만 어떤 면에서 그들은 브랙톤의 두뇌들입니다."

마크가 말했다.

"맙소사, 그렇지 않소! 글로숍과 '눈보라' 빌, 심지어 주얼 노친네까지도 그들보다 열 배는 뛰어난 지성을 갖추고 있소."

"경께서 그런 관점이신 줄 몰랐습니다."

"글로솝 무리를 아주 잘못 판단하고 있다는 생각이 드오. 문화와 지식 등에 대한 그들의 관념은 비현실적인 듯싶소. 우리가 사는 세상에는 맞지 않다는 생각이 드오. 그것은 단지 환상이오. 하지만 명료한 사상이고 그들은 한결같이 그것을 추종하오. 자기들이 뭘 원하는지 알지. 하지만 우리 가여운 두 친구는 타야 할 기차에 타거나 심지어 기차를 운전하라고 해볼 수는 있어도 그것이 어디로 왜 가는지는 감도 못 잡지. 그들은 그 연구소를 에지스토로 끌어들이려고 피땀을 흘릴 거요. 그들이 없으면 안 되는 이유가 바로 그거지. 하지만 그 연구소의 핵심이 무엇인지, 그 어떤 일의 핵심이 무엇인지 그들에게 한번 물어 보시오. 프래그마토미터라니! 15개 부서 관리자들이라니!"

"저, 어쩌면 저도 같은 배에 타고 있습니다."

"그렇지 않소. 당신은 곧바로 핵심을 파악했소. 당신이 그럴 줄 내알고 있었지. 당신이 교원이 되려고 지원한 이후 집필한 모든 글을 읽어 봤소. 내가 당신에게 하고 싶었던 말도 그거요."

마크는 잠자코 있었다. 느닷없이 은밀한 어떤 곳에서 다른 곳으로 휙 밀려가는 어쩔한 느낌과 커리가 내놓은 고급 와인의 술기운이 더해져서 말을 할 수 없었다.

"당신이 우리 기관에 들어오면 좋겠소."

피버스톤이 말했다.

"그러니까…… 브랙톤을 떠나라는 말씀입니까?"

"그게 이상할 건 없지. 아무튼 당신은 여기서 원하는 게 없을 것 같소. 우리는 엔오가 은퇴하면 커리를 학장으로 만들 테고⋯⋯."

"그들은 피버스톤 경을 학장으로 추대한다고 말하던데요."

"헉!"

피버스톤이 빤히 쳐다보았다. 그의 관점에서 이것은 작고 별 볼일 없는 학교의 교장이 되라는 제안과 다름없다는 것을 마크는 눈치 챘다. 그가 진지한 말투로 말하지 않아서 천만다행이었다. 두 사람 다 또 웃어 댔다.

피버스톤이 말했다.

"학장이 되면 시달릴 대로 시달릴 거요. 그건 커리한테 맞는 자리지. 그는 그 일을 아주 잘 해낼 거요. 일처리와 조직을 위해 막후 조종하기를 좋아하고 사안에 대해 묻지 않는 사람이 필요하오. 커리는 학장이 되면 그가 자기 '아이디어'라고 부르는 것을 적용할 거요. 우리가 그에게 모 씨가 칼리지가 원하는 사람이라고 생각하라고 하면, 그는 그렇게 생각할 테지. 그러면 그는 모 씨가 교원이 될 때까지 가만있지 않을 거요. 우리가 브랙톤에 바라는 게 바로 그거요. 저인망이랄까 직원 모집소랄까."

"국공연의 직원 모집소라는 뜻인가요?"

"처음에는 그렇소. 하지만 그것은 전체 계획의 일부분일 따름이오."

"무슨 말씀인지 잘 모르겠습니다."

"곧 알게 될 거요. 주최 측이 되면 모든 걸 알게 되겠지! 인류가 기로에 서 있다고 하는 것은 버스비의 스타일이지. 하지만 당장의 핵심 질문이 그거요. 개화와 구질서 중 어느 쪽에 서느냐. 지금 우리는 한 종으로서 마치 놀라운 기간에 자신의 운명을 통제할 태세를 갖출 힘을 가진 듯이 보이지. 과학에 진정한 재량권이 주어진다면 과학은 인류를 접수해서 다시 훈련시킬 수 있소. 인간을 정말 효율적인 동물로 만드는 거지. 과학이 그러지 않는다면…… 글쎄, 우린 볼 장 다 본 거고."

"계속 말씀하시지요."

"세 가지 주요 문제가 있소. 첫째, 행성 간의 문제인데……."

"도대체 무슨 말씀입니까?"

"저, 그건 정말 중요한 게 아니오. 당장 우리가 어떻게 해볼 수 있는 것도 아니고. 도와줄 수 있는 유일한 인간은 웨스턴이었소."

"그는 독일의 대공습 때 죽지 않았습니까?"

"그는 살해되었소."

"살해되었다고요?"

"난 그렇게 확신하오. 범인이 누군지도 분명히 아오."

"맙소사! 어떻게 해볼 수 없는 겁니까?"

"증거가 없소. 범인은 존경받는 케임브리지 교수요. 눈이 나쁘고 다리 불구에 금발 수염을 기른 자요. 그는 이 칼리지에서 식사한 적도 있소."

"무엇 때문에 웨스턴이 살해당한 겁니까?"

"우리 편이라는 이유 때문이지. 살해범도 우리의 적이오."

"그가 그 이유 때문에 웨스턴을 죽였다는 말씀은 아니지요?"

피버스톤이 테이블에 재빨리 손을 내려놓으며 말했다.

"그런 말이오. 그게 핵심이오. 커리나 제임스 같은 이들이 반대에 맞서는 '전쟁' 운운할 거요. 하지만 진짜 사상자가 생기는 실제 전쟁이 될 줄은 모르고 있소. 그들은 상대의 격렬한 저항이 갈릴레오의 처형 같은 일들로 끝났다고 생각하오. 하지만 그렇게 믿지 마시오. 이건 시작에 불과하오. 이제 그들은 우리가 마침내 진짜 힘을 가졌다는 것을 아오. 어떤 인류가 존재하게 되느냐는 문제는 다음 60년 사이에 결정될 것이오. 그들은 필사적으로 싸울 거요. 그들은 어떤 일에도 멈추지 않을 거요."

"그들은 이길 수 없습니다."

마크가 말했다.

피버스톤 경이 대답했다.

"우리는 그러기를 바라오. 난 그들이 못 이길 거라고 생각하오. 그래서 우리 각자가 올바른 쪽을 선택하는 것이 그토록 중요하지. 중립을 지키려 한다면 당신은 고작 노리개가 되지."

"아, 제가 어느 쪽인지 의문을 가져 본 적이 없군요. 맙소사. 인류의 보존, 그것은 가장 기본적인 의무인데 말입니다."

피버스톤이 말했다.

"음, 나 개인적으로는 버스비 류의 생각을 탐닉하지 않소. 수백만 년 후에 일어날 일에 대한 염려를 토대로 처신하는 것은 환상이오. 그리고 저쪽 편 역시 인류의 보존을 주장하리란 것을 기억해야 하오.

그들이 그 노선을 취한다면 양쪽은 심리적으로 설명될 수 있을 거요. 실질적인 핵심은 당신과 내가 노리개가 되는 것을 싫어하며, 우리는 특히 승자 편에서 싸우고 싶어 한다는 점이오."

"그러면 실질적인 첫 단계는 무엇입니까?"

"그렇소, 그게 진짜 문제요. 말했다시피 행성간의 문제는 잠시 한쪽으로 미뤄 둬야 하오. 둘째 문제는 지구에 있는 우리의 적들이오. 곤충과 박테리아만 의미하는 게 아니오. 동물과 식물, 모든 종류의 생명체가 너무도 많소. 우리는 이곳을 아직 정리하지 못했소. 우선 그럴 수가 없었고, 다음으로는 윤리적이고 인간적인 양심의 가책이 있었지. 우리는 여전히 자연의 균형이라는 문제를 피해서 지나가지 못하고 있소. 모든 게 정리되어야 하오. 셋째 문제는 인간 자체요."

"계속하시지요. 대단히 흥미롭습니다."

"인간은 인간을 관리해야 하오. 그것은 일부 인간이 나머지를 관리해야 된다는 뜻임을 명심해요. 그래서 가급적 서둘러 이 점을 이용해야 하오. 당신과 나는 관리를 당하는 인간들이 아니라 관리하는 인간들이 되고 싶소. 정말 그렇소."

"어떤 종류의 일을 마음에 두신 겁니까?"

"처음에는 아주 간단하고 뻔한 일들이오. 부적합한 부류의 박멸과 퇴보하는 종족들의 청산(우리는 부담스러운 짐을 원치 않소), 선별적인 양육. 그런 다음 태교를 포함한 진정한 교육. 진정한 교육이라 함은 '받아들이느냐 거절하느냐 양자택일'이라는 헛소리가 아니라는 뜻이오. 진짜 교육은 수혜자를 만들고 싶은 그대로 만들지. 당사자나 부모가 어떻게 해봐도 상관없이 말이오. 물론 처음에는 주로 심리적인 게 되어야 할 거요. 하지만 우리는 결국 생화학적인 조정에 착수해서 뇌의 조작을 관할하게 될 거요⋯⋯."

"하지만 이건 엄청난 일입니다, 피버스톤 경."

"결국 진짜가 될 거요. 새로운 부류의 인간. 그리고 그런 인간을 만들어야 되는 사람은 바로 당신 같은 사람들이오."

"그게 저의 고민입니다. 짐짓 겸손한 척한다고 생각하지 마십시오. 저는 아직도 제가 어떻게 기여할 수 있는지 모르겠습니다."

"그럴 테지만 우리는 알고 있소. 당신은 우리에게 필요한 존재요. 급진적으로 현실적인 견해를 지니고 책임을 두려워하지 않는, 훈련된 사회학자. 글을 쓸 줄 아는 사회학자이기도 하고."

"설마 제가 이 모든 것을 집필하라는 건 아니지요?"

"아니오. 우린 당신이 눈가림을 위해 받아 적는 정도만 원하오. 물론 당분간만이오. 일단 일이 시작되면 우리는 영국 대중의 생각에 신경 쓸 필요가 없소. 우리는 원하는 대로 대중의 마음을 만들 거요. 하지만 당분간은 어떻게 표현되느냐에 따라 차이가 나지. 예컨대 국공연이 범죄자들을 실험할 권리를 원한다는 소문이 나면, 노인네들이 열이 나서 인간성 운운하며 떠들 거요. 그런데 그 실험을 부적응자의 재교육이라고 부르면, 마침내 보응적인 처벌의 잔혹한 시기가 끝났다고 기뻐하며 감격하게 만들 수 있소. 참 이상한 일이지. '실험'이라는 단어는 인기가 없지만 '실험적'이라는 단어는 그렇지 않으니 말이오. 어린이들에게 실험은 안 되겠지만, 국공연의 부속 기관인 실험적인 학교에서 어린애들에게 자유로운 교육을 제공하면 괜찮다니까!"

"이게…… 저…… 언론 쪽이 제 주요 업무가 될 거라는 말씀은 아니지요?"

"언론과는 아무 관계 없소. 우선 당신의 글을 읽는 당사자는 하원의 위원들이지 대중이 아니오. 하지만 그것은 곁다리 업무에 불과할 것이오. 업무 자체는…… 이런 일이 어떻게 전개될지 말할 수가 없구만. 당신 같은 사람에게 말할 때면 난 재정적인 면은 강조하지 않소. 아주 적은 액수에서 시작하게 될 거요, 1년에 천오백 파운드 정도라고 해둡시다."

"그 문제는 생각하지 않았습니다."

마크는 흥분해서 얼굴을 붉히며 말했다.

"물론 그렇겠지요. 내 경고해 두는데, 위험이 도사리고 있소. 아직은 아닐 거요. 하지만 일이 진짜로 시작되면 그들은 당신을 살해하려 들 거요, 불쌍한 웨스턴처럼."

"그 점도 생각하지 않은 듯합니다만."

마크가 말했다.

피버스톤이 말했다.

"이봐요, 내일 내가 존 위더를 만나게 해주리다. 당신이 관심을 보이면 주말에 데려오라고 내게 당부했소. 당신은 거기서 중요한 인물들을 모두 만날 거고, 마음을 정할 기회를 얻게 될 거요."

"위더가 어떻게 이 일에 끼어듭니까? 저는 줄스가 이 연구소의 수

장인 줄 알았습니다만."

줄스는 저명한 소설가이자 과학을 대중화한 사람으로, 국공연과 관련해서는 늘 그의 이름이 대중 앞에 나타났다.

피버스톤이 말했다.

"줄스! 말도 안 되는 소리! 그 허수아비가 실제로 벌어지는 상황에 할 말이 있을 거라고 생각하오? 그는 일요판 신문에서 영국 대중에게 이 기구를 잘 선전하고 엄청난 급여를 받소. 일에는 쓸모없는 인물이오. 그의 머릿속에는 인간의 권리가 어쩌고 하는 19세기 사회주의 사상밖에 없지. 딱 다윈만큼만 나아간 인간이지!"

"아, 그렇군요. 늘 전체 구도에서 그의 존재가 어리둥절했습니다. 이렇게 친절하시니 제가 경의 제안을 받아들여 주말에 위더를 만나러 가는 게 좋겠습니다. 몇 시에 출발하실 겁니까?"

"11시 15분 전쯤. 샌돈 외곽에 산다고 들었소. 내가 전화하고 데리러 가겠소."

"감사합니다. 이제 위더에 대해 말씀해 주시지요."

"존 위더……."

피버스톤은 말을 시작하려다 멈추었다. 그가 덧붙였다.

"이런! 여기 커리가 오는군. 이제 엔오가 무슨 말을 했는지, 또 우리 정치가께서 그를 어떻게 요리했는지 들어 봅시다. 가지 마시오. 당신이 옆에서 지원해 줘야 되니까."

2

칼리지에서 나왔을 때는 막차가 끊긴 지 오래 돼서 마크는 환한 달빛 속에서 집을 향해 언덕길을 올랐다. 그런데 아파트에 들어선 순간, 예사롭지 않은 일이 벌어졌다. 그는 현관 매트에 선 채로, 겁에 질려 조금씩 흐느끼는 제인을 안았다. 초라해 보이기까지 한 제인이 말했다.

"아, 마크. 너무나 무서웠어요."

그는 아내의 모습에 깜짝 놀랐다. 말로 표현하기 어렵지만 그녀는 순간적으로 자기방어 능력을 잃은 듯했다. 전에도 이런 경우가 있었지만 드문 일이었다. 그런 증세가 점점 드물어지던 차였다. 또 그의 경험상 그런 상황이 벌어지면 다음 날 이상한 말다툼이 벌어졌다. 그래서 몹시 당황스러웠지만, 그는 난감한 기분을 말로 옮긴 적이 없는 사람이었다.

제인이 감정을 설명했다 해도 그가 이해할 수 있었을지는 의심스럽다. 어쨌거나 그녀는 감정 상태를 설명할 수 없었다. 제인은 극도의 혼란에 빠졌다. 하지만 이 별난 저녁, 그녀가 예사롭지 않은 행동을 한 이유는 단순하기 짝이 없었다. 그녀는 4시 반에 딤블 교수의 집에서 돌아왔다. 걷다 보니 즐거워졌고 배가 고팠다. 전날 밤과 점심 식사 때의 경험들은 다 지난 일이라는 확신이 생겼다. 점점 해가 짧아져서 차를 다 마시기 전에 전등을 켜고 커튼을 쳐야 했다. 그러자니 한 가지 생각이 머릿속에 떠올랐다. 꿈에 대한 두려움과 망토, 노인, 땅에 묻혔지만 죽지 않은 노인, 스페인어 비슷한 언어에 대한 단순한 한 마디에 두려워한 것은 어처구니없다 싶었다. 어린아이가 어둠을 겁내는 것과 비슷했다. 이런 생각을 하자 어릴 때 어둠이 무섭던 순간이 떠올랐다. 어쩌면 그런 기억에 너무 오래 빠져들었는지 몰랐다. 아무튼 마지막 차를 마시려고 앉은 순간 저녁 시간이 불쾌해져 버렸다. 분위기는 회복되지 않았다. 우선 원고 집필에 몰두하기 어려웠다. 그러다 이런 어려움을 파악하자 어떤 책에도 집중하기가 어려웠다. 잠시 후에는 가만히 있지 못할 것 같더니 그런 상태에서 초조해졌다. 그 후 오랫동안 두렵지는 않았지만, 정신 차리지 않으면 몹시 두려워지리라는 것을 알았다. 그러고 난 후 이상하게도 저녁 식사를 준비하러 부엌에 가기가 꺼려졌고, 음식을 준비했을 때는 뭐든 먹기가 어려웠다. 아니 불가능했다. 이제 그녀가 두려워한다는 사실은 부인할 수 없었다. 제인은 절박한 심정으로 딤블 교수의 집에 전화했다.

"아무래도 추천해 주신 분을 만나러 가야 될 것 같아서요."

제인이 말했다.

묘한 침묵이 흐른 후 딤블 부인이 주소를 알려 주었다. '아이언우드'라고 했다. 미스 아이언우드. 남자일 거라고 짐작했던 터라 제인은 좀 불쾌했다. 아이언우드 선생은 '세인트 앤' 마을의 언덕 위에 살았다. 제인은 미리 약속을 해야 되느냐고 물었다.

딤블 부인이 대답했다.

"아니야. 그들은 집에 있을 거야. 약속할 필요는 없어."

제인은 최대한 오래 대화를 이어 갔다. 그녀가 전화한 것은 정신분석가의 주소를 알기 위해서가 아니라 '딤블 엄마'의 목소리를 듣고 싶어서였다. 속으로는 '딤블 엄마'가 그녀의 고통을 알아차리고 얼른 '내가 당장 차를 몰고 거기 갈게'라고 말해 주기를 바라던 차였다. 하지만 부인은 간단히 정보만 주고 서둘러 '잘 있어'라고 인사했다. 딤블 부인의 말소리가 약간 미심쩍은 것 같았다. 딤블 내외가 그녀를 두고 얘기하던 중에 그녀가 전화를 걸어 방해한 것처럼 느껴졌다. 아니, 그녀에 대해서가 아니라 어떻게든 그녀와 관련된 사람에 대해 말하던 중인 듯했다. 그게 더 중요했다. 게다가 딤블 부인의 '그들은 집에 있을 거야'라는 말은 무슨 뜻일까? '그들이 널 기다리고 있을 거야'란 말일까? 그들이 '너를 기다리고 있다'라는 말이 어릴 때의 무서운 이야기가 되어 머리를 스쳤다. 제인은 까만 옷을 입은 아이언우드가 양손을 무릎 위에 올려놓고 앉아 있는 장면을 상상했다. 누군가 그녀를 아이언우드에게 데려가서 '그녀가 왔습니다'라고 말하고 물러갔다.

'망할 놈의 딤블 부부!'

제인은 혼잣말을 했지만 입 밖에 내지는 않았다. 양심의 가책보다는 두려움 때문이었다. 최후의 수단을 사용했지만 아무 위로도 얻지 못했다. 자기에게서 벗어나려는 헛된 시도에 모욕이라도 느낀 듯 공포감이 그녀에게 냅다 달려들었다. 그 후 제인은 오싹한 노인과 망토가 꿈에서 본 것이 맞는지 헷갈렸고, 분노에 찬 눈으로 웅크리고 앉아서 꿈이 아니길 빌고 또 빌었는지(믿는 신이 없는데도 기도까지 했는지)도 전혀 기억 못했다.

바로 그때 마크는 문간에서 이런 예기치 못한 모습의 제인을 발견한 것이다. 하필 지친 몸으로 늦게 온 날 이런 일이 벌어졌나 싶었다. 솔직히 말해 그도 그날 정신이 없었다.

3

"오늘 아침은 기분 괜찮아?"

마크가 물었다.

"그래요, 고마워요."

제인이 짧게 대답했다.

마크는 침대에 누워서 차를 마셨다. 제인은 옷을 대충 걸치고 화장대 앞에 앉아서 머리를 손질했다. 마크는 이른 아침의 나른하고 흐뭇한 기분으로 그녀를 응시했다. 그가 둘의 삐걱거림을 짐작 못했다면, 그것은 인간들의 고쳐지지 않는 '투사' 습관 때문이기도 했다. 흔히 양털의 감촉이 부드럽기 때문에 양은 유순하다고 생각한다. 남자들은 어떤 여자가 관능적인 감정을 일으키면 그 여자를 관능적이라고 말한다. 마크는 제인의 몸이 탄탄하지만 유연하고, 볼륨 있지만 날씬하다고 생각했고, 그녀에게 느껴지는 감각은 그녀가 일으키는 것이라고 핑계 대지 않을 수 없었다.

"정말 괜찮은 거야?"

그가 다시 물었다.

"네."

제인이 더 짧게 대꾸했다.

그녀는 짜증스러운 까닭이 올림머리가 마음에 들지 않고, 남편이 수선을 피워서라고 생각했다. 물론 지난 밤 성격에 맞지 않게 무너진 자신에게 단단히 화가 났다는 것을 알고 있었다. 감상적인 소설에 나오는 '어린 여자' 처럼 그렇게 당황해서 질질 짜며 남자의 품에 뛰어들어 위로를 구하는 것은 그녀가 가장 혐오하는 짓이었다. 하지만 이 분노는 마음 안쪽에만 있다고 생각했는데 그 감정이 혈관 속에서 펄떡펄떡 뛰고 바로 그 순간 손놀림이 둔해져서 머리 모양이 엉망이 될 줄은 몰랐다.

마크가 말했다.

"혹시 당신이 조금이라도 불편하면, 내가 이 위더라는 사람을 만나러 가는 것을 늦출 수 있어서 그래."

제인은 아무 말도 하지 않았다.

마크가 말했다.

"내가 가면 밤을 거기서 보내야 될 거야, 어쩌면 이틀 밤쯤."

제인은 입술을 더 꼭 다물고 여전히 잠자코 있었다.

마크가 말했다.

"내가 간다면, 머틀을 불러서 같이 잘 생각은 없어?"

"아뇨, 됐어요."

제인은 힘주어 말하고 덧붙였다.

"난 혼자 지내는 데 익숙해요."

"알아. 현재 칼리지의 상황이 엉망으로 돌아간다니까. 내가 다른 일자리를 생각하는 건 그게 중요한 이유 중 하나지."

마크는 짐짓 변명하는 투로 말했다.

제인은 여전히 대꾸하지 않았다.

마크가 갑자기 일어나 앉더니 다리를 침대 밑으로 내리며 말했다.

"그런데, 자기. 괜히 에둘러 말해 봤자 좋을 게 없지. 당신이 이런 상태인데 집을 비우는 게 마음이 편치 않아……."

"어떤 상태 말이죠?"

제인이 몸을 돌려 처음으로 그를 마주 보며 물었다.

"저기, 내 말은…… 좀 예민하니까…… 누구라도 일시적으로 그럴 수 있겠지만."

"왜냐면 어젯밤, 아니 오늘 새벽이라고 해야죠. 당신이 집에 왔을 때 우연히도 내가 악몽을 꾸던 참이었으니까 신경쇠약에라도 걸린 것처럼 말할 필요 없어요."

제인은 전혀 의도와는 다르게 말을 뱉었다. 마크도 그녀가 그렇게 말할 줄은 예상치 못했다.

"자, 계속 이러는 건 아무 도움도 안 되니까……."

마크가 말을 이었다.

"이러는 거라니 뭔가요?"

제인이 쌀쌀맞게 반문했다. 그녀는 그가 대답할 새도 없이 계속 말했다.

"내가 미쳤다고 판단되면 브리지커에게 가서, 왕진 와서 날 정신병자로 진단하게 하는 편이 좋을 거예요. 당신이 집을 비운 사이에 그렇게 처리하는 게 편리하겠네요. 당신이 부산떨지 않고 위더 씨에게 가 있는 동안 그들이 날 보낼 수 있으니까. 서둘러 면도하고 옷을 입지 않으면, 피버스톤 경이 올 때까지 준비가 안 끝나겠어요."

마크는 면도를 하다가 크게 베었다(윗입술에 큼직한 솜을 붙이고 대단히 중요한 인물인 위더와 대화하는 광경이 곧 그려졌다). 그 사이 제인은 복잡 미묘한 이유로 마크에게 유난히 정성껏 아침 식사를 차려 주기로 마음 먹었다. 하지만 그녀는 죽어도 식사를 하고 싶지 않았다. 결심이 서자 화난 여자의 민첩한 손놀림으로 음식을 준비했지만, 결국 마지막 순간에 새 스토브 위로 음식을 엎지르고 말았다. 그들이 식탁에 앉아서 신문을 보는 체할 때, 피버스톤 경이 도착했다. 운이 어지간히도 나빠서 하필 바로 그때 맥스 부인이 도착했다. 맥스 부인은 제인이 "일주일에 이틀씩 와주는 여자가 있어요"라는 말로 재정 상태를 드러낼 때의 그 '여자'였다. 20년 전 제인의 어머니 같았으면 일하러 오는 사람을 '맥스'라고 부르고 맥스는 제인을 '마님'으로 불렀을 터였다. 하지만 제인과 그녀의 '와주는 여자'는 서로를 '맥스 부인', '스터독 부인'으로 불렀다. 그들은 비슷한 연배였고, 독신남의 눈에는 둘의 차림새가 크게 다르지 않았다. 그러니 마크가 피버스톤에게 아내를 소개하려 하자 피버스톤이 맥스 부인에게 악수를 청한 것도 있을 수 있는 일이었다. 하지만 두 남자가 떠나기 전 몇 분간 분위기는 그리 좋지 않았다.

그들이 가자마자 제인은 쇼핑을 핑계로 아파트에서 나왔다.

그녀는 중얼댔다.

"오늘은 맥스 부인을 못 견디겠어. 여자가 지독하게 수다스러워서 말야."

피버스톤 경도 마찬가지였다. 부자연스러운 너털웃음하며 상어 같은 입에다 무례함은 어떻고. 멍텅구리 같아 보이기도 하고! 그런 자와 어울려 다니는 게 마크에게 무슨 득이 될 수 있을까? 제인은 그의 얼굴을 신뢰하지 않았다. 그에게 교활한 면이 있다는 것을 금방 알아챌 수 있었다. 그는 마크를 웃음거리로 만들고 있었을 것이다. 마크는 너무 쉽게 넘어가는 사람이었다. 남편이 브랙톤에 있지만 않았다면! 브랙톤은 지긋지긋한 칼리지였다. 마크는 커리와 수염 기른 역겨운 늙은 목사 같은 자들에게서 뭘 보는 걸까? 어쨌든 어떤 날이 그녀를 기다릴까. 이날 밤, 다음 날 밤, 그 후는 어떨까. 남자들이 이틀 밤쯤 집을 비운다는 것은 최소한 이틀 밤이고 1주일쯤 비우고 싶다는 뜻이니까. (장거리 전화는 걸지 않고) 전보 한 통 달랑 보내면 그뿐이다.

그녀는 뭔가 해야 했다. 마크의 조언대로 머틀을 불러서 지낼 생각까지 했다. 하지만 머틀은 마크의 쌍둥이 누이인 시누이로, 명석한 남동생을 지나치게 애지중지하는 누나였다. 그녀는 표현은 안 해도 제인이 무슨 복으로 마크와 결혼했냐며 놀라는 투로 마크의 건강과 셔츠와 양말에 대해 물어 댔다. 아니, 머틀을 부르는 것은 곤란했다. 그녀는 브리지커 박사에게 환자로 찾아갈까 생각해 보았다. 그는 브랙톤 사람이니 진찰비를 받지 않을 터였다. 하지만 누구보다도 브리지커가 으레 물을 질문들에 답할 생각을 하니, 그를 찾아가는 것은 말도 안 되는 짓이었다. 뭔가 해야 했다. 결국 '세인트 앤'에 가서 아이언우드를 만나자는 결심이 서자 스스로도 놀랐다. 그녀는 그런 결정을 하는 자신을 바보라고 생각했다.

4

그날 어느 구경꾼이 에지스토 상공에 있었다면, 먼 남쪽의 큰 도로에서 움직이는 점 하나를 보았을 것이다. 또 나중에는 동쪽의 은빛 실 같은 윈드 강 가까이서 더 천천히 움직이는 기차가 내뿜는 연기를 보았을 것이다.

그 점은 마크 스터독을 태우고 '벨버리'의 '수혈 사무소'로 향하는 자동차였을 것이다. 국공연의 핵심 부서는 당분간 이곳에서 일했다. 마크는 차를 본 순간 크기와 모양에 깊은 인상을 받았다. 시트의 천이 어찌나 고급이던지 먹어도 좋을 만큼 보드라웠다. 피버스톤이 운전대에 자리를 잡고 경적에 팔꿈치를 걸치고 입에 파이프를 문 모습은 또 얼마나 남성적인 에너지가 넘쳐나던지!(마크는 지금 여자들이 신물 나 있었다) 에지스토의 좁은 도로에서도 차의 속도는 인상적이었고, 피버스톤이 다른 운전자들과 보행자들을 짤막하게 비난하는 말도 인상적이었다. 평지의 교차로를 통과해서 제인의 모교(세인트 엘리자베스)를 지나자, 피버스톤은 차가 발휘할 수 있는 역량을 보여 주기 시작했다. 한가한 도로 위의 운전 습관이 나쁜 운전자들, 멍청한 보행자들, 말 탄 자들, 그들이 치고 지나간 닭 한 마리, 개들, 피버스톤이

'더럽게 운좋다'고 말한 닭들이 엄청난 속도에 휙휙 뒤로 물러나는 것 같았다. 전신주들이 달음질치듯 스쳐 갔고, 다리들은 굉음과 함께 머리 위로 밀려 왔다. 마을들이 뒤로 흘러가 이미 지나온 시골과 섞였다. 마크는 공기에 취하고, 피버스톤의 난폭한 운전에 불쾌감을 느끼는 동시에 매료되었다. 그는 옆에 앉아 "네!", "좋습니다", "그들의 잘못이었지요"라고 말하면서 동반자를 흘끔흘끔 곁눈질했다. 피버스톤은 으스대는 커리와 회계 관리자와는 다른 인물임이 분명했다! 길고 반듯한 콧날, 꽉 다문 치아, 얼굴 아래쪽의 단단한 골격, 그의 옷차림새는 대단한 인물이 대단한 차를 몰고 대단한 일이 벌어지는 곳으로 가고 있음을 말해 주었다. 마크도 모든 일에 끼게 될 터였다. 가슴이 조마조마하던 순간, 그는 피버스톤의 운전 솜씨가 차의 속도를 감당할 수 있는지 걱정스러웠다.

가장 아슬아슬한 순간을 넘긴 후에도 피버스톤은 무모하게 달리면서 큰소리쳤다.

"교차로를 그렇게 진지하게 지날 필요는 없지."

"그렇지요. 그리 중요하게 여길 필요 없죠!"

마크가 맞장구쳤다.

"운전을 많이 하는 편이오?"

피버스톤이 물었다.

"전에는 제법 많이 했지요."

마크가 대답했다.

누군가 에지스토의 동쪽에서 연기를 봤다면, 그것은 제인 스터독을 태우고 느릿느릿 '세인트 앤' 마을을 향해 달리는 기차였을 것이다. 런던에서 에지스토에 도착한 사람들은 여기서 종착역의 분위기를 느낄 테지만, 주변을 돌아보면 한쪽에 서 있는 차량 두세 칸과 증기 기관차가 이어진 기차를 금세 찾을 수 있었다. 기차는 발판 밑에서 푹푹 증기를 뿜어 냈고, 그 기차에 탄 승객들은 대부분 아는 사이로 보였다. 어떤 날은 세 번째 객차 대신 말 운반차가 연결되었고, 플랫폼에는 죽은 토끼나 산 가금류가 든 바구니들이 놓여 있곤 했다. 갈색 중산모를 쓰고 각반을 두른 남자들과 여행에 익숙한 듯한 테리어종이나 양치기 개가 같이 있기도 했다. 1시 30분발 기차에 탄 제인은 강둑을 따라 덜컹덜컹 흔들리며 가고 있었다. 그때 앙상한 가지들과 울긋불긋한 나뭇잎이 달린 가지들 사이로 브랙돈 숲이 내려다 보였다. 기차는 가지들 사이를 지나고 '브랙돈 캠프'에서 교차로를 지나 '브롤 파크'의 가장자리를 따라 달렸다(어느 시점에서 장원이 보였다). 그러다가 기차는 처음으로 '듀크스 이튼'에서 정차했다. '올럼', '쿠어 하디', '포스톤스'에서처럼 이곳에서도 기차는 미끄러지다가 덜컹하면서 한숨을 쉬는 것처럼 멈추었다. 그러면 우유 깡통들이 덜거덕대는 소리와 플랫폼에서 거친 발소리가 났고, 실제로는 짧은 그러나 길게 느껴지는 정적이 흘렀다. 가을 햇살이 따스하게 창틀에 쏟아지고, 작은 역 뒤쪽에서 나무와 들녘의 냄새가 밀려와서 철로가 땅의 일부분이라고 주장하는 것 같았다. 그녀가 탄 객실로 역마다 승객들이 타고 내렸다. 얼굴이 빨간 남자들, 옆쪽을 여미는 부츠를 신고 모형 과일이 달린 모자를 쓴 아낙들, 학생들이 오갔다. 제인은 그들을 의식하지 않았다. 그녀는 이론적으로는 열렬한 자유주의자였지만, 그녀가 속한 계층 외의 사회 계층은 책 말고 어디서도 실감하지 못했다. 그리고 역에 정차하는 사이에 휙휙 지나가는 것들이 전체 풍경과 동떨어져서 그 순간 그것을 잡으려고 기차에서 내리면 천상의 행복을 맛본다고 약속이라도 하는 것 같았다. 드넓은 누런 들판에 에워싸인 집 뒤쪽으로 건초 더미가 쌓여 있었다. 늙은 말 두 필은 머리를 숙이고 있고, 작은 과수밭에는 빨랫줄이 걸려 있었다. 점 같은 눈으로 기차를 빤히 보는 토끼의 쫑긋 세운 두 귀는 물음표 한 쌍 같았다. 2시 15분경 그녀는 '세인트 앤'에서 내렸다. 거기가 진짜 종착역이고, 모든 역의 끝이었다. 역을 떠날 때 밀려오는 공기는 차고 신선했다.

여기까지 올 때 중간부터 기차가 칙칙폭폭 언덕을 올라와야 했지만, 아직도 걸어서 올라가야 될 길이 남아 있었다. 세인트 앤은 영국보다는 아일랜드에서 많이 볼 수 있는, 언덕 꼭대기에 자리 잡은 마을이었다. 비탈 사이로 뻗은 구불구불한 길을 올라갔다. 약도대로 교회 앞을 지나자마자 '색슨 크로스'에서 왼쪽으로 돌았다. 왼쪽으로는 집이 없고, 가파른 내리막에 늘어선 너도밤나무들과 울타리 없는 밭뿐이었다. 그 뒤편으로 눈 닿는 곳까지 수목이 울창한 평지가 뻗다가 멀리서 파래졌다. 제인은 그 지역에서 가장 높은 지대에 있었다. 곧 오른쪽으로 높은 담장이 나타났다. 꽤 멀리까지 이어진 듯한 담에 안으로 들어가는 문이 나 있었다. 문 옆에 철로 만든 낡은 종이 달려 있었다. 그녀는 의기소침해졌다. 줄을 당겨 종을 치면서도 헛걸음을 했다는 생각이 들었다. 댕그렁 소리가 그치자 오래 적막감이 흘렀다.

고지대라서 쌀쌀했다. 집에 사람이 없을 거라는 의심이 들기 시작했다. 다시 종을 칠지 돌아가야 할지 고민하는데, 담장 안쪽에서 서둘러 걸어오는 발소리가 났다.

한편 피버스톤 경의 차는 오래전에 '벨버리'에 도착했다. 베르사유 궁에 감동한 백만장자가 지은 화려한 에드워드식 저택이었다. 옆쪽으로 나중에 지은 시멘트 건물들이 쭉 있는 것 같았다. 그곳이 '수혈 사무소'였다.

3

벨버리와 언덕 위의 세인트 앤

1

　넓은 계단을 올라가다가, 마크는 거울에 비친 자신과 동반자를 쳐다보았다. 피버스톤은 평소처럼 옷차림과 표정이 어울렸고 전체 상황에 휘둘리지 않았다. 마크가 인중에 붙인 솜뭉치가 오는 동안 바람에 날려 뒤틀려서, 가짜 콧수염의 치켜 올라간 부분만 붙인 것 같았다. 잠시 후 그는 큰 창이 있고 벽난로가 활활 타는 방에 들어섰다. 거기서 국공연의 부소장 존 위더와 인사를 나누었다.

　위더는 공손한 몸가짐이 밴 백발노인이었다. 깔끔하게 면도한 얼굴은 엄청나게 컸고, 촉촉한 파란 눈은 애매하고 혼돈된 느낌을 자아냈다. 위더는 그들에게 완전히 집중하는 것 같지 않았다. 이런 인상은 그 눈 때문이었을 것이다. 그의 말과 몸짓은 과하다 싶을 정도로 공손했으니까. 그는 스터독에게 합류해서 매우 기쁘며 환영한다고 했다. 이 말은 안 그래도 피버스톤 경이 안겨 준 의무감을 더 무겁게 했다. 위더는 그들이 편안한 여행을 했기를 바란다고 했다. 두 사람이 비행기를 타고 온 줄로 그가 착각하는 듯하여 그게 아니라고 했다. 그러자 그들이 런던에서 기차를 타고 왔다고 생각하는 듯했다. 그는 스터독에게 숙소가 쾌적한지 묻다가, 두 사람이 이제 막 도착했다는 말을 들었다. 마크는 '노인이 나를 편안하게 해주려고 저러는구나'라고 생각했지만, 사실 위더의 말은 의도와 달리 불편함을 느끼게 했다. 마크는 위더가 담배를 권해 주기를 바랐다. 이 사람이 그에 대해 아는 게 없으며, 피버스톤의 잘 짜인 계획과 호언장담이 순간적으로 안개 속으로 흩어졌다는 확신이 들자 극도로 마음이 불편했다. 마침내 그는 용기를 내서 위더 씨에게, 그가 조직을 도울 수 있는 능력이 있는지 확실하지 않다고 했다.

부소장은 유난히 한눈을 파는 듯한 눈빛으로 말했다.

"스터독 씨, 내 분명히 말하는데 그 점에 대해 조금도…… 어…… 어려움을 겪으리라는 걱정은 전혀 안 해도 되오. 당신의 활동과 정책을 제한할 의사는 전혀 없었소. 동료와의 관계나 우리와 협력하는 조건도 마찬가지요. 당신의 관점과 조언에 대해 일일이 따지지 않을 거요. 스터독 씨, 이렇게 표현하면 어떨지 몰라도 우리가 대단히 행복한 가족이라는 것을 알게 될 거외다."

"아, 제 말을 오해하지 마십시오. 그런 의미는 전혀 아니었습니다. 제가 여러분께 오면 정확히 어떤 일을 하게 될지 알고 싶다는 뜻이었을 뿐입니다."

"자, 우리에게 온다는 말이 나왔으니, 나로서도 오해가 없기를 바라오. 주거 문제에 대해서는…… 이 단계에서는…… 우리 모두 동의했다고 생각하오. 우리는 당신이 원하는 곳에서 자유롭게 작업해야 된다고 생각했소. 우리 모두 그렇게 보았소. 런던이나 케임브리지에서 살고 싶으시다면……."

"에지스토입니다."

피버스톤 경이 얼른 바로잡았다.

"아, 그렇지. 에지스토."

이 대목에서 위더는 몸을 돌려 피버스톤에게 말했다.

"내가 미스터…… 에…… 스터독에게 설명 중이었는데, 위원회는 미스터…… 그대의 친구가 사는 곳을 지시하거나 심지어 조언할 의사가 전혀 없다는 데 그대도 동의할 거라 믿소. 물론 그가 어디 살든 우리는 당연히 그가 원하는 대로 항공과 육상 교통수단을 제공할 거요. 피버스톤 경, 그대가 이미 그에게 모든 문제는 조금도 어려움 없이 해결될 거라고 알렸겠지요."

"실은 그런 생각을 했던 게 아닙니다. 그런 염려는 전혀 하지 않았습니다. 어디 살든 제가 어떤 반대도 해서는 안 되겠지요. 저는 다만……."

부소장은 마크의 말을 막았다. 위더처럼 부드럽게 말하는 것도 '막았다'라고 할 수 있을지 모르지만.

"하지만 내 분명히 말하겠소, 미스터…… 에…… 분명히 말하는데, 그대가 편리하다고 느끼는 곳이라면 어디 거주하든 어떤 반대도 없을 거요. 어떤 단계에서든 결코 그런 기미는 조금도……."

하지만 이 대목에서 마크는 필사적으로 그의 말을 막고 나섰다.

"제가 분명히 해두고 싶은 것은 작업의 정확한 성격은 무엇이며 제가 그 임무를 맡을 자격이 있느냐 하는 것입니다."

위더 부소장이 대답했다.

"친구여, 그대는 그런 면에서는 전혀 불편해할 필요 없소. 말했다시피 그대는 우리가 대단히 행복한 가족임을 알게 되고, 그대의 적합성 문제에 누구도 불안해하지 않았다는 데 더없이 만족할 거요. 우리 모두에게 완벽하게 환영받지 못할 위험이 조금이라도 있었다면 그대에게 자리를 제안하지 않을 거외다. 그대의 가치 있는 자질을 충분히 높이 사지 않았더라도 마찬가지고. 그대는…… 그대는 여기서 친구가 되는 겁니다, 스터독 씨. 나는 그대에게…… 에……. 마음에 안 맞는 개인과 접촉할 위험이 있는 조직에 몸담으라고 조언할 사람이 아니외다."

마크는 국공연이 그에게 시키려는 일이 뭐냐고 다시 묻지 않았다. 이미 알고 있다는 생각이 들어서였고, 이 방에서 단도직입적으로 물으면 거칠게 들릴 것 같아서이기도 했다. 그는 이 따뜻하고 묘하게 나른한 분위기, 그보다 더 중요한 자신감 넘치는 분위기에 점점 휩싸였다. 거친 면을 보이면 불쑥 이 분위기에서 따돌림당할 듯했다.

마크가 말했다.

"대단히 친절하시군요. 제가 좀더 명확히 해두고 싶은 한 가지는, 정확한…… 정확한 재량 범위입니다."

위더 씨는 한숨처럼 들리는 낮은 소리로 대답했다.

"지금 그 문제를 격의 없이 물어 주니 정말 반갑소. 분명히 그대나 나나 이 방에서 위원회의 권위를 해치는 일은 저지르고 싶지 않을 거요. 나는 그대의 동기를 이해하며…… 저…… 존중하오. 물론 우리는 외견상 기술적인 측면의 '재량'에 대해 말하는 것은 아니오. 우리 둘이 그러는 것은 부적절한 일이니까 말이외다(물론 그대는 다르게 말할 수도 있겠지만). 혹은 적어도 그 이야기를 하자면 불편한 상황이 이어질지 모르오. 하지만 내가 분명히 말해 줄 수 있는 것은, 누구도 당신에게 빡빡하게 굴거나 획일화된 일면을 강요하지 않을 거라는 점입니다. 물론 우리끼리는 명확하게 분리된 역할에 대해 생각하지 않소. 그대와 나 같은 사람은…… 솔직히 말하면 그런 개념을 도입하는 습관이 없지 않소이까. 기관의 모든 사람들은 자기 일을 이미 결정된 목표에 부분적으로 기여하는 게 아닌, 점진적으로 갖춰지는 유기적인 전체에서 한 순간이나 단계로 보고 있소."

"귀 기관의 유연성이 제 마음을 끈 요소 중 한 가지입니다."

마크가 말했다. 어리고 수줍음을 타고, 허세 부리며 우유부단함 덩어리인 그를 신께서 용서하시기를.

그 후 마크는 그 이야기를 꺼낼 기회가 없었고, 위더가 느리고 부드러운 말을 멈출 때마다 자기도 모르게 위더의 말투로 맞장구를 쳤다. '지금 우리 둘 다 무슨 말을 하는 거야?'라는 질문이 괴롭게도 계속 떠올랐지만, 달리 어쩔 수가 없었다. 면담 말미에 명확한 이야기가 나왔다. 위더 씨는 마크에게 '국공연 클럽'에 가입하면 편리할 거라고 제안했다. 이후 며칠간 누군가의 손님이 아닌 회원으로서 더 자유로울 거라고 했다. 마크는 동의했지만, 평생 회비 2백 파운드를 내는 게 가장 쉬운 방법이라는 것을 알고는 어린애처럼 얼굴이 새빨개졌다. 은행 계좌에 그만한 액수의 잔고가 없었다. 물론 연봉 천오백 파운드짜리 일자리를 얻는다면, 모든 게 수월할 것이다. 하지만 그가 취직이 된 걸까? 일자리가 있기는 한 걸까?

그가 말했다.

"아, 이런. 제가 수표책을 가져오지 않았습니다."

잠시 후 그는 피버스톤과 계단으로 나왔다.

"저……"

마크가 심각하게 말을 꺼냈다. 피버스톤은 그 말을 못 들은 듯했다.

"저…… 제 운명은 언제 알게 됩니까? 제가 일자리를 얻었냐는 뜻입니다."

"이보게!"

피버스톤이 갑자기 아래층 복도에 있는 사람에게 소리쳤다. 그는 정신없이 계단을 내려가서 친구의 손을 따뜻하게 잡고는 사라졌다. 더 천천히 따라 내려온 마크는 복도에 서 있게 되었다. 혼자 조용히 겸연쩍게 서 있었다. 주위에서는 사람들이 삼삼오오 짝지어 떠들면서 복도를 지나, 마크의 왼쪽에 있는 커다란 접이문으로 향했다.

2

어째야 좋을지 궁리하면서 이렇게 오래 서 있었던 것 같았다. 자연스러워 보이면서 낯선 이들의 눈을 끌지 않으려니 그랬다. 접이문 뒤에서 나는 좋은 냄새와 시끄러운 소리로 볼 때, 사람들이 점심 식사를 하러 가는 모양이었다. 마크는 자신의 처지를 몰라서 망설였다. 결국 더 이상은 이렇게 바보처럼 서 있을 수 없다고 생각하고 안으로 들어갔다.

혼자 앉을 수 있게 작은 탁자 몇 개가 놓여 있기를 바랐다. 하지만 길다란 식탁 한 개뿐이고 이미 거의 자리가 차 있었다. 마크는 피버스톤을 찾느라 두리번거렸지만 찾지 못해서, 낯선 사람 옆에 앉아야 했다.

"아무 데나 앉아도 되는 거지요?"

그가 중얼거리며 의자에 앉았지만 상대는 못 들은 듯했다. 그는 잽싸게 먹으면서 동시에 옆 사람에게 떠들어 대는 부산스러운 타입이었다.

그가 계속 말했다.

"그렇다니까. 내가 그에게 말한 것처럼 그들이 어느 쪽으로 정하든 나는 상관없지. 디디(Deputy Director 부소장—옮긴이)가 원하는 일이라면 나야 국공연 경찰 측이 모든 일을 도맡는 데 반대하지 않지만, 내가 싫은 건 일의 절반을 다른 사람이 하는데 어떤 사람이 그 일을 책임지는 거라구. 그에게 말했다시피 사무원도 해낼 수 있는 일을 두고 셋이 뒤엉켜 비틀대잖아. 오늘 아침에 벌어진 일을 보라구."

식사 내내 이런 대화가 이어졌다.

음식과 음료는 훌륭했다. 사람들이 식탁에서 일어나기 시작하자 마크는 마음이 놓였다. 그들의 움직임을 따라 홀을 지나 큰 방으로 들어갔다. 라운지로 꾸며진 방에서는 커피가 제공되고 있었다. 마침내 여기서 그는 피버스톤을 보았다. 사실 그를 보지 않기가 어려웠다. 한 무리의 사람들에게 둘러싸여 너털웃음을 터뜨리고 있었기 때문이다. 마크는 그에게 다가가서 이날 밤 여기서 머무르게 되는지, 그렇다면 어떤 객실이 준비되었는지 물어보고 싶었다. 하지만 피버스톤을 에워싼 사람들은 뚫고 들어가기 힘들 만큼 자기들끼리 뭉쳐 있었다. 마크는 여러 개의 테이블 중 한 곳으로 가서, 반들거리는 주간 소식지를 넘기기 시작했다. 몇 초에 한 번씩 고개를 들고, 피버스톤과 단둘이 대화할 기회가 있는지 살폈다. 다섯 번째 고개를 들었을 때, 그는 브랙톤의 동료 교수인 윌리엄 힝기스트를 보았다. 면전에서는 못 그랬지만 혁신파끼리는 '눈보라' 빌이라고 부르는 사람이었다.

커리의 예상대로 힝기스트는 칼리지 회의에 참석하지 않았고, 피버스톤 경과는 말도 안 하는 사이였다. 마크는 그가 국공연과 직접 통한다는 것을 알고 오싹했다. 그는 말하자면 피버스톤을 넘어서는 자리를 차지하고 있었다. 물리화학자인 힝기스트는 브랙톤 교원 중 영국 밖에서도 알아주는 두 사람 중 한 사람이었다. 혁신파가 일부러 대수롭지 않은 교수들을 뽑는 것은 아닐 테지만, '건전한 사람'을 구하다 보니 선택의 폭이 한정적이었다. 버스비가 말한 대로 '모든 것을 가질 수는 없는 법'이니까. '눈보라' 빌의 구식으로 말려 올라간 콧수염은, 거의 흰색이었지만 완전히 세지는 않아서 누르스름했다. 큰 매부리코에 머리는 대머리였다.

"이렇게 예상치 못하게 뵈니 기쁩니다."

마크가 격식을 차려 인사했다. 그는 늘 힝기스트가 좀 무서웠다.

힝기스트가 퉁명스럽게 대꾸했다

"음? 어? 아, 스터독? 그들이 여기 당신 자리도 마련한 줄 몰랐소."

"어제 칼리지 회의에서 뵙지 못해 아쉬웠습니다."

마크가 말했다.

그건 거짓말이었다. 혁신파는 항상 힝기스트의 존재를 난감해했다. 과학자로서, 그것도 칼리지에서 유일하게 출중한 과학자로서 그는 정당한 권리가 있는 인물이었다. 하지만 그는 밉살맞은 변종이요, 혁신파와 맞지 않는 부류의 과학자였다. 실력가인 글로솝은 칼리지 내에서 그의 단짝이었다. 그는 화학 분야의 혁신적인 발견은 별로 중요하지 않으며, 힝기스트 가문이라는 점에 더욱 가치를 두는 듯했다 (커리는 그것을 '과시'라고 했다). 19세기 역사학자의 말에 따르면 '배신자나 하급 관리, 준남작 작위에 오염되지 않은' 신비로울 만치 유서 깊은 가문이었다. 드 브로이(프랑스의 물리학자. 노벨상 수상자―옮긴이)가 에지스토를 방문했을 때 힝기스트는 유난히 불쾌하게 굴었다. 이 프랑스인은 남는 시간을 '눈보라' 빌의 무리하고만 지냈다. 하지만 한 열정적인 젊은 교수가 과학에 대한 두 석학의 공통적인 풍요한 즐거움이 뭔지 속을 떠보자, '눈보라' 빌은 잠시 기억을 돌이키는 듯하더니 자신들은 그런 반열에 오르지 못한 것 같다고 대답했다. 힝기스트 앞에서는 말하지 못했지만 커리는 '고타 연감(Almanac de Gotha. 유럽의 왕가와 귀족 족보 등을 기록한 것—옮긴이)에나 나올, 말도 안 되는 허풍'이라고 평했다.

"어? 그게 뭔가? 칼리지 회의라니? 그들이 무슨 말을 했지?"

'눈보라' 빌이 말했다.

"브랙돈 숲의 매각에 대해 논의했습니다."

"말도 안 되는 짓거리."

'눈보라' 빌이 중얼댔다.

"참석하셨다면 교직원들이 내린 결정에 동의하셨을 겁니다."

"그들이 무슨 결정을 내렸든 달라질 게 없었네."

"아!"

마크가 놀라서 중얼댔다.

"다 헛짓이었지. 어쨌거나 국공연은 그 숲을 확보했을 걸세. 그들에게는 매각을 강요할 권력이 있었으니까."

"정말 특이한 일이군요! 우리가 매각하지 않으면 그들이 케임브리지로 갈 거라고 알고 있는데요."

힝기스트는 소리 내어 비웃었다.

"전혀 사실이 아니네. 특이한 일이라는 것은 자네가 무슨 뜻으로 한 말이냐에 따라 다르겠지. 브랙톤 교직원들이 오후 내내 비현실적인 의제를 두고 이야기한 것에는 독특할 게 없네. 잉글랜드 지방의 중심부를, 파산한 미국 호텔과 번지르르한 가스 업체의 기로에 놓이게 했다는 오명을 국공연이 브랙톤에 넘기고 싶어 하는 것도 별스러울 게 없지. 한 가지 진짜 어리둥절한 것은 국공연이 그 부지를 원하는 이유일세."

"일이 진행되면 우리도 그 이유를 알게 되겠지요."

"자네는 그럴지 모르지. 난 아닐 걸세."

"네?"

마크가 심문조로 물었다.

힝기스트가 목소리를 낮춰 대답했다.

"난 이만하면 충분하네. 나는 오늘 밤에 떠날 걸세. 자네가 브랙톤에서 뭘 했는지는 모르지만, 도움이 된다면 돌아가서 그 일에 매진하라고 충고하고 싶군."

"진심이십니까? 왜 그런 말씀을 하시지요?"

마크가 물었다.

"나 같은 늙은 교원에게는 문제가 아니지만, 저들은 자네에게 악마 같은 짓을 할 수도 있네. 물론 모든 게 그 사람이 뭘 좋아하느냐에 달려 있지."

"솔직히 말하자면 저는 아직 마음을 완전히 정하지 않았습니다. 제가 머문다고 해도 일자리를 얻게 될지조차 아직 모릅니다."

마크가 말했다. 그는 힝기스트가 뒤틀린 보수주의자라고 세뇌받았다.

"전공이 뭐지?"

"사회학입니다."

"흠. 그렇다면 어떤 사람 밑에 있을지 알려 줄 수 있겠군. 스틸이라는 친구일세. 저기 창가에 있는 사람 보이나?"

힝기스트가 말했다.

"교수님이 인사시켜 주실 수 있겠네요."

"그럼 여기 머물기로 한 건가?"

"적어도 그를 만나 봐야 될 것 같습니다만."

"알겠네. 내가 참견할 일이 아니니까."

힝기스트가 말했다. 그러더니 큰 소리로 불렀다.

"스틸."

스틸이 몸을 돌렸다. 키 크고 웃음기 없는 남자였다. 얼굴이 길쭉한 말상이지만 입술은 도톰하고 삐죽 나와 있었다.

"이 사람은 스터독일세. 자네 부서에 새로 온 사람이지."

힝기스트가 말하고 몸을 돌렸다.

"아."

스틸이 가볍게 한숨을 내쉬더니 한참 지나서야 말했다.

"제 부서라고 하셨습니까?"

"저분이 그렇게 말씀하셨지만 잘못 아셨는지도 모릅니다. 저는 사회학자입니다. 이 말씀을 드리면 파악되실지 모르겠습니다만."

마크는 미소를 지으려고 애쓰며 대답했다.

스틸이 말했다.

"내가 사회학 부문의 장이지만 당신에 대해서는 처음 듣는군요.

당신이 거기 가게 될 거라고 말한 사람이 누구입니까?"

"저기, 솔직히 상황 전체가 상당히 애매합니다. 저는 방금 부소장님과 대화를 나누었지만 사실 세세한 부분까지 의논하지는 않았거든요."

"어떻게 부소장님을 만나게 됐지요?"

"피버스톤 경이 소개해 주었습니다."

스틸은 휘파람을 불었다.

"저기, 코서!"

그는 지나가던 주근깨가 많은 사람을 부르더니 그에게 말했다.

"이 말 좀 들어 봐. 피버스톤이 이 친구를 우리 부서에 떠안겼네. 나한테는 일언반구도 없이 그를 디디에게 데려갔다는군. 그 일에 대해 어떻게 생각하나?"

"이런, 죽갔구만!"

코서는 마크에게는 눈길도 주지 않고 스틸을 똑바로 보며 내뱉었다.

"미안합니다. 신경 쓰지 마십시오. 제가 오해받기 쉬운 입장에 빠진 것 같습니다. 뭔가 착오가 있었음이 분명합니다. 사실 지금 저는 그냥 둘러보는 중입니다. 어쨌거나 이 기관에 머무를지는 확실치 않습니다."

마크는 지금까지보다 더 크고 퉁명스러운 소리로 말했다.

다른 두 사람은 그의 마지막 말에 신경 쓰지 않았다.

"피버스톤이 또 저질렀군요."

코서가 스틸에게 말했다.

스틸이 마크에게 몸을 돌리고 말했다.

"여기서 피버스톤이 하는 말에는 크게 신경 쓰지 말라고 조언할 수밖에 없군요. 이건 그 사람이 간여할 일이 아닙니다."

마크는 얼굴을 붉히지 않으려고 애쓰며 대꾸했다.

"오해받기 쉬운 입장에 몰렸다는 게 마음에 거슬릴 뿐입니다. 그저 시험 삼아 와본 것뿐입니다. 저는 국공연에서 자리를 얻든 말든 아무래도 상관없습니다."

스틸이 코서에게 말했다.

"우리 쪽에는 자리가 없다는 걸 알지? 특히 일에 대해 모르는 사람을 받아들일 여유는 없지. 그들이 이 사람을 유엘UL에 배정한다면 모를까."

"맞는 말이에요."

코서가 말했다.

"스터독 씨 아닌가요."

마크의 옆쪽에서 새로운 사람이 말했다. 그가 고개를 돌리니 거대한 언덕 같은 사내가 서 있었다. 고음의 목소리가 체구와 어울리지 않았다. 마크는 금방 그 사람을 알아보았다. 거무스름하고 매끈한 얼굴과 검은 머리가 그임에 틀림없었다. 외국인 같은 발음도 마찬가지였다. 이 사람은 위대한 물리학자인 필로스트라토 교수였다. 마크는 2년 전 한 만찬 자리에서 그와 나란히 앉은 적이 있었다. 필로스트라토 교수는 무대에서는 우스꽝스러우리만치 뚱뚱했지만, 직접 대할 때 풍기는 분위기는 전혀 우습지 않았다. 마크는 그런 인물이 자기를 기억해 주었다는 데 감동받았다.

"우리와 함께하니 정말 반갑습니다."

필로스트라토는 마크의 팔을 잡고, 스틸과 코서에게서 끌어내며 말했다.

마크가 말했다.

"솔직히 말하자면 함께할는지 잘 모릅니다. 피버스톤이 저를 여기 데려왔지만 사라져 버렸고, 제가 배정될 것 같은 부서의 스틸은 저에 대해 아는 게 전혀 없는 것 같습니다."

"허! 스틸이라! 그런 건 다 하찮은 일이에요. 그는 과분한 자리를 차지하고 있소. 얼마 안 가 제자리를 찾게 될 거요. 그를 밀어낼 사람은 당신이 될 겁니다. 당신의 논문을 모두 다 읽어 봤지요. 그렇고 말고. 스틸은 신경 쓸 것 없어요."

필로스트라토 교수가 말했다.

"오해받기 쉬운 입장에 처했다는 게 몹시 마음에 걸립니다……."

마크가 말을 시작하자 필로스트라토가 끊었다.

"들어 봐요, 친구. 머릿속에서 그런 생각은 모두 지워 버려요. 먼저 알아야 될 것은, 국공연이 진지하다는 점입니다. 다름 아닌 우리 과업에 인류의 존재 여부가 달려 있다 이겁니다. 이해됩니까? 이 어중이떠중이 속에서 마찰도 있고 무례한 자와도 마주칠 겁니다. 그런 것은 전투가 위기에 처했을 때 전우가 싫은 것 정도에 불과하지요."

마크가 말했다.

"제게 주어진 일이 할 만한 가치가 있다면 그런 것들에 방해받지 않을 겁니다."

"그래요, 그래. 맞는 말이오. 당신이 지금껏 이해할 수 있었던 것보다 중요한 일입니다. 두고 보면 알 거요. 스틸 같은 자들과 피버스톤 같은 자들은 전혀 중요하지 않아요. 부소장이 당신에게 호의적인 한, 그들은 무시해 버려요. 부소장 외에 누구의 말도 들을 필요 없습니다, 알겠소? 아, 저기 그런 사람이 또 하나 오는군. '요정'은 적으로 삼지 말아요. 나머지에 대해서는 웃어 넘겨요."

"'요정'요?"

"그렇소. 사람들은 그녀를 '요정'이라고 부르지. 맙소사, 영어 표현하고는! 그녀는 우리의 경찰 '기구 수사국'의 우두머리요. 아, 여기 오네. 내가 소개하리다. 하드캐슬 국장, 미스터 스터독을 소개할게요."

마크는 검고 짧은 치마 제복을 입은 여자의 손힘에 움찔했다. 그녀의 손힘은 기관차 화부나 짐마차꾼 같았다. 가슴은 빅토리아 시대의 술집 여자 같았지만, 뚱뚱하기보다는 덩치가 컸다. 쇠 빛깔이 나는 회색 머리를 짧게 자른 모습이었다. 네모진 얼굴은 굳어 있으며 창백했고, 목소리는 굵었다. 원래 입술 모양과 많이 다른 립스틱 자국이 유일하게 멋을 낸 모습이었다. 그녀는 길고 검은 엽궐련을 불도 붙이지 않고 이빨로 물고 굴리거나 씹었다. 말할 때는 엽궐련을 입술에서 빼들고 립스틱과 침이 묻은 끄트머리를 빤히 보는 습관이 있었다. 그녀는 얼른 마크가 선 곳 가까이 있는 의자에 앉아

팔걸이에 오른 다리를 걸쳤다. 그리고 냉랭한 시선으로 그를 빤히 쳐다보았다.

3

딸깍, 딸깍. 정적 속에서 제인이 기다리는 가운데 담장 저쪽에서 인기척이 들렸다. 그러더니 문이 열렸다. 제인은 또래의 키 큰 여자와 마주보게 되었다. 이 사람은 알 수 없는 날카로운 눈으로 제인을 쳐다보았다.

"아이언우드 선생님이 여기 사시나요?"

제인이 물었다.

"그런데요."

여자가 대답했다. 그녀는 문을 더 열거나 옆으로 비켜서지 않았다.

"그분을 만나고 싶은데요."

제인이 말했다.

"약속을 했나요?"

키 큰 여자가 물었다.

"저기, 그런 건 아니고요. 아이언우드 선생님을 아시는 딤블 교수님이 가보라고 하셔서요. 약속할 필요 없을 거라고 하시던데요."

제인이 말했다.

그러자 여자가 말했다.

"아, 딤블 교수님이 보냈다면 얘기가 달라지지요. 들어오세요. 이 잠금 장치를 푸는 동안 잠시만 기다리세요. 잘됐네요. 이제 됐어요. 이 길이 좁아서 두 사람이 나란히 설 수 없으니 제가 먼저 가는 걸 양해해 주세요."

여자가 벽돌 깔린 길로 안내했다. 옆 담장에서는 과실나무들이 자라고 있었다. 걷다가 왼쪽으로 돌아 이끼 깔린 오솔길을 지났다. 길 양쪽으로 구스베리 나무(서양까치밥 나무―옮긴이) 수풀이 우거져 있었다. 그다음에 펼쳐진 작은 잔디밭에는 가운데 시소가 있고, 그 뒤로 온실이 있었다. 이곳에 들어서니 드넓은 정원 가장자리에 작은 마을 정경이 펼쳐졌다. 실제로 좁은 길을 따라 걷다 보니 길 한쪽에 헛간과 마굿간이 있고, 다른 쪽에 온실과 화분을 키우는 헛간과 돼지 축사가 있었다. 꿀꿀 소리와 상쾌하지 않은 냄새로 볼 때 그 안에 돼지들이 있는 듯했다.

그런 다음, 상당히 가팔라 보이는 채소밭 사이로 좁은 오솔길이 이어지고, 겨울을 맞아 뻣뻣하고 가시가 많은 장미 수풀이 나타났다. 이것을 보자 제인은 뭔가 생각이 났다. 이곳은 아주 넓은 정원이었다. 그 풍경이…… 그랬다, 이제 알 것 같았다. 《피터 래빗》(영국의 동화 작가 베이트릭스 포터의 작품 시리즈. 피터 래빗은 주인공 토끼의 이름―옮긴이) 속의 정원과 비슷했다. 아니면 〈장미 이야기〉(13세기 프랑스 시―옮긴이)의 광경과 비슷할까? 아니, 그것과는 달랐다. 아니면 클링조르(바그너의 작품 〈파르지팔〉에 나오는 사악한 마법사―옮긴이)의 정원과 비슷한가? 혹은 《이상한 나라의 앨리스》? 또는 파라다이스에 대한 전설이 생기게 한 어느 메소포타미아의 지구라트(고대 바빌로니아, 앗시리아의 파리미드 형태의 신전——옮긴이) 꼭대기에 있는 공중 정원? 아니면 담장을 친 보통 정원들과 비슷한가? 프로이트는 우리가 정원을 좋아하는 이유는 그것이 여체의 상징이기 때문이라고 말한다. 하지만 그건 남자의 시각임이 분명하다. 아마도 여자들의 꿈속에서는 정원이 좀 다른 의미일 것이다. 아니면 같은 의미일까? 남녀 모두 여자 몸에 관심을 느낄까? 이상하게 들리겠지만 거의 똑같은 방식으로 느낄까? 어떤 구절이 그녀의 기억을 비집고 들어왔다. "여성의 아름다움은 남성뿐 아니라 여성에게도 기쁨의 뿌리이며, 사랑의 여신이 남신보다 더 늙고 강한 것은 우연이 아니다." 도대체 어디서 그런 글을 읽었을까? 지난 1분간 무슨 말도 안 되는 헛된 생각을 한 거야! 제인은 정원에 대한 이런저런 생각을 떨치고 마음을 다잡기로 했다. 적대적이거나 적어도 이질적인 곳에 있다는 묘한 기분이 들어 침착하게 대처하자고 다짐했다. 그 순간, 그들은 갑자기 진달래나무와 월계수 사이에서 벗어나 작은 문 앞에 서 있게 되었다. 큰 집의 긴 벽에 난 문 옆에 물동이가 놓여 있었다. 그들이 거기 다다른 순간, 위층에서 창문이 닫혔다.

1~2분 후 제인은 넓은 방에 앉아서 기다렸다. 벽난로로 난방을 하는 곳이었고 가구는 별로 없었다. 바닥은 대부분 맨바닥이고, 허리 높이의 징두리(집채의 안팎 둘레의 밑동에 벽을 덧쌓은 부분——옮긴이) 벽판 장식 위쪽 벽에는 우중충한 흰 석고를 발라서 전체적으로 청빈하고 수도원 같은 분위기를 풍겼다. 키 큰 여인의 발소리가 통로를 지나 사라지고 방은 다시 아주 조용해졌다. 이따금 당까마귀 울음소리가 들

렸다. 제인은 생각했다. '내가 자초한 일이야. 이 여자에게 꿈 이야기를 해야 될 거고, 별별 질문을 다 받겠지.' 평소 제인은 자기를 무슨 이야기든 주저 없이 할 수 있는 현대인으로 여겼다. 하지만 그 방에 앉아 있으려니, 자신이 전혀 다르게 보이기 시작했다. 솔직함 속에 감추어진 온갖 비밀—말하지 않으려고 따로 떼어 둔 얘기들이 있음을 이제 깨달았다—이 의식 속을 파고들었다. 그것들이 섹스와 거의 무관하다는 사실이 놀라웠다.

"치과에 가도 대기실에 삽화가 많은 신문 정도는 있지."

제인은 혼잣말을 하며 일어났다. 방 가운데 있는 탁자 위의 책을 펼쳤다. 곧장 눈이 다음 문장에 쏠렸다. "여성의 아름다움은 남성뿐 아니라 여성에게도 기쁨의 뿌리이며, 사랑의 여신이 남신보다 더 늙고 강한 것은 우연이 아니다. 여성이 자신의 미를 갈망하는 욕구는 릴리스(유대 전승에 나오는 여자로 악마와 연관된다. 중세시대에는 릴리스가 아담과 동시에 창조된 첫 아내로 아담을 떠났다고 전승이 발전한다—옮긴이)와 같은 허영에서 비롯하지만, 자신의 미를 즐기려는 욕구는 이브와 같은 순종에서 나온다. 둘 다 연인에게서 사랑받는 자로서의 기쁨을 맛보게 된다. 순종이 기쁨의 계단이듯 겸손은……."

순간 갑자기 문이 열렸다. 제인은 얼굴을 붉히며 책을 덮고 고개를 들었다. 처음 안내해 준 그 여자가 문을 열고 문간에 서 있었다. 이제 제인이 그녀에게 품은 감정은, 여자들이 종종 다른 아름다움을 지닌 여자에게 느끼는 것과 똑같았다. 제인은 그렇게 곧고 반듯하고 씩씩한 것도 좋을 거라고 생각했다. 말 타는 게 어울리고, 엄청나게 키가 큰 것도 멋졌다.

"저기…… 아이언우드 선생님이 집에 계신가요?"

제인이 물었다.

"스터독 부인이세요?"

아가씨가 물었다.

"네."

제인이 대답했다.

"제가 금방 모셔다드리지요. 부인을 기다리던 참입니다. 제 이름
은 카밀라입니다. 카밀라 데니스톤."

제인은 카밀라를 따라갔다. 지나는 통로들이 매우 좁고 단순한 것
으로 미루어 아직도 집 뒤쪽 부분에 있다고 생각됐다. 그렇다면 분
명히 엄청나게 큰 집이다. 긴 복도를 지나자 카밀라는 문을 노크하
고 나직하고 또렷한 목소리로(제인은 '하녀 같네'라고 생각했다) 말했다.

"그분이 오셨습니다."

그녀는 제인이 방으로 들어가도록 옆으로 비켜섰다. 제인이 안으
로 들어가자, 검은 옷을 입은 아이언우드가 있었다. 제인이 지난 밤
아파트에서 꿈꾸면서—꿈을 꾼 거라면—본 모습 그대로 양손을 무릎
에 올리고 앉아 있었다.

"앉으세요."

아이언우드가 말했다.

그녀가 무릎 위에 포갠 손은 아주 큼직하고, 거칠지는 않아도 앙상
했다. 앉아 있는데도 키가 엄청나게 컸다. 코, 웃음기 없는 입술, 잿

빛 눈까지 모든 게 큼직큼직했다. 50대보다는 60대에 가까워 보였다. 제인은 방 분위기가 마음에 들지 않았다.

아이언우드가 공책과 연필을 들면서 물었다.

"이름이 뭔가요?"

"제인 스터독이에요."

"결혼했나요?"

"네."

"당신이 우리를 찾아오는 것을 남편도 아시나요?"

"아니요."

"그럼 나이를 말해 주겠어요?"

"스물세 살이에요."

아이언우드가 말했다.

"이제 나한테 해야 될 말이 뭔가요?"

제인은 심호흡을 크게 했다. 그녀가 말했다.

"나쁜 꿈을 꾸고…… 최근에는 우울한 기분을 느껴요."

"무슨 꿈을 꾸었는데요?"

아이언우드가 물었다.

제인은 설명하는 데 시간이 걸렸고, 제대로 말하지도 못했다. 그녀는 아이언우드의 큰 손과 검은 치마, 연필과 공책에서 눈을 떼지 않고 말했다. 느닷없이 말을 멈춘 것도 그 때문이었다. 제인은 설명을 이어 가다가 아이언우드의 손이 필기를 멈추는 것을 보았다. 그녀는 연필을 움켜쥐었고, 곧 손가락에 힘이 잔뜩 들어가는 것 같았다. 시시각각 힘이 세지더니 결국 손 관절이 하얗게 변하고 손등에 핏줄이 툭툭 불거졌다. 감정을 억누르던 그녀는 마침내 연필을 두 동강 내고 말았다. 제인이 놀라서 말을 멈추고 아이언우드의 얼굴을 올려다본 것은 그 순간이었다. 그녀는 여전히 무표정한 커다란 잿빛 눈으로 제인을 응시하고 있었다.

"계속 말해요, 젊은 부인."

아이언우드가 말했다.

제인은 다시 이야기하기 시작했다. 꿈 이야기를 마치자 아이언우드는 여러 가지 질문을 했다. 그러고 나서 오랫동안 그녀가 침묵하자 제인이 먼저 입을 열었다.

"제가 대단히 심각하게 잘못됐다고 생각하시나요?"

"당신이 잘못된 것은 없어요."

아이언우드가 말했다.

"악몽은 사라질 거란 뜻인가요?"

"나로서는 알 수 없지요. 아닐 거라고 해야겠네요."

제인의 얼굴에 실망하는 빛이 떠올랐다.

"그러면…… 어떻게 손써 볼 방도가 있을까요? 꿈은 무시무시했어요. 무시무시하게 생생해서 꿈같지 않았어요."

"충분히 이해해요."

"치료 못하는 이유가 있나요?"

"당신이 치유되지 못하는 이유는 병든 게 아니기 때문이에요."

"하지만 틀림없이 문제가 있을 거예요. 그런 꿈을 꾸는 것은 분명히 자연스러운 일이 아니에요."

침묵이 흘렀다.

아이언우드가 말했다.

"내가 당신에게 진실을 다 말해 주는 게 나을 것 같다는 생각이 드네요."

"네, 말해 주세요."

제인이 긴장한 목소리로 말했다. 지금껏 상대방이 한 말이 겁났다.

아이언우드가 말했다.

"그럼 이렇게 말하는 걸로 이야기를 시작하지요. 당신은 자신이 짐작하는 것보다도 중요한 사람이에요."

제인은 아무 말도 하지 않았지만 속으로는 '나를 놀리는구나. 내가 미친 줄 알아' 라고 생각했다.

"처녀 적 성씨가 뭐였어요?"

아이언우드가 물었다.

"튜더에요."

제인이 말했다. 다른 때 같았으면 좀 수줍게 말했을 터였다. 평소 그녀는 유서 깊은 집안이라고 뽐내는 인상을 주지 않으려고 애썼다.

"워릭셔 계보인가요?"

"네."

"혹시 우스터 전투와 관련해서 집안의 조상이 쓴 작은 책자를—겨우 40쪽 짜린데—읽어 본 적 있어요?"

"아뇨. 아버지가 갖고 계셨죠. 그 책은 그 한 권뿐이라고 하신 것 같아요. 하지만 저는 읽어 보지 않았어요. 아버지가 돌아가시고 집안이 풍비박산 나면서 없어졌어요."

"아버지가 그 책이 한 권만 있다고 착각하셨군요. 적어도 두 권 더 있어요. 한 권은 미국에, 나머지 한 권은 바로 이 집에."

"네?"

"당신의 조상은 전투에 대해 전반적이고 정확하게 기술했지요. 그는 전투가 벌어진 그날 집필을 마쳤다고 했어요. 하지만 그는 거기 없었어요. 당시 그는 요크에 있었지요."

제인은 무슨 말인지 이해하지 못하고 아이언우드를 바라보았다.

아이언우드가 말했다.

"그가 진실을 말했고 우리가 그렇게 믿는다면, 그는 꿈에서 전투를 본 거예요. 이해가 되나요?"

"전투하는 꿈을 꿨다고요?"

"그래요. 하지만 제대로 꿈을 꾸었지요. 그는 꿈에서 실제 전투를 봤어요."

"상관관계를 모르겠는데요."

"환상, 즉 현실을 그대로 꿈꾸는 능력은 가끔 유전되기도 해요."

아이언우드가 말했다.

뭔가가 제인의 호흡을 방해하는 것 같았다. 그녀는 상처받은 기분을 느꼈다. 이것은 그녀가 싫어하는 것이었다. 과거에서 나온 무엇, 비이성적이고 전혀 불필요한 것이 동굴에서 나와 그녀를 성가시게 했다.

제인이 물었다.

"밝혀낼 수 있나요? 그러니까 우리가 아는 건 그의 말밖에 없잖아요.

"우리에게는 당신의 꿈이 있어요."

아이언우드가 말했다. 늘 진중하던 목소리가 굳어졌다. 제인의 마음에 야릇한 생각이 스쳤다. 이 노인은 오래전 조상을 거짓말쟁이로 부르면 안 된다고 생각할 수도 있을까?

"제 꿈요?"

제인이 날카롭게 되물었다.

"그래요."

아이언우드가 대답했다.

"무슨 뜻이에요?"

"내가 보기에 당신은 꿈에서 진짜 현실을 보고 있어요. 당신은 실제로 사형수 감방에 앉아 있는 알카산을 봤고, 실제로 그를 찾아간 방문객들을 봤어요."

"하지만…… 하지만…… 아, 이건 말도 안 돼요. 그 부분은 우연일 뿐이라구요. 나머지는 악몽에 불과하고요. 모두 불가능한 일이었어요. 분명히 말하는데 그는 목을 홱 떼어 냈어요. 또 그들은 땅을 파서 소름 끼치는 노인을 꺼냈고요. 그들이 그를 되살렸어요."

"거기서 혼동이 생긴 게 분명해요. 하지만 내 견해로는 그런 일들의 배후에는 현실이 있어요."

"저는 그런 걸 믿지 않는 것 같네요."

제인이 차갑게 말했다.

"교육이 그런 걸 믿지 않는 걸 당연시하게 만들죠. 그런데 현실을 꿈꾸는 경향이 있다는 것을 당신 스스로 알아차린 거예요."

제인은 탁자에 놓인 책을 떠올렸다. 그녀는 책을 보기도 전에 내용을 기억하고 있었다. 아이언우드의 외모도 마찬가지로 직접 보기 전에 미리 보았다. 하지만 이건 말도 안 되는 소리임이 분명했다.

"그럼 저를 위해 아무것도 해주실 수 없나요?"

"난 진실을 말해 줄 수 있어요. 그러려고 노력하고 있고요."

아이언우드가 대답했다.

"제 말은 이걸 멈추게 하실 수 없냐는 거예요, 치유할 수 없나요?"

"환상은 질병이 아니에요."

"하지만 저는 환상을 보는 걸 원치 않아요. 꼭 멈추어야 해요. 이런 건 질색이에요."

제인이 열을 내며 말했다.

아이언우드는 아무 말도 하지 않았다.

제인이 다시 말했다.

"그걸 멈출 수 있는 사람을 모르세요? 누구 추천해 주실 순 없나요?"

아이언우드가 대답했다.

"일반적인 정신과 의사를 찾아가면 꿈은 단지 잠재의식을 반영한다는 가정 아래 치료를 진행할 거예요. 당신을 치료하려고 노력하겠지요. 그런 가정에 기반을 둔 치료의 결과가 어떨지는 나도 몰라요.

대단히 심각한 결과가 나올 거라는 생각은 들어요. 그리고 그래 봤자 꿈을 없애지는 못할 거예요."

"하지만 이 모든 것은 어떤가요? 저는 평범한 삶을 살고 싶어요. 제 일을 하고 싶어요. 참을 수가 없어요! 제가 왜 이 무시무시한 일에 선택되어야 하죠?"

"그 질문의 답은 나보다 훨씬 높은 분들만 알지요."

잠시 침묵이 흘렀다. 제인은 애매한 동작을 취하면서 좀 샐쭉하게 말했다.

"저기, 저를 위해 아무것도 못하신다면 이만 가보는 게 좋겠네요……."

제인은 그렇게 말하고는 불쑥 덧붙였다.

"그런데 어떻게 이런 걸 다 아시죠? 그러니까…… 어떤 현실에 대해 말하시는 거냐고요?"

아이언우드가 대답했다.

"당신은 내게 말해 준 내용보다 꿈의 진위가 더 의심스러울 테지요. 아니라 해도 곧 진실을 알게 될 거예요. 그 사이에 질문에 답하지요. 당신의 꿈이 일부 사실임을 아는 것은 우리가 이미 확보한 정보와 일치하기 때문이에요. 딤블 교수님이 당신을 우리에게 보낸 것도 그 꿈들의 중요성을 알아서였지요."

"그럼 치료를 받으라는 게 아니라 정보를 주라고 날 여기 보냈다는 말인가요?"

제인이 물었다. 그 생각은 처음 털어놓았을 때 딤블 교수에게서 느긴 태도와 맞아떨어졌다.

"맞아요."

"내가 그걸 더 일찍 알았다면 좋았을걸 그랬네요."

제인은 쌀쌀맞게 쏘아붙이고, 정말 떠나려고 일어났다. 그리고 덧붙였다.

"오해가 있었던 것 같네요. 난 딤블 교수님이 도움을 주려는 줄 알았어요."

"맞아요. 하지만 그는 동시에 더 중요한 일을 하려고 했지요."

"그런 배려를 받은 것에 감사해야겠군요? 또 이 모든 일로 어떤 도움을 받게 될지에 대해서도 말이죠."

제인이 매몰차게 말했다. 계속 냉정하게 비꼬는 투로 말하려 했지만 마지막 말을 하면서 얼굴이 새빨개져 분노를 숨길 수 없었다. 어떤 면에서 그녀는 너무 젊었다.

아이언우드가 말했다.

"젊은 부인, 당신은 이 문제의 심각성을 깨닫지 못해요. 당신이 본 것의 중요성에 비하면 당신과 나의 행복 혹은 심지어 목숨도 아무것도 아니에요. 상황을 똑바로 봐주기를 간곡히 부탁해야겠네요. 당신의 재능을 없앨 순 없지요. 당신이 그걸 억누르려 해볼 순 있겠지만 실패할 거예요. 그리고 엄청난 공포에 질리게 될 거예요. 한편 당신은 그걸 우리가 쓸 수 있게 해줄 수도 있어요. 그런다면 한결 두려움을 덜 테고 인류를 엄청난 재앙에서 구하는 일을 돕게 될 거예요. 아니면 당신은 다른 사람에게 꿈에 대해 말할지도 모르지요. 그런다면 우리만큼이나 당신의 재능을 이용하려고 안달하는 자들의 손아귀에 들어갈 게 확실하다고 경고해 두고 싶네요. 그들은 당신의 목숨과 행복을 파리보다 못하게 여길 거예요. 당신이 꿈에서 본 사람들은 실제로 있는 사람들이에요. 당신이 우연히 그들을 보고 있었다는 것을 그들이 모르지 않을 거예요. 그렇다면 그들은 당신을 붙잡을 때까지는 마음 놓지 못할 거예요. 당신을 위해서라도 우리 쪽에 합류하라고 조언하고 싶네요."

"당신은 계속 '우리'라는 표현을 쓰는군요. 당신들은 집단 같은 건가요?"

"그래요. 집단이라고 불러도 괜찮아요."

제인은 몇 분간 서 있었고, 들은 이야기를 거의 믿게 되었다. 그러다가 갑자기 모든 혐오감이 되살아났다. 그녀의 상처받은 허영심, 어쩌다 무의미한 복잡한 문제에 붙들렸다는 못마땅함, 신비롭고 낯선 것에 대한 자연스러운 거리낌이 밀려들었다. 그 순간 그 방과 아이언우드의 음울하고 참을성 있는 목소리에서 벗어나는 것이 제일 문제인 듯했다. 제인은 자신을 환자로 여기며 속으로 중얼댔다. '이 여자는 벌써 날 더 나쁘게 만들었어.'

제인이 큰 소리로 말했다.

"이제 집에 가야겠어요. 당신이 무슨 말을 하는지 모르겠어요. 난 이 일에 전혀 관여하고 싶지 않아요."

4

결국 마크는 적어도 그날 밤은 거기 투숙한다는 것을 알았다. 저녁 식사를 위해 옷을 갈아입으러 방에 올라가자, 기분이 한결 좋아졌다. 방금 전에 '요정' 하드캐슬과 소다 탄 위스키를 마셔서이기도 했고, 거울을 힐끗 보니 입술에 솜을 붙여 둬야 해서 혼자 있는 게 나아서이기도 했다. 벽난로가 활활 타오르는 침실과 방에 딸린 개인 욕실과도 관계가 있었다. 제인의 설득에 새 정장을 사기를 얼마나 잘했는지! 침대에 펼친 양복은 아주 좋아 보였다. 낡은 양복을 입는다면 어울리지 않았으리란 것을 알 수 있었다. 하지만 무엇보다 안심이 되는 것은 '요정'과의 대화였다.

그가 그녀를 좋아한다고 말한다면 오해를 일으킬 것이다. 사실 그녀는 불쾌하고 무례하면서 매력도 없는 여자와 있을 때 젊은 남자가 느끼는 불쾌감을 일으켰다. 그의 이런 반응을 잘 알며 재미있다고 말해 주듯 그녀는 냉정한 눈빛을 했다. 하드캐슬은 그에게 남자들끼리 나누는 이야기들을 많이 했다. 이전에도 마크는 자유분방한 여성이 이런 부류의 우스갯소리를 하면 몸을 떨었지만, 늘 그런 오싹함은 그가 느끼는 우월감으로 위로받았다. 이번에는 그가 비웃음의 대상이 된 기분이었다. 이 여자는 남자의 점잖음을 장난삼아 골렸다. 나중에 그녀는 경찰 관련 회고담을 늘어놓았다. 처음에는 회의적이었지만, 마크는 살인 재판의 30퍼센트는 결백한 이를 처형하는 것으로 끝난다는 그녀의 가정에 점점 겁을 먹었다. 그가 전에는 생각해 본 적 없는 처형장에 대한 상세한 묘사도 곁들여졌다.

이 모든 게 못마땅했다. 하지만 대화의 오묘하고 난해한 특징이 그런 느낌을 누그러뜨렸다. 그날 그는 몇 번이나 꾸어다 놓은 보릿자루가 된 기분을 느꼈다. 그런데 하드캐슬과 대화하는 동안 그 기분이 완전히 사라졌다. 내부 사람이 된 느낌이었다. 그녀는 분명히 흥미진진한 인생을 살았다. 여성 참정권론자, 평화주의자, 영국 파시스트(국수주의자—옮긴이)였던 시기가 있었다. 경찰에게 학대받고 수감되기도 했다. 한편 수상들, 독재자들, 유명 영화배우들을 만난 적도 있었다. 그녀의 모든 개인사는 비밀스러운 내력이었다. 하드캐슬은 경찰력이 할 수 있는 일과 하지 못하는 일의 양극단을 알았고, 그들이 하지 못하는 일이 거의 없다는 게 그녀의 견해였다.

"지금은 특히 그래요. 이곳에서 우리는 관료주의 개혁 운동을 지원해요."

요정에게는 단체의 경찰 측이 대단히 중요한 부문이라는 점을 마크는 간파했다. 경찰은 평범한 임원들에게 소위 예방접종에서 반인륜적 악행 처리까지 모든 '위생' 문제를 덜어 주었다. 그녀가 지적한 대로 그런 문제들은 까딱하면 위협을 일으킬 수 있었다. 일반적으로 범죄에 대해, 단체는 구태의연한 '응보적' 혹은 '보복적' 처벌을 대체할 수 있는 인도적·교정적 처리법을 발견하기 위해 실험이 허가되어야 한다는 논리를 언론에 퍼뜨렸다. 많은 법적인 관료주의가 길을 가로막는 것도 이 지점이었다.

요정이 말했다.

"하지만 우리가 조종하지 못하는 언론사는 두 곳뿐이에요. 우리는 그들을 짓밟아 버릴 거예요. 보통 사람이 '형벌'이라는 말만 들어도 저절로 '사디즘'(가학성 변태 성애, 극단적 잔학성—옮긴이)이라고 할 정도의 상태로 만들어야 해요."

또 그녀는 백지 수표를 받게 될 거라고 했다. 마크는 이 말을 금방 알아듣지 못했다. 하지만 요정은, 최근 모든 영국 경찰을 방해한 것은 마땅한 처벌이라는 개념이었다고 지적했다. 인과응보는 늘 한계가 있어서 범죄자에게 그만큼 벌을 줄 수 있지만 그 이상은 아니었다. 한편 교정적인 처리는 정해진 한계가 없어서, 치료의 효과를 낼 때까지 지속할 수 있고 그것을 시행하는 사람들이 그 시기를 결정할 터였다. 치유가 인도적이고 바람직하다면, 얼마나 더 방지될까? 곧 경찰의 수중에 있는 사람은 누구라도 국공연의 통제를 받을 테고 곧 모든 시민이 그렇게 될 것이었다.

요정은 검지로 마크의 가슴을 찌르면서 덧붙였다.

"그리고 바로 여기가 당신과 내가 끼어드는 지점이에요, 사회학자 선생. 장기적으로 보면 경찰의 일과 사회학 사이에는 경계가 없어요. 당신과 나는 손잡고 일해야 해요."

이 말을 듣자 마크는 정말 일자리를 얻게 될지, 그렇다면 무슨 일이 될지 다시 의구심이 생겼다. 요정은 스틸이 위험한 인물이라고 경고했다.

"당신이 대단히 조심해야 될 두 사람이 있어요. 한 사람은 프로스트, 다른 한 사람은 위더지요."

하지만 그녀는 마크의 다른 염려는 비웃었다.

하드캐슬이 말했다.

"당신은 괜찮을 거예요, 사회학자 선생. 다만 정확히 무슨 일을 할지에 너무 몰두하지 말아요. 위더는 추궁하려는 사람들을 좋아하지 않아요. 여기 '이런' 일을 하러 왔으니 '그런' 일은 하지 않겠다, 라고 말해 봤자 좋을 게 없어요. 현재 그런 말을 하기에는 일이 너무 빠르게 진척되고 있어요. 당신은 쓸모 있게 굴면 되는 거예요. 그리고 들은 것을 다 믿지 말아요."

만찬석상에서 마크는 힝기스트 옆자리에 앉게 되었다.

힝기스트가 말했다.

"드디어 그들이 한패로 끼워 주었나 보구만?"

"그랬다고 믿고 싶습니다."

마크가 대답했다.

힝기스트가 말했다.

"혹시 생각 있으면 태워 줄 수 있소. 난 오늘 밤에 차를 몰고 돌아가니까."

"왜 우리를 떠나시는지 제게 말해 주시 않으셨습니다."

마크가 말했다.

"아, 글쎄. 모든 건 사람이 무엇을 좋아하느냐에 달려 있소. 당신이 그 유약한 이탈리아 남자와 미친 목사와 그 하드캐슬이란 여자와 어울리고 싶다면—그 여자의 할머니가 살아 있다면 그녀의 귀싸대기를 후려갈겼을 거요—물론 더 이상 할 말이 없소."

"순수하게 사회적인 토대에서 평가할 수는 없을 듯합니다. 이것은 사교 클럽을 넘어서는 조직이란 뜻입니다."

"어? 평가한다? 내가 아는 한 평생 아무것도 평가해 본 적 없소. 화훼 전시회 한 곳 외에는 말이오. 내가 여기 온 것은 과학과 관계 있는 일이라고 생각했기 때문이오. 이제 나는 이것이 정치적인 음모 같은 일이라는 걸 알기에 집에 갈 거요. 그런 종류의 일을 감당하기에는 너무 늙었고, 음모에 가담하고 싶다면 이 일은 내가 선택할 만한 종류가 아니오."

"그러니까 사회를 기획하는 일이 마음에 들지 않는 겁니까? 이 일이 사회학 같은 과학과는 어울리지만 교수님의 분야와 맞지 않는다는 것은 저도 이해할 수 있습니다만……."

"사회학 같은 과학 따위는 없소. 또 화학이 코르셋을 안 입는 억센 중년 여자가 지휘하는 비밀경찰과 맞아떨어지기 시작한다는 것을 안다면 난 화학이 악마에게 가게 놔두고 다시 농사를 지을 거요. 화학이 모든 영국인들에게서 농토와 상점과 자식들을 빼앗을 계획과 맞아 들기 시작한다는 것을 알아도 그렇게 할 거요."

"왜소한 사내에게 감상적인 면이 있다고 저는 생각하지만, 제가 그래야 되는 것처럼 교수님도 현실을 연구하시게 되면……."

"나는 그것을 갈갈이 찢고 그 자리에 다른 것을 들여놓고 싶소. 물론이지. 인간을 연구하면 하잘것없다는 것을 알게 되오. 나는 당신이 인간을 연구하지 못한다고 믿소. 당신은 그저 인간을 알 수 있을 뿐이고, 그건 아주 다른 이야기요. 인간을 연구하면 더 저급한 것들이 나라를 다스리게 하고 고전 음악이나 듣고 싶어지오. 하지만 다 허튼

짓거리지. 또 그 저급한 것들에게 살 만한 가치를 만들어 주는 것을 죄다 빼앗고 싶어지오. 그들뿐만 아니라 몇몇 학자와 교수를 제외한 모든 사람들에게서 말이오."

"빌!"

식탁 끝 쪽에서 갑자기 '요정' 하드캐슬이 소리쳤다. 목소리가 너무 커서 힝기스트라 해도 못 들은 체할 수가 없었다. 그는 그녀를 쳐다보았다. 그의 얼굴이 시뻘게졌다.

"만찬 직후 차편으로 떠난다는 게 사실인가요?"

요정이 우렁차게 물었다.

"그렇소, 하드캐슬 국장. 사실입니다."

"나를 태워 줄 수 있을까 해서요."

"그러면 나로서도 좋지요. 같은 방향이라면."

힝기스트는 속이려는 의도는 없는 듯한 말투로 말했다.

"어디 가는데요?"

"에지스토로 갑니다."

"브렌스톡을 지나가나요?"

"아니오. 홀리우드 경 집 대문 바로 지난 교차로에서 우회로를 벗어나 '포터스 레인'이라고 부르던 곳을 따라 내려갑니다."

"이런! 나한테는 도움이 안 되네요. 아침까지 기다리는 편이 좋겠어요."

그 후 마크는 왼편에 앉은 사람과 대화하게 되었고, '눈보라' 빌과 만난 것은 식사 후 복도에서였다. 오버코트를 입은 힝기스트는 차로

갈 채비를 마친 상태였다.

그가 문을 열면서 말하기 시작하자, 마크는 어쩔 수 없이 그와 동행해서 자갈 깔린 길을 걸어갔다. 그의 차가 거기 주차되어 있었다.

"내 충고를 받아들이게, 스터독. 아니면 적어도 다시 생각이라도 해보게. 나는 사회학을 믿지 않지만, 브랙톤에 머문다면 자네 앞에는 괜찮은 미래가 펼쳐져 있네. 국공연과 관련되어 봤자 자네에게 득이 될 게 없을 걸세. 그리고 다른 누구에게도 득이 되지 않을 걸세."

"모든 일에는 두 가지 관점이 있겠지요."

마크가 말했다.

"어? 두 가지 관점? 자네가 답을 알게 될 때까지 모든 일에는 열댓 가지의 관점이 있네. 그다음에는 한 가지밖에 없지. 하지만 이건 내 일이 아니니까. 잘 있게."

"안녕히 가십시오, 힝기스트."

마크가 말했다. 힝기스트가 차의 시동을 걸고 출발했다.

공기에서 서리의 기운이 묻어났다. 나무 꼭대기 위로 오리온자리의 어깨 부분이 타오르듯 반짝거렸다. 마크는 그것이 오리온자리인 줄도 몰랐지만. 건물에 다시 들어가기가 망설여졌다. 가면 흥미롭고 영향력 있는 사람들과 만나겠지만, 또 이방인이 되어서 여기저기 기웃거리면서 끼지 못할 대화를 구경할 터였다. 어쨌거나 고단했다. 숙소 건물 앞쪽을 따라 걷다 보니 더 작은 문이 나왔다. 그 문으로 복도나 다른 방들을 지나지 않고도 안으로 들어갈 수 있을 거라고 마크는 판단했다. 그 문으로 들어가 위층으로 올라간 그는 곧 잠자리에 들었다.

5

카밀라 데니슨이 제인을 밖으로 안내했다. 들어왔던 벽에 난 작은 문이 아니라, 대문으로 나갔다. 같은 도로 상이지만 대문은 백 미터쯤 떨어진 곳에 있었다. 잿빛 하늘에서 서쪽의 갈라진 틈새로 노란 빛이 잠깐 풍경 위로 쏟아졌다. 제인은 발끈하는 성미, 혹은 초조감을 카밀라 앞에서 보여서 창피했다. 그 결과 둘 다 의기소침한 가운데 제인은 작별 인사를 했다. 하지만 '이 모든 어처구니없는 일'에 대한 불쾌감이 여전히 남아 있었다. 이것이 정말 어처구니없는 일인지 자신이 없었지만, 그런 것처럼 대하기로 이미 마음먹었다. '거기 끼어들지' 않아야 했다. 말려들지 않을 작정이었다. 사람은 자기 인생을 살아야 했다. 개입과 간섭을 피하는 것이 그녀의 첫 번째 원칙이었다. 마크가 청혼하면 결혼하게 되리라는 것을 알았을 때조차 '하지만 그래도 내 삶은 유지해야 해'라는 생각이 먼저 떠올랐고 마음속에 늘 자리 잡았다. 인생을 침범하는 사랑 자체에 대한 반감, 따라서 마크에 대한 반감이 남아 있었다. 여성이 결혼하면서 얼마나 많이 포기해야 하는지 그녀는 또렷이 알았다. 제인이 보기에 마크는 이 점을 제대로 모르는 듯했다. 그녀가 공식화하지는 않았지만, 침해받고 얽히게 된다는 공포감은 자녀를 갖지 않겠다고—아주 오랫동안은 아니지만—결심한 가장 중요한 이유였다. 사람은 자기 삶을 살아야 했다.

아파트에 들어서기 무섭게 전화벨이 울렸다.

"제인이야? 나야, 마거릿 딤블이야. 너무나 무서운 일이 벌어졌어.

내가 가서 말해 줄게. 너무 화가 나서 당장은 말을 할 수 없네. 혹시 남는 방 있어? 뭐? 스터독 교수가 집에 없다고? 아냐, 제인만 괜찮다면 좋아. 세실은 학교에 가서 자라고 내보냈어. 정말 방해가 되지 않겠어? 정말 고마워. 반 시간 후면 도착할 거야."

4
시대착오의 청산

1

제인이 마크의 침대 침구를 갈기도 전에 딤블 부인이 큰 짐을 여러 개 들고 도착했다.

그녀가 말했다.

"하룻밤 재워 주겠다니 제인은 천사야. 우린 에지스토의 모든 호텔을 알아봤지. 이 동네는 감당 못하게 될 거야. 어디나 똑같은 대답이지! 이 밉살스런 국공연 측근들과 추종자들 때문에 모든 호텔이 만실이야. 여기는 비서들, 저기는 타자수들, 노동자 감독관들…… 사방이 들썩인다니까. 세실은 학교에 잘 방이 없으면 기차역 대합실에서 자야 될 테지. 대학 측에서 잠자리를 마련해 주기만 바랄 뿐이지."

"한데 도대체 무슨 일이 벌어진 거예요?"

제인이 물었다.

"내몰렸다구!"

"하지만 그건 불가능한 일이에요, 사모님. 불법일 걸요."

"세실도 그렇게 말했지……. 생각해 보라구, 제인. 오늘 아침 창밖을 보니 차도에 대형 트럭이 있는 거야. 뒷바퀴가 장미밭 한가운데를 밟고 있었지. 죄수들로 보이는 사람들 한 무리가 손에 삽과 곡괭이를 들고 트럭에서 내리더라구! 뾰족한 모자를 쓴 사내가 세실에게 말했어. 체구가 작은 이 밉살스러운 자가 담배를 입에 물고…… 여하튼 윗입술에 담배가 달라붙어 있었지……. 뭐라고 했는지 알아? 내일 아침 8시까지는 우리가 소유지(정원이 아니라 건물을 말하는 거야)에 남아 있어도 이의를 제기하지 않겠다는 거야. 이의 제기라니!"

"하지만 틀림없이…… 틀림없이 착오가 있을 거예요."

"물론 세실이 브랙톤 칼리지의 회계 담당자 버스비 씨에게 전화를 걸었지. 당연히 그 사람은 자리에 없었고. 다시 전화하고 또 하고 아침나절 내내 그랬고, 그 즈음에는 제인이 그렇게도 좋아하던 너도밤나무가 잘려 나갔고 자두나무도 전부 잘렸지. 머리끝까지 화가 나지 않았다면, 난 주저앉아서 눈이 튀어나오도록 울었을 거야. 내 기분이 그랬으니까. 마침내 세실이 버스비 씨와 통화했지만 그는 아무런 도움이 되지 않았어. 분명히 착오가 있었다고 했지만 이제는 그의 손을 벗어난 일이니 우리가 벨버리의 국공연과 접촉하는 게 낫겠다고 했지. 물론 그들과 접촉하는 것은 불가능한 일로 밝혀졌지. 하지만 점심 무렵 우리는 무슨 일이 있어도 거기서 밤을 보낼 수 없다는 것을 알았지."

"어째서요?"

"맙소사, 제인은 상황이 어떻게 돌아갔는지 감을 못 잡는군. 대형 트럭들, 견인 기관차들, 화차처럼 생긴 것에 달린 크레인이 계속 으르렁댔지. 세상에, 우리 집에 오는 배달부들이 그걸 뚫고 들어오지 못했어. 우유 배달부는 11시가 되도록 도착하지 않았지. 고기는 아예 오지도 않았고, 정오에 그쪽에서 전화를 했는데 배달원들이 어느 도로로도 우리 집에 접근할 수 없었다고 알려 주었지. 우리가 시내로 나가는 데도 이루 말할 수 없는 어려움을 겪었지. 집에서 다리까지 가는 데 반 시간이나 걸렸어. 악몽이 따로 없었지. 사방에서 조명탄과 소음이 넘쳐나고, 도로는 말 그대로 무너졌고 이 엄청난 깡통 떼거리가 공원을 올라가고 있었지. 게다가 그 인파라니! 그렇게 무시무시한 자들이라니! 난 영국에 그렇게 많은 노동자들이 있었는지 몰랐어. 아, 무서워, 무시무시해!"

딤블 부인은 방금 벗어 놓은 모자로 부채질을 했다.

그녀가 다시 말했다.

"하나님 맙소사! 우린 당분간 집을 잠갔고, 세실은 럼볼드 변호사를 찾아가서 우리가 짐을 뺄 때까지만이라도 집을 단속하고 그냥 둘 수 있는지 알아봤지. 변호사는 국공연은 법적으로 특이한 지위를 차지하고 있다는 말만 계속 늘어놓지. 그 후 난 정말이지 모르겠어. 내가 가늠할 수 있는 바로는 에지스토에는 주택이 남아 있지 않을 거야. 그들이 거주 허가를 한다 해도 더 이상 강 저쪽에서 살려고 하는 것은 쓸데없는 짓이지. 제인이 뭐라고 했지? 아, 설명할 수가 없어. 포플러 나무들이 다 쓰러졌어. 교회 옆에 있는 예쁘장한 작은 집들이 모두 무너지고 있어. 가여운 아이비가…… 제인네 오는 맥스 부인 말이야…… 울고 있더군. 안쓰럽기도 하지! 분칠한 얼굴에 눈물이 흐르면 끔찍해 보이거든. 아이비 역시 쫓겨났지. 가여운 새댁이야……. 이런 일이 없어도 인생에 고달픈 일이 많은 사람인데. 난 빠져나와서 다행이야. 사내들이 어찌나 무시무시한지. 덩치 큰 사내 셋이 뒷문에 와서 더운 물을 달라며 버티는데, 마사가 무서워서 정신이 나갔지. 결국 세실이 나가서 그들과 대화해야 했어. 그들이 세실을 칠 것 같았어. 정말 그런 생각이 들더라구. 이렇게 무섭고 불쾌한 일은 처음이야. 그런데 특별 경찰관 같은 사람이 그들을 돌려보냈지. 뭐? 아, 그래. 사방에 경찰관처럼 보이는 사람들이 수십 명 있는데, 난 그들의 모습도 싫더군. 미국 영화에 나오는 경찰봉 같은 것을 휘두른다구. 세실과 나, 둘 다 같은 생각을 했지. 우리는 마치 전쟁에 진 것 같다는 생각을 했어. 아, 마음씨도 곱지. 홍차! 내가 마시고 싶은 걸 어떻게 알았어."

"계시고 싶은 만큼 여기 머무세요, 사모님. 마크는 학교에서 자야 될 거예요."

제인이 말했다.

'딤블 엄마'가 대답했다.

"아, 사실 당장은 브랙톤 교직원은 어디서도 못 자게 할 것 같아! 하지만 나야 스터독 교수 덕분에 여기서 잘 수 있으니 예외지. 사실

내가 지그프리트의 칼처럼 처신할 필요야 없겠지(바그너의 오페라 〈니벨룽의 반지〉 중 4부 '신들의 황혼'에 나오는 대목에서 인용. 지그프리트의 칼은 연인들의 성교를 막는 것을 뜻한다—옮긴이). 더구나 마침 나는 뚱뚱하고 못 돼먹은 칼이니 말이야! 하지만 거처 문제는 해결되었어. 세실과 나는 '세인트 앤'에 있는 장원으로 갈 예정이야. 당분간은 거기서 지내야 될 것 같아."

"아."

제인은 자기 이야기가 떠올라 긴 탄식을 내뱉었다.

'딤블 엄마'가 말했다.

"어머나, 내가 너무나 이기적이었네. 내 걱정만 재잘대느라 제인이 거기 다녀와서 내게 할 말이 태산일 거라는 점은 깜빡했어. 그레이스는 만났어? 마음에 들었어?"

"아이언우드 선생님이 '그레이스'인가요?"

제인이 물었다.

"맞아."

"만났어요. 마음에 드는지 아닌지는 잘 모르겠어요. 하지만 그 이야기는 하고 싶지 않아요. 교수님 내외분이 겪으신 이 끔찍한 일 외에 다른 생각은 할 수 없어요. 진짜 순교자는 제가 아니라 두 분이신걸요."

딤블 부인이 말했다.

"아니야, 제인. 나는 순교자가 아니야. 그저 떠들어 대서 기분을 달래려는 나이 든 여자일 뿐이지. 발이 아프고 머리가 쪼개지는 것 같았지만 나아지기 시작했어. 결국 세실과 나는 가여운 아이비 맥스처럼 삶의 터전을 잃어버렸어. 실은 낡은 집을 떠나는 건 문제가 아니야. 그곳에 사는 기쁨은 어떤 면으로는 우울한 즐거움이었지(장차 인류가 행복한 것을 진짜로 좋아할지 의아해). 그래, 약간 우울했지. 위층의 큰 방들은 우리가 자식을 많이 낳을 거라고 생각했기에 맘에 들었지만, 자식은 못 낳았지. 세실이 집을 비운 기나긴 오후면 난 그런 생각에 잠기곤 했지. 자기연민에 빠진 거지. 자신하는데 그 집에서 나오면 한결 나아질 거야. 계속 산다면 입센의 희곡에 나오는, 늘 인형에 대해 두서없이 주절대는 끔찍한 여자처럼(입센의 희곡 《대건축사 솔네즈》에 나오는 알린은 화재로 쌍둥이 아들을 잃은 어머니다—옮긴이) 됐을지도 몰라. 세실한테는 더 안된 일이긴 해. 그이는 집에 제자들이 북적대는 것을 참 좋아했으니까. 제인, 세 번째 하품을 했어. 제인은 꾸벅꾸벅 조는데 난 쉴 새 없이 지껄였군. 30년간 결혼 생활을 하면 이렇게 된다니까. 남편들은 말을 들을 수밖에 없지. 아내의 말을 댐에서 물 떨어지는 소리로 치부하고 읽고 있는 책에 집중하는 게 도움이 되지. 저 봐! 또 하품을 하잖아."

제인은 '딤블 엄마'가 기도를 하기에 같이 방을 쓰기가 거북했다. 이것을 뭐라고 설명해야 할지 몰랐다. 딤블 부인이 무릎 꿇고 기도하는 동안 눈을 어디다 둘지 난감했고, 그녀가 일어난 뒤에도 몇 분간 다시 자연스럽게 말하기가 무척 힘들었다.

2

"이제 정신이 들어?"

한밤중에 딤블 부인이 조용히 말했다.

"네. 죄송해요. 저 때문에 깨셨어요? 제가 소리를 질렀나요?"

제인이 말했다.

"응. 누군가 머리를 맞고 있다고 소리쳤어."

"그들이 사람을 죽이는 걸 봤어요. 남자는 큰 차를 타고 시골길을 달리고 있었어요. 그러다가 교차로에 이르러 우회전해서 어떤 나무들을 지나는데, 거기 도로 가운데 누군가 서서 전등을 흔들어 그를 세웠어요. 그들이 무슨 말을 나누는지는 못 들었어요. 사람들이 그를 차에서 내리게 했을 거예요. 거기서 그는 무리 중 한 명과 이야기하고 있었어요. 불빛이 그의 얼굴을 비추었어요. 다른 꿈에서 본 노인은 아니었어요. 턱수염은 없고 콧수염만 있었어요. 아주 민첩하고 거만한 태도였고요. 그는 상대가 하는 말이 못마땅해서 주먹을 들어 상대를 때려눕혔어요. 뒤에서 다른 남자가 그의 머리를 때리려 했지만, 노인이 워낙 민첩해서 제때 몸을 돌렸지요. 그 다음은 무시무시하지만 멋있었어요. 세 명이 같이 달려들자 노인은 그들 모두와 싸웠어요. 그런 이야기는 책에서 읽어 봤지만, 그 광경이 어떻게 느껴질지는 몰랐지요. 물론 결국은 그들이 노인을 제압했어요. 그들은 손에 든 무시무시한 것으로 그의 머리를 갈겼어요. 그들은 몹시 냉정했고, 몸을 굽혀 노인이 정말 죽었는지 살펴보며 확인했지요. 손전등 불빛이 진짜 우스꽝스러운 것 같았어요. 마치 빛을 길게 거꾸로 세운 것처럼, 막대 같은 것들이 사방을 비추었어요. 하지만 그 순간 깼나 봐요. 저는 괜찮아요. 물론 무시무시했지만 정말 겁먹지는 않았어요. 전 같았으면 몹시 두려웠을 거예요. 노인이 안쓰러운 마음이 더 커요."

"다시 잠들 수 있을 것 같아?"

"그러고 싶어요! 두통은 좀 진정되셨어요, 사모님?"

"싹 없어졌어, 고마워. 잘 자."

3

마크는 '이 사람은 분명히 '눈보라' 빌이 말하던 미치광이 사제일 거야'라고 생각했다. 벨버리의 위원회는 10시 반이나 돼서야 회의를 열어서, 아침 식사 후 날씨가 춥고 안개가 짙은데도 그는 스트레이크 사제와 정원을 거닐었다. 사제가 그를 붙들고 이야기를 늘어놓았을 때, 낡은 옷과 투박한 부츠, 닳아 빠진 성직자 칼라, 베인 상처와 봉합한 자리, 깨끗이 면도하지 않은 데다 슬픔에 찬 거무튀튀한 얼굴이 조화롭지 않다는 생각이 들었다. 마크가 국공연에서 만나리라 기대한 타입의 인물이 아니었다.

스트레이크 사제가 말했다.

"내가 폭력 없이 우리 프로그램이 행해지리라 꿈꾼다고는 상상하지 말아요. 저항이 있을 거예요. 사람들이 자기 혀를 깨물고 저희 행위를 회개하지 않을 겁니다(요한계시록 16장 10-11절에서 인용—옮긴이). 우리는 저들이 방해하게 내버려 두지 않을 겁니다. 우리가 단호하게 혼란에 맞서면, 비방하는 자들은 우리가 혼란을 원했다고 할 겁니다. 그렇게 떠들게 내버려 둡시다. 어찌 보면 사실이니까. '사회'라는 질서 잡힌 죄의 집단을 보존하는 것은 우리가 증거할 사안이 아니지. 그 집단에게 우리가 전해야 되는 메시지는 완전한 절망의 메시지예요."

마크가 말했다.

"바로 그런 의미에서 제가 우리 둘의 관점이 결국은 양립하지 못한다고 한 겁니다. 완전한 계획과도 연관이 있는 사회 보존이야말로 정확한 목적이라는 게 제 관점입니다. 저는 다른 목적이 있다고, 혹은 있을 수 있다고 생각하지 않습니다. 스트레이크 씨에게는 완전히 다른 문제겠지요. 당신은 다른 세계에서 다른 것, 인간 사회보다 좋은 것을 기대하기 때문입니다."

스트레이크가 말했다.

"내 가슴속의 모든 생각와 피 한 방울까지 그 저주할 이념을 거부하오. 그게 바로 세상이, 죽음이라는 유기적 구조가 예수의 가르침을 왜곡하고 골자를 빼버린 속임수지요. 지금 여기서 정의와 심판을 주께 구하라는 가르침을 성직자의 지식과 신비주의로 바꾸어 버렸다니까. 하나님의 나라는 여기서, 이 세상에서 실현될 거외다. 그렇게 될 거요. 예수님의 이름에 모두가 무릎 꿇을 거요. 그 이름으로 나는 지금껏 세상에 존재한 조직화된 종교와 완전히 결별하오."

예수의 이름을 듣자, 마크는 낙태나 변태에 대해 거리낌 없는 강의를 들은 젊은 여성처럼 당황해서 뺨이 달아올랐다. 또 걸핏하면 얼굴을 붉힌다는 생각을 하자, 자신과 스트레이크에게 부아가 치밀었다. 이런 대화는 도저히 견딜 수가 없었다. 학교에서 성서적 교훈의 괴로움이 각인된 이후 이렇게 불편했던 적이 없었다. 마크는 신학에 무지하다고 투덜댔다.

"신학이라!"

스트레이크가 몹시 경멸하는 투로 쏘아붙였다. 그가 말을 이었다.

"내가 말하는 것은 신학이 아니라 예수님이라오, 젊은이. 신학은 부유한 자들에게는 단지 말이요, 안약이요, 연막이요, 게임이지. 내가 예수님을 발견한 곳은 강의실이 아니었소. 그곳은 탄광이었고, 내 딸의 관 옆이었소. 저들이 신학을 위대하고 무시무시한 날에 자기를 안전하게 지켜 줄 솜뭉치로 여긴다면 큰 실수임을 알게 될 거요. 내 말 명심하시오. 이 일이 벌어질 테니 말이오. 왕국은 도래할 것이오, 이 세상에서, 이 나라에서. 과학의 힘은 도구요. 국공연의 우리 모두가 알듯이 거부할 수 없는 도구요. 그러면 과학의 힘이 왜 거부할 수 없는 도구겠소?"

"과학은 관찰에 바탕을 두기 때문이겠지요."

마크가 대답했다.

스트레이크가 고함치듯 말했다.

"과학이 거부할 수 없는 도구인 것은 그분 수중의 도구이기 때문이오. 치유뿐만 아니라 심판의 도구 말이오. 내가 교회들을 납득시킬 수 없었던 게 바로 그거요. 그들은 눈이 멀었소. 그들의 죄, 혹은 죄

될 것이 전혀 없는데도 그렇게 여기는 죄뿐만 아니라 더러운 누더기 같은 인도주의, 문화와 박애 정신, 자유 때문에 눈이 멀었소. 내가 홀로 선 것도 그 때문이오. 가난하고 약하고 무가치한 인간이지만 유일하게 남은 선지자니까. 나는 그분이 힘으로 오셨다는 것을 알았소. 따라서 힘이 보이는 곳에서는 그분이 오시는 신호를 보는 거요. 재림을 앞당길 준비가 되어 있다면 공산주의자, 유물론자 할 것 없이 누구에게나 내가 합류하는 것도 그 때문이오. 이곳의 약자들은 삶의 비극적 의미를 알며 무자비함, 온전한 헌신, 단순한 인간 가치를 희생하려는 정신이 있소. 조직화된 종교의 혐오스러운 위선적 언사에서 찾아볼 수 없던 일면이지."

"즉각적인 실현과 관련된다면, 사제님은 프로그램과의 협력에 어떤 제한도 안 두신다는 뜻입니까?"

마크가 물었다.

"협력이란 개념은 지워 버리시오! 흙이 도공에게 협력하오? 키루스 대제(개역개정 성경에서 '고레스'로 번역된 페르시아의 왕. 바빌로니아에 유배된 유대인들을 해방시켰다―옮긴이)가 주님께 협력했소? 이 사람들은 사용될 것이오. 나 역시 사용될 것이오. 도구지. 이동 수단인 셈이지. 하지만 여기 자네와 관련된 대목이 있소이다, 젊은이. 자네에게는 사용될지 안 될지 선택권이 없소. '손에 쟁기를 잡으면' 되돌릴 수 없소(누가복음 9장 62절 '손에 쟁기를 잡고 뒤를 돌아보는 자는 하나님의 나라에 합당하지 아니하니라'에서 인용―옮긴이). 아무도 국공연에서 나가지 못하오. 돌아보는 자는 광야에서 멸할 것이오. 하지만 문제는 주님의 재림에 기여하고 버려지는 도구가 되는 데 만족할 것인가, 즉 다른 사람들을 심판한 후 심판 자체를 위해 남겨질 것인가 아니면 상속받는 이들 사이에 들어가게 될 것인가요. 모든 게 진실이기 때문이오. 지구를 상속받는 이는 성자들이오. 여기 영국에서, 어쩌면 앞으로 12개월 내에 그 누구도 아닌 성자들이 세상을 물려받을 거요. 우리가 천사를 판단할 것을 알지 못하겠소?(고린도전서 6장 3절 인용—옮긴이)"

그러더니 스트레이크는 갑자기 소리를 낮춰 덧붙였다.

"진정한 부활은 지금도 일어나고 있소. 영생하는 진짜 생명 말이오. 여기 이 세상에서. 보면 알게 될 거요."

마크가 말했다.

"거의 20분이 지났습니다. 위원회에 들어가 봐야 되지 않습니까?"

스트레이크는 말없이 그와 함께 몸을 돌렸다. 같은 말을 더 하는 것을 피하려 했고, 정말 대답을 듣고 싶기도 해서 마크는 다시 물었다.

"무척 거슬리는 일이 벌어졌습니다. 지갑을 잃어버렸습니다. 돈은 3파운드밖에 들어 있지 않습니다만 편지를 비롯한 다른 것들이 들어 있는 데다 이런 일을 당하니 영 씁쓸하군요. 누구한테 알려야 될까요?"

"지배인에게 말하면 될 거요."

스트레이크가 대답했다.

4

위원회는 두 시간쯤 계속되었고 부소장이 주관했다. 그는 천천히 개입하는 식으로 일을 처리했다. 브랙톤에서의 경험으로 볼 때 마크는 국공연의 진짜 업무는 다른 데서 처리된다는 것을 금방 간파했다. 사실 그가 예상하던 대로였다. 그는 워낙 합리적인 사람이어서, 처음부터 주최 측에 끼거나 벨버리와 브랙톤 혁신파의 연락책이 될 거라고는 기대하지 않았다. 하지만 유령 위원회에서 너무 오래 시간을 보내지 않기를 바랐다. 이날 아침에는 에지스토에서 이미 시작된 작업과 관련된 세부 사항을 주로 다루었다. 국공연이 구석에 있는 소규모 노먼 교회를 철거할 권리를 얻는 쾌거를 이룬 모양이었다.

"물론 늘 반대하는 자가 있었습니다."

위더가 말했다. 마크는 건축에 관심이 없고, 제인과 달리 강 건너 동네는 잘 몰라 딴청을 부렸다. 위더가 훨씬 예민한 주제를 언급한 것은 회의 말미였다. 그는 참석자 대부분이 이미 들었겠지만(마크는 '왜 의장들은 늘 저렇게 말을 시작할까?'라고 생각했다), 아주 맥빠지는 소식인데 비공식적인 태도로 전하는 것이 그의 의무일 거라고 말했다. 물론 위더는 윌리엄 힝기스트 살인 사건을 말하고 있었다. 의장의 괴롭고 에두른 말투에서 마크가 파악한 바로는 그날 새벽 4시경 둔기로 머리를 맞은 채 차 옆에 누워 있는 '눈보라' 빌이 포터스 레인에서 발견되었다. 사망한 지 몇 시간 지난 뒤였다. 위더 씨는 국공연 경찰이 5시 전 범행 현장에 도착했고, 지방 경찰이나 런던 경시청이 최대한 협조한다는 데 이의를 달지 않아서 그나마 다행이라고 했다.

그는 더 적절한 상황이었다면, 모두 하드캐슬 국장에게 감사를 표하고 그녀 휘하의 경찰과 공권력의 원만한 연대를 치하했을 거라고 밝혔다. 이것이 슬픈 소식의 와중에 가장 감사할 만한 일이며 장차의 좋은 징조일 거라고 했다. 그러더니 위더 씨는 고인에 대해 일장연설을 늘어놓았다. 그들 모두 국공연을 떠난다는 힝기스트 씨의 결정이 유감스럽지만 그의 동기는 충분히 이해한다고 했다. 그들 모두는 이 결별로 고인과 모든 사람들의 우호적인 관계에 어떤 변화도 없을 거라고 느꼈다고 했다. 국공연의 예전 동료들에 대해서도 예외 없이 그렇게 생각한다고 했다. 애도사는 부소장이 연주하기에 알맞은 '악기'였고(옥스퍼드대학 영문과 교수 랄레이는 "애도사는 연주하기 어려운 악기임을 안다"라고 썼다—옮긴이), 그는 장황하게 말했다. 그는 윌리엄 힝기스트를 추모하며 모두 1분간 기립해서 묵념하자고 제안하는 것으로 애도사를 마쳤다.

그들은 묵념했다. 무한하게 느껴지는 1분간의 세상에서 삐걱대는 소리와 숨소리가 들렸고, 입술을 꽉 다문 번들거리는 얼굴의 가면 아래로 난처하고 부적절한 생각들이 기어들었다. 마치 소풍객이 떠난 숲의 빈터에 새들과 쥐들이 슬금슬금 나오는 것 같았다. 다들 적어도 본인은 병들어 죽음을 생각하는 처지는 아니라고 자위했다.

그러다 부산하게 버스럭대는 소리가 나면서 위원회는 해산됐다.

5

딤블 부인이 같이 있으니, 제인은 일어나서 '아침 일'을 하는 것이 더 신이 났다. 마크가 자주 거들었지만, 그가 말로 표현하지 않아도 늘 '이래도 저래도 상관없고' 제인이 불필요한 일을 하고 있다고 생각하는 것을 그녀는 느낄 수 있었다. 마크는 여자처럼 수선스럽고 힘들지 않게 남자도 살림을 할 수 있다고 믿었다. 한편 딤블 부인은 자기 방식으로 일했다. 햇살 좋은 아침이었고, 식사를 하려고 딤블 부인과 부엌 식탁에 앉자 제인은 기분이 밝아졌다. 아이언우드를 만나서 '모든 걸 털어 버렸다'는 사실만으로 악몽이 그칠 거라고 밤새 마음 편하게 생각했다. 악몽과 관련된 일은 더 없을 것이었다. 이제 마크가 기대되는 새 일자리를 구한다는, 흥미로운 가능성이 있었다. 그녀는 마음속으로 그림을 그리기 시작했다.

딤블 부인은 '세인트 앤'에서 제인이 어떤 일을 겪었는지, 또 거기 다시 갈 작정인지 몹시 궁금했다. 제인이 첫 번째 질문에 애매하게 대답하자, 부인은 예의 바른 사람이어서 더 다그치지 못했다. 두 번째 질문에 제인은 아이언우드를 다시 '마음 쓰게' 하지 않겠다고 했다. 꿈에 대해서도 더 이상 '마음 쓰지' 않겠다고 했다. 그녀는 '바보'처럼 굴었지만 이제 괜찮을 거라는 확신이 든다고 대답했다. 그러더니 벽시계를 힐끗 보며, 왜 맥스 부인이 아직 오지 않는지 궁금해했다.

딤블 부인이 말했다.

"제인, 이제 아이비 맥스는 오지 않을 거야. 저들이 그녀의 집도 빼앗아 갔다고 내가 말했잖아? 앞으로 그녀가 여기 오지 않을 거라고 제인이 짐작할 거라 생각했는데. 에지스토에는 아이비가 살 집이 없으니까."

"세상에!"

제인이 중얼대더니, 대답에 대해 별 기대 없이 덧붙였다.

"맥스 부인은 어떻게 할 생각인지 아세요?"

"'세인트 앤'으로 갈 거야."

"거기 친구들이 있나요?"

"아이비는 세실이랑 나랑 장원으로 갈 거야."

"거기서 일자리를 구한다는 뜻인가요?"

"글쎄, 그래. 그것도 일자리라 하겠지."

딤블 부인은 11시경에 떠났다. 그녀도 '세인트 앤'으로 갈 예정이었지만 먼저 노섬버랜드 칼리지에서 남편과 만나 점심 식사부터 할 듯했다. 제인은 간단히 쇼핑을 해야 해서 딤블 부인과 시내까지 걸어갔다. 그들은 마켓가 끝에서 헤어졌고 제인은 곧바로 커리 부학장과 마주쳤다.

"소식 들었습니까, 스터독 부인?"

커리가 물었다. 늘 중요한 사람처럼 굴면서 애매하게 비밀스러운 말투로 말하는 사람이었지만, 이날 오전에는 유독 더 심해 보였다.

"아뇨. 뭐가 잘못됐나요?"

제인이 물었다. 그녀는 커리를 우쭐대는 멍청이로 여겼고, 그런 자에게 감동하는 마크도 바보라고 생각했다. 하지만 커리가 말을 시작하자마자, 그녀의 얼굴에는 커리가 바랐을 만한 놀라고 경악한 표정이 떠올랐다. 이번에는 거짓된 표정이 아니었다. 커리는 힝기스트 교수가 한밤중이나 이른 새벽에 살해당했다고 말했다. 포터스 레인에 주차된 그의 차 옆에 쓰러진 채 발견되었으며, 머리에 뭔가에 맞은 상처가 있었다고 전했다. 힝기스트는 차를 몰고 벨버리에서 에지스토로 오는 중에 변을 당했다. 커리는 방금 경찰서에 다녀왔으며, 학장에게 보고하러 급히 칼리지로 돌아가는 길이었다. 살인 사건이 커리의 수중에 들어갔음을 알 수 있었다. 이 '살인 사건'이 명확하지는 않아도 그의 '수중'에 들어갔으며, 커리는 책임감으로 마음이 무거웠다. 다른 때 같았으면 제인은 이런 양상을 재미있게 보았을 터였다. 그녀는 최대한 서둘러 커리와 헤어져서 커피를 마시러 '블랙키'로 들어갔다. 앉아야 될 것 같았다.

힝기스트의 죽음 자체는 그녀에게 의미가 없었다. 겨우 한 번 만났을 뿐이고, 못마땅한 노인이며 약간 속물이라는 마크의 평가를 그대로 받아들였다. 하지만 실제 살인 사건을 꿈에서 목격했다는 확신에, 아침에 느끼기 시작한 안도감이 단박에 무너졌다. 꿈에 관한 일이 끝나기는커녕 이제 시작이라는 사실이 아찔할 만큼 분명하게 다가왔다. 그녀가 살고 싶은, 밝고 단출한 삶은 되살릴 수 없을 정도로 망가졌다. 어두운 풍경으로 난 창들이 사방에서 열렸다. 그녀는 힘이 없어서 그 창문들을 닫을 수 없었다. 혼자 그 일을 당하면 미칠 거라는 생각이 들었다. 다른 대안은 아이언우드를 다시 찾아가는 것이었다. 하지만 그것은 이 어둠 속으로 더 깊이 들어가는 길일 뿐인 듯했다.

세인트 앤에 있는 이 장원, 이 '집단' 같은 것에 뒤섞이는 셈이었다. 그녀는 말려들고 싶지 않았다. 이것은 불공평한 일이었다. 그녀는 인생에서 많은 것을 원하지 않았다. 바란 것이라곤 그녀를 혼자 그냥 놔두는 것뿐이었다. 그런데 상황은 너무나 터무니없었다! 그녀가 지금껏 받아들인 논리에 비추어 볼 때 이것은 정말이지 일어날 수 없는 일이었다.

6

위원회에서 나오는 마크에게 코서가 다가왔다. 검은 콧수염이 살짝 난 주근깨투성이 사내였다.

"당신이랑 나랑 해야 될 일이 있소. '큐어 하디'에 대한 보고서를 작성해야 하오."

코서가 말했다.

마크는 업무에 대해 듣자 크게 안도했다. 하지만 어제 코서를 만났을 때 마음에 들지 않았기에 짐짓 점잔을 빼면서 대꾸했다.

"결국 내가 스틸의 부서에 들어간다는 뜻입니까?"

"그렇소."

"이렇게 묻는 이유는 스틸이나 당신이나 내가 들어가는 게 달갑지 않은 듯하기 때문입니다. 억지로 밀고 들어가고 싶지 않거든요. 사실 제대로 말하자면 난 굳이 국공연에 남아 있을 필요도 없고요."

"저기, 그런 이야기는 여기서 시작하지 맙시다. 위층으로 올라갑시다."

코서가 말했다.

마크는 코서와 복도에서 대화하다가, 생각에 잠긴 위더 부소장이 그들 쪽으로 다가오는 것을 알아차렸다.

"위더와도 이야기해서 상황을 정리하는 게 좋지 않을까요?"

마크가 제의했다. 하지만 부소장은 열 걸음쯤 떨어진 곳에서 다른 쪽으로 방향을 돌렸다. 생각에 깊이 빠진 듯 소리 나지 않게 콧노래를 흥얼대고 있었다. 마크는 면담을 하기에 적당한 때가 아니라고 느꼈다. 코서도 아무 말 안 했지만 같은 생각임이 분명했다. 그래서 마크는 그를 따라 3층 사무실로 올라갔다.

자리를 잡고 앉자 코서가 말했다.

"'큐어 하디' 마을에 대한 일이오. 알겠지만 일단 일이 착수되면 브랙돈 숲 부지는 늪지나 다름없게 될 거요. 우리가 왜 하필 거기 가려는지 난 모르겠소. 아무튼 최근 계획은 윈드 강 줄기를 돌리는 거요. 에지스토를 흐르는 예전 수로를 완전히 막는 거지요. 봐요. 여기 시내에서 북쪽으로 16킬로미터 지점에 '실링브리지'가 있소. 거기서 물줄기를 돌려 여기 파란 선이 있는 동쪽으로 인공수로를 만들면, 물줄기는 여기서 옛 물길과 만나게 될 거요."

"대학 측이 동의하지 않을 텐데요. 강이 없으면 에지스토가 어떻게 되겠습니까?"

"우리는 대학 당국을 완전히 장악했소. 그 점은 걱정할 필요 없어요. 아무튼 그건 우리가 챙길 일이 아니오. 문제는 새 윈드 강이 큐어 하디를 관통해야 된다는 거요. 거기 지도를 보시오. 큐어 하디는 이 좁은 협곡에 있소. 그렇죠? 아, 거기 가봤겠지요? 그러면 한결 수월하겠지. 나는 이쪽 지방은 잘 모르오. 남쪽 끝에서 계곡을 막아서 큰 저수지를 만들자는 아이디어요. 이제 에지스토는 이 나라 제2의 도시가 될 테니 새로운 수원지가 필요할 거요."

"하지만 큐어 하디는 어떻게 됩니까?"

"그게 또 장점이오. 우리는 6킬로미터 떨어진 곳에 ('줄스 하디'나 '위더 하디'라는) 새로운 마을의 모델을 만들 거요. 여기 철로에."

"분명히 말하는데 이 일에 대해 엄청난 불평이 터져 나올 겁니다. 큐어 하디는 유명세를 떨치는 곳입니다. 아름다운 고장이지요. 16세기 때의 극빈자 수용 시설들과 노르망디식 교회가 있지요."

"그렇소. 그 대목이 당신과 내가 끼어드는 곳이오. 우리는 큐어 하디에 관한 보고서를 작성해야 하오. 내일 나가서 돌아봅시다. 하지만 보고서의 거의 모든 내용은 오늘 작성할 수 있을 거요. 제법 쉬운 일일 테니까. 아름다운 곳이라면 비위생적이라고 물고 늘어지면 될 거요. 그게 강조할 첫 번째 사항이오. 그다음에는 주민에 대한 사실 몇 가지를 대두시키는 거지. 그 지역은 가장 바람직하지 않은 두 가지 요소로 되어 있다는 것을 알게 될 거요. 불로소득 생활자와 날품팔이 농꾼."

"불로소득자가 나쁜 구성원이라는 점은 인정합니다. 날품팔이 농꾼은 논란의 여지가 더 큽니다."

마크가 말했다.

"국공연은 그런 자들을 용납하지 않소. 그들은 계획된 공동체에서 반항하고 늘 퇴보하는 부류지. 우리는 영국 농업을 시작하려는 게 아니오. 그러니 우리가 해야 할 일은 몇 가지 사실을 밝히는 거요. 그것만 빼면 보고서는 저절로 써질 거요."

마크는 한동안 잠자코 있다가 입을 열었다.

"그건 손쉬운 일입니다. 하지만 일에 착수하기 전에 제 지위에 대해 더 명확하게 해두고 싶습니다. 스틸을 만나러 가면 안 되겠습니까? 내가 부서에 있는 것을 그가 싫어한다면, 업무에 들어갈 생각이 없습니다."

"나라면 그러지 않겠소."

코서가 말했다.

"어째서요?"

"글쎄, 일단 디디(부소장)가 당신을 지원하면 스틸이 당신을 막을 수 없소. 또 하나, 스틸은 상당히 위험한 인물이오. 당신이 조용히 업무에 임하면 결국 그는 당신에게 익숙해질 거요. 하지만 당신이 그를 찾아가서 만나면 시끄러워질 수도 있소. 다른 일도 있고."

코서는 말을 멈추고 뭔가 생각하며 코를 후비더니 덧붙였다.

"우리끼리 이야기인데, 내 생각에 이 부서는 지금처럼 애매하게 굴러가지 못할 거요."

마크는 브랙톤에서 잘 훈련받은 덕분에 이 말을 이해할 수 있었다. 코서는 부서 내에서 스틸의 자리를 차지하고 싶어 했다. 그는 모든 상황을 파악한다고 생각했다. 여기 있는 한 스틸은 위험한 인물이지만, 영원히 그러지는 못할 것이다.

마크가 말했다.

"어제는 당신과 스틸이 손발이 맞는다는 인상을 받았는데요."

"이곳의 좋은 점은 누구와도 다투지 않는다는 점이지. 나 자신이 싸움을 싫어하오. 일만 제대로 돌아가면 난 누구와도 잘 지낼 수 있소."

"그렇군요. 한데 내일 우리가 큐어 하디에 가면, 에지스토에 가서 집에서 밤을 보내면 좋겠습니다."

마크가 말했다.

마크에게는 이 대답에 많은 게 걸려 있었다. 그가 실제로 코서의 지시를 받는 입장인지 아닌지 알게 될 것이었다. 코서가 '그러지 못할 거요'라고 한다면, 마크는 적어도 어떤 입장인지 알 것이다. 시간을 낼 수 없다 해도 괜찮을 터였다. 코서가 디디에게 의논해 보는 편이 낫다고 대답할 수도 있었다. 그런 경우에도 마크는 자기 위치를 더 잘 파악하게 될 것이었다. 하지만 코서가 '아'라고만 말하자, 마크는 누구도 휴가 허락을 받을 필요가 없는지, 그가 자리를 비우는 게 중요하지 않을 만큼 조직에서 미미한 존재인지 의심스러웠다. 그들은 보고서를 만들기 시작했다.

그날 내내 보고서를 작성해야 해서, 두 사람은 저녁 식사에 늦었다. 옷도 제대로 갖춰 입지 못했다. 이 일은 마크에게 더 만족감을 주었다. 음식도 맛이 좋았다. 만나 본 적 없는 사람들 속에 있었지만, 5분 만에 모두 아는 것 같아서 대화에 자연스럽게 끼어들었다.

마크는 전문적인 대화를 나누는 법을 익히고 있었다.

다음 날 아침 차가 '듀크 이튼'에서 중앙 도로를 벗어나 덜컹거리는 작은 길을 내려가기 시작했다.

"정말 멋지군!"

마크는 혼잣말로 중얼댔다. 차는 큐어 하디가 있는 긴 계곡으로 접어들었다. 그는 평소 미적인 것에 민감하지 않았지만, 아내에 대한 사랑 덕분에 이런 면모가 약간 생겼다. 어쩌면 겨울 아침 햇살 때문일 것이다. 이런 광경을 아름답게 보는 법을 배운 적이 없는지라 유난히 감각에 깊숙이 스며들었다. 땅과 하늘은 최근에 씻겨 낸 듯했다. 갈색 들판은 먹기 좋게 보였고, 작은 언덕 굽이굽이 펼쳐진 풀밭은 말의 등에 쭈뼛쭈뼛 솟은 털 같았다. 하늘이 평소보다 높았지만 더 또렷이 보여서 (연파랑 하늘에 진회색을 띤) 길쭉한 구름이 판지로 오려낸 것처럼 테두리가 명확했다. 모든 작은 관목 수풀이 솔빗처럼 검은 색에 바스락댔고, 차가 '큐어 하디'에서 멈추자 시동이 꺼진 후 감도는 적막감 속에서 당까마귀 소리만 들렸다. 당까마귀 떼는 '까아! 까아!' 우는 것 같았다.

"망할 놈의 새 울음하고는. 지도를 갖고 있소? 자······."

코서가 말했다. 그는 바로 일에 착수했다.

그들은 두 시간 동안 마을 주변을 걸어 다니면서, 그들이 파괴할 예정인 온갖 폐해와 시대착오적인 모습들을 눈으로 보았다. 반항적이고 퇴보적인 노동자를 만나 날씨에 대한 그의 견해를 들었다. 그들은 지원해도 헛일이었던 극빈자를 만났다. 이 노인은 발을 질질 끌고 빈민 수용소 마당을 지나 주전자 물을 받으러 갔다. 나이든 불로소득자는(설상가상으로 뚱뚱한 늙은 개를 키우는 노파였다) 집배원과 한창 대화 중이었다. 마크는 휴가 온 기분을 느꼈다. 휴가 때나 영국 시골 주위를 돌아다니기 때문이었다. 그런 이유로 이곳에서 즐거움을 느꼈다. 뒤떨어진 노동자의 얼굴이 코서의 얼굴보다 흥미롭고 목소리가 훨씬 듣기 좋다는 생각이 들었다. 늙은 불로소득자와 길리 숙모가 닮아서 (마지막으로 숙모를 본 게 언제였더라? 맙소사, 한참 전이다) 그런 종류의 사람을 좋아하는 것이 얼마나 가능한 일인지 이해할 수 있었다. 이 모든 것은 그의 사회학자적 신념에는 전혀 영향을 주지 않았다. 그가 벨버리에서 자유롭고 야심이 전혀 없었다고 해도 마찬가지였을 터였다. 그가 받은 교육은, 본 것보다 읽고 쓰는 것들을 더 현실적으로 느끼게 하는 묘한 효과가 있었기 때문이다. 농업 노동력에 대한 통계가 중요할 뿐, 실제 도랑 청소부나 밭 가는 사람, 농부의 아들은 그림자였다. 스스로는 알아차리지 못했지만 그는 글에서 '남자'나 '여자' 같은 어휘를 쓰는 것을 몹시 싫어했다. '직업군', '요소', '계층', '인구' 같은 단어를 훨씬 선호했다. 그 나름으로는 보이지 않는 것들이 우월한 현실성을 지닌다고 굳게 믿었다.

하지만 이 마을은 좋아하지 않을 수 없었다. 1시에 '투 벨스'에 가자고 코서를 설득하면서 그는 그 말까지 내뱉었다. 둘 다 점심으로 샌드위치를 싸왔지만 마크는 맥주 한 잔이 간절했다. 투 벨스는 창문이 작아서 따뜻하고 어두컴컴했다. 노동자 두 명이(물을 것도 없이 반항적이며 뒤처진 자들이었다) 오지 머그잔을 앞에 두고 앉아서 두툼한 샌드위치를 먹고 있었고, 다른 한 명은 카운터에 서서 주인과 한창 대화 중이었다.

코서가 말했다.

"나는 맥주는 안 마시겠소. 여기 오래 지체하고 싶지도 않고. 무슨 말을 하고 있었소?"

"화창한 아침, 이런 곳에는 매력적인 요소가 있다는 말을 하던 중이었습니다. 모순되는 면이 있긴 하지만 말입니다."

"그렇소, 화창한 아침이오. 햇살이 쨍쨍하면 건강에 큰 도움이 되겠지요."

"저는 장소에 대해 생각하던 참입니다."

"이곳 말이오?"

코서는 술집 안을 둘러보며 묻고는 이어서 말했다.

"이런 곳은 없애고 싶다는 생각이 들어야 마땅할 거요. 햇빛도 안 들고 환기도 안 되니 말이오. 난 술을 많이 마시지 않지만('밀러 보고서'를 살펴봐요) 사람들에게 자극제가 필요하다면 더 위생적인 방법으로 해소하게 해주고 싶군요."

"문제가 자극제뿐인지 모르겠군요."

마크가 맥주를 쳐다보며 말했다. 주변 풍경을 보니 오래전 학부 시절 술을 마시고 대화를 나누며 웃고 열띤 토론을 벌이던 기억이 났다. 왠지 그 시절에는 친구를 더 쉽게 사귀었다. 모든 게 어찌 된 일인지 의아했다. 그의 교원 자리를 차지할 뻔한 캐리, 워스든, 데니스톤은 어떻게 됐을까.

마크의 마지막 말에 대한 대답으로 코서가 말했다.

"모르겠소, 난 잘 모르겠소. 영양은 내 분야가 아니오. 그 문제라면 스톡에게 물어보는 게 좋을 거요."

마크가 말했다.

"실은 이 술집이 아니라 마을 전체를 생각하고 있습니다. 물론 당신 말이 옳습니다. 그런 건 없어져야 합니다. 하지만 거기에는 유쾌한 면도 있지요. 우리가 그곳에 무엇을 세우려 하든 효율성만이 아닌 모든 면에서 뛰어날 수 있을지 신중을 기해야 될 겁니다."

"글쎄, 알겠지만 건축이나 그런 부분은 내 담당이 아니오. 위더 같은 사람과 얘기하는 편이 더 나을 거요. 다 먹었소?"

순간 마크는 이 왜소한 사내가 지긋지긋하게 따분하다는 생각이 들었다. 그와 동시에 국공연도 몹시 못마땅하게 느껴졌다. 하지만 단번에 흥미로운 상황을 기대할 수는 없다며 자신을 다독였다. 아무튼 그는 배수진을 친 것은 아니었다. 하루 이틀 뒤 모든 일을 내던지고 브랙톤으로 돌아가면 될 터였다. 하지만 당장은 아니었다. 조금 더 머물면서 일이 어떻게 돌아가는지 파악해야 했다.

돌아가는 길에 코서는 마크를 에지스토 역 근방에 내려 주었다. 마크는 집으로 걸어가면서 제인에게 벨버리에 대해 무슨 말을 할지 고심하기 시작했다. 그가 의식적으로 거짓말을 꾸며 냈다고 생각하면 큰 오산일 것이다. 아파트에 들어선 그는 제인의 궁금해하는 얼굴을 떠올렸다. 벨버리의 특징에 대해 재미나고 믿음직한 이야기를 아내에게 들려주는 말소리도 떠올랐다. 이 상상의 말소리가 들리자, 점점 마음에서 실제 경험들이 빠져나갔다. 실제 체험한 불안하고 불편한 일들이 아내에게 멋진 광경을 설명하고 싶은 욕심에 더 부채질을 했다. 그는 자기도 모르게 큐어 하디 일은 말하지 않기로 했다. 제인은 고풍스런 건물들과 그런 분위기를 좋아했다. 커튼을 치다가 문이 열리는 소리를 듣고 몸을 돌려 마크를 본 제인은, 활기차고 들뜬 남편과 마주쳤다. 그랬다, 그는 거의 일자리를 잡았다고 확신했다. 봉급은 결정되지 않았지만 그 문제는 내일 이야기할 작정이었다. 벨버리는 대단히 재미난 곳이고 그건 나중에 설명해 주겠다고 했다. 하지만 그는 거기서 주요 인사들을 이미 만났다고 했다. 위더와 하드캐슬은 중요한 인물들이었다.

"당신한테 하드캐슬이란 여자에 대해 말해 줘야 해. 도무지 믿기지 않는 여자라니까."

마크가 아내에게 할 말을 금세 정한 것 못지않게 제인도 남편에게 무슨 말을 할지 서둘러 정해야 했다. 그리고 그녀는 꿈이나 '세인트 앤'에 다녀온 이야기는 말하지 않기로 했다. 남자들은 여자가 엉뚱한 일, 특히 이상하거나 예사롭지 않은 일을 하면 싫어했다. 제인은 남편이 자기 이야기만 하고 그녀에게 질문은 던지지 않게 하기로 작정했다. 어쩌면 그녀는 마크의 말을 완전히 신뢰하진 않았다. 모든 세부 사항에 애매한 구석이 있었다. 대화가 시작되던 무렵, 제인은 날카롭고 겁먹은 목소리로(그녀는 마크가 그 목소리를 얼마나 싫어하는지 몰랐다) 말했다.

"마크, 브랙톤 교원 자리를 포기한 건 아니지요?"

그는 당연히 아니라고 대답하고 말을 이었다. 그녀는 마크의 말을 건성으로 들었다. 남편이 자주 붕 뜬 생각을 한다는 것을 그녀는 알고 있었다. 마크의 얼굴을 보니 집을 떠나 있으면서 평소보다 과음했다는 것을 눈치 챌 수 있었다. 저녁 내내 수컷 새는 깃털을 뽐냈고 암컷 새는 맞장구를 치면서 묻고 웃으며 실제보다 더 큰 관심을 표했다. 그들은 젊었고, 둘 다 대단히 사랑하지는 않았지만 여전히 찬탄받고 싶어 안달했다.

7

그날 저녁 브랙톤의 교직원들은 교직원 휴게실에 모여 디저트를 먹으며 와인을 마셨다. 그들은 만찬을 위해 정장을 차려입지는 않았다. 전쟁 기간 중 경제적인 이유 때문에 중단된 관습이 전후에도 아직 되살아나지 않아서 다들 스포츠 재킷과 카디건 차림이었다. 그런 복장은 짙은 참나무 패널 장식, 촛불, 여러 시대의 은식기와 어쩐지 부조화스러웠다. 피버스톤과 커리는 나란히 앉아 있었다. 그날 밤을 포함해 약 3백 년간 이 휴게실은 잉글랜드 지역에서 가장 쾌적하고 조용한 곳으로 꼽혔다. '레이디 앨리스' 동의 1층 방 동쪽 끝 창으로는 여름 저녁에 교원들이 디저트를 먹는 작은 테라스 너머로 강과 브랙돈 숲이 내다보였다. 이 계절의 이 시간 무렵이면 당연히 창문들이 닫히고 커튼이 드리워졌다. 창밖에서는 이 방에서 들어 본 적 없는 요란한 소음이 났다. 고함, 욕설, 부릉부릉 지나가는 트럭 소리, 끼익

하며 변속기 바꾸는 소리, 쇠사슬 덜컹대는 소리, 드릴 소리, 쨍그렁대는 쇳소리, 호루라기 소리, 쿵쿵 소리, 온갖 진동음. 벽난로 한쪽끝에 앉은 글로솝은 주얼에게 "우당탕 쿵쾅쿵쾅 지옥에서 나는 소리"라고 했다. 그 창문 밖, 윈드 강 저편 30미터 지점에서는 오래된 숲이 진흙과 소음, 철강과 콘크리트로 된 지옥으로 변하고 있었다. 칼리지 이쪽에 연구실이 있는 혁신파 몇 명은 이미 공사에 대해 불평이 커졌다. 커리는 그의 꿈이 현실이 되어 드러난 광경에 좀 놀랐지만, 최선을 다해 뻔뻔하게 밀고 나갔다. 피버스톤과 대화하기 위해 둘 다 목청을 있는 대로 높여야 했지만, 커리는 불편한 기색을 보이지 않았다.

그가 큰 소리로 말했다.

"그럼 스터독이 돌아오지 않는 게 거의 확실하군요?"

"그렇소. 그가 고위 인사를 통해 전갈을 보냈는데 내게 대학에 알려 달라고 했소."

피버스톤이 소리쳐 대답했다.

"정식 사직서는 언제 보낸답니까?"

"그럴 가망은 없소! 젊은이들이 다 그렇듯 스터독도 이런 문제를 아주 가볍게 여기지. 사실 그가 시간을 지체할수록 더 잘된 일이오."

"우리가 주위를 둘러볼 기회가 생긴다는 뜻인가요?"

"그렇소. 알다시피 그가 사직서를 쓰기 전까지 칼리지로서는 아무 일도 처리할 필요가 없소. 그전에 그의 후임을 물색하는 문제를 해결하면 되겠지."

"그렇지요. 그게 가장 중요한 문제입니다. 일단 이쪽 사정을 이해 못하고 자기 마음도 모르는 사람들에게 충원 가능성이 밝혀지면, 어떤 일이 벌어질지 아무도 모르지요."

"바로 그거요. 우리가 피하고 싶은 상황이지. 이런 곳을 운영할 유일한 방법은 충원 발표를 하기 무섭게 지원자를 알리는 거요. 정신 차릴 새 없이 갑자기 밝히는 거지."

"당장 그 문제를 고민해야겠군요."

"스터독의 후임이 꼭 사회학자여야 될까? 이 자리의 전공이 정해져 있냐는 뜻이오."

"아, 절대로 그런 건 아니지요. '패스톤' 연구직 중 한 자리입니다. 왜 그러십니까? 마음에 둔 전공이라도 있습니까?"

"그러고 보니 우리가 정치학 전공자를 뽑은 지 오래됐군."

"아…… 그렇지요. 학문 분야로서 정치학에 대한 편견은 여전히 심합니다. 피버스톤, 우리가 새로운 전공에서 충원해야 되지 않겠습니까?"

"어떤 새로운 전공 말이오?"

"프래그마토미트리(루이스가 만든 조어로, 현대의 월드와이드웹의 개념이 담긴 용어—옮긴이)."

"그렇게 말하시니 참 재밌군. 내가 생각하고 있는 정치학자도 프래그마토미트리를 꽤 파고들고 있으니 말이요. '사회학 프래그마토미트리' 같은 부문으로 부를 수 있겠구만."

"그가 누굽니까?"

"레어드. 케임브리지의 레스터 출신이오."

커리 부학장은 생각에 잠긴 표정이었다. 그는 레어드에 대해 들어 본 적이 없으면서도 이렇게 말했다.

"아, 레어드요……. 그의 학문 업적을 세세히 알려 주시지요."

피버스톤이 대답했다.

"기억하겠지만 레어드는 기말에 건강이 안 좋아서 성적이 저조했소. 요즘은 케임브리지의 시험이 워낙 형편없어서 아무도 그걸 중요시하지 않소. 레어드가 그 학년에서 가장 우수한 학생 중 한 명으로 꼽혔다는 것은 누구나 아는 사실이었소. 그는 '스핑크스' 회장이었고 〈디 어덜트The Adult〉를 편집하기도 했소. 데이비드 레어드요."

"네, 그렇지요. 데이비드 레어드. 하지만 딕, 저로서는……."

"그런데요?"

"저는 그의 나쁜 성적이 그리 달갑지 않습니다. 물론 딕처럼 저도 시험 성적에만 가치를 두는 사람은 아닙니다. 그래도…… 최근 우리가 불운한 교원 선발을 한두 번 겪어서요."

자기도 모르게 이 말을 한 후 커리는 펠럼이 앉은 쪽을 힐끗 보았다. 펠럼은 입이 작은 단추 같고 얼굴은 푸딩 같은 사람이었다. 그는 생각이 건전한 사람이었다. 하지만 커리는 펠럼이 한 행동이나 말을 기억하기가 힘들었다.

피버스톤이 말했다.

"그렇소, 알고 있소. 하지만 우리가 최악의 인선을 한대도 칼리지가 뽑도록 그냥 내버려 둔 사람들처럼 암담하지는 않을 겁니다."

참기 힘든 소음 때문인지 정신이 없어서 커리는 순간적으로 이 아웃사이더들이 정말 '답답한' 사람들일까 의문이 생겼다. 그는 최근 노섬버랜드 칼리지에서 저녁 식사를 했고, 그날 거기서 식사하는 텔포드를 발견했다. 노섬버랜드 사람들은 민활하고 재치 있는 텔포드와 아는 사이로, 그의 말을 경청했다. 그런 텔포드가 브랙톤 휴게실에서는 '답답'하게 처신하자 커리는 어리둥절했다. 이 브랙톤의 '아웃사이더'는 커리가 봐주듯 질문하면 단답형으로 대꾸했다. 그가 자신 있는 태도를 보이면 텔포드는 무표정했다. 텔포드가 그러는 데는 그가 생각지 못한 이유가 있을까? 텔포드가 따분한 사람이어서라는 짐작은 머리를 스치고 지나 얼마 후에는 잊혀졌다. 커리는 이 전통주의자 연구벌레들이 그를 무시하는 거라고 짐작했다. 그렇게 생각하는 게 상처가 덜했다. 하지만 피버스톤이 다시 목청을 높였다.

"난 다음 주에 케임브리지에 갈 거요. 실은 내가 만찬을 열려고 하오. 여기서는 그 이야기를 하지 않는 게 좋겠소. 솔직히 말하자면 수상이 올 거고 한두 군데 주요 신문사 사람들과 토니 듀가 참석하기 때문이오. 뭐요? 설마 토니를 모르지는 않겠지요? 뱅크Bank의 작고 가무잡잡한 사람 말이오. 레어드도 올 거요. 수상과 친척뻘이거든. 당신도 우리와 자리할 수 있을까 해서 말이오. 데이비드는 당신을 간절히 만나고 싶어 하오. 당신 강의를 들은 학생에게 부학장 이야기를 들었다더군. 학생 이름은 기억나지 않소만."

"저, 그건 몹시 어렵겠습니다. 빌의 장례식이 언제로 잡히느냐에 따라 사정이 달라질 겁니다. 당연히 내가 여기서 장례식에 참석해야 될 겁니다. 6시 뉴스에 부검에 관련된 기사가 있었습니까?"

"난 듣지 못했소. 한데 그 이야기를 하려니 두 번째 문제가 생기는 군. 우리 칼리지에 빈자리가 둘이로구만."

"잘 안 들립니다. 소음이 더 심해지는 건가요? 아니면 제 귀가 안 들리는 건가요?"

커리가 소리쳐 말했다.

피버스톤 뒤쪽에서 브리지커가 소리쳤다.

"부학장, 밖에서 당신 친구들이 대체 무슨 짓거리를 벌이는 거요?"

"그들은 소리 지르지 않고는 일을 못한답니까?"

다른 사람이 말했다.

"내 귀에는 일하는 소리 같지 않은데요."

또 다른 사람이 말했다.

글로솝이 불쑥 말했다.

"잘 들어 보시오! 일하는 소리가 아니오. 발소리를 들어 봐요. 럭비 경기라도 하는 것 같구만."

"시시각각 더 나빠지는데요."

레이노어가 말했다.

그다음 순간 휴게실의 거의 모든 사람이 벌떡 일어났다.

누군가 소리쳤다.

"무슨 소리였지요?"

"사람을 죽이나 보군. 그게 아니면 사람 목구멍에서 저런 소리가 날 리 없거든."

글로숍이 말했다.

커리가 물었다.

"어디 가는 겁니까?"

"내가 가서 무슨 일인지 알아보겠소. 커리, 가서 학교의 경비병들을 불러 모으시오. 누가 경찰에 연락하고."

글로숍이 말했다.

피버스톤은 그냥 자리에 앉아서 와인을 따르며 말했다.

"나라면 나가지 않겠소. 경찰이 이미 당도한 것 같으니 말이오."

"무슨 뜻이오?"

"잘 들어 보시오. 저 소리!"

"지옥 같은 드릴 소리인 줄 알았는데."

"잘 들어 봐요!"

"맙소사……. 정말 기관총 소리라고 생각하는 거요?"

"조심해요! 조심하십시오!"

유리 갈라지는 소리가 나면서 휴게실 바닥에 돌멩이가 우박처럼 쏟아지자, 열댓 명이 동시에 조심하라고 소리쳤다. 잠시 후 교원 몇 명이 창문으로 달려가서 가리개를 올렸다. 그들은 멍하니 서서 서로 바라보며 숨만 쉴 뿐 아무 말도 하지 않았다. 글로숍은 이마에 상처를 입었고, 헨리에타 마리아가 다이아몬드로 이름을 박은 유명한 동쪽 유리창 파편이 바닥에 흩어져 있었다.

5

융통성

1

다음 날 아침 마크는 기차 편으로 벨버리로 돌아갔다. 그는 아내에게 급여와 거주지에 대한 여러 문제를 확실히 매듭짓겠다고 했다. 이 모든 약속 때문에 불편한 생각이 구름처럼 끼었지만, 그런대로 활기찼다. 이번에 벨버리를 다시 찾으니 처음 왔을 때에 비해 쾌적했다. 그는 그냥 들어가서 모자를 걸고 음료를 주문했다. 음료를 가져다 준 사수는 마크를 알고 있었다. 필로스트라토는 그에게 고개를 끄덕여 인사했다. 여자들 같으면 수선을 피웠겠지만 여기는 확실히 진짜 세상이었다. 음료를 마신 후 그는 위층에 있는 코서의 사무실로 올라갔다. 그곳에 5분간 머문 뒤 기분이 완전히 달라져서 사무실에서 나왔다.

스틸과 코서, 둘 다 거기 있었다. 그들은 전혀 모르는 사람에게 방해받은 사람들처럼 고개를 들고 쳐다보았다. 두 사람 다 말을 하지 않았다.

마크가 어색하게 말을 건넸다.

"아…… 안녕하십니까."

스틸은 앞에 놓인 큼직한 서류에 연필로 메모를 마쳤다.

"무슨 일입니까, 스터독 씨?"

그가 쳐다보지도 않고 물었다.

"코서를 만나러 왔습니다."

마크가 대답하고 나서 코서에게 말했다.

"마지막 부분에 대해 생각 중이지만 그 보고서에서는……."

"무슨 보고서 말인가?"

스틸이 코서에게 물었다.

"아, 한가한 시간에 큐어 하디에 관한 보고서를 작성하면 좋겠다는 생각이 들어서요. 어제는 특별히 할 일도 없고 해서 그 보고서를 만들었습니다. 스터독 씨가 도와주었고요."

코서가 입꼬리를 살짝 올리고 웃으며 말했다.

"지금은 그런 건 신경 쓰지 마시오. 코서 씨와 그 이야기는 다른 때 하시오, 스터독 씨. 코서는 지금 바쁘니까."

스틸이 말했다.

마크가 다시 입을 열었다.

"이보십시오. 우리 서로 확실히 해두는 게 좋겠습니다. 이 보고서가 단순히 코서 개인의 취미였다고 이해해야 되는 겁니까? 만약 그렇다면 내가 그 작업에 여덟 시간을 쏟기 전에 그 사실을 알았어야 될 것 같군요. 또 누구의 지시를 받게 되는 겁니까?"

스틸은 연필을 만지작거리면서 코서를 쳐다보았다.

마크가 말했다.

"내 직위에 대해 여쭙는 겁니다. 스틸 씨."

"난 이런 일에 신경 쓸 시간이 없소. 당신은 할 일이 없을지 몰라도 난 일이 많소. 당신의 지위에 대해 아는 바 없소."

스틸이 대답했다.

마크는 순간적으로 코서에게 화살을 돌릴까 잠시 생각했다. 하지만 매끈한 주근깨투성이 얼굴과 덤덤한 눈을 보자 불쑥 경멸감이 느껴져 몸을 휙 돌려 문을 쾅 닫고 방에서 나왔다. 부소장을 만나러 갈 작정이었다.

그는 위더의 사무실 앞에서 잠시 머뭇거렸다. 안에서 말소리가 들려서였다. 하지만 마크는 너무 화가 치솟아 기다릴 수가 없었다. 노크를 하고, 안에서 들어오라는 기척도 없는데 사무실로 들어갔다.

위더 부소장은 고개를 들었지만 마크의 얼굴을 쳐다보지 않고 말했다.

"이런, 이런. 이렇게 보니 반갑소."

그의 말을 들으며 마크는 방에 또 다른 사람이 있다는 것을 알아차렸다. 그제 밤 식사 자리에서 만난 스톤이라는 사람이었다. 스톤은 위더의 탁자 앞에 서서 손가락으로 압지(잉크 자국 등을 흡수하는 종이—옮긴이)를 말았다가 폈다. 스톤은 입을 벌리고 부소장을 빤히 쳐다보았다.

위더가 반복해서 말했다.

"이렇게 보니 반갑소. 당신이…… 저기…… 힘겹다고 할 수밖에 없는 면담 중에 나를 방해해 주니 더욱 그렇소. 방금 당신이 들어왔을 때 나는 우리 스톤 씨에게 이 대단한 조직이 한 가족처럼 함께 일하길 바란다는 말을 하고 있었소…… 스톤, 의지와 목적의식, 서로에 대한 최대한의 신뢰를 하나로 묶는 것…… 그거야말로 내가 동료들에게 기대하는 바라네. 하지만 당신이…… 스…… 아, 스터독 씨를 보니 다시 생각하는데, 가족이라 해도 이따금 갈등과 불화와 오해는 있는 법이오. 그리고 그런 이유 때문에 당장은 내가 한가하지 않소……. 가지 말게, 스톤. 자네에게 할 말이 많네."

"혹시 제가 나중에 다시 오는 게 낫겠습니까?"

마크가 물었다.

"저기, 모든 상황으로 볼 때…… 나는 자네의 감정을 고려하고 있네, 스톤……. 아마도…… 스터독 씨, 나를 만날 수 있는 방법은 보통 내 비서에게 신청하고 약속을 하는 거요. 내가 격식을 고집하려거나 언제 당신이 찾아오든 만나는 게 반갑지 않다는 뜻은 아니라는 점을 알아주기 바라오. 난 그저 당신이 시간을 낭비하지 않길 바랄 뿐이오."

"감사합니다. 가서 부소장님의 비서를 만나겠습니다."

마크가 말했다.

비서의 사무실은 옆방이었다. 들어가보니 비서 혼자가 아니라 직원 여럿이 있었다. 방문객들은 카운터 앞에 서서 그들과 만나야 했다. 비서들이 가능한 가장 이른 면담 시간이 다음 날 10시라고 해서 마크는 약속을 잡았다. 그는 사무실에서 나오다가 '요정' 하드캐슬과 마주쳤다.

'요정'이 말했다.

"여어, 스터독. 부소장 집무실 주변에서 어슬렁대네? 그래 봤자 아무 도움도 안 될 텐데."

마크가 말했다.

"제 자리를 확실하게 보장받거나 아니면 국공연을 떠나야 한다고 생각했습니다."

하드캐슬은 재미있다는 듯 묘한 표정으로 그를 쳐다보았다. 그러더니 불쑥 그의 팔짱을 끼었다.

"이봐요, 젊은 친구. 그런 생각은 싹 떨쳐 버려요, 알았어요? 그래 봤자 당신한테 아무 도움도 안 될 거야. 나랑 가서 이야기나 하자구요."

"할 이야기가 없습니다, 하드캐슬 국장. 제 마음은 확고합니다. 여기서 제대로 된 일자리를 얻거나 브랙톤으로 돌아가거나 둘 중 하나입니다. 아주 간단하지요. 제 기분에는 이런들 저런들 상관없습니다."

이 말에 '요정'은 대답하지 않고, 팔에 힘을 주며 마크를 다그쳤다. 그가 버틸 채비를 하지 않았다면 끌려가다시피 복도를 지나갔을 것이다. 친밀하면서도 권위적인 듯한 그녀의 팔 힘은 애매하게 느껴져서, 경찰관과 죄수, 첩과 애인, 보모와 아이의 관계에서나 어울릴

법했다. 마크는 누군가 본다면 자신이 바보로 보일 거라고 느꼈다.

하드캐슬은 그를 2층 사무실로 데려갔다. 그녀의 집무실 바깥 사무실마다 그가 '보조 여경찰단'이라고 알고 있는 아가씨들이 꽉 차 있었다. 경찰단 소속 남자 경찰들은 인원이 훨씬 많지만 건물 안에서 마주치는 경우는 별로 없었다. 반면 여경관들은 하드캐슬이 나타나는 곳마다 북적대는 듯했다. 그들은 수장인 하드캐슬의 남성적인 특징은 전혀 없이 (피버스톤의 말대로) '아둔해 보일 정도로 여성적'이었다. 자그마한 체구에 가냘프고 가볍고 키득댔다. 하드캐슬은 그들에게 남자처럼 굴었고, 반은 쾌활하고 반은 독하며 강한 말투로 말했다.

"칵테일 가져와, 돌리."

바깥 사무실로 들어서며 그녀가 윽박지르듯 말했다. 안쪽 집무실에 들어서자 그녀는 마크를 앉으라고 하더니 벽난로를 등지고 다리를 벌린 채 섰다. 돌리가 술을 가져다주고 문을 닫고 나갔다. 마크는 오는 길에 불만 사항을 말한 터였다.

하드캐슬이 말했다.

"그만해요, 스터독. 무슨 일을 하든 디디한테 가서 성가시게 굴지 말아요. 전에도 말했지만 디디만 당신 편이면 3층 인간들에 대해 걱정하지 않아도 된다구요. 위더는 당신 편이에요. 하지만 계속 찾아가서 불만을 늘어놓으면 그의 지지를 받지 못할 거예요."

마크가 말했다.

"제가 여기 남기로 한다면 그 말씀은 아주 좋은 조언일 겁니다, 하드캐슬 국장. 하지만 저는 아닙니다. 지금까지 본 바로는 여기가 마음에 들지 않습니다. 집에 돌아가기로 거의 정했습니다. 다만 먼저 위더와 대화해서 모든 것을 분명하게 해둬야 한다고 생각했습니다."

하드캐슬이 대답했다.

"매사를 분명하게 해두는 것은 부소장이 견디지 못하는 일이에요. 그가 이곳을 운영하는 방식이 아니거든. 그러니 명심해요, 위더는 자기가 뭘 하는지 안다는 걸 말이에요. 제대로 돌아가고 있다구, 친구. 여기가 얼마나 잘 돌아가는지 아직은 모를 거야. 떠난다는 얘기는…… 미신을 믿지는 않겠지요? 난 믿어요. 국공연을 떠나는 것은 좋은 일은 아닌 것 같아. 스틸과 코서 같은 사람들 때문에 머리를 어지럽힐 필요 없다구. 그건 신고식의 하나지. 당장은 그 과정을 거치고 있지만, 당신이 계속 버틴다면 그들 위로 차고 오르게 될 거예요. 당신은 버티고 있기만 하면 돼요. 우리가 계속 나아가면 그들 중 아무도 남지 않을 거예요."

"코서가 스틸에 대해 똑같은 말을 하더군요. 그 말의 요점을 살펴보면 나한테 큰 도움이 안 될 것 같았죠."

마크가 말했다.

"스터독, 내가 당신을 좋아하는 걸 아나요? 틀림없는 사실이지. 그게 아니라면 마지막 말에 화가 났을 테니까."

하드캐슬이 말했다.

"화나게 하려는 뜻은 없습니다. 하지만…… 빌어먹을…… 제 입장에서 상황을 보시라구요."

마크가 대꾸했다.

그녀는 고개를 저으며 말했다.

"좋을 것 없다니까, 친구. 당신은 사실을 제대로 모르니, 당신 입장은 서푼어치 가치도 없다고! 당신은 어떤 일에 들어섰는지 아직 알아차리지 못하고 있어. 당신은 내각에 들어가는 것보다 훨씬 큰 일을 할 기회를 제의받고 있는 거예요. 그리고 대안은 딱 두 가지밖에 없어요. 국공연에 남거나 여기서 나가거나 둘 중 하나예요. 어느 쪽이 정말 재미있을지는 당신보다 내가 더 잘 알고요."

"그 점은 이해합니다. 하지만 명목상 자리를 지키며 아무 할 일도 없는 것이야말로 최악의 상황이겠지요. 사회학 부분의 진짜 일자리를 주십시오. 그러면……"

"이런! 부서 전체가 해체될 거예요. 초기에는 홍보 목적을 위해 부서가 있어야 했어요. 하지만 그들 모두 떨어져 나갈 거라구요."

"그럼 무슨 근거로 제가 그들의 후임이 될 거라는 겁니까?"

"당신은 그들의 후임이 아니에요. 그들의 후임 같은 건 없을 거예요. 진짜 일은 이런 부서들과는 아무 상관도 없어요. 우리가 관심 있는 사회학 부문은 내 부하들이…… 경찰대에서 행할 거예요."

"그러면 저는 어디 들어가는 겁니까?"

'요정'은 빈 잔을 내려놓고 엽궐련을 꺼내며 대답했다.

"나를 믿는다면, 내가 진짜 일을 시켜 줄게요. 당장 당신에게 맡기려고 여기로 부른 일을."

"그게 뭡니까?"

"알카산."

하드캐슬은 담배를 입에 물고 대답했다. 일단 입에 문 담배는 끝까지 태울 것이었다. 그녀는 경멸 어린 눈빛으로 마크를 힐끗 보며 덧붙였다.

"설마 누구 얘기를 하는지 모르지 않겠지요?"

"방사선학자…… 교수형 당한 그 사람이지요?"

아연실색해서 마크가 물었다. '요정'이 고개를 끄덕였다.

그녀가 말했다.

"그를 복권시켜야 해요. 차츰차츰. 내가 갖고 있는 서류에 모든 사실이 나와 있어요. 당신은 차분하고 간단한 기사로 시작해요. 그의 유죄에 의심을 표하지 말아요. 처음에는 그러면 안 돼요. 그가 크비슬링(Quisling, 1942년 2월부터 제2차 세계대전이 끝날 때까지 독일 히틀러 점령하의 노르웨이에서 총리 대통령직을 지낸 노르웨이 정치가. 종전 후 반역죄로 총살됨—옮긴이) 정부의 일원이었으며, 그에 대한 편견이 있었음을 암시하는 거예요. 판결의 공정성은 의심하지 않지만, 그가 결백했다 하더라도 결과는 똑같았을 거라는 걸 알고 나니 마음이 편치 않다고 해요. 그런 다음 하루 이틀 아주 다른 종류의 기사에서 그 이야기를 계속하는 거예요. 알카산의 가치 있는 업적을 통속적으로 설명하는 거지. 어느 날 오후 그런 기사를 쓰기에 충분한 사실들을 긁어모을 수 있을 거예요. 그다음 첫 번째 기사를 실은 신문사에 분개하는 편지를 보내서 더 파고드는 거지. 처형은 오판이었다고 하는 거지. 그 즈음이면……."

"도대체 이 모든 일의 요점이 뭡니까?"

"내가 말하고 있잖아요, 스터독. 알카산은 복권되어야 한다고요. 순교자로 만들어야 해요. 그의 죽음은 인류에게 돌이킬 수 없는 상실이라고 해야죠."

"하지만 뭘 위해서죠?"

"또 시작이군! 주어진 일에 불평해 봤자 도움이 안 돼요. 내가 진짜 업무를 맡기는데, 당신은 그 일을 시작하기도 전에 사안 전반에 대해 들을 거라고 기대하는군요. 여기서는 그런 식으로 일이 돌아가지 않아요. 들은 대로 하는 게 좋아요. 쓸모 있는 사람이라고 알려지면 당신은 곧 무슨 일이 벌어지는지 알게 될 거예요. 하지만 임무를 하는 것으로 시작해야 해요. 당신은 우리를 파악하지 못하는 것 같아요. 우린 군대예요."

"아무튼 저는 기자가 아닙니다. 신문 기사를 쓰려고 여기 온 게 아닙니다. 애당초 피버스톤에게 그 점을 분명히 하려고 했습니다만."

"당신이 여기 뭘 하러 왔는지에 대한 말을 빨리 그만둘수록 사정이 더 나아질 거예요. 당신을 위해 하는 말이에요, 스터독. 당신은 쓸수 있어요. 당신을 원하는 것도 그런 재주 때문이고요."

"그렇다면 제가 상황을 오해하고 여기 왔네요."

마크가 말했다. 글쓰기에 대한 허영심이 미끼로 던져졌지만, 사회학이 중요하지 않다는 뉘앙스를 떨쳐 버리지 못했다. 그가 말했다.

"저는 신문기사나 쓰면서 인생을 보낼 의향이 없습니다. 그렇게 산다 해도 그런 일에 착수하기에 앞서 국공연의 정책에 대해 더 자세히 알고 싶습니다."

"우리 조직이 철저히 비정치적이라는 말을 못 들었나요?"

"하도 들은 말이 많아서 똑바로 서 있는지, 거꾸로 서 있는지 모르겠습니다. 하지만 정치적이지 않은 집단이 어떻게 신문 작전(하려는 일이 바로 그거지요)을 시작하는지 모르겠군요. 알카산에 대한 이 헛소리를 실어 줄 신문은 좌익 신문입니까? 우익 신문입니까?"

하드캐슬이 대답했다.

"양쪽 다지요, 친구. 아무것도 모르겠어요? 극좌파와 극우파가 대치하며 서로 두려워하는 게 필수적이지 않겠어요? 그게 우리가 일을 처리하는 방식이에요. 국공연에 대한 반대를 우파 신문에서는 좌파의 소동이라고 하고, 좌파에서는 우파의 소동이라고 해요. 적절히 다루면 양쪽이 서로 우리를 지지하겠다고 나서서 적의 비방을 반박하게 할 수 있지요. 물론 우리는 비정치적이에요. 진정한 권력은 항상 그렇지."

"그럴 수 있을 것 같지 않습니다. 교육받은 사람들이 읽는 신문은 어림없을 겁니다."

마크가 말했다.

"그런 말을 하는 걸 보니 아직도 젖비린내 나는 아이로군. 그 반대라는 것을 아직도 깨닫지 못했어요?"

하드캐슬이 말했다.

"무슨 뜻입니까?"

"이 어리석은 친구, 잘 속아 넘어가는 것은 교육받은 독자예요. 우리의 어려움은 다른 사람들에게서 온다 이거지. 신문을 믿는 노동자를 만난 적 있어요? 노동자들은 신문 기사를 모두 선전이거니 하고 머리기사들은 건너뛰지요. 그들은 풋볼 경기 결과와 창밖으로 몸을 던진 아가씨들이나 런던 메이페어의 아파트에서 시신이 발견됐다는 기사를 보려고 신문을 사지요. 그런 사람들이 우리의 골칫거리지. 우리가 그들을 개조해야 되니까. 하지만 지적인 주간지를 읽는 교육받은 사람들은 개조할 필요가 없지요. 그들은 이미 괜찮으니까. 그들은 뭐든 믿거든."

"당신이 말한 계층에 속한 사람으로서 저는 그 말을 믿지 않습니다."

마크가 미소 지으며 말했다.

'요정'이 말했다.

"맙소사! 눈이 어디 달린 거예요? 주간지가 어떤지 잘 보라구요! 〈위클리 퀘스천〉을 봐요. 당신을 위한 신문이지요. '기본 영어'(국제적으로 쓸 수 있게 1천 단어로 만든 단순한 영어. C. K. 오그든과 I. A. 리차즈가 만들었다—옮긴이)를 자유로운 사고의 소유자인 케임브리지 교수(리차즈를 가리킨다—옮긴이)가 생각해 냈을 때는 별다른 일이 없었어요. 그러다가 보수당 소속인 수상이 그 영어를 들고 나오자, 우리 모국어의 순수성을 위협하게 됐지요. 군주제는 10년간 많은 비용이 드는 불합리한 제도가 아니었나요? 그러다 윈저 공이 왕위를 포기했을 때 〈퀘스천〉은 2주간 군주주의자와 정통주의자(원칙에 의해 군주가 정해져야 한다고 주장하는 파. 주로 장자 계승제를 주장한다—옮긴이)의 입장을 취하지 않았나요? 그 신문

독자가 한 명이라도 줄었나요? 교육받은 독자는 지적인 주간지들이 무슨 짓을 하든 구독을 중단할 수 없다는 걸 모르겠어요? 그러지 못해요. 그렇게 생겨 먹었으니까."

마크가 말했다.

"글쎄요. 대단히 흥미로운 이야기군요, 하드캐슬 국장. 하지만 저랑은 관계없는 이야기입니다. 우선 저는 기자가 되고 싶은 마음이 전혀 없고, 만약 된다 해도 정직한 기자가 되고 싶을 겁니다."

"좋아. 당신이 할 일은 이 나라를, 그리고 아마도 인류 전체를 망치는 데 도움이 될 거예요. 게다가 자신의 이력도 망가뜨릴 테고."

이제껏 친밀했던 그녀의 말투는 간데없이 사라지고 위협적인 단호한 말투로 변했다. 대화 중 마크가 느낀 시민의식과 정직한 인간이라는 생각은 약간 오그라들었다. 무슨 일이 있어도 이방인 대접을 받지 않겠다는 또 다른 욕심이 불끈 솟아올랐다.

마크가 말했다.

"당신의 관점을 모른다는 뜻은 아닙니다. 다만 의아한 점은……."

하드캐슬이 마침내 탁자에 앉으며 말했다.

"나한테는 다 똑같아요, 스터독. 물론 이 일자리가 싫다면 당신이 결정할 일이에요. 가서 부소장이랑 매듭을 지어요. 그는 그만두는 사람들을 달가워하지 않지만 물론 당신은 그만둘 수 있어요. 위더는 당신을 여기 데려온 피버스톤에게 할 말이 있을 거예요. 우리는 당신이 알고 왔다고 생각했으니까."

피버스톤이라는 이름이 나오자, 에지스토로 돌아가 브랙톤 교원

자리에 만족한다는 계획이 마크에게 갑자기 현실로 대두되었다. 어떤 조건으로 돌아가게 될까? 브랙톤 칼리지에서 여전히 '내부 인사'에 끼게 될까? 혁신파의 핵심 멤버 자리에서 밀려나 텔포드와 주얼 같은 인물들 속에 팽개쳐지는 것은 참기 힘들 것 같았다. 또 지난 며칠간 꿈에 부풀었던지라 일반 교원의 급여가 하찮아 보였다. 결혼하니 생활비가 예상보다 훨씬 많이 들었다. 그때 국공연 클럽의 입회비 2백 파운드에 대한 걱정이 밀려들었다. 하지만 그건 어처구니없는 생각이었다. 설마 그들이 그에게 회비를 독촉할 리 없었다.

"글쎄요, 맨 처음 할 일은 부소장 면담일 겁니다."

마크가 애매한 목소리로 말했다.

'요정'이 대답했다.

"이제 떠나겠다고 하니, 내가 해줄 말이 한 가지 있네요. 나는 탁자에 모든 패를 펼쳐 놓았어요. 혹시 이 대화 내용을 바깥세상에 알리자는 생각이 들거든 그러지 말라고 충고하겠어요. 당신의 장래 이력에 바람직하게 작용하지 않을 거예요."

"아, 물론이지요."

마크가 말했다.

"이제 가보는 게 좋겠네요. 부소장이랑 대화 잘해요. 노인의 심기를 건드리지 않도록 조심해요. 그는 사퇴를 몹시 싫어해요."

마크는 대화를 더 끌어 가려고 했지만 그녀는 허용하지 않았다. 몇 초 후 그는 사무실 밖으로 나왔다.

그날 나머지 시간은, 할 일이 없다는 것을 들키지 않도록 최대한 사람들을 외면하면서 고달프게 보냈다. 점심 식사 전에 잠깐 산책하러 나갔다. 낯선 동네에서 낡은 옷도, 지팡이도 없이 돌아다니는 불만족스러운 산책이었다. 점심 식사 후에는 내부만 돌아다녔다. 하지만 재미삼아 거닐 수 있는 그런 단지가 아니었다. 벨버리를 세운 에드워드 시대의 백만장자는 2만 5천 평 남짓한 땅을 낮은 벽돌 담장으로 두르고 그 위에 쇠 난간을 설치했으며, 건축업자가 '관상용 유원지'라고 부른 단지에 모든 것을 배치했다. 드넓은 꽃밭이 여러 개 있었다. 몇 군데는 타원형이고, 몇 군데는 마름모꼴, 몇 군데는 초승달 모양이었다.

절묘하게 색칠해서 니스를 바른 철판으로 만든 듯한 월계수 조림지도 있었다. 판때기가 더 어울리는 표현일 것이다. 오솔길마다 커다란 연두색 의자들이 일정한 간격으로 놓여 있었다. 전체적인 분위기는 시립 묘지 같았다. 매력이 없었지만 마크는 차를 마신 후 다시 나가서 담배를 피웠다. 바람이 불어 담뱃불이 아래로 쏠리는 바람에 혀를 데었다. 이번에는 집 뒤쪽을 돌아다녔다. 새로 지은 낮은 건물들이 있었다. 마굿간 같은 냄새가 나고, 신음하고 투덜대며 끙끙대는 소리가 나자 깜짝 놀랐다. 사실 규모가 상당한 동물원 같은 인상을 받았다. 처음에는 이해하지 못했지만, 곧 관료주의와 재정 문제에서 벗어난 대대적인 생체 해부 프로그램이 국공연의 계획의 일부임을 알아차렸다. 별다른 관심은 없었고, 애매하게 쥐들, 토끼들, 이따금 개가 그 대상일 거라 생각하던 참이었다. 마크가 거기 서 있을 때 크게 서러운 울음소리가 일었고, 곧 신호라도 받은 듯 울부짖음과 짖는 소리, 비명, 웃음까지 온갖 소리가 진동하더니 웅얼거림과 징징대는 소리로 잦아들었다. 마크는 생체 해부에 대해 양심의 가책은 느끼지 않았다. 시끄러운 소리가 그에게 주는 의미는 이 사업의 방대함과 웅장함이었다. 그 사업에서 그는 소외될 것 같았다. 거기에는 온갖 것이 있었다. 이 조직은 흥미로운 발견을 할 가능성이 있다는 것만으로 수천 파운드짜리 동물을 종이 자르듯 쉽게 사들일 수 있었다. 그는 이 일자리를 잡아야 했다. 어떡하든 스틸과의 문제를 해결해야 했다. 하지만 시끄러운 소리가 귀에 거슬려 그는 그곳을 벗어났다.

2

다음 날 아침, 마크는 그날 한 가지 장애물, 어쩌면 두 가지 장애물을 꼭 넘어야 된다는 생각이 들었다. 첫째는 부소장과 면담이었다.

그가 직위와 봉급에 대해 확실하게 결론 내리지 못한다면, 마크는 이 조직과 손을 끊을 작정이었다. 그러고 나서 집에 돌아오면, 제인에게 꿈이 어떻게 사라져 버렸는지 설명해야 되는 게 다음 장애물이었다.

그날 아침, 첫 가을 안개가 벨버리에 끼었다. 마크는 전등을 켜놓고 식사를 했는데, 우편물이나 신문은 도착하지 않았다. 이날은 금요일이었고, 급사 한 명이 마크가 한 주간 쓴 비용의 계산서를 건네주었다. 그는 힐끗 살핀 뒤 어쨌든 제인에게는 입 다물자고 다짐하며 청구서를 주머니에 넣었다. 총액도, 각 항목도 어느 부인이든 쉽게 이해하지 못할 만했다. 마크 자신도 착오가 아닌지 의아했지만, 그는

바가지를 쓸지언정 남자가 청구서에 대해 왈가왈부하지 않는 시대에
살고 있었다. 그는 차를 두 잔째 마신 뒤 더듬대며 담배를 찾았지만
담배가 없다는 것을 알고는 주문했다.

부소장과의 약속 시간까지 어색하게 기다려야 했던 반 시간이 느
릿느릿 흘러갔다. 아무도 그에게 말을 걸지 않았다. 다른 사람들 모
두 중요하고 목적의식이 뚜렷한 업무가 있어 서두르는 기색이었다.
마크는 오랫동안 라운지에 혼자 있었고, 종업원들은 거기 있으면 안
될 사람처럼 그를 쳐다보았다. 위층으로 올라가서 위더의 사무실을
노크할 수 있는 게 다행이었다.

곧 들어오라는 허락이 떨어졌지만, 위더가 잠자코 있어서 대화를
시작하기가 쉽지 않았다. 그는 마크가 사무실에 들어가자마자 고개
를 들었지만, 어렴풋이 예의를 차리는 눈길일 뿐 마크를 똑바로 쳐다
보지 않았다. 앉으라고 권하지도 않았다. 평소처럼 실내는 몹시 더웠
고, 마크는 두 가지 욕심 사이에서 말을 제대로 못했다. 더 이상 얼쩡
대지 않겠다는 확고한 결심을 당당히 밝히고 싶은 욕심과 진짜 임무
가 있다면 자리를 놓치기 싫다는 욕심이 똑같이 강했다. 어쨌거나 부
소장은 그가 주절대게 내버려 두었다. 마크는 앞뒤가 맞지 않는 말을
되뇌다 결국 침묵에 빠졌다. 그 침묵이 한동안 지속되었다. 위더는 콧
노래라도 흥얼대는 것처럼 살짝 벌린 입술을 쭉 내밀고 앉아 있었다.

"그래서 제가 가는 편이 낫다는 생각이 듭니다."

마침내 마크가 지금까지 한 말을 얼추 정리하며 말했다.

다시 긴 침묵이 흐른 뒤 위더가 말했다.

"당신은 스터독 씨가 맞지요?"

마크가 성급하게 대답했다.

"네. 며칠 전 피버스톤 경과 부소장님을 찾아왔습니다. 부소장님은 저에게 국공연의 사회학 부문 일자리를 제안하겠다고 하셨지요. 하지만 말씀드렸듯이……."

부소장이 그의 말을 잘랐다.

"잠깐만요. 우리가 뭘 하고 있는지 완전무결하게 분명히 해두는 게 중요하겠소. 내가 우리 조직의 일자리를 제의했다고 말하는 것은 어떤 점에선 매우 적절치 않은 일일 것이라는 점을 분명히 알아 두시오. 내가 독재적인 지위를 차지하고 있다는 생각은 한시라도 해서는 안 되오. 내 영향력의 범위와 상임 위원회나 소장의 권력—그들의 일시적인 권력을 말하는 것임을 아시오—은 조직적이거나 구조적인 특징이라고 할 확고한 제도로 정해져 있지 않다는 점을 명심하시오. 예를 들면……."

"저, 누군가 제게 자리를 제안했다고 하실 수 있겠습니까? 만약 그렇다면 누가 그런 겁니까?"

"아."

위더가 중얼댔다. 그는 새로운 생각이 떠오르기라도 한 듯 자세와 말투를 바꾸어 말했다.

"그런 질문은 받아 본 적 없소. 우리 연구소와의 협조가 전적으로 수용되며, 대단히 가치 있는 일이 되리란 점이 양자 간에 이해된 줄 알았소."

"저기, 제가…… 그러니까 세부 사항을 의논하면 안 되겠습니까? 예를 들어 급여와 제가 누구 밑에서 일하게 될지에 대해서 말입니다."

위더가 말했다.

"이보시오, 친구. …… 재정적인 문제는 아무 어려움이 없을 거라 예상하오. 또……."

"연봉은 얼마나 될까요?"

마크가 물었다.

"내가 결정하기 어려운 부분을 건드리는군. 우리가 당신에게 줄 직위의 직원은 연봉 천오백 파운드쯤이라 알고 있소. 아주 개략적인 것들을 토대로 계산한 액수이니 달라질 수 있소. 두고 보면 알겠지만 그런 문제는 모두 수월하게 조정될 거요."

"하지만 제가 언제 알게 될까요? 누구와 그 문제를 상의해야 됩니까?"

"내가 천오백 파운드라고 할 때는 더 높은 액수를 줄 가능성을 배제하지 않는다는 점을 염두에 둬야 하오, 스터독 씨. 이곳에서 그 문제에 이견이 있는 사람은 없을 것 같소만……."

마크가 말했다.

"천오백 파운드면 아주 만족스럽습니다. 그 정도일 줄 몰랐거든요. 하지만…… 하지만……."

마크가 중얼댈 때 부소장의 표정에 점점 더 친밀함과 신뢰가 짙어져서 그는 "계약서나 그런 문서가 있을 줄 압니다"라고 불쑥 말하고는 입에 못 담을 속된 말을 한 느낌이었다.

부소장은 천장을 응시하면서, 너무나 당황스럽다는 듯 거의 속삭이는 소리로 대답했다.

"저, 보통은 그런 절차를 밟지 않아서…… 당연히 그럴 수 있을 거요……."

마크가 얼굴을 붉히며 말했다.

"그게 핵심 사항은 아닙니다. 제 위치에 대한 문제가 있습니다. 저는 스틸 씨 밑에서 일하게 됩니까?"

위더가 서랍을 열면서 말했다.

"여기 문건이 있소. 실제로 쓰인 적은 없지만 그런 합의 내용을 적은 것이오. 한가한 시간에 찬찬히 살펴보고 만족하면 언제든 같이 서명하면 될 거요."

"하지만 스틸 씨 일은요?"

그때 비서가 들어와서 부소장의 책상에 편지 몇 통을 놓았다.

위더가 말했다.

"아! 드디어 우편물이 왔군! 스터독 씨, 저기…… 당신에게 온 편지도 있을 테니 살펴봐야 될 거요. 결혼했을 것 같은데 그렇소?"

이 말을 할 때 아버지 같은 미소가 그의 얼굴에 번졌다.

"시간을 지체하시게 해서 죄송합니다. 하지만 스틸 씨 일은요? 그 문제가 해결될 때까지는 합의 문건을 검토하는 것은 소용없는 일입니다. 스틸 씨 밑에서 일해야 되는 자리라면 거절할 수밖에 없을 것 같습니다."

"내가 장차의 일을 두고 격식 없고 비밀스런 대화를 나누고 싶은 흥미로운 질문 거리가 생기는구먼. 스터독 씨, 당장은 당신이 무슨 말을 하든 최종 통고로 받아들이지 않겠소. 내일 나를 찾아와 준다면……."

그는 봉투에서 꺼낸 편지에 몰두했다. 마크는 한 번의 면담에서 제법 많은 것을 얻었다고 느끼며 방에서 나왔다. 아무래도 국공연은 그를 진심으로 원했고, 높은 보수를 지불할 준비가 되어 있는 듯했다. 스틸에 대해서는 나중에 싸우고, 그 사이 합의 문건을 검토할 작정이었다.

그가 다시 아래층으로 내려오니, 편지가 그를 기다리고 있었다.

브랙톤 칼리지

에지스토

19XX년 10월 20일

마크에게.

덕에게 자네가 교직을 사임할 거라는 소식을 듣고 우리 모두 유감이지만, 자네의 경력을 생각하면 옳은 결정이라는 확신이 드네. 이곳에 국공연이 자리를 잡으면, 예전만큼이나 자주 자네를 보게 될 거라 기대하네. 아직 정식 사직서를 보내지 않았다면 서두르지 않는 게 나을 걸세. 다음 학기 초에 사직서를 쓴다면 2월 회의에서 결원 이야기가 나올 테고, 우리는 자네 후임으로 적당한 지원자를 준비시킬 시간을 얻겠지. 그 문제에 대해 무슨 생각이라도 있나? 지난 날 밤에 제임스와 딕과 나는 데이비드 레어드(제임스는 그에 대해 못 들어봤다더군)에 대해 이야기했네. 물을 것도 없이 자네는 그의 논문에 대해 알 걸세. 논문과 그의 일반적인 배경에 대해 나한테 짤막하게 알려 줄 수 없겠나? 다음 주에 수상과 두어 명 더 같이 식사하러 케임브리지에 가면 그를 만날 거야. 딕이 레어드도 초청할 거라고 알고 있네. 지난 날 밤에 여기서 소동이 벌어졌다는 소식을 전해야겠군. 새로 온 인부들과 동네 주민들 사이에 싸움 같은 게 벌어졌지. 억세 보이는 국공연 경찰대가 군중 위로 총 몇 발을 발사했지. 우리 헨리에타 마리아 창이 박살났고 교원 휴게실에 돌들이 날아들었다네. 글로숍은 이성을 잃고 나가서 사람들에게 열변을 토하고 싶어 했지만, 내가 가까스로 진정시켰지. 이건 우리끼리만 아는 일일세. 여기는 우리가 숲을 매각하는 걸 반대하는 데 그 사건을 이용하려고 노리는 사람들이 많거든. 그만 써야겠네. 얼른 가서 힝기스트의 장례식 준비를 해야 한다네.

G. C. 커리.

편지의 첫 마디에 마크는 간담이 서늘해졌다. 그는 애써 진정하려 했다. 당장 오해라고 설명하는 편지를 써서 부치면 모든 게 바로잡힐 것이었다. 피버스톤 경이 휴게실에서 우연히 한마디 했다고 칼리지 측이 교원직을 박탈할 수는 없을 터였다. 하지만 그 생각은 뼈아픈 깨달음을 주었다. 그 '우연한 말 한 마디'라는 것이 혁신파 안에서는

'비밀리에 정해진 상황'이나 '관료주의 배제'를 뜻한다는 것을 알고 있었다. 하지만 마크는 이런 생각을 마음에서 지우려 했다. 가여운 코닝톤이 이와 흡사한 방식으로 일자리를 잃었던 일이 기억났지만, 그는 전혀 다른 상황이었다고 자위했다. 코닝톤은 이방인이고, 자신은 내부 인사였다. 커리 부학장보다도 더 내부 인사였다. 그런데 정말 그럴까? 그가 벨버리에서 '내부 인사'가 아닌데도(그런 것처럼 보이기 시작했다) 여전히 피버스톤의 신임을 받고 있을까? 브랙톤으로 돌아가야 한다면, 예전 지위 그대로일까? 그는 브랙톤에 돌아갈 수 있을까? 당연히 그럴 것이다. 당장 사임하지 않으며, 하지 않을 거라고 설명하는 편지를 써야 했다. 그는 대기실 테이블에 앉아서 펜을 꺼냈다. 그때 다른 생각이 머리를 스쳤다. 커리에게 브랙톤에 남겠다고 쓴 편지를 피버스톤이 본다면 어쩌나? 피버스톤은 위더에게 말할 것이다. 그런 편지는 벨버리의 제안에 대한 거절로 비칠 수 있었다. 될 대로 되라지! 이 짧은 꿈을 포기하고 대학으로 돌아가면 그만이었다. 하지만 그게 불가능하면 어쩐다? 상황이 이상하게 돌아가서, 이러지도 저러지도 못할 처지가 된다면? 브랙톤의 교직을 유지하기 때문에 벨버리에서 쫓겨나고, 벨버리에 취직한다고 알려져서 브랙톤에서 쫓겨난다면? 그렇게 되면 그와 제인은 땡전 한 푼 없이 오갈 데 없는 처지가 될 터였다. 아마도 피버스톤이 영향력을 발휘해서 그는 다른 일자리를 구하지 못할 것이다. 그런데 피버스톤은 어디 있지?

대단히 신중하게 처신해야 했다. 마크는 종을 울려서 위스키를 큰 잔으로 주문했다. 집에서라면 12시 이전에는 술을 마시지 않을 테고,

마신다 해도 맥주 정도였다. 하지만 지금은 이상하게 오싹했다. 다른 문제가 쌓인 마당에 감기까지 걸리면 곤란했다.

마크는 몹시 신중하고 애매한 편지를 써야 한다고 마음먹었다. 처음 쓴 편지는 덜 애매하다는 생각이 들었다. 그가 벨버리의 일자리를 포기했다는 증거로 쓰일 수도 있을 듯했다. 더 애매하게 써야 했다. 하지만 지나치게 애매하면 아무 도움도 되지 않을 것이다. 이런 빌어먹을 데가 있나! 가입비 2백 파운드에 첫 주의 체류 경비, 제인이 적절한 시각에서 상황을 보게 할 방도를 궁리하는 것까지 떠올라 일을 방해했다. 결국 위스키와 줄담배의 도움으로 그는 편지를 완성했다.

국가공동실험연구소(국공연), 벨버리
19XX년 10월 21일

친애하는 커리

피버스톤이 저를 오해했음이 분명합니다. 저는 교직을 사임할 의사는 조금도 내비친 적이 없으며, 그럴 마음이 전혀 없습니다. 사실 국공연의 상임직을 받아들이지 않기로 거의 결정한 참입니다. 하루 이틀 뒤 칼리지로 돌아갈까 합니다. 우선 아내의 건강이 상당히 염려되기에 오랫동안 집을 비우고 싶지 않습니다. 그리고 여기 사람들 모두 제게 극도로 비위를 맞추며 그대로 있으라고 압박하지만, 그들이 제게 맡기려는 업무는 행정과 홍보 쪽이지 기대했던 것처럼 과학적인 일이 아닙니다. 그러니 누군가 제가 에지스토를 떠나려 한다고 하면 그게 아니라고 분명히 해주십시오. 케임브리지 여행이 즐겁길 빕니다. 대단한 인사들을 만나시네요!

마크 G. 스터독 드림.

추신.

어쨌거나 레어드는 적합한 인물이 아닐 겁니다. 최하 등급 졸업에다 출간한 유일한 저서는 진지한 독자들에게는 우스개로 치부됩니다. 특히 '중요한' 재능을 갖추지 못했습니다. 늘 헛된 것에 감탄하는 인물입니다.

편지를 끝냈다는 안도감은 한순간뿐이었다. 봉투를 붙이기 무섭게 어떻게 나머지 시간을 보내나 하는 고민이 되살아났다. 객실에 가서 앉아 있기로 했지만, 방에 올라가 보니 침대 시트가 벗겨지고 방 가운데 진공청소기가 있었다. 투숙객들은 이 시간에 침실에 있으면 안 되는 모양이었다. 아래층으로 내려가서 라운지에 있으려 했지만 직원들이 청소 중이었다. 도서관을 들여다보았다. 두 사람이 머리를 맞대고 이야기 중이었다. 그들은 마크가 들어가자 대화를 중단하고 고개를 들었다. 그가 지나가기를 기다리는 기색이 역력했다. 마크는 책을 가지러 온 척하며 밖으로 나왔다. 복도 게시판 옆에 서서 턱수염이 뾰족한 남자와 대화 중인 스틸이 보였다. 스틸은 마크에게 눈길을 주지 않았지만 그가 옆을 지날 때는 입을 다물었다. 마크는 느릿느릿 복도를 지나면서 기압계를 살피는 척했다. 어디 가든 문이 열리고 닫히는 소리, 급히 걷는 발소리, 이따금 울리는 전화벨 소리가 들려왔다. 모든 게 활기차게 돌아가는 바쁜 연구소라는 신호였다. 그는 거기서 배제되었다. 현관문을 열고 밖을 보았다. 안개가 자욱했고, 습하고 추웠다.

어떻게 묘사해도 엉터리가 되는 게 있다. 시간의 실제 움직임을 표현하려는 것은 할 수 있다 해도 가당찮은 일일 뿐이다. 이날이 마크에게는 워낙 길어서 그 시간을 진술하게 설명하면 지루하기 짝이 없을 것이다. 마침내 직원들이 방 '정리'를 마치자 그는 방에 올라가 앉아 있기도 했고, 가끔은 안개 속으로 나갔고, 가끔은 휴게실들을 돌아다녔다. 더러 웬일인가 싶게 많은 사람들이 모여 대화를 나누는 휴게실이 있었다. 그럴 때면 마크는 할 일 없는 사람처럼 보이지 않으려고 잠시 애써야 했다. 속상하고 당황한 기색을 보이기 싫었다. 그러다 갑자기 다음 일 때문에 달려가기라도 하듯 모든 사람들이 서둘러 가버리곤 했다.

점심 식사를 마치고 한참 후 그는 복도에서 스톤을 만났다. 그는 어제 아침 이후 스톤에 대해 생각하지 않았지만, 이제 표정과 뭔가 은밀한 태도로 볼 때 아무튼 그처럼 불편한 사람이 여기 또 있음을 알아차렸다. 인기 없는 남학생이나 전학 온 남학생에게서 보이는 표정이 스톤에게도 보였다. 브랙톤의 '이방인'들에게서 볼 수 있는 표정이기도 했다. 마크에게 그것은 가장 큰 두려움의 상징이었다. 그런 표정을 지을 수밖에 없는 사람이 된다는 것은 그의 가치관으로는 가장 불길한 일이기 때문이었다. 본능적으로 스톤이라는 사람은 상대하지 말아야 될 것 같았다. 하지만 누군가와 어울리고 싶은 마음이 간절했고, 그 절박함 때문에 판단을 무시하고 불안한 미소를 지으며 인사했다.

"안녕하십니까!"

스톤은 남이 말을 거는 게 무서운 경험이라도 되는 것처럼 화들짝 놀랐다.

"안녕하세요."

그가 냉랭하게 대꾸하며 그대로 지나갔다.

"바쁘지 않으면 어디 가서 이야기나 하시지요."

마크가 말했다.

"난…… 글쎄…… 얼마나 시간이 있을지 모르겠군요."

스톤이 대답했다.

마크가 말했다.

"이곳에 대해 말해 주십시오. 제가 보기에 아주 냉랭한 곳인 것 같지만 아직 마음을 정하지 못했습니다. 제 방으로 가시지요."

스톤이 얼른 대답했다.

"나는 그렇게 생각하지 않는데요. 전혀 아닙니다. 누가 내가 그렇게 생각한다고 했나요?"

마크는 대답하지 않았다. 그 순간 부소장이 다가오는 것을 봤기 때문이다. 그는 앞으로 몇 주 동안, 부소장이 벨버리의 모든 통로와 휴게실을 샅샅이 훑고 다닌다는 사실을 알게 될 터였다. 그것을 '암행 감찰'로 볼 수는 없었다. 부츠를 신은 위더의 발소리와 늘 흥얼대는 지루한 가락이 그가 어디 있는지 말해 주기 때문이었다. 제법 멀리서도 그의 인기척이 들렸다. 키가 커서 때로는 멀리서도 보였고(구부정한 등을 쫙 펴면 키가 정말로 클 것이다), 사람들 속에서도 멀리서 애매하게 쳐다보는 그의 얼굴이 자주 눈에 띄었다. 하지만 마크는 이때 위더가 불쑥 나타나는 것을 처음 보았고, 그가 등장한 것은 더없이 운 나쁜 순간이라는 것을 알아차렸다. 위더는 그들 쪽을 바라보며 천천히 다가왔다. 하지만 그의 표정으로 보아 그가 두 사람을 알아봤는지 아닌지 가늠이 되지 않았다. 그는 그대로 지나갔다. 두 젊은이는 대화를 다시 시작할 생각이 없었다.

차 마시는 시간에 마크는 피버스톤을 보자 당장 다가가서 옆에 앉았다. 이런 상황에서 누군가를 밀어붙이는 것이 가장 나쁜 처신임을 알면서도 절박한 느낌이 들었다.

"피버스톤, 저는 정보를 구하고 있습니다."

마크는 명랑하게 말을 시작했고, 피버스톤이 대답 삼아 미소를 짓자 마음이 놓였다.

마크가 말했다.

"네, 저는 스틸로부터 이른바 '따뜻한 환영'을 받지 못하고 있습니다. 하지만 부소장은 떠나겠다는 말을 듣지 않으려 합니다. 게다가 '요정'은 제가 신문 기사 쓰는 걸 원하는 것 같고요. 도대체 제가 뭘 해야 되는 겁니까?"

피버스톤은 한동안 큰 소리로 웃었다.

마크가 결론 내리듯 말했다.

"알 도리가 없어서 그럽니다. 부소장에게 직접 부딪치려 해봤지만……."

"저런!"

피버스톤은 더 크게 웃었다.

"그에게는 아무것도 못 얻어 냅니까?"

"자네가 원하는 건 못 얻어 낼 걸세."

피버스톤이 키득키득 웃으면서 말했다.

"아무도 정보를 주지 않는데 저들이 뭘 원하는지 도대체 어떻게 파악한단 말입니까?"

"그렇겠군."

"나 원. 그런데 생각나는 게 있군요. 도대체 어떻게 커리가 제가 교직을 사임한다는 생각을 하게 된 겁니까?"

"그게 아닌가?"

"저는 사임한다는 의향을 조금도 내비친 적이 없습니다."

"세상에! 자네가 칼리지로 돌아오지 않을 거라고 내가 '요정' 한테 들었는데."

"제가 퇴직한다 해도 그녀를 통해 의사를 밝힐 거라고 생각하지 않으시겠지요?"

피버스톤은 더 환한 미소를 지으며 말했다.

"어쨌거나 뭐 다를 게 있나. 연구소가 자네에게 벨버리 바깥에서 명목상의 일자리를 갖기를 바란다면 자네는 일자리를 갖게 될 거고, 그러지 않기를 바란다면 갖지 못할 거야. 그런 식이지."

"망할 놈의 국공연 같으니. 저는 교원직을 계속 유지하려는 것뿐이고, 그건 남들이 상관할 일이 아닙니다. 이도 저도 아닌 상태에 빠지고 싶은 사람은 없습니다."

"그러고 싶은 사람은 없지."

"무슨 말씀인지?"

"내 충고를 받아들여서 최대한 빨리 위더의 호의를 받아들이게. 나는 자네가 좋은 출발을 하게 해주었지만, 자네는 부소장을 엉뚱한 일로 화나게 한 것 같군. 오늘 아침 이후 그의 태도가 달라졌어. 자넨 그의 비위를 맞춰야 하네. 그리고 우리끼리 얘긴데 나라면 '요정'이랑 너무 가까이 지내지 않겠네. 고위층이랑 얽힌들 자네에게 좋을 게 하나도 없어. 복잡한 사정이 얽혀 있으니 말일세."

"어쨌거나 저는 커리에게 사직한다는 말은 헛소리라고 설명하는 편지를 썼습니다."

마크가 말했다.

"그게 자네 마음에 든다면 해될 것 없겠지."

피버스톤은 여전히 미소 지으며 말했다.

"저기, 하드캐슬 국장이 경께 한 말을 커리가 오해했다는 이유만으로 칼리지가 저를 내쫓으려 하진 않겠지요?"

"내가 아는 어떤 법규로도 자네가 교원 자리를 박탈당할 수 없을 걸세. 심각한 윤리성 문제만 아니라면 말이지."

"네, 물론 그렇겠지요. 그런 의미는 아니었습니다. 다음 학기 재임용 심사에서 재임용되는 것을 뜻한 것은 아니었습니다."

"아, 그렇군."

"그런 이유로 커리가 그런 생각을 갖지 않게 해주시길 부탁드립니다."

피버스톤은 잠자코 있었다.

마크는 그만해야 된다고 생각하면서도 다그쳤다.

"모든 일이 오해였다는 것을 커리에게 분명하게 밝혀 주십시오."

"자네는 커리를 모르나? 그는 오래전에 자네 후임 문제로 잔재주를 부렸을 걸세."

"그래서 그를 막아 달라고 이렇게 경께 매달리는 겁니다."

"나한테?"

"네."

"왜 나지?"

"뭐랄까…… 젠장! 애초에 커리가 그런 생각을 하게 한 장본인이 피버스톤 경이시니까요!"

피버스톤은 머핀을 먹으며 대답했다.

"자네 아나? 자네의 대화 스타일이 좀 까다롭군. 몇 달 후면 자네는 재임용 심사를 받네. 칼리지는 자네를 재임용하겠지. 물론 하지 않을지도 모르네. 내가 보기에 자네는 지금 내게 미리 청탁하는 거구만. 지금 내가 줄 만한 적절한 대답은 '웃기지 말게!' 일세."

"경이 커리에게 그 말을 하시기 전까지 제 재임용이 확실했다는 것을 너무나 잘 아시잖습니까."

피버스톤은 머핀을 요모조모 살피며 말했다.

"자네가 사람을 피곤하게 하는군. 브랙톤 같은 곳에서 자기 길을 헤치고 나가는 법을 모르면서 왜 내게 와서 괴롭히지? 난 투덜대는 보모가 아닐세. 그리고 자네를 위해 조언하는데, 여기서 사람들이랑 대화할 때는 지금보다 더 친절한 태도로 하게. 안 그러면 자네 인생이, 유명한 말을 그대로 옮기자면 '추잡하고 가련하고 야비하고 짧아'질 걸세!(영국 철학자 토머스 홉스가 《리바이어던*Leviathan*》에서 인생에 대해 한 말—옮긴이)"

마크가 대꾸했다.

"짧아져요? 그거 협박입니까? 브랙톤이나 국공연에서 내 인생이 그럴 거란 뜻입니까?"

"내가 자네라면 그런 걸 너무 따지지 않겠네."

피버스톤이 말했다.

"기억해 두겠습니다."

마크가 의자에서 일어나며 말했다. 그는 걸음을 옮기다가 미소 짓는 피버스톤에게 다시 몸을 돌리고 말하지 않을 수 없었다.

"저를 여기 데려온 장본인은 피버스톤 경이었습니다. 저는 적어도 경이 제 편인 줄 알았습니다."

"구제불능 낭만주의자군!"

피버스톤 경이 말했다. 그는 입을 벌려 더 활짝 웃더니 머핀을 통째로 집어넣었다.

그때 마크는 알았다. 벨버리의 일자리를 놓치면 브랙톤의 교원 자리도 잃으리란 것을.

3

요즘 제인은 아파트에 있는 시간을 가급적 줄이고, 매일 밤 가능한 한 깨어서 침대에서 책을 읽었다. 잠은 그녀의 적이 되었다. 낮에는 줄곧 에지스토로 나갔다. 맥스 부인 대신 '1주일에 두 번 와줄 부인'을 구하러 간다는 명목에서였다. 어느 날 그 일 때문에 집을 나섰다가 갑자기 카밀라의 인사를 받고 무척 반가웠다. 카밀라가 차에서 내려 키 큰 가무잡잡한 남자를 남편이라고 소개했다. 제인은 데니스톤 부부가 곧 마음에 들었다. 데니스톤 씨는 한때 마크와 친구였지만 제인은 그를 만난 적이 없었다. 맨 먼저 든 생각은, 왜 요즘 마크가 전보다 못한 친구들과 어울리는지 궁금하다는 것이었다. 하긴 예전에도 궁금했던 점이었다. 마크는 그녀와 사귈 무렵 캐리, 와즈든, 테일러 부부와 어울렸는데, 그들은 피버스톤이란 자는 말할 것도 없고 커리와 버스비보다 좋은 사람들이었다. 이 데니스톤 씨도 그들보다 훨씬 좋은 사람임이 분명했다.

카밀라가 말했다.

"당신을 보러 오는 길이에요. 보세요, 우리가 점심을 가져왔어요. 차를 타고 '샌다운' 너머 숲으로 가서 차에서 같이 식사해요. 할 이야기가 아주 많거든요."

"아니면 아파트에 들어가서 같이 식사하실래요? 피크닉에 어울리는 날씨가 아닌데요."

제인은 어떻게 대접할 수 있는지 난감해하면서도 물었다.

카밀라가 대답했다.

"그러면 설거지거리만 늘 거예요. 시내 어디에 가는 게 낫겠어요, 프랭크? 스터독 부인이 너무 춥고 안개가 많이 끼었다고 생각하시니까요."

데니스톤이 말했다.

"레스토랑은 곤란할 겁니다, 스터독 부인. 우리끼리 있고 싶거든요."

'우리'란 말은 틀림없이 '우리 셋'을 의미했다. 곧 그들 사이에 유쾌하고 공적인 유대감이 생겼다. 그가 말을 이었다.

"혹시 가을 숲에 안개 낀 날을 좋아하지 않으십니까? 차에 타고 있으면 아주 따뜻할 텐데요."

제인은 안개를 좋아하는 사람이 있는 줄 몰랐지만 가보는 것도 괜찮겠다고 대답했다. 세 사람은 차에 올라탔다.

차가 출발하자 데니스톤이 말했다.

"카밀라와 제가 결혼한 것도 그래서랍니다. 우리 둘 다 궂은 날씨를 좋아하거든요. 이런저런 날씨가 아니라 그냥 궂은 날씨 말입니다. 영국에 사는 사람에게는 쓸모 있는 취향이지요."

제인이 말했다.

"어떻게 그런 방법을 배우셨어요, 데니스톤 씨? 저는 비와 눈을 좋아하는 법을 배우지 못할 것 같아요."

데니스톤이 대답했다.

"그 반대지요. 누구나 어릴 때는 궂은 날씨를 좋아하기 시작하지요. 자라면서 그런 날씨를 싫어하는 법을 배우는 겁니다. 눈 오는 날,

그런 생각 해보시지 않았나요? 어른들은 모두 시무룩한 얼굴로 다니지만, 아이들이랑 개들을 보세요. 눈이 오면 어떻게 해야 되는지 알고 있죠."

"저는 어렸을 때도 비나 눈 내리는 날을 싫어한 걸요."

제인이 말했다.

카밀라가 말했다.

"어른들이 집 안에 붙잡고 있어서 그럴 거예요. 아이들은 다 비를 좋아해요. 밖에 나가서 웅덩이에서 텀벙댈 수 있다면 말이죠."

곧 그들은 샌다운 너머의 울타리 없는 도로를 벗어나, 풀밭을 밟고 나무들 사이를 덜컹대며 지났다. 마침내 한쪽에는 전나무 수풀이, 다른 쪽에는 너도밤나무 수풀이 우거진 풀밭에 다다랐다. 물방울 맺힌 거미집이 있고 사방에서 가을 냄새가 났다. 세 사람은 자동차 뒷좌석에 나란히 앉았다. 바구니들의 가죽 끈을 벗기고, 샌드위치와 작은 술병을 꺼냈다. 마지막으로 뜨거운 커피와 담배도 꺼냈다. 제인은 즐거움을 느끼기 시작했다.

"됐네요!"

카밀라가 말했다.

"저기, 제가 이야기를 시작하는 편이 낫겠네요. 물론 저희가 어디서 왔는지 아시지요, 스터독 부인?"

데니스톤이 물었다.

"아이언우드 선생님 집에서 오셨지요."

제인이 대답했다.

"같은 집에 살긴 합니다. 하지만 저희는 그레이스 아이언우드 아래에 있지 않습니다. 그녀와 저희 모두 다른 사람 아래에 있답니다."

"네?"

제인이 반문했다.

"우리 작은 집안이라고 할까, 집단이나 사회라고 할까, 뭐라고 불러도 좋겠지만 그것을 운영하는 주체는 피셔-킹 씨라는 분입니다. 적어도 최근에는 그 이름을 쓰고 있지요. 제가 그의 본명을 말하면 부인이 아실 수도 있고 모르실 수도 있습니다. 그는 대단한 여행가지만 지금은 병자가 되었습니다. 지난 번 여행에서 발을 다쳤는데 좀처럼 낫지 않습니다."

"어떻게 이름을 바꾸게 됐나요?"

"그의 누이가 결혼해서 인도에 살았습니다. 피셔-킹 부인이었지요. 얼마 전 그녀가 세상을 떠나면서, '피셔 킹'으로 개명한다는 조건하에 그에게 큰 재산을 남겨 주었지요. 그녀는 나름 걸출한 여인이었습니다. 들어 보셨을지 모르지만 '수라'라는 훌륭한 인도인 기독교 신비주의자와 친구 사이였지요. 그게 핵심입니다. 수라는 인류에게 큰 위험이 닥쳐온다고 믿을 만한 이유가 있었지요. 혹은 그렇게 믿을 만한 이유가 있다고 생각했던 겁니다. 그리고 마지막 바로 전에—그가 사라지기 직전에—실제로 위험이 이 섬으로 향할 거라고 확신하게 됐습니다. 그리고 그가 사라진 후……."

"그가 죽었나요?"

제인이 물었다.

데니스톤이 대답했다.

"그건 저희도 모릅니다. 그가 살아 있다고 생각하는 이들도 있고, 죽었다고 보는 사람들도 있지요. 그리고 피셔-킹 부인은 이 문제를 남동생에게, 그러니까 저희 우두머리에게 넘겨준 셈입니다. 사실 그녀가 그에게 돈을 준 것도 그 때문입니다. 그는 이 위험을 감시할 사람들을 모으고, 일이 닥치면 조치를 취하는 일을 맡은 겁니다."

카밀라가 끼어들었다.

"딱 맞는 말은 아니에요, 아서. 그는 사람들이 주변에 모일 거라는 말을 들었지요. 그가 무리의 우두머리가 될 거라고요."

아서 데니스톤이 말했다.

"우리가 거기까지 낄 필요는 없을 것 같소. 하지만 나도 동의해요. 이제 이 대목에서 부인이 관련됩니다, 스터독 부인."

제인은 가만히 있었다.

"수라는 때가 되면 그가 '관찰자'라고 부르는 존재를 우리가 찾아야 한다고 했습니다. 예지 능력이 있는 사람을 뜻하죠."

"우리가 관찰자를 얻는 게 아니라, 관찰자가 나타난다고 해야죠, 아서. 우리 쪽과 저쪽 중 한쪽이 그녀를 얻을 거예요."

아서 데니스톤이 제인에게 말했다.

"그리고 부인이 그 관찰자인 것 같습니다."

제인이 미소 지으며 대답했다.

"하지만 이러지 마세요. 저는 그렇게 흥미진진한 존재는 되고 싶지 않아요."

"그렇겠지요, 부인에게는 힘겨운 행운입니다."

데니스톤이 말했다. 적당히 연민이 담긴 말투였다.

카밀라가 제인에게 몸을 돌리고 말했다.

"당신 스스로 관찰자라고 확신하지 못한다는 얘기를 그레이스 아이언우드에게 전해 들었어요. 당신은 그걸 평범한 꿈으로 치부했다면서요. 여전히 그렇게 생각하나요?"

"모든 게 정말 이상하고…… 잔인해요."

제인이 대꾸했다. 그녀는 이들이 마음에 들었지만, 마음속에서 습관적인 속삭임이 들렸다. '조심해. 끌려들지 말아. 아무 일에도 개입하지 말아. 넌 나름의 인생을 살아가야 해.' 그때 정직해지고 싶은 충동이 일자 제인이 덧붙여 말했다.

"사실대로 말하자면 그 후로 다른 꿈을 꿨어요. 그리고 꿈이 사실로 드러났고요. 살해범을…… 힝기스트 씨의 살해범을 봤어요."

"그것 봐요. 아, 스터독 부인. 당신은 들어와야 해요. 반드시, 꼭 그래야 해요. 그건 이제 우리가 조치를 취할 수 있다는 뜻이에요. 모르겠어요? 우리는 정확히 어디서 문제가 시작될지 내내 궁금해하던 참이에요. 그런데 이제 부인의 꿈은 우리에게 실마리를 줘요. 당신은 에지스토 반경 몇 킬로미터 안에서 뭔가를 보고 있어요. 사실 그게 무슨 일이든 우리는 이미 단단히 걸려들었어요. 그리고 당신의 도움이 없으면 우리는 한 치도 움직일 수 없어요. 당신은 우리의 비밀 요원, 우리의 눈이에요. 우리가 태어나기 오래전부터 다 정해진 일이지요. 모든 걸 망치지 마세요. 우리와 합류해요."

"그러지 말아, 카밀라. 그러지 말아요. '펜드래건'(고대 브리튼의 왕, 우두머리—옮긴이), 그러니까 대장님Head은 우리가 그러는 걸 달가워하지 않을 거야. 스터독 부인은 자발적으로 들어와야 해."

데니스톤이 말했다.

제인이 말했다.

"하지만 저는 아무것도 모르는 걸요. 안 그런가요? 저는 이해 못하는 일에서 어느 쪽 편을 들고 싶지 않아요."

카밀라가 끼어들었다.

"하지만 중립을 지킬 수 없다는 걸 모르겠어요? 당신이 자신을 우리에게 주지 않으면 적에게 이용당할 거예요."

'자신을 우리에게 준다'라는 말은 잘못 고른 표현이었다. 제인은 몸이 약간 뻣뻣해졌다. 카밀라에게 마음이 끌렸기에 망정이지 다른 사람이 그런 말을 했다면 제인은 더 이상의 요청에 돌처럼 굳어 버렸을 터였다. 데니스톤이 한 손으로 아내의 팔을 잡았다.

그가 말했다.

"스터독 부인의 관점에서 이 문제를 봐야 해. 부인이 우리에 대해 실질적으로 전혀 모른다는 점을 당신은 잊고 있어. 또 그게 진짜 어려움이지. 부인이 합류할 때까지는 우리가 많은 말을 할 수 없는 입장이야. 사실 우리는 부인에게 어둠 속에서 폴짝 뛰라고 하고 있는 거라구."

그가 제인에게 고개를 돌렸다. 약간 우스꽝스러운 표정을 지었지만 그래도 우울한 구석이 있었다. 데니스톤이 다시 말했다.

"이 일은 결혼하는 것이나 소년이 선원이 되는 것과 비슷합니다. 혹은 사제가 되는 것이나 새로운 음식을 먹어 보는 것 같지요. 뛰어들기 전에는 그게 어떤지 알 수 없습니다."

그는 예를 들려고 선택한 말들이 제인에게 분노와 반항심을 일깨웠다는 것을 몰랐을 것이다(아니, 알았을지도 모른다). 그녀 스스로 그 말들을 분석할 수도 없었다. 제인은 이전보다 냉랭한 말투로 대답했다.

"그런데 왜 그런 일을 받아들여야 되는지 알 수가 없네요."

데니스톤이 대답했다.

"부인이 신뢰만으로 받아들여야 된다는 것은 솔직히 인정합니다. 딤블 내외와 그레이스, 저희 두 사람에게 어떤 인상을 받았느냐에 모든 게 걸려 있지요. 물론 대장님을 만나 보면 그에 대한 인상도 있을 거고요."

제인은 다시 누그러졌다.

"제가 정확히 뭘 하기를 바라시는 거지요?"

"먼저 오셔서 저희 대장님을 만나 보세요. 그런 다음에 저…… 합류하시는 겁니다. 그러려면 대장님께 몇 가지 약속을 해야 될 겁니다. 그는 진짜 대장입니다. 저희 모두 그의 지시에 따르는 데 동의했습니다. 참, 한 가지 더 있네요. 마크는 이 일을 어떻게 생각할까요? 아시겠지만 마크와 저는 오랜 친구 사이입니다."

카밀라가 말했다.

"당장 그 문제를 거론할 필요가 있을지 모르겠네요."

그녀의 남편이 대답했다.

"어차피 조만간 떠오를 일이니까."

잠시 침묵이 흘렀다.

제인이 말했다.

"마크라니요? 여기서 그이 얘기가 왜 나오지요? 그가 이 모든 일에 대해 무슨 말을 할지 짐작할 수 없어요. 마크는 우리 모두 제정신이 아니라고 생각할 걸요."

데니스톤이 말했다.

"마크가 반대할까요? 부인이 저희와 합류하는 것을 그가 반대할 거냐는 뜻입니다."

"만일 그이가 집에 있다면, 제가 세인트 앤에서 막연하게 체류하겠다고 하면 꽤 놀라겠죠. '합류한다'는 게 그런 뜻인가요?"

"마크가 집에 없습니까?"

데니스톤이 놀라서 물었다.

"네. 그이는 벨버리에 있어요. 국공연에 일자리를 얻게 될 것 같아요."

그녀는 이 말에 깔린 의미를 잘 알기에 이렇게 말할 수 있는 게 기분 좋았다. 데니스톤은 놀랐지만 내색하지 않았다.

그가 말했다.

"'저희와 합류한다'는 것이 당장 세인트 앤에 와서 산다는 의미는 아닐 겁니다. 특히 기혼 부인의 경우는요. 마크 그 친구가 정말 관심이 있어서 같이 온다면 모를까……."

"그건 물으나마나 한 문제예요."

제인이 말했다. (그녀는 속으로 '이 사람은 마크를 모르는구나'라고 중얼댔다.)

데니스톤이 말했다.

"아무튼 당장 중요한 문제는 그게 아닙니다. 그가 부인의 합류를 반대할까요? 부인이 대장님의 지시를 받고 약속을 하는 따위 말입니다."

"그가 반대하겠냐고요? 도대체 이게 그이랑 무슨 관계가 있지요?" 제인이 물었다.

데니스톤은 약간 머뭇거리며 말했다.

"저, 대장님은…… 또는 그가 복종하는 높은 분들은 사고방식이 좀 구식입니다. 그는 피할 수만 있다면, 기혼 부인이 남편 없이…… 남편의 승낙 없이…… 오는 것을 탐탁해하지 않습니다."

"제가 마크의 승낙을 받아야 된다는 뜻인가요?"

제인은 어색하게 웃었다. 적개심이 치밀었다 가라앉았다 했지만, 한동안 점점 더 강하게 치밀어 오르다가 이제 솟구쳤다. 알지도 못하는 피셔-킹이라는 사람에게 약속이니 복종이니 등을 하라니 이미 정이 떨어졌다. 하지만 이 사람이 그녀를 마크에게 보내 승낙을 구하게 한다는 생각이―그녀가 파티에 참석하게 허락해 달라고 조르는 아이라도 되는 것처럼―분노의 정점을 찍었다. 한순간 그녀는 데니스톤 씨를 정말 못마땅하게 쳐다보았다. 그녀는 데니스톤, 마크, 피셔-킹이라는 자, 그 황당무계한 인도 고행자 할 것 없이 모두 자기만족에 빠진 가부장적인 남자로 보았다. 그런 남자들은 여자들이 애들인 양 대신 일을 해주고, 여자들을 주고받을 수 있는 동물처럼 취급했다("그래서 왕은 누구라도 용을 죽이는 사람에게는 딸을 내주어 결혼시켜 주겠다고 약속했습니다"). 제인은 부아가 치밀었다.

카밀라가 말했다.

"아서, 저기 불빛이 보여요. 모닥불일까요?"

"응, 그런 것 같은데."

"점점 발이 어네요. 잠시 걸어서 모닥불을 보러 가자고요. 밤을 가져올 걸 그랬네."

"네, 그렇게 해요."

제인이 말했다.

그들은 차에서 내렸다. 이즈음 차 안보다 바깥 공기가 더 포근했다. 날은 따뜻했고 나뭇잎 냄새가 진동했다. 축축한 기운에 나뭇가지가 떨어지는 소리가 얼핏 났다. 모닥불은 제법 크게 타고 있었다. 한쪽은 연기 나는 나뭇잎이 깔린 비탈길 같았고, 다른 쪽은 동굴과 절벽 같았다. 그들은 불가에 둘러서서 한동안 심드렁한 이야기를 주고받았다.

곧 제인이 말했다.

"제가 어떻게 할지 말할게요. 당신네…… 당신네…… 그게 뭐든 거기 합류하지 않겠어요. 하지만 그런 꿈을 더 꾸면 알려 주겠다고 약속할게요."

"그거 좋습니다. 저희도 그 정도는 기대할 수 있다고 생각합니다. 부인의 관점을 잘 알겠습니다. 약속을 한 가지 더 해주시겠습니까?"

"그게 뭔데요?"

"아무에게도 저희에 대해 말하지 마십시오."

"아, 물론이에요."

차에 올라타 돌아가려고 할 때 데니스톤 씨가 말했다.

"꿈 때문에 너무 걱정하지 않으시면 좋겠습니다, 스터독 부인. 아니요, 꿈이 중단되기를 바란다는 뜻은 아니고, 꿈이 멈추지도 않을 겁니다. 하지만 이제 그런 꿈들이 부인 내면의 문제가 아니라, 바깥 세상에서 벌어지는 일들일 뿐이라는 것을 아셨잖습니까(두말 할 것도 없이 고약한 일들이지만, 신문에서 보는 사건들보다 심할 것도 없지요). 그러니 부인도 참을 만하다고 느끼실 겁니다. 꿈들을 '부인의 꿈'으로 생각하지 않을수록 그것들을…… 소식으로 여기게 되겠지요. 좀 편한 마음으로 꿈을 꾸게 될 겁니다."

안개

1

(잠을 잘 못 잔) 하룻밤하고도 반나절이 느릿느릿 지나서야 마크는 부소장을 다시 만날 수 있었다. 그는 마음이 좀 누그러진 가운데 위더를 찾아갔다. 어떤 조건이든 일자리를 얻고 싶은 마음이 간절했다.

"서류를 다시 가져왔습니다."

마크가 말했다.

"무슨 서류 말이오?"

부소장이 반문했다. 마크는 완전히 달라진 위더와 대화하고 있음을 알았다. 무심한 태도는 여전했지만, 공손한 구석은 간데없었다. 그는 마크를 꿈속에서처럼 쳐다보았는데, 둘 사이의 거리는 아득히 먼 듯했다. 하지만 못마땅한 듯한 몽롱한 눈빛은 그 거리가 없어지면 진짜 증오로 변할 것만 같았다. 위더는 여전히 미소 지었지만, 그 웃음에는 고양이 같은 구석이 있었다. 이따금 변하는 입가의 주름에서 으르렁대는 기미가 드러났다. 마크는 그의 손에 잡힌 생쥐 같았다. 브랙톤에서 혁신파는 학자들만 상대했고 아주 박식한 동료들로 통했지만, 여기 벨버리에서는 느낌이 사뭇 달랐다. 위더는 마크가 이미 자리를 거절한 줄로 안다고 했다. 어떤 경우에도 새로운 제안을 할 수는 없다고 했다. 그는 긴장과 마찰을 일으키는 것, 몰지각한 행위, 적을 만드는 위험에 대해 애매하게 경고조로 말했다. 오자마자 첫 주에 구성원 전부와 입씨름을 벌인 듯한 사람을 연구소가 포용할 수 없다고도 말했다. 위더는 '브랙톤의 당신 동료들'과 대화하니 그들도 이 견해를 전적으로 확인해 주었다며 더 애매하게 경고조로 말했다. 그는 마크가 지적인 업무에 정말 어울리는지 의심스럽지만, 조언할 생각은 접었다고 했다. 중얼대는 그의 말에 마크는 완전히 낙담했다. 그는 개에게 뼈다귀 던지듯 시범 기간 동안 (연구소에 부담지울 수 없으니 대략) 연봉 6백 파운드에 고용하겠다고 제의했다. 마크는 제안을 받아들였다. 그는 몇 가지 질문의 답을 얻으려 했다. 누구에게 지시를 받게 되는가? 벨버리에 거주해야 하는가?

위더가 대답했다.

"스터독 씨, 연구소의 핵심이 탄력성이라고 이미 말한 줄 아오만. 당신이 연구진인 것을 단순한 취업이 아닌…… 어…… 소명으로 여기지 않는다면, 난 우리에게 오라고 진심으로 충고할 수 없소. 물샐틈 없이 꽉 짜인 부서는 없소. 당신을 위해, 업무 범위가 명확하고 업무 외 시간을 개인 시간으로 쓸 수 있는 자리를 만들라고 위원회를 설득할 수는 없소. 끝까지 들어 보시오, 스터독. 전에도 말했지만 우린 가족 같은 사람들이오. 어쩌면 한 사람 같다고 할 수 있소. 당신이 (안타깝게도) 문득이 특정한 임원에게 '지시받는' 문제 따위는 있을 수 없소. 다른 동료들에게 비타협적인 태도를 취할 수 있다고 생각해서도 안 되오. (내 말을 도중에 끊지 말라고 해야겠구먼.) 그런 정신으로 의무에 접근하는 건 곤란하오. 자신을 쓸모 있는 사람으로 만들어야 하오, 스터독 씨. 두루 쓰임새가 있도록. 권리를 주장하는 성향이 있는 사람, 애초에 하기로 했던 업무가 아니라며 이런저런 과제를 불평하는 사람은 연구소에 남아 있게 할 수 없소. 난 당신의 이익을 생각하고 있소. 한편 연구소가 허가하지 않은 작업 때문에 본연의 업무에서 한눈을 팔거나, 다른 연구원들을 간섭하는 나쁜 짓을 저지르면, 당신도 똑같이 고생하게 될 거요, 스터독 씨. 가벼운 제안에 마음이 흐트러지거나 공연히 기운 쓰지 마시오. 집중해요, 스터독 씨. 집중. 그리고 공평한 주고받음에 대해 열린 마음으로 임하시오. 내가 언급한 두 가지 잘못만 피한다면…… 아, (우리가 인정해야겠지만) 당신의 처신으로 말미암은 나쁜 인상을 내가 당신을 위해 바로잡을 수도 있다는 생각이 드오. 아니오, 스터독 씨. 더 이상의 논란은 용납할 수 없소. 이미 내가 할애한 시간이 다 지나갔소. 이런 대화에 계속 시달릴 수는 없소. 당신 스스로 자리를 찾아야 하오, 스터독 씨. 잘 가시오, 스터독 씨. 잘 가요. 내 말을 명심하시오. 난 당신을 위해 최선을 다하고 있소. 잘 가시오."

마크는 면담을 하며 굴욕감을 느꼈지만, 가장이 아니라면 잠시도

참지 않았을 거라는 생각으로 자존심을 달랬다. 이것은 (말로 표현하지는 않았지만) 제인에게 부담을 지우는 일 같았다. 제인을 신경 쓰지 않았다면 위더에게 했을 말을 죄다 떠올리니 속이 시원했다. 기회가 닿으면 그 말을 해주겠다고 마음을 먹자 몇 분간 희미한 행복감에 휩싸였다. 차를 마시러 간 그는 항복에 대한 보답이 벌써 시작되었음을 알았다. '요정'이 그에게 와서 옆에 앉으라는 신호를 보냈다.

"알카산 건은 아직 마무리 안 됐나요?"

그녀가 물었다.

"네. 오늘 아침까지는 연구소에 남을지 결정을 못하고 있었거든요. 오늘 오후에 올라가서 갖고 계신 자료를 살펴볼 수 있을 겁니다. 적어도 제가 아는 한은 아직 무슨 일을 할지 파악하지 못했거든요."

하드캐슬이 말했다.

"융통성을 가져요, 친구. 융통성을. 당신은 파악하지 못할 거예요. 당신이 할 일은 시키는 일을 하고, 무엇보다 노인을 귀찮게 하지 않는 거예요."

2

이후 며칠간, 나중에 중요하게 밝혀질 몇 가지 절차가 차근차근 진행되고 있었다.

벨버리뿐 아니라 에지스토에도 안개가 끼었고, 점점 짙어졌다. 에지스토에서는 안개가 '강에서 올라온다'고 하지만, 실은 잉글랜드 중심지 전체에 안개가 자욱했다. 시내 전체가 안개에 휩싸여 벽면에 물방울이 뚝뚝 떨어졌고, 습기 때문에 테이블 위에 이름을 쓸 수 있을 정도였다. 낮에도 전등을 켜고 일했다. 브랙돈 숲이 있던 곳에서는 보수파의 눈에 거슬리는 작업은 중단되고 안 보이는 곳에서 쨍그렁 소리, 탁탁 소리, 야유 소리, 투덜대는 소리, 날카로운 금속성 소리만 들렸다.

이제 윈드 강 너머가 혐오스러웠지만 소음에 욕설 소리가 묻혀서 반가워하는 이들도 있었다. 국공연은 에지스토를 확실히 장악했다. 예전에는 갈색이 도는 초록색, 호박색, 매끄러운 은빛 물이 갈대를 당기며 붉은 뿌리와 장난을 치던 강물은 이제 진흙투성이가 되어 뿌옇게 흘렀다. 강물에는 빈 깡통, 종이 나부랭이, 담배꽁초, 나무 조각이 끝없이 떠다녔고, 가끔은 기름이 흘러 무지개 색으로 변하기도 했다. 그러다가 진짜 공격이 강을 건너 감행되었다. 연구소가 매입한 부지는 왼쪽 또는 동쪽 강둑까지였다. 하지만 이제 버스비는 호출을 받은 후, 국공연을 대표하는 피버스톤과 프로스트 교수를 만났다. 이 자리에서 그는 윈드 강 자체가 우회하게 된다는 사실을 처음 알았다. 에지스토에는 강이 흐르지 않을 터였다. 이것은 아직 극비 사항이었지만, 연구소는 이미 그렇게 할 힘이 있었다. 사정이 이러니 연구소 부지와 칼리지의 경계선을 새로 조정해야 했다. 연구소가 칼리지 담장에 이르는 부지를 원하는 것을 알자 버스비는 입이 벌어졌다. 그가 강제 징발에 대한 암시를 들은 것도 그때가 처음이었다. 칼리지는 오늘로 그 땅을 팔 수 있었고, 그러면 연구소는 상당한 액수를 주겠다고 제안했다. 칼리지가 땅을 팔지 않는다면, 강제 몰수와 명목상의 보상액이 기다리고 있었다. 이 면담이 진행되는 가운데 피버스톤과 재정 담당자인 버스비의 사이가 틀어졌다. 특별 칼리지 회의가 소집되어야 했고, 버스비는 동료 교직원들에게 최대한 당당한 표정을 지어 상황을 알려야 했다. 증오가 폭풍처럼 휘몰아쳤고 그는 아찔한 충격을 받았다. 지금 버스비를 비난하는 사람들이 숲의 매각에 찬성표를 던진 장본인들이라는 점을 지적했지만 소용없었다. 칼리지는 곧 경이라는 그물에 걸려들었다. 그들은 큰 의미가 있는 윈드 강가의 작은 땅을 매각했다. 동쪽 담장과 강 사이의 테라스에 불과한 땅이었다. 24시간 후 국공연은 없어질 운명의 윈드 강 위를 널빤지로 막고 테라스를 쓰레기장으로 바꾸었다. 하루 종일 일꾼들이 무거운 짐을 지고 널빤지를 지나, 브랙톤 담장에 짐을 쏟았다. 결국 쓰레기 더미가 한때 헨리에타 마리아 창문이었던 곳을 완전히 덮고 거의 예배당 동쪽 창문까지 쌓였다.

이즈음 여러 혁신파 동조자들이 떨어져 나가 반대편에 합류했다. 남은 이들은 평판이 나빠지며 찍히는 상황을 직시해야 했다. 칼리지 내부적으로 뚜렷이 양분되어 있었지만, 같은 이유로 외부 세계와의 관계에서는 필연적으로 새로운 하나가 되었다. 국공연을 에지스토에 끌어들였다는 비난이 브랙톤 칼리지에 쏟아졌다. 대학 고위직들이 승인한 조치였으므로 칼리지로서는 억울했다. 하지만 이제 결과가 드러나고 보니 사람들은 그런 과정을 세세히 떠올리지 않았다. 버스비는 강제 몰수 암시를 비밀로 하라고 들었지만, 곧 교수 휴게실에 그 이야기를 퍼뜨렸다.

그는 말했다.

"우리가 매각을 거부했더라도 소용없었을 겁니다."

하지만 브랙튼이 그래서 부지를 매각했다고는 아무도 믿지 않았다. 또 칼리지의 인기도 계속 떨어졌다. 학부생들은 소문을 듣고 브랙튼 교수진의 강의에 들어가지 않았다. 버스비와 또 아무 죄 없는 학장까지도 거리에 나가면 사람들에게 에워싸였다.

평소 대학의 견해에 반대하기 일쑤인 에지스토 타운도 불안한 상태에 빠져들었다. 브랙튼 창문이 깨지던 소동에 대해 런던의 신문이나 심지어 〈에지스토 텔레그라프〉도 주목하지 않았다. 역 인근 우범가에서 강제 추행 사건이 일어났다. 술집에서 두 건의 '주먹다짐'이 벌어졌다. 국공연 일꾼들의 위협적이고 무질서한 행동에 대한 불만이 점점 고조되었다. 하지만 이런 불만은 신문에 언급되지 않았다. 실제로 추잡한 사건을 목격한 이들은 〈텔레그라프〉를 읽고 깜짝 놀랐다. 새 연구소가 에지스토에서 아주 순조롭게 자리 잡고 있으며, 주민들과 비할 데 없이 원만한 관계를 유지한다는 내용이었다. 사건을 직접 보지 않고 듣기만 한 사람들은 〈텔레그라프〉에 기사가 실리지 않은 것을 보고 그저 소문이나 과장된 이야기로 생각했다. 목격자들은 신문사에 편지를 보냈지만, 실리지 않았다.

하지만 소동은 의심받을 수 있어도, 시내 모든 호텔이 연구소의 수중에 들어간 사실은 아무도 의심할 수 없었다. 이제 단골 바에서 친구와 술을 마실 수 없다는 것은 의심의 여지가 없었다. 단골 가게에

돈이 많아 보이는 외지 사람들이 북적대고 물건 값이 더 올랐다는 것
도, 대중교통마다 줄이 늘어서 있으며 어느 극장에나 들어가기 힘들
다는 것도 의심의 여지가 없었다. 한적한 거리가 내려다보이는 조용
한 집들이 낯선 대형 차량들 때문에 종일 흔들렸다. 어디를 가나 낯
선 사람들 무리에 휩싸였다. 작은 장이 서는 에지스토 같은 마을에서
는 지금껏 맞은편 마을 사람도 외지인 취급을 받았다. 그런데 온종일
북부, 웨일스, 심지어 아일랜드 사투리까지 떠들어 대고 고함치고,
야유하고 노래하고, 험악한 얼굴들이 안개 속을 지나가니 너무도 혐
오스러웠다. 많은 시민이 "여기서 문제가 벌어지고 있다"고 했고, 며
칠 후에는 "저들이 문제가 생기기를 바라는 것 같다"고 했다. 누가
맨 먼저 "경찰이 더 필요하다"고 했는지는 기록에 없다. 그러다 마침
내 〈에지스토 텔레그라프〉가 상황을 파악했다. 지방 경찰은 새로 유
입된 인구를 감당할 수 없다는 내용의—희미하게 조짐을 포착한—작
은 기사가 실렸다.

　이 모든 와중에서 제인은 상황을 거의 알아차리지 못했다. 이즈음
그녀는 그저 '버텼다'. 어쩌면 마크가 그녀를 벨버리로 부를 터였다.
그는 벨버리 계획을 포기하고 집에 돌아올 참이었다. 그의 편지들은
애매하고 만족스럽지 않았다. 어쩌면 그녀는 '세인트 앤'에 가서 데
니스톤 부부를 만나야 될 터였다. 꿈은 계속되었다. 하지만 데니스톤
씨의 말이 옳았다. 꿈을 '소식'이라 여기니 한결 수월했다. 그렇지
않다면 밤들을 견디지 못했을 것이다. 아무 일도 일어나지 않는 꿈을
반복해서 꾸었다. 그녀는 침대에 누워 있었다. 그런데 어떤 남자가

침대 옆에 있었다. 그는 의자를 침대 옆에 끌어다 놓고 앉아서 지켜보았다. 그는 공책을 들고 있다가 이따금 기록했다. 그러지 않을 때는 꼼짝 않고 앉아서 참을성 있게 집중했다. 의사처럼. 제인은 벌써 그의 얼굴을 알고 있었고, 이제 잘 알게 되었다. 코에 걸친 안경, 날렵한 흰 얼굴, 뾰족한 턱수염. 아마—그가 제인을 볼 수 있다면—그는 지금쯤 그녀의 모습을 똑같이 잘 알 것이다. 그가 찬찬히 살피는 대상은 분명 그녀였다. 이 꿈을 처음 꾸었을 때 제인은 데니스톤 부부에게 편지를 쓰지 않았다. 두 번째 꾸었을 때도 미루다가 너무 늦어서 그날 편지를 부치지 못했다. 그녀는 오래 침묵할수록 그들이 다시 찾아와 줄 거라는 희망을 품었다. 위로받고 싶었지만, 가능하다면 '세인트 앤'까지 가지 않고 그러고 싶었다. 이 피셔-킹이라는 사람을 만나 그의 휘하에 끌려들지 않고 위로받고 싶었다.

한편 마크는 알카산을 원상회복시키는 작업에 매달렸다. 그는 경찰 조서를 본 적이 없어서 내용을 파악하기 어려웠다. 그는 무지를 감추려 했지만 곧 '요정'이 상황을 알아차렸다.

그녀가 말했다.

"내가 반장을 붙여 줄게요. 그가 요령을 가르쳐 줄 거예요."

그래서 마크는 업무 시간의 대부분을 하드캐슬의 직속 부하인 오하라 반장과 일했다. 그는 덩치가 크고 백발에 미남형이었다. 영국인들은 남부 사투리라고 하고, 아일랜드인들은 '칼로 잘라 낼 수 있는 더블린 발음'이라고 하는 사투리를 썼다. 오하라 반장은 캐슬모틀 출신인데, 유서 깊은 집안 출신이라고 주장했다. 마크는 조서니 대외비

기록물이니 개폐식 서류철에 대한 설명이 이해되지 않았다. 반장이 '제거'라고 하는 것도 알아듣지 못했다. 하지만 그렇다고 하기가 창피해서, 결국 사실 관계 파악은 오하라에게 맡기고 마크는 단순한 집필가의 역할만 하게 되었다. 그는 이런 상황을 오하라에게 감추고 둘이 정말 같이 작업하는 것처럼 보이려고 최선을 다했다. 자연히 단순한 기자 취급을 받지 않겠다는 애초의 반발은 되풀이할 수 없었다. 사실 마크는 받아들이는 스타일이고(그런 점이 그가 인정하고 싶은 정도를 넘어 학자 이력에 도움이 되었다) 그가 작성한 기사는 성공적이었다. 알카산에 관해 그가 쓴 기사들과 편지들이, 꿈도 못 꾸었을 신문들에 실렸다. 수백만 독자를 거느린 신문들이었다. 그는 짜릿함을 느끼지 않을 수 없었다.

그는 오하라 반장에게 소소한 돈 문제도 털어놓았다. 언제 급여를 받는가? 당장은 현금이 부족했다. 벨버리에 도착한 첫날 밤 지갑을 잃어버려 되찾지 못했다. 오하라는 큰 소리로 웃었다.

"관리인에게 부탁하면 원하는 만큼 돈을 받을 수 있네."

"다음 봉급 때 그 액수만큼 차감됩니까?"

마크가 물었다.

반장이 대답했다.

"맙소사. 일단 연구소에 들어오면 그런 문제로 시달릴 필요가 없네. 우리가 화폐 부문을 통제하고 있잖나. 돈을 만드는 게 바로 우리라네."

"정말입니까?"

마크가 놀라서 물었다. 그는 잠시 가만히 있다가 말을 이었다.

"하지만 퇴직할 때는 그만큼 청구할 테지요."

"무엇 때문에 퇴직에 대해 말하고 싶어 하지? 아무도 연구소를 떠나지 않네. 최소한 내가 들은 바로 떠난 사람은 힝기스트밖에 없네."

오하라 반장이 말했다.

이즈음 힝기스트의 시신 부검이 마무리되고, 모르는 사람에 의해 살해되었다는 소견이 나왔다. 장례식은 브랙톤 교내 교회에서 열렸다.

안개가 낀 지 사흘째이자 가장 짙은 날이었다. 안개가 자욱하게 끼어서 보고 있노라면 눈이 아렸다. 안개는 멀리서 나는 소리를 흡수해버려서, 교회 안에서는 처마와 나무에서 물방울 떨어지는 소리와 교회 바깥 일꾼들의 고함소리만 들렸다. 교회 안의 촛불이 흔들리지 않고 타올랐다. 중심부가 공처럼 번들번들한 촛불은 건물 전체를 밝히지 못했다. 기침 소리와 질질 끄는 발소리가 없었다면 좌석이 꽉 차 있는 줄 아무도 몰랐을 것이다. 검은 양복에 검은 가운을 걸친, 이상하게 커 보이는 커리는 교회 서쪽 끝에서 왔다 갔다 했다. 그는 소곤대며 내다보면서, 안개 때문에 그가 '남은 것'이라고 부르는 시신의 도착이 늦춰질까 봐 초조해했다. 그는 장례식 전체에 대한 책임으로 어깨가 무거운 것이 그리 싫지 않았다. 커리는 대학 장례식에 아주 익숙했다. 그는 장의사 같은 분위기를 풍기지 않았다. 애도하는 남자다운 친구, 큰 충격을 받았지만(꼬집어 말할 수는 없지만) 칼리지의 아버지로 보이려고 애썼다. 변화무쌍한 상황의 와중에도 어쨌든 그는 체통을 잃어서는 안 되었다. 그런 행사에 참여한 외부인들은 차를 타고 떠나면서 서로 말하곤 했다.

"그 부학장이라는 사람이 내색은 안 해도 몹시 슬퍼하던걸."

여기에는 위선 따위는 없었다. 커리는 동료들의 삶을 감독하는 데 익숙한 나머지 그들의 죽음을 감독하는 게 자연스럽게 느껴졌다. 게다가 그가 분석적인 사람이었다면, 그의 영향력과 일처리 능력은 동료가 죽은 후에도 발휘된다는 것을 알아차렸을 것이다.

오르간 연주가 시작되어 교회 안의 기침 소리와 교회 바깥의 소음을 휘감았다. 뭔가 언짢은 목소리들, 달그락대는 쇳소리, 이따금 교회 벽에 짐을 내려놓을 때 벽이 흔들리는 충격이 오르간 소리에 빨려 들었다. 하지만 커리의 걱정대로 안개 때문에 관의 도착이 지연되었고, 오르간 연주자가 반 시간이나 연주를 한 뒤에야 문에서 인기척이 나면서 유족들이 입장했다. 검은 상복을 입은, 시골 사람들처럼 생긴 힝기스트 가족이 등을 꼿꼿이 펴고 들어왔다. 그들은 통로를 지나 유족석으로 향했다. 그다음에는 권표(權標, 대학 총장 직권을 상징하는 지팡이─옮긴이)를 받든 교직원, 학생감들이 들어오고 에지스토 교구장이 뒤따라 들어왔다. 노래와 합창이 이어지고 마침내 관이 들어왔다. 섬 모양의 꽃 장식이 안개 속에서 얼핏 보였다. 문이 열리자 더 짙고 차갑고 축축한 안개가 교회 안으로 들어온 것 같았다. 장례 예배가 시작되었다.

예배는 스토리 신부가 인도했다. 그의 음성은 여전히 아름다웠고, 일행에서 떨어져 혼자인 모습에도 아름다움이 깃들어 있었다. 그는 신앙과 청각 장애 면에서 사람들과 달랐다. 그는 으스대던 오랜 무신론자의 시신을 앞에 두고 이런 성경 구절을 읽는 게 적절한지 염려하지 않았다. 힝기스트가 불신자가 아닐까 의혹을 가져 본 적이 없기 때문이다. 그는 자신의 목소리와 교회 밖에서 나는 목소리들이 대화를 주고받는 듯한 양상을 전혀 의식하지 못했다. 밖에서 소리가 들리자 글로숍은 얼굴을 찌푸렸다. 교회 안이 조용해서 못 들은 체할 수 없었다.

"불을 가리는 그 잘난 왕발을 안 치우면, 발에 불을 질러 줄 테다."

하지만 듣지 못하는 스토리 신부는 동요하지 않고 말했다.

"어리석은 자여, 그대가 뿌리는 씨가 죽지 않으면 살아나지 못하겠고"(고린도전서 15장 36절 인용—옮긴이).

"그 못생긴 면상을 손봐 주지. 내가 못하는지 두고 보라구."

밖에서 그 목소리가 다시 들렸다.

스토리가 말했다.

"육의 몸으로 심고 신령한 몸으로 다시 살아나나니"(고린도전서 15장 44절 인용—옮긴이).

"망신스러워. 망신스럽구만."

커리가 옆에 앉은 버스비에게 말했다. 하지만 일부 젊은 교원은 스토리와 일꾼이 말을 주고받는 것 같아 우스꽝스러웠다. 그들은 (참석하지 못한) 피버스톤이 이 이야기를 듣고 무척 재미있어 하겠다고 생각했다.

3

복종의 대가 중 가장 기분 좋은 것은 '도서관' 출입이었다. 그 괴로운 아침나절 잠깐 도서관에 들른 직후, 그는 이 방이 명목상 일반에 공개된 공간이지만 실은 학교 같으면 '짱', 브랙턴에서는 '혁신파'의 전용 공간임을 알게 되었다. 중요하고 은밀한 대화가 오가는 것은 10시에서 자정 사이, 도서관 벽난로 깔개에서였다. 그래서 어느 저녁 휴게실에서 피버스톤이 쭈뼛쭈뼛 다가와 "도서관에서 한 잔 어떤가?"라고 말하자 마크는 웃으면서 그러겠다고 했다. 지난 번 대화 중에 피버스톤에게 품은 악감정이 사라져 버렸다. 그러는 자신이 약간 경멸스럽긴 했지만, 억누르며 잊어버렸다. 그런 감정은 유치하고 비현실적이었다.

도서관에 모이는 그룹은 피버스톤, '요정', 필로스트라토 그리고 무엇보다 놀랍게도 스트레이크였다. 스틸이 거기 끼지 않았다는 것을 알자 마크는 상처받은 자존심이 치유되는 것 같았다. 그들이 장담한 대로 그는 스틸을 넘어섰거나 배후에 있음이 분명했다. 모든 것은 프로그램에 따라 흘러가고 있었다. 도서관에 자주 나타나는 인물이라고 이해되지 않는 사람은 프로스트 교수였다. 코끝에 안경을 걸치고 턱수염이 뾰족한 그는 말수가 없었다. 부소장을 이제 마크는 '디디'나 '노인'으로 불렀는데, 그는 자주 왔지만 특이한 모습을 보여주었다. 그는 평소처럼 발소리를 내고 흥얼대면서 도서관 안을 어슬렁대는 습관이 있었다. 가끔 벽난로 앞에 모인 사람들에게 다가와서 대화를 들었다. 그는 어렴풋이 아버지 같은 표정을 짓고 그들을 바라보았지만 아무 말도 하지 않았다. 일행에 끼는 법이 없었다. 그는 다시 빠져나갔다가 한 시간 후쯤 돌아와서, 썰렁한 곳에서 또 한 번 오락가락하다 다시 나갔다. 집무실에서 굴욕적인 면담을 한 후 그는 마크에게 말을 건 적이 없었다. 요정은 그에게 아직 부소장의 환심을 사지 못했다고 알려 주었다.

그녀가 말했다.

"시간이 지나면 노인의 마음이 풀릴 거예요. 하지만 내가 말했잖아요. 그 양반 떠나겠다고 하면 싫어한다고."

마크가 보기에 모임에서 가장 불만스러운 멤버는 스트레이크였다. 그는 동료들의 상스럽고 현실감 있는 말투에 장단을 맞추려 하지 않았다. 그는 말없이 앉아서, 가냘픈 손으로 낡은 바지의 무릎을 매만지고, 사람들이 말할 때마다 침울한 큰 눈을 이리저리 돌렸다. 그러면서도 언쟁을 벌이거나 사람들이 웃을 때 농담에 끼려 하지 않았다. 그러다가 저녁을 통틀어 단 한 번 정도 어떤 말에 말문이 열리곤 했다. 보통은 바깥세상의 보수주의자들의 반대와 연구소 측이 취할 조치에 대한 이야기였다. 그럴 때면 스트레이크는 큰 소리로 일장 연설을 하며 위협적인 말투로 비난을 퍼붓고 예언을 쏟아 냈다. 이상한 것은 다른 사람들이 그를 말리지도 웃지도 않는다는 점이었다. 이 촌스러운 사람과 그들 사이에는 공감대의 부족을 메우고도 남는 깊은 유대감이 있었지만, 마크는 그게 뭔지 알아내지 못했다. 가끔 스트레이크가 특별히 그에게 부활에 대한 이야기를 하면 마크는 몹시 불편하고 당황스러웠다.

스트레이크는 말했다.

"그것은 역사적 사실도 아니고, 우화도 아닌 예언이라네, 젊은 친구. 모든 기적은…… 다가올 일들의 그림자지. 거짓된 영성은 지워 버리게. 기적은 이 세상의 여기서, 유일한 세상에서 일어날 걸세. 주님이 우리에게 뭐라고 말씀하셨나? 병자를 치료하고 사탄을 내쫓고 죽은 자를 들어 올리라. 우리가 그럴 걸세. 사람의 아들은—그래, 그는 장성한 인간이었지—세상을 심판할 권세를 가졌지. 끝없이 생명을 주고, 끝없이 벌을 줄 권세를 가졌어."

마크가 처음으로 스스로 도서관에 찾아간 것은 힝기스트의 장례식 다음 날이었다. 지금까지는 늘 피버스톤이나 필로스트라토의 권유를 받고 도서관에 갔다. 그냥 가도 환영받을지 자신이 없었지만, 얼른 출입 자격을 얻지 않고 겸손을 떨다가 손해 볼까 봐 걱정스러웠다. 그런 문제들의 경우 어느 방향으로든 착각은 똑같이 치명적이었다. 예상하고 모험해 볼 수밖에 없었다.

대단히 성공적이었다. 늘 있던 사람들이 다 거기 있었고, 마크가 도서관에 들어서서 문을 닫기도 전에 다들 환영하는 표정으로 돌아보았다. 필로스트라토는 '여어'라고 했고, '요정'은 '여기 주인공이 왔네'라고 말했다. 환희의 빛이 마크의 온몸을 지나는 것 같았다. 난롯불이 그렇게 환하게 탄 적이 없고, 술 냄새가 이렇게 마음을 끈 적이 없는 것 같았다. 실은 사람들도 그를 기다리고 있었다. 다들 그를 원했다.

피버스톤이 말했다.

"사설 두 개를 얼마나 빨리 쓸 수 있겠나, 마크?"

"밤새도록 일할 수 있어요?"

하드캐슬이 물었다.

"그래 본 적이 있지요. 주제가 뭡니까?"

마크가 말했다.

필로스트라토가 피버스톤에게 물었다.

"그…… 소동이 그대로 진행되니 만족스럽지요?"

"그게 재미있는 점이지요. 그녀는 일을 아주 잘 해냈어요. 오비드 (오비디우스. 주전 43년~주후 18년까지 살았던 로마의 시인—옮긴이)도 읽은 적 없는데 말이지요. '마지막까지 당장 서두르라'(오비드가 지은 《사랑의 기술》의 한 구절— 옮긴이)"

"우린 미루고 싶어도 일을 미룰 수 없습니다."

스트레이크가 말했다.

마크가 물었다.

"무슨 말씀을 하시는 겁니까?"

"에지스토에서 벌어지는 소동에 대해 말하는 걸세."

피버스톤이 대답했다.

"아…… 제가 요즘 거기서 벌어지는 일을 잘 듣지 못해서요. 상황이 심각합니까?"

"심각해질 거예요. 친구. 그리고 그게 요점이지요. 진짜 폭동은 다음 주로 예정되어 있어요. 이 소소한 일들은 기반을 다지는 준비일 뿐이고. 하지만 일이 지나치게 잘 풀린 게 문제지. 내일이나 아무리 늦어도 모레는 반드시 풍선을 띄워야 될 거예요.”

요정의 말에 마크는 당황해서 그녀와 피버스톤을 번갈아 흘끔댔다. 피버스톤은 허리를 굽히며 웃어 댔고, 마크는 거의 무의식적으로 난처함을 익살스럽게 얼버무렸다.

“전혀 못 알아듣겠습니다, 요정.”

그가 말했다.

피버스톤이 빙긋 웃으며 말했다.

“자네는 요정이 토박이를 선제공격한 줄 꿈에도 몰랐겠지?”

“그러니까 요정이 ‘소동’이란 뜻입니까?”

마크가 말했다.

“맞아, 그렇네.”

필로스트라토가 대답했다. 뺨이 통통한 그는 작은 눈을 반짝였다.

하드캐슬이 말했다.

“그건 공정한 일이라구요. 데려온 일꾼 수십만 명을⋯⋯.”

“당신이 모집한 부류들!”

피버스톤이 그녀의 말을 끊었다.

하드캐슬이 하던 말을 계속했다.

“에지스토 같은 무료한 촌구석에 처박아 놓았으니 문제가 없을 순 없지요. 어쨌거나 문제는 생겼을 거예요. 결과를 보면 우리 아이들이 뭘 할 필요도 없어요. 하지만 벌어질 일이라면 적당한 시점에 일어나게 하는 것도 해될 건 없었지요.”

“그러니까 소요의 주동자라는 뜻인가요?”

마크가 말했다. 공정하게 말하자면, 이 새로운 사실에 그는 동요했다. 의식적으로 마음을 감추기로 한 것도 아니다. 느긋하고 친밀감이 감도는 집단 속에서 그는 자기도 모르게 동료들과 비슷한 표정을 짓고 비슷한 말투로 말했다.

피버스톤이 말했다.

"좀 심한 표현이구만."

"그런다고 달라질 게 있나. 이런 식으로 상황을 관리해야 되는 걸 뭐."

필로스트라토가 말했다.

하드캐슬이 말했다.

"그래요. 항상 그렇지요. 경찰 업무를 아는 사람이라면 누구나 그렇게 말할 걸요. 그리고 말한 것처럼 진짜 사건, 즉 대규모 소요는 앞으로 48시간 내에 일어나야 해요."

"확실한 소식통한테서 직접 소식을 들으니 좋군요! 하지만 아내를 빠져나오게 하면 좋겠습니다."

마크가 말했다.

"어디 살지요?"

요정이 물었다.

"'샌다운' 위쪽입니다."

"아, 그러면 부인은 영향을 받지 않을 거예요. 그런데 당신이랑 나는 폭동에 대해 설명하느라 바쁘게 움직여야 해요."

"하지만…… 뭘 위해 그러는 겁니까?"

"비상사태 때문이네. 우리가 에지스토에서 원하는 권력을 확보하려면 정부가 그곳에 비상사태를 선포해야 한다네."

피버스톤이 말했다.

"바로 그거지. 평화로운 개혁 운운은 어리석은 짓이지. 시골뜨기들이 항상 저항하지는 않지만 떠밀어야 되는 경우가 많지. 소요와 방화가 일어나고 바리케이드가 설치되어야 효과적으로 발휘할 권력이 확보되지. 이 친구를 끌고 가려면 품이 좀 들겠는걸."

필로스트라토가 말했다.

"그리고 소요 사태가 일어난 그날로 신문에 실을 기사가 준비되어야 해요. 그 말은 늦어도 내일 아침 6시까지는 '디디'에게 기사가 건네져야 된다는 뜻이에요."

하드캐슬이 말했다.

"하지만 아무리 빨라도 내일까지는 사건이 일어나지 않는데 오늘밤에 우리가 어떻게 기사를 씁니까?"

마크의 말에 모두 와락 웃음을 터뜨렸다.

피버스톤이 말했다.

"그런 식으로는 홍보 작업을 못 하네, 마크. 어떤 사건에 대해 말하려고 그 일이 일어날 때까지 기다릴 필요는 없지!"

"그렇게 하는 것에 대해 제가 약간의 편견이 있었음을 인정합니다. 던(John William Dunne. 아일랜드 조종사. 시간에 여러 차원이 있어 과거도 미래도 없이 영원한 현재가 계속된다는 이론을 주장했다─옮긴이)의 시간관념 속에서, 또 '거울 나라'(루이스 캐럴의 작품 《거울 나라의 앨리스》를 뜻함─옮긴이)에서 살지 않기에 편견이 있었지요."

마크가 만면에 웃음을 띠고 말했다.

"좋지 않은 일이네요, 친구. 우리는 당장 착수해야 해요. 한 잔 더 마시고 당신이랑 나랑은 위층에 올라가서 시작하는 게 좋겠어요. 3시에 양념 구이와 커피를 가져오라고 합시다."

하드캐슬이 말했다.

범죄인 줄 확실히 아는 일인데도 하라고 요청받은 것은 이때가 처음이었다. 하지만 일을 하기로 동의한 순간, 그런 생각은 사라졌다. 못 한다고 버티지 않았으며, '되돌아오지 못할 곳으로 갔다'는 생각도 하지 않았다. 세계 역사에는 그런 순간이 중요성을 명확하게 드러내는 때가 있었을지 모른다. 마녀들이 시든 히스 꽃을 두고 예언을 하거나(셰익스피어 희곡 《맥베스》의 시작 대목—옮긴이) 눈에 보이는 루비콘 강을 건너야 될(이미 되돌릴 수 없는 모험적인 일을 뜻함—옮긴이) 때가 그런 경우다. 하지만 마크에게 모든 것이 웃음 속에서 스치고 지나가 버렸다. 동료 전문가들 사이의 친밀한 웃음이야말로, 모든 세속의 권력 중에서도 사람들이 개인적으로 나쁜 사람이 되기 전에 아주 나쁜 짓을 하게 만드는 가장 강한 요소다. 잠시 후 그는 '요정'과 위층으로 뚜벅뚜벅 올라갔다. 그들은 가는 길에 코서를 지나쳤고, 마크는 '요정'과 바쁘게 대화하면서도 코서를 곁눈질했다. 그는 그들을 쳐다보고 있었다. 그가 한때 코서를 두려워했다고 생각하니 어처구니가 없었다!

"6시에 '디디'를 깨우는 일은 누가 맡습니까?"

마크가 물었다.

'요정'이 대답했다.

"아마 그럴 필요 없을 거예요. 틀림없이 노인이 잠을 자기는 하겠지. 그런데 자는 것을 본 적이 없단 말이야."

4

새벽 4시, 마크는 '요정'의 사무실에 앉아서, 방금 작성한 마지막 기사 두 편을 재검토했다. 한 편은 가장 권위 있는 신문사에, 다른 한 편은 더 인기 있는 곳에 실을 기사였다. 이것이 밤에 한 작업 중, 유일하게 문학적 허영심을 즐길 수 있는 부분이었다. 그 전 몇 시간은 뉴스 자체를 꾸미는 더 **빡빡한** 작업에 할애했다. 이 두 편의 사설은 잘 간수해 두었다. 잉크가 아직도 마르지 않았다. 첫 번째 사설의 내용은 이렇다.

지난밤 에지스토에서 일어난 폭동에 대해 최종적인 코멘트를 하는 것은 성급한 일이겠지만, 처음 설명(우리가 다른 데서 발표한)에서 앞으로의 전개 상황에 흔들리지 않을 분명한 결론 두 가지가 나오는 듯하다. 우선 사건 전체는 우리 문명의 계몽에 대해 우리 안에 여전히 숨어 있을지 모르는 자족감에 거센 충격을 가할 것이다. 물론 작은 대학 마을이 국가적인 연구소의 센터로 변모하는 과정에서, 약간의 불화와 지역 주민들에게 힘든 일들이 없을 수 없다.

하지만 영국민은 늘 조용히, 유머로 불화를 해결해 왔으며, 상황에 대해 제대로 들으면 습관과 기분의 작은 변화를 넘어 큰 희생까지 치러야 하더라도 꺼리는 내색을 하지 않아 왔다. 에지스토 주민에게도 이런 희생이 요구된다. 정부 당국에서 국공연의 권력 남용이나, 기대되는 배려와 불손함에 대한 불평이 없으니 다행이다. 게다가 소요의 시작은 술집에서 일어난 국공연 근로자와 주민인 오라클 씨의 언쟁이었음이 자명하다. 하지만 오래전 아리스토텔레스에 따르면, 사소한 원인에서 비롯된 무질서에는 깊은 연유가 있으며, 이 가벼운 소동이 폭발까지는 아니어도 불타오른 것은 집단 이익이나 만연한 편견 때문이라는 데는 의심의 여지가 없다. 계획된 효율성에 대한 구태의연한 불신과 '관료주의'에 대한 오랜 경계심이 이렇게 쉽게(일시적이기를 바라지만) 되살아날 수 있는지 의심해야 되는 것은 불안한 일이다. 동시에 이런 의심은, 우리 교육 수준의 빈틈과 약점을 드러냄으로써 국가 연구소가 치유해야 되는 질병의 한 가지를 두드러지게 한다. 연구소가 그 질병을 치유하리라는 것은 의심의 여지가 없다. 줄스 씨가 잘 표현한대로 이 방대한 '평화를 위한 노력' 뒤에는 국가의 의지가 있으며, 그릇된 정보로 결론을 내리려는 반대 세력은 매끄럽지만 단호하게 물리치기를 바란다.

간밤의 사건에서 도출되는 두 번째 교훈은 다행스런 내용이다. 국공연에 '경찰 권력'으로 오해받는 조직을 두자는 당초의 제안은 곳곳에서 불신의 눈길을 받았다. 독자들은 우리가 그 불신에 공감

하지 않고 그 연구소에 어느 정도 공감한다는 것을 기억할 것이
다. 어머니의 근거 없는 불안감조차 존중받듯, 자유를 사랑하는
이들의 공연한 두려움까지도 존중되어야 한다. 동시에 우리는, 복
잡한 현대 사회가 사회의 의지 실현을 범죄 발견과 방지가 본래
기능인 집단에 국한시키는 것을 시대착오로 보았다고 주장했다.
또 우리는 사실 조만간 경찰은 역량에 맞지 않는 강제력을 집행하
는 집단이라는 짐을 덜어야 된다고 주장했다. 다른 나라가 권력
내의 권력을 창출함으로써 자유와 정의에 치명적으로 밝혀진 방
식으로 이 문제를 해결했다는 사실을 잊어서는 안 된다. 소위 국
공연의 '경찰'—차라리 '청결 행정관'으로 불려야 되는—은 독특한
영국식 해결책이다. 이 집단과 국가 경찰의 관계는 논리적으로 정
확하게 규정될 수 없지만, 한 국가로서 우리는 논리를 전혀 좋아
하지 않는다. 국공연의 임원은 정치와 아무 관련이 없다. 범죄 정
의와 관련된 부분에서 이 기관은 구제자의 기능을 한다. 범죄자를
체벌이라는 거친 영역에서 치료로 넘어가게 할 수 있는 구제자다.
그런 세력의 가치에 대한 의심이 존재한다면, 에지스토 사건을 보
고 얼마든지 안심할 수 있다. 연구소 경찰과 영국 경찰 사이에 가
장 좋은 관계가 유지되어 온 듯하다. 연구소 경찰이 없었다면 영
국 경찰은 불가능한 상황에 직면했을 것이다. 오늘 아침 경찰 고
위 관계자가 우리 기자에게 말했듯이 "국공연 경찰이 없었다면 상
황은 전혀 다른 국면을 맞았을 것"이다. 이들 사건의 관점에서, 에
지스토 전역을 한정된 기간 동안 연구소 '경찰' 단독 관리에 두는

것도 편리할 것이다. 언제나 타고난 현실주의자들인 영국민이 조금도 반대하지 않을 거라고 우리는 믿는다. 특히 연구소 여경 요원들의 공이 크다. 그들은 지난 몇 년간 영국 여성들에게 당연히 기대되는 용기와 상식으로 처신해 온 듯하다. 오늘 아침 런던에 도는, 거리에서 기관총이 난사되고 백 명의 사상자가 생겼다는 소문은 면밀히 조사되어야 한다. 정확한 정황이 드러나면 아마도 (최근 수상의 말을 빌면) "피가 콸콸 난다고 하면 보통은 코피였음"이 밝혀질 것이다.

두 번째 사설은 다음과 같았다.

에지스토에서 무슨 일이 벌어지고 있는가?
그것이 시민들이 알고 싶어 하는 질문이다. 에지스토에 자리 잡은 연구소는 '국가 연구소'다. 여러분과 나의 것이란 뜻이다. 우리는 과학자가 아니고, 연구소의 '최고 두뇌들'이 무슨 생각을 하는지 아는 체하지 않는다. 우리는 각자 연구소에 무엇을 기대하는지 알고 있다. 우리는 실업, 암, 주택, 화폐, 전쟁, 교육에서의 문제 해결을 기대한다. 우리는 자녀들의 더 밝고 맑고 충만한 삶을 연구소에 기대한다. 우리와 아이들이 나아가고 또 나아가, 신이 각자에게 준 삶의 충동으로 다가갈 수 있는 삶 말이다. 국가공동실험연구소는 우리가 이루기 위해 싸운 모든 것을 가져다줄 국민의 조직이다.

다시 에지스토에서는 무슨 일이 벌어지고 있는가?

주인들이 가게나 땅을 국공연에 팔았다는 것을 일반 시민들이 알았다는 이유만으로 이런 소동이 일어났다고 믿는가? 일반 시민들은 똑똑하다. 그들은 연구소가 에지스토에 더 많은 거래, 더 많은 공공시설, 더 많은 인구, 꿈꾸지 못한 번영을 가져오리란 것을 안다. 나는 이런 소요에 배후가 있다고 하겠다.

이런 주장이 이상하게 들리겠지만, 사실이다.

다시 묻겠다. 에지스토에서는 무슨 일이 벌어지고 있는가?

연구소에 배신자들이 있다. 그게 누구든 이렇게 말하는 게 두렵지 않다. 그들은 종교계 사람들일지 모른다. 재정적인 이권이 있는 이들일지 모른다. 에지스토 대학의 고지식한 늙은 교수들과 철학자들일지도 모른다. 유대인일지 모른다. 변호사일지 모른다. 그들이 누구든 상관없지만, 그들에게 한마디 하겠다. 조심하라. 영국인들은 이것을 참지 않을 것이다. 우리는 연구소가 파괴되도록 놔두지 않을 것이다.

에지스토는 어떻게 해야 하나?

그 고장 전체를 연구소 경찰 휘하에 두라. 휴가차 에지스토에 가본 사람도 있을 것이다. 그렇다면 거기가 어떤 곳인지 나만큼은 알 것이다. 작고 나른한 시골 동네. 지난 10년간 대여섯 명의 경찰이 한 일이라곤 후미등이 꺼졌다고 자전거를 세우는 게 고작인 곳이다. 이 가여운 경관들에게 '배후가 있는 폭동'을 감당하라는 것은 말이 안 된다. 지난밤 국공연 경찰은 자신들이 할 수 있다는 것을 보여 주었다. 하드캐슬과 휘하의 용감한 남녀 경찰들에게 경의를 표하자는 말이다. 그들에게 재량권을 주고 일을 다 맡기자. 관료주의 따위는 잘라 버리자.

한 가지 조언할 게 있다. 누가 국공연 경찰을 험담하는 소리를 들으면, 그만두라고 하자. 누군가 연구소 경찰을 게슈타포(나치 치하의 국가 비밀경찰—옮긴이)나 오게페우(소련의 정치보안본부—옮긴이)에 비유하면, 다 들어 본 얘기라고 대꾸하자. 누군가 영국의 자유[몽매주의자, 그룬디 부인 같은 자들(영국의 극작가 토마스 모튼의 희곡《쟁기질을 서둘러라Speed the Plough》의 등장인물. 포악한 보수주의자를 상징—옮긴이), 주교들, 자본가들의 자유를 의미할 것이다] 운운하면 그자를 조심하라. 그는 적이다. 그에게 내 말을 전하라. 국공연은 민주주의의 주먹에 낀 권투 장갑이라고. 그러니 그게 마음에 들지 않으면 비키는 게 최선일 거라고.

에지스토를 주목하라.

마크가 열을 내며 기사를 써내려 가다가 이성을 되찾고, 최종본을 재차 읽을 때는 정나미가 떨어졌을 거라고 짐작할 것이다. 불행히도 과정은 그 반대였다. 글 쓰는 시간이 길어질수록 그는 점점 이 작업에 동화되었다.

사설 두 편을 정서하면서 완전한 화해가 이루어졌다. 한 자씩 또박또박 쓰면서 글의 모양새가 마음에 들면, 쓰레기통에 처박히기를 바라지 않는다. 마크는 기사들을 거듭 읽을수록 점점 더 마음에 들었

다. 게다가 어쨌거나 일 자체가 농담 같았다. 그는 마음속으로 그려
보았다. 이 모든 일—연구소로 보면 불쾌한 일—이 끝나고, 늙고 부유
한 그는(아마도 아주 저명해져서 귀족과 함께 있는) 부하 직원들에게 지금 이
시대에 대한 믿기 힘든 무용담을 늘어놓으리라. ('아…… 초기에는 정말
어려웠지. 내 기억에……'.) 게다가 지금껏 집필한 글이 학술지나 기껏해
야 교수들만 읽는 책에만 발표된 사람에게 일간지에 실린다는 생각
은 거부 못할 유혹이었다. 편집자들이 원고를 기다리고, 전 유럽의
독자가 그의 말에 좌우되고……. 당장은 그가 거대한 '발전기'를 쥐
락펴락한다는 생각에 그의 존재 전체가 전율했다. 브랙톤에서 혁신
파가 받아 줬다고 흥분했던 게 얼마 전 아닌가? 하지만 혁신파는 이
일에 비하면 무엇인가? 마치 마크 자신이 기사에 속고 있는 게 아닌
것 같았다. 그는 장난치듯 혀를 빼물고—어쩐지 일 전체를 농담처럼
보이게 하는 표현이라서 마크는 마음이 편해졌다—글을 쓰고 있었다.
아무튼 그가 쓰지 않아도 다른 사람이 썼을 터였다. 한편 마음속의
어린아이는 이렇게 앉아 있으니 얼마나 근사하고 당당하게 성장했느
냐고 속삭였다. 술기운이 잔뜩 오르지만 취하지 않은 채로(장난스럽게
혀를 빼물고) 유수 일간지에 실을 논설을 시간을 거슬러 쓰고 있으
니…… '인쇄소 견습생이 문 앞에 와 있고' 국공연 내부 인사들이 그
에게 의지하고, 누구도 다시는 그를 존재감 없거나 알 수 없는 인물
로 보지 않을 테니…….

5

제인은 어둠 속에서 손을 뻗었지만, 침대 머리맡에 있어야 될 탁자가 만져지지 않았다. 그 순간 침대에 누운 게 아니라 서 있다는 것을 알고 충격에 빠졌다. 주변은 캄캄했고 몹시 추웠다. 손을 더듬으니 돌처럼 표면이 고르지 못한 게 잡혔다. 공기 역시 이상스러운 데가 있어서, 죽은 공기랄까 꽉 막힌 공기 같았다. 어디선가 멀리서, 아마도 머리 위쪽에서 소음이 들렸다. 흙 속에서 나는 소리처럼 웅웅대고 덜덜대는 소리였다. 그러니까 최악의 사고가 생겼구나. 폭탄이 집에 떨어져서 그녀는 산 채로 묻힌 것이었다. 하지만 이런저런 생각을 하기도 전에 전쟁이 끝난 게 기억났다⋯⋯. 아, 그 후로 온갖 일이 다 일어났는걸⋯⋯. 그녀는 마크와 결혼했다⋯⋯. 감옥에 있는 알카산을 보았다⋯⋯. 카밀라를 만났다. 그때 '꿈이구나. 뉴스야. 곧 멈출 거야. 겁낼 것 없어'라고 생각하자 얼른 큰 안도감이 밀려들었다.

그곳이 어디든 아주 넓지는 않은 듯했다. 제인은 거친 벽면을 쭉 더듬어서 모퉁이를 돌았는데 딱딱한 것이 발에 채였다. 멈춰 서서 만져 보았다. 높이 1미터쯤 되는 연단이나 돌 탁자 같은 것이었다. 그럼 그 위는? 감히 알아봐야 하나? 하지만 그러지 않는 게 더 나쁠 것 같았다. 제인은 탁자 표면을 손으로 만지다가 비명을 지르지 않으려고 입술을 깨물었다. 사람 발이 만져졌기 때문이다. 맨발에다 차가운 것으로 보아 시신이었다. 계속 더듬는 것이야말로 무엇보다 가장 힘든 일 같았지만 웬일인지 그렇게 할 수밖에 없었다. 시신은 아주 거친 천으로 만든 옷을 입고 있었다. 수라도 놓은 것처럼 옷감이 우툴

두툴하고 펑퍼짐했다. 제인은 체구가 큰 남자임이 분명하다고 생각하면서 계속 머리 쪽으로 더듬어 올라갔다. 가슴팍에서 갑자기 촉감이 변했다. 동물 털가죽이 거친 옷 위에 놓인 듯했다. 처음에는 그런 생각이 들었지만, 곧 털이 수염이라는 것을 알아차렸다. 얼굴을 만지는 것은 주저됐다. 얼굴을 만지면 사내가 뒤척이거나 깨거나 말을 할까 두려웠다. 그래서 그녀는 한동안 가만히 있었다. 이건 꿈일 뿐이야. 꿈은 견딜 수 있었다. 하지만 너무 으스스하고 너무 오래전에 벌어진 일 같았다. 마치 현재의 갈라진 틈을 빠져나가 춥고 볕이 안 드는 머나먼 과거의 구멍으로 떨어진 것 같았다. 제인은 여기 오래 붙들려 있지 않기를 바랐다. 누군가 얼른 와서 그녀를 내보내 주면 좋으련만. 그 순간 누군가를 떠올렸다. 수염을 길렀지만 (이상하게도) 아주 젊은 사람이었다. 온통 황금빛이고 강인하면서 따뜻한 사람이 땅이 울리는 힘찬 걸음으로 어두운 곳에 들어오는 모습을 떠올렸다. 이 시점에서 꿈은 혼돈 상태가 되었다. 제인은 이 사람에게 격식을 갖춰 절해야 된다는 인상을 받았다. (그의 인상이 밝고 묵직하게 마음에 자리 잡고 있었지만, 실제로 그는 여기 도착하지 않았다.) 학창 시절 춤 시간에 배운 기억이 어렴풋했고 제대로 절할 줄 모른다는 것을 알자 몹시 당황했다.

아침 식사 후 제인은 곧장 에지스토로 갔다. 이제 그녀는 맥스 부인 대신 일해 줄 사람을 매일 찾으러 다녔다. 그녀는 마켓가에서 일을 겪은 후 마침내 그날 '세인트 앤'에 가기로 했다. 당장 그날 10시 23분 기차를 탈 셈이었다. 그녀는 인도 옆에 세워진 큰 차를 지났다. 국공연의 차였다. 그녀가 차 앞을 막 지나려는 순간, 한 남자가 상점에서 나와 그녀 앞을 지나갔다. 그는 운전수에게 말한 뒤 차에 올라 탔다. 그가 워낙 가까이 있어서, 제인은 안개 속에서도 그를 똑똑히 볼 수 있었다. 다른 모든 것과 분리되어 사내만 도드라져 보였다. 잿 빛 안개와 지나가는 발소리, 요즘 에지스토에서 그치지 않는 낯선 차량 소리가 배경인 셈이었다. 어디서든 제인은 그를 알아봤을 것이다. 마크의 얼굴도 아니고, 거울에 비친 그녀의 얼굴도 아니었지만 이제 는 그 얼굴이 더 낯익었다. 뾰족한 턱수염, 코끝에 걸친 안경, 어쩐지 밀랍 인형을 연상시키는 얼굴이 똑똑히 보였다. 어떻게 해야 될지 생 각할 필요도 없었다. 잰걸음으로 지나가면서 자기도 모르게 결정한 것 같았다. 역으로 향하기로. 거기서 세인트 앤으로 가기로. 제인이 이렇게 단호한 조치를 취하게 한 것은 이전과는 다른 공포였다. (물론 겁났다. 구역질이 날 정도로 심하게.) 그것은 사내에 대해 그녀가 온몸으로 보이는 거부, 혹은 그가 풍기는 섬뜩함이었다. 알 수 없는 사내의 실 체와 비교하면 꿈 따위는 무의미한 수준으로 떨어졌다. 스쳐 지날 때 두 사람의 손이 스쳤을 거라는 생각이 들자 제인은 몸을 떨었다.

다행히도 기차 안은 따스했고, 그녀의 칸은 비어 있었다. 자리에 앉아 있다는 사실이 좋았다. 안개 속을 느릿느릿 달리자 제인은 깜박 잠들 뻔했다. 세인트 앤에 도착하기 전까지 그곳 생각은 하지 않았 다. 경사진 언덕을 올라가면서도 아무런 계획도 없었고, 하고 싶은 말을 미리 연습하지도 않았다. 그저 카밀라와 딤블 부인만 생각났다. 아이 같은 수준에서 마음 밑바닥이 뒤집힌 것 같았다. 유치원에서의 구분법대로 '말썽꾸러기'들과 떨어져서—이 순간에는 나중에 배우는 선과 악이나 친구와 적이라는 이분법보다는 그게 더 중요해 보였다—
'얌전한' 사람들과 같이 있고 싶었다.

더 밝아진 것을 알아차린 그녀는 멍한 상태에서 벗어나 정신을 차
렸다. 정면을 보았다. 이렇게 안개가 끼었는데 구불구불한 길이 정말
이렇게 잘 보이는 걸까? 아니면 도시 안개와 시골 안개가 다른 것뿐
일까? 회색이었던 게 하얗게, 눈부실 만큼 희게 변해 갔다. 몇 미터
앞과 머리 위로 빛나는 파란색이 드러났고, 나무는 그림자를 드리웠
다. (제인은 며칠간 그림자를 본 적이 없었다.) 그때 갑자기 드넓은 하늘과 옅
은 금빛 태양이 눈에 들어왔다. 장원으로 접어들면서 뒤돌아보니, 그
녀가 햇살이 쏟아지는 작은 초록색 섬의 물가에 서 있다는 것을 알았
다. 아래로 흰 구름바다가 보였다. 군데군데 일렁거렸지만, 전반적으
로 눈에 닿는 곳까지 평편했다. 다른 섬들도 있었다. 서쪽의 어두운
섬은 데니스톤 부부와 피크닉을 했던 샌다운 위쪽의 수풀 우거진 언
덕이었다. 북쪽에 있는 훨씬 크고 환한 섬에는 동굴이 있는 언덕이
많았다. 산이라 해도 좋을 그곳에 윈드 강의 원천이 있었다. 제인은
숨을 깊이 쉬었다. 그녀에게 감명을 주는 것은 안개 위쪽 세상의 크
기였다. 요즘 에지스토에서는 외출할 때조차도 방 한 칸에서 사는 것
같았다. 가까이 있는 사물들만 보이기 때문이었다. 제인은 하늘이 얼
마나 넓은지, 지평선이 얼마나 멀리 있는지 하마터면 잊을 뻔했다고
느꼈다.

7

펜드래건

1

제인은 벽에 난 문에 다다르기도 전에 데니스톤 씨를 만나 장원 안까지 안내를 받았다. 벽에 난 문이 아닌, 같은 도로상의 몇백 미터 떨어진 곳에 있는 대문으로 들어갔다. 가는 길에 그녀는 데니스톤에게 꿈 이야기를 했다. 그가 같이 있으니 묘한 기분이 느껴졌다(결정적이지만 아주 묘한 이유로). 결혼은 할 수 없었지만 배우자보다도 더 비슷한 부류로 느껴지는 사람과 같이 있는 느낌. 결혼한 사람들이라면 아는 감정이었다. 집에 들어간 그들은 맥스 부인과 만났다.

"어머나? 스터독 부인! 세상에!"

맥스 부인이 말했다.

데니스톤이 말했다.

"그래요. 중요한 소식을 갖고 오셨네요. 상황이 달라지기 시작했어요. 당장 그레이스를 만나야 해요. 그리고 맥피는요?"

맥스 부인이 대답했다.

"몇 시간 전에 정원을 가꾼다고 나가셨어요. 딤블 교수님은 학교에 가셔서 안 계시고요. 그리고 카밀라는 부엌에 있고요. 제가 카밀라를 보내 드릴까요?"

"네, 그렇게 해줘요. 그리고 벌티튜드 씨가 끼어드는 걸 막아 줄 수 있으면……."

"알았어요. 장난하지 못하게 할게요. 차 한잔 드시지 않을래요, 스터독 부인? 기차를 타고 오셨을 텐데."

잠시 후 제인은 다시 그레이스 아이언우드의 방에 있었다. 아이언우드와 데니스톤 부부가 마주보고 앉아 있으니, 구두시험을 보는 기분이 느껴졌다. 차를 타고 온 아이비 맥스는 다시 나가지 않고, 다른 시험관인 것처럼 자리에 앉았다.

"이제 어쩌죠?"

카밀라가 말했다. 호기심이 커지면서 그녀의 눈과 콧구멍이 커졌다. 흥분했다고 하기에는 너무나 집중하고 있었다.

제인은 힐끗 방을 둘러보았다.

아이언우드가 말했다.

"아이비를 신경 쓸 필요 없어요. 그녀는 우리 그룹의 일원이에요."

잠시 침묵이 흘렀다. 곧 아이언우드가 말을 이었다.

"부인의 10일자 편지를 받았어요. 뾰족하게 수염을 기른 남자가 침실에 앉아 메모하는 꿈을 묘사한 내용이었지요. 그는 실제로 거기 있지 않았다고 해야겠네요. 적어도 대장님은 그게 가능하다고 생각하지 않으세요. 하지만 그자는 당신을 연구하고 있어요. 그는 다른 출처를 통해 당신에 대한 정보를 얻고 있는데, 아쉽게도 그 출처가 꿈에서는 당신에게 보이지 않았네요."

"들어오면서 저한테 하신 이야기를 우리에게 들려줄 수 있겠습니까?"

데니스톤이 청했다.

제인은 그들에게 어두운 곳에 시신이 있는(그게 시신이라면) 꿈 이야기를 했다. 또 그날 아침 마켓가에서 그 수염 기른 사내를 만난 경위도 말했다. 곧 모두 깊은 관심을 보였다.

아이비 맥스가 말했다.

"세상에!"

카밀라가 말했다.

"그러니까 브랙돈 숲에 대해 우리 짐작이 맞았네요!"

그녀의 남편이 말했다.

"정말 벨버리군요. 하지만 그런 경우 알카산은 어디 들어가는 걸까요?"

"실례지만 우린 그 문제를 여기서 의논하면 안 돼요. 스터독 부인이 아직 우리와 합류하지 않았으니까."

아이언우드가 담담한 목소리로 말하자 곧 모두 입을 다물었다.

"저는 아무 말도 못 듣게 되나요?"

제인이 물었다.

아이언우드가 대답했다.

"이봐요, 당신이 우리를 이해해야 해요. 당장은 말해 주는 게 현명하지 않을 거예요. 실은 우리에게는 말해 줄 자유가 없어요. 두 가지만 더 물어도 되겠어요?"

"그러시고 싶으면요."

제인이 좀 샐쭉하게 대꾸했지만 아주 조금이었다. 카밀라와 남편이 같이 있기에 그나마 처신을 잘한 것이었다.

아이언우드가 서랍을 열었다. 그녀가 뭔가 찾는 동안 침묵이 흘렀다. 사진 한 장을 제인에게 건네며 그녀가 물었다.

"그 사람을 알아보겠어요?"

"네. 꿈에서 봤고, 오늘 아침 에지스토에서 본 그 남자예요."

제인이 낮은 목소리로 대답했다.

잘 찍은 사진이었다. 아래쪽에는 '어거스터스 프로스트'라는 이름과 당시 제인은 파악 못할 세부 사항들이 적혀 있었다.

"두 번째로……."

아이언우드는 제인에게 사진을 돌려받으려고 팔을 뻗으며 말을 이었다.

"……대장님을 만날 준비가 되었나요. 지금?"

"저기…… 네, 그러라면요."

그러자 아이언우드가 데니스톤에게 말했다.

"그렇다면 아서, 자네가 가서 대장님이 스터독 부인을 만날 수 있는 상황인지 알아보는 게 좋겠네."

곧 데니스톤이 일어났다.

아이언우드가 말했다.

"그동안 나는 스터독 부인과 단둘이 이야기하고 싶은데."

이 말에 카밀라와 아이비도 일어나서 데니스톤보다 먼저 방에서 나갔다. 제인이 전에 봤던 아주 큰 고양이가, 아이비가 앉았던 의자로 펄쩍 뛰어올랐다.

아이언우드가 말했다.

"대장님이 당신을 만나리라는 것을 의심치 않아요."

제인은 아무 말도 하지 않았다.

"그리고 당신은 최종 결정을 하라는 요구를 받게 될 거예요."

제인은 가벼운 기침을 했다. 아이언우드와 단둘이 남겨진 뒤 거북한 무거운 분위기를 떨쳐내기 위해서였다.

아이언우드가 말했다.

"대장님을 만나기 전에 알아 둘 사항들이 있어요. 그분은 아주 젊은 청년으로 보일 거예요, 스터독 부인. 당신보다 어려 보일 거예요. 하지만 실은 그렇지 않다는 것을 알아 두면 좋겠네요. 그분은 거의 50대예요. 대단한 경험을 하신 분이지요. 다른 사람들은 가본 적 없는 곳을 여행했고, 당신과 나는 상상도 못하는 여러 사회에 있기도 했어요."

"대단히 흥미롭네요."

제인이 말했다. 하지만 흥미 있다는 표정은 아니었다.

아이언우드가 말했다.

"그리고 그분이 자주 엄청난 통증에 시달린다는 점을 염두에 두길 당부해야겠네요. 어떤 결정을 내리든 대장님께 불필요한 부담을 줄 만한 어떤 말이나 행동도 하지 않으리라 믿어요."

"피셔-킹 씨가 방문객을 만나기 힘든 상태라면……."

제인이 애매하게 말꼬리를 흐렸다.

아이언우드가 말했다.

"이런 점들을 다그치는 것을 양해해 주세요. 나는 의사예요. 우리 집단의 유일한 의사지요. 따라서 내 입장에서는 대장님을 지킬 책임이 있어요. 이제 '파란 방'으로 안내할게요."

그녀가 일어나서 제인이 나가도록 문을 열어 주었다. 평범한 좁은 통로를 지나 얕은 층계를 올라가니 넓은 홀이 나왔다. 위층으로 이어진, 조지 왕조 풍의 멋진 계단이 있었다. 집은 제인이 짐작했던 것보다 넓고 따뜻하고 아주 조용했다. 여러 날을 안개 속에서 지낸 터라, 폭신한 카펫과 벽에 쏟아지는 가을 햇살이 더 환한 황금빛으로 보였다. 겨우 여섯 계단 위인 위층에 흰 기둥들이 있는 네모진 작은 공간이 있었다. 거기 카밀라가 가만히 앉아서 그들을 기다렸다. 그녀의 등 뒤로 문이 있었다.

카밀라가 자리에서 일어나며 아이언우드에게 말했다.

"만나시겠대요."

"오늘 아침에 통증이 심하셨나?"

"계속 그렇지는 않았어요. 그만하면 괜찮은 날이에요."

아이언우드가 손을 들어 노크하자, 제인은 속으로 중얼댔다. '조심해. 어떤 일이 있어도 넘어가지 마. 조심하지 않으면 넌 이 긴 말과 낮은 목소리들에 넘어갈 거야. 이 남자를 숭배하는 또 한 명의 여자가 되기 십상이라구.'

정신을 차리니 그녀는 방 안에 있었다. 환했다. 온통 창문인 것 같았다. 벽난로에 불이 활활 타올라서 따스했다. 주로 파란색으로 꾸며져 있었다. 제인은 미처 방을 다 둘러보기도 전에 짜증스러워졌다. 아이언우드가 무릎을 굽혀 절하는 걸 보니 어쩐지 수치스러웠다. '난 안 할 거야'와 '난 못해'라는 생각이 서로 다투었다. 꿈에서 그런 절을 못 했던 게 사실이니까.

아이언우드가 말했다.

"젊은 숙녀분이십니다."

제인은 쳐다보았다. 곧 그녀의 세계는 사라졌다.

앞에 놓인 소파에 스무 살쯤으로 보이는 청년이 누워 있었다. 다치기라도 한 듯 한쪽 발에 붕대를 감고 있었다.

순한 갈까마귀 한 마리가 긴 창틀 위를 왔다 갔다 했다. 벽난로 불의 여린 빛과 태양의 강렬한 빛이 어우러져 천장에 반사되었다. 하지만 방 안의 모든 빛은 다친 사람의 금색 머리와 금색 수염을 향해 쏟아지는 것 같았다.

물론 그는 청년이 아니었다. 미리 듣지 않았어도 그렇게 착각할 수 없었을 터였다. 이마와 뺨, 무엇보다 손의 탱탱한 피부가 어려 보이게 했다. 하지만 어떤 청년도 그렇게 수염을 덥수룩하게 기를 수 없을 것이다. 또 어떤 청년도 그렇게 강인할 수 없을 것이다. 제인은 병약한 사람을 만날 거라고 예상했다. 하지만 이제 그의 강한 손힘과 팔과 어깨가 집 전체를 떠받칠 수도 있겠다 싶었다. 옆에 있는 아이 언우드는 왜소한 늙은이로 보였다. 누구라도 그녀의 쪼그라들고 창백한 몸은 날려 버릴 수 있을 것 같았다.

소파는 한 계단쯤 높은, 제단 같은 곳에 놓여 있었다. 제인은 등 뒤로 푸른 대형 걸개가 걸려 있는 느낌이 들었다. 나중에 알고 보니 그냥 가리개였다. 그것 때문에 방은 왕의 알현실 같은 분위기가 났다. 제인이 직접 보지 않고 다른 사람에게 이 방에 대해 들었다면 헛소리라 했을 것이다. 창밖으로 나무도, 언덕이나 다른 집들도 보이지 않았다. 낮게 깔린 안개만 눈에 들어올 뿐이었다. 마치 세상이 내려다보이는 파란 탑에 단둘이 있는 것 같았다.

그의 얼굴에 고통이 떠올랐다가 잦아들었다. 느닷없이 타는 듯한 아픔이 찔러 대는 듯했다. 하지만 번개가 암흑을 뚫고 지나가면 흔적 없이 다시 어둠만이 들어차듯이, 그의 평온한 얼굴은 매번 고문 같은 충격을 삼켜 버렸다. 어떻게 그녀가 그를 어리다고 생각할 수 있었을까? 혹은 늙었다고 생각할 수 있었을까? 나이가 없는 얼굴이라는 생각이 들면서 갑자기 두려움이 밀려들었다. 그녀는 흰 수염을 기른 노인 외에는 수염 기른 얼굴을 싫어했다(또는 싫어한다고 믿었다). 하지만 그것은 어린 시절 상상하던 아서 왕이나 솔로몬 왕의 모습을 잊은 지 오래였기 때문이다. 왕이요 연인이요 마법사가 한데 어우러진 솔로몬이 오랜만에 처음으로 그녀의 마음에 되살아났다. 전투, 결혼, 사제, 자비, 권력이 연결된 '왕'이라는 어휘의 느낌을 실로 오랜만에 처음 맛보았다. 눈이 처음으로 그의 얼굴에 머문 순간, 제인은 자신이 누구인지, 어디 있는지 잊어버렸다. 그레이스 아이언우드에 대한 약간 언짢은 감정도, 마크와 어린 시절과 아버지 집에 대한 더 희미한 언짢은 감정도 사라졌다. 물론 아주 잠깐 동안이었다. 곧 그녀는 평소의 예의 바른 제인으로 돌아왔다. 전혀 모르는 사람을 무례하게 (적어도 무례한 인상을 주었기를 바랐다) 쳐다보고 있었음을 알자 얼굴이 빨개지고 혼란스러웠다. 하지만 제인은 자신의 세계가 해체되었음을 알았다. 이제 어떤 일이든 일어날 수 있었다.

남자가 말했다.

"고맙소, 그레이스. 이분이 스터독 부인이시죠?"

그 목소리 역시 햇살 같고 황금색 같았다. 아름다운 황금빛뿐 아니라 묵직하기도 한 황금빛. 가을날 영국식 벽에 가만히 내려앉는 햇살뿐 아니라 밀림이나 사막에서 생명을 살리고 죽이는 햇살. 이제 그 햇살이 그녀에게 말하고 있었다.

"일어나지 못하는 것을 양해해 줘야겠소, 스터독 부인. 발이 아파서 그럽니다."

그가 말했다.

"알겠습니다."

제인은 자기도 모르게 말하고 있었다. 아이언우드의 음성처럼 부드럽고 누그러진 소리였다. 원래는 "안녕하세요, 피셔-킹 씨"라고 하려던 참이었다. 처음 방에 들어왔을 때의 어처구니없는 처신과 전혀 다르게 가벼운 말투로 말하려 했다. 하지만 입에서 다른 말이 나왔다. 그 말을 한 직후 제인은 대장 앞에 앉게 되었다. 몸이 떨렸다. 덜덜 떨고 있었다. 그녀는 울지 않기를, 말을 못 하거나 바보 같은 짓을 하지 않기를 간절히 바랐다. 그녀의 세상은 해체되었으니까. 이제 어떤 일도 벌어질 수 있으니까. 대화가 끝났으면! 그래서 창피한 꼴을 당하지 않고 이 방에서 나가, 영영은 아니더라도 한동안 여기 오지 않으면 좋으련만.

아이언우드가 말했다.

"제가 필요하신가요?"

"아니오, 그레이스. 여기 있을 필요 없을 것 같소. 고마워요."

대장이 말했다.

제인은 생각했다. '이제 다가오고 있어……. 다가오고 있어……. 다가오는 거야.' 그가 물어볼 가장 견디기 힘든 질문들, 그가 시킬 가장 어처구니없는 일들이 줄줄이 머릿속을 스쳤다. 거부할 수 있는 모든 힘이 몸에서 빠져나가 버린 것 같았다. 그녀는 무방비 상태가 되었다.

2

그레이스 아이언우드가 나간 후 처음 몇 분간, 제인은 대장의 말에 집중하지 못했다. 한눈을 팔아서는 아니었다. 오히려 그에게 너무 집중한 나머지 무슨 말을 하는지 알아듣지 못했다. 말투 하나하나, 표정 하나하나(어떻게 그들은 제인이 그를 어리게 볼 거라고 생각했을까?), 몸짓 하나하나가 그녀의 기억에 각인되고 있었다. 그가 말을 멈추고 대답을 기다린다는 것을 눈치 채고 나서야, 제인은 그의 말을 제대로 듣고 있지 않았음을 알았다.

"저기…… 다시 말씀해 주시겠어요?"

제인이 말했다. 그녀는 여학생처럼 계속 얼굴이 빨개지지 않기를 바랐다.

그가 대답했다.

"당신이 이미 우리에게 최고의 봉사를 해주었다는 말을 하던 참이오. 곧 이 섬에서 인류 역사상 가장 위험한 공격이 가해지리란 것은 우리도 알고 있었소. 벨버리가 이 일과 관련 있으리라고는 생각했지요. 하지만 확신하지는 못했어요. 벨버리가 그렇게까지 중요할 줄은 몰랐소. 부인의 정보가 그토록 소중한 게 그 때문이에요. 하지만 다르게 보면 이것은 우리에게 위험을 안겨 주지요. 부인이 위험하다는 뜻입니다. 그래서 부인이 우리와 합류해서 우리와 함께 싸우기를 바랐던 겁니다."

"그런데 그럴 수 없나요?"

제인이 물었다.

잠시 침묵이 흐른 후 대장이 말했다.

"어렵소. 알다시피 남편분이 벨버리에 있으니."

제인은 힐끗 위를 보았다. '마크가 위험에 처해 있다는 말인가요?'라는 말이 혀끝에 맴돌았다. 하지만 솔직히 그녀가 느끼는 복잡한 감정 중에 남편 걱정은 없다는 것을 알았다. 그러니 그 질문은 위선일 터였다. 그것은 자주 느껴 본 적 없는 양심의 가책인 셈이었다.

마침내 제인이 말했다.

"무슨 뜻인가요?"

대장이 말했다.

"같은 사람이 국공연 관리의 아내 노릇을 하면서 우리 모임의 일원까지 하기는 어려울 거요."

"저를 신뢰할 수 없다는 뜻인가요?"

"우리가 말하기 두려워할 게 없어야 된다는 뜻이오. 그런데 그런 상황에서는 당신, 나, 당신 남편 모두 서로 신뢰할 수 없을 겁니다."

제인은 화가 나서 입술을 깨물었다. 대장이 아니라 마크에게 부아가 났다. 왜 남편이 피버스톤이란 자와 벌이는 일이 이런 중요한 순간을 방해하나?

제인이 부드럽게 말했다.

"제가 옳다고 생각하는 일을 해야겠지요? 그러니까…… 마크가…… 남편이…… 옳지 않은 쪽에 있더라도, 제가 하는 일에 영향을 미치게 해서는 안 되겠지요. 그렇지요?"

"무엇이 옳은지 생각하고 있소?"

대장이 물었다. 제인은 말을 시작하려다 얼굴을 붉혔다. 그런 생각은 하지 않았다는 것을 알아차렸다.

대장이 말했다.

"물론 부인이 여기 오는 것이, 심지어 남편 뜻을 거스르거나 비밀스럽게 여기 오는 게 합리화될 시점이 올 거예요. 위험이…… 우리 모두, 그리고 개인적으로 부인에게 위험이 얼마나 가까이 와 있는지에 따라 달라질 겁니다."

"이제 위험이 우리 턱밑에 와 있다고 생각했어요. 데니스톤 부인의 말로 볼 때는요."

대장이 미소 지으며 말했다.

"그게 문제지요. 나는 신중해야 하오. 실제로 극심한 질환이 나타나기 전에는 극약 처방을 할 수 없는 입장이오. 그러지 않으면 우리도 적처럼 될 거요. 먼 장래에 인류에게 득이 될 가능성이 있다고 생각할 때마다 모든 규칙을 어기는 거지."

"하지만 제가 여기 오면 누군가에게 해가 되나요?"

제인이 물었다.

대장은 이 말에 바로 대답하지 않았다. 곧 그가 다시 말했다.

"당신은 돌아가야 될 것 같소. 적어도 당분간은 그렇소. 틀림없이 금방 남편을 만나게 될 거요. 당신이 그를 국공연에서 떼어 내려는 시도라도 해봐야 될 것 같소."

제인이 말했다.

"하지만 어떻게 그렇게 하지요? 그이에게 무슨 말을 해야 될까요. 마크는 이 모든 것을 헛소리라고 생각할 텐데요. 그는 인류에 대한 공격 같은 것은 믿지 않을 거예요."

그녀는 그 말을 입 밖에 내기 무섭게 걱정스러워졌다. '너무 나쁘게 들릴까? 너무 나쁘게 말했나?'

대장이 대답했다.

"그렇소. 그러니 남편에게 말하면 안 되오. 당신은 나나 우리 모임에 대해 언급해서는 안 되오. 우리의 목숨이 부인 손에 걸려 있소. 그 냥 그에게 벨버리를 떠나라고 해야겠지요. 부인의 바람으로 이야기 해야 합니다. 당신은 그의 아내니까."

"마크는 제 말에는 신경 쓰지 않는걸요."

제인이 대답했다. 그들 부부는 서로 그렇다고 생각했다.

대장이 말했다.

"아마도 이 부탁 이전에는 그에게 어떤 요청도 해본 적이 없겠지 요. 당신뿐만 아니라 남편도 구하고 싶소?"

제인은 이 질문을 못 들은 체했다. 여기서 쫓겨날 위험이 눈앞에 있으니 절박해졌다. 이 대화에서 그녀의 말과 소망을 새로운 각도 로 보게 해준 마음속 조언자가 말리는데도 그녀는 성급하게 입을 열었다.

"저를 돌려보내지 마세요. 집에 가면 혼자예요. 무서운 꿈들을 꾸 면서요. 저는 정말 불행해요. 마크는 제가 여기 있거나 말거나 개의 치 않을 거예요. 그는 사정을 알면 웃기만 할걸요. 남편이 무서운 자 들과 어울린다는 이유만으로 제 인생이 온통 망가지는 게 온당한가 요? 여자가 결혼했다는 이유만으로 자기 인생을 살면 안 된다고 생 각하세요?"

"지금 불행하오?"

대장이 물었다. 질문에 답하려고 고개를 드니, 제인이 인정하는 단 어 열댓 개가 입에 맴돌았다. 그때 문득 폭풍의 눈 같은 깊은 고요 속 에서 그녀는 진실을 보았다. 마침내 답을 듣고 대장이 그녀를 어떻게 생각할까에서 생각이 멈추었다. 제인이 대답했다.

"아뇨."

잠시 말을 끊었다가 그녀가 덧붙였다.

"하지만 돌아가면 사정이 더 나빠질 거예요."

"그럴까요?"

"모르겠어요. 아뇨. 아닐 것 같네요."

그리고 잠시 동안 제인은 평화로움과 행복감밖에 의식하지 못했다. 의자에 앉아 있는 몸의 쾌적함과 명료한 색깔의 아름다움, 방의 조화로움만 의식되었다. 하지만 곧 속으로 중얼대기 시작했다. '이게 마지막이야. 잠시 후면 그가 아이언우드를 불러서 널 데려가게 할 거야.' 다음 순간 하는 말에 그녀의 운명이 달려 있는 것 같았다.

제인이 말했다.

"하지만 정말 그럴 필요가 있을까요? 제가 보는 결혼과 당신이 보시는 결혼은 다른 것 같아요. 마크가 이해도 못하는 모든 것이……그의 말에 달려 있다는 게 터무니없다는 생각이 듭니다."

대장이 말했다.

"이건 그대나 내가 결혼을 어떻게 보느냐가 아니라, 내 주인들께서 결혼을 어떻게 보느냐의 문제요."

"누군가 그들은 대단히 구식이라더군요. 하지만……."

"그건 농담이었소. 그분들은 구식이 아니라, 아주아주 오래전부터 계신 분들이오."

"그들은 마크와 제가 그들의 결혼관을 믿는지부터 알아볼 생각은 안 하시겠지요."

"글쎄…… 그럴 거요."

대장은 묘한 미소를 지으면서 덧붙였다.

"그렇소. 그분들은 그럴 생각은 하지 않을 게 분명하오."

"그럼 결혼 생활이 실제로 어땠는지는 그들에게 아무 상관 없겠네요? 성공적인 결혼이었는지 아닌지? 아내가 남편을 사랑했는지 아닌지? 그런 것은요."

제인은 이런 말을 할 의도는 없었다. 더군다나 가련한 싸구려 말투는 꿈도 꾸지 않았지만, 지금 그런 말투인 것 같았다. 자신이 밉고 대장의 침묵이 두려워서 그녀는 덧붙였다.

"하지만 당신은 제가 그런 말을 하지 말았어야 했다고 하실 것 같네요."

대장이 말했다.

"그대는 남편 이야기가 나온 후 계속 내게 그런 말을 하고 있소."

"아무 소용 없는 말이라는 뜻인가요?"

대장이 대답했다.

"그런 것 같소. 그가 어떻게 당신의 사랑을 잃었느냐에 달려 있겠죠."

제인은 침묵했다. 대장에게 진실을 말할 수 없었고, 사실 그녀도 진실을 몰랐다. 하지만 마크에 대한 애매한 불만을 따지려 하자, 자신이 옳지 않다는 생각이 새로 들었고 남편에 대한 연민까지 샘솟았다. 가슴이 철렁했다. 이 대화로 모든 문제를 털어 버릴 거라는 애매한 기대가 있었지만, 사실은 새로운 고민들이 생겼기 때문이다.

마침내 제인이 말했다.

"그게 마크의 잘못은 아니었어요. 우리 결혼이 실수였던 것 같아요."

대장은 아무 말도 하지 않았다.

"그런 경우에 대해 뭐라고 말씀하시겠어요? 당신이 말하는 그분들은 뭐라고 하실까요?"

"그대가 정말 알고 싶다면 말하겠소."

대장이 말했다.

"해보세요."

제인이 못마땅한 듯이 대꾸했다.

그가 대답했다.

"그분들은 당신이 사랑이 부족해서 순종하지 못하는 게 아니라, 순종하려 하지 않았기 때문에 사랑을 잃었다고 할 거요."

마크에게 순종하는 것은 고사하고 '순종'이라는 말만 들어도 화내거나 웃음으로 응했던 평소의 기질이 멀리 사라져 버렸다. (내면의 소리가 들리기는 했지만 아득히 먼 곳처럼 들릴 뿐이었다.) '순종'이라는 말이— 순종의 대상이 마크가 아님은 분명했다—그녀의 마음을 휘감았다. 바로 그 방에서, 그의 존재에서 이상한 동양의 향수처럼 위태롭고 유혹적이며 은근한 뭔가가…….

"그러지 마시오!"

대장이 따끔하게 말했다.

제인은 입을 벌린 채 그를 빤히 보았다. 잠시 침묵이 흘렀고, 그 사이 이국적인 향기는 사라졌다.

대장이 다시 말했다.

"그대가 이야기하려던 중이었지요?"

제인이 대답했다.

"사랑이란 평등과 자유로운 동반을 뜻한다고 생각했어요."

대장이 말했다.

"아, 평등! 그것에 대해서는 다음에 이야기해야 될 거요. 그렇소, 우리 모두 평등한 권리에 따라 서로의 탐욕으로부터 자신을 지켜야 될 거요. 우리 모두 타락했기 때문이오. 같은 이유로 모두 옷을 입어야 되는 것처럼 말이오. 하지만 거기 옷 밑에는 알몸이 있고, 더 이상 옷이 필요치 않은 날에 대비해서 성숙해지고 있소. 알다시피 평등은 가장 심오한 게 아니오."

"저는 항상 그게 가장 심오하다고 생각했어요. 사람들이 평등하다는 게 영혼 속에 들어 있다고 생각했지요."

대장이 우울하게 말했다.

"잘못 알았소. 사람들은 영혼 속에서 평등하지 않소. 법 앞의 평등, 소득에서의 평등은 다 좋소. 평등은 생명을 지켜 주오. 하지만 평등이 생명을 만들지는 않소. 그것은 음식이 아니라 약인 게지. 잘 따져 보면 알게 될 거요."

"하지만 분명히 결혼생활에서는……?"

"시간이 흐르면서 점점 곤란해지는 거지요. 구애 기간에는 그런 건 전혀 모르오. 아무것도 이루지 못하고. 평등과 자유로운 동반이 무슨 상관이 있소? 같이 뭔가를 즐기거나 뭔가를 괴로워하는 사람들은 동반자들이요, 각자 즐기거나 괴로워하는 사람들은 동반자들이 아니오. 우정이 얼마나 부끄럼을 타는 것인지 모르오? 친구들은—동지들은—서로를 바라보지 않소. 우정은……."

"제가 생각하기에는……."

제인은 말을 하려다 멈추었다.

대장이 말했다.

"알겠소. 이건 그대의 잘못이 아니오. 사람들은 당신에게 경고하지 않았소. 순종—겸손—이 남녀 사이에 필요하다는 것을 아무도 그대에게 말해 주지 않았소. 그대는 평등을 엉뚱하게 평가하고 있소. 그대가 여기 온 것은 의심이 생겼음을 인정한 것이오. 당장은 그대를 되돌려 보낼 수밖에 없소. 나중에 와서 우리를 만나면 되오. 일단 남편이랑 이야기하시오. 나는 윗분들과 대화해 보겠소."

"언제 그분들을 만나시게 되나요?"

"그분들이 만나고 싶을 때 내게 오시지요. 하지만 우리는 내내도록 순종에 대해 너무 진지하게 대화했소. 순종에 대해 재미난 것을 보여 주고 싶소. 쥐를 무서워하는 것은 아니겠지요?"

"뭘 무서워해요?"

제인이 놀라서 물었다.

"쥐."

대장이 말했다.

"네."

제인은 어리둥절한 목소리로 대답했다.

대장이 소파 옆에 놓인 작은 종을 치자, 곧바로 맥스 부인이 들어왔다.

대장이 말했다.

"괜찮다면 지금 점심 식사를 하고 싶소. 그대는 아래층에서 식사를 하게 될 거요, 스터독 부인. 나보다는 실하게 먹게 될 거요. 하지만 내가 먹고 마시는 동안 곁에 있어 주면, 우리 집의 재밋거리를 보여 주겠소."

맥스 부인이 곧 쟁반을 들고 돌아왔다. 쟁반에는 잔 하나와 적포도주가 든 작은 병, 빵 한 덩이가 담겨 있었다. 그녀는 대장 옆쪽에 놓인 테이블에 쟁반을 놓고 나갔다.

대장이 말했다.

"나는 '커디'(조지 맥도널드의 동화 《공주와 커디》를 뜻함—옮긴이) 속의 왕처럼 살고 있소. 놀랍도록 쾌적한 식단이지."

그는 말을 하는 동시에 빵을 자르고, 잔에 포도주를 따랐다.

제인이 말했다.

"말씀하시는 책은 읽어 본 적이 없는데요."

대장이 빵을 먹고 포도주를 마시는 동안 두 사람은 그 책에 대해 이야기했다. 그러더니 그는 접시를 들고 빵부스러기를 바닥에 쏟았다.

"스터독 부인, 이제 그대는 재미난 광경을 보게 될 거요. 하지만 꼼짝 말고 가만히 있어야 하오."

이 말을 하면서 그는 주머니에서 작은 은색 호루라기를 꺼내서 불었다. 제인이 조용히 앉아 있자, 방 안에 고체 덩어리 같은 적막감이 들어찼다. 그러다 처음에는 긁는 소리가 나더니 바스락대는 소리가 났다. 곧 통통한 생쥐 세 마리가 그들에게는 빼곡한 덤불 같은 카펫 위를 지나가는 광경이 제인의 눈에 들어왔다. 생쥐들이 워낙 이리 갔다 저리 갔다 해서 경로를 그리면 구불구불 흐르는 강과 비슷할 터였다. 쥐들이 워낙 가까이 지나가서 그녀는 반짝이는 눈을 볼 수 있었고, 코가 씰룩대는 것까지 보았다. 대장에게 안 무섭다고는 했지만, 제인은 발치에 생쥐들이 있는 게 꺼려졌다. 그래서 가만히 앉아 있는 게 힘겨웠다. 이런 수고 덕분에 그녀는 난생처음 생쥐들을 있는 모습 그대로 보았다. 기는 동물이 아니라, 염소 가죽을 낀 듯한 앞발과 투명한 귀가 있는 우아한 네발 동물이었다. 앉으면 작은 캥거루와 비슷했다. 그들은 소리 없이 재빠른 몸놀림으로, 바닥에 빵가루가 없어질 때까지 이리저리 움직였다. 그때 대장이 두 번째로 호루라기를 불자, 생쥐 세 마리는 갑자기 꼬리를 흔들면서 조르르 집으로 향했고, 몇 초 후에는 석탄통 뒤로 사라져 버렸다. 대장은 웃음기 가득한 눈으로 제인을 바라보았다. 그녀는 '도저히 그를 늙었다고 볼 수 없네'라고 생각했다.

"아주 간단한 순응이오. 인간은 부스러기가 치워지기를 바라고, 생쥐들은 그것을 치우려고 안달하오. 그것이 전쟁의 이유가 되어서는 안 됐을 거요. 하지만 순종과 다스림은 훈련보다는 춤 같다는 것을 알아 두시오. 특히 역할이 늘 바뀌는 남녀 간의 춤과 비슷하오."

"생쥐들에게는 우리가 얼마나 크게 보일까요."

제인이 말했다.

이 엉뚱한 말에는 아주 흥미로운 이유가 깔려 있었다. '크기'는 그녀가 쭉 생각하던 것이고, 한순간 그녀는 자신의 크기를 생쥐의 크기와 비교해서 생각했다. 그녀는 정말로 크기만 생각했다. 아니 그 생각을 하고 있지 않았다. 묘한 방식으로 그녀는 그것을 경험하고 있었다. 참을 수 없게 큰 뭔가가, 거인국(조녀선 스위프트의 소설 《걸리버 여행기》에 나오는 나라—옮긴이)의 뭔가가 그녀를 눌러 대며 다가오고 있었다. 그것은 이 방에 있었다. 쪼그라들고 숨이 탁탁 막히는 기분이었고, 힘과 장점이 다 빠져나간 것 같았다. 그녀는 대장을 힐끗 보았다. 그것은 진정 도움을 구하는 외침이었다. 설명할 수는 없지만 대장에게는 그 눈길이나 제인 자체나 아주 작은 사물로 보였다. 방 전체가 생쥐 굴이랄까, 작은 곳 같았고, 제인이 보기에는 방이 비스듬하게 기운 것 같았다. 이 참을 수 없는, 형태 없는 큰 덩어리가 다가오다가 방을 쳐서 기울어지게 한 듯했다. 그녀는 대장의 목소리를 들었다.

"서두르시오. 이제 나를 혼자 있게 해줘야겠소. 여기는 우리 같은 작은 자들이 있을 곳이 아니지만 나는 단련이 되었소. 가시오!"

3

제인이 언덕 위의 마을 '세인트 앤'을 떠나 역으로 내려왔을 때, 그곳까지도 안개가 걷히기 시작했다. 큰 창문들이 열려 있고, 그녀를 태운 기차는 쏟아지는 오후의 햇살을 반복해서 지나갔다.

기차를 타고 가는 동안 그녀는 마음이 나뉘어서 마치 기차 칸에 세 명 또는 네 명의 제인이 있는 것 같았다.

첫 번째 제인은 대장을 그대로 받아들여서 그의 말과 표정 하나하나까지 기억하며 흐뭇해했다. 완전히 경계심을 풀고, 지금껏 지혜로 삼은 현대적인 사고방식을 떨치고, 이해하지 못하고 가누기 힘든 경험의 파도에 휩쓸려 버렸다. 그녀는 그런 기분을 통제하려 애쓰고 있었는데, 그것이 두 번째 제인이었다. 이 두 번째 제인은 첫 번째 제인이 못마땅했다. 사실 그녀가 유난히 경멸하던 여성상이었다. 한번은 극장에서 나오다가 어린 점원 아가씨가 친구에게 하는 말을 들었다. "와아, 남자 배우 정말 끝내주더라! 여주인공을 보는 그 눈빛으로 날 봐준다면 세상 끝까지라도 따라갈 거야!" 천박하게 화장한 어린 아가씨는 박하사탕을 쭉쭉 빨았다. 첫 번째 제인을 그 아가씨처럼 보는 게 맞는지 의심스럽긴 했지만 두 번째 제인은 그렇게 보았다. 또 그런 모습을 참을 수 없었다. 단순히 이 낯선 남자의 음성과 모습 때문에 조건 없이 숙이고 들어가다니, (모르는 사이) 자신의 운명 주도권을 포기해 버리다니! 어른으로서 원만하고 지성적인 인간이 되는 데 필수적이라고 생각한 영원한 조건을 포기하는 것……. 그것은 너무도 수치스럽고 천박하고 야만적인 짓이었다.

세 번째 제인은 새롭고 예기치 못한 손님이었다. 그녀는 첫 번째 제인은 소녀 시절의 흔적으로, 두 번째는 '진정한' 혹은 정상적인 자아로 여겼다. 하지만 세 번째는 그런 존재를 의심해 본 적 없는 윤리적인 제인이었다. 미덕인지 유전인지 알지 못할 영역에서 나온 그녀는 제인이 지금껏 들어 보긴 했지만 이 순간까지 실생활과 연관 있다고 보지 않은 모든 것을 조잘댔다. 그것이 대장에 대한 감정이 잘못되었다고 말했대도 제인은 놀라지 않았을 테고, 전통의 목소리라며 무시했을 터였다. 하지만 그 제인은 그러지 않았다. 그것은 줄곧 마크에게 비슷한 감정을 갖지 않는다며 제인을 비난했다. 마크에게 그런 새로운 감정을 느끼라고 압박했다. 대장의 방에서 처음 경험했던 죄책감과 연민을 느끼라고 다그쳤다. 치명적인 실수를 저지른 장본인은 마크였고, 그녀는 마크에게 '친절히' 대해야 했다. 그래야 했다. 대장이 주장한 것도 바로 그것이었다. 그녀의 마음에 다른 남자가 가득 들어찬 그 순간, 애매한 감정 속에서 마크에게 전보다 훨씬 많이 주겠다는 결심이 솟아났다. 그러는 것이 실은 대장에게 주는 것이라는 느낌이 들었다. 그러자 그녀의 마음은 혼란스러운 나머지 마음속 다툼이 불분명해지면서 더 큰 네 번째 제인의 경험에 접어들었다. 네 번째 제인은 제인 자신이었고, 노력 없이도 심지어 선택하지 않아도 내내 모든 것을 휘어잡았다.

이 네 번째이자 우월한 제인은 그저 환희의 순간에 잠겼다. 다른 셋이 그녀에게 영향을 주지 못했다. 그녀가 천상에, 빛과 음악과 잔치 행렬 속에 있기 때문이었다. 생기와 빛나는 건강미가 넘치고, 즐겁고, 반짝이는 옷을 입은 듯했다. 그녀는 대장이 그녀를 보내기 직전에 느꼈고, 내보내지자 안심되었던 이상스러운 감정은 생각하지 않았다. 그녀가 무슨 생각을 하려고 하든지 대장에게로 모아졌고, 그

안에서 환희로 모아졌다. 제인은 기차 창문으로 나무 그루터기에 쏟아지는 햇빛과 반들거리는 숲들을 보았다. 그 광경들이 트럼펫 연주처럼 느껴졌다. 기차가 지나갈 때 토끼들과 젖소 떼가 보였다. 제인은 즐거움과 사랑으로 그들을 마음에 품었다. 같은 칸에 탄 쭈글쭈글한 노인과 이따금 나누는 대화도 즐거웠다. 식견 있고 쾌활한 노인의 마음이 아름답다는 것을 처음 깨달았다. 그 마음은 군밤처럼 달콤하고 지극히 영국인다웠다. 너무 오랫동안 생활에서 음악이 역할을 못했음을 알고 놀랐다. 그래서 그날 저녁 전축으로 바흐의 합창곡을 듣기로 했다. 아니면 셰익스피어의 소네트를 여러 편 읽을 터였다. 그녀는 허기와 갈증까지 즐기면서 버터 바른 토스트와 차로 저녁 식사를 하기로 마음먹었다. 버터를 듬뿍 바를 작정이었다. 자신의 아름다움을 의식하는 것도 즐거웠다. 시시각각 미모가 마술 꽃처럼 점점 자라고 커지는 느낌이 들었다. 사실 엉터리 느낌이었을지 모르지만, 허영심과는 무관한 감정이었다. 그런 기분이라서 시골 노인이 큐어 하디에서 내리자 그녀는 일어나서 열차 벽에 달린 거울 앞에 섰다. 아주 좋아 보였다. 유난히 건강해 보였다. 이런 감정에도 허영심 따위는 없었다. 아름다움이 그녀만의 것이 아니어서였다. 그녀의 아름다움은 대장의 것이었다. 완전히 그의 몫이어서, 그것을 그냥 간직할지 남과 나눌지까지도 대장이 정할 수 있었다. 더 낮은 순종의 행위로 아름다움을 남들에게 줄 수 있었다. 대장이 직접 요구하는 것보다 더 높고 더 무조건적이고, 따라서 더 기쁠 터였다.

기차가 에지스토 역으로 들어서자, 제인은 버스를 타지 않기로 했다. 샌다운까지 산책을 즐길 작정이었다. 그런데 도대체 이게 무슨 일이지? 평소 이 시간이면 인적이 드물었는데 지금은 마치 휴일의 런던 플랫폼 같았다.

"여기 오는구먼!"

그녀가 객차 문을 열자 누군가 소리쳤고, 남자 대여섯 명이 객차 안으로 들어섰다. 너무 거칠게 밀고 들어와서 제인은 못 내릴 뻔했다. 플랫폼을 지나가는 것도 힘들었다. 사람들이 한꺼번에 사방에서 밀려드는 것 같았다. 다들 분노에 찼고, 거칠고 흥분해 있었다.

"기차에 다시 타세요, 얼른!"

누군가 소리쳤다.

"타지 않을 분은 역에서 나가십시오!"

다른 사람이 외쳤다.

"대체 무슨 난리람?"

제인 옆에서 또 다른 사람이 투덜댔다. 그러자 여자 목소리가 났다.

"맙소사, 맙소사! 왜 이런 꼴을 막지 않는 거야?"

그러자 기차역 바깥에서 풋볼 경기장의 함성 같은 소리가 났다. 주변에 낯선 불빛이 많이 있는 것 같았다.

4

몇 시간 후, 멍들고 겁먹고 피곤해 죽을 것 같은 제인은 낯선 거리에서 국공연 남녀 경찰관들에게 에워싸였다. 그녀가 여기까지 온 길은, 해안의 인도를 따라 집으로 가려는데 파도가 밀려드는 길 같았다. 평소 다니는 길인 워릭가를 피해서 코스를 잡았다. 사람들이 상점을 약탈하고 불을 질러, 더 돌아서 가야 했다. 요양원 옆으로 올라갔으니 결국은 집에 닿을 터였다. 그런데 길을 빙 돌았는데도 아까와 같은 이유로 뚫고 지날 수 없었다. 훨씬 먼 길로 돌아가야 했다. 매번 그녀보다 먼저 파도가 밀려오는 것 같았다. 마침내 '본 레인'이 눈에 들어왔다. 곧게 뻗은 길은 텅 비어 있었다. 그날 밤 집에 들어갈 수 있는 마지막 기회임이 분명했다. 국공연 경찰 두 명이 소리쳤다. 소요가 가장 극심한 곳 말고는 어디서나 그들을 볼 수 있는 듯했다.

"거기 내려갈 수 없습니다, 아가씨."

하지만 그때 그들이 다른 데로 몸을 돌렸고 어두컴컴했다. 이제 제인은 마구 달리기 시작했다. 경찰들이 그녀를 붙잡았다. 그녀는 환한 방으로 끌려갔고 제복 입은 여자에게 심문을 당했다. 짧은 회색 머리에 각진 얼굴의 여자는 불 붙이지 않은 엽궐련을 입에 물고 있었다. 방은 어수선했다. 개인 주택을 급히 임시 경찰서로 바꾸기라도 한 것 같았다. 엽궐련을 문 여자는 제인이 이름을 말하기 전에는 별다른 관심을 보이지 않다가 처음으로 제인의 얼굴을 똑바로 보았다. 제인은 새로운 기분을 느꼈다. 이미 피곤하고 겁먹은 터지만 이 느낌은 달랐다. 상대 여자의 얼굴은, 십 대 시절 깊이 인상에 남은 풍보 사내와 비슷했다. 그 욕심 사나운 작은 눈과 묘하게 불안을 주는 미소라니. 상대는 섬뜩하리만치 입을 다물고 있었지만 그녀에게 대단히 관심이 있었다. 제인은 빤히 보는 여자의 얼굴에 새로운 생각이 떠오르는 것을 보았다. 여자는 그 생각을 매력적으로 여겼다가 밀쳐 내려 하더니, 다시 한 번 그 생각을 하고는 마침내 만족스런 한숨을 내쉬며 받아들였다. 하드캐슬은 엽궐련에 불을 붙이고, 구름 같은 연기를 제인 쪽으로 내뿜었다. 그녀가 실제로 담배를 피우는 경우가 극히 드물다는 사실을 제인이 알았더라면 훨씬 놀랐을 터였다. 제인을 에워싼 남녀 경관들은 그 사실을 알고 있었을 것이다. 방 안의 전체적인 분위기가 약간 달라졌다.

'요정'이 말했다.

"제인 스터독, 내 당신에 대해 훤히 꿰고 있지. 내 친구 마크의 아내일 거야."

그녀는 말하면서 초록색 용지에 뭐라고 적었다.

하드캐슬이 말했다.

"괜찮아, 당신은 이제 남편을 만날 수 있을 거야. 오늘 밤 우리가 당신을 벨버리로 데려갈 거거든. 이제 한 가지만 묻지. 이런 밤 시간에 여기서 뭐하고 있었지?"

"막 기차에서 내린 참이었어요."

"그럼 어디 갔다 왔지?"

제인은 잠자코 있었다.

"남편이 집을 비운 사이 설마 사고를 친 건 아니겠지?"

"제발 그냥 가게 해줄래요? 난 집에 가고 싶어요. 너무 피곤하고 시간이 많이 늦었어요."

"하지만 당신은 집에 가지 못해. 벨버리로 가게 될 거야."

하드캐슬이 말했다.

"남편은 나더러 거기 와서 합류하자고 하지 않았어요."

하드캐슬이 고개를 끄덕였다.

"그게 그의 실수 중 하나지. 하지만 우리랑 같이 갈 거야."

"무슨 뜻이에요?"

"체포하는 거지."

하드캐슬이 기록하던 초록색 용지를 내밀며 말했다. 제인이 보기에는 공식 서류와 똑같아 보였다. 칸이 많았는데 일부는 공란이고, 일부는 소문자가 빼곡히 적혀 있었다. 어떤 칸에는 연필로 쓴 서명들이 있었고, 한 칸에 그녀의 이름이 적혀 있었다. 모든 게 무의미했다.

"아!"

제인이 갑자기 소리쳤다. 악몽을 꾸는 기분이 들었다. 그녀는 문을 향해 뛰었다. 물론 문까지 가지도 못했다. 정신을 차려보니 여경 두 명에게 붙잡혀 있었다.

하드캐슬이 장난스럽게 말했다.

"성질머리 한번 더럽네! 그렇다면 우린 성질 더러운 사내들을 밖에 세워 놔야겠군, 그렇지?"

그녀가 뭐라고 말하자 여자 경찰들이 밖으로 나가서 문을 닫았다. 그들이 자리를 비우자마자 제인은 보호막이 사라졌다고 느꼈다.

하드캐슬이 제복 차림의 두 여경에게 말했다.

"자, 어디 보자. 1시 15분 전이면…… 모든 게 순조롭군. 데이지, 우리가 좀 느긋하게 있어도 될 것 같아. 조심하라구, 키티. 그녀의 어깨 아래를 조금 더 세게 붙잡아. 옳지."

그녀는 허리띠를 풀면서 말했고, 다 풀자 상의를 벗어서 소파에 휙 던졌다. 코르셋을 입지 않은('눈보라' 빌이 불평했던 것처럼) 커다란 몸통이 드러났다. 천박하고 하늘거리는 얇은 옷을 걸치고 있었다. 루벤스 (Peter Paul Rubens. 감각적이고 관능적이며 현란한 작품을 그린 바로크 시대 화가—옮긴이)가 광란 상태에서 그렸을 법한 모습이었다. 하드캐슬은 자리에 앉아 입에서 엽궐련을 빼고, 제인 쪽으로 다시 연기를 내뿜었다. 그리고 제인에게 물었다.

"기차를 타고 어디 다녀왔지?"

제인은 아무 대꾸도 하지 않았다. 말할 수 없기도 했고, 이들이 대장이 맞서 싸우고 있다는 인류의 적임이 분명해서이기도 했다. 그들에게 아무 말도 해서는 안 되었다. 이런 결정을 하면서 영웅심이 느껴지지는 않았다. 눈에 보이는 상황 전체가 제인에게는 비현실적으로 다가왔다. 꿈인지 생시인지 모르는 와중에 하드캐슬의 목소리를 들었다.

"키티, 너랑 데이지가 그 여자를 이리 데려오는 게 낫겠다."

두 여자가 그녀를 테이블 맞은편으로 미는데도 여전히 반만 현실처럼 느껴졌다. 제인은 말 탄 것처럼 다리를 벌리고 앉은 하드캐슬을 보았다. 긴 가죽에 휘감긴 다리가 짧은 치마 아래로 드러났다. 여경들은 제인을 밀었고, 그녀가 반항하자 침착하고 능숙하게 더 힘을 주었다. 결국 제인은 하드캐슬의 다리 사이에 서게 되었다. 하드캐슬은 발목으로 제인의 발목을 움직이지 못하게 했다. 괴물과 가까이 있자 제인은 너무 무서워서 그들이 그녀를 어떻게 할지에 대한 두려움은 남아 있지 않았다. 하드캐슬이 빤히 쳐다보는 시간이 한없이 길게 느껴졌다. 그녀는 슬며시 웃으면서 제인의 얼굴에 담배 연기를 뿜어 댔다.

"나름 예쁘장하게 생겼군 그래."

마침내 하드캐슬이 말했다.

또다시 침묵이 흘렀다.

하드캐슬이 말했다.

"그 기차를 타고 어디 다녀왔지?"

제인은 튀어나올 듯한 눈으로 노려보며 대꾸하지 않았다. 하드캐슬이 갑자기 몸을 굽히더니, 제인의 옷 끝을 가만히 내리고는 담뱃불을 어깨에 들이밀었다. 다시 침묵이 흘렀다.

"그 기차를 타고 어디 다녀왔느냐고?"

하드캐슬이 말했다.

몇 번이나 이런 일을 당했는지 제인은 기억할 수 없었다. 하지만 어찌어찌해서 하드캐슬이 그녀가 아니라 부하 한 명에게 말을 걸게 되었다.

"무슨 소란이지, 데이지?"

그녀가 물었다.

"1시 5분이라고 말했습니다, 국장님."

"시간이 휙휙 지나가는군. 그렇지 않아, 데이지? 그런데 그게 어쨌다는 거지? 편안하지 않은 거야, 데이지? 이런 작은 여자 하나 붙들고 있다고 지친 거냐구?"

"아닙니다, 국장님. 하지만 오하라 반장을 1시 정각에 만날 거라고 말씀하셨는데요, 국장님."

"오하라 반장?"

하드캐슬은 처음에는 꿈꾸듯 말하더니, 꿈에서 확 깬 사람처럼 목소리를 높였다. 그러다 벌떡 일어나 상의를 입으며 말했다.

"하는 짓 좀 봐! 돌대가리들 같으니. 왜 진작 알려 주지 않은 거야?"

"저기, 국장님. 그러고 싶지 않았습니다."

"그러고 싶지 않아? 도대체 너희가 거기 왜 있다고 생각하는 거야?"

"심문하실 때 저희가 끼어드는 걸 싫어하셔서 그랬습니다, 국장님."

"말대꾸하지 마!"

하드캐슬이 소리를 지르더니 몸을 휙 돌려서 부하의 뺨을 후려갈겼다. 그녀가 다시 말했다.

"똑똑히 지켜. 죄수를 차에 태운다. 이 여자가 단추를 채울 때까지 기다리지 말아, 멍청이들아! 얼굴에 찬물 좀 끼얹었고 곧 따라가겠다."

몇 초 후 제인은 데이지와 키티의 가운데 있었지만 여전히 하드캐슬 가까이 있는 가운데 어둠 속으로 미끄러져 들어갔다. (차 뒷좌석은 다섯 명이 앉을 공간은 되는 듯했다.)

하드캐슬의 목소리가 들렸다.

"최대한 도심을 피해 가는 게 좋을 거야, 조. 지금쯤 생난리가 났을 테니까. 요양원으로 가서 교정 뒤쪽으로 난 작은 도로들을 타라구."

주위에서 온갖 이상한 소음이 나고 불빛이 보이는 것 같았다. 그러다 어느 순간 제인은 차가 멈추었다고 느꼈다.

"도대체 뭣 때문에 차를 세운 거야?"

하드캐슬이 물었다. 잠시 운전수는 대답하지 않고 투덜대면서 시동을 걸려고 연신 시도했지만 실패했다.

"무슨 일이냐고?"

하드캐슬이 다시 윽박질렀다.

"모르겠습니다."

운전수가 여전히 시동을 걸면서 말했다.

하드캐슬이 대꾸했다.

"맙소사! 차 한 대 제대로 관리 못 하나? 너희야말로 인간 교정 치료 대상이라구."

그들이 접어든 도로는 텅 비어 있었다. 소음으로 볼 때 사람들이 꽉 차서 몹시 분개하는 곳은 인근의 다른 거리였다. 운전수가 욕설을 내뱉으며 차에서 내리더니 보닛을 열었다.

하드캐슬이 말했다.

"자, 너희 둘은 얼른 내려. 어디든 걸어서 5분 거리 내에 다른 차가 있는지 찾아서 끌고 와. 차를 못 찾으면 무슨 일이 있어도 10분 안으로 돌아오고. 시간 지켜."

다른 두 경관이 차에서 뛰어 내리더니 사라졌다. 하드캐슬은 계속 운전수에게 욕설을 퍼부었고, 운전수는 계속 엔진을 손봤다. 소음이 점점 커졌다. 느닷없이 운전수가 허리를 펴더니 하드캐슬에게 얼굴을 홱 돌렸다. (제인은 가로등 불빛으로 그의 얼굴에 땀이 맺혀 반짝거리는 것을 보았다.) 그가 말했다.

"이봐요, 국장. 작작 좀 하지 그러쇼? 말을 삼가라구. 그렇게 똑똑하면 당신이 와서 직접 망할 놈의 차를 고치시지 그래."

"나한테 그런 식으로 말하지 마, 조. 안 그랬다간 내가 보통 경찰한테 자네 이야기를 흘릴 수도 있으니까."

하드캐슬이 말했다.

조가 맞받아쳤다.

"아, 그러시겠다? 망할 놈의 당신네 경찰단에 있으니 감방에 들어가는 게 낫겠다는 생각이 들기 시작했거든. 이보셔! 난 헌병대에도 있어 봤고 '블랙 앤 탠'(1920년 영국이 아일랜드에 보낸 경찰 병력―옮긴이)에도 있었어. 또 영국 파시스트 동맹(영국의 극우 정당―옮긴이)에도 있었지만, 그곳들은 여기에 비하면 그야말로 장난이었지. 거기서는 사람대접을 제대로 하니까. 그리고 늙은 할망구가 아니라 남자들이 상관이니까."

"그래, 조. 하지만 내가 경찰에 제보하면, 이번에는 감방 정도로 끝나지 않을 텐데."

하드캐슬이 말했다.

"아, 그렇지 않을 거다? 그러셔? 그렇게 되면 난 당신들에 대해 한두 가지 할 이야기가 있겠지."

키티가 울먹이며 말했다.

"제발 이 사람에게 좋게 말하십시오, 국장님. 사람들이 오고 있습니다. 저희가 제대로 혼내 주겠습니다."

사실 사내들은 두셋씩 뛰어오다가 거리로 흩어지고 있었다.

"걸어서 가자. 시간 엄수가 중요하다. 이쪽이다."

하드캐슬이 말했다.

제인은 차에서 끌려 내려와 데이지와 키티 사이에서 떠밀려 갔다. 무리는 서둘러 거리를 건너서 골목을 올라갔다.

몇 걸음 옮겼을 때 하드캐슬이 물었다.

"이곳 지리를 아는 사람이 있나?"

"저는 모릅니다, 국장님."

데이지가 대답했다.

"저는 여기 처음 와봅니다, 국장님."

키티가 대답했다.

"참 쓸모 있구만. 너희가 아는 게 있긴 해?"

하드캐슬이 말했다.

"앞쪽에 길이 없는 것 같습니다, 국장님."

키티가 말했다.

정말 골목은 막다른 길이었다. 하드캐슬은 잠시 가만히 서 있었다. 그녀는 부하들과 달리 겁먹은 기미는 보이지 않았고 짜릿해하는 것 같았다. 부하들의 하얗게 질린 얼굴과 떨리는 목소리를 재미있어 하는 눈치였다.

하드캐슬이 말했다.

"이게 바로 '축제의 밤'이라는 거지. 세상 돌아가는 걸 알 것 같지 않나, 데이지? 어느 집이 비어 있는지 궁금하군. 어쨌거나 다 잠겼겠지. 어쩌면 여기 머무는 게 최선일 거야."

그들이 막 지나간 거리에서 함성이 점점 커졌고, 혼란에 빠진 인파가 서쪽에서 몰려나오는 광경이 보였다. 갑자기 함성이 더 크고 성난 소리로 변했다.

하드캐슬이 말했다.

"저들이 조를 붙잡았군. 조가 자기주장을 할 수 있으려면 사람들을 이리로 보낼 거야. 맙소사! 그건 죄수를 놓친다는 뜻인데. 징징대지 좀 말아, 데이지! 멍청이 같으니! 서둘러. 우린 흩어져서 인파 속으로 들어가야 한다. 꿋꿋이 버텨라. 무슨 일이 있어도 총은 쏘지 마. 네거리의 빌링엄으로 가도록 해. 가보셔! 조용히 있을수록 다시 우리를 만나지 않을 거야."

하드캐슬이 바로 출발했다. 제인은 그녀가 군중 가장자리에 잠시 서 있다가 인파 속으로 사라지는 것을 보았다. 두 여경도 망설이다 뒤따라 떠났다. 제인은 문간에 주저앉았다. 담뱃불에 덴 곳에 옷감이 닿아서 아팠지만, 극도의 피로감이 가장 괴로웠다. 추워 죽을 지경이었고 좀 메스꺼웠다. 하지만 무엇보다 고단했다. 너무나 피곤해서 그대로 잘 수 있을 것 같았는데…….

제인은 몸을 떨었다. 적막감이 감돌았다. 평생 이렇게 추웠던 적이 없었고 팔다리가 쑤셨다. 그녀는 속으로 '내가 깜빡 잠들었나 보네'라고 중얼댔다. 일어나서 기지개를 켠 뒤 가로등 불빛 아래 인적 없는 골목을 지나 큰길로 나아갔다. 길에는 철도원 차림을 한 남자 한 명만 있었다.

"안녕하세요."

그가 잰걸음으로 지나가며 인사했다. 제인은 방향을 정하지 못하고 잠시 서 있다가 다시 오른쪽으로 느릿느릿 걸어갔다. 그녀는 코트 주머니에 손을 넣었다. 데이지와 키티가 아파트를 떠나기 전 그녀에게 코트를 입게 했다. 주머니에는 4분의 3 가량 남은 큼직한 초콜릿이 들어 있었다. 배가 고파서 초콜릿을 씹기 시작했다. 다 먹었을 때 차 한 대가 옆을 지나치더니 곧 멈춰 섰다.

"괜찮으세요?"

남자가 고개를 내밀고 물었다.

"폭동 중에 다치셨나요?"

차 안에서 여자 목소리가 들렸다.

"아뇨……. 심한 건 아니고…… 모르겠어요."

제인이 멍하게 대답했다.

남자는 그녀를 쳐다보더니 차에서 내렸다.

"그리 좋아 보이시지 않네요. 정말 괜찮으십니까?"

그러더니 그가 몸을 돌려 차 안의 여자에게 말을 걸었다. 친절하거나 제정신인 말소리를 너무 오랜만에 듣는 것 같아서 제인은 울고 싶어졌다. 모르는 커플은 그녀를 차에 태우고 브랜디를 주었다. 그리고 나서 샌드위치를 권했다. 마침내 그들은 집까지 태워다 줄지 물었다. 집이 어디세요? 제인은 졸린 목소리로 '세인트 앤의 장원'이라고 대답하고는 스스로도 놀랐다.

사내가 말했다.

"좋습니다, 저희는 버밍엄에 가는 길이라 그곳을 지나가야 됩니다."

제인은 곧 다시 잠들었고, 정신을 차렸을 때는 불 켜진 문간에 들어서고 있었다. 파자마에 코트를 걸친 여자가 제인을 맞아 주었다. 알고 보니 맥스 부인이었다. 하지만 너무 피곤해서 어떻게 혹은 어디서 잠자리에 들었는지 기억할 수 없었다.

8
벨버리의 달빛

1

부소장이 말했다.

"하드캐슬, 나는 그대의…… 어…… 사적인 쾌락을 간섭하려는 사람이 절대 아니오. 하지만 정말이지……!"

아침 식사 몇 시간 전이지만 노신사는 면도하지 않은 얼굴에 정장 차림이었다. 하지만 그가 밤을 꼬박 샜다면 벽난로가 꺼져 있는 게 이상했다. 위더와 '요정'은 부소장실의 검게 그을린, 차가운 벽난로 앞에 서 있었다.

'요정' 하드캐슬이 말했다.

"그녀가 멀리 갔을 리 없어요. 우리가 다른 때 데려올 거예요. 그럴 만한 가치가 있어요. 그녀가 어디 다녀왔는지 알아냈다면…… 시간이 몇 분만 더 있어도 알아냈을 텐데……. 그랬다면 적의 본부가 어딘지 밝혀졌을지 모르는데. 우리가 적을 완전히 소탕했을 거라구요."

"적절한 시기가 아니었소……."

위더가 입을 열었지만 그녀가 막았다.

"우리가 시간 낭비할 여유가 없다는 걸 알잖아요. 그녀의 마음에 잘 다가갈 수 없다고 프로스트가 불평한다면서요. 또 부소장님의 메타심리학(무의식을 연구하는 심리학—옮긴이)인지 뭔지에 따르면, 그것은 그녀가 저쪽의 영향력에 놓였다는 의미고요. 부소장님 입으로 제게 말했잖아요! 여자의 몸을 여기 가두기 전에 여자의 마음과 접촉하지 못하면 어떻게 되겠어요?"

"물론 난 늘 단단히 준비가 되어 있고 어…… 당신이 주장하는 바를 듣는 데도 관심이 있소. 또 당신의 주장이(물론 전적으로는 아니지만 상당히 존중하오) 대단히 가치 있다는 것은 한순간도 부인하지 않겠소. 한편 당신이…… 흠…… 특화된 경험이 있다 해도 완전한 자격을 갖추었느냐는 문제가 있소……. 이 단계에서 체포는 고려하지 않은 사안이었소. 내 짐작에 '헤드'는 당신이 월권을 행사했다고 생각할 거요. 당신은 적정선을 넘어선 거요, 하드캐슬. 내가 반드시 헤드에게 동의한다는 말은 아니오. 그러나 우리 모두는 승인받지 않은 조치에 대해……."

요정이 탁자에 걸터앉으며 말했다.

"그만해요, 위더! 그건 스틸과 스톤 같은 자들한테나 먹힐 수작이에요. 난 그런 말에 넘어가기에는 너무 많이 아니까. 그 융통성 논리를 나한테 들이대 본들 쥐뿔도 효과가 없어요. 그 여자랑 마주친 건 황금 같은 기회였어요. 내가 그 기회를 놓쳤다면 부소장님은 진취성이 부족하다고 말했을 걸요. 그런데 내가 기회를 잡으니 월권 운운하시는군요. 부소장님은 나를 겁주지 못해요. 국공연이 실패하면 우리 모두 방법이 없다는 걸 난 너무도 잘 알아요. 우린 그 여자를 잡아야 했어요, 안 그래요?"

"하지만 체포하는 방법은 아니었소. 우린 항상 폭력 같은 수단에는 반대해 왔소. 단순히 체포로 스터독 부인의⋯⋯ 어⋯⋯ 선의와 협조를 구할 수 있었다면, 우린 그 남편을 데려오느라 곤란을 겪지 않았을 거요. 그리고(물론 얘기가 나왔으니 말인데) 당신의 체포 조치가 정당화될 수 있다 하더라도, 그 후의 일처리는 극심한 비난을 받을 거요."

"망할 놈의 차가 고장날 줄 내가 어떻게 알았겠어요?"

위더가 말했다.

"'헤드'가 그걸 단순한 실수였다고 믿지는 않을 것 같소. 여자 쪽에서 조금의 거부라도 보인다면, 당신이 쓴 방법으로 성공을 기대할 수 없다는 게 합리적인 판단일 거요. 당신도 알겠지만, 나는 완벽하게 인간적이지 않은 일은 늘 유감으로 여기오. 하지만 더 강력한 수단이 사용되어야 한다면, 그 수단은 제대로 쓰여야 하오. 웬만한 인내심으로 저항할 수 있는 어중간한 고통을 줘봤자 실패하기 마련이오. 덧붙이자면, 강압적인 심문을 위해 여기 설치된 더 과학적이고 문명화된 설비를 사용했다면 성공했을 거요. 나는 공적인 입장으로 말하는 게 아니오, 하드캐슬 국장. 헤드가 어떤 반응을 보일지는 전혀 예상할 수 없소. 하지만 위에서 이미 당신을 못마땅해한다는 것을 (물론 세세히 표현하지는 않지만) 일깨우는 것이 내 의무일 거요. 상부에서는 당신이 감정적으로 동요해서, 업무 규율이나 일처리 면에서 정책에 따르지 않는 경향이 있다고 불평하오."

"정책을 위반하지 않으면서 맡은 업무를 잘 해낼 사람은 찾을 수 없을 텐데요."

'요정'이 샐쭉하게 대꾸했다.

부소장은 손목시계를 보았다.

하드캐슬이 말했다.

"아무튼 지금 '헤드'가 나를 만나려는 이유가 뭘까요? 난 밤새도록 서 있었어요. 목욕도 하고 아침 식사도 해야 되는데."

위더가 말했다.

"하드캐슬 국장, 의무의 길은 쉽게 다다를 수 있는 길이 아니오. 강조되는 사항들에 시간 엄수가 포함된다는 것을 잊어선 안 될 거요."

하드캐슬이 일어나서 양손으로 얼굴을 문질렀다.

"저기, 들어가기 전에 한잔 마셔야겠어요."

그녀가 말했다. 위더는 말도 안 된다는 듯이 양손을 내밀었다.

"그러지 말고요, 위더. 꼭 마셔야 해요."

하드캐슬이 말했다.

"'헤드'가 냄새를 못 맡을 것 같소?"

위더가 물었다.

그녀가 대답했다.

"어쨌든 마시지 않고는 안 들어갈 거예요."

노인은 열쇠로 찬장을 열고 그녀에게 위스키를 주었다. 그런 후 두 사람은 방에서 나와 '수혈 센터'로 이어지는 건물 맞은편으로 쭉 걸어갔다. 사방이 캄캄한 이른 새벽이라, 그녀가 든 전등 불빛으로 걸었다. 카펫이 깔리고 그림이 걸린 통로들을 지나, 비닐 장판이 깔리고 수성 페인트를 바른 황량한 복도로 들어섰다. 문을 열쇠로 열고 들어간 다음 또 다른 문을 지났다. 가는 길 내내 부츠를 신은 하드캐슬의 발소리가 들렸지만, 위더는 소리내지 않고 사뿐사뿐 걸었다. 마침내 그들은 불이 켜진 곳에 이르렀다. 짐승과 화학 약품 냄새가 뒤섞여서 났다. 스피커로 대화를 나눈 후 문이 열렸다. 흰 가운을 입은 필로스트라토가 문간에서 그들과 마주 섰다.

"들어가시오. 아까부터 기다리고 계시오."

필로스트라토가 말했다.

"심기가 불편하신가요?"

하드캐슬이 물었다.

위더가 말했다.

"쉿! 어떤 경우에도 우리 '헤드'에 대해 말하는 것은 옳지 않을 성싶소. 그분의 고통은…… 아다시피 그분의 독특한 상황은……."

"준비되는 대로 곧장 들어가 봐야 할 거요."

필로스트라토가 말했다.

"잠깐. 잠시만요."

불쑥 하드캐슬이 말했다.

"무슨 일이오? 제발 서둘러요."

필로스트라토가 말했다.

"토할 것 같아서요."

"여기서 토하면 안 되오. 돌아가도록 해요. 내가 당장 X54를 줄 테니."

"이제 괜찮네요. 순간적으로 그런 거예요. 그걸 먹으면 속이 더 안 좋을 거예요."

"조용히 하시오. 내 조수가 첫 번째 문을 닫기 전에 두 번째 문을 열려고 하지 마시오. 최대한 말을 삼가시오. 명령이 주어져도 '네'라는 말도 하지 마시오. '헤드'는 당신의 복종을 기대하실 겁니다. 갑작스런 동작을 취하지 마시오. 너무 가까이 가지도 말고, 소리치지도 말고, 무엇보다 말대꾸하지 마시오. 자, 들어가시오."

2

해가 뜨고 한참 시간이 지났다. 제인은 잠 속에서 뭔가 느꼈다. 굳이 말로 옮기자면 "기뻐하라, 그대 잠자는 이와 그대 서글픈 쫓겨난 자여. 나는 모든 멋진 모험의 문이니라"(영국 작가 초서의 시 〈새들의 의회〉에 나오는 구절을 인용─옮긴이)라고 노래하는 듯했다. 깨어 보니 겨울 아침 햇살이 내리쬐는 침대에 쾌적하게 누워 있었다. 내내 기분이 좋았다. '그가 이제 나를 여기 머무르게 해줄 거야'라고 속으로 중얼댔다. 얼마 후 맥스 부인이 들어와서 벽난로에 불을 지피고, 아침 식사를 가져왔다. 제인은 일어나 앉다가 얼굴을 찌푸렸다. 입고 있는 (몸에 많이 큰) 낯선 잠옷이 화상 부위를 스쳐서 아팠다. 뭐라 꼭 집어낼 수 없지만 맥스 부인의 행동에 변화가 있었다.

"우리 둘이 있으니까 참 좋지 않아요, 스터독 부인?"

그녀가 말했다. 어쩐지 제인이 짐작했던 것보다 가까운 사이 같은 말투였다. 하지만 제인은 너무 나른해서 그런 데 신경 쓸 수가 없었다. 아침 식사가 들어온 직후 아이언우드가 찾아왔다. 그녀는 화상 부위를 살피고 치료해 주었다. 그리 심한 상처는 아니었다.

아이언우드가 말했다.

"오후에 일어나도 괜찮아요, 스터독 부인. 그때까지 난 조용한 하루를 보낼게요. 읽고 싶은 책이라도 있어요? 이곳에 제법 큰 서재가 있거든요."

"《커디》(앞에서 대장이 언급한 조지 맥도널드의 동화 《공주와 커디》—옮긴이)와 《맨스필드 파크》(제인 오스틴의 소설—옮긴이), 셰익스피어의 《소네트》를 읽고 싶네요."

제인이 대답했다.

그녀는 책들을 받아서 몇 시간 동안 읽다가 다시 잠들었다.

오후 4시경 맥스 부인은 제인이 깼는지 확인하려고 방에 들어왔다. 제인은 일어나고 싶다고 했다.

맥스 부인이 말했다.

"알았어요, 스터독 부인. 좋을 대로 하세요. 금방 맛 좋은 차를 한

잔 갖다 드린 다음, 욕실을 준비해 드릴게요. 바로 옆방이 욕실인데, 제가 벌티튜드 씨만 내보내면 될 거예요. 너무 게을러서 추운 날씨에는 욕실에 종일 틀어박혀 있으려 하거든요."

하지만 맥스 부인이 나가자마자 제인은 자리에서 일어나기로 했다. 자신의 사회생활 능력이 별난 벌티튜드 씨를 다루는 것과 진배없다는 느낌이 들어 더 이상 침대에서 빈둥거리고 싶지 않았다. 일단 '일어나서 돌아다니면' 온갖 유쾌하고 흥미로운 일들이 벌어질 거라는 생각이 들었다. 그래서 상의를 걸치고 수건을 들고 집을 둘러보러 나갔다. 잠시 후 차를 들고 올라오던 맥스 부인이 비명 소리를 들은 것도 바로 그 때문이었다. 그녀는 얼굴이 하얗게 질린 제인이 욕실에서 나와 문을 쾅 닫는 광경을 보았다.

맥스 부인이 웃음을 터뜨렸다.

"맙소사! 미리 말씀드려야 했는데요. 심려 마세요. 제가 곧 내보낼게요."

그녀는 차 쟁반을 복도 바닥에 내려놓고 욕실 쪽으로 몸을 돌렸다.

"해치지 않나요?"

제인이 물었다.

"아, 그럼요. 해치지 않아요. 하지만 다른 데로 가게 하기가 쉽지 않아요. 부인이나 저는 안 될걸요, 스터독 부인. 물론 아이언우드 선생님이나 대장님이 오시면 얘기가 달라지지만요."

그녀는 그렇게 말하고는 욕실 문을 열었다. 욕조 옆에 엉덩이를 깔고 앉아 욕실 안을 꽉 메운 것은 커다란 갈색 곰이었다. 살이 처지고 배가 나온 벌티튜드 씨는 구슬 같은 눈망울을 하고 있었다. 그는 코를 킁킁대며 씨근댔다. 맥스 부인이 한참 혼내고 호소하고 애원하고 밀고 때린 후에야, 곰은 큰 몸집을 일으켜 어슬렁어슬렁 복도로 나갔다.

맥스 부인이 말했다.

"날씨도 좋은 오후니까 나가서 운동 좀 하라구, 이 게으름뱅이야! 그렇게 앉아서 사람들을 방해하다니 창피한 줄 알아야지! 무서워하지 마세요, 스터독 부인. 아주 순하답니다. 부인이 쓰다듬어 줘도 가만히 있을 거예요. 얼른 해봐, 벌티튜드 씨. 얼른 부인께 안녕하시냐고 인사해!"

제인은 머뭇거리면서 불안하게 손을 내밀어 곰의 등을 건드렸다. 하지만 벌티튜드 씨는 토라져서 제인을 쳐다보지도 않고 계속 천천히 걸어갔다. 결국 열 걸음쯤 갔을 때 곰이 갑자기 복도에 주저앉았다. 제인의 발치에서 차 쟁반이 덜거덕거렸고, 아래층에 있는 사람들은 누구나 벌티튜드 씨가 바닥에 앉았다는 것을 알았을 것이다.

"저런 동물이 집 안을 돌아다녀도 정말 안전한가요?"

제인이 물었다.

아이비 맥스가 진지하게 대답했다.

"스터독 부인, 만일 대장님이 호랑이를 집에 풀어놓고 싶다 해도 그래도 안전할 거예요. 그분은 동물들과 그렇게 지낸답니다. 대장님이 간단히 대화를 하면 우리에게도, 저희끼리도 달려드는 동물이 없어요. 두고 보시면 알아요."

"제 방에 차를 들여놔 주면 좋겠네요⋯⋯."

제인은 다소 차갑게 말하고는 욕실로 들어갔다.

맥스 부인이 열린 문간에 서서 말했다.

"그럴게요. 벌티튜드 씨가 거기 옆에 앉아 있어도 목욕을 할 수 있었을 거예요. 덩치가 크고 사람 같긴 해도, 난 어쩐지 기분 좋게 느껴지는걸요."

제인이 욕실 문을 닫으려 했다.

"저기, 그럼 가볼게요."

맥스 부인이 움직이지 않고 말했다.

"고마워요."

제인이 말했다.

"정말 더 필요한 거 없어요?"

맥스 부인이 물었다.

"예."

제인이 대답했다.

"그럼 가볼게요."

맥스 부인은 가려는 듯이 몸을 돌렸다가 곧 다시 돌리고 말했다.

"우리는 부엌에 있을 거예요. 딤블 엄마랑 저랑 나머지 사람들이요."

"딤블 부인이 이 집에 머무시나요?"

제인은 '부인'이란 어휘를 약간 강조하며 물었다.

"여기서는 다들 '딤블 엄마'라고 불러요. 부인이 그렇게 불러도 그분이 개의치 않을 거예요. 하루 이틀이면 이곳 방식에 익숙해질 거예요. 그럼 가볼게요. 너무 오래 끌지 말아요. 차가 식어서 못 마시게 될 테니까요. 가슴에 상처가 났으니까 목욕은 안 하는 게 좋을 것 같은데요. 더 필요하신 거 없죠?"

제인은 씻고 차를 마시고 옷을 입었다. 낯선 머리빗과 낯선 거울로 최대한 단장하고, 사람들이 묵는 방을 구경하러 나섰다. 긴 복도를 지났다. 이 세상에는 존재하지 않을 것 같은 적막감이 감돌았다. 어느 겨울 오후 큰 집 2층에 내려앉은 고요함. 이내 두 통로가 만나는 곳에 이르자, '탁—탁—탁' 하는 소리가 희미하게 불규칙적으로 났다. 오른쪽을 보니 그 까닭을 알 수 있었다. 거기 통로가 끝나는 곳에 있는 베이 윈도(바깥으로 튀어나온 모양의 창문—옮긴이) 앞에 벌티튜드 씨가 서 있었다. 이번에는 뒷발로 서서, 생각에 잠겨 샌드백을 두드리고 있었다. 왼쪽 복도를 따라가니 회랑이 나왔고, 넓은 홀로 접어드는 계단이 보였다. 홀은 햇빛과 난로 불빛이 뒤섞여서 환했다. 그녀가 있는 곳과 같은 층이지만 계단참으로 내려갔다가 다시 올라가니 그늘진 곳이 나왔다. 제인은 거기가 대장의 방으로 들어가는 곳임을 알았다. 그 부근에서는 엄숙함 비슷한 분위기가 배어났다. 까치발로 내려가는데 지난번에 대장의 방인 파란 방에서 묘한 경험을 했던 일이 떠올랐다. 대장을 생각만 해도 감당 못할 만큼 마음이 무거웠다. 홀에 이르자 주택 뒤쪽이 눈에 들어왔다. 층계 두 개를 내려가서 아스팔트가 깔린 통로를 걸었다. 박제한 창꼬치(열대, 아열대에 서식하는 고등어아목 물고기—옮긴이)가 담긴 유리 케이스 앞을 지나고 큰 괘종시계를 지났다. 그다음에는 사람들 말소리와 그 밖의 소리들을 따라 부엌으로 갔다.

커다란 벽난로의 불빛으로 부엌 의자에 앉은 딤블 부인이 보였다. 난로 한쪽에 앉은 그녀는 편안해 보였다. 무릎에 양푼이 있고, 식탁 위에 놓인 것들로 봐서 채소를 다듬고 있었다. 맥스 부인과 카밀라는 난로 앞에서 뭔가 하고 있었다. 난로는 조리용이 아님이 분명했다. 식기실로 통하는 문간에는 키 큰 사내가 있었다. 고무장화를 신은 잿빛 머리의 사내는 방금 정원에서 들어온 듯 손을 닦고 있었다.

딤블 엄마가 다정하게 말했다.

"들어와, 제인. 오늘은 아무 일도 안 해도 돼. 난로 저쪽에 앉아서 나랑 이야기나 해. 이분은 맥피 씨야. 여기 있을 자격이 없지만 제인한테 소개를 시키는 게 좋을 것 같군."

맥피 씨는 손을 다 닦고 조심스럽게 수건을 문 뒤쪽에 걸었다. 그리고 의식이라도 행하듯 다가와서 제인과 악수했다. 큼직한 손은 거칠었고, 빈틈없는 강한 인상이었다.

"만나 뵈니 정말 반갑습니다, 스터독 부인."

그가 말했다. 실은 얼스터(북아일랜드의 도시—옮긴이) 출신이지만 제인의 귀에는 스코틀랜드 억양으로 들렸다.

딤블 엄마가 말했다.

"이 양반 말은 한 마디도 믿지 말라구. 이 집에서 제인의 최대 적이니까 말이야. 제인의 꿈을 믿지 않는다니까."

맥피가 대꾸했다.

"딤블 부인! 신념에 대한 개인적인 감정과 증거 주장에 대한 논리적 만족의 차이를 몇 번이나 말씀드렸는데요. 전자가 심리적인 일이라면⋯⋯."

"그러면 후자는 영원히 못마땅한 거고요."

딤블 부인이 말했다.

맥피가 말했다.

"딤블 부인 말은 신경 쓰지 마세요. 늘 말하는 바지만 부인이 우리에게 오신 것을 환영합니다. 아직 어떤 결정적 실험(대립되는 두 가설 또는 일반적인 가설의 참과 거짓을 결정할 만한 실험—옮긴이)도 부인의 꿈이 현실이라고 확인한 바 없다는 사실을 지적하는 게 의무로 여겨지던 경우가 더러 있었거든요. 하지만 그것은 내 태도와는 아무 상관 없습니다."

제인은 약간 어리둥절해서 애매하게 대답했다.

"물론이지요. 자기 의견을 가질 권리가 있지요."

맥피가 더 큰 소리로 다음처럼 말하자 여자들이 와락 웃음을 터뜨렸다.

"스터독 부인, 난 어떤 주제에 대해서도 주관적인 의견을 밝히지 않습니다. 그저 사실을 말하고 그 의미를 제시하지요. 모든 사람이 의견을 줄인다면(그는 못마땅한 투로 이 말을 했다) 세상에는 어리석은 말과 글이 줄어들 겁니다."

"이 집에서 누가 말을 가장 많이 하는지 아시나 몰라."

맥스 부인이 말하자 제인은 좀 놀랐다. 얼스터 사람은 변화 없는 표정으로 맥스 부인을 빤히 보면서, 주머니에서 작은 통을 꺼내 코담배를 조금 들이마셨다.

맥스 부인이 말했다.

"아무튼 뭘 기다리는 거예요? 오늘 부엌은 여자들의 날인데요."

맥피가 대답했다.

"혹시 내가 마실 차가 남아 있나 해서요."

"그럼 왜 차 마시는 시간에 맞춰 들어오지 않았어요?"

맥스 부인이 쏘아붙였다. 제인은 그녀가 맥피를 대하는 말투가 곰을 대할 때와 똑같다고 느꼈다.

"바빴거든요."

맥피가 식탁 맞은편에 앉으면서 말했다. 그는 잠시 입을 다물더니 말을 이었다.

"셀러리를 심느라 말이지. 체구가 작은 여인은 아무리 애써도 밭일을 어떻게 해야 되는지 개념이 없죠."

"부엌은 '여자들의 날'이란 게 뭐예요?"

제인이 딤블 엄마에게 물었다.

"여기는 하녀가 없어서 우리 모두 일을 하지. 여자들이 하루 일하면 다음 날은 남자들이 해. 뭐? 아니, 아주 합리적인 분담이지. 남녀가 집안일을 같이 하면 다투기 마련이라는 게 대장님 생각이야. 말이 되는 소리지. 물론 남자들의 날에는 컵을 너무 찬찬히 들여다보면 곤란하지만 대체로 우린 잘 해나가고 있지."

"그런데 왜 남녀가 다투죠?"

제인이 물었다.

딤블 엄마가 대답했다.

"방법이 다르니까 그렇지. 알다시피 남자들은 일을 거들지 못하지. 어떤 일을 하게 할 수는 있는데, 여자가 일할 때 제대로 돕지 못해. 아무튼 도우라고 하면 팩팩거리지."

맥피가 말했다.

"남녀가 함께 일할 때 기본적으로 힘든 점은 여자들이 명사를 쓰지 않고 말하는 겁니다. 두 남자가 어떤 일을 한다면, 한 사람이 다른 사람에게 '이 그릇을 더 큰 그릇 속에 넣으라구. 큰 그릇은 초록색 찬장 맨 위 선반에 있을 거야'라고 말하겠죠. 그런데 여자들에게 '어디 있냐?'고 물으면, 여자들은 "물론 거기 있죠"라고 대답하지요. 결과적으로 교감의 단절이 있는 겁니다."

그는 '단절'을 '단전'처럼 발음했다.

아이비 맥스가 말했다.

"여기 홍차가 있어요. 내가 가서 케이크 한 쪽 가져올게요. 맥피 씨한테는 과분하지만요. 다 드시고 나면 위층에 가서 저녁 내내 명사에 대해 떠들어 대면 되겠네요."

"명사에 대한 게 아니라 명사를 이용하는 게 문제라구요."

맥피가 말했지만 맥스 부인은 이미 부엌을 나간 뒤였다. 제인은 이때를 틈타 딤블 엄마에게 조그맣게 말했다.

"맥스 부인은 여기가 집처럼 아주 편한가 봐요."

"맙소사, 여기가 집인걸."

"가정부로 있는 건가요?"

"아니, 다른 사람들처럼 그건 아니야. 아이비가 여기 있는 건 집을 빼앗겼기 때문이지. 달리 갈 데가 없었거든."

"그러니까 그녀에게…… 대장님이 관용을 베푸신 거군요."

"확실히 그렇지. 왜 묻는 거야?"

"저기…… 모르겠어요. 맥스 부인이 사모님을 '딤블 엄마'라고 부르는 게 좀 이상한 것 같았어요. 제가 너무 속물인지 모르지만……."

"제인은 대장님이 세실이랑 내게도 관용을 베푸셨다는 걸 잊고 있군."

"그건 말장난 아닌가요?"

"전혀 그렇지 않아. 아이비와 세실과 내가 여기 있는 것은 우리가 집을 빼앗겼기 때문이야. 적어도 아이비랑 나는 그래. 세실에게는 좀 다를지 모르겠지만."

"그러면 대장님은 맥스 부인이 모두에게 그런 식으로 말하는 걸 아시나요?"

"맙소사, 나한테 대장님이 뭘 아느냐고 묻지 말아."

"저번에 만났을 때 그가 평등은 중요하지 않다고 해서 당황스러웠거든요. 그런데 그의 집안은…… 뭐랄까, 대단히 민주적인 분위기로 돌아가는 것 같아서요."

딤블 엄마가 대답했다.

"그 문제에 대한 대장님의 견해를 난 이해해 보려고 하지 않아. 보통 그는 영적 서열이나—제인은 아이비보다 영적으로 우월하다고 생각할 정도로 바보는 아니지—결혼에 대해 이야기하지."

"사모님은 그의 결혼관이 이해되셨나요?"

"저런! 대장님은 대단히 현명한 분이야. 하지만 결국 남자고, 그것도 결혼하지 않은 남자지. 대장님이나 그분의 '주인'들이 결혼에 대해 하는 말 중에는, 너무 간단하고 당연해서 왈가왈부할 필요가 없는데도 법석을 떠는 것 같은 내용도 있지. 하지만 요즘이야 그런 말을 들어야 하는 젊은 여성들이 있다는 생각도 들어."

"그런 말을 들어야 하는 젊은 여성들을 좋게 안 보시나 보네요."

"글쎄, 아마도 내가 공정하지 않을 거야. 우리야 매사 더 쉬웠지. 우린 '해피엔딩'으로 끝나는 이야기를 듣고, 기도서를 들으며 자랐으니까. 우리는 늘 사랑하고 찬미하고 순종하려 했고, 인형을 갖고 놀고 속치마를 입고 왈츠를 좋아했지⋯⋯."

"왈츠는 정말 멋진 춤이죠. 무척 구식이지만."

맥스 부인이 돌아와서 맥피에게 케이크를 주며 말했다.

그때 문이 열리더니, 뒤에서 소리가 들렸다.

"그래, 안으로 들어가겠으면 들어가 봐."

그러자 멋진 갈까마귀가 통통 뛰며 부엌으로 들어오고, 그 뒤에 벌티튜드와 아서 데니스톤이 차례로 들어왔다.

아이비 맥스가 말했다.

"우리가 식사 준비할 때는 그놈을 여기 데리고 오지 말라고 내가 전에도 말했잖아요."

벌티튜드는 환영받지 못하는 것을 알아채고는 부엌을 가로질러 제

딴에는 조심스럽게(전혀 아니었지만) 딤블 부인의 의자 뒤에 앉았다.

데니스톤이 말했다.

"방금 딤블 교수님이 돌아오셨습니다, 사모님. 하지만 곧장 '파란 방'에 들어가셔야 했습니다. 맥피, 대장님이 교수님과 같이 보자시네요."

3

그날 마크는 의기양양하게 점심 식사를 하려고 앉았다. 모두들 폭동이 대단히 만족스럽게 끝났다고 알려 왔고, 그는 조간신문들에 실린 자신의 기사를 흐뭇하게 읽은 참이었다. 스틸과 코서가 누가 사설을 썼는지는 고사하고 폭동의 배후가 있는 줄도 모르는 듯 대화를 나누자, 마크는 기분이 더 좋았다. 그날 아침도 즐거웠다. 아침에 프로스트, 요정, 위더와 에지스토의 장래에 대해 대화를 나누어서였다. 정부가 (신문에 나온 대로) 온 나라의 의견을 받아들여서 에지스토를 한시적으로 연구소 경찰에 맡겨야 한다는 데 다들 동의했다. 비상 에지스토 지사가 임명되어야 했다. 지사로는 피버스톤이 적격이었다. 그는 국회의원으로 국가를 대표했고, 브랙턴의 교원으로 대학을 대표했으며, 연구소의 일원으로 연구소를 대표했다. 경쟁적인 기관들의 견해가 충돌할 만한 상황이었지만, 피버스톤 경 안에서 모든 게 조정될 터였다. 그날 오후 마크가 이 주제에 대한 기사를 작성해야 했지만 사실 기사는 다 쓴 거나 다름없었다! 하지만 그게 다가 아니었다.

모든 대화가 흘러가는 것으로 볼 때, 이 달갑지 않은 자리에 피버스 톤을 앉히는 데는 두 가지 목적이 있었다. 시간이 흘러 에지스토에서 연구소의 인기가 바닥까지 추락하면 그는 버려질 수도 있었다. 물론 이런 이야기가 여러 마디 말로 언급되지 않았지만, 마크는 더 이상 피버스톤이 실세에 끼지 못한다는 것을 확실히 알아차렸다. 요정은 부소장이 본질적으로 정치가에 불과하며 늘 그럴 거라고 말했다. 위 더는 깊은 한숨을 쉬면서, 피버스톤의 재능은 연구소가 궤도에 오른 지금보다는 초기에 더 쓸모 있었다고 인정했다. 마크는 피버스톤을 망신 줄 생각은 아니었다. 그가 망신당하기를 바라는 마음조차 없었 다. 하지만 진짜 상황이 파악되기 시작하자, 왠지 회의의 전반적인 분위기가 점점 마음에 들었다. 또 프로스트를 '알아 가게' 되어(그렇 게 표현하고 싶었다) 흐뭇했다. 조용하고 눈에 띄지 않아서 거의 모든 단 체에 미미한 존재로 보이지만 실제로는 전체를 주도하는 인물이 있 다는 것을 마크는 경험으로 알고 있었다. 그런 사람의 진면목을 알아 보는 것 자체가 그 조직에서 상당한 발전을 이루었음을 보여 준다. 프로스트에게 마크가 싫어하는 냉정한 구석이 있는 것은 분명했다. 그 균형 잡힌 면모는 역겹기까지 했다. 하지만 프로스트는 논의되고 있는 것의 본질을 꿰뚫는 발언을 했고(말을 많이 하지 않았다), 마크는 그 와의 대화가 즐거웠다. 마크는 대화의 기쁨과 상대에 대한 무의식적 인 호불호가 점점 무관해지는 것을 느꼈다. 그는 이런 변화를 알아차 렸고―칼리지의 혁신파에 들어가면서 시작되었다―성숙해진 증거라 고 기꺼이 받아들였다.

위더 부소장은 마음이 누그러져서 더할 나위 없이 격려하는 태도로 대했다. 대화 말미에 그는 마크를 따로 불러서, 그가 맡은 대단한 업무에 대해 애매하지만 아버지 같은 말투로 치하했다. 그리고 마침내 그의 아내에 대해 물었다. 부소장은 그녀가······ 어······ 정신증을 앓고 있다는 소문을 들었다면서 소문이 사실이 아니길 바란다고 했다. 마크는 '누가 그따위 말을 전한 거야?' 라고 속으로 소리쳤다.

위더가 말했다.

"왜냐면 이런 생각이 들어서 말일세. 현재 자네가 맡은 중대한 업무의 압박감과 어려움, 그에 따라 우리 모두 (자네를 위해) 집에 있게 하고 싶은 바람으로 미루어 볼 때, 자네의 경우 연구소가 말이지······ 전혀 격식 없이 말하네만······ 우린 스터독 부인이 여기 오시는 것을 대환영하네."

위더 부소장이 이 말을 할 때에야 비로소 마크는 제인을 벨버리에 데려오기가 몹시 꺼려진다는 것을 알았다. 그녀가 이해 못할 게 너무나 많았다. 요즘 습관이 된 과음 때문만은 아니었다. 아니, 아침부터 밤까지 모든 게 문제였다. 제인은 그가 벨버리에서 나누는 수많은 대화 중 한 가지만 들어도, 그의 이곳 생활에 문제가 있다고 볼 터였다. 그녀가 여기 있다면, 실세들의 웃음이 날카로운 비현실적인 소음으로 들렸으련만. 게다가 평범하고 신중한 태도로 보이는 것을 제인뿐 아니라 마크 자신도 빈말, 뒷공론, 아첨으로 봤을 것이다. 제인이 여기 오면 벨버리 전체를 상스럽고 천박하면서도 은밀한 곳으로 여기

게 만들 터였다. 그녀에게 위더의 화를 돋우지 말라고, 하드캐슬의 장단에 맞추라고 가르칠 생각을 하니 속이 울렁거렸다. 그는 부소장에게 감사 인사를 잔뜩 늘어놓고 애매하게 양해를 구하고는 냉큼 자리를 피했다.

그날 오후 마크가 차를 마실 때 '요정' 하드캐슬이 다가왔다. 그녀는 그의 의자 등판에 기대 서서 속삭였다.

"일을 망쳤더군요, 스터독."

"또 무슨 일입니까, 요정?"

마크가 물었다.

"난 도대체 당신이 무슨 문제가 있는지 납득할 수 없어요, 스터독. 정말이지 모르겠다니까. 노인을 화나게 하려고 단단히 작정한 거예요? 알다시피 그건 위험한 불장난인데."

"대체 무슨 말을 하시는 겁니까?"

"여기서는 다들 당신을 위해 위더를 달래려고 애쓰고 있어요. 그러다 오늘 아침 우리는 드디어 성공했다고 생각했어요. 그가 당신의 가채용 기간을 종료하고 원래 주려던 자리를 주겠다고 했거든. 하늘에는 구름 한 점 없었지. 그런데 당신과 5분간의 대화가…… 실은 5분도 안 되는데…… 그 사이에 당신이 모든 걸 망쳐 버렸지. 당신이 정신병자라는 생각이 들기 시작해요."

"이번에는 부소장이 대체 뭘 못마땅해하는 겁니까?"

"당신이 잘 알 텐데! 당신 부인을 여기 데려오라는 이야기를 하지 않았나요?"

"네, 그러더군요. 그게 어쨌다구요?"

"그래서 뭐라고 했어요?"

"마음 쓰시지 말라고 했습니다. 물론 감사 인사를 충분히 했지요."

요정은 휘파람을 불고는 손등으로 마크의 머리를 가볍게 치면서 말했다.

"그보다 큰 실수가 없다는 걸 모르겠어요? 위더로서는 비할 데 없이 큰 인심을 쓴 거였다구. 그는 다른 누구에게도 그런 제안을 한 적이 없어요. 당신이 냉담하게 대하면 위더가 화낼 줄 미리 알았어야지. 이제 그는 신의가 부족하다고 불평하고 있어요. '마음 상했다'면서. 그 말은 다른 누구도 곧 그 꼴을 당할 거라는 뜻이지! 위더는 당신의 거부를 여기 '자리 잡지' 못한 증거로 받아들이고 있다구요."

"하지만 그건 말도 안 되는 생각입니다. 제 말은……."

"도대체 왜 아내를 데려오겠다고 말하지 못했어요?"

"그건 제가 알아서 할 일이 아닌가요?"

"아내를 데려오고 싶지 않아요? 새댁한테 너무 배려가 없군요, 스터독. 대단히 예쁜 분이라고 들었는데."

그때 위더가 그들 쪽으로 천천히 걸어오는 것을 둘 다 느꼈고 대화는 거기서 끝났다.

저녁 식탁에서 마크는 필로스트라토 옆에 앉았다. 다른 실세 그룹 멤버들은 말소리가 들리지 않는 자리에 앉았다. 이탈리아인인 필로스트라토는 기분이 좋아서 말이 많았다. 그는 부지 안의 너도밤나무 일부를 자르라는 지시를 내린 참이었다.

맞은편에 앉은 윈터라는 사람이 물었다.

"굳이 왜 그래야 했습니까, 교수님? 건물에서 제법 멀리 있어서 아무런 해도 되지 않았을 것 같은데요. 저는 나무를 좋아합니다."

"아, 그렇소. 그렇지. 예쁜 나무들이지, 정원수라면 말이오. 하지만 야생종은 그렇지 않소. 나는 정원에 장미를 심지만 들장미는 심지 않소. 삼림수는 잡초와 다름없소. 하지만 난 페르시아에서 문명화된 나무를 본 적이 있소. 그 나무를 가진 사람은 프랑스 대사관 직원이었소. 나무가 자라지 않는 곳에 있기 때문에 그가 그 나무를 갖게 된 거지. 쇠로 만든 나무였소. 초라하고 애처로운 나무지. 하지만 그게 완벽하게 만들어진다면 어떨까? 가벼운 알루미늄으로 만든다면? 아주 자연스러워서 눈을 속인다면 말이오."

"진짜 나무와 똑같지는 않을 겁니다."

윈터가 대답했다.

"하지만 장점을 생각해 보시오! 한 곳에 두는 게 싫증난다 칩시다. 그러면 일꾼 둘이 나무를 다른 데로 옮기면 그만이오. 어디든 주인 맘대로. 나무는 죽지 않소. 낙엽도 안 떨어지고, 잔가지도 없고, 새가 둥지를 짓지도 않고, 거름 같은 것도 필요 없고."

"호기심 삼아 한두 그루 있으면 재미있을 것 같네요."

"왜 한두 그루만이오? 지금 공기 때문에 숲이 필요하오. 지금 우리는 화학 대용품을 찾고 있소. 그런데 왜 나무는 자연산이어야 하지? 나는 인조 나무가 지구를 덮을 거라 예상하오. 사실 우리가 지구를 청소하는 거지."

굴드라는 이름의 사람이 끼어들었다.

"식물이 완전히 없어진다는 말씀입니까?"

"그렇소. 우리는 면도를 하오. 나무도 매일 면도를 시키는 거요. 하다못해 영국식으로라도 말이지. 언젠가 우리는 지구를 면도시킬 거요."

"그러면 새들은 어떻게 될지 궁금한데요?"

"새들도 그냥 두지 않겠소. 집 안에 인조 나무를 세우고, 인조 새들을 올려놓지. 스위치를 누르면 새들이 노래하는 거요. 새 소리가 지겨워지면 스위치를 끄면 그뿐이지. 이것 또한 얼마나 개선될지 생각해 보시오. 깃털이 빠져서 날리지도 않고, 둥지도 없고, 새알도, 새 똥도 없을 테니."

"모든 생물을 근절시키는 것처럼 들리는군요."

마크가 말했다.

"왜 아니겠소? 그러면 위생적이 되는데. 잘 들어봐요, 친구들. 썩어 가는 것을 집었는데 그 위에서 벌레가 기어가고 있으면 '으이쿠, 끔찍해라. 살아 있네'라며 버리지 않소?"

"계속하십시오."

윈터가 말했다.

"또 사람들, 특히 당신네 영국인들은 자기 몸이 아닌 어떤 생물에도 적대적이지 않소? 그 몸도 매일 씻잖소."

"그렇지요."

"그리고 더러운 오물을 뭐라고 부르오? 그것 역시 유기물이지 않소? 광물은 깨끗한 오물이지. 하지만 진짜 '쓰레기'는 땀, 타액, 배설물 같은 생명체에서 나오는 것들이오. 그게 정화의 예가 아니오? 불순한 것들과 유기체는 서로 맞바꿀 수 있는 개념이오."

"무슨 말씀을 하시려는 겁니까, 교수님? 결국 우리 자신이 유기물 아닙니까."

굴드가 말했다.

"나도 인정하오. 그게 핵심이오. 우리 안에서 유기물은 정신을 만들어 내오. 그것은 맡은 바를 했소. 그 후 우리는 그것에게 더 바라지 않소. 이제는 세상이 파란 곰팡이 같은 유기체로 뒤덮이는 걸 원치 않소. 그런 것들이 싹 트고 눈이 나고 번식하고 썩기를 바라지 않지. 우리는 그것을 없애야 하오. 물론 조금 조금씩. 이제 천천히 배워야 하오. 우리 뇌가 점점 덜 육체적으로 사는 법을 배워야지. 우리 몸을 화학물질에서 직접 만드는 법을 배워야 하오. 더 이상 몸에 썩은 짐승과 풀을 채우지 않아도 되게 말이오. 성교 없이 스스로 번식하는 법을 배워야 하오."

"그러면 별로 재미가 없을 것 같은데요."

윈터가 말했다.

"친구, 당신은 이미 '재미'라는 것과 번식력을 분리하고 있소. 재미 자체가 없어지기 시작하오. 쳇! 당신 생각과 다르다는 것은 아오. 하지만 당신네 영국 여인들을 보시오. 열에 여섯은 불감증 아니오? 알겠소? 자연 스스로 시대착오를 내던지기 시작하고 있소. 자연이 시대착오에서 완전히 벗어나면, 그때는 진정한 문명화가 가능해질 거요. 농부라면 잘 알아들을 텐데. 누가 종마와 황소를 데리고 일하려고 하겠소? 그런 사람은 없소. 우리는 거세마와 거세한 수소를 원하오. 섹스가 있는 한 평화와 질서와 규율은 없을 거요. 인간이 그것을 내던지면 그때 마침내 제어할 수 있는 거요."

이 말을 할 때쯤 저녁 식사가 끝났고, 그들이 식탁에서 일어나자 필로스트라토가 마크의 귀에 속삭였다.

"오늘밤은 도서관에 가지 말라고 충고하고 싶군. 알겠나? 자네는 환영받지 못하네. 나랑 내 방에 가서 대화나 하자구."

마크는 일어나서 그를 따라갔다. 부소장과 또다시 불화한 와중에도 필로스트라토가 여전히 친구로 남아 주다니 기쁘고 놀라웠다. 그들은 2층에 있는 그의 응접실로 올라갔다. 마크는 벽난로 앞에 앉았지만, 방 주인은 계속 방 안을 서성댔다.

필로스트라토가 말했다.

"부소장과 문제가 생겼다는 소문을 들었네. 정말 유감이야, 젊은 친구. 반드시 불화는 없어져야 하네, 알겠나? 위더가 자네에게 부인을 여기 데려오라고 하는데 왜 데려오지 않나?"

마크가 대답했다.

"저, 실은 그가 그 일을 그리도 중요시하는 줄 몰랐습니다. 그냥 예의상 한 말이라고 생각했거든요."

제인을 벨버리에 데려오는 데 반대하는 마음이 없어진 것은 아니지만 일시적으로 사그라졌다. 저녁 식사 때 마신 포도주와 도서관 그룹에서 쫓겨날 위협에 대한 아픔 때문이었다.

필로스트라토가 말했다.

"그 일 자체는 그리 중요하지 않지. 하지만 그 의견이 위더가 아니라 '헤드' 한테서 나왔다고 믿을 만한 근거가 있지."

마크가 놀라서 물었다.

"'헤드' 요? 줄스 말입니까? 그는 명목상의 대표일 뿐인 줄 알았는데요. 그런데 제가 아내를 여기 데리고 오는 일에 '헤드'가 왜 신경을 쓸까요?"

이탈리아인 교수가 대답했다.

"자네가 잘못 알았네. 우리 '헤드'는 명목상의 대표가 아니네."

마크는 필로스트라토의 태도가 좀 이상하다고 생각했다. 한동안 두 사람 다 침묵을 지켰다.

마침내 필로스트라토가 입을 열었다.

"내가 저녁 식사 때 한 말은 다 사실이라네."

"하지만 줄스 말인데요, 그가 무슨 상관입니까?"

"줄스? 왜 그에 대해 말하지? 그 얘기는 모두 사실이었네. 내가 기대하는 것은 완벽하게 정화된 세상이네. 깨끗한 정신과 깨끗한 광물. 인간의 존엄을 가장 해치는 것들이 뭔가? 탄생과 번식과 죽음이지. 인간이 그 세 가지 없이 살 수 있다는 사실을 알면 어떻게 될까?"

마크는 빤히 응시했다. 필로스트라토의 말이 허무맹랑하고 태도가 너무 부자연스러워서, 그가 제정신인지 취한 건 아닌지 의심되기 시작했다.

필로스트라토가 다시 말했다.

"자네 부인 말인데, 나는 그 일을 중요시하지 않네. 남의 부인이 무슨 상관이란 말인가? 그런 이야기가 못마땅할 뿐이야. 하지만 그들이 그 일을 강조한다면…… 이보게, 친구. 진짜 문제는 자네가 우리와 진정 함께할 뜻이 있느냐 아니냐라구."

"무슨 말씀인지 모르겠습니다."

마크가 말했다.

"단순한 고용인이 되고 싶은가? 하지만 자네는 이미 선을 한참 넘었으니 그럴 수도 없지. 자네는 이력의 전환기에 서 있는 거라구, 스터독. 돌아가려 한다면 멍청이 힝기스트 못지않게 불운한 꼴을 당할걸세. 자네가 정말 우리와 함께한다면…… 세상이…… 이런, 뭐라고 해야 하나……? 우주가 자네 발 앞에 놓이게 되네."

"물론 함께하고 싶습니다."

마크가 대답했다. 흥분감 비슷한 게 슬금슬금 밀려들었다.

"자네가 부인을 여기 데려오지 않는 한 정말 함께하는 게 아니라는 게 '헤드'의 생각일세. 그는 자네의 모든 것을 가질 거야. 자네의 모든 것을. 그게 아니면 아무것도 안 가질 걸세. 자네는 부인도 데리고 와야만 하네. 그녀도 우리 속에 끼여야 한다네."

마치 얼굴에 찬물을 끼얹은 듯한 충격이었다. 하지만…… 하지만…… 그 방에서, 바로 이 순간에, 교수의 반짝이는 작은 눈을 응시하면서 그는 제인을 현실적으로 떠올릴 수가 없었다.

필로스트라토가 불쑥 말했다.

"자네는 그 말을 '헤드'의 입으로 직접 들을 걸세."

"줄스가 여기 있습니까?"

마크가 물었다.

필로스트라토는 대답 대신 휙 몸을 돌려서, 재빠른 몸놀림으로 창문 커튼을 걷은 뒤 전등을 껐다. 안개가 사라지고 바람이 불고 있었다. 작은 구름이 별 무리 위로 지나고 보름달이—마크는 이렇게 밝은 달은 처음 보았다—그들을 내려다보았다. 구름이 달 위를 지나자, 달은 그들 사이를 구르는 공처럼 보였다. 새하얀 달빛이 방을 가득 채웠다.

필로스트라토가 말했다.

"자네를 위한 세계가 있네, 안 그런가? 청결, 순수함이 있지. 수천 제곱킬로미터의 윤이 나는 바위에 풀 한 포기, 이끼 한 줌, 먼지 한 톨 없네. 공기조차 없지. 그 땅 위를 걸을 수 있다면 어떨 것 같은지 생각해 본 적 있나, 친구? 부서지지도 않고, 부식도 없지. 그 산봉우리들은 진짜 봉우리일세. 바늘처럼 뾰족한 봉우리들이 자네 손을 거쳐 갈 걸세. 절벽들은 에베레스트처럼 높고 집의 벽처럼 수직이지. 그런 절벽들이 수천 평이나 되는 흑단처럼 검은 그림자를 드리우고, 그 그림자 안은 영하 수백 도라네. 그런데 그림자 너머 한 걸음만 나가면 철과 바위가 발에 화상을 입히고 빛이 눈동자를 꿰뚫지. 기온이 끓는점에 육박하지. 죽지 않겠냐고? 하지만 죽더라도 몸이 오물이 되지 않을 걸세. 잠시 후면 몸은 잿더미가 되지, 깨끗한 하얀 가루가 되는 거야. 그리고 알아 두게, 바람이 불어서 가루를 날리는 일은 없

다네. 가루더미 입자 하나하나가 그 자리에 남아 있지. 자네가 죽은
그 자리에 세상이 끝날 때까지……. 하지만 그건 말도 안 되는 소리
라네. 우주는 끝나지 않을 테니 말이지."

"그렇군요. 죽은 세상이군요."

마크가 달을 바라보며 말했다.

"아닐세!"

필로스트라토가 말했다. 그는 마크에게 가까이 와서 속삭이다시피
말했다. 박쥐 같은 목소리여서 당연히 고음이었다. 그가 덧붙였다.

"아니지. 거기에는 생명체가 있다네."

"우리가 그걸 알고 있습니까?"

마크가 물었다.

"아, 시(si. 이탈리아어로 '그렇다'는 뜻―옮긴이). 지적인 생명체가 있지.
표면 아래. 위대한 종족, 우리보다 훨씬 진보된 종족이 있네. 영감
inspiration. 순수한 종족. 그들은 자기네 세상을 깨끗하게 만들었지.
유기체에서 (거의) 벗어났거든."

"하지만 어떻게……?"

"그들은 태어나서 번식하고 죽을 필요가 없네. 그런 일은 그냥 그
들의 보통 사람들, 그들의 '카날리아canaglia'가 한다네. '마스터
Master'들은 계속 살지. 그들은 지성이 있네. 그들은 유기체인 몸이
불필요해진 뒤에도 그것을 인위적으로 계속 지닐 수 있네. 응용 생화
학의 기적이지. 그들에겐 유기적인 음식은 필요하지 않아. 이해가 되
나? 그들은 자연에서 거의 해방되었네. 자연에 그저 아주 가느다란

줄로 매달려 있을 뿐이지."

"그들이 그 모든 것을 저절로 알아서 한다는 뜻입니까?"

마크는 얼룩덜룩한 달덩어리를 손짓하며 물었다.

"왜 아니겠나? 모든 식물을 없애면 곧 공기가 없어지고 물이 없어지지."

"하지만 목적이 뭐였습니까?"

"위생. 왜 그들의 세상을 유기체가 온통 기어다니게 하겠나? 더구나 그들은 한 가지 유기체를 추방할 텐데. 달 표면은 그대가 보는 게 다가 아니라네. 여전히 표면에 사는 것들이 있기야 하지. 야만족들. 달 뒤쪽 끄트머리에 넓고 더러운 부분이 있고, 거기 아직도 물과 공기와 숲이 있네. 그래, 병균과 죽음도 있지. 그들은 천천히 달 전체에 위생을 퍼뜨리고 있네. 달을 멸균하는 거지. 야만족은 그들과 맞서 싸우지. 동굴과 그 밑의 통로에는 전선戰線이 형성되고 격렬한 전투도 있네. 하지만 위대한 종족이 압박해 나가는 거지. 달의 뒷면을 볼 수 있다면 해마다 달의 이쪽 면과 똑같은 깨끗한 바위가 점점 많아지는 것을 보게 될 걸세. 유기체의 얼룩, 모든 초록색, 파란색, 안개가 점점 작아지는 거지. 검게 변색한 은을 말끔히 닦는 것처럼 말이야."

"하지만 우리가 이 모든 걸 어떻게 압니까?"

"다른 때 모든 이야기를 해주겠네. '헤드'는 다양한 정보처를 갖고 계시다네. 당장은 자네의 기운을 북돋워 주려고 말하는 걸세. 어떤 일이 이루어질 수 있는지, 여기서 어떤 일이 이루어질지 자네가 알도록 말이지. 이 연구소는 단순히 주택, 백신, 고속 열차, 암 환자 치료를 해결하는 기관이 아니네. 죽음을 정복하는 곳이지. 혹은 이 표현이 더 마음에 든다면 유기체를 정복하는 기관일세. 그 둘은 같은 말이지. 어린 정신이 사는 생명체의 고치를 탈피해서 '새 인간' 을 대두시키는 걸세. 죽지 않는 인간, 자연에서 해방된 인조인간 말일세. 자연은 우리가 타고 올라온 사다리이고 이제 우리는 그 사다리를 걷어차 내지."

"그러면 언젠가 우리가 정말 뇌를 무한히 살아 있게 만들 방법을 발견할 거라고 생각하십니까?"

"우린 이미 시작했다네. '헤드' 자신이……."

"계속 말씀하시지요."

마크가 말했다. 가슴이 너무 쿵쾅대서 제인과 위더 생각은 까맣게 잊었다. 마침내 진짜 일에 접한 것이었다.

"'헤드' 자신이 이미 죽음에서 살아났고, 자네는 오늘 밤 그와 이야기하게 될 걸세."

"줄스가 죽은 적이 있다는 뜻입니까?"

"이런! 줄스는 아무것도 아니네. 그는 '헤드' 가 아니네."

"그럼 누가 '헤드' 입니까?"

그 순간 문을 노크하는 소리가 났다. 대답을 기다리지도 않고 누군가 들어왔다.

"젊은이가 준비가 됐나요?"

스트레이크의 목소리였다.

"아, 그래. 준비됐지? 안 그런가, 스터독?"

"그럼 그에게 다 설명한 겁니까?"

스트레이크가 말했다. 그가 마크에게 몸을 돌렸다. 방 안의 달빛이 워낙 환해서 마크는 얼굴 일부를 알아볼 수 있었다. 차가운 빛과 그림자 속에서 깊게 패인 양미간이 도드라져 보였다.

스트레이크가 말했다.

"정말 우리와 합류할 작정인가, 젊은이? 일단 발을 담그면 되돌릴 방법이 없는데. 또 보류할 수도 없지. '헤드'가 자네를 부르러 보내셨네. 이해하나…… '헤드'라는 것을? 죽임을 당했지만 여전히 살아 있는 분을 만나게 될 걸세. 성경에 나오는 예수의 부활은 상징이지. 오늘 밤 자네는 상징화된 것이 무엇인지 보게 될 걸세. 마침내 진짜 '사람'이네. 그분이 우리의 충성을 요구하지."

"도대체 무슨 말을 하는 겁니까?"

마크가 말했다. 잔뜩 긴장해서 목소리가 뒤틀려 버럭 쉰 소리를 내뱉고 말았다.

필로스트라토가 말했다.

"내 친구 말이 맞네. 우리 '헤드'는 '신인류'의 시초지. 동물적인 수명을 초월해서 사는 최초일세. 자연의 관점에서 보면 그는 이미 죽었네. 순리대로라면 그의 뇌는 이미 무덤에서 썩고 있겠지. 하지만 이제 곧 그분이 자네에게 말씀하실 걸세. 자네 귀에 대고 말일세, 친구. 그분의 명령에 복종하게."

"하지만 그게 누굽니까?"

마크가 물었다.

"프랑수아 알카산이네."

필로스트라토가 대답했다.

"참수당한 사람 말입니까?"

마크는 깜짝 놀랐다. 두 사람이 고개를 끄덕였다. 그들은 마크에게 바싹 고개를 들이밀었다. 무서운 달빛 속에서 그들은 공중에 매달린 가면들처럼 보였다.

필로스트라토가 말했다.

"두려운가? 극복하게 될 걸세. 우리는 자네를 우리 사람으로 만들 겠다고 하는 걸세. 그래, 자네가 외부인이라면, 단지 보통 사람이라 면 겁을 먹을 만도 하지. 그분은 모든 능력의 시작이니까. 그분은 영생한다네. 거대한 시간이 정복되네. 거대한 공간 역시 그분이 이미 정복했네. 우리 중 한 명은 이미 우주를 여행했네. 그래, 그는 배반 당해 살해되었고, 그의 지식은 온전히 전수되지 못했지. 우린 아직 그의 우주선을 재건하지 못했네. 하지만 다시 만들게 될 걸세."

스트레이크가 말했다.

"그분은 '영원한 사람'이요 '편재하는(모든 시대와 장소에 존재한다는 주장─옮긴이) 사람'이지. 바로 그분이 모든 예언이 가리키는 인물이 네."

"물론 처음에는 능력이 몇몇 소수에게 국한될 걸세. 영생을 선택 받은 사람들이지."

필로스트라토가 말했다.

마크가 말했다.

"그러면 그것이 모든 인간에게 확장될 거라는 뜻입니까?"

필로스트라토가 대답했다.

"아니네. 그것이 한 사람에게 모아질 거란 뜻이네. 자네는 바보는 아니겠지, 젊은 친구? 자연을 초월하는 인간의 능력에 대한 이야기는 관념적인 인간, 보통 사람들에게나 해당하지. 자연을 초월하는 인간의 능력이란 인간들이 자연을 도구 삼아 다른 인간들을 누른다는 뜻이라는 걸 자네나 나나 잘 알지. 전체를 뜻하는 '인간' 같은 것은 없네. 그건 단어에 불과하지. 인간들만 있을 뿐이야. 그렇네! 전능해지는 것은 인간 전체가 아니라 어느 한 사람, 영생하는 사람이네. 우리 '헤드' 알카산은 그 초안인 셈이지. 완성품은 다른 사람이 될지 모르지. 자네일지도 몰라. 나일지도 모르고."

스트레이크가 말했다.

"'한 왕이 공의로 통치할 것이요, 방백들이 정의로 다스릴'(이사야 32장 1절에서 인용—옮긴이) 테지. 틀림없이 자네는 모든 걸 신화로 치부했겠지. '사람의 아들'(성경에서 예수를 뜻하는 표현—옮긴이)이란 구절에 대한 우화가 넘쳐나기 때문에, 자네는 인간이 전능한 힘을 휘두르는 아들을 실제로 갖지는 않을 거라고 생각한 게지. 하지만 그렇게 될 걸세."

"이해가 안 됩니다. 이해가 안 돼요."

마크가 말했다.

필로스트라토가 말했다.

"하지만 아주 쉬운 이야기네. 우리는 죽은 사람을 살리는 방법을 찾았네. 그는 자연적인 생명 속에서 살 때도 현명한 사람이었네. 이제 그는 영원히 살고 점점 현명해지네. 나중에 우리는 삶을 더 낫게 만들 걸세. 왜냐면 당장은 제2의 삶이 그 삶을 사는 본인에게 아주 만족스럽지 않다는 것을 인정해야 되니까 말이야. 나중에 우리는 일부에게는 제2의 삶을 쾌적하게 만들 거야. 다른 이들에게는 그다지 쾌적하지 않을 수도 있겠지만. 본인이 원하든 원치 않든 우리가 죽은 자들을 살아나게 할 수 있어서 그런 걸세. 마침내 우주의 왕이 될 이는 이 생명을 그가 원하는 사람에게 줄 수 있네. 그들은 이 작은 선물을 거부할 수 없지."

스트레이크가 말했다.

"그래서 어머니 무릎에서 배운 교훈이 되살아나는 거지. 신은 영원한 보상과 영원한 벌을 줄 능력을 갖는다는 교훈 말이야."

"신이요? 어떻게 여기서 신이 나옵니까? 저는 신을 믿지 않습니다."

필로스트라토가 대답했다.

"하지만 친구, 과거에 신이 없었다고 장래에도 신이 없으란 법이 있나?"

스트레이크가 말했다.

"우리가 전능한 신의 창조물을 알현하는 엄청난 영광을 제의하는 걸 모르겠소? 여기 이 건물에서 진정한 신의 밑그림을 만나게 될 거요. 그는 마침내 우주의 왕좌에 오를 인간이오. 혹은 인간이 만든 존재요. 그리고 영원토록 통치할 거요."

"우리랑 가겠나? 그가 자네를 부르러 보내셨다네!"

필로스트라토가 말했다.

스트레이크가 말했다.

"물론 이 친구는 가겠지요. 설마 등을 돌리고도 자기가 살 수 있으리라 생각할까요?"

필로스트라토가 다시 말했다.

"그리고 자네의 아내 말일세. 그런 사소한 이야기는 꺼내지 말게. 들은 대로만 하라구. 누구도 '헤드'의 말에 토를 달지 않아."

마크는 저녁 식사 때 마신 술의 흥겨운 취기가 급격히 사라지는 것을 느낄 수밖에 없었다. 제인과 보낸 시간과 브랙톤에 가기 전 친구들과 보낸 시간의 희미한 기억도 싹 가셨다. 그때 세상은 지금 그를 짓누르는 이 강렬한 공포감과는 전혀 다른 맛이 났는데……. 그의 관심을 잡아끄는 달빛에 비친 두 얼굴이 그저 본능적으로 싫었다. 한편으로는 두려움도 있었다. 거절하면 그들이 무슨 짓을 할까? 그 두려움에 덧붙여, 될 대로 되게 내버려 두면 '내일 아침'이면 다 괜찮아지리라는 젊은이다운 믿음이 있었다. 또 두려움과 희망에 덧붙여, 엄청난 비밀을 공유한다는 생각에 전혀 싫지만은 않은 전율이 느껴졌다.

"네…… 네…… 물론 가겠습니다."

마크는 숨찬 듯이 말을 멈추었다가 이었다.

두 사람이 그를 안내했다. 복도는 이미 조용했고, 1층 휴게실들에서 나는 말소리와 웃음소리는 그쳤다. 마크가 비척대자 그들이 팔짱을 꼈다. 먼 길인 듯했다. 통로를 지나고 다시 통로를 지났다. 그가 보지 못한 통로들을 지나고, 여러 개의 문을 열고 들어간 다음 사방에 불이 켜진 곳에 접어들었다. 거기서 이상한 냄새가 풍겼다. 그때 필로스트라토가 인터폰을 통해 뭐라고 말하자 문이 열렸다.

마크는 전등 불빛에 눈이 부시는 수술실 같은 방에 들어섰다. 싱크대며 유리병, 번들거리는 집기들이 있었다. 흰 가운을 걸친 모르는 청년이 그들을 맞아 주었다.

필로스트라토가 말했다.

"옷을 다 벗게."

마크는 지시에 따르다가 맞은편 벽을 보았다. 벽에는 눈금판이 많았다. 굽혀지는 튜브 여러 개가 바닥에서 나와 눈금판 바로 밑으로 들어갔다. 눈금판과 그 아래서 살짝 움직이는 듯한 튜브들은 눈과 촉수가 여럿인 생물 같은 인상을 주었다. 청년은 눈금판의 흔들리는 바늘에서 눈을 떼지 않았다. 새로 온 세 사람은 옷을 벗고 손과 얼굴을 씻었다. 그런 다음 필로스트라토는 유리 케이스에서 집게로 흰 옷을 꺼냈다. 그들이 흰 옷을 입자 그는 외과의사들이 착용하는 장갑과 마스크도 건넸다. 잠시 침묵이 이어지는 동안 필로스트라토가 눈금판을 점검했다.

그가 말했다.

"아, 그래. 공기를 조금 더. 많이는 아니고. 03 정도. 방 안 공기를 천천히 최고로 올리게. 이제 조명. 이제는 고정 장치의 공기. 용액을 약간 줄이고. 자, (여기서 그는 스트레이크와 스터독에게 고개를 돌렸다) 들어갈 준비가 됐나?"

그는 눈금판들이 달린 벽에 난 문으로 두 사람을 데려갔다.

9
사라센인의 머리

1

"지금까지 꾼 꿈 가운데 최악이었어요."

다음 날 아침 제인이 말했다. 그녀는 대장과 그레이스 아이언우드
와 함께 '파란 방'에 있었다.

대장이 말했다.

"그렇소. 그대가 가장 힘든 입장일 거요. 진짜 싸움이 시작되기 전
까지는 말이오."

제인이 말했다.

"꿈에서 저는 어두운 방에 있었는데, 안에서 이상한 냄새가 났고
작게 윙윙대는 소리도 들렸어요. 그러다가 불이 들어왔지만 아주 밝
은 빛은 아니었어요. 제가 뭘 보고 있는지 오랫동안 알아차리지 못했
어요. 그러다가 그걸 알았을 때…… 깨지 않으려고 안간힘을 썼더라

도 잠에서 깼을 겁니다. 제 앞에 둥둥 떠 있는 얼굴을 봤다는 생각이 들었어요. 제 말을 알아들으실지 몰라도 그건 얼굴이었습니다, 머리통이 아니라요. 그러니까 적어도 수염이랑 코랑 눈이 있었는데, 눈은 볼 수 없었어요. 색안경을 끼고 있었거든요. 하지만 눈 위쪽으로는 아무것도 없는 듯했어요. 처음에는 그랬습니다. 그런데 불빛에 익숙해지면서 저는 무시무시한 충격에 휩싸였어요. 그 얼굴이 풍선 같은 것에 씌운 가면이라는 생각이 들었습니다. 그런데 그게 아니었어요. 터번 같은 것을 쓴 사람처럼 보였는데…… 제가 정말이지 형편없이 말하고 있네요. 사실 그것은 머리통(머리의 남은 부분)으로 두개골 윗부분이 없었는데……. 그런데…… 마치 안에서 뭔가 끓어 넘친 것 같았어요. 남은 두개골의 안에서 불룩 튀어나온 덩어리였어요. 그건 무슨 혼합물 같은 걸로 싸여 있었는데 아주 얇은 것이었어요. 그게 씰룩대는 걸 볼 수 있었지요. 두려운 와중에도 '아, 죽여 버려. 저걸 죽여. 고통을 없애 줘'라고 생각했던 기억이 납니다. 하지만 순간적으로만 그랬지요. 그게 실제로 있다고 생각했으니까요. 초록색으로 보였는데 쫙 벌린 입은 말라 있었어요. 다른 일이 일어나기까지 제가 오랫동안 그것을 쳐다봤다는 걸 아시겠지요. 곧 그것이 딱히 떠다니는 것은 아니라는 걸 알았지요. 그것은 정확히 뭔지 모르겠지만 버팀대나 선반, 혹은 받침대 같은 것에 고정되어 있었어요. 그리고 뭔가 매달고 있었어요. 목에다가 말이에요. 네, 목과 그 주위에 쇄골 같은 게 있었지만, 쇄골 밑으로 어깨나 몸뚱이는 없었어요. 그것들이 사물을 매달고 있었지요. 꿈속에서 머리통과 내장만 있는 '새로운 인간'이라는 생각이 들었어요. 온갖 튜브가 그것의 내장이라고 생각했지요. 하지만 곧 어떻게 알았는지 몰라도 그것들이 인공적인 물건임을 알았어요. 작은 고무 튜브와 전구, 작은 쇠붙이였지요. 그것들이 이해되지 않았어요. 튜브는 전부 벽에 박혀 있었지요. 그런데 마침내 어떤 일이 벌어졌어요."

"괜찮아요. 제인? 괜찮겠어요?"

아이언우드가 물었다.

제인이 대답했다.

"아, 네. 이 정도는 괜찮아요. 다만 어쩐지 말하기 싫은 게 있을 뿐이에요. 갑자기 시동이 걸린 것처럼 그것의 입에서 공기가 푸우 하고 나오고 메마른 숨소리가 들렸어요. 그러더니 다른 소리가 났는데, 숨소리를 흉내 낸 것처럼 푸, 푸, 푸 하는 리듬 같은 게 생겼어요. 그러고는 가장 오싹한 일이 생겼어요. 입이 침을 흘리기 시작한 거예요. 어처구니없게 들리리란 건 알지만 어떤 면으로는 그것이 안쓰럽게 느껴졌어요. 손이 없어서 입가를 닦을 수 없었거든요. 나머지 일에 비하면 작은 일 같지만 제 감정은 그랬답니다. 그때 그것이 입을 움직이기 시작하더니 입술을 빨기까지 했어요. 누군가 기계를 제대로 작동하게 만든 것 같았지요. 그것이 살아 있는 것처럼 그러는 걸 보자니, 그리고 동시에 뻣뻣하고 죽은 것 같은 수염에 침을 질질 흘리는 것을 보자니……. 그때 세 사람이 방으로 들어왔어요. 모두 흰 옷을 입고 마스크를 하고서, 담장 위의 고양이처럼 조심조심 걸어 왔지요. 한 사람은 엄청나게 뚱뚱하고, 또 한 사람은 뼈가 앙상하고 호리

호리했어요. 세 번째 남자는······."

여기서 제인은 자기도 모르게 입을 다물었다가 다시 말을 이었다.

"세 번째 남자는······ 제 생각에는 마크였어요······. 제 남편 말입니다."

"확실하지 않소?"

대장이 물었다.

"아니요, 마크였습니다. 저는 그이의 걸음걸이를 알아봤어요. 그가 신은 구두도 알아봤고요. 목소리도요. 마크였습니다."

"유감이오."

대장이 말했다.

제인이 말했다.

"세 사람이 들어와서 두상 앞에 섰어요. 그들은 그것에 대고 절을 했지요. 그것이 짙은 안경을 쓰고 있어서 그들을 쳐다보는지는 가늠할 수 없었어요. 그것은 계속 리듬감 있게 후후 소리를 냈어요. 그러다 그게 말을 했지요."

"영어로요?"

그레이스 아이언우드가 물었다.

"아뇨, 프랑스어로요."

"그게 뭐라고 하던가요?"

"제 프랑스어 실력이 변변치 않아서 제대로 알아듣지 못했어요. 이상하게 말을 하더군요. 처음에는 숨찬 사람 같았어요. 적당한 표정도 짓지 않았고요. 물론 그것은 진짜 사람처럼 고개를 이리저리 돌릴

310 그 가공할 힘

수도 없었지요."

대장이 다시 말했다.

"그중 그대가 알아들은 말이 있소?"

"별로 많지는 않습니다. 뚱뚱한 사내가 마크를 그것에게 소개하는
것 같았어요. 두상이 그에게 뭐라고 말했지요. 그러자 마크는 대답하
려 했어요. 그의 말은 제대로 알아들을 수 있었어요. 마크의 프랑스
어 실력은 저보다 별로 나을 게 없거든요."

"그가 무슨 말을 했소?"

"'가능하면 그 일은 며칠 안에 한다'고 했어요."

"그게 다요?"

"거의 다입니다. 마크는 두상을 참아 내지 못했어요. 그가 못 참으
리란 걸 저는 알았지요. 어이없게도 꿈에서 그에게 말하고 싶었던 기
억이 나네요. 저는 그가 쓰러질 줄 알고 있었어요. 제가 다른 두 사람
에게 '그가 기절하려고 해요'라고 외치려 했다는 생각이 들어요. 하
지만 당연히 그럴 수가 없었지요. 그는 구토도 했어요. 그러자 그들
은 마크를 방에서 내보냈어요."

세 사람은 잠시 침묵했다.

아이언우드가 입을 열었다.

"그게 다였나요?"

제인이 대답했다.

"네. 제가 기억하는 전부예요. 그때 깼나 봐요."

대장이 깊이 숨을 쉬었다. 그는 아이언우드를 힐끗 보면서 말했다.

"음, 점점 더 명확해지는구려. 우린 당장 회의를 소집해야 하오. 다들 여기 있소?"

"아닙니다. 딤블 교수님이 에지스토에 볼일이 있어 갔습니다. 학생들을 데리러 칼리지에 가야 했지요. 저녁이나 돼야 돌아올 겁니다."

"그러면 오늘 저녁에 회의를 열어야겠군. 모든 준비를 해주시오."

그는 잠시 말을 멈추었다가 제인에게 고개를 돌렸다.

대장이 말했다.

"그대에게는 아주 나쁜 상황이고 그에게는 더 나쁜 상황일 거요."

"마크 말씀입니까?"

대장이 고개를 끄덕였다.

"그렇소. 그를 나쁘게 생각하지 말아요. 그는 고통을 겪고 있소. 우리가 패한다면 모두 그와 함께 추락하게 될 거요. 우리가 승리한다면 우린 그를 구할 거요. 그가 아직 그렇게 깊이 들어갔을 리 없으니."

그는 말을 멈추고 미소를 지었다. 그러더니 덧붙여 말했다.

"이곳에서는 남편들이 사고치는 건 아주 흔한 일이지요. 가여운 아이비의 남편은 감옥에 있어요."

"감옥에요?"

"아, 그래요. 평범한 절도죄를 저질렀소. 하지만 아주 좋은 사람이오. 그는 다시 괜찮아질 거예요."

제인은 (꿈에서) 마크와 같은 상황에 있는 자들을 보고 공포감을 느졌다. 욕지기가 느껴질 정도로 심했지만, 그 공포감에는 어떤 심원함과 기이함이 담겨 있었다. 문득 마크의 곤경과 그 일의 유해함이 똑같이 느껴져서 뺨이 확 달아올랐다. 제인은 대꾸하지 않고 잠자코 있었다.

대장이 말을 이었다.

"한 가지 더 있소. 오늘 밤 우리 회의에 그대를 제외시킨대도 언짢게 받아들이지 마시오."

"물론입니다."

제인은 대답은 그렇게 했지만 실은 몹시 언짢았다.

대장이 말했다.

"그대가 오가는 말을 들으면, 꿈속까지 그 생각들이 스며들어 꿈의 가치를 떨어뜨린다는 게 맥피의 주장이오. 그의 견해를 반박하기가 쉽지 않소. 맥피는 우리의 회의론자요. 아주 중요한 책무지요."

"이해합니다."

제인이 말했다.

대장이 말했다.

"그건 우리가 아직 모르는 일들에만 적용되오. 그대는 우리의 짐작은 못 듣소. 우리가 증거를 놓고 예측하는 말은 들으면 안 되오. 하지만 이미 일어난 우리 가족사에 대해서는 그대에게 감추는 게 없을 거요. 사실 맥피는 직접 그대에게 모든 이야기를 하겠다고 나설 거요. 그는 그레이스나 나의 설명이 충분히 객관적이지 못할 거라고 걱정하오."

"그렇군요."

"할 수 있다면 그대가 맥피를 좋아하면 좋겠소. 그는 나의 가장 오랜 친구 중 한 사람이오. 또 우리가 패배한다면 그는 우리의 최고가 될 거요. 싸움에서 패배할 때 그보다 나은 사람을 곁에 둘 수는 없을 거요. 우리가 이기면 그가 어떻게 할지 나는 상상할 수가 없소."

2

다음 날 아침, 잠에서 깬 마크는 머리, 특히 뒤통수가 아팠다. 쓰러졌던 기억이 났다. 그래서 머리가 아픈 것이었다. 어떤 방에 필로스트라토, 스트레이크와 있을 때 쓰러졌고…… 그다음은 어느 시인의 말처럼 '마음속에서 염증이 부풀어 올랐다 변형된 것, 즉 그의 기억을 찾았다'. 아, 하지만 불가능한 일이었다. 순간적으로 받아들일 수 없었다. 그것은 악몽이었고, 떨쳐 내야 했다. 그가 온전히 정신을 차리면 그 생각은 없어질 터였다. 어처구니없는 일이었다. 한 번은 미몽 속에서 몸통이나 뒷다리가 없는 말의 앞부분이 잔디밭을 뛰어다니는 것을 보았다. 그것을 본 순간 이상한 기분이 들며 오싹했다. 이것도 비슷한 종류의 어처구니없는 일이었다. 몸통이 없는 머리통이라니. 옆방에서 주입하는 공기와 인공 타액 덕에 말을 할 수 있는 머리통. 마크는 머리가 너무 욱신거려서 생각을 멈춰야 했다.

하지만 그는 이것이 사실임을 알았다. 그리고 그들의 말처럼 '받아들일' 수 없었다. 강한 사람으로 보이고 싶었기에 이러는 게 몹시 수치스러웠다. 하지만 사실 그가 강한 것은 의지일 뿐 신경이 아니었다. 또 그가 마음속에서 거의 없앤 특징들은 여전히 살아 있었는데, 단지 몸 안에 소극적으로, 약점으로 남아 있었다. 그는 생체 해부에 찬성했었지만 해부실에서 일해 본 적은 없었다. 그는 어떤 계층의 사람들이 점차 근절되어야 한다고 주장했다. 하지만 작은 가게의 주인이 구빈원救貧院에 가거나, 가정교사 타입의 굶주린 노파가 찬 다락방에서 마지막 순간을 맞는 자리에 있어 본 적은 없었다. 그는 노파가 열흘 전에 마지막으로 천천히 코코아 반 컵을 마셨다는 것은 전혀 몰랐다.

한편 그는 일어나야 했다. 제인에 대해 손을 써야 했다. 반드시 그녀를 벨버리로 데려와야 될 듯했다. 언제인지 기억 못해도 그는 자신을 위해 그런 결정을 내렸다. 그의 목숨을 위해 제인을 데려와야만 했다. 실세 그룹에 끼고 싶은 안달이나 일자리를 얻는 것 따위는 이제 하찮은 일이 되었다. 이것은 죽느냐 사느냐의 문제였다. 그가 심사를 건드리면 그들은 죽일 터였다. 참수형에 처하겠지⋯⋯. 아, 맙소사. 저들이 그 괴물 같은 고뇌 덩어리를 죽이면 좋으련만. 쇠 받침대에 걸어 놓고 그들이 계속 말을 거는 얼굴 달린 덩어리. 벨버리의 모든 사소한 걱정들은 그 핵심적인 두려움에서 비롯했다. 지도자급을 제외한 모든 사람이 늘 두려워한다는 것을 마크는 알고 있었다. 그는 제인을 데려와야 했다. 이제 그 일을 두고 왈가왈부하지 않을 작정이었다.

그의 마음속에 기독교적이든 이교도적이든 숭고한 생각은 조금도 뿌리내린 적이 없다는 것을 기억해야 한다. 그는 과학적인 것도, 고전적인 것도 아닌 그저 '현대적'인 교육을 받았을 뿐이었다. 엄격한 의미에서 추상적 개념과 고양된 인간 전통은 그를 비껴가고 말았다. 또 그에게는 도움이 될 만한 농부의 꼼꼼함이나 귀족적인 명예심도 없었다. 마크는 허수아비였다. 정확한 지식이 요구되지 않는 과목들에서 언변 좋은 수험생이었다(항상 에세이와 보고서를 잘 썼다). 그런 그는 처음으로 생명의 위협을 감지하자 벌러덩 쓰러졌다. 그래서 두통이 이렇게 심했고 속이 메슥거렸다. 다행히 그의 방에는 위스키가 있었다. 독한 술 덕분에 면도하고 옷을 입을 수 있었다.

아침 식사에 늦었지만, 어차피 음식이 들어가지 않으니 상관없었다. 블랙커피를 네댓 잔 마신 다음 집필실로 갔다. 거기서 오랫동안 앉아서 압지에 상황을 그렸다. 제인에게 보내는 편지에서 본론으로 접어드니 더 이상 쓸 수 없었다. 그리고 그들은 왜 제인이 오기를 바랄까? 딱히 잡히지 않는 두려움이 그의 마음속을 휘저었다. 그 많은 사람 중에 하필이면 제인을! 저들은 그녀를 '헤드'에게 데려갈까? 난생처음 사심 없는 사랑 같은 것이 마음속에서 번뜩거렸다. 그녀와 결혼하지 않았다면 얼마나 좋았을까. 그러면 그녀를 이 무시무시한 일에 끌어들이지 않았을 텐데. 이제 이 무서운 일이 그의 인생이 되고 말았다.

"이봐요, 스터독! 부인한테 편지 써요?"

누군가 말했다.

"이런! 당신 때문에 펜을 떨어뜨렸잖아요."

마크가 말했다.

"그럼 펜을 주워요, 젊은 친구."

하드캐슬이 테이블에 걸터앉으면서 말했다. 마크는 펜을 집고서 똑바로 앉았다. 그녀에게는 눈길도 주지 않았다. 학교에서 왕따 당한 후, 이런 혐오와 두려움은 처음이었다. 그녀가 싫고 두려워서 온몸의 신경이 곤두섰다.

"당신한테 나쁜 소식이 있어요, 친구."

그녀가 말했다. 마크는 가슴이 철렁했다.

'요정'이 말했다.

"남자답게 받아들이도록 해요, 스터독."

"무슨 일인데요?"

하드캐슬은 즉시 대답하지 않았다. 마크는 자신이 관찰당하는 것을 알았다. 그녀는 악기가 자신의 연주에 어떻게 반응하는지 지켜보았다.

마침내 그녀가 말했다.

"당신 아내가 걱정되어서 말이지. 그건 사실이에요."

"무슨 뜻입니까?"

마크가 날카롭게 물었다. 이번에는 고개를 확 들었다. 그녀는 불붙이지 않은 엽궐련을 입에 물고 성냥을 꺼내 들고 있었다.

하드캐슬이 말했다.

"내가 부인을 찾아봤어요, 다 당신을 위해서였지. 에지스토는 당장 그녀가 있기에 안전한 곳이 아니라고 생각했거든요."

"집사람이 뭐가 잘못됐는데요?"

마크가 소리쳤다.

"쉿! 다들 듣는 걸 원치 않을 텐데."

하드캐슬이 말했다.

"무슨 문제가 있는지 말해 줄 수 없습니까?"

그녀는 잠깐 기다렸다가 대답했다.

"그녀의 가족에 대해 얼마나 아나요, 스터독?"

"많이 알죠. 그게 무슨 관계가 있습니까?"

"친가, 외가 어느 쪽에…… 이상한 점은…… 없나요?"

"이런 빌어먹을. 대체 무슨 뜻이냐구요?"

"무례하게 굴지 말아요, 친구. 난 당신을 위해 할 수 있는 일을 다 하고 있어요. 가만…… 글쎄, 내가 봤을 때 부인이 아주 이상하게 처신한다는 생각이 들어서."

마크는 벨버리로 떠난 날 아침에 아내와 나눈 대화를 똑똑히 기억했다. 새로운 두려움이 그를 찔러 댔다. 혹시 이 지긋지긋한 여자가 진실을 말하고 있는 걸까?

"아내가 뭐라고 하던가요?"

마크가 물었다.

'요정'이 대답했다.

"부인에게 그런 쪽으로 문제가 있다면 내 충고대로 해요, 스터독. 당장 그녀를 이리 데려와요. 부인은 여기서 보살핌을 잘 받을 테니까."

"아내가 무슨 말이나 행동을 했는지 아직 저한테 말해 주지 않았습니다."

"누구든 내 사람이 에지스토 요양원에 들어가는 건 싫다구. 특히 이제 우리가 긴급 통제권을 갖게 될 텐데 말이지. 그들은 평범한 환자를 실험적으로 이용할 거예요. 반면에 당신이 이 서류에 서명해 주면 점심 식사 후 내가 달려가서 오늘 저녁에 그녀를 여기 데려올게요."

마크는 펜을 책상에 던졌다.

"저는 그런 짓은 하지 않을 겁니다. 더구나 당신은 아내가 뭐가 잘못되었는지 전혀 알려 주지 않으니 말입니다."

"난 당신한테 줄곧 말하려 했지만 당신이 하게 해주지 않는군. 그녀는 당신네 아파트에 침입한 사람에 대해 계속 주절대더구만. 역에서 그녀를 만나서(어떤 역인지 알 수 없더군요) 담배로 화상을 입힌 사람에 대해서도 말했어요. 그러더니 무엇보다 안타깝게도 내 엽궐련을 알아봤지. 그녀는 나를 이 상상 속의 가해자와 동일 인물로 보더군. 물론 그 후로 내가 잘해 볼 수가 없었고."

"당장 집에 가봐야겠습니다."

마크가 일어서면서 말했다.

"이봐요! 당신은 그럴 수 없어요."

'요정'도 자리에서 일어났다.

"내가 집에 못 간다는 겁니까? 이 모든 게 사실이라면 난 죽어도 가야 합니다."

"어리석게 굴지 말아요, 친구. 솔직히 말하지. 난 내가 무슨 말을 하는지 잘 알고 있어요. 당신은 엄청나게 위험한 처지라구. 만일 허가 없이 자리를 비우면 스스로 파멸하게 될 거예요. 나를 보내요. 서류에 서명해요. 그게 분별 있는 처신이니까."

"하지만 방금 전에 아내가 당신을 못 견딘다고 했잖습니까."

"아, 그건 중요하지 않을 거예요. 물론 그녀가 날 싫어하지 않는다면 일이 더 수월하겠지. 스터독, 당신 부인이 질투할 수도 있다는 생각이 들지 않나요?"

"질투요? 당신을요?"

마크는 못마땅한 기색을 감추지 못했다.

"어디 가는 거야?"

'요정'이 날카롭게 쏘아붙였다.

"부소장을 만나고 집에 갈 겁니다."

"멈춰요. 나랑 평생 원수가 되고 싶지 않으면 그러지 말아요. 내 말을 들어 보라구. 적을 더 많이 만들면 감당 못할 텐데."

"헛소리 작작 해요."

마크가 말했다.

'요정'이 쏘아붙였다.

"돌아오라구, 스터독. 잠깐만! 지독한 멍청이 짓 그만하라구."

하지만 마크는 이미 복도에 있었다. 그 순간 모든 게 선명해진 것 같았다. 그는 위더를 만날 작정이었다. 허가를 구하는 게 아니라 아내가 중병이 들어서 당장 집에 가겠다고 할 셈이었다. 위더가 대꾸하기도 전에 방에서 나올 계획이었다. 그리고 나가면 그만이었다. 그 이후는 애매했지만 그건 중요하지 않은 듯했다. 마크는 코트를 입고 모자를 쓰고 위층으로 올라가 부소장의 사무실을 노크했다.

대답이 없었다. 그때 마크는 문이 완전히 닫혀 있지 않은 것을 알았다. 용기를 내서 문을 조금 더 열었더니, 문을 등지고 앉은 위더가 보였다.

"실례합니다. 잠시 말씀드려도 되겠습니까?"

대답이 없었다.

"실례합니다, 부소장님."

마크가 더 큰 소리로 말했지만, 그는 말하지도 움직이지도 않았다. 마크는 주저하며 집무실로 들어가 책상 앞쪽으로 걸어갔다. 위더를 보려고 몸을 돌린 순간, 그는 숨을 멈추었다. 앞에 있는 것이 시신의 얼굴이라는 생각이 들어서였다. 잠시 후 그는 오해였음을 알았다. 적막이 감도는 방에서 상대방이 숨 쉬는 소리를 들을 수 있었다. 눈을 뜨고 있으니 위더는 잠을 자는 것도 아니었다. 순간적으로 마크를 쳐다보다가 눈길을 돌린 것을 보면 무의식 상태도 아니었다.

"죄송합니다, 부소장님."

마크는 말을 시작하다 멈추었다. 부소장은 듣고 있지 않았다. 말을 듣는 것과는 너무 거리가 멀어서, 그가 거기 있기나 한 걸까 어처구니없는 의심이 생겼다. 그의 영혼이 형체도 없고 빛도 없는 세상들을…… 우주의 황무지와 헛간 같은 곳들을 떠다니다 퍼져서 가스처럼 사라지는 걸까? 창백하고 촉촉한 눈으로 바라보는 것은 영원인 것 같았다. 형체도 없고 무한한 영원. 집무실 안은 조용하고 추웠다. 벽시계도 없고 벽난로의 불도 꺼졌다. 그런 얼굴에게 말을 하는 것은 불가능한 일이었다. 하지만 그 사람이 쳐다보고 있으니 방에서 나갈 수도 없는 노릇이었다. 마크는 겁이 났다. 지금까지의 경험과는 너무도 달랐다.

마침내 위더가 입을 열었지만 마크를 쳐다보지는 않았다. 그의 시선은 마크의 뒤쪽 창문 너머, 어쩌면 하늘로 향해 있었다.

위더가 말했다.

"누군지 알지. 자네 이름은 스터독이야. 여기는 무슨 일인가? 여기서 얼쩡대지 않는 게 좋을 텐데. 나가게."

바로 그 순간 마크의 신경이 무너져 내렸다. 지난 며칠간 서서히 쌓인 두려움이 한 가지 결정으로 집약되었고, 잠시 후 그는 한 번에 세 계단씩 뛰어 내려갔다. 그런 다음 홀을 가로질렀다. 밖으로 나가 차도를 내려갔다. 당장 지나갈 코스가 다시금 선명하게 떠오르는 듯했다. 입구 맞은편에 울창한 수풀이 있고 그 사이에 오솔길이 있었다. 그 길을 따라가면 반 시간 후면 코텀턴에 도착하고, 거기서 시외버스를 타면 에지스토까지 갈 수 있었다. 미래에 대해서는 전혀 생각하지 않았다. 두 가지만 중요했다. 그 건물에서 빠져나가는 것과 제인에게 돌아가는 것. 제인을 향한 갈망이 온몸을 휘감았지만 관능적인 면은 전혀 없었다. 마치 그녀의 몸에서 위로와 용기가 흘러나오는 것 같았다. 그녀의 살이 그의 주변에 떠다니는 듯한 더러움을 다 씻어 줄 것만 같았다. 제인이 정말 미쳤을지 모른다는 생각은 웬지 들지 않았다. 또 그는 아직 젊어서 설마 불행을 겪을까 의심했다. 그가 박차고 나가면 틀림없이 그물이 끊어질 거라는, 하늘이 맑을 거라는 믿음을 지울 수 없었다. 아무 일도 없었던 것처럼 제인과 둘이서 차를 마시면 모든 일이 끝나리라.

이제 그는 연구소 단지를 벗어나 길을 건너 수풀로 들어섰다. 마크는 우뚝 멈춰 섰다. 말도 안 되는 일을 눈앞에서 보고 있었다. 오솔길에 한 사람이 있었다. 키가 큰, 아주 큰 사람이 약간 구부정하게 거닐면서 소름끼치게 흥얼댔다. 바로 부소장이었다. 한순간 마크는 용기를 잃고 말았다. 그는 돌아섰다. 자신은 도로에 서 있었다. 이제까지 이렇게 심한 고통은 느껴 본 적이 없는 것 같았다. 지쳐서, 너무나 지친 나머지 힘없는 눈물이 눈에 고였다. 그는 아주 느릿느릿 걸어서 벨버리로 돌아갔다.

3

맥피 씨의 방은 장원의 1층에 있었다. 스스로 사무실이라고 불렀고, 그가 직접 안내하지 않으면 어떤 여자도 출입하지 못하게 했다. 조촐하지만 먼지 쌓인 이 방에서 맥피는 제인 스터독과 마주 앉았다. 그날 저녁 식사를 끝내고 그는 제인에게 거기서 '상황에 대한 간략하고 객관적인 개요'를 들려주겠다고 했다.

맥피가 말했다.

"스터독 부인, 처음부터 전제해야겠군요. 나는 대장님과 아주 오랫동안 알았고, 그는 일생의 대부분을 언어학자로 살았지요. 언어학을 딱히 과학으로 볼 수 있느냐에 대해 나는 썩 만족하지 않지만, 그의 일반적인 지적 능력에 대한 증거로 그 사실을 밝히는 겁니다. 또 평소 대화에서 그러듯, 실상을 왜곡하지 않기 위해 말해 두겠습니다. 그는 언제나 소위 '상상 속 인물'은 아닙니다. 그의 본명은 랜섬이었습니다."

"《사투리와 의미론》을 쓴 랜섬은 아니겠지요?"

제인이 말했다.

맥피가 대답했다.

"네. 바로 그 사람이에요. 그는 6년 전쯤—저기 수첩에 날짜가 다 적혀 있지만 지금 우리랑은 관계없으니까—처음 자취를 감추었지요. 약 9개월간 사라졌습니다. 종적이 묘연했지요. 나는 그가 수영하다가 익사했거나 한 줄 알았어요. 그런데 어느 날 그가 케임브리지의 자기 방에 다시 나타났지 뭡니까. 그리고 병이 나서 3개월간 입원했지요. 어디 다녀왔는지 말하려 하지 않았어요. 친구 몇 명에게만 개인적으로 이야기했지요."

"그래서요?"

제인이 바싹 다그쳐 물었다.

"그의 말로는……."

맥피는 담배통을 꺼내면서 '말'이란 말을 강조하며 계속 이야기했다.

"……그의 말로는 화성에 다녀왔다더군요."

"그러니까 그는 이 말을…… 아플 때 했다는 뜻인가요?"

"아니요, 아닙니다. 그는 지금도 그 말을 합니다. 그 말을 잘 판단해 봐요, 그의 이야기니까."

"저는 그 말을 믿어요."

제인이 말했다.

맥피는 담뱃가루를 골랐다. 담배통에 든 가루와 다른 특별한 것이라도 되는 듯 신중하게 집고는, 코에 넣기 전에 말했다.

"나는 부인에게 사실들만 말하고 있어요. 그는 우리에게 화성에 다녀왔다고 했습니다. 웨스턴 교수와 디바인 씨—지금의 피버스톤 경이지요—에게 납치되었다고요. 그의 설명으로는 그들에게서 탈출해서…… 화성에서 말입니다……. 한동안 혼자서 떠돌았다더군요. 혼자서."

"거기 사람이 살지 않나 보네요?"

"그 점에 대해서는 그의 이야기밖에 다른 증거가 없지요. 잘 알겠지만 이 지구에서도 완전히 고독한 사람은—예를 들면 탐험가라든가—아주 독특한 의식 상태에 빠져들지요, 스터독 부인. 그 경우 자기 신분도 잊을 수 있다더군요."

"그가 화성에서 있지 않았던 일을 상상했을 거라는 뜻인가요?"

"나는 의견을 말하지 않습니다. 기록할 뿐이지요. 그의 설명에 따르면, 그곳에서는 온갖 종류의 생물이 걸어 다닙니다. 그 때문에 대장님이 자기 집을 '동물원'처럼 만든 거겠지만 그거야 중요한 게 아니지요. 그런데 그는 거기서 지금 이 순간과 특별히 관계있는 한 가지 피조물을 만났다고 말합니다. 그는 그들을 '엘딜' 들이라고 불렀지요."

"일종의 동물인가요?"

"동물이란 어휘의 정의를 내리려 해본 적이 있나요, 스터독 부인?"

"기억하는 한은 아니에요. 그러니까 이들은…… 지적인가요? 말을 할 수 있었나요?"

"그래요. 그들은 말할 수 있었지요. 말할 것도 없이 지적이었지요. 물론 말하는 것과 지적이라는 게 늘 같은 말은 아니지만."

"사실상 그들이 화성인이었나요?"

"그의 설명에 따르면 그건 아니에요. 그들은 화성에 있지만 거기 속한 자들이 아니었답니다. 그는 그들이 허공에 사는 피조물이라고 말합니다."

"하지만 공기가 없잖아요."

"나는 이야기를 전하는 거예요. 그는 그들이 호흡하지 않는다고 합니다. 번식하지도 죽지도 않는다더군요. 하지만 그의 나머지 이야기가 다 맞다 해도 이 마지막 말은 관찰해서 알 수 있는 대상이 아니라는 걸 알 겁니다."

"도대체 어떻게 생겼는데요?"

"저는 그가 묘사한 그대로 말하는 겁니다."

"어떻게 생겼냐니까요?"

"난 그 질문에 대답할 준비가 되어 있지 않아요."

맥피가 말했다.

"그들은 몹시 큰가요?"

제인은 자기도 모르게 불쑥 물었다. 맥피는 코를 풀고 말했다.

"스터독 부인, 요점은 이겁니다. 랜섬 박사는 지구로 돌아온 후 지속적으로 이 생물들의 방문을 받는다고 주장하지요. 첫 번째 실종에 대해서는 이 정도로 해둡시다. 그다음 두 번째 실종이 일어났어요. 그는 1년 넘게 떠나 있었고, 그동안 금성에서 지냈다더군요. 엘딜들이 거기 데려갔다고."

"그들이 금성에도 사나요?"

"제 말을 양해해 주세요. 그렇게 말하는 걸 보니 부인은 내 말을 제대로 이해하지 못하는 것 같군요. 이 생물들은 행성에 사는 생물들이 아닙니다. 그들이 존재한다면, 우주의 깊은 곳을 떠다닌다고 상상해야겠지요. 새가 이 나무 저 나무 다니듯, 이 행성, 저 행성에 내려가긴 하지만. 그의 말로는 엘딜들 중 일부는 일정한 행성에 다소간 쭉 있기도 하지만, 거기 자리 잡는 것은 아니지요. 그들은 아주 다른 종류지요."

잠시 침묵이 흐르다가 제인이 물었다.

"그들이 우호적인가 보네요?"

"대장님도 그들에 대해 바로 그렇게 생각해요. 중요한 예외가 있지만."

"그게 뭔데요?"

"수세기 동안 지구에 집중한 엘딜들이지요. 우리는 특별한 손님을 선택하는 데 운이 나빴던 것 같아요. 그러고 보니 스터독 부인이 나를 핵심에 들어가게 하네요."

제인은 기다렸다. 맥피의 태도 때문에 그가 하는 이야기의 미심쩍은 점이 해소되는 게 참으로 특이했다.

그가 말했다.

"요점은 이겁니다. 이 집을 지배하는 것은 내가 지금 말하는 생물들이거나 완전한 망상, 둘 중 하나지요. 대장님은 엘딜들에게 받은 조언으로 인류를 망치는 음모를 발견했다고 생각하지요. 더욱이 그가 엘딜들의 지시에 따라 작전을 지휘한다는 거지요. 그걸 '지휘'라고 부를 수 있을지 모르지만! 부인도 이런 의심을 했을지 모르지요. 어떻게 그런 지각 있는 사람이, 여기 앉아 겨울 채소나 키우고 곰이나 훈련시키면서 무시무시한 음모를 물리칠 생각을 하느냐고 말이지요. 나도 몇 번 가졌던 의문입니다. 답은 늘 똑같아요. 우리는 명령을 기다리는 중입니다."

"엘딜들한테서요? 그가 말한 '주인들'이 그건가요?"

"그는 나와 대화할 때는 그 표현을 쓰지 않지만 그럴 것 같군요."

"하지만 맥피 씨, 이해가 안 되는데요. 지구에 있는 엘딜들은 적대적이라고 하셨잖아요."

맥피가 대답했다.

"아주 좋은 질문이군요. 하지만 대장님이 소통한다고 주장하는 엘딜들은 지구에 있는 것들이 아닙니다. 외계에 있는 그의 친구들이지요. 음모 전체의 배후가 바로 지구의 엘딜들이에요. 우리가 엘딜들 중 범법자 집단이 본부를 차린 세계에 살고 있다고 상상해야 될 거예요, 스터독 부인. 그리고 대장님의 견해가 옳다면, 존경할 만한 엘딜들이 지구를 준비시키려고 이곳을 방문했다는 게 지금 벌어지고 있는 상황이고요."

"다른 엘딜들이 우주를 벗어나 실제로 여기…… 바로 이 집에 온다는 뜻인가요?"

"대장님은 그렇게 생각하지요."

"하지만 그게 사실인지 아닌지 당신은 아실 텐데요."

"어떻게요?"

"본 적이 있나요?"

"'예'나 '아니요'로 대답할 수 있는 질문이 아니군요. 나는 살면서 실체가 없거나 겉보기와는 다른 것을 아주 많이 봤지요. 꿈은 말할 것도 없고 무지개, 거울에 비친 모습, 일몰이 그런 거지요. 다른 의견도 있긴 해요. 이 집에서 아직 완전히 밝혀지지 않은 현상들을 목격했다는 것은 부인하지 않겠습니다. 하지만 그런 일들은 공책이나 입증할 도구가 가까이 있을 때 일어나지 않아서요."

"백문이 불여일견 아니던가요?"

"아이들이나 동물들이라면 그럴지 모르지요."

맥피가 말했다.

"하지만 지각 있는 사람들에게는 아니라는 뜻인가요?"

"내 숙부인 덩칸슨 박사는…… 스코틀랜드에서 열린 물에 대한 총회에서 사회를 봤으니 이름이 낯익을 겁니다……. '내게 그걸 신의 말로 보여 달라'고 말하곤 했지요. 그러고는 큰 성경을 탁자에 탁 내려놓는 겁니다. 그게 신앙 체험을 떠벌리러 찾아온 이들의 입을 막는 방법이었어요. 그의 전제를 인정하면 그의 말이 맞아요. 스터독 부인, 난 숙부와는 관점이 다르지만, 같은 원칙에서 사고하지요. 뭔가가 앤드류 맥피에게 존재를 믿게 하고 싶다면, 대낮에 여러 증인이 있는 곳에서 나타나면 기꺼이 믿겠다 이거지요. 사진기나 체온계를 들어도 수줍어하지 말라 이겁니다."

맥피는 담배통을 물끄러미 바라보았다.

"그럼 뭔가 보신 거네요."

"그래요. 하지만 우리는 열린 마음을 고수해야 합니다. 그것은 환영일지도 몰라요. 마술 같은 것일지도······."

"대장님이 그러신다고요?"

제인이 화를 내며 반문했다. 맥피는 또다시 담배통을 응시했다. 제인이 말을 이었다.

"제가 대장님을 그런 부류라고 믿을 거라고 보세요? 협잡꾼으로?"

맥피가 말했다.

"'믿다' 따위의 어휘들을 계속 쓰지 않고 문제를 심사숙고하면 좋겠군요, 스터독 부인. 마술은 공정한 연구자라면 반드시 고려하는 가정의 하나지요. 그게 연구자의 마음에 들지 않는 가정이라는 사실은 중요하지 않아요. 연구자가 간과해 버릴 심리적인 위험이 크다는 이유만으로 문제의 가정을 강조해야 될 근거가 있는 게 아니라면 말이지요."

"충성심 같은 것도 있지요."

제인이 말했다. 맥피는 담배통을 조심스럽게 닫다가 불쑥 고개를 들었다. 서약자(장로교의 지지를 서약한 급진적인 기독교도들—옮긴이) 백 명쯤을 바라보는 눈빛이었다.

"그렇지요, 부인. 나이가 들면, 충성심이란 미덕은 너무 중요해서 개인의 성품으로 쉽게 특징지워질 수 없다는 걸 알게 될 겁니다."

그때 문을 노크하는 소리가 났다.

"들어와요."

맥피가 말하자 카밀라가 들어왔다.

그녀가 말했다.

"제인과 대화를 끝내셨나요, 맥피 씨? 제인과 저녁 식사 전에 같이 바람 쐬러 나가기로 했거든요."

맥피는 한심하다는 몸짓을 하며 말했다.

"맙소사, 바람을 쐬러 나가다니! 잘하는군요, 숙녀분들. 정원으로 나가요. 적의 목적에 맞는 짓을 벌이고 있는 것 같군요. 이런 속도라면 그들은 우리가 움직이기 전에 온 나라를 손아귀에 넣겠지."

카밀라가 말했다.

"제가 읽고 있는 시를 읽어 보시면 좋겠어요. 제가 이 기다림에 대해 느끼는 감정이 한 줄로 정리되어 있거든요. '어리석은 이여, 모든 것은 내 주님의 규칙인 인내라는 수난에 놓여 있다네.'"

"어느 시에 나와요?"

제인이 물었다.

"《탈리에신의 아서 왕국*Taliessin through Logres*》(영국 시인 찰스 윌리엄스의 시집. 이 구절은 시 〈바돈 산〉에서 인용. 탈리에신은 6세기 궁정 시인으로 아서 왕국에 대한 시를 썼다고 알려짐—옮긴이)이오."

"맥피 씨는 번스(스코틀랜드 출신의 민족시인 로버트 번스—옮긴이)를 제외한 시인들을 인정하지 않으실 것 같은데요."

"번스라니!"

맥피가 경멸조로 쏘아붙였다. 그는 테이블 서랍을 힘껏 열고 종이를 한 뭉치 꺼냈다. 그가 덧붙여 말했다.

"정원에 나갈 참이라면 시간을 끌지 말아요, 숙녀분들."

제인과 나란히 복도를 걸으면서 카밀라가 말했다.

"그가 말하던가요?"

제인은 좀처럼 경험한 적이 없던 충동에 휩싸여 친구의 손을 잡고 대답했다.

"네!"

두 사람은 열정에 휩싸였지만, 어떤 열정인지는 알지 못했다. 현관문에 이르러 문을 열었을 때, 그들은 자연스럽긴 해도 그 순간에는 계시 같았던 광경과 마주쳤다.

온종일 바람이 일었는데, 이제 거의 갠 하늘이 보인 것이다. 공기는 싸하게 차고 별빛은 단아하게 빛났다. 마지막으로 떠가는 구름 위로 황량한 달이 떠 있었다. 남국의 천 가지 사랑 노래에 나오는 관능적인 달이 아니라 사냥꾼, 길들여지지 않는 처녀, 창끝 같은 광란의 달이었다. 만약 그 차디찬 위성이 그때 처음으로 지구에 합류했다면,

불길한 전조로 보였을 수도 있었다. 황량함이 제인의 핏속을 파고들었다.

정원 꼭대기를 향해 가파른 언덕길을 올라가면서 제인이 말했다.

"그 맥피 씨는……."

"알아요. 그 말이 믿기던가요?"

카밀라가 물었다.

"물론이에요."

"맥피 씨는 대장님의 나이를 어떻게 설명하죠?"

"외모가…… 아니면 사람 자체가 너무 젊다는 뜻인가요? ……그걸 '젊다' 고 한다면요."

"그래요. 다른 별에서 돌아온 사람들은 그렇지요. 아니면 적어도 페렐란드라에서 돌아온 사람은 그래요. 그곳에서는 파라다이스가 여전히 계속되고 있어요. 언제 대장님에게 그곳에 대해 말해 달라고 해 봐요. 그는 다시 한 살도, 한 달도 더 나이 먹지 않아요."

"그도 죽을까요?"

"난 그들이 대장님을 데려갈 거라고 믿어요. 다시 '깊은 하늘' 로요. 세상이 시작된 후 한두 명, 어쩌면 여섯 명쯤 그렇게 됐지요."

"카밀라!"

"네."

"대체…… 그는 뭔가요?"

"사람이죠. 그리고 '로그레스(Logres. 아서 왕이 통치하던 지역―옮긴이)의 왕' 이고요. 이 집, 여기 있는 우리 모두, 벌티튜드 씨와 핀치는 모두 로그레스의 후예죠. 나머지는 모두 그냥 영국인이 되어 버렸죠. 계속 가세요. 우리 곧장 꼭대기로 올라가요. 바람이 많이 부네요! 오늘 밤에 그들이 대장님께 올지 모르겠네요."

4

그날 저녁 제인은 갈까마귀 '코르보 남작'의 감시 속에서 얼굴을 씻었다. 그동안 다른 사람들은 모두 '파란 방'에서 총회를 열었다.

그레이스 아이언우드가 메모한 내용을 읽으며 결론을 내리자, 랜섬이 말했다.

"바로 그런 꿈이고, 꿈에 나오는 모든 게 객관적인 것 같소."

"객관적이라고요? 저는 이해가 안 됩니다. 그들이 정말 그런 것을 가질 수 있다는 말씀입니까?"

딤블 교수가 말했다.

"자네 생각은 어떤가, 맥피?"

랜섬이 물었다.

"아, 네. 가능한 일입니다. 오래전부터 동물 머리로 실험했으니까요. 실험실에서는 자주 있는 일입니다. 말하자면 고양이 머리를 자르고 몸통은 버리는 겁니다. 머리통에 적당한 압력으로 피를 공급하면 한동안 움직이게 할 수 있습니다."

"맙소사!"

아이비 맥스가 소리쳤다.

"그러니까 계속 살아 있게 한다는 거구만."

딤블이 말했다.

"'살아 있다'는 말은 모호한 어휘입니다. 모든 기능을 유지할 수 있지요. 그게 대중적으로 살아 있다는 거겠지요. 하지만 인간의 머리는, 그리고 의식은 그렇게 한다면 어떤 일이 벌어질지 모르겠네요."

"이미 시도한 적이 있어요. 어느 독일인이 1차 대전 전에 시도했지요. 범죄자의 두상으로요."

아이언우드가 말했다.

맥피가 큰 관심을 보이며 물었다.

"그게 사실이오? 어떤 결과를 얻었는지 알아요?"

"실패했어요. 두상은 평범하게 부패해 버렸지요."

"이 이야기는 이만하면 충분해요."

아이비 맥스가 일어나더니 갑자기 방에서 나갔다.

"이 더럽고 혐오스런 일이 꿈이 아니라 현실이군요."

딤블 교수가 말했다. 하얗게 질린 얼굴에 긴장한 표정이 역력했다. 그의 아내는 언짢은 마음을 누르는 것 같았다. 보수적인 부인이 마음에 안 드는 대목까지 귀담아 들어야 할 때의 표정이었다.

맥피가 말했다.

"현실이라는 증거는 없어요. 나는 그저 사실들만 말하고 있습니다. 그녀가 꾼 꿈은 가능한 일입니다."

"그럼 터번 부분은…… 머리끝이 부풀었다는 것은 어떻습니까?"

데니스톤이 물었다.

"그게 뭔지 알겠지요."

대장이 말했다.

"확실히는 모릅니다."

딤블이 대답했다.

맥피가 말했다.

"꿈이 현실이라면, 그게 뭘지 짐작해 볼 수 있겠지요. 일단 머리통을 계속 살린 뒤 그런 자들에게 처음으로 떠오른 생각은 뇌를 늘리는 일일 겁니다. 온갖 종류의 자극제를 시도하겠지요. 그런 다음 두개골을 열고, 말하자면 끓어오르게 하는 거지요. 틀림없이 그런 생각이었을 겁니다. 인위적으로 대뇌를 비대하게 하면 초인적인 사고력을 떠받치게 된다고 본 겁니다."

"그렇게 뇌를 늘리면 사고력이 증대될까?"

대장이 말했다.

아이언우드가 말했다.

"제가 보기에는 그게 약점입니다. 저라면 광적으로 바뀌거나 아무 변화도 없을 거라고 생각했을 겁니다. 하지만 반대 효과가 일어날지 모르지요."

다들 생각에 잠겨 침묵했다.

딤블이 먼저 입을 열었다.

"그렇다면 우리가 당면한 문제는 초인적으로 부푼 범죄자의 뇌지요. 그것이 경험하는 것은 우리가 상상할 수 없는 의식이지만 아마도 괴로움과 증오일 겁니다."

아이언우드가 말했다.

"실제로 고통이 심할지는 확실치 않아요. 처음에는 목이 좀 아프겠지요."

"당장 훨씬 더 관심을 끄는 것은, 알카산의 뇌로 벌이는 짓들에서 우리가 어떤 결론을 끌어낼 수 있으며 우리가 실질적으로 어떤 단계를 밟을지 정하는 겁니다. 꿈을 실제 상황으로 본다면 간단히 효과적인 가설을 세울 수 있겠지요."

"우리가 한 가지는 분명히 알 수 있군요."

데니스톤이 말했다.

"그게 뭐지?"

맥피가 물었다.

"적의 움직임이 국제적이라는 것 말입니다. 그 머리통을 구한 걸 보면 적어도 외국 경찰관 한 명이 한통속이었던 게 분명합니다."

맥피는 손을 문지르며 말했다.

"이보게, 자네는 논리적인 사고력이 있군. 하지만 추론이 모두 확실한 건 아니라네. 실제 합세하지 않아도 뇌물로 협조를 얻을 수 있지."

대장이 말했다.

"그건 결국 더 중요한 사항을 우리에게 말해 주고 있소. 이 기술이 정말로 성공한다면, 벨버리 사람들은 현실적인 이유로 스스로 영생할 수 있는 방법을 발견한 셈이오."

잠시 침묵이 흐르다가 다시 대장이 말했다.

"그것은 새로운 종의 시작이오. 죽지 않는 '선택 받은 머리들' 인

거지. 그들은 그것을 진화의 다음 단계라고 부를 거요. 그 후로 우리가 인간이라고 부르는 모든 생물은 새로운 종이 될지, 그것의 노예가 될지—아마도 그것의 먹이가 되겠지—허가를 구하는 이들로 전락하는 거지."

"'몸통 없는 사람들'의 출현이로군!"

딤블이 말했다.

"그렇지요. 그럴 겁니다."

맥피가 딤블에게 담배통을 내밀면서 말했다. 딤블이 사양하자, 맥피는 아주 조심스럽게 담뱃가루를 집고 나서 다시 말했다.

"하지만 그런 거창한 말에 우리 스스로 겁먹거나, 머리를 어깨에서 뽑아 본들 아무 소용 없습니다. 다른 친구들이 이미 어깨에서 머리통을 뽑아냈으니까요. 난 뇌들이 끓어서 넘치든 아니든 그 친구의 뇌보다 대장님의 뇌와 딤블 교수님의 뇌와 내 뇌에 한 표 던지겠습니다. 만일 우리가 뇌를 쓴다면 말이지요. 우리 쪽에서 어떤 실질적인 수단을 강구할 수 있을지 들어 보고 싶습니다만."

맥피는 말을 하는 동시에 손 관절로 무릎을 톡톡 치면서 대장을 뚫어지게 응시했다.

맥피가 말했다.

"그것은 전에도 내가 과감히 던졌던 질문입니다."

그레이스 아이언우드의 얼굴에서 깜부기 속에서 불꽃이 이는 듯한 갑작스런 변화가 일어났다.

"대장님이 적당한 때 알아서 계획을 펼치실 거라는 신뢰를 받으시면 안 될까요, 맥피 씨?"

"그 말을 들으니 생각납니다, 교수님. 대장의 위원회는 그의 계획
을 들을 만하다는 신뢰를 받으면 안 될까요?"

"무슨 뜻입니까, 맥피?"

딤블이 물었다.

맥피가 말했다.

"대장님, 제가 솔직히 말하는 것을 양해해 주십시오. 대장님의 적
들은 이 두상을 확보했습니다. 그들은 에지스토를 거머쥐었고, 영국
법의 효력을 상당히 정지시키고 있습니다. 그런데도 대장님은 여전
히 움직일 시기가 아니라고 하십니다. 6개월 전에 제 충고를 받아들
이셨으면 지금쯤 우리는 이 섬 전역에 조직을 세우고 어쩌면 의회에
도 우리 편이 있을 겁니다. 대장님이 뭐라고 하실지 압니다. 그것은
옳은 방법이 아니라고 하시겠지요. 아마도 그럴 겁니다. 하지만 제 충
고를 받아들이지 못하시거나 저희에게 할 일을 주시지 못한다면, 저
희 모두 왜 앉아 있는 겁니까? 저희를 보내서, 대장님이 같이 일할 수
있는 동료들을 확보하게 할 생각은 진지하게 해보셨습니까?"

"우리 모임을 해산시키라는 뜻입니까?"

딤블이 물었다.

"네, 그렇습니다."

맥피가 말했다.

대장은 미소 지으며 고개를 들었다. 그가 말했다.

"하지만 내게는 모임을 해산할 힘이 없네."

맥피가 말했다.

"그렇다면 어떤 권한으로 모임을 결성하셨는지 여쭐 수밖에 없군요."

"내가 모임을 결성한 게 아니었네."

대장이 말했다. 그는 모인 사람들을 힐끗 둘러보고 나서 덧붙였다.

"여기 이상한 오해가 있소! 다들 내가 그대들을 '선택'했다는 인상을 받은 거요."

아무도 대답하지 않자 그가 다시 물었다.

"그랬던 거요?"

그러자 딤블이 말했다.

"제 경우를 말하자면, 상황이 다소 의식하지 못하는 사이에…… 심지어 우연히 벌어지고 있음을 알게 됩니다. 대장이 저에게 특정한 활동이나 그런 종류의 일에 합류하라고 한 때는 없었지요. 그래서 저는 늘 스스로 동조자 같은 것으로 간주해 왔습니다. 다른 분들은 더 단단히 자리 잡았다고 짐작되더군요."

이번에는 데니스톤이 말했다.

"카밀라와 제가 왜 여기 있는지 아실 겁니다. 저희는 어떻게 고용될지 예상도 못했고 그럴 의도도 없었습니다."

그레이스 아이언우드가 올려다보았다. 좀 창백해진 얼굴에 굳은 표정이 떠올랐다. 그녀가 입을 열었다.

"혹시……."

대장이 그녀의 팔을 잡으며 말했다.

"아니오. 됐소. 모든 이야기를 다 할 필요는 없소."

맥피의 완고한 표정이 환한 웃음으로 변했다. 그가 말했다.

"대장님이 어떤 식으로 몰아가는지 알겠습니다. 우리 모두 술래잡기를 하고 있다는 의심이 듭니다. 하지만 외람되게도 말씀드리겠습니다, 랜섬 박사님. 박사님은 상황을 너무 고압적으로 끌어가는군요. 박사님이 어떻게 '대장'이 되었는지 기억나지 않습니다. 하지만 그 호칭과 한두 가지 사건으로 보면, 집주인보다는 조직의 지도자처럼 처신한다는 생각이 들었을 겁니다."

랜섬이 미소 지으며 대답했다.

"나는 대장이오. 만약 우리 관계가 그대나 나의 선택에 달려 있다면 내가 직권을 주장할 거라고 생각하시오? 그대들은 나를 선택하지 않았소. 나도 그대들을 선택하지 않았소. 내가 섬기는 오야르사들(특정 행성을 다스리는 무형의 존재들—옮긴이)조차 나를 선택한 적 없소. 나는 처음에는 우연으로 보였던 일로 그들의 세계에 들어갔소. 그대들이 내게 왔듯이, 이 집에 있는 동물들이 여기 왔듯이 말이오. 그대들과 내가 우리 일을 시작하거나 설계하는 게 아니오. 이 일이 우리에게 내려왔고 우리를 빨아들였다고 할 수 있겠지. 이것이 조직이라는 데는 의심의 여지가 없지만, 우리가 조직가들은 아니오. 또 그런 이유 때문에, 내게는 그대들 누구에게도 집을 떠나라고 허가할 재량권이 없소."

장작 타는 소리를 제외하면 한동안 '파란 방'에는 무거운 적막감이 흘렀다.

곧 그레이스 아이언우드가 말했다.

"더 의논할 사안이 없다면 대장님을 쉬시게 하는 게 좋겠어요."

맥피가 일어나서 바지 무릎에서 담뱃가루를 털었다. 대장이 휘파
람 소리를 내면 생쥐들이 그 가루를 먹으려고 나와서 새로운 모험을
할 터였다.

맥피가 말했다.

"누군가 제가 여기 머무르길 바란다면 떠날 의사가 없습니다. 하
지만 대장님이 행동의 바탕으로 삼는 일반적인 가정과, 주장하는 특
별한 권한에 대해서는 판단을 유보하렵니다. 제가 어떤 점에서 대장
님을 완벽하게 신뢰하고, 어떤 점에서 신뢰하지 않는지 잘 아실 겁니
다, 대장님."

대장은 소리 내어 웃었다. 그가 말했다.

"맙소사. 나는 자네의 둘로 나뉜 뇌가 어떻게 돌아가는지 안다고
해야겠네, 맥피. 그 둘이 어떻게 연계되는지는 잘 모르지만. 하지만
자네를 어떻게 신뢰하는지는 익히 알고 있네(그게 훨씬 더 중요하지). 그
런데 앉지 않겠나? 할 말이 더 있는데."

맥피는 다시 의자에 앉았다. 허리를 꼿꼿이 세우고 앉아 있던 그레
이스 아이언우드는 긴장을 풀었다. 대장이 말했다.

"적들의 배후에 어떤 권력이 있는지는 모르지만, 오늘 밤 우리는
적어도 벨버리에서 이루어지는 일의 윤곽은 파악했소. 따라서 인류
에게 가해질 두 가지 공격 중 한 가지에 대해서는 아는 셈이오. 하지
만 나는 다른 한 가지에 대해 생각 중이오."

"그래요, 다른 한 가지."

카밀라가 진지하게 말했다.

"그게 무슨 말입니까?"

맥피가 물었다.

랜섬이 대답했다.

"브랙돈 숲에서 무슨 일이 벌어지냐는 뜻이오."

"우리가 여태 그 생각을 한다고요?"

맥피가 말했다.

잠시 침묵이 이어졌다.

대장이 입을 열었다.

"난 그 외의 다른 것은 생각하고 있지 않소. 우린 적이 그 숲을 원했다는 것은 이미 알고 있었소. 우리 중 일부는 이유를 짐작했소. 이제 제인이 본, 혹은 느낀 광경에서 그들이 브랙돈에서 뭘 찾는지 드러났소. 그것은 둘 중 더 위험할 거요. 하지만 모든 일에서 적의 세력들이 결집하는 게 가장 위험하오. 적은 모든 것을 거기 걸고 있소. 벨버리의 새로운 세력이 브랙돈 숲 밑에 있는 과거의 힘과 합해진다면, 로그레스 아니 인류는 거의 굴복당할 거요. 우리는 전력을 다해 그 결집을 막아야 하오. 그게 우리가 죽이기와 죽기, 두 가지를 준비해야 하는 시점이오. 하지만 우리는 아직 치고 나갈 수가 없소. 브랙돈에 들이닥쳐서 직접 땅을 파낼 수는 없소. 우리가 그를…… 그것을 발견하는 순간이 분명히 있을 거요. 그때까지 우리는 기다려야하오."

"나는 그 다른 이야기는 한마디도 안 믿습니다."

맥피가 말했다.

아이언우드가 말했다.

"난 우리가 '믿다' 같은 단어는 쓰면 안 되는 걸로 알았는데요. 우리는 사실만을 언급하고 함축된 의미만 밝혀야 된다고 생각했습니다만."

대장이 말했다.

"두 사람이 더 싸운다면 난 둘을 결혼시킬 생각이오."

5

처음에는 왜 적이 브랙돈 숲을 원하는지가 이들에게는 미스터리였다. 부지가 적합하지 않아, 그들이 제안하는 규모의 건물을 지으려면 부지 정리 작업에 거금을 투자해야 했다. 게다가 에지스토 자체가 대단히 편리한 입지는 아니었다. 맥피는 계속 회의적이었지만, 딤블 교수와 협동으로 집중적인 연구를 한 끝에 대장은 어떤 결론에 도달했다. 그와 딤블, 데니스톤 부부는 아서 왕 시대의 브리튼에 대한 지식이 있었다. 정통파 학자라면 수세기가 지나도 그런 내용을 파악하지 못할 터였다. 그들은 에지스토가 고대 아서 왕국의 핵심 지역이었다는 것을 알았다. 큐어 하디라는 마을 이름은 '오자나 르 쾨르 하디'라는 이름을 간직하고 있으며, 역사 속의 멀린이 한때 활동하던 곳이 지금의 브랙돈 숲이라는 것도 알고 있었다.

멀린이 거기서 정확히 무슨 일을 했는지는 몰랐다. 하지만 여러 경로를 통해 그의 능력이 전설이고 속임수일 따름이거나, 르네상스 시대식 '마법'과 같았거나 둘 중 하나라는 것은 알았다. 딤블은 훌륭한 비평가라면 감수성만으로도 속임수와 마법이 문학에 남긴 자취들의 차이를 간파할 수 있다고까지 주장했다.

"한밤중에 활동하고, 금서가 있고, 악마나 정령들이 곁을 맴도는 파우스트(16세기 초의 전설적인 독일 마법사이자 천문학자로 괴테 등의 문학 작품이나 바그너 등의 음악에 등장한다―옮긴이), 프로스페로(셰익스피어의 희곡 《템페스트》에 등장하는 마법사―옮긴이), 아키마고(에드먼드 스펜서의 미완의 장시 〈페어리 퀸〉에 등장하는 마법사―옮긴이)와, 멀린이라는 것만으로 결과를 만들어 내는 듯한 멀린 같은 인물 사이에 어떤 공통점이 있겠습니까?"

랜섬도 동의했다. 그는 멀린의 능력이 마지막 남은 오래되고 색다른 '무엇'이라고 생각했다. 누미노르가 몰락하고 이 땅에서 정신과 사물의 일반적인 관계가 우리가 아는 것과는 다르던 시기로 돌아간 후, 그 '무엇'이 서유럽에 들어갔다. 그것은 르네상스의 마법과도 전혀 다를 터였다. 멀린의 재주는 (의심스럽긴 해도) 죄가 덜하고 더 효과적이었다. 파라셀수스(16세기 스위스의 연금술사이자 의학자. 학문에 있어 중세적 풍습 타파에 주력했다―옮긴이)와 아그리파(독일인 연금술사, 의사, 철학가―옮긴이) 등은 성과가 미약하거나 전무하기 때문이었다. 베이컨(영국의 정치가이자 철학자, 집필가―옮긴이) 스스로는―그가 마법에 반대한 것은 오로지 이 때문이었다―마법사들이 "위대함과 확실한 솜씨에 이르지 못했다"라고 말했다. 르네상스 시대에 쏟아져 나온 금지된 기술들은 불리한 조건에 영혼을 파는 방법인 것처럼 보였다. 하지만 그보다 오래된 '기술'은 사정이 달랐다.

그러나 브랙돈에 끌린 유일한 이유가 아틀란티스(플라톤의 '대화'편에 나오는 바다에 잠긴 큰 섬 혹은 대륙으로, 톨킨의 작품에도 등장한다―옮긴이)의 마법의 마지막 자취와 관련된 것이라면, 세인트 앤 사람들에게 시사하는 바가 있었다. 국공연은 현대적이거나 물질적인 형태의 능력에만 관심이 있는 게 아니라는 뜻이었다. 배후에 엘딜의 에너지와 엘딜의 지식이 있음을 대장에게 말해 주는 것이었다. 물론 연구소 사람들이 그들의 진짜 조직자들인 어둠의 세력에 대해 아는가는 별개의 문제였다. 결국 이 문제는 중요하지 않았다. 랜섬은 말했다. '그들이 알든 모르든 똑같은 종류의 일들이 벌어질' 거요. 벨버리 사람들이 어떻게 행동하느냐의 문제가 아니라(어둠의 엘딜들은 그것을 알 것이다), 그들의 행동을 어떻게 생각하느냐의 문제요. 그들은 브랙톤에 갈 겁니다. 누군가 흙이나 공기, 하늘의 긴장 따위를 지어내서 둘러댈지는 두고 볼 일이지요.'

대장은 적이 갈망하는 힘들이 단순히 브랙돈의 부지에 있다고 짐작했던 때가 있었다. 그런 문제에서는 지역 자체가 중요하다는 게 오랜 믿음이니까. 하지만 제인의 꿈으로 그는 정황을 더 잘 알게 되었다. 적은 브랙돈 숲의 땅속에서 훨씬 분명한 뭔가가 파내지기를 기다리고 있었다. 그것은 바로 멀린의 시신이었다. 랜섬은 엘딜들과 같이 있을 때 그런 걸 발견한 가능성에 대해 들은 적이 있었다. 그들은 놀

라는 기색 없이 말했다. 그들에게는 놀랄 일이 아니었다. 엘딜들에게
는 보통 인간의 존재 양식인 임신, 출생, 죽음, 부패—이를 통해 인간
의 사고의 틀이 이루어지는—나 그들의 잠들지 않는 정신에 계속 떠
오르는 것의 무수한 패턴이나 마찬가지로 그다지 놀라울 게 없었다.
'자연'이라는 것을 활동적으로 만드는 고도의 피조물인 그들에게는
무엇도 '자연스럽지' 않다. 그들의 입장에서는 모든 창조의 본질적
인 자의성(그렇게 부를 수 있다면)이 끊임없이 눈에 들어온다. 그들에게
는 기본 전제 따위는 없다. 모든 생기生氣는 기적적인 자기 제어의 순
간에 우러나는 리듬 혹은 장난스러움에서 나오는 의지적인 아름다움
이 있다. 그 안에서 '영원'은 수많은 가능성을 거부하고 자신에게서
긍정적이고 선택된 발명품을 분출한다. 시신이 천오백 년간 부패하
지 않고 누워 있었다는 것이 그들에게는 이상해 보이지 않았다. 그들
은 부패 없는 세상들을 알았으니까. 그동안 개개의 생명이 유지된다
는 것도 그들에게는 이상할 게 없다. 그들은 영혼과 물질이 합해졌다
분리되었다가, 상호 영향력이 유지된 채 분리되고, 진정한 환생 없이
도 합해질 수 있는 무수한 양식들을 봤으니까. 그것들은 온전히 하나
가 되어 제3의 사물이 되기도 하고, 부부의 포옹처럼 잠시 일시적으
로 하나가 되기도 했다. 그들이 랜섬에게 이런 기별을 한 것은 자연
철학의 놀라운 사실을 가르쳐 주기 위해서가 아니었다. 이것은 전쟁
시기에 대한 정보였다. 멀린은 죽지 않았다. 그의 생명은 옆으로 벗
어나 숨겨져 있었다. 천오백 년간 1차원의 시간에서 벗어나 있었다.
하지만 어떤 조건하에서 생명은 육신으로 돌아올 터였다.

최근까지 엘딜들이 이런 것을 말해 주지 않은 이유는 그들도 몰랐기 때문이다. 랜섬이 맥피와 논쟁을 벌일 때 가장 곤란한 것은(맥피는 엘딜들의 존재를 믿지 않는다고 계속 밝혔다), 맥피가 일반적이긴 하지만 의문의 여지가 있는 가정을 하는 점이었다. 그는 인간보다 현명하고 강한 피조물이 있다면 틀림없이 전지전능할 거라고 전제했다. 랜섬이 진실을 설명하려 노력해도 허사였다. 의심의 여지 없이 그를 그리도 자주 찾아오는 위대한 존재들은 벨버리를 영국에서 쓸어버릴 능력이, 영국을 지구에서 쓸어버릴 능력이 있을 터였다. 지구라는 존재 자체를 없앨 수도 있었다. 하지만 그런 종류의 능력은 동원되지 않을 것이다. 또 엘딜들은 인간의 마음에 직접 나타나지 않았다. 그들은 다른 곳에서, 다른 쪽으로 접근해서 멀린의 상태에 대해 알았다. 브랙돈 숲 밑에서 잠든 것을 조사한 게 아니라, 그런 것들은 시간의 도로를 벗어나, 보이지 않는 산울타리를 넘어 상상할 수 없는 들판 속으로 들어간 곳에 남아 있는 것들의 독특한 배치를 관찰해서 알아냈다. 그러므로 현재의 밖에 있는 시간이 모두 과거나 미래는 아닌 것이다.

다들 떠난 추운 새벽, 대장이 양미간을 찌푸리고 깨어 있는 것도 바로 그 때문이었다. 이제 그는 적이 멀린을 찾으려고 브랙돈을 구입했다는 점을 의심하지 않았다. 멀린을 찾는다면 그를 다시 깨울 터였다. 늙은 드루이드교 사제는 새로운 전략가들과 손을 잡을 게 뻔했다. 그 무엇으로 멀린이 그러는 것을 막을 수 있을까? 이 결속은 두 종류의 능력 사이에서 효과를 발휘할 테고, 그 와중에 우리 행성의 운명이 결정될 터였다. 그것이 수세기 동안 검은 엘딜들의 의지였음은 의문의 여지가 없었다. 자연과학 자체는 선하고 결백하지만 랜섬의 시대에는 이미 왜곡되기 시작해서 어떤 방향으로 교묘하게 흘러갔다. 객관적 진실에 대한 절망감이 차츰 과학자들에게 슬며시 파고들었다. 이것은 과학에 대한 무관심과 단순한 권력에의 집중이라는 결과를 낳았다. 엘랑비탈(앙리 베르그송의 철학 개념. 진화는 적자생존이 아닌 생명의 폭발과 비약에 의해 창조적으로 이루어진다는 주장. 엘랑비탈은 그 비약을 뜻함 — 옮긴이)이니 범신론(인간과 동물뿐 아니라 식물을 포함한 만물이 신이라는 세계관—옮긴이)이니 떠들어 대는 것이 마법사들의 '세계관'을 되살릴 가능성이 충분히 있었다. 인간의 운명에 대한 꿈들이 얕고 불온한 무덤에서 신인神人이라는 오랜 꿈을 파내고 있었다. 해부실과 병리학 실험실에 대한 경험들은, 뿌리 깊은 혐오감을 누르는 것이 과정의 첫 핵심 사안이라는 믿음을 낳았다. 그래서 이제 이 모든 것은, 검은 계략꾼들이 오래전의 다른 능력과 만나도록 안전하게 일을 꾸밀 수 있다고 생각하는 단계에 이르게 했다. 사실 그들은 이런 일을 할 수 있는 첫 순간을 제대로 선택한 셈이었다. 19세기의 과학자들은 그런 일을 할 수 없었을 것이다. 단호한 유물론자들이어서 이런 생각은 마음에서 내몰았을 테니까. 또 과학자들을 설득한다 해도, 그들은 물려받은 도덕관 때문에 흙에 손을 대지 않았을 터였다. 맥피는 그런 전통에서 살아남은 사람이었다. 그러나 지금은 달랐다. 벨버리 사람들은 대부분 무슨 일이 벌어지는지 몰랐지만, 일단 일이 벌어지면 그들은 펄펄 날아다닐 터였다. 합리적인 우주를 믿지 않는 그들에게 믿지 못할 일이 있을까? 도덕심이 인류의 물리적·경제적 상황의 객관적인 부산물일 뿐이라고 믿는 마당에 지나친 생각이란 게 있을까? 때가 무르익었다. 지옥에서 받아들여지는 관점으로 보면, 지구의 모든 역사는 이 순간을 향해 있었다. 타락한 인간이 능력의 한계를 떨칠— 실은 그 한계는 인간이 완전히 타락하는 것을 막아 주는 은총이었다— 진정한 기회가 이제야 왔다. 계략이 성공한다면 마침내 지옥은 부활할 것이다. 아직 몸에 속해 있는 동안, 악한 인간들은 여전히 이 작은 지구 위를 기어 다니며 악령의 능력을 갖게 될 것이다. 이전에는 죽은 후에만 들어갔던 상태가 이제는 지상에서 시작될 것이다. 지구 전체에서 자연은 그들의 노예가 될 것이다. 또 시간 자체가 끝나기 전까지 지배력이 무한히 계속되리라는 것을 예견할 수 있었다.

10
정복된 도시

1

하루를 어떻게 보냈든 마크는 지금까지는 밤에 잠을 잘 자는 편이
었다. 그런데 이날 밤은 잠을 설쳤다. 제인에게 편지를 쓰지 못했다.
종일 사람들의 눈을 피해 다녔고 특별히 한 일이 없었다. 잠 못 드는
밤은 모든 두려움을 새로운 수준으로 올려놓았다. 물론 그는 이론상
유물론자였고, (역시 이론상) 밤을 두렵게 느낄 나이는 지났다. 하지만
몇 시간이나 창문이 바람에 덜컹대니, 예전의 두려움이 다시 밀려들
었다. 차가운 손가락이 등줄기를 스치고 지나는 어릴 적 공포감이 다
시금 느껴졌다. 사실 유물론은 아무런 보호책이 되지 않는다. 거기서
희망을 찾는 이들(무시해도 무방한 부류는 아니다)은 실망할 것이다. 두려
움은 참기 힘들다. 할 수 없지. 그러면 어쩐다? 귀신을 꼭 봐야 한다
면, 아예 귀신이 있다고 믿는 편이 더 낫다.

평소보다 일찍 차와 함께 쪽지가 들어왔다. 부소장이 인사를 보내며, 당장 와줘야겠다는 내용이었다. 다급하고 염려스러운 문제가 있다면서. 마크는 옷을 입고 그에게 갔다.

위더의 방에 가보니 하드캐슬도 있었다. 놀랍게도, 또 (한순간은) 다행스럽게도 위더는 지난번의 만남을 기억하는 내색을 하지 않았다. 사실 그는 몹시 우울하긴 했지만, 정답고 심지어 공손한 태도로 대했다.

"잘 잤나? 어서 오시게, 스터독. 대단히 유감스럽구만. 난……저…… 간단히 말하자면, 자네를 위해 가급적 빨리 모든 정황을 알려줘야 한다고 느끼지 않았다면 자네가 조반도 못 들게 하진 않았을 걸세. 물론 이제 내가 할 말은 절대 비밀로 받아들여 주게. 괴롭거나 적어도 난감한 문제거든. 대화가 진행되면 (자리에 앉게나, 스터독) 자네의 현 상황에서 우리가 애초부터 자체 경찰력을—부적당한 명칭이지만—구축한 것이 얼마나 현명한 일인지 자네도 알게 될 거야."

마크는 입술을 빨면서 의자에 앉았다.

위더가 계속 말했다.

"자네를 완전히 신뢰할 수 있고—우선 그 점을 알아두게—자네도 거기에 보답하고 있기를 바라는 마음이 없었다면(이 대목에서 그는 처음으로 마크의 눈을 응시했다), 이 질문을 하기가 훨씬 꺼려졌을 걸세. 여기서 우리는 서로 형제…… 어…… 자매로 여기지. 그러니 이 방에서 우리 사이에 어떤 일이 있더라도 모든 오가는 말은 함구해 줄 수 있어야 하네. 나는 지금 이야기하려는 화제를 우리 모두 가장 인간적이며 가장 격식 차리지 않고 의논할 만하다고 느끼리라 보네."

하드캐슬이 갑자기 끼어들었다. 그녀의 목소리는 권총 소리 같은 효과를 냈다.

"지갑을 잃어버렸지요, 스터독."

그녀가 말했다.

"제…… 제 지갑이요?"

마크가 물었다.

"그래요. 지갑. 수첩 같은 것. 메모와 편지를 보관하는 지갑 말이에요."

"네. 그렇습니다. 그걸 찾았습니까?"

"3파운드 10실링, 5실링짜리 우편환 표, 머틀이라고 서명한 여자의 편지, 브랙톤 회계 책임자와 G. 레른쇼, F. A. 브라운, M. 벨처의 편지들, '에지스토, 마켓가,' 사이몬드&선'의 양복 청구서가 들어 있나요?"

"네, 비슷할 겁니다."

"여기 있어요."

하드캐슬이 테이블을 손짓했다. 마크가 테이블로 다가가자 그녀가 덧붙였다.

"아니, 가만있어요!"

"도대체 이게 다 무슨 일입니까?"

마크가 말했다. 그런 상황에서는 누구라도 그런 말투로 대꾸하겠지만, 경찰들은 '과한 반응'이라고 볼 만한 말투였다.

하드캐슬이 말했다.

"그만둬요. 이 지갑은 힝기스트의 시신에서 5미터쯤 떨어진 도로 옆 풀밭에서 발견됐어요."

"맙소사. 설마…… 말도 안 됩니다."

스터독이 말했다.

하드캐슬이 대꾸했다.

"나한테 호소해 봤자 소용없어요. 난 변호사도 아니고 배심원도, 판사도 아니니까. 난 그저 여경에 불과해요. 당신한테 사실만 이야기하는 거예요."

"제가 힝기스트 살해 혐의를 받고 있는 겁니까?"

부소장이 말했다.

"이 단계에서 대단히 고통스러운 이 문제를 보는 시각에서 우리 동료들과 자네 사이에 엄청난 차이가 있다는 걱정은 조금도 할 필요 없을 듯하군. 사실 문제는 구조적인 면인데……."

"구조적이라고요? 제가 알기로 하드캐슬 국장은 저를 살해범으로 고소하려 하는데요."

마크가 화를 내며 말했다.

위더의 눈빛은 머나먼 거리에서 바라보는 듯했다.

그가 말했다.

"자네가 하드캐슬 국장의 입장을 제대로 모른다는 생각이 드는군. 그녀가 책임자인 집단이 국공연 내에서 그런 종류의 일을 하는 것은 월권행위가 아니네. 굳이 말하자면, 그들이 그러고 싶었거나 나중 단계에서 그러고 싶어 해도 월권은 아니지. 반면 우리가 그들의 역할을 어떻게 정했든, 외부 공권력과 관련해서는 그런 식의 조치를 하지 않을 걸세. 적어도 자네가 쓰는 어휘가 뜻하는 그런 짓은 말이지."

"하지만 제가 염려하는 것은 외부 공권력일 겁니다."

마크가 말했다. 입이 바싹 말랐고, 똑바로 소리를 내기가 힘들었다. 그가 덧붙였다.

"제가 이해하는 바로, 하드캐슬 국장은 제가 체포될 거라는 뜻으로 말하고 있습니다."

위더가 대답했다.

"그 반대로, 이건 자체 경찰단이 있는 게 얼마나 가치 있는지 알 수 있는 경우지. 외부 경찰이 지갑을 발견했다면 자네가 상당히 불편해졌을 일이겠지. 또는 우리가 지갑을 경찰에 넘기는 것을 의무로 느끼는 보통 시민의 입장이었다면—다른 입장이라면 의무로 느끼는 게 마땅하지—자네는 곤혹스러워졌겠지. 하드캐슬 국장이 이……어…… 당혹스러운 발견을 한 사람이 부하 경관이었다는 점을 자네에게 명확히 밝혔는지 모르겠군."

마크가 말했다.

"도대체 무슨 말씀입니까? 하드캐슬 국장이 제가 범인이라는 증거가 확실하다고 보지 않는다면, 제가 왜 이런 식으로 심문받고 있겠습니까? 그리고 그녀가 그렇게 생각한다면 어떻게 경찰 당국에 알리지 않을 수 있겠습니까?"

위더는 구약 시대 사람 같은 말투로 말했다.

"이보게 친구, 위원회 입장에서는 이런 종류의 사건에서 우리 경찰이 해야 되는 일의 범위에 대해 왈가왈부할 의사가 조금도 없다네. 하지 말아야 되는 일에 대해서는(여기서는 그게 중요하겠지) 말할 것도 없고. 하드캐슬 국장이—그녀가 주도권을 갖지 못하는 경우—당국과 소통할 의무가 있다고 보는 사람은 없었을 걸세. 당국의 경찰 조직은 이런 가늠할 수 없고 기술이 필요한 수사에 미숙하지. 하지만 하드캐슬 국장과 부하들은 국공연 내부에서 활동하면서 그런 것들을 잘 알지."

마크가 말했다.

"하드캐슬 국장이 제가 힝기스트의 살해범으로 체포될 만한 사실들을 알고 있지만, 친절하게도 은폐하겠다고 제안한다는 겁니까?"

"이제야 말귀를 알아듣는군요, 스터독."

'요정'이 말했다. 잠시 후 마크는 그녀가 실제로 엽궐련에 불을 붙인 것을 처음으로 보았다. 그녀는 담배 연기를 내뿜고 미소를 지었다. 미소가 아니었더라도 적어도 입술이 벌어져 치아가 드러났다.

"하지만 그건 제가 원하는 바가 아닙니다."

마크가 말했다. 이것은 사실이 아니었다. 몇 초 전 그 말을 들었을 때 어떤 방식으로든, 어떤 조건으로든 일이 무마된다는 생각을 하자, 질식하다가 공기를 들이마신 것 같았다. 하지만 여전히 그의 내면에는 시민 정신이 살아 있어서, 아까의 감정을 의식하지 못하고 마음과 다른 말을 늘어놓았다.

그는 좀 큰 목소리로 말을 이었다.

"그건 원치 않습니다. 저는 결백한 사람입니다. 당장 경찰에……
진짜 경찰에 가는 편이 좋겠습니다."

'요정'이 말했다.

"목숨을 내걸고 싶다면 그건 또 다른 문제겠지요."

마크가 말했다.

"정당함을 입증받고 싶은 겁니다. 당장 무혐의가 밝혀질 겁니다.
범행 동기가 없었습니다. 게다가 알리바이도 있고요. 그날 밤 내가
여기서 잤다는 것을 모르는 사람이 없는데요."

"정말 그럴까?"

'요정'이 말했다.

"무슨 뜻입니까?"

마크가 물었다.

"동기는 언제나 있어요. 누가 누구를 살해할 동기는 늘 있다구요.
경찰은 인간일 뿐이에요. 사건이 시작되면 그들은 당연히 용의자가
유죄 판결을 받기를 바라지요."

그녀가 말했다.

마크는 겁먹지 않았다고 자위했다. 위더가 창문을 꽉꽉 닫은 채로
난롯불을 활활 피우지만 않았으면 좋았으련만!

"당신이 쓴 편지가 있어요."

'요정'이 말했다.

"무슨 편지요?"

"6주 전 같은 칼리지의 펠럼이라는 사람에게 보낸 편지에서 당신

정복된 도시   357

은 '눈보라 빌이 더 나은 세상으로 옮겨질 수 있으면 좋겠습니다' 라
고 썼지요."

그 문구를 휘갈겨 쓴 기억이 날카로운 통증처럼 되살아났다. 그
것은 혁신파 내부에서 늘 쓰는 우스개였다. 브랙톤에서는 맞수나
찌질한 사람을 상대로 하루 열두어 번쯤 그런 표현을 하는 게 예사
였다.

"그 편지가 어떻게 당신 손에 들어갔습니까?"

마크가 물었다.

부소장이 말했다.

"하드캐슬 국장이 연구소 경찰의 실질적인 활동을 상세한 부분까
지 설명하는 것은 몹시 부적절할 듯하네, 스터독. 이런 말을 한다고
해서, 국공연의 모든 구성원 사이에 최고의 신뢰가 있는 것이야말로
연구소가 지닐 수 있는 가장 귀한 특징의 하나임을 부인할 의향은 전
혀 없네. 사실 우리가 개발하려는 굳건하고 조직적인 삶이야말로 필
수 조건이지. 하지만 어떤 국면에서는 사실들을 말로 주고받는 데 있
어 신뢰를…… 어…… 스스로 저버리기도 하지. 물론 그런 정황이 명
확히 규정된 것은 아니지만, 상황이나 내재된 정신 혹은 전체에 대한
표현 방식에서 저절로 드러나기도 한다네."

"누가 그 편지를 진지하게 여긴다는 말씀은 아니시지요?"

마크가 말했다.

"경찰에게 뭔가 이해시키려 해본 적이 있어요? 당신이 '진짜' 경
찰이라고 말하는 사람에게 말이에요."

'요정'이 말했다.

마크는 아무 말도 하지 않았다.

다시 '요정'이 말했다.

"게다가 알리바이가 특별히 도움이 될 것 같지도 않거든요. 저녁 식사 때 당신이 빌과 대화하는 게 목격되었어요. 그가 떠날 때 당신이 함께 현관 밖으로 나가는 것도요. 당신이 돌아오는 것을 본 사람은 없어요. 다음 날 아침 식사 때까지의 행적이 밝혀지지 않았죠. 당신이 살해 현장까지 차로 빌과 함께 갔다면, 밤 2시 15분까지 걸어와서 잠자리에 들기에 충분한 시간이었겠죠. 서리 내리는 밤이었어요. 당신 신발이 유난히 흙투성이거나 할 필요가 없는 거죠."

위더가 말했다.

"하드캐슬 국장의 지적을 들어 보니, 연구소 경찰의 중요성을 아주 잘 보여 주는 사건이로군. 보통 경찰이 이해하리라 기대하는 게 터무니없을 정도로 미묘한 면이 너무 많군. 하지만 경찰이, 말하자면 우리 가족에 속해 있는 한 (나는 국공연을 대가족으로 본다네, 스터독) 오판으로 흘러가는 경향을 막을 수도 있겠군."

치과, 그리고 교장실에서 겪은 것과 비슷한 정신적인 혼란이 밀려들자, 마크는 그가 붙잡혀 있는 듯한 상황과 더운 방의 네 벽 속에 있는 것이 똑같은 것으로 느껴지기 시작했다. 무슨 조건을 걸고라도 다시 여기서 벗어날 수 있다면, 자유로운 공기와 햇빛 속으로 나아갈 수 있다면! 시골에 갈 수 있다면, 부소장의 칼라가 계속 바스락대는 소리와 하드캐슬의 엽궐련에 묻은 붉은 자국에서 벗어날 수 있다면!

벽난로 위에 걸린 왕의 사진을 안 볼 수 있다면!

마크가 말했다.

"경찰에 가지 말라고 충고하시는 겁니까, 부소장님?"

"경찰에?"

위더는 전혀 처음 듣는 말인 것처럼 반문했다. 그가 말을 이었다.

"스터독, 자네가 그런 식의 돌이킬 수 없는 행동을 할 거라고 생각한 사람은 아무도 없을 걸세. 그런 행위는 자네가 동료들과 특히 하드캐슬 국장에게 상당히 불충한 잘못이 될 거라는―고의적이지 않은 잘못이라고 얼른 덧붙여야겠지만―논란까지도 벌어질 걸세. 물론 그러면 자네는 우리의 보호를 벗어나게 될 걸세."

'요정'이 말했다.

"그게 핵심이에요, 스터독. 일단 경찰의 손에 들어가면 당신은 경찰의 손아귀에 잡히는 거예요."

마크가 눈치 챌 새도 없이 그는 결정할 순간을 놓치고 말았다.

그가 말했다.

"저, 제가 어떻게 하면 좋겠습니까?"

요정이 말했다.

"나한테 묻는 건가요? 침착하게 굴어요. 지갑을 발견한 게 외부인이 아니라 우리였으니 당신은 행운아예요."

위더가 점잖게 거들었다.

"어…… 스터독에게만이 아니라 국공연 전체로서도 운이 좋았던 게지. 우리가 모른 척할 수 없었을 테니……."

"한 가지 걸림돌이 있는데, 당신이 펠럼에게 보낸 편지를 우리가 손에 넣지 못했다는 점이에요. 사본만 있어요. 하지만 운이 따르면 그 편지 때문에 일이 생기진 않을 거예요."

요정이 말했다.

"그렇다면 현재로서는 아무 할 일도 없는 겁니까?"

마크가 물었다.

위더가 대답했다.

"그렇지. 없네. 어떤 임원도 즉각적인 조치를 취하지 않을 걸세. 그러리라 믿네만 자네도 앞으로 몇 개월간 극도로 조심하고…… 어…… 어…… 신중하게 처신하라고 조언하는 바네. 자네가 우리랑 같이 있는 한 경시청 측에서는 명백한 사건이 아닌 경우 조치를 취하는 게 불편하다는 것을 알 걸세. 앞으로 6개월 내에 국가 경찰과 우리 기구 사이에 어떤…… 어…… 어떤 힘겨루기 양상이 벌어질 게 분명하지만, 그들이 이번 일을 시험 사례로 삼으려는 선택은 하지 않을 거라 생각하네."

위더는 아버지 같은 태도를 보였다.

마크가 말했다.

"한데 그들이 이미 제게 혐의를 둔다는 말씀입니까?"

'요정'이 대답했다.

"그러지 않기를 바라지요. 물론 저들은 죄수를 원하는데, 그건 자연스러운 일이지요. 하지만 국공연 구내에서 수색하지 않아도 되는 인물을 잡아들이겠다고 판단할 테죠."

"하지만 이것 보십시오! 하루 이틀 사이에 도둑을 잡을 생각은 없습니까? 아무것도 안 할 작정입니까?"

"도둑이라니? 지금까지 시신이 강도를 당했다는 이야기는 없네만."

위더가 말했다.

"제 지갑을 훔친 도둑을 말하는 겁니다."

부소장은 세련된 잘생긴 얼굴을 가만히 쓰다듬으며 대답했다.

"아…… 그래…… 자네 지갑. 알겠네. 자네는 모르는 어떤 사람 혹은 사람들을 절도죄로 고발하겠다는 거군…….."

"환장하겠네! 누군가 그걸 훔쳐 갔을 거라는 추측은 안 하셨습니까? 제가 현장에 있었다고 생각하시나요? 두 분 다 저를 살인범으로 보십니까?"

마크가 소리쳤다.

부소장이 말했다.

"부탁일세! 스터독, 제발이지 고함을 치면 안 되네. 무분별한 행동이기도 하거니와 자네가 숙녀 앞에 있다는 점을 상기시켜야겠군. 내 기억에 우리 쪽에서는 살인에 대한 이야기가 나온 적도 없고, 어떤 식의 비난도 한 적이 없네. 내 유일한 근심은 우리 모두가 뭘 하고 있는지 명확하게 해두는 것일세. 물론 이론상 자네가 취할 수 있고, 우리가 논의를 계속하기 몹시 어렵게 만드는 어떤 행동과 절차가 있지. 하드캐슬 국장의 의견도 나와 같을 거라고 믿네."

'요정'이 말했다.

"나는 한 가지 생각밖에 없어요. 우리가 그를 피고인석에 앉히지 않으려고 하는 마당에 왜 스터독은 우리에게 소리 질러야 하느냐 이거죠. 하지만 그건 그가 결정할 일이겠죠. 난 힘든 하루를 보낸 터라 아침나절 내내 여기서 빈둥대고 싶지 않아요."

마크가 말했다.

"사실 저는 그 일이……"

위더가 말했다.

"진정하게, 스터독. 말했다시피 우리는 스스로를 한 가족으로 보기 때문에 정식 사과는 필요하지 않네. 우리 모두 서로 이해하며 모두…… 소동을 싫어하지. 최대한 다정한 태도로 이렇게 말하는 것을 양해하게. 위원회는 자네처럼 불안정한 성격을 가진 사람을 고용하는 것을 탐탁지 않아 할 걸세. 물론 지금 우리는 극비리에 대화하고 있네만."

마크는 취직 걱정은 넘어선 지 오래였지만, 이제는 해고 위협이 교수형 위협이나 마찬가지라는 것을 깨달았다.

마침내 그가 말했다.

"무례했다면 죄송합니다. 제게 어떤 충고를 하시겠습니까?"

'요정'이 대답했다.

"벨버리 바깥을 기웃대지 말아요, 스터독."

"하드캐슬 국장이 더할 나위 없이 훌륭한 조언을 했다는 생각이 드네. 그리고 이제 스터독 부인도 여기 와서 자네와 합류할 테니 일시적인 포로 생활은—은유적인 의미로 이런 표현을 쓰는 걸 자네도 이해하겠지—심한 고생은 아닐 걸세. 여기를 자네의 '집'으로 봐야 될 걸세, 스터독."

"저기…… 그 말씀을 하시니까 생각납니다만, 아내가 여기서 지내게 될지 확실하지 않습니다. 솔직히 그녀는 건강 상태가 그리 좋지 않아서……."

"하지만 그렇다면 자네는 부인을 여기 오게 하고 싶어서 더욱 안달이 나겠군 그래?"

"아내에게 좋은 일일지 모르겠습니다, 부소장님."

'디디'가 한눈을 팔자 마크의 목소리가 더 낮아졌다.

부소장이 말했다.

"하마터면 잊을 뻔했네, 스터독. 자네가 우리 '헤드'에게 인사드린 것을 축하하네. 그게 자네 직장 생활에서 중요한 변화를 이룰 거야. 모두들 자네가 더 깊은 의미로 우리 속에 들어왔다고 느끼고 있네. 그분이 자네에게 느끼는 호의적인—거의 아버지 같은—근심을 외면할 뜻은 전혀 없으리라 믿네. 그분은 최대한 서둘러 스터독 부인을 우리에게 맞아들이고 싶어 하시네."

"왜지요?"

마크가 불쑥 물었다.

위더는 의미를 알 수 없는 미소를 지으며 마크를 바라보았다.

그가 말했다.

"이 친구야, 하나가 되려는 거지. 가족이 되는 걸세. 그녀는……
그녀는 하드캐슬 국장과 어울리게 되겠군!"

마크가 이 놀랄 만큼 새로운 생각에서 정신을 차리기도 전에 위더가 일어나서 문 쪽으로 걸어갔다. 그는 한 손으로 손잡이를 잡고 다른 손은 마크의 어깨에 올렸다.

"아침 식사를 못해서 배가 고프겠군. 나 때문에 늦어지면 안 되겠지. 극도로 조심해서 처신하게. 그리고…… 그리고……."

위더는 이 대목에서 갑자기 얼굴이 변했다. 쫙 벌린 입은 불현듯 성난 동물의 입처럼 보였다. 노인의 애매한 눈빛에는 인간 같은 기미가 보이지 않았다. 그가 덧붙였다.

"그리고 여자를 데려와. 알겠나? 아내를 데려오라구. 헤드께서는…… 인내심이 없으시거든."

2

마크는 문을 닫으면서 얼른 속으로 중얼댔다. '지금이야! 두 사람은 저기 같이 있어. 적어도 잠깐은 안전해.' 그는 모자를 쓸 새도 없이 빠른 걸음으로 현관문으로 빠져나가 차도를 내려갔다. 몸이 말을 안 들으면 모를까, 에지스토에 가서 제인에게 경고하려는 터에 어떤 것도 그를 막지 못할 터였다. 그 후의 계획은 없었다. 한때 많은 난민에게 위안을 주었던 미국으로 달아난다는 애매한 생각도 그럴듯하지 않았다. 그는 미국과 러시아에서 국공연 및 그것과 관계된 모든 일이 호의적으로 인정받는다는 기사를 이미 신문에서 읽은 바 있었다. 마크 같은 가여운 '도구'가 그 기사들을 썼을 것이다. 국공연의 발톱은 모든 국가에 박혀 있었다. 그가 성공적으로 배에 오른다 해도, 이국의 항구까지 간다 해도 연구소 앞잡이가 기다리고 있을 터였다.

그는 이제 도로를 지나 수풀로 들어섰다. 부소장실에서 나온 지 1분도 안 됐는데 아무도 앞을 지나가지 않았다. 하지만 어제의 모험이 다시 벌어지고 있었다. 키가 크고 구부정한 사람이 발을 질질 끌면서 콧노래를 흥얼대며 그의 앞을 막았다. 마크는 싸워 본 적이 없었다. 몸에 밴 오랜 충동이─육체는 여러 가지 면에서 그의 정신보다 현명했다─늙은 훼방꾼의 머리통을 겨냥해 주먹을 날리게 했다. 하지만 효과가 없었다. 그 형체는 갑자기 사라져 버렸다.

아주 똑똑한 사람들은 이 에피소드에 대한 다음 설명에 완전히 동의하지 않을 것이다. 그날과 전날, 긴장 상태에서 마크는 위더가 없는 곳에서 그의 환영을 봤을 터였다. 거의 늘 벨버리의 여러 방과 복도에 위더가 출몰하는 것은 (요컨대) 유령이라는 뜻이었을 수 있다. 유령이란 감각적인 인상들 중 한 가지로, 개성이 강한 이가 마지막으로 스러져 갈 때 건물 구조 자체에 새겨지는 눈에 보이는 각인일 수 있다. 대개는 죽은 뒤 나타나지만 그전에 나타나기도 하며, 없애려면 푸닥거리를 하는 게 아니라 건축 구조를 바꾸는 게 방법이다. 혹은 지적인 장점을 잃은 영혼들이 단기간 동안 여러 곳에서 망령으로 되살아나는 헛된 특권을 보상받은 게 유령일지도 모른다. 어쨌든 그것이 무엇이었든 간에 사라져 버렸다.

오솔길은 들판 위에 대각선으로 나 있었고, 이제 서리가 내리고 하늘은 선명하지 않은 파란색이었다. 그때 돌계단 하나가 나왔다. 그

뒤로 덤불 가장자리를 따라 난 길로 세 군데 들판을 지났다. 약간 왼편으로, 농장 뒤쪽을 지난 다음 숲을 통과했다. 숲을 지나자 코텀턴의 첨탑이 눈에 들어왔다. 이제 마크는 발이 따뜻해졌고 허기가 느껴지기 시작했다. 그때 도로를 가로질러 소 떼를 지났다. 소들은 머리를 숙이고 그에게 콧방귀를 뀌었다. 인도교를 지나 냇물을 건너, 얼어붙은 바퀴 자국이 난 길로 접어들었다. 코텀턴으로 들어가는 길이었다.

마을길에 들어서서 처음 본 것은 농가의 짐마차였다. 아낙네와 세 아이 옆에 앉은 사내가 마차를 몰았다. 짐칸에는 서랍장, 침대, 매트리스, 상자들, 카나리아 한 마리가 든 새장이 실려 있었다. 곧 그 뒤로 남자와 여자와 아이 한 명이 유모차를 밀며 지나갔다. 유모차에는 작은 가재도구가 실려 있었다. 그다음에는 한 가족이 손수레를 밀고 지나갔고, 그 뒤로 짐을 잔뜩 실은 이륜 경마차가 지나갔다. 그다음에는 고물차가 연신 경적을 울려 댔지만 사람들 속을 뚫고 지나가지 못했다. 그런 행렬들이 마을을 지나갔다. 마크는 전쟁을 겪은 적이 없었다. 만일 그랬다면 피난 행렬임을 곧바로 알아봤을 것이다. 터벅터벅 걷는 말들과 사람들이며 짐을 잔뜩 실은 차량들을 보고 '적이 뒤에 있다'는 분명한 메시지를 간파했을 것이다.

행렬이 계속 이어지는 바람에 선술집 옆 교차로까지 가는 데 꽤 오래 걸렸다. 거기 유리 액자에 버스 시간표가 있었다. 에지스토행 버스는 12시 15분이나 되어야 올 터였다. 그는 어슬렁댔다. 눈앞에서 벌어지는 광경을 이해하지 못했지만 의아하기는 했다. 코텀턴은 평소 아주 조용한 마을이었다. 행복하고 별스러울 것 없는 상상 때문에, 이제 벨버리가 안 보이니 별로 위험하게 느껴지지 않았다. 또 놀랍게도 앞으로 어떻게 할지에 대한 생각도 나지 않았다. 이따금 제인이 떠올랐고, 가끔은 베이컨과 달걀, 생선 튀김, 큼직한 컵에 담긴 향긋한 커피가 생각났다. 11시 30분, 선술집이 문을 열었다. 그는 들어가서 맥주 한 잔과 빵과 치즈를 주문했다.

술집은 텅 비어 있었다. 삼십 분 사이에 손님이 하나둘씩 들어와서 네 명이 되었다. 그들은 처음에는 우울한 행렬에 대해 언급하지 않았다. 창밖으로 계속 사람들이 지나갔다. 술집에 온 사람들은 한동안 아무 말도 하지 않았다. 그러다가 오래된 감자처럼 생긴 왜소한 사내가 딱히 누구에게랄 것도 없이 말했다.

"저번 날 럼볼드를 봤지."

한 5분쯤 아무도 대꾸하지 않다가, 각반을 두른 청년이 말했다.

"그는 그런 시도를 한 게 후회스러울 것 같아요."

럼볼드를 화제로 삼은 이런 식의 대화가 한동안 오갔다. 그에 대해 더 할 말이 없자, 그제야 아주 간접적이고 점진적으로 피난민 행렬을 조명하는 대화가 시작되었다.

한 사람이 말했다.

"아직도 나오는구만."

"아."

다른 사람이 내뱉었다.

"지금쯤 남은 사람이 별로 없겠는걸."

"저 사람들이 다 어디로 들어갈지 모르겠구먼."

조금씩 사정이 드러났다. 그들은 에지스토에서 피난 나온 사람들이었다. 집에서 쫓겨난 이들도 있고, 폭동이 무서워서 피하는 이들도 있었다. 그보다 많은 이들이 질서를 찾아서 나왔다. 에지스토에는 공포감 같은 것이 자리 잡은 듯했다.

선술집 주인이 말했다.

"어제 2백 명이 체포되었다고 들었소."

청년이 말했다.

"아, 완고한 자들이에요. 국공연 경찰요, 하나같이 그렇다니까요. 우리 노친네를 기겁하게 한다니까요."

그는 웃으면서 말을 마쳤다.

다른 사람이 말했다.

"내가 듣기로 경찰이 아니라 일꾼들이라던데. 그 웨일스인들이랑 아일랜드인들을 끌어들이지 말았어야지."

하지만 불평은 그 정도까지였다. 마크가 큰 충격을 받은 것은 그들이 별로 분개하지 않는다는 점이었다. 피난민들에게 딱히 연민을 보이지도 않았다. 술집에 모인 사람들은 적어도 에지스토에서 폭력 행위가 있었다는 것은 알았지만, 다들 피난민들이 지나치게 과장한다는 데 동의했다.

"아침 신문에서 봤는데, 상황이 썩 잘 정리되고 있다더구만."

술집 주인이 말했다.

다른 사람들도 '맞다'며 맞장구쳤다.

감자같이 생긴 사내가 말했다.

"소란을 떠는 치들이 늘 있기 마련이지."

다른 사람이 말했다.

"소란을 떨어 봤자 좋을 게 뭐람? 그렇게 되고 있는 것을. 중단할 수가 없는데."

"내 말이 그 말이라니까."

술집 주인이 말했다. 마크가 쓴 기사들의 이 문구, 저 문구가 들렸다. 마크를 비롯해 그 같은 부류가 일을 잘 해냈음이 분명했다. 하드캐슬은 노동자 계층의 저항이 너무 세서 선동하기 힘들 거라고 했지만 그게 아니었다.

버스 시간이 되었다. 타는 데는 어려움이 없었다. 사실 모든 차량이 반대편에서 왔기에 버스는 텅 빈 차였다. 그는 마켓가 끝에서 내려 아파트를 향해 걷기 시작했다. 동네 전체가 새로운 분위기를 풍겼다. 세 집에 한 집은 빈 집이었다. 상점의 절반은 진열장을 널빤지로 막아 놓았다. 높은 지대에 올라, 정원이 딸린 큰 집들이 있는 구역으로 들어서니 여러 집이 징발되어 국공연 상징이 그려진 흰 현수막이 붙어 있었다. 근육질의 남자가 알몸으로 벼락을 잡고 있는 그림이었다. 모퉁이마다, 이따금씩은 길 중간에도 국공연 경관이 어슬렁댔다. 그들은 헬멧을 쓰고 곤봉을 이리저리 돌렸고, 윤이 나는 검은 허리띠에는 권총을 차고 있었다. 둥글고 하얀 얼굴에다 입을 벌리고 껌을 천천히 우물거리는 그들의 모습이 마크의 기억에 오래도록 남았다. 또 어디에나 공고문이 붙어 있었지만 그는 멈춰 서서 읽지 않았다. 공고문 상단엔 '긴급 조치'라고 쓰여 있고, 피버스톤의 서명이 있었다.

제인이 집에 있을까? 그녀가 집에 없다면 그는 참을 수 없을 것 같았다. 마크는 집에 도착하기 훨씬 전부터 주머니에 든 아파트 현관 열쇠를 만지작거렸다. 문은 잠겨 있었다. 1층에 사는 허치슨 가족이 집에 없다는 뜻이었다. 현관문을 열고 안으로 들어갔다. 계단이 춥고 습했고, 층계참도 그런 것 같았다. 그는 아파트 문을 열면서 '제인'이라고 소리쳤지만 이미 희망을 잃었다. 집에 들어서자마자 사람이 살지 않는다는 것을 알았다. 문 안쪽 발판에는 뜯지 않은 우편물이 수북이 쌓여 있었다. 아무 소리도 나지 않았다. 벽시계가 째깍대는 소리마저 없었다. 모든 게 정돈된 상태였다. 어느 날 아침 온 집안을 '정돈'한 직후 떠났음이 틀림없었다. 부엌의 행주가 말라비틀어진 것을 보면 적어도 24시간 동안은 쓰지 않았다. 찬장에 든 빵은 곰팡내가 났다. 우유병에 우유가 반쯤 있었지만 걸쭉해져서 쏟아지지 않았다. 마크는 정황을 완전히 파악한 후에도 한참 동안 쿵쿵대며 이 방 저 방 돌아다녔다. 썰렁한 집 안에 감도는 곰팡내와 쓸쓸한 분위기가 느껴졌다. 하지만 여기서 어슬렁대 봤자 아무 도움도 되지 않는 것이 분명했다. 도대체 왜 제인은 그에게 어디 간다고 말하지 않았을까? 혹시 누가 그녀를 데려간 걸까? 어쩌면 그에게 남긴 메모가 있으리라. 그는 벽난로 선반에 쌓인 편지 뭉치를 살폈지만, 그것은 그가 답장을 하려고 간수해 둔 편지들이었다. 그때 테이블 위에 놓인 딤블 부인 앞으로 된 봉투가 보였다. 윈드 강 너머의 딤블네 주소가 적혀 있었다. 그러니까 망할 놈의 여편네가 여기 왔었군! 마크는 딤블 부부가 늘 그를 싫어한다고 느꼈다. 그들이 제인에게 같이 지내자고 권했겠지. 남의 일에 간섭하는 게 분명했다. 노섬버랜드 칼리지에 가서 딤블 교수를 만나 봐야 했다.

딤블 부부에 대한 짜증스런 생각이 마크에게 영감 같은 것을 주었다. 아내를 찾는 속상한 남편으로서 약간 성을 내면 최근에 취해야 했던 태도에 즐거운 변화가 생길 것 같았다. 시내로 들어가는 길에 그는 술집에 들러 한잔할 셈이었다. '브리스톨'에 도착하니 '국공연' 현수막이 걸려 있었다. 그는 '이런 망할'이라고 중얼대면서 발길을 돌릴 뻔했다. 하지만 바로 그가 '국공연' 고위직인 사실이 문득 떠올랐다. 이제 '브리스톨'에 얼씬 못하는 일반 대중이 아니었다. 문에서 누구냐고 물은 이들은 마크의 대답을 듣더니 굽실거렸다. 술집 안에는 난롯불이 활활 타고 있었다. 힘겨운 하루를 보낸 터라 위스키 큰 잔을 주문할 만하다는 생각이 들었다. 잔을 들이켠 마크는 한 잔을 더 시켰다. 처음 딤블 부부에게 불만을 느끼던 순간 들었던 생각의 가닥이 완전히 바뀌었다. 에지스토의 전반적인 상황과도 관계가 있었다. 이런 권력이 보여 주는 양상은, 역시 국공연의 외부인인 것보다는 일원인 게 훨씬 좋고 한결 적절하다고 느끼게 했다. 혹시…… 살인 사건의 대책에 그가 너무 과민했던 걸까? 물론 위더는 상황을 그런 식으로 관리했다. 그는 모든 사람이 뭔가 일을 겪고 있는 것을 좋아했다. 그것은 마크를 벨버리에 잡아 두고 제인을 부르게 하는 유일한 방법이었다. 또 생각해 보면 그러면 안 될 이유가 있을까? 언제까지나 제인 혼자 살 수는 없는 노릇이었다. 경력을 쌓고 세상의 중심에서 살 사람의 아내이니, 세상 돌아가는 것을 아는 부인이 되는 법을 배워야 할 터였다. 아무튼 먼저 할 일은 딤블을 만나는 일이었다.

자신도 인정하겠지만 그는 예전과는 다른 사람이 되어 '브리스톨'을 떠났다. 지금부터 마지막 결정에 맞닥뜨릴 때까지, 그의 내면에는 다른 사람들이 놀라운 속도로 빠르게 출현할 테고, 각자 모습을 드러내는 동안에는 완전해 보일 터였다. 그래서 그의 어린애 같은 면모는 이쪽에서 저쪽으로 거칠게 밀치면서, 어른이 되기 시작하는 순간으로 다가갔다.

3

"들어와요."

딤블이 노섬버랜드 칼리지의 연구실에서 말했다. 이날 마지막 수업을 막 마쳤고, 몇 분 후 세인트 앤으로 출발할 작정이었다. 문이 열리자 딤블이 다시 말했다.

"아, 스터독 자네로군. 들어오게."

그는 자연스럽게 말하려 했지만, 스터독의 방문에 놀라고 그의 모습에 충격을 받은 터였다. 지난 번 만남 이후로 마크의 얼굴이 변한 듯했다. 더 통통해지고 안색은 창백해진 데다, 전과 달리 야비한 구석이 엿보였다.

마크가 말했다.

"제인에 대해 물어 보려고 찾아왔습니다. 아내가 어디 있는지 아십니까?"

"난 자네에게 제인이 있는 곳을 알려 줄 수 없을 것 같네."

딤블이 말했다.

"있는 곳을 모른다는 뜻입니까?"

"알려 줄 수 없네."

딤블이 대답했다.

마크의 계획대로라면 지금이 강하게 밀어붙일 시점이었다. 하지만 딤블의 방에 들어오니 느낌이 달랐다. 딤블은 언제나 깍듯하게 예의를 지켜서 대했고, 마크는 그가 자신을 싫어한다고 느꼈다. 그렇다고 해서 그가 딤블을 미워한 것은 아니었다. 다만 딤블 앞에서는 어색하게 말수가 많아지고, 비위를 맞추고 싶어 안달이 날 뿐이었다. 마크는 앙심을 잘 품는 사람은 아니었다. 사랑받는 게 좋았다. 푸대접받으면 보복을 꿈꾸는 게 아니라, 재치 넘치는 농담이나 성과를 내서 상대의 환심을 사려고 했다. 하지만 자기보다 못한 사람, 그에게 선처를 구하는 아랫사람이나 외부인에게는 잔인하게 굴었다. 그를 잘 봐주지 않는 윗사람에게는 전혀 달랐다. 그에게는 비굴한 구석이 많았다.

마크가 물었다.

"무슨 뜻입니까? 이해가 안 됩니다."

"자네 부인의 안전이 염려되면, 어디로 갔는지 묻지 말게."

딤블이 말했다.

"안전이라니요?"

"안전 말일세."

딤블이 고집스럽게 반복했다.

"무엇으로부터의 안전 말입니까?"

"무슨 일이 일어났는지 자네는 모르나?"

"무슨 일이 있었습니까?"

"대규모 폭동이 일어난 밤에 연구소 경찰이 제인을 체포하려 했네. 제인은 그들에게 고문당하고 나서 풀려났네."

"고문을 당해요? 무슨 말입니까?"

"그들이 담뱃불로 지졌네."

"그래서 제가 찾아온 겁니다. 제인은…… 집사람이 신경쇠약에 걸릴 지경인 것 같아서 말입니다. 실제로 그런 일이 벌어지진 않았지만요."

마크가 말했다.

"화상을 치료한 의사의 생각은 다르더군."

"세상에 그럴 수가! 그럼 그들이 정말 제인을 고문했다는 겁니까? 하지만 이보십시오……."

딤블의 차분한 눈길을 마주한 마크는 말하기가 어려웠다.

"왜 아무도 이 폭동에 대해 나한테 말해 주지 않았을까요?"

그가 소리쳤다.

딤블이 뻣뻣하게 대꾸했다.

"자네 동료들이? 나한테 물을 질문이 아니군. 국공연의 방식은 나보다 자네가 잘 알 테니 말이지."

"저한테 알려 주시지 그랬습니까? 왜 아무 조처도 취하지 않으신 겁니까? 경찰에 신고했습니까?"

"연구소 경찰?"

"아니요, 보통 경찰 말입니다."

"에지스토에 보통 경찰이 남아 있지 않다는 사실을 정말 모르나?"

"치안 판사들은 있을 것 아닙니까."

"긴급 행정관인 피버스톤 경이 있긴 하지. 자네, 오해하는 것 같네. 여기는 정복당하고 점령당한 도시일세."

"그러면 도대체 왜 저한테 연락을 안 한 겁니까?"

"자네한테?"

딤블이 반문했다.

몇 년 만에 처음으로 마크는, 딤블 같은 사람이 보는 자신의 모습을 보았다. 숨이 막힐 지경이었다.

마크가 말했다.

"이보십시오. 설마 교수님은…… 이렇게 터무니없을 데가 있나! 제가 그 일에 대해 안다고 생각하는 건 아니겠죠. 설마 제가 제 아내를 끌고 오라고 경찰을 보냈다고 믿는 건 아니겠죠!"

그는 분통을 터뜨리다가, 마지막에는 약간 익살스러운 분위기를 만들려고 했다. 딤블이 유령 같은 미소라도 지을까 해서…… 어떻게 해서든 대화의 수위를 바꾸고 싶었다.

하지만 딤블은 아무 말도 하지 않았고 여전히 긴장한 얼굴이었다. 사실 그는 마크가 그 정도로 타락하지 않았다는 확신이 들진 않았지만, 연민이 들어서 그런 말은 하고 싶지 않았다.

마크가 말했다.

"교수님이 늘 저를 싫어했다는 걸 압니다. 하지만 그 정도일 줄은 몰랐습니다."

다시 한 번 딤블은 침묵을 지켰지만, 마크는 그 이유를 짐작할 수 없었다. 그가 날카로운 공격을 가한 것은 사실이었다. 딤블은 몇 년간 스터독에게 너그럽지 못해서 양심의 가책을 느꼈고 고쳐 보려고 애쓰기도 했다. 지금도 그런 마음이었다.

몇 초간 침묵이 흐른 후, 마크가 메마른 목소리로 말했다.

"저, 더 이상은 할 말이 없는 것 같군요. 제인이 어디 있는지 말해 주시기 바랍니다."

"자네는 제인이 벨버리로 끌려가길 바라나?"

마크는 움찔했다. 반 시간 전 '브리스톨'에서 했던 생각을 딤블에게 들키기라도 한 것 같았다.

마크가 말했다.

"왜 제가 이런 식의 심문을 받아야 되는지 모르겠군요, 딤블. 안사람은 어디 있습니까?"

"내게는 자네에게 말할 권한이 없네. 제인은 내 집에 있지도 않고, 내 보호하에 있지도 않네. 행복하고 안전하게 잘 지내네. 제인의 행복을 배려하는 마음이 조금이라도 남아 있다면, 연락하려 하지 말게."

"절 믿지 못해서 아내가 있는 곳을 알려 주지 않다니, 뭐 제가 한 센병 환자나 범죄자라도 됩니까?"

"양해하게. 자네는 이미 제인을 모욕하고 고문하고 체포한 바 있는 국공연의 일원이야. 제인이 도망친 후 그냥 지낼 수 있는 것은 자네 동료들이 그녀가 어디 있는지 모르기 때문일세."

"국공연 경찰이 정말 그랬다면 제가 그들에게 제대로 설명을 들어야 되지 않겠습니까? 빌어먹을. 저를 어떻게 보시는 겁니까?"

"자네가 국공연에서 권한이 없기를 바랄 뿐일세. 권한이 없다면 제인을 보호할 수 없겠지. 권한이 있다면 자네가 곧 그곳의 정책이겠지. 어느 쪽이든 자네가 제인이 있는 곳을 찾아내는 데 도움이 안 될 거야."

마크가 말했다.

"말도 안 되는 소리네요. 현재 국공연에서 일한다 해도 교수님은 저를 알잖습니까."

"난 자네를 모르네. 자네의 목적이나 동기에 대해 전혀 모르겠네."

딤블이 대답했다.

마크가 보기에 그의 눈길에는 분노나 경멸이 아닌, 난감해하는 사람이 느끼는 혐오감이 담긴 듯했다. 반듯한 사람들이 외설스러운 것을 보면 수치심을 느끼며 못 본 체하는 것과 비슷하기도 했다. 이 생각은 마크의 착각이었다. 실제로 그와 마주하자 딤블은 자제심을 발휘해야 했다. 딤블은 미워하지 않으려고, 경멸하지 않으려고 무척 애를 썼다. 무엇보다도 증오와 경멸을 즐기지 않으려고 했다. 그 바람에 표정이 잔뜩 굳어져 있는 것을 그는 전혀 몰랐다. 나머지 대화는 그의 이런 오해 속에서 계속되었다.

마크가 말했다.

"어처구니없는 착오가 있었군요. 분명히 말하는데 샅샅이 조사해 보겠습니다. 질책하지요. 새로 부임한 경관이 만취하거나 그랬을 겁니다. 저, 그를 쫓아내 버릴……"

"그 짓을 한 장본인은 자네 쪽 경찰 우두머리, 하드캐슬이었네."

"알겠습니다. 그럼 그녀를 쫓아내 버리지요. 내가 손 놓고 가만있을 줄 알았습니까? 하지만 분명히 오해가 있을 겁니다. 설마……"

"하드캐슬 국장을 잘 아나?"

딤블이 물었다. 마크는 입을 다물었다. 딤블이 자신의 마음 밑바닥까지 읽고, 하드캐슬이 그 짓을 했다고 자신이 믿는 것까지 안다는 생각(엉뚱한 생각)이 들었다. 또 그가 지구의 자전을 막지 못하는 것처럼 그녀에게 설명을 요구할 힘이 없다는 것을 딤블이 훤히 아는 것 같았다.

변화가 없던 딤블의 표정이 갑자기 변했다. 아까와는 다른 목소리로 말했다.

"그녀에게 해명을 요구할 방도가 있나? 그 정도로 이미 벨버리의 핵심에 파고든 건가? 그렇다면 자네가 힝기스트와 콤턴 살해 계획에 찬성했겠군. 그렇다면 기차역 뒤쪽 헛간에서 메리 프리스콧을 강간하고 죽도록 때리라는 것도 그쪽의 지시였겠군. 범죄자들을—자네들이 건드리는 게 어울리지 않는 아무것도 모르는 범죄자들—영국 배심원단의 판결에 따라 영군 판사들이 보낸 감옥에서 **빼내서** 벨버리로 데려간 것도 자네가 승인했겠군. 그들은 정해지지 않은 기간 동안 법의 울타리를 벗어나, 개인적으로 어떤 고문과 공격이든 자네들이 '교정치료'라고 하는 이름으로 행하겠지. 2천 가구를 자기 집에서 내**쫓아**, 이곳부터 버밍엄이나 우스터에 이르는 길 도랑에서 죽어 방치되는 위험에 **빠지게** 한 것도 자네들이지. 플레이스, 로울리, (80세의) 커닝엄이 체포당해 거기 있는 이유를 설명해 줄 수 있는 자가 바로 자네일세. 그리고 자네가 그 정도로 깊이 관여하고 있다면, 나는 제인은 고사하고 내 개도 자네 손에 맡기지 않겠네."

"정말이지…… 맙소사. 말도 안 되는 소리에요. 한두 가지 고압적인 일이 벌어졌다는 것은 압니다. 경찰들은 약간 엉뚱한 짓을 벌이기 마련이니까요. 특히 처음에는 그렇죠. 하지만 제 말씀은 제가 무슨 짓을 했기에, 여느 연구소 관리가 저질렀거나 저질 언론에서 떠든 일들이 제 책임이라는 겁니까?"

"저질 언론이라!"

딤블이 버럭 소리를 질렀다. 마크가 보기에, 그는 불과 몇 분 전보다 실제로 몸이 커진 것 같았다. 딤블이 말을 이었다.

"거 무슨 말도 안 되는 소리인가? 자네네가 한 곳만 제외하고 이 나라의 모든 신문사를 장악했다는 걸 내가 모를 줄 아나? 또 그 한 곳마저 오늘 아침에 나오지 않았네. 인쇄공들이 파업을 일으켰지. 그 딱한 명청이들은 나라를 위한 연구소를 공격하는 기사는 인쇄하지 않겠다고 떠들어 대지. 모든 다른 신문들에 실리는 거짓말이 어디서 나오는지 나보다 자네가 더 잘 알겠지."

이상한 말일지 몰라도, 자비심이라곤 없는 세상에서 오래 살아온 마크지만 그럼에도 이제껏 실제 분노와 마주친 적은 없었다. 악의는 많이 느껴 봤지만 푸대접이나 조소, 뒤에서 하는 험담 정도였다. 이 노인의 이마와 눈빛과 목소리는 그를 숨 막히고 기운 빠지게 했다. 벨버리에서 '깽깽대다', '짖어 댄다'는 말은 벨버리가 바깥 세상에 가하는 조치에 대한 저항을 묘사하는 표현이었다. 그가 이제껏 상상한 '깽깽대는' 실제 상황에 맞닥뜨렸을 때의 느낌과는 비교할 수가 없었다.

마크가 소리쳤다.

"나는 그 일은 전혀 몰랐다구요. 빌어먹을! 상처 입은 쪽은 나란 말입니다. 누가 당신 말을 들으면, 험한 꼴을 당한 여자가 당신 부인인 줄 알겠네요!"

"사실 그랬을지도 모르지. 앞으로도 그럴지 몰라. 영국에 사는 어떤 남자나 여자도 당할 수 있지. 그녀는 여성이고 시민이었네. 누구 아내인 게 뭐가 중요한가?"

"하지만 내 분명히 말하는데 그 일에 대해 가만있지 않을 겁니다. 그런 짓을 한 악마 같은 계집을 결딴낼 겁니다. 국공연 전체를 뒤집 어서라도 말입니다."

딤블은 아무 말도 하지 않았다. 헛소리를 한다는 것을 딤블도, 마크도 잘 알았다. 하지만 그는 멈출 수 없었다. 밀고 나가지 않으면 달리 무슨 말을 해야 좋을지 알 수 없었다.

"이런 일을 참느니 국공연을 떠날 겁니다."

"진심인가?"

딤블이 날카로운 눈초리로 물었다. 상처 받은 자존심, 커지는 두려움, 수치심이 뒤섞여 생각이 복잡한 마크에게는 이 눈초리가 더욱 비난하는, 못 참겠다는 뜻으로 비쳐졌다. 사실 그것은 일깨워진 희망의 눈길이었다. 너그러움은 모든 것을 희망하니까. 하지만 거기에는 조심성도 있었다. 딤블은 희망을 느꼈지만 조심스러워서 다시 입을 다물게 되었다.

"나를 신뢰하지 않는다는 걸 알겠습니다."

마크가 말했다. 그는 본능적으로 남자다우면서도 상처 받은 표정을 지었다. 교장실에 불려 가서 자주 효과를 보던 표정이었다.

딤블은 진실한 사람이었다. 그는 한동안 말이 없다가 대꾸했다.

"그렇네. 신뢰하지 않네."

마크는 어깨를 으쓱하고는 돌아섰다.

딤블이 말했다.

"스터독, 지금은 어리석은 짓을 하거나 입에 발린 말을 할 때가 아니네. 우리 둘 다 몇 분 안에 죽을지도 모르지. 자네는 학교까지 뒤를 밟혔을 걸세. 그리고 아무튼 난 예의를 차리느라 진실 아닌 말을 입에 담고 죽고 싶진 않네. 난 자네를 신뢰하지 않네. 왜 신뢰해야 할까? 자네는 (적어도 어느 정도는) 세계 최고의 악한들과 공범인데. 오늘 오후 자네가 여기 온 건 함정일 뿐일지도 모르지."

"정말 날 그렇게밖에 모릅니까?"

마크가 쏘아붙였다.

딤블이 대답했다.

"헛소리 작작 해! 단 1분이라도 꾸며서 연기하지 말란 말일세. 자네가 뭐길래 그렇게 말하지? 저들은 자네나 나보다 나은 사람도 타락시켰지. 스트레이크는 한때 착한 사람이었네. 필로스트라토는 대단한 천재였지. 알카산까지도……. 그래, 난 자네네 '헤드'가 누구인지 아네……. 단순 살인자였지. 지금 저들이 만든 것보다 나은 존재였네. 자네가 뭐길래 거기서 예외가 되겠나?"

마크는 아연실색했다. 딤블이 그렇게 많이 알고 있는 줄 아니 갑자기 상황 전반에 대한 그림이 뒤집어졌다. 그에게는 논리가 남아 있지 않았다.

딤블이 계속 말했다.

"이 모든 것을 알지만…… 자네가 미끼에 불과할지 모른다는 걸 알지만 나는 위험을 무릅쓰겠네. 우리 둘의 목숨은 아무것도 아닌 일들을 감행할 작정일세. 자네가 정말 국공연을 떠나고 싶다면 자네를 도와주지."

한순간 천국의 문이 열린 듯했지만, 이내 뭔가 조심스러워지고 고질적인 우유부단함이 다시 그의 발목을 잡았다. 빠져나갈 구멍은 다시 닫혀 버렸다.

마크가 중얼댔다.

"저는…… 생각을 좀 해봐야겠습니다."

딤블이 말했다.

"시간이 없네. 그리고 생각하고 말 게 없지. 난 자네에게 인간 가족에게 되돌아갈 길을 제안하고 있네. 하지만 자네는 즉시 따라나서야 하네."

"이건 앞으로의 제 경력 전체에 영향을 미치는 문제입니다."

"자네의 경력! 이건 지옥행이냐 마지막 기회냐의 문제일세. 하지만 자네는 즉시 따라나서야 하네."

딤블이 말했다.

"이해할 수 없습니다. 교수님은 위험이 도사린다고 계속 암시합니다. 어떤 위험입니까? 또 제가 탈퇴하면 무슨 힘으로 저를…… 또는 제인을 보호하신다는 겁니까?"

딤블이 대답했다.

"자네는 위험을 무릅써야만 하네. 난 자네를 안전하게 지켜 줄 수 없네. 이해 못 하겠나? 이제 누구에게도 안전 따위는 없다네. 전쟁이 시작됐지. 내가 자네에게 주는 것은 올바른 쪽의 한 자리일세. 어느 쪽이 이길지는 나도 모른다네."

마크가 말했다.

"솔직히 저는 떠날 생각을 하던 참이었습니다. 하지만 그것에 대해 생각해 봐야겠습니다. 교수님은 일을 좀 이상한 방식으로 밀어붙이시네요."

"시간이 없네."

딤블이 말했다.

"제가 내일 다시 찾아뵈면 어떻겠습니까?"

"그럴 수 있으리라고 생각하나?"

"아니면 한 시간 후는요? 그건 말이 되지 않습니까. 한 시간만 여기 계시겠습니까?"

"자네가 한 시간 동안 뭘 할 수 있을까? 정신이 흐려지길 바라며 기다릴 뿐인 것을."

"하지만 여기 계실 거지요?"

"자네가 정 그런다면. 하지만 그런다고 좋을 게 없을 걸세."

"저는 생각하고 싶습니다. 생각해 보고 싶어요."

마크는 대답을 기다리지도 않고 연구실을 나갔다.

그는 생각해 보고 싶다고 했지만, 사실 원하는 것은 술과 담배였다. 이미 생각은 충분히, 원하는 것보다 많이 했다. 한 가지 생각이 그를 딤블에게 매달리게 했다. 길 잃은 아이가 어른에게 매달리듯 그렇게. 다른 생각이 그에게 속삭였다. '미쳤어. 국공연이랑 관계를 끊지 말아. 그들이 널 쫓아올 거야. 딤블이 너를 어떻게 구해 줄 수 있다고 그래! 넌 죽을 거야.' 세 번째 생각은 이 와중에도, 힘들게 벨버리의 핵심 그룹에 끼었는데 그 자리를 잃지 말라고 졸라 댔다. 분명히, 틀림없이 중간이 있을 거라면서. 네 번째 생각은 딤블을 다시 만난다는 생각을 떨치라고 다그쳤다. 딤블의 말투를 떠올리니 끔찍했다. 마크는 제인을 만나고 싶었다. 딤블과 친하게 지낸다고 야단을 치고 싶었다. 다시는 위더를 만나고 싶지 않았다. 살그머니 돌아가서 어떻게든 위더와 상황을 수습하고도 싶었다. 완벽하게 안전하면서도 아주 담담하고 대담하게 처신하고 싶었다. 딤블 같은 인간들 속에서 남자답다고 찬탄받고 싶으면서도, 벨버리에서는 현실적이고 세속에 밝은 것으로 감탄을 자아내고 싶었다. 위스키를 두 잔 더 마시고, 모든 것을 명료하게 전체적으로 생각해야 될 것 같았다. 비가 내리기 시작했고 다시 머리가 아파 왔다. 빌어먹을 상황 같으니! 젠장, 젠장할! 왜 이렇게 나쁜 체질을 물려받았을까? 왜 평생 받은 교육은 이리도 무력할까? 왜 사회 제도는 이토록 비합리적일까? 왜 이다지도 운이 없을까?

마크는 빠른 속도로 걷기 시작했다.

칼리지 숙소에 도착할 무렵, 빗줄기가 거세졌다. 바깥 도로에 승합차 같은 게 서 있는 것 같았고, 망토를 두른 정복 경찰 서너 명이 보였다. 가로등 불빛에 젖은 방수 옷이 번들거리던 기억이 나중에야 났다. 손전등이 그의 얼굴을 비추었다.

경관이 말했다.

"실례합니다. 성함을 여쭤봐야겠는데요."

"스터독이오."

마크가 말했다.

경관이 말했다.

"마크 게인스비 스터독…… 당신을 윌리엄 힝기스트의 살인범으로 체포하는 게 내 임무입니다."

4

딤블 교수는 자신에게 불만을 느끼며 '세인트 앤'으로 차를 몰았다. 이 곤경에 빠진 젊은이에게 더 현명하고 너그럽게 대했다면 뭔가 해줄 수 있지 않았을까, 하는 생각이 머릿속을 떠나지 않았다. '내가 내 성질에 진 건가? 독선적이었나? 너무 많이 말했나?' 라는 생각이 들었다. 그러자 습관적인 깊은 자기 불신이 밀려들었다. '상황을 분명하게 하지 못한 것은 진심으로 그리고 싶지 않아서일까? 단지 상처 주고 창피 주고 싶어서 그랬을까? 네 독선을 즐기려고? 벨버리 전체가 네 속에 있구나?' 슬픔이 밀어닥치면서 새로운 생각이 떠올랐다. 딤블은 "당신이 저를 혼자 내버려 두시면 저는 그렇게, 늘 그렇게 할 겁니다"라는 로렌스 수사(17세기 카르멜 수도회 수사. 《하나님의 임재 연습》의 저자—옮긴이)의 문장을 중얼거렸다.

시내를 완전히 벗어난 딤블은 차를 천천히 몰았다. 바퀴가 느릿느릿 걷는 것처럼 느껴졌다. 서쪽 하늘이 붉어지더니 첫 별들이 나왔다. 멀리 아래 계곡에서 '큐어 하디'의 불빛이 보였다. 그는 '어쨌든 저기가 에지스토에서 안전할 만한 거리여서 다행이야'라고 속으로 중얼댔다. 갑자기 왼쪽의 노을 진 수풀 위로 흰 올빼미가 낮게 날아갔다. 딤블은 아주 기분 좋은 피로감을 느꼈다. 아늑한 저녁과 이른 잠자리에 대한 기대감이 커졌다.

그가 '장원'의 현관문으로 차를 몰고 들어가자 아이비 맥스가 소리쳤다.

"이리 오세요! 딤블 교수님이 오셨어요!"

"차를 다른 데 세우지 마세요, 딤블."

데니스톤이 말했다.

"아, 세실!"

딤블 부인이 말했다. 그는 아내의 얼굴에서 두려움을 보았다. 온 집안이 그를 기다리던 참인 듯했다.

잠시 후 환한 부엌에 들어선 딤블 교수는 눈을 깜빡이며, 평범한 저녁 시간이 아님을 알아차렸다. 대장이 난롯가에 앉아 있었다. 그의 어깨에 갈까마귀가 앉아 있고, 발치에는 벌티튜드 씨가 있었다. 다른 사람들은 일찍 저녁 식사를 마친 것 같았다. 곧 그는 식탁 끝에 앉았다. 아내와 맥스 부인이 그에게 얼른 식사하라고 권했다.

딤블 부인이 말했다.

"무슨 일인지 묻느라 식사를 멈추지 말아요. 계속 먹으면서 이야기를 듣도록 해요. 많이 드세요."

"다시 나가셔야겠는데요."

아이비 맥스가 말했다.

대장이 말했다.

"맞소. 마침내 행동을 개시하는 거요. 막 들어온 사람을 내보내게 되어 미안하오. 하지만 전쟁이 시작되었소."

"대장님만큼이나 연로한 분을, 더군다나 하루 일과를 마치고 들어온 분을 가시게 하다니 어처구니없다고 거듭 말했습니다. 저같이 건장한 사람이 아무 일도 안 하고 앉아 있는 마당에 말입니다."

맥피가 말했다.

대장이 말했다.

"그건 곤란하네. 자네는 갈 수 없네. 우선 자네는 언어를 모르네.
게다가—지금은 솔직해야 되는 때지—자네는 말렐딜의 보호하에 있
어 본 적이 없네."

맥피가 말했다.

"난 이 긴급 상황에서, 대장님이 믿는 엘딜들과 그들의 왕이라는
말렐딜의 존재를 받아들일 준비가 완벽하게 되어 있습니다. 또 나
는……."

대장이 말을 끊었다.

"자네는 갈 수 없네. 난 자네를 보내지 않을 거네. 세 살짜리를 탱
크와 싸우게 보내는 것과 같으니까. 딤블이 계속 식사하면서 지도를
볼 수 있게, 나머지 지도를 식탁에 펼치시오. 그리고 이제 조용히 하
시오. 상황은 이렇소, 딤블. 브래돈 밑에 살아 있는 멀린이 있소. 그
렇소, 그는 자고 있소. 그걸 잠이라고 한다면 말이오. 그리고 적이 그
를 발견한 기색은 아직은 보이지 않소. 알아들었소? 아니, 말하지 말
고 계속 드시오. 지난 밤 제인 스터독은 지금까지 중에서 가장 중요
한 꿈을 꾸었소. 앞서 꾼 꿈에서 그녀가 브래돈에서 멀린이 묻힌 곳
을 본(혹은 내가 그렇게 생각한) 일을 기억해 보시오. 그곳은 통로와 계단
으로 닿지 않소. 이게 중요한 점이요. 그녀는 점점 오르막이 되는 긴
터널을 지나는 꿈을 꾸었소. 그렇소, 요점을 파악하기 시작하는구려.
맞소. 제인은 그 터널 입구를 알아볼 수 있다고 생각하오. 시신이 묻
혀 있는 곳 끝에 돌무더기 아래…… 그게 뭐였소, 제인?"

"흰 문이었습니다. 다섯 개의 빗장을 고정시키는 받침목이 있는 평범한 문이었어요. 그런데 문 꼭대기에서 30센티쯤 내려온 곳에서 받침목이 부러져 버렸지요. 다시 보면 알아볼 수 있을 겁니다."

"알겠소, 딤블? 이 터널이 국공연의 점령지 외곽에 있을 가능성이 아주 크오."

딤블이 말했다.

"그러니까 이제 우리가 브랙돈 숲에 들어가지 않고도 브랙돈 아래에 접근할 수 있다는 말씀이군요."

"바로 그거요. 하지만 그게 다는 아니오."

딤블은 계속 음식을 먹으면서 랜섬을 쳐다보았다.

대장이 말했다.

"아무래도 우리가 너무 늦은 것 같소. 그가 이미 깨어났소."

딤블은 음식을 씹다가 멈추었다.

랜섬이 말했다.

"제인은 그곳이 비어 있는 것을 알아냈소."

"적이 이미 멀린을 찾아냈다는 뜻입니까?"

"아니오. 상황이 그렇게 나쁜 것은 아니오. 그 지점은 침입당하지 않았소. 멀린이 스스로 깬 것 같소."

"세상에!"

딤블이 말했다.

"계속 드세요, 여보."

아내가 말했다.

"하지만 그건 무슨 말씀입니까?"

딤블이 아내의 손을 잡으며 물었다.

대장이 대답했다.

"모든 일이 아주 오래전에 계획되고 시간이 정해졌다는 의미로 생각되오. 멀린은 시간을 벗어나서 기시 착오(연월일을 실제보다 뒤로 매기는 것—옮긴이) 상태에 들어간 것 같소. 이 순간 돌아올 목적으로 그런 거겠지."

"말하자면 인간 시한폭탄이군요. 그런 이유로……."

맥피의 말을 대장이 잘랐다.

"자네는 갈 수 없네, 맥피."

"그가 나왔습니까?"

딤블이 물었다.

랜섬이 말했다.

"지금쯤 그럴 거요. 어땠는지 딤블 교수에게 말해 주시오, 제인."

"같은 곳이었어요. 어두운 지하실 같았는데 사방이 돌이고요. 금방 그곳을 알아봤지요. 그리고 돌판이 거기 있었지만 아무도 누워 있지 않았고, 이번에는 아주 차갑지 않았어요. 그때 이 터널에 대한 꿈을 꾸었는데…… 지하실에서부터 점점 위로 경사졌어요. 그리고 터널에는 남자가 있었어요. 물론 저는 그를 볼 수 없었어요. 새까만 형상이었거든요. 하지만 체구가 큰 사내였어요. 씨근대며 숨을 쉬었어요. 처음에는 동물인 줄 알았지요. 우리가 터널을 올라가자 점점 추워졌어요. 바깥에서 공기가 약간 들어왔어요. 대충 쌓은 돌무더기에서 터널이 끝나는 것 같았어요. 그가 돌들을 흩트리기 전에 꿈이 바뀌었어요. 저는 바깥에, 빗속에 있었어요. 하얀 문을 본 건 바로 그때였어요."

랜섬이 말했다.

"저들이 아직은, 그 시점에서는 멀린과 접촉하지 못한 것 같소. 이제 그게 우리의 유일한 기회요. 저들보다 먼저 만나는 것이."

맥피가 끼어들었다.

"브랙돈이 거의 물에 잠겼다는 것은 다들 아실 겁니다. 오랜 세월 동안 시신이 보존될 수 있는 마른 공간이 어디 있을지 물어볼 필요가 있겠지요. 여러분 중 누구라도 여전히 증거에 신경 쓴다면 말입니다."

대장이 말했다.

"그게 핵심이오. 틀림없이 그 공간은 높은 지대 아래 있을 거요. 그건 숲의 남쪽, 자갈 깔린 등성이요. 거기서부터 '이튼가'로 오르막길이 이어지지. 스토리가 살던 곳 부근이오. 제인이 본 흰 문을 제일 먼저 찾아 봐야 될 곳이 바로 그 지점이오. 아니면 다른 도로인데, 지도를 보시오. Y 형태의 '큐어 하디'로 접어드는, 노란색으로 표시한 길이오."

"반 시간 후면 거기 도착할 수 있습니다."

딤블이 아내의 손을 잡은 채로 말했다. 부엌에 있는 사람들 모두 전쟁이 닥치기 직전의 불안하고 기분 나쁜 흥분을 느꼈다.

"꼭 오늘 밤이어야 될까요?"

딤블 부인이 좀 부끄러워하면서 물었다.

대장이 대답했다.

"그래야 될 것 같소, 마거릿. 1분 1초가 중요하오. 일단 적이 멀린과 접촉한다면 우린 싸움에서 진 것과 다름없소. 그들의 모든 계획이 거기 달려 있을 거요."

"물론이죠. 저도 압니다. 죄송합니다."

딤블 부인이 말했다.

"그러면 우리는 어떤 절차를 밟습니까?"

딤블이 접시를 밀치고 파이프에 담뱃가루를 채우면서 물었다.

랜섬이 대답했다.

"첫 번째 질문은 그가 나왔느냐 여부요. 수세기 동안 터널 입구가 헐렁한 돌무더기만으로 감추어지지는 않았을 것 같소. 또 그랬다 하더라도 지금쯤은 돌무더기가 그렇게 엉성하진 않을 거요. 멀린이 밖으로 나오려면 몇 시간 걸릴 거요."

맥피가 끼어들었다.

"적어도 건장한 사내 둘이 삽으로 파내야 될 텐데……."

"소용없네, 맥피. 나는 자네를 보내지 않겠네. 터널 입구가 여전히 봉인되어 있다면 거기서 기다려야 될 거요. 하지만 그는 우리가 모르는 능력이 있을지 모르오. 멀린이 나왔다면, 그대가 자취를 추적해야 될 거요. 칠흑 같은 밤이라 다행이오. 그를 추적해야 하오."

"제인이 간다면 저도 갈 수 있지 않을까요? 저는 이런 일을 더 많이 경험해 봤으니……."

카밀라가 말했다.

"제인은 길잡이여서 가야 하오. 그대는 집에 남아 있어야 될 것 같소. 이 집에 있는 우리는 모두 남아 있는 로그레스요. 그대의 몸에 로그레스의 장래가 들어 있소. 내가 말한 것처럼 딤블 교수는 추적해야 하오. 멀린이 멀리 가진 못했을 것 같소. 물론 대낮이라 해도 그는 동네를 잘 알아보지 못할 거요."

"그리고…… 그를 찾아내면 어떻게 할까요?"

"그래서 당신이 가야 하는 거요, 딤블. 당신만이 언어를 아니까. 멀린이 나타내는 전통 뒤에 엘딜의 능력이 있다면 그는 그 언어를 이해할 거요. 그는 말을 못 알아듣더라도 알아보기는 할 거요. 그러면 그는 '마스터'들을 상대하고 있다는 것을 알게 될 거요. 그가 그대들을 벨버리 사람들이라고, 친구들이라고 생각할 수 있소. 그럼 그대들은 멀린을 곧장 여기로 데려오시오."

"그렇지 않으면요?"

대장은 단호하게 말했다.

"그러면 포기할 수밖에 없을 거요. 바로 그때가 위험이 닥치는 순간이오. 우리는 거대한 옛 조직의 능력이 어땠는지 모르오. 대부분은 가설일 뿐이지. 겁먹지 말고, 그가 어떤 속임수도 쓰지 못하게 하시오. 계속 권총을 들고 있으시오. 데니스톤, 그대도 마찬가지요."

맥피가 말했다.

"나는 권총을 잘 다룹니다. 그리고 모든 상식으로 볼 때……."

"자네는 갈 수 없네, 맥피. 멀린은 10초 만에 자네를 잠재울 걸세.

나머지 사람들은 자네와 달리 엄중히 보호받고 있네. 알아들었소, 딤블? 손에는 권총을, 입술에는 기도를, 마음에는 말렐딜을 붙드시오. 그런 다음 그가 버티면 달래시오."

"고대 언어로 뭐라고 말해야 합니까?"

"그대들이 하나님과 모든 천사들의 이름과, 오늘날 고대 브리튼의 자리에 있는 행성의 능력으로 왔다고 하고, 그에게 따라오라고 명하시오. 이제 그 말을 해보시오."

흰 얼굴의 두 여자 사이에서, 시무룩한 허연 얼굴을 하고 앉아 식탁을 응시하던 딤블이 고개를 들었다. 그의 입에서 웅장한 어휘들이 폭포수처럼 쏟아져 나왔다. 제인은 그 소리를 듣자 가슴이 뛰고 떨렸다. 식당에 있던 다른 사람들도 침묵하는 것 같았다. 새와 곰과 고양이까지도 가만히 딤블을 바라보기만 했다. 그 소리는 딤블의 평소 음성이 아니었다. 멀고도 엄청난 힘이 뿜어 나오는 곳에서 말이 저절로 딤블을 통해 나오는 것 같았다. 아니면 아예 말이 아니라 신, 행성들, 고대 브리튼의 활동 같았다. 이것은 인간 타락 이전의 언어, 달 저편의 언어였으니까. 우연이나 기술, 오랜 전통에 따른 음절로 의미가 만들어진 게 아니라 그 안에 저절로 의미가 있는 것 같았다. 위대한 태양의 형체가 작은 물방울 안에 깃들어 있는 것처럼. 그것은 언어 자체였다. 지구에서는 '수성'이라 불리지만 '깊은 하늘'에서는 '비리트릴비아'로 불리는 녹은 수은의 별에서 말렐딜의 명령으로 처음 나와 언어가 되었다.

"고맙소."

대장이 영어로 말했다. 다시 한 번 부엌의 따스한 포근함이 밀려들었다. 랜섬이 말을 이었다.

"그가 그대들과 함께 오면 모든 게 잘되는 거요. 그가 오지 않는다면 그렇다면 딤블, 당신은 당신의 믿음에 의지해야 하오. 어떤 속임수도 시도하지 마시오. 기도하면서 의지를 말렐딜의 뜻에 집중하시오. 그가 어떻게 할지 나는 모르오. 하지만 굳건히 버티시오. 무슨 일이 벌어져도 그대는 영혼을 잃을 리 없소. 적어도 멀린의 행위로는 그렇게 되지 않을 거요."

"알겠습니다. 알아들었습니다."

딤블이 대답했다.

긴 침묵이 흘렀다. 대장이 다시 말했다.

"풀 죽을 것 없소, 마거릿. 세실이 죽는다면, 우리 모두 몇 시간도 못 살게 될 거요. 자연의 순리에서 그대가 소망했던 것보다 짧은 이별이 될 거요. 이제 신사 여러분. 그대들에게는 기도하고 아내와 작별 인사를 나눌 시간이 잠시 필요할 거요. 이제 8시가 다 되었소. 여기서 8시 10분에 다시 모입시다, 준비됐소?"

"알겠습니다."

몇 사람이 대답했다. 제인은 맥스 부인, 동물들, 맥피, 대장과 부엌에 남아 있었다.

랜섬이 물었다.

"괜찮소?"

"그런 것 같습니다."

제인이 대답했다. 사실 그녀는 마음 상태를 분석할 수 없었다. 기대감이 하늘을 찔렀다. 공포감이 느껴져야겠지만 환희가, 환희가 느껴져야겠지만 공포감 같은 것에 사로잡혔다. 흥분과 순종의 긴장감에 빠졌다. 이 순간에 비하면 인생의 모든 다른 것들은 왜소하고 평범한 듯했다.

대장이 말했다.

"그대는 순종하겠소? 말렐딜에게 순종하겠소?"

제인이 대답했다.

"저는 말렐딜에 대해 아는 게 없습니다. 하지만 저는 대장님께 순종합니다."

"당장은 그 정도로 충분하오. 이것이 '깊은 하늘'의 호의요. 그대가 선의를 가지면 '그분'은 항상 그대가 아는 것보다 더 좋은 것을 주실 거요. 늘 내게 순종하는 걸로는 충분하지 않을 거요. '그분'은 대단히 질투가 많으시오. 결국은 '그분' 혼자 그대를 소유하실 거요. 하지만 오늘 밤은 이것으로 족하오."

"이렇게 어처구니없는 일은 처음 들어보는구만."

맥피가 중얼댔다.

11
전쟁이 시작되다

1

"아무것도 안 보이는데요."

제인이 말했다.

뒷좌석에는 딤블이 있었다.

"비가 계획을 통째로 망치고 있군. 여기가 아직도 '이튼'가인가, 아서?"

"제 생각에는…… 네, 통행료 내는 곳이 있을 겁니다."

데니스톤이 운전을 맡고 있었다.

제인이 말했다.

"하지만 무슨 소용이지요? 창문을 내려도 아무것도 보이지 않는데요. 몇 번이나 그냥 지나갔을지도 몰라요. 내려서 걸을 수밖에 없어요."

"그 말이 맞는 것 같습니다."

데니스톤이 맞장구쳤다.

제인이 갑자기 말했다.

"어머나! 보세요! 저기요! 저게 뭐죠? 멈춰요."

"하얀 문은 안 보이는데요."

데니스톤이 말했다.

"아, 그게 아니라요. 저기 보시라고요."

제인이 말했다.

"난 아무것도 안 보이는데."

딤블이 대답했다.

"저 불빛 말입니까?"

데니스톤이 물었다.

"네, 물론이에요. 저 모닥불 말이에요."

"무슨 불?"

"그 빛이네요. 작은 수풀의 움푹한 곳에 있는 모닥불. 그걸 까맣게 잊고 있었어요. 네, 알겠어요. 그레이스나 대장님께는 말하지 않았어요. 지금 이 순간까지 꿈의 그 부분을 잊고 있었네요. 꿈은 그렇게 끝났어요. 사실 가장 중요한 대목이었어요. 그를, 멀린을 발견한 곳이 바로 거기였거든요. 작은 수풀의 불가에 앉아 있었어요. 제가 땅에서 밖으로 나온 후였어요. 아, 얼른 가봐요!"

"자네 생각은 어떤가, 아서?"

딤블이 물었다.

"어디든 제인이 안내하는 곳으로 가야 된다고 생각합니다."

데니스톤이 대답했다.

"아, 서두르세요. 여기 문이 있어요. 얼른요! 겨우 들판 하나 건너서라고요."

제인이 말했다.

세 사람은 길을 건넌 후 문을 열고 들판으로 들어갔다. 딤블은 아무 말도 하지 않았다. 견디기 힘든 엄청난 두려움이 밀려들자 그는 충격과 수치심에 휩싸였다. 그들이 그곳에 도착하면 어떤 일이 벌어질지, 두 사람보다 그가 더 명확히 알기 때문일 터였다.

안내자인 제인이 앞에 가고 데니스톤이 옆에서 그녀를 부축하면서, 이따금 전등으로 울퉁불퉁한 바닥을 비추었다. 딤블은 뒤에서 따라갔다. 다들 입을 열기가 꺼려졌다.

도로에서 들판으로 들어가니, 그 변화가 마치 깨어 있다가 환영의 세상에 들어선 것 같았다. 모든 것이 더 어둡고 축축하고, 더 가늠되지 않았다. 짧은 내리막길도 꼭 벼랑 끝으로 가는 길로 느껴졌다. 그들은 생울타리 옆을 따라 걸었다. 울타리 옆을 지날 때 축축하고 뾰족한 것이 살을 찔러 댔다. 데니스톤이 전등을 비출 때마다 둥그런 불빛 속에 잔디밭, 물이 고인 바퀴 자국, 사방으로 뻗은 검은 잔가지에 달라붙은 누런 잎사귀들, 푸르스름한 작은 불로 보이는 작은 동물의 눈이 보였다. 이것들은 원래 모습보다 더 평범한 분위기를 자아냈다. 마치 이 순간 변장한 모습을 노출했다가, 자기끼리 남겨진 순간 다시 원래 모습으로 돌아갈 것 같았다. 그것들은 기묘하게 작아 보이기도 했다. 불빛이 사라지면 차갑고 소란스런 어둠이 더 크게 보였다.

길을 가다 보니, 딤블이 처음부터 느낀 공포감이 나머지 두 사람에게도 밀려들었다. 배에 천천히 물이 새어 들어오듯 그렇게 밀려왔다. 그들은 지금까지 멀린이 존재한다는 것을 믿지 않았음을 알았다. 부엌에서 대장의 말을 믿는다고 생각했지만, 착각이었다. 아직 충격은 일어나지 않았다. 앞쪽에서 변화하는 붉은 불빛과 주위의 어둠만 있는 이곳에서, 죽었지만 아직 죽지 않은 것과의 만남이 사실로 받아들여지기 시작했다. 옛 로마 시대와 태동하는 영국 사이의 어두운 역사의 구덩이에서 그것이 파내졌다. 딤블은 '암흑기'란 생각을 했다. 그 말을 얼마나 가볍게 읽고 썼던가. 하지만 이제 그들은 그 '암흑' 속으로 발을 들여놓고 있었다. 소름 끼치는 좁고 깊은 골짜기에서 그들을 기다리는 것은 사람이 아니라 시대였다.

학자로서 그렇게도 익숙하던 브리튼 섬에 대한 모든 것이 갑자기 단단한 사물처럼 솟아올랐다. 그는 모든 것을 볼 수 있었다. 로마의 빛이 여전히 머무는 곳에서 점점 오그라드는 도시들. 카말로두넘, 카엘레온, 글라스톤버리 같은 작은 기독교 지역들. 교회, 저택 한두 채, 옹기종기 모여 있는 작은 집들, 토목 공사. 그리고 엎어지면 코 닿을 거리에, 문득 뒤편으로 젖은 숲이 끝없이 이어졌다. 브리튼이 섬이 되기 전부터 나뭇잎을 떨어뜨리던 가을의 잔재가 수북이 쌓여 있었다. 슬금슬금 어슬렁거리는 늑대들, 집을 짓는 비버들, 넓고 얕은 늪지, 아련한 뿔나팔과 북소리, 수풀 속의 눈들. 로마 이전뿐만 아니라 브리튼 이전 사람들의 눈. 요정과 유령과 후기 전통의 상징이 된 쫓겨난 불행한 고대 피조물들. 하지만 숲보다도 나쁜 것은 빈터였다. 들어 보지 못한 왕들의 작은 성채들. 작은 집단들과 드루이드교 신자들. 의식을 거행하고 흙에 아기 피를 섞어서 지은 집들. 그들은 어린 멀린에게도 그렇게 하려고 했다. 이제 끔찍하게 뒤바뀐 그 모든 시대가, 시간의 연속선상에서 그 장소를 따로 떼어 냈다가 강제로 되돌리며 모든 과정을 두 배쯤 무시무시하게 진행하려고 그들을 향해 다가왔다. 그 시대가 몇 분 후면 그들을 그 속으로 받아들일 터였다.

그때 문제가 생겼다. 그들은 생울타리 속으로 들어가 있었다. 나뭇가지에 걸린 제인의 머리칼을 전등 불빛을 비추며 푸느라 1분쯤 허비했다. 그들은 들판 끄트머리에 와 있었다. 더 세졌다 약해지기를 정신없이 반복하는 불빛이 여기서는 보이지 않았다. 다시 움직여서 틈새나 문을 찾아 볼 수밖에 없었다. 가던 길에서 한참 벗어났을 때 문이 하나 나왔다. 열어 보았지만 꿈쩍도 하지 않았다. 문으로 기어 올랐다가 끝으로 내려가니 발목까지 물에 잠겼다. 약한 오르막길을 잠시 터벅터벅 올라갔다. 불빛이 보이지 않았다. 다시 불빛이 나타났을 때는 왼쪽으로 멀리 있었다. 가늠할 수 없을 만큼 멀었다.

여기서부터 제인은 그들 앞에 무엇이 있을지에 대해 생각하려 들지 않았다. 길을 가면서 부엌에서 벌어진 광경의 진짜 의미가 이해되기 시작했다. 대장은 아내와 작별 인사를 하라며 남자들을 보냈다. 그는 그들 모두를 축복했다. 그러고 보면 이것은…… 축축한 밤에 움푹 패인 들판을 비척비척 이렇게 걷는 것은 죽음을 의미하는 듯했다. (사랑과 함께) 늘 듣고, 시인들이 주제로 삼는 죽음. 그러니까 이 길이 죽음으로 가는 길이었나. 하지만 요점은 그게 아니었다. 제인은 에지스토를 떠난 후로 지금까지 들었던 새로운 관점에서 죽음을 보려고 노력했다. 그녀를 '치워 버리려는'—한때는 그녀를 마크에게, 이후에는 말렐딜에게 넘기고, 어떤 식으로도 자기 사람으로 만들지 않으려는—대장의 성향에 대한 분노는 오래전에 사그라들었다. 제인은 그것을 받아들였다. 마크에 대해서는 많이 생각하지 않았다. 그를 생각하면 점점 연민과 죄책감이 커지기 때문이었다. 하지만 말렐딜은…… 지금까지는 말렐딜에 대해서도 생각하지 않았다. 그녀는 엘딜들이 존재한다는 것은 의심하지 않았다. 엘딜들이 순종하는, 이 더 강하고 더 알 수 없는 말렐딜이 있다는 것도 의심하지 않았다……. 대장은 말렐딜에게 복종했고, 그를 통해 온 집안, 심지어 맥피까지도 그랬다. 이 모든 것이 학교에서 배운 '종교'라는 것 배후의 현실인지 의문이 생겼더라도 제인은 그 생각을 한쪽으로 밀어 냈을 터였다. 이런 놀랍고 영향력이 큰 현실과, 뚱뚱한 딤블 부인이 기도하던 모습에 대한 기억과는 거리가 너무 멀었다. 그녀에게는 이 모든 것이 다른 세계에 속한 것들이었다. 한쪽에는 공포스러운 꿈들, 순종의 기쁨, 대장의 문 밑으로 나오는 아련한 불빛과 소리, 당장의 위험에 맞선 격렬한 분투가 있었다. 다른 한쪽에는 교회의 신도석 냄새, 으스스한 구세주의 석상들(높이가 2미터도 넘고, 폐병에 걸린 소녀 같은 얼굴), 난감한 견진성사 대비반, 사제들의 왠지 거슬리는 상냥함이 있었다. 하지만 이번엔, 정말 죽는 것에 대한 문제라면 그 생각을 밀어 낼 수 없었다. 이제 그 어떤 일도 진실일 수 있겠다 싶어서였다. 세상은 제인의 예상과는 전혀 다르다는 게 이미 밝혀졌다. 예전의 울타리는 완전히 무너져 버렸다. 사람은 어떤 일에도 뛰어들 수 있었다. 아주 단순하고 거칠게 말하자면 말렐딜은 신일지 모르는 일이었다. 사후 세계가 있을지도 몰랐다. 천국. 지옥. 그 생각이 톱밥에 떨어진 불꽃처럼 잠시 번뜩였고, 잠시 후에는 그 톱밥더미처럼 그녀의 온 마음이 불길에 휩싸인 듯 혹은 불길을 피해 남아서 반항하는 듯했다. 그녀는 혼잣말을 지껄였다. '하지만…… 하지만 이건 참을 수 없어. 나한테 미리 말해 줬어야지.' 그때는 그런 것들이 존재한다 해도 그녀에게 철저히, 변함없이 적대적인 것이란 의심은 떠오르지도 않았다.

데니스톤이 말했다.

"조심해요, 제인. 거기…… 나무예요."

"난…… 난 젖소인 줄 알았는데요."

제인이 말했다.

"아니에요. 나무예요. 보세요. 저기 또 있네요."

"쉿, 여기가 제인이 말한 작은 수풀일세. 이제 아주 가까워졌네."

그들 앞에서 바닥이 20미터 남짓 오르막을 이루었고, 모닥불 불빛에 비탈길이 보였다. 이제 숲이 분명하게 보였다. 눈을 깜빡이는 서로의 하얀 얼굴도 볼 수 있었다.

"내가 앞장서지."

"교수님의 용기가 부러워요."

제인이 말했다.

"쉿."

그들은 조용히, 천천히 비탈길을 오르다 멈추었다. 저 아래 골짜기 바닥에서는 모닥불이 타고 있었다. 사방에 덤불이 있어서 불꽃이 커졌다 작아지면서 그림자가 계속 변하여 제대로 보기가 힘들었다. 모닥불 너머로 삼베로 만든 천막 같은 게 있는 듯했다. 데니스톤은 뒤집어진 짐마차를 봤다고 생각했다. 앞쪽으로 그들과 모닥불 사이에 주전자가 있었다.

딤블이 데니스톤에게 속삭였다.

"여기 누가 있나?"

"모르겠습니다. 잠깐만 기다리십시오."

제인이 불쑥 말했다.

"보세요! 저기요! 불꽃이 옆으로 치우쳐질 때요."

"뭔데?"

딤블이 물었다.

"못 보셨어요?"

"아무것도 못 봤는데."

"저는 남자를 본 것 같습니다."

데니스톤이 말했다.

딤블이 말했다.

"내가 본 건 평범한 부랑자였는데. 요즘 옷을 입은 사람 말일세."

"어떤 모습이었나요?"

"모르겠어요."

"우리가 내려가 봐야겠군."

딤블이 말했다.

데니스톤이 말했다.

"내려갈 수 있겠습니까?"

딤블이 대답했다.

"이쪽으로는 안 되겠네. 저기 오른쪽에서 작은 길이 아래로 통하는 것 같군. 내려가는 길이 나올 때까지 비탈길을 따라가야겠네."

그들 모두 작은 소리로 말했고, 비도 그쳐서 모닥불 타는 소리가 가장 크게 들렸다. 그들은 적에게 들킬까 봐 겁내는 부대처럼 조심스럽게, 나무와 나무 사이를 지나며 계곡 가장자리를 빙 돌았다.

"멈춰요!"

갑자기 제인이 소곤댔다.

"뭔데?"

"뭔가 움직이는데요."

"어디?"

"저기요. 아주 가까워요."

"아무 소리도 안 들리는데."

"지금은 아무것도 없어요."

"계속 가보자구요."

"아직도 뭔가 있다고 생각하나, 제인?"

"지금은 조용하네요. 뭔가 있었어요."

그들은 몇 걸음 더 걸었다.

데니스톤이 말했다.

"앗! 제인이 맞아요. 뭔가 있네요."

"내가 말을 해야 할까?"

딤블이 말했다.

데니스톤이 대답했다.

"잠시만 기다리십시오. 그게 저기 있습니다. 보세요! 이런, 늙은 노새잖아!"

딤블이 말했다.

"내가 그렇게 말했잖아. 사내는 집시라구. 땜장이나 그런 부류겠지. 이건 그의 노새구만. 그래도 우리가 내려가 봐야 하네."

세 사람은 계속 나아갔다. 잠시 후 그들은 바퀴 자국이 난 풀밭 길을 내려갔다. 빙빙 돌다 보니 그들 앞에 움푹 파인 공간이 나타났고, 이제 모닥불은 그들과 천막 사이에 있지 않았다.

제인이 말했다.

"저기 그가 있네요."

딤블이 물었다.

"그가 보이나? 난 눈이 나빠서."

데니스톤이 대답했다.

"똑똑히 보입니다. 부랑자네요. 그가 안 보이십니까, 딤블? 덥수룩한 수염을 기른 노인인데, 넝마 같은 짧은 털외투와 검은 바지를 걸쳤습니다. 왼발이 안 보이십니까? 발끝이 공중으로 향하게 발을 쭉 뻗고 있는데요?"

딤블이 대답했다.

"그건가? 난 통나무인 줄 알았네. 하지만 나보다 자네가 눈이 좋으니까. 정말 사내를 보았나, 아서?"

"네, 그렇다고 생각했습니다. 한데 지금은 확신이 서지 않네요. 눈이 점점 피곤해지는 것 같습니다. 그는 꼼짝 않고 앉아 있습니다. 사람이라면 자고 있나 봅니다."

"죽었거나요."

제인이 갑자기 몸을 떨면서 말했다.

"그럼 우리가 내려가 보자구."

딤블이 말했다.

1분도 지나지 않아 세 사람은 계곡으로 들어가 모닥불 앞을 지났다. 거기 천막이 있는데, 안에 잠자리를 마련하려 했지만 여의치 않았던 듯한 흔적이 있었다. 또 양철 접시 한 개가 있고 땅바닥에 성냥 몇 개비와 파이프 담배 찌꺼기가 있었다. 하지만 사람은 보이지 않았다.

2

'요정' 하드캐슬이 말했다.

"왜 당신이 그 애송이 처리를 내 손에 맡기지 않는지 이해가 되지 않아요. 당신의 아이디어는 너무 미온적이에요. 살인 사건에 대해 그가 방심하지 않게 하더니, 밤새도록 감방에서 고민하게 내버려 두죠. 왜 잘 풀릴 수도, 아닐 수도 있는 일들을 뒤엉키게 놔두는 거죠? 내가 20분만 손을 보면 그의 마음이 싹 뒤집힐 텐데 말이죠. 난 그런 유형을 알아요."

그날 밤 10시경, 하드캐슬은 부소장의 서재에 있었다. 그 자리에는 제3자가 있었다. 프로스트 교수였다.

위더는 그녀가 아닌 프로스트의 이마를 응시하며 대답했다.

"하드캐슬 국장, 이 일이나 다른 일들에 대한 그대의 관점을 충분히 고려한다는 것은 의심할 필요 없다고 내 분명히 말하겠소. 하지만 그렇더라도, 이번 일의 경우…… 음…… 너무 심하게 강압적인 조사를 했다가 우리 스스로 발목을 붙잡히게 될 거요."

"어째서죠?"

'요정'이 샐쭉하게 물었다.

위더가 대답했다.

"이런 말을 떠올리는 걸 양해해 줘야겠소. 물론 당신이 핵심을 간과하리라고 보진 않소. 그저 방법론적인 토대로 보면…… 모든 것을 명확히 하는 게 중요하니까……. 우리는 그 여자가 필요하오. ……스터독 부인이 우리 편에 끼는 것을 환영할 가치가 충분히 있다는 뜻이오……. 그녀가 뛰어난 심적 능력이 있다니까 특히 그렇지. 알겠지만 내가 '심적'이란 표현을 썼다 해서 특별한 이론이 있는 건 아니오."

"그 꿈들 말인가요?"

"그녀가 강제로 여기 끌려와서, 자기 남편이…… 어…… 물론 일시적이긴 하지만 눈에 띄게 비정상적인 상태인 걸 알면 과연 그녀가 어떤 영향을 받을지 의심스럽소. 사실 당신의 과학적 조사 방식을 동원하면 스터독이 비정상적이 되리란 것은 예상해야 되는 것 아니오. 그녀가 엄청난 혼란을 겪을 위험을 감수해야 될 거요. 적어도 오랫동안 예지력 자체가 사라질지도 모르고."

"우린 아직 하드캐슬 국장의 보고서를 못 받았소."

프로스트 교수가 조용히 말했다.

"별것 없어요. 노섬버랜드 칼리지까지 그를 미행했지요. 그가 떠난 후 칼리지에는 가능한 인물 셋만 남아 있어요. 랭카스터, 라일리, 딤블. 전망이 보이는 순서대로입니다. 랭카스터는 기독교인이고 영향력이 대단한 사람이에요. 대학 평의회 의원이고요. '렙톤 회의'와 관련이 많았지요. 몇몇 저명한 목회자 가족과 어울려요. 책도 많이 썼고요. 저쪽에서는 상당한 인물이지요. 라일리도 비슷한 부류이긴 하지만 리더십은 부족합니다. 기억하겠지만 작년에 그는 교육과 관련된 보수적인 위원회에 엄청난 해를 끼쳤어요. 두 사람 모두 위험인물입니다. 일이 되게 하는 부류고, 서로 상대편의 타고난 지도자들이지요. 딤블은 아주 다른 부류입니다. 기독교인이라는 점을 빼면 사실 거슬리는 면모가 별로 없어요. 순수한 학자입니다. 그 분야의 다른 학자들 사이 말고는 이름이 알려지지 않았습니다. 대중적으로 나설 인물이 아닙니다. 다른 두 사람은 좀 아는 게 있지요. 특히 랭카스터는. 사실 그가 올바른 견해를 갖고 있다면 우리 쪽에 자리를 만들어도 좋을 인물입니다."

"그런 사실 대부분은 우리가 이미 파악했다는 점을 하드캐슬 국장에게 알려 주시지요."

프로스트 교수가 말했다.

위더가 말했다.

"늦은 시간이고 하니…… 당신의 기운을 빼고 싶지 않소, 하드캐슬 국장. 보고서 중에서 더 설명적인 부분만 계속 들어 봅시다."

'요정'이 말했다.

"그래서 세 명 모두를 뒤쫓아야 했습니다. 당시 동원 가능한 인력을 활용해야 했지요. 운이 따라서 스터독이 에지스토로 출발하는 것이 목격되었음을 알 겁니다. 그것은 폭탄이었지요. 내 부하의 절반은 이미 병원 일로 분주했어요. 동원 가능하면 아무나 배치할 수밖에 없었지요. 보초 한 명을 세우고, 칼리지에서 보이지 않는 곳에 대원 여섯을 잠복시켰습니다. 물론 사복을 입혀서요. 랭카스터가 나타나자, 최정예 대원 셋을 따라붙게 했지요. 반 시간 전에 런던에서 전보가 왔는데, 랭카스터는 기차편으로 거기 갔다는군요. 우리가 거기서 뭔가 입수할지 모릅니다. 라일리는 진짜 골칫거리였지요. 에지스토에서 열다섯 명쯤 각각 그를 찾아다닌 것 같습니다. 우리는 그들 모두를 주시하고 있고, 나는 부하 두 명을 보내 라일리를 감시하게 했습니다. 딤블이 마지막으로 나왔지요. 마지막 남은 대원에게 딤블을 따라가게 하려 했지만, 그 순간 오하라 반장에게 전화가 왔지요. 차가 한 대 더 필요하다더군요. 그래서 딤블이 밤을 혼자 보내게 내버려 두기로 하고, 내 부하와 그를 쫓던 경찰관을 같이 보냈습니다. 딤블은 언제든 잡을 수 있습니다. 거의 규칙적으로 매일 칼리지에 출근하거든요. 사실 그는 있으나마나 한 인물입니다."

프로스트가 말했다.

"왜 칼리지에 사람을 들여보내 스터독이 몇 층으로 갔는지 확인하지 않았는지 이해가 안 되오만."

'요정'이 대답했다.

"그놈의 당신네 긴급 행정관 때문이에요. 아시나 모르겠지만, 지금 우리의 칼리지 출입이 금지된 상태거든요. 내가 그때 피버스톤은 적임자가 아니라고 했잖아요. 그는 양다리를 걸치려 한다고요. 시내 일에 대해서는 우리와 함께지만, 대학 일은 믿을 수 없는 사람이에요. 내 말을 명심해요, 위더. 당신도 스터독 때문에 골치깨나 앓을 거예요."

프로스트는 부소장을 바라보았다.

위더가 말했다.

"난 결코 부인하지 않겠소. 가능한 다른 설명들이 머릿속에 차오르지만 말이오. 피버스톤 경의 어떤 점들은 분별력이 없는 것이었을지 모르오. 나로서는 표현할 수 없을 정도로 생각하기가 고통스럽지만……."

"우리가 하드캐슬 국장을 붙들고 있을 필요가 있습니까?"

프로스트가 물었다.

위더가 말했다.

"내 정신 좀 봐! 정말 맞는 말이오! 당신이 얼마나 피곤할지, 또 당신의 시간이 얼마나 귀중한지 하마터면 잊을 뻔했소. 당신이 꼭 필요하다는 것을 보여 준 특별한 종류의 일은 당신에게 맡기도록 해야 될 거요. 우리가 당신의 좋은 인품을 이용하게 내버려 두지 마시오. 당신이 신경 쓸 필요 없는, 더 지루하고 판에 박힌 일도 많소."

그는 일어나서 하드캐슬이 나가도록 문을 열어 주었다.

그녀가 말했다.

"부하들에게 스터독을 손보게 하면 안 될까요? 주소 하나 알아내는 일로 이렇게 소란을 떠는 게 이상한 것 같아서요."

예의를 지키느라 문을 잡고 서 있던 위더의 얼굴에서 참을성 있는 미소가 싹 사라졌다. 잇몸이 보일 정도로 벌린 창백한 입술, 하얀 곱슬머리, 눈 아래 늘어진 살이 무표정하게 변해 버렸다. 하드캐슬은 살갗으로 된 가면이 그녀를 노려본다고 느꼈다. 잠시 후 그녀는 사라져 버렸다.

위더가 다시 의자로 돌아가서 말했다.

"우리가 이 스터독 부인을 너무 중요하게 보는 건지도 모르겠소."

"우리는 10월 1일자 명령에 따라 조치하는 거지요."

프로스트가 대답했다.

위더가 부정하는 몸짓으로 말했다.

"아…… 거기에 의문을 제기한 건 아니었소."

"몇 가지 사실을 상기시켜 드리지요. 상부에서는 아주 짧은 시간 동안만 이 여자의 정신세계에 다가갔습니다. 꿈 하나만 조사했지요. 가장 중요한 꿈으로, 앞뒤가 맞지 않는 것 같으면서도 우리 프로그램의 핵심 요소가 드러났습니다. 그것은 그녀가 중대한 위험인물이 될 수도 있다는 것을 우리에게 경고했습니다. 스터독 부인이 그녀의 능력을 이용할 줄 아는, 나쁜 영향을 받은 자들의 손에 들어가면 큰일이지요."

"아, 지당하오. 지당한 말이오. 그걸 부인할 의도는 전혀 없었소만……."

프로스트가 부소장의 말을 끊으며 생각을 이어갔다.

"그게 첫 번째 사안입니다. 두 번째 사안은 그 직후 그녀의 정신이 우리 상부에게 묘연해졌다는 점입니다. 현재 우리 과학으로는, 이런 '사라짐'에 대해 한 가지 이유밖에 알 수 없습니다. 문제의 정신이, 어설프나마 자발적으로 적대적인 조직의 통제에 놓일 때 그런 현상이 일어납니다. 따라서 우리가 꿈에 접근하는 것이 차단된 동안의 '사라짐'은 그녀가 어떤 식으로든 적의 영향권에 있다는 뜻입니다. 이것 자체가 커다란 위험이지요. 하지만 그녀를 찾으면 적의 본부가 파악된다는 뜻이기도 합니다. 고문을 하면 곧 스터독이 부인의 주소지를 발설할 거라는 하드캐슬 국장의 견해는 옳습니다. 하지만 부소장님이 지적한 대로, 그쪽 본부를 급습해서 체포하고, 여기서 고문당한 후의 남편을 발견하면 그녀의 예지력이 망가질 겁니다. 그러면 우리가 그녀를 확보하려 한 목적이 어긋나겠지요. 그게 첫 번째 반대 이유입니다. 두 번째 이유는, 적의 본부를 공격하는 일이 몹시 위험 요소가 크다는 겁니다. 그들은 우리가 대응할 준비가 안 된 종류의 보호를 받고 있습니다. 마지막으로 스터독은 부인의 은신처를 모를지 모릅니다. 그 경우……."

위더가 말했다.

"아, 그보다 더 한탄스러운 일은 없소. 환자가 답을 모르는 경우 과학적인 심문(이 맥락에서 '고문'이란 어휘를 쓰는 것은 허용할 수 없소)은 항상 치명적인 실수요. 인간애를 가진 사람으로서 우리 중 누구도 마찬가지요……. 그걸 계속하면 환자는 당연히 회복하지 못하고……. 멈추면, 경험 많은 심문자라도 그가 익히 아는 두려움에 사로잡히게 되오. 모든 면에서 불만족스러운 일이오."

"사실 스터독이 스스로 부인을 여기 데려오도록 유인하는 것 외에는 우리가 할 수 있는 조치가 없습니다."

"혹은 가능하다면 그가 지금껏 보인 것보다 우리 쪽에 더 확실히 충성하게 할 수도 있을 거요. 친구, 난 진정한 마음의 변화를 말하는 거요."

위더가 평소보다 훨씬 더 꿈꾸듯이 말했다.

프로스트는 약간 입을 벌리더니, 흰 치아가 보일 정도로 크게 벌렸다.

그가 말했다.

"그게 제가 말하던 계획의 일부분입니다. 저는 그가 스스로 아내를 부르러 보내도록 유인해야 한다고 했습니다. 그건 물론 두 가지 방식으로 할 수 있습니다. 그에게 우리에 대한 두려움이나 아내를 향한 욕망 같은 본능적인 수준의 동기를 주는 겁니다. 혹은 그가 우리 '소임'에 완전히 동화해서 그녀를 확보해야 되는 진정한 동기를 이해하고 조치를 취하도록 조건을 만들어 주는 겁니다."

"바로 그거요……. 바로 그거야. 늘 그렇듯 당신의 표현은 내가 선택할 만한 표현과는 약간 다르지만……."

"현재 스터독은 어디 있습니까?"

프로스트가 물었다.

"이곳 감옥 어딘가에 있소……. 저쪽 편에."

"일반 경찰에 체포된 줄 압니까?"

"그건 내가 답할 수 없소. 그럴 거요. 그래도 크게 달라지지는 않으니까."

"그럼 어떻게 조치하게 하실 겁니까?"

"체포된 심리적인 충격이 깊어지도록 몇 시간쯤 혼자 내버려 두라 했소. 뭣하기는 하지만…… 물론 인간애가 그렇긴 한데…… 약간의 신체적인 불편함의 가치를 따져 보았소. 그는 식사를 못할 거요. 그의 주머니를 비우라는 지시도 내렸소. 젊은이가 긴장을 담배로 해소한다면 곤란하겠지. 또 자기 힘으로 타개해야 되는 처지임을 알아야 할 테고."

"물론입니다. 그다음은?"

"일종의 심문을 해야 될 거요. 당신의 조언을 구하고 싶은 게 그 대목이오. 그러니까 처음에 내가 직접 나타날지 말지에 대해 말이오. 일반 경찰이 심문하는 분위기가 좀더 오래 유지되면 좋겠소. 그러다 나중 단계에서 그가 여전히 우리 수중에 있다는 사실이 밝혀지는 거지. 스터독은 처음에는…… 한동안은 이런 사실을 오해할 거요. 그가 힝기스트의 죽음으로 비롯된 낭패감을 떨치지 못하리란 걸 차츰 깨닫게 하는 것도 좋겠지. 그는 연구소와 피할 수 없는 유대감을 갖게 될 테고 그러면……."

"그러면 다시 아내를 데려오라고 하실 작정입니까?"

위더가 대답했다.

"그런 식으로 해서는 안 되겠지. 이런 말 하면 어떨지 모르지만, 극도로 단순하고 정확하게 말하는 당신의 습관은 (우리가 감탄하기도 하지만) 미묘한 차이의 여지를 남겨 놓지 않는 게 단점의 하나요. 그 젊은이 쪽에서 자발적인 신뢰감이 솟아나길 바라는 게 나을 거요. 직접적인 요구 같은 것은……."

"당신이 두려움에만 의존하는 게 이 작전의 약점입니다."

프로스트가 말했다.

"두려움이라."

위더는 그 말을 처음 듣는 사람처럼 되뇌고는 덧붙여 말했다.

"생각이 어떻게 연관되는지 전혀 이해할 수 없군. 내 기억이 맞다면, 당신은 나와 상반되는 하드캐슬 국장의 제안에 찬성할 리 없을 텐데요."

"어떤 제안이었지요?"

위더가 대답했다.

"저기, 내가 제대로 알아들었다면, 젊은이의 눈에 아내와 있는 것이 더욱 바람직하게 보이도록 과학적인 수단을 쓰자는 게 그녀의 제안이었소. 어떤 화학 물질이……."

"최음제를 말하는 겁니까?"

위더는 가만히 한숨을 쉬고는 아무 말도 하지 않았다.

프로스트가 말했다.

"말도 안 되는 소리지요. 최음제의 영향으로 사내가 관심을 쏟는 것은 아내가 아닙니다. 하지만 내가 말했듯이, 전적으로 두려움에만 의존하는 것은 실수입니다. 수년간 지켜본 바로 그 결과는 가늠하기 어렵습니다. 두려움이 복잡해지면 특히 그렇지요. 환자가 두려움에 빠진 나머지 꼼짝 못할 수도 있지요. 바람직한 방향인데도 움직이지 못하는 겁니다. 남편이 순순히 그녀를 여기 데려오는 것을 기대할 수 없다면 우리는 고문을 이용해서 결과를 얻어야 합니다. 하지만 다른 대안도 있지요. 욕망이란 게 있어요."

"내가 당신의 견해를 제대로 따라가지 못하는 듯하오. 당신은 의학이나 화학적인 접근은 반대했잖소."

"나는 더 강력한 욕망들을 생각하던 참입니다."

대화가 이 단계에 접어들었을 때도, 다른 단계에서도 부소장은 프로스트의 얼굴을 별로 보지 않았다. 평소처럼 그는 방 안을 둘러보거나 멀리 있는 뭔가에 시선을 고정시켰다. 때로 눈을 감기도 했다. 하지만 프로스트나 위더, 둘 중 한 사람이—누군지 알기 어려웠다—점점 의자를 움직였고, 이즈음 두 사람은 무릎이 맞닿을 만치 가까이 앉아 있었다.

프로스트가 낮고 또렷한 목소리로 말했다.

"필로스트라토와 대화를 나누었지요. 그가 진실에 대한 개념이 있다면 틀림없이 내 말뜻이 명확히 전달되었을 만한 표현들을 썼습니다. 그의 수석 조수인 윌킨스도 있었지요. 사실 둘 다 거기 관심이 없습니다. 그들은 '헤드'가 살아서 말을 할 수 있게 하는 데 성공했다는—그들의 생각에—사실에만 관심이 있지요. '헤드'가 무슨 말을 하는지는 그들의 흥미를 끌지 못합니다. '헤드'가 실제로 무슨 말을 하고 있느냐에 대한 질문에 두 사람은 호기심을 못 느낍니다. 나는 깊이 파고들었지요. '헤드'의 의식 상태에 대한 질문들을 들이밀어 봤지요. 정보의 출처를 물었어요. 응답이 없더군요."

위더가 말했다.

"내가 제대로 이해하는 거라면, 당신은 이 스터독에게도 그런 식으로 접근하자고 하는 거요. 내 기억이 맞다면 당신은 두려움을 이용하는 데 반대했소. 두려움은 우리가 원하는 정확한 효과를 낼지 예측할 수 없다며 거부했잖소. 그런데…… 아…… 지금 구상하는 방법이 더 믿을 만하다? 진지한 사람들이 필로스트라토와 부하인 윌킨스 같은 이들에게 틀림없이 실망감을 느끼리란 것은 새삼 말할 필요도 없을 거요."

프로스트가 말했다.

"그게 핵심입니다. 국공연이 영국의 정치와 경제를 지배하는 것이 다른 목적보다 먼저라는 잘못된 생각을 경계해야 합니다. 우리가 정말 챙기는 것은 개인들이지요. 개인의 변하기 힘든 굳은 심지는 우리와 똑같은 목적에 바쳐집니다. 그게 우리에게 필요하고, 또 우리가 그것에 기여하도록 명령받은 것도 그것이지요. 이제까지 많은 사람들을 제대로 끌어들이지는 못했지만요."

"브랙돈 숲에서는 아직 아무 소식도 없소?"

"없습니다."

"그러면 스터독이 적당한 인물일 거라고 믿는 거요……?"

프로스트가 대답했다.

"그의 가치가 부인의 투시력에만 있지 않다는 점을 잊으면 안 됩니다. 둘은 우생학적으로 흥미로운 부부입니다. 그리고 스터독은 거부할 수 없을 거라는 생각이 듭니다. 감방에서 공포스러운 시간을 보낸 다음, 두려움을 떨치려는 욕망을 건드리는 것이, 그런 부류의 성격에는 확실히 효과가 있을 겁니다."

위더가 말했다.

"물론, 가능한 최고의 연대야말로 가장 바람직한 일일 거요. 우리가 받은 명령의 그 점을 혹 내가 과소평가하지 않을까 의심하지 마시오. 그 연대에 합류하는 어떤 개인도 아…… 모두에게 가장 큰 만족감을 주는 원천이 될 거요. 나는 가능한 한 가장 밀착된 유대를 원하오. 개성들이 최대한 밀착해서, 다시 흩어질 수 없게 서로 이어져 개인을 초월하는 것을 환영할 거요. 내가 이 젊은이를 받아들이는 것을…… 흡수하는 것을…… 동화시키는 것을 두 팔 벌려 환영한다는 것을 의심하지 않아도 좋소."

이제 그들은 바싹 붙어 앉았다. 키스하려는 연인들처럼 얼굴이 닿을 듯 말 듯했다. 프로스트의 코에 걸친 안경에 빛이 반사되어 눈은 보이지 않고, 입만 표정을 드러냈다. 입가에 미소가 어렸지만 느긋한 웃음이 아니었다. 위더는 입을 벌리고 있었다. 아랫입술이 처지고, 눈에는 물기가 어렸다. 기운이 다 빠진 사람처럼 축 늘어져서 의자에 앉아 있었다. 모르는 사람이 봤다면 술에 취한 줄 알았을 것이다. 그때 그가 어깨를 움직이더니 웃음을 터뜨리기 시작했다. 프로스트는 소리 내어 웃지 않았지만, 시시각각 미소가 더 환해지는 동시에 냉정해졌다. 그는 손을 뻗어 동료의 어깨를 두드렸다. 그 조용한 방에서 갑자기 무너지는 소리가 났다. 〈인명사전〉이 탁자에서 바닥으로 떨어졌고, 두 노인은 발작적으로 움직이다 서로를 향해 몸을 기울였다. 그들은 포옹을 풀려고 안간힘을 쓰는 듯했지만, 그 상태로 앞뒤로 흔들면서 앉아 있었다. 그들이 손으로 더듬고 손톱으로 긁을 때 무슨 소리가 났다. 처음에는 날카롭고 희미했지만, 킬킬대는 소리가 점점 커지더니 결국 노인의 웃음이 아니라 짐승 소리가 났다.

3

마크는 경찰차에서 떠밀려 내려 비 내리는 어둠 속으로 나아갔다. 양쪽의 경관 두 명을 따라 여러 개의 문을 지났고 마침내 불 켜진 작은 방에 혼자 남게 되었다. 그는 벨버리에 왔다는 것을 몰랐다. 알았더라도 크게 상관하지 않았을 터였다. 체포당한 순간 목숨을 포기했으니까. 교수형 당할 텐데 뭐.

지금까지는 죽음에 가까이 간 적이 없었다. 손을 힐끗 내려다보니 (손이 차가워서 자기도 모르게 비볐다) 전혀 다른 생각이 떠올랐다. 바로 이 손이, 손톱이 다섯 개이고 검지 안쪽에는 누런 담배 얼룩이 밴 이 손이 언젠가 시신의 손이 되고 그 후에는 해골의 손이 되겠지. 딱히 공포라 할 수는 없지만 물리적으로 숨이 막히는 것을 느꼈다. 그 터무니없는 생각이 머릿속에서 빙빙 돌았다. 이 생각은 믿기지 않으면서도 아주 또렷했다.

하드캐슬에게 자세히 들은 처형의 소름끼치는 과정이 느닷없이 밀려들었다. 하지만 너무 강한 자극이어서 의식이 받아들이지 못했다. 한순간 그의 상상 속에 맴돌며 괴롭혀 머릿속으로 비명을 지르게 하고는 흐릿하게 가라앉았다. 단순한 죽음이 다시 관심의 대상이 되었다. 마크 앞에 영생이라는 문제가 떠올랐다. 그는 조금도 관심이 없었다. 사후 세계가 무슨 상관일까? 형태 없는 다른 세상에서의 행복이란(그는 불행을 생각한 적이 없었다), 죽임을 당할 사람에게는 전혀 어울리지 않았다. 죽이는 것은 중요한 일이었다. 어떻게 봐도 이 몸뚱이―이 흐느적대고 벌벌 떠는, 필사적으로 살아 있는 친밀한 그의 몸―는 '죽은' 몸으로 돌아갈 터였다. 영혼 같은 게 있다 해도 이것은 그런 데 신경 쓰지 않았다. 숨이 막히고 목이 졸리는 듯하자 다른 모든 것은 아무것도 아니라는 강렬한 느낌이 들었다.

마크는 숨이 막히자 통풍구가 있나 해서 감방 안을 둘러보았다. 사실 문 위로 창살이 있었다. 환기구이자 문 자체가 유일하게 눈으로 볼 수 있는 물체였다. 다른 것은 온통 흰 바닥, 흰 천장, 흰 벽이었다. 의자나 탁자, 책이나 옷 거는 못 하나 없이 천장 중앙에 강한 흰 빛을 쏘는 전등이 있었다.

방 안 분위기에 마크는 처음으로 벨버리일지 모른다는 생각을 했다. 하지만 이 생각과 함께 솟구친 희망은 워낙 짧게 지나가서 순식간에 사라졌다. 위더와 하드캐슬과 나머지 사람들이 그를 일반 경찰에 넘겨서 처치하기로 하나, 직접 처리하나—그들이 힝기스트를 처리한 방식대로일 것이 분명하므로—무슨 차이가 있을까? 벨버리에서 겪은 모든 좋고 나쁜 일들의 의미가 이제 분명하게 떠올랐다. 그들은 모두 그의 적이었고, 그의 희망과 두려움을 갖고 놀면서 그를 노예 상태로 만들었다. 그가 도망가면 죽일 것이고, 그들이 그에게 원했던 바를 다 이루고 나면 결국은 그를 죽일 게 뻔했다. 그가 예전에 다르게 생각할 수 있었다는 사실이 놀라운 것 같았다. 성과를 올리면 이들에게 호응을 받을 수 있다는 생각을 어떻게 할 수 있었을까?

그는 얼마나 어리석었던가! 유치하고 걸핏하면 잘 속는 멍청이! 마크는 바닥에 주저앉았다. 10시간쯤 걸은 것처럼 다리가 후들거렸다. 애당초 왜 벨버리에 왔을까? 부소장과 첫 면담 때, 진실이 확성기에 대고 외쳐지거나 포스터에 대문짝만 하게 적힌 것처럼 분명하던 경고를 깨달아야 하지 않았을까? 여기는 모략 중에서도 모략의 세계라고, 거짓과 부당이득이 오가고 다시 오가는 곳이라고. 등에 비수를 꽂는 세계이며, 게임에서 진 바보에게 경멸 어린 너털웃음을 터뜨리는 곳이라고. 마크는 피버스톤이 그를 '못 말리게 낭만적'이라면서 웃음을 터뜨리던 날이 훤히 떠올랐다. 피버스톤…… 그 때문에 마크는 위더를 믿게 되었다. 피버스톤의 추천으로. 그의 어리석음은 그전으로 거슬러 올라갔다. 도대체 어쩌다 피버스톤을 믿게 됐을까? 입은 상어 같은 데다 잘난 척하는 사람을? 얼굴을 똑바로 보는 법이 없는 사람을? 제인이나 딤블이라면 그를 곧장 알아봤을 텐데. 피버스톤의 온몸에 '사기꾼'이라고 쓰여 있는데. 그는 커리나 버스비 같은 허수아비들이나 속이기에 알맞은 인물이었다. 하지만 처음 피버스톤을 만났을 때 마크는 커리와 버스비를 허수아비로 여기지 않았다. 그가 브랙톤에서 처음으로 혁신파의 신뢰를 받았을 때, 그 집단을 어떻게 생각했는지 분명하게 떠올랐다. 그러면서 새삼 놀랐다. 아웃사이더였던 동안 얼마나 신참 교원처럼 느꼈는지……. 휴게실에서 머리를 맞대고 있는 커리와 버스비를 보고 가끔 속삭이는 대화의 일부를 들으면서 어떤 느낌을 맛봤는지 기억하니 더욱 믿기 힘들었다. 그때 그는 정기간행물에 집중하는 척했지만 속으로는—아, 얼마나 간절히—그들 중 한 명이 지나가다가 말을 걸어 주기를 바랐던가. 그러다 몇 달이 흐르고 그런 일이 벌어졌다. 그는 끼고 싶어 안달하는 역겨운 아웃사이더인 자기 모습을 그렸다. 우주 정부에 받아들여지기라도 한 것처럼 우쭐해서 시시한 자신감에 푹 젖은 유치한 얼간이. 그의 어리석음에는 시작이고 뭐고 없을까? 태어난 순간부터 완전히 바보였던 걸까? 학교에 다닐 때도 '그립Grip'이라는 집단에 끼려다 공부도 망치고 마음도 상했으며, 그 과정에서 유일하게 절친한 친구도 잃지 않았던가? 아이였을 때도 옆집 사는 파멜라에게 가서 비밀을 말하려는 누이와 싸우곤 했다.

이제는 이렇게 분명한 모든 일이 왜 전에는 생각나지 않았는지 이해가 되지 않았다. 그런 생각들이 들어오려고 자주 노크했지만 늘 외면당했다는 것을 마크는 몰랐다. 일단 그런 생각들을 하게 되면 인생이라는 거미집이 찢기고, 그의 의지가 내린 거의 모든 결정은 무효화

될 테고, 또 그가 아기라도 되는 듯 모든 게 다시 시작된다는 허울 좋은 이유를 둘러 댔다. 그가 그런 생각들을 받아들였다면 맞닥뜨려야 했을 애매한 골칫거리들, 조치가 취해져야 하는 무수한 '뭔가'가 그가 이런 생각들을 떠올리지 못하게 했다. 이제 눈에서 가리개를 벗겨낸 것은, 무슨 수를 써도 소용없다는 사실이었다. 그들은 그를 목매달 터였다. 그의 사연은 끝났다. 이제 더 이상 그가 쓸모없으니 '거미집'을 찢어도 손해될 게 없었다. 진실을 위해 (힘겨운 결정과 복구의 형태로) 지불해야 될 빚도 없었다. 이 다가오는 죽음이라는 결과는 부소장과 프로스트 교수가 예견하지 못한 일일 것이다.

이 순간 마크에게 도덕적인 고려 따위는 없었다. 그는 자기 삶을 돌아보며 수치를 느낀 것이 아니라 그 음울함이 못마땅했다. 반바지를 입은 어린아이였을 때, 덤불이 우거진 말뚝 뒤에 숨어서 머틀과 파멜라의 대화를 엿듣던 모습을 떠올렸다. 그때는 남이 엿들으면 이야기가 흥미 없어진다는 사실은 무시하려 했다. 또 일요일 오후마다 '그립'의 스포츠 영웅들과 어울리며 즐거운 체하는 자신을 떠올렸다. 실은 (이제 알겠지만) 예전에 피어슨과 즐기던 산책이 무척 그리웠다. 그는 피어슨을 애써 잊고 지내려 했었다. 십 대 시절 쓰레기 같은 성인 소설을 읽고 맥주를 마시려고 낑낑대던 모습도 떠올랐다. 실은 존 버컨(《39계단》 등의 추리소설로 유명한 스코틀랜드의 소설가―옮긴이)의 소설과 탄산음료가 좋았다. 마음에 드는 새로운 집단의 은어를 배우고, 재미없는 일들에 관심 있는 척하고, 지식이 없는데도 있는 체하던 시간들이었다. 사실 좋아했던 모든 사람과 일을 잘난 체하며 외면

하고, '그립'이나 혁신파나 국공연을 즐길 수 있다고 가장하는 괴로운 시도. 이 모든 것이 밀어닥쳐 가슴이 무너졌다. 그가 원하는 일을 해본 게 언제였던가? 좋아하는 사람들과 어울린 게 언제였나? 혹은 언제 좋아하는 것을 먹고 마셔 봤나? 심드렁한 이 모든 것이 자기연민을 일으켰다.

정상적인 상황에서라면, 모든 실망스러운 삶의 책임을 외부 현실로 돌리려는 변명이 떠올랐을 것이다. 그리고 그는 곧바로 그런 변명을 받아들였으리라. '제도'나 부모 때문에 생긴 '열등감', 시대적인 특징을 이유로 삼았을 터였다. 하지만 지금 그에게 이런 핑계는 떠오르지 않았다. 그의 '과학적'인 시각은 실제로 믿는 진정한 철학이었던 적이 없었다. 그저 뇌 속에 있는 것일 뿐이었고, 대중에게 내보이는 자신의 일부였다. 이제는 그마저 없어져 버렸지만. 하찮은 삶을, 낡은 깡통 더미와 메마르고 건조한 곳들을 선택한 것은, 생각할 필요도 없이, 이 세계에서 다른 사람 아닌 자신이었다는 것을 마크는 알고 있었다.

예기치 못한 생각이 떠올랐다. 이 일이, 이런 그의 죽음이 제인에게는 잘된 일일 것이다. 오래전의 머틀, 학창 시절의 피어슨, 대학교에 같이 다닌 데니스톤. 마지막으로 제인은 건조하고 숨 막히는 곳들 너머의 뭔가를 타고 그의 인생에 들이닥친 가장 큰 사건이었다. 그는 장학금을 받고 중요한 인물들과 어울리는 똑똑한 동생이 되는 것으로 누이 머틀의 마음을 얻었다. 그들은 쌍둥이였지만, 머틀은 어린 시절 잠시 누나 같았다가 이후로 쭉 여동생처럼 지냈다. 마크는 누이를 그의 궤도로 완전히 끌어들였다. 그가 속한 집단에 대해 설명을 듣는 누이의 놀란 눈망울과 순진한 대답은, 마크에게 경력의 각 단계를 밟는 진정한 기쁨을 주었다. 하지만 같은 이유로 누이는 메마른 곳들 너머에서 삶을 중재하는 것을 중단했다. 한때 깡통 틈에 안전하게 심은 꽃은 깡통 자체가 되고 말았다. 피어슨과 데니스톤은 그가 저버린 친구들이었다. 그리고 이제 그는 제인을 어떻게 할 속셈이었는지 비로소 알았다. 모든 게 성공했다면, 그가 바라던 사람이 되었다면 그녀는 훌륭한 안주인이 되어야 했으리라. 어떤 면에서는 비밀스러운 안주인이. 놀라운 외모의 여자가 누구이며, 그녀의 선량한 의지를 지켜 주는 게 왜 그리 중요한지는 은밀한 소수만이 알아차릴 터였다. 그러니…… 제인에게는 다행스러웠다. 이제 제인에 대해 생각해 보니 그녀의 내면에 깊은 우물과 무릎까지 빠지는 행복의 초원이 있는 듯했다. 신선한 강물과 여유로운 마법의 정원이 있었다. 그는 그곳들에 들어가지 못해도 망가뜨릴 수 있었다. 제인은 피어슨, 데니스톤, 딤블 부부처럼 사물을 그 자체로 즐길 줄 아는 사람이었다. 그녀는 마크와는 달랐다. 그가 없어지는 게 제인에게는 잘된 일이었다.

그 순간 문의 열쇠 구멍에서 열쇠 돌아가는 소리가 들렸다. 곧 모든 생각이 사라지고, 죽음에 대한 공포와 목마름만 엄습했다. 그는 비척대며 일어나 멀리 있는 벽에 등을 기대고 섰다. 들어오는 사람을 계속 쳐다보고 있으면 교수형을 면할 수 있을 것처럼 앞을 빤히 보았다.

감방에 들어온 사람은 경찰관이 아니었다. 회색 양복을 입고 코에 안경을 걸친 사내가 마크와 빛을 힐끗 쳐다볼 때 안경알이 뿌옇게 되어 그의 눈이 보이지 않았다. 마크는 당장 그를 알아보았고, 이곳이 벨버리라는 사실도 알았다. 그의 눈이 휘둥그레지고 놀라서 공포를 잊을 뻔하게 한 것은 이 사실이 아니었다. 사내의 모습이 변한 것, 또는 마크가 그를 보는 시각이 변한 것 때문이었다. 어찌 보면 프로스트 교수의 모든 것은 예전 그대로였다. 뾰족한 수염, 희디흰 이마, 변하지 않는 특징, 냉담한 미소. 하지만 너무도 확연해서 어떤 아이라도 주눅 들 만한 그의 모습을 어떻게 모르고 지낼 수 있었는지 마크는 이해할 수 없었다. 개도 그를 보면 목털을 곤추세우고 이빨을 드러내며 길모퉁이로 꽁무니를 뺄 텐데. 죽음 자체보다 더 무서운 것은 여섯 시간 전만 해도 그가 이 남자를 믿었다는 사실이었다. 그의 신뢰를 반가워했고, 심지어 그의 무리가 못마땅할 것 없다고 믿었다는 사실이 죽음보다도 두려웠다.

12

습하고 바람 부는 밤

1

"이런, 여기 아무도 없구만."

딤블이 말했다.

"방금 전에 여기 있었는데요."

데니스톤이 말했다.

"누군가 봤다고 확신하나?"

딤블이 물었다.

"누군가 봤다는 생각이 듭니다. 확신까지는 아니지만."

데니스톤이 대답했다.

"누가 있었다면 틀림없이 아직 가까이 있을 걸세."

딤블이 말했다.

"그를 불러 보면 어떨까요?"

데니스톤이 제안했다.

"쉿! 들어 봐요!"

제인이 말했다. 모두 한동안 조용히 있었다.

곧 딤블이 말했다.

"늙은 나귀가 꼭대기에서 돌아다니는 소리야."

다시 침묵이 흘렀다.

"성냥을 마구 낭비한 것 같네요. 부랑자라면······."

데니스톤이 모닥불 불빛에 비친 땅바닥을 힐끗 보면서 말했다.

"멀린이 5세기의 무덤에서 성냥을 갖고 나왔으리라고는 아무도 기대하지 않겠지."

딤블이 말했다.

"그런데 이제 어떻게 하죠?"

제인이 물었다.

"우리가 이 정도만 알고 돌아가면 맥피가 뭐라고 할지 생각하고 싶지 않네요. 그는 우리가 행했어야 될 계획을 곧바로 지적할 겁니다."

데니스톤이 미소 지으며 말했다.

딤블이 대답했다.

"이제 비가 그쳤으니 차로 돌아가서, 제인이 본 흰 문을 찾기 시작하는 게 좋겠네. 뭘 보고 있나, 데니스톤?"

"이 진흙을 보고 있습니다."

데니스톤이 모닥불에서 몇 걸음 옆으로 비켜서서 대답했다. 그는 그들이 내려온 오솔길 쪽에 서 있었다. 그가 몸을 굽히고 전등을 비추었다. 그러다가 갑자기 허리를 펴고 말했다.

"보세요! 여기 몇 명이 있었습니다. 아니요, 거기는 밟지 마세요. 발자국이 뒤섞이니까요. 모르시겠습니까, 교수님?"

"우리 발자국이 아닐까?"

딤블이 말했다.

"몇 개는 다른 방향으로 나 있습니다. 저기 보세요…… 저기도."

"부랑자의 발자국이 아닐까? 그게 부랑자라면 말일세."

딤블이 말했다.

"저 길을 올라갔다면 우리 눈에 띄지 않았을 리가 없어요."

제인이 말했다.

데니스톤이 말했다.

"우리가 도착하기 전에 가지 않았다면요."

"하지만 우리 모두 그를 본걸요."

제인이 말했다.

딤블이 말했다.

"가자구. 꼭대기까지 발자국을 쫓아가 보세. 멀리까지 따라갈 수는 없을 거야. 그렇다면 다시 도로로 나가서 문을 찾아봐야겠지."

그들이 계곡 끝에 이르니, 진흙 바닥이 잔디로 바뀌었고 발자국이 사라졌다. 그들은 그 둘레를 두 번이나 돌았지만 아무것도 찾지 못했다. 그래서 다시 도로로 걸음을 옮기기 시작했다. 날씨가 개었다. 오리온자리가 하늘 전체를 호령했다.

2

위더 부소장은 거의 잠을 자지 않았다. 꼭 자야 할 때는 약을 먹었지만, 그런 경우는 드물었다. 그가 대부분의 낮이나 밤에 경험하는 의식 상태는 남들이 깨어 있는 상태와 다른 지 오래되었기 때문이다. 그는 일상의 의무에서는 의식의 대부분을 사용하지 않고 정신의 반의 반만으로도 일하는 법을 익혔다. 시각, 미각, 후각, 촉각은 당연히 평범한 방식으로 신체의 감각에 충격을 가했다. 이제 그런 감각들은 그의 자의식에까지 전달되지는 않았다. 위더가 반세기 전에 익힌 사람들에 대한 매너와 태도는 이제 하나의 유기체가 되어, 축음기처럼 거의 독립적으로 작동했다. 또 그는 대부분의 면담과 위원회를 그것에 넘겨줄 수 있었다. 뇌와 입술이 이런 일을 행하며 주변 사람들에게 나날이 애매하고 무서워지는 반면, 내적 자아는 자유롭게 자기 삶을 추구했다. 영혼이 감각에서만이 아니라 이성으로부터도 분리되었다. 이것은 몇몇 신비주의자들의 목표이기도 했다.

그래서 프로스트가 감방으로 마크를 만나러 나가고 한 시간이 지난 후, 그는 어떤 면으로는 깬 채로 가만히 있었다. 즉 분명히 자고 있지 않았다. 그 시간에 누가 방을 들여다봤다면, 고개를 숙이고 손을 포갠 채 테이블에 꼼짝 않고 앉아 있는 위더를 보았을 것이다. 하지만 그는 눈을 감고 있지 않았다. 얼굴은 무표정했다. 자연의 순리와 그들을 묶는 끈이 끊어지기 직전까지 최대한 당겨질 때 영혼들이 고통받거나 즐기거나 시달리듯, 위더 안의 진짜 인간은 멀리서 고통받거나 즐기거나 시달렸다. 팔꿈치 옆에 있는 전화가 울리자 그는 놀라지 않고 수화기를 들었다.

"네."

그가 말했다.

"스톤입니다. 저희가 무덤을 찾아냈습니다."

상대방이 말했다.

"그래."

"비어 있었습니다."

"비어 있었다고?"

"네, 그렇습니다."

"확실한가, 스톤? 장소를 제대로 찾았나? 혹시⋯⋯."

"아, 그렇습니다. 일종의 작은 토굴입니다. 석조물과 로마 시대의 벽돌이 있습니다. 그리고 중앙에는 제단이나 침대 같은 석판이 있습니다."

"거기 사람이 없었다고 봐도 되겠나? 사람이 있었던 흔적은 없고?"

"저, 저희가 보기에는 최근에 손을 탄 것 같습니다."

"최대한 명확하게 말해 보게, 스톤."

"저, 출구가 있었는데⋯⋯ 터널을 말하는 겁니다. 거기서 남쪽으로 나 있더군요. 저희는 곧장 이 터널을 통과했습니다. 8백 미터쯤 떨어진 곳으로 나가니, 숲 외곽 지역이었습니다."

"나간다고? 그러면 아치나 문, 터널 입구가 있다는 뜻인가?"

"저, 그게 중요합니다. 저희는 트인 공간으로 나왔습니다. 하지만 아주 최근에 거기서 뭔가가 무너진 것 같더군요. 마치 터널 끝을 벽으로 막고 그 위에 어느 정도 높이로 흙을 덮었는데, 최근 누군가 이곳을 무너뜨린 것 같았습니다. 정신없이 어질러져 있었습니다."

"계속해 보게, 스톤. 그래서 자네는 어떻게 했나?"

"부소장님 지시대로 했습니다. 가능한 경찰 병력을 소집해서, 말씀하신 사내를 찾는 수색대를 급파했습니다."

"알겠네. 그러면 경찰관들에게 그를 어떻게 설명했지?"

"부소장님이 말하신 대로 전했습니다. 수염이 아주 길거나 덥수룩한 노인이 망토를 둘렀을 것 같지만 아무튼 특이한 복장일 거라고요. 마지막 순간 생각나서, 그가 옷을 안 입었을지 모른다고 덧붙였습니다."

"왜 그렇게 덧붙였나, 스톤?"

"저, 그가 거기 얼마나 있었는지 모르는 데다가 그건 제가 신경 쓸 일이 아닙니다. 다만 그런 곳에 보관된 옷에 대해 듣기로는, 공기가 유입되자마자 결딴난다고 합니다. 부소장님이 말씀해 주지 않기로 하신 내용을 제가 알아내려 한다는 상상은 잠시도 하지 마시기 바랍니다. 하지만 그때 제 생각에는 아무래도……."

위더가 대답했다.

"자네 말이 맞네, 스톤. 자네가 조금이라도 궁금해하면 엄청나게 비극적인 결과가 생길 걸세. 자네를 위해, 물론 자네의 이익을 위해 나는 대개 나름의 방식을 택해 왔네. 분명히 말하거니와, 자네는……아…… 미묘한 입장이지만…… 물론 고의가 아니겠지만…… 선택할 때는 내 지원에 기대도 되네."

"감사합니다, 부소장님. 그가 알몸일 거라는 제 말이 맞다고 생각해 주시니 정말 다행입니다."

"아, 그 점에 대해 말하자면 지금으로서는 제기할 수 없는 고려 사항들이 아주 많다네. 그리고 수색대에게 그런…… 어…… 사람을 찾으면 어떻게 하라고 지시했나?"

"저, 그게 또 어려운 점이었습니다. 저는 조수인 도일 신부를 한 수색대와 같이 보냈습니다. 그가 라틴어를 아니까요. 또 렌치 수사관에게 부소장님이 제게 주신 반지를 주고, 그를 두 번째 수색대의 책임자로 세웠습니다. 세 번째 수색대의 경우 웨일스어를 아는 대원을 배치하는 게 제가 할 수 있는 최선의 조치였습니다."

"어느 수색대에 동행할 생각은 하지 않았나?"

"그렇습니다. 부소장님께서는 저희가 뭐라도 발견하면 즉시 전화하라고 하셨습니다. 그래서 제가 부소장님과 연락하느라 수색대들을 지체시키고 싶지 않았습니다."

"알았네. 저기, 의심할 나위 없이 (편견 없이 말하자면) 자네는 명령에 따른 조치를 취했다고 할 수 있겠네. 이…… 아…… 인물이…… 발견되면 최고의 예의를 다해…… 내 말을 곡해하지 않는다면…… 조심스럽게…… 대하라는 점은 분명히 해두었겠지?"

"아, 그렇습니다."

"저, 스톤. 의문의 여지는 분명히 있지만 전반적으로는 자네의 이번 일처리가 상당히 만족스럽네. 내 동료들에게 우호적인 측면에서 이번 일을 설명할 수 있을 거라 믿네. 아쉽게도 자네는 지금껏 그들의 마음을 사지 못했지. 자네가 성공적인 결말을 이루어 낼 수 있다면, 입지를 튼튼히 굳히게 될 걸세. 그게 아니면…… 나로서는 이런 말을 하는 게 표현할 수 없을 만큼 고통스럽네만, 우리 사이에 긴장감과 비난이 일겠지. 하지만 나를 이해해 주게, 친구. 나처럼 자네의 본래 자질을 높이 사도록—하드캐슬 국장과 스터독 같은 이들을—설득할 수만 있다면, 자네는 경력이나…… 아…… 자네의 안전에 대해서는 걱정할 필요가 없게 될 거야."

"하지만 제가 무슨 일을 하면 되겠습니까, 부소장님?"

"젊은 친구, 황금률은 아주 간단하다네. 앞서 한 일의 일부가 안타깝게도 자네에게 안겨 준 것 같은 독특한 상황에 처한 사람에게는 두 가지 잘못이 치명적일 수 있네. 하나는 적극성이나 진취성의 부족이 큰 재앙이 될 거라는 점일세. 다른 하나는 승인받지 않은 행동을 조금이라도 취하는 것이지. 모든 상황에서 자네에게는 어떤 결정권도 없는데, 결정할 자유가 있다고 넘겨짚는다면 나라도 자네를 지켜 줄 수 없는 결과를 맞겠지. 하지만 이 두 가지 극단적인 잘못만 저지르지 않는다면, (비공식적인 말이네만) 자네가 완벽하게 안전하지 않을 이유가 없지."

위더는 스톤의 대답을 기다리지 않고 전화를 끊고, 다른 곳에 전화를 걸었다.

3

"우리가 지나온 문이 가까이 있어야 되지 않나?"

딤블이 큰 소리로 물었다.

비가 그쳐서 한결 환해졌지만, 바람이 심하게 불어 대서 소리를 질러야 다른 사람들이 들을 수 있었다. 그들이 지나는 생울타리의 가지들이 흔들리다가 아래위로 심하게 움직여서 마치 가지들이 빛나는 별을 매질하는 것처럼 보였다.

데니스톤이 말했다.

"제 기억보다 훨씬 머네요."

"그런데 별로 진흙탕이 아니에요."

제인이 말했다.

데니스톤이 갑자기 멈추며 말했다.

"맞는 말이에요. 바닥이 돌투성이군요. 올라오는 길은 이렇지 않았습니다. 우린 엉뚱한 들판에 와 있네요."

딤블이 부드럽게 말했다.

"내 생각에는 우리가 제대로 왔네. 수풀에서 나오자마자 이 생울타리를 끼고 반쯤 왼쪽으로 돌았지. 내 기억에는 확실히……."

"하지만 오른쪽에 있는 작은 관목 숲에서 나왔던가요?"

데니스톤이 물었다.

딤블이 말했다.

"코스를 바꾸기 시작하면 우리는 밤새도록 빙빙 돌기만 할 거야. 계속 곧장 가자구. 결국 도로로 나가게 될 걸세."

"어머나! 이게 뭐죠?"

제인이 날카롭게 말했다.

다들 귀를 기울였다. 바람 소리 때문에, 그들이 들으려는 알 수 없는 리드미컬한 소음은 처음에는 아주 멀리서 나는 것 같았다. 그러다가 곧 "조심해!", "저리가, 이 짐승아!", "돌아와!" 같은 비명이 들렸다. 그러다가 모든 게 생울타리 속으로 잦아들면서, 부드러운 흙바닥 위를 달리는 말발굽 소리가 들렸다. 말이 그들 바로 옆을 지나갈 때 진흙 덩어리가 데니스톤의 얼굴에 날아들었다.

제인이 소리쳤다.

"보세요! 그를 세워요. 어서요!"

데니스톤이 얼굴을 닦으려 하면서 대꾸했다.

"그를 세우다니요? 뭐하게요? 저 퉁명스러운, 다리 넷 달린 동물은 덜 볼수록……."

"저 사람에게 소리치세요, 딤블 교수님. 어서요. 뛰어요! 안 보이세요?"

제인이 미칠 듯이 조급해하며 외쳤다.

"보이다니 뭐가?"

딤블이 숨을 몰아쉬며 물었다. 제인이 급하게 구는 바람에 일행은 말이 달려간 방향으로 뛰고 있었다.

"말 등에 사람이 있어요."

제인이 헐떡이며 대답했다. 그녀는 지쳤고 숨이 찼다. 신발도 한 짝 잃어버렸다.

"사람요?"

데니스톤이 묻다가 다시 말했다.

"맙소사. 제인 옳습니다, 박사님. 보세요, 저기요! 하늘 쪽으로……. 박사님 왼쪽입니다."

"우리가 따라잡지 못하겠군."

딤블이 말했다.

"이봐요! 멈춰요! 돌아와요! 친구들이에요. 아미스…… 아미시."

데니스톤이 고래고래 소리쳤다.

딤블은 순간적으로 외칠 수가 없었다. 그는 노인이었다. 떠나기 전부터 지쳤고, 지금은 심장과 허파가 위험 신호를 보냈다. 몇 해 전 의사에게 경고 받은 그대로였다. 그는 두렵지 않았지만, 숨을 제대로 쉴 때까지는 우렁찬 목소리로 (적어도 고어로는) 외칠 수가 없었다. 딤블이 숨을 고르려 하며 서 있는 사이, 두 사람이 다시 소리쳤다.

"보세요!"

별들 사이로 부자연스럽게 크고 다리가 많은, 말 모양이 나타났다. 그것은 생울타리 위를 20미터쯤 높이 뛰어넘었다. 체격이 당당한 사람이 타고 있는데, 그의 흐르는 듯한 옷자락이 바람에 휘날렸다. 제인이 보기에, 그는 조롱하듯 뒤를 돌아보는 듯했다. 그때 말이 저편에서 물 튀기는 소리와 쿵 소리를 내면서 바닥에 내리더니 잠잠해졌다. 바람이 불고 다시 별이 빛날 뿐이었다.

4

"당신은 위험에 처해 있지만, 엄청난 기회 가운데 있기도 하오."

프로스트가 마크의 감방 문을 잠그고 말했다.

마크가 대답했다.

"내가 결국은 경찰서가 아닌 연구소에 와 있군요."

"맞소. 그렇다고 위험한 상황이 달라질 건 없지. 연구소는 곧 공식적인 청산 재량권을 갖게 될 거요. 늘 바라던 일이지. 힝기스트와 커스테어스 모두 청산된 거요. 우리로서는 그런 조치를 해야 했소."

"나를 죽일 거라면 왜 이 살인죄를 씌우는 소동을 부리는 거죠?"

마크가 물었다.

프로스트가 대답했다.

"계속 설명하기 전에, 엄격히 객관적인 태도를 취하라고 해야겠소. 분노와 두려움은 화학적 현상이오. 사회적인 관계도 화학적 현상이오. 당신 내면의 이런 감정들을 객관적인 태도로 관찰해야 하오. 그 감정들이 주의를 흩트리게 해선 안 되오."

"그렇군요."

마크가 말했다. 그는 이 말을 하면서 연기를 했다. 살짝 희망이 있고 약간 토라진 말투로, 이용당할 준비가 된 것처럼 말했다. 하지만 벨버리에 관한 새로운 깨달음 때문에 속으로는 상대방의 말을 한마디도 믿지 않기로 했다. 프로스트가 무슨 제안을 하든 (겉으로는 짐짓 받아들이는 척해도) 받아들이지 않기로 했다. 어떤 대가를 치러도 이들이 변치 않는 적이라는 사실을 꼭 기억해야 한다고 생각했다. 이미 마음속에서 예전처럼 체념 쪽으로, 쉽게 잊는 쪽으로 끌려가는 느낌이 들기 때문이었다.

프로스트가 말했다.

"당신에게 살인죄가 씌워지고 대우가 달라진 것도, 분명한 목적을 가지고 계획한 프로그램의 일부요. 그건 '동맹circle'에 받아들이기 전에 누구나 거쳐야 하는 통과의례지."

마크는 이전의 공포감을 다시 느꼈다. 며칠 전 같았으면 그는 낚싯대에 어떤 미끼가 걸렸더라도 덥석 물었을 터였다. 눈앞의 죽음이 아니었다면 낚싯대를 제대로 분간하고 본래는 맛없는 미끼임을 알지 못했을 것이다. 적어도 상대적으로는 그저 그런 맛의 미끼였다. 이런 상황에서도…….

그가 큰 소리로 말했다.

"그 목적을 모르겠는데요."

"이 역시 객관성을 확보하기 위해서지. 상호 신뢰와 호감이라는 주관적인 감정으로 엮인 집단은 쓸모가 없을 거요. 내가 말했듯이 그런 것은 화학적 현상들이니까. 그런 감정들은 원칙적으로 주사로 만들어 낼 수 있소. 당신은 부소장과 다른 이들에 대해 모순되는 감정들을 많이 경험하게 만들어졌소. 장차 우리와 맺는 연대가 감정에 토대를 두지 않게 하기 위해서지. '동맹' 구성원들 사이에 관계가 있어야 한다면 비호감인 편이 더 낫지. 진짜 핵심과 혼동되는 위험 부담이 줄어드니까."

"장차 당신들과 맺는 연대라니요?"

스터독이 엄청나게 열심인 척하며 물었다. 하지만 그걸 연기하기는 어려웠다. 언제든 들킬 것만 같았다.

프로스트가 말했다.

"그렇소. 당신은 입회 가능한 지원자로 선택되었소. 입회 자격을 얻지 않거나 거부한다면, 당신을 없앨 수밖에 없을 거요. 물론 당신의 두려움을 이용하려는 게 아니오. 그래 봤자 문제가 혼란스러워질 뿐이오. 과정은 아무 고통도 없을 테고, 당신의 현재의 반응은 피할 수 없이 신체적인 경우일 거요."

마크는 그 문제를 심사숙고했다.

"이건…… 이건 상당히 무시무시한 결정인 것 같군요."

그가 말했다.

"당장은 당신의 신체 상태에 대해 제안하는 것에 불과하오. 괜찮다면 내가 필요한 정보를 계속 알려주겠소. 연구소의 방침을 정하는 책임을 맡은 사람은 부소장도 아니고 나도 아니라는 사실을 밝히는 것으로 이야기를 시작해야겠군."

"'헤드'입니까?'"

마크가 말했다.

"아니오. 필로스트라토와 윌킨스는 '헤드'에 대해 속고 있고, 사실 그들은 '헤드'의 부패를 막는 훌륭한 실험을 해오고 있소. 하지만 '헤드'가 말할 때 우리가 접촉하는 마음은 알카산의 마음이 아니오."

"알카산이 실은…… 죽었다는 뜻입니까?"

마크가 물었다. 프로스트의 마지막 말에 반응할 때는 연기할 필요가 없었다.

"현재까지 아는 바로는 그 질문에 답할 수 없소. 의미가 없을 거요. 하지만 알카산의 머리에 있는 피질과 발성기관을 사용하는 것은 다른 마음이오. 이제 아주 주의 깊게 집중하시오. '매크로브'에 대해 못 들어봤을 것 같소만."

"마이크로브(microbe, '미생물')요? 하지만 당연히……."

"난 '마이크로브'라고 하지 않았소. '매크로브'(macrobe. 'macro'는 micro의 반대인 크다는 뜻—옮긴이)라고 했소. 단어가 뜻을 그대로 설명하오. 동물의 하위 단계에 미생물들이 있다고 알게 된 지 오래되었소. 미생물들이 건강과 질병에 대해 인간의 생명에 미친 영향은 역사의 큰 부분이 되었지. 우리가 현미경을 발명할 때까지 그 비밀스러운 이유는 밝혀지지 않았소."

"계속하십시오."

마크가 말했다. 경계하겠다는 의식적인 각오와 더불어 강렬한 호기심이 큰 파도같이 밀려들었다.

"이제 동물 생명체의 수준보다 상위에 유사한 생물체가 있다는 점을 당신에게 알려줘야겠소. 내가 '상위'라고 하는 것은 생물학적으로가 아니오. 우리가 아는 한 매크로브의 구조는 극히 단순하오. 내가 동물 수준보다 상위라고 하는 것은, 그것이 더 영원하며 더 많은 에너지를 쓰고, 더 뛰어난 지성이 있다는 뜻이오."

"가장 높은 지점의 유인원보다도 뛰어난 지성을요? 그렇다면 거의 인간 수준이겠군요."

마크가 말했다.

"내 말을 잘못 알아듣는구려. 내가 그것이 동물을 뛰어넘었다고 할 때는, 물론 가장 효율적인 동물인 인간을 포함해서였소. 매크로브는 인간보다 더 지적이오."

마크는 얼굴을 찡그리며 이 이론을 따져 보았다.

"하지만 우리가 그들과 소통한 적이 없는데 어떻게 그런 경우가 됩니까?"

"우리가 소통한 적이 없는지는 확실치 않소. 하지만 원시 시대에는 간헐적으로 있었고, 수많은 편견에 부딪쳤소. 더욱이 인간 지성의 발달은 매크로브가 관심을 끌 만한 수준에 이르지 못했소. 하지만 소통이 없었다 해도 깊은 영향은 있었소. 매크로브는 미생물보다 인간 역사에 훨씬 큰 영향을 미쳤소. 물론 미생물과 마찬가지로 인식되지 못했지만 말이오. 이제 우리가 아는 바로는, 모든 역사는 다시 쓰여야 하오. 역사학자들은 모든 주요 사건들의 진짜 원인을 모르오. 사실 역사가 과학이 되지 못한 이유가 바로 그거지."

"괜찮으시다면 좀 앉아야겠습니다."

마크가 바닥에 다시 앉으면서 말했다. 프로스트는 대화 내내 두 팔을 내리고 가만히 서 있었다. 한 문장이 끝날 때면 잠깐 고개를 들고 이를 힐끗 보였지만, 다른 몸짓은 하지 않았다.

그가 설명을 이어 갔다.

"알카산에게서 빼낸 발성 기관과 뇌는 매크로브와 우리 종족이 정기적으로 소통하게 하는 주체가 되었소. 우리가 이 기술을 발견했다고 하지는 않겠소. 우리가 아니라 그들이 발견한 거요. 당신을 받아 줄 '동맹'은 두 종족이 협력한 유기체이고, 이미 인간들의 새로운 상황을 창출해 냈소. 인간적 기능 발달이 저조한 사람을 제대로 된 인간으로 만드는 것보다 훨씬 큰 변화일 테니 두고 보시오. 생물의 최초 출현에 비견되는 일이지."

"그러면 이 유기체들은 인간과 친합니까?"

마크가 물었다.

"잠깐 생각해 보면, 가장 천박한 대중적인 사고 수준에서 말고는 무의미한 질문임을 알게 될 거요. 친하다는 것은 화학적 현상이오. 미워하는 것도 마찬가지고. 둘 다 우리 같은 타입의 유기체를 전제로 하오. 매크로브와 소통하기 위한 첫 단계는 우리의 주관적인 감정 세계를 완전히 벗어나야 된다는 것을 깨닫는 일이오. 그러기 시작해야만, 당신이 생각이라고 착각한 것이 피와 신경 조직의 부산물에 불과하다는 것을 알게 되오."

"아, 물론입니다. 내가 '친하다'고 한 것은 그런 뜻이 아니었습니다. 정말 그들의 목적이 우리 목적과 양립할 수 있느냐는 뜻입니다."

"우리의 목적이란 게 무슨 뜻이오?"

"저…… 제 생각에는…… 증대된 효율을 향한 인류의 과학적 재건…… 전쟁과 빈곤과 다른 형태의 낭비 일소…… 자연의 더 충분한 개발…… 인류의 보전과 확장이지요."

"이 사이비 과학적 언어가, 당신이 말하는 윤리의 주관적이고 본능적인 토대를 바꾸진 않을 것 같소. 그 문제는 나중에 다시 다루기로 합시다. 우선, 전쟁과 인류의 보전에 대한 당신의 견해는 중대한 오해를 드러낸다는 것만 말하겠소. 그것은 애정 어린 감정에서 일반화한 것에 불과하오."

마크가 말했다.

"물론 자연을 충분히 개발하려면 적어도 상당한 인구가 필요하지요? 그리고 전쟁은 우생학에 역행하고 효율성을 감소시키지요? 인구를 줄여야 된다면, 최악의 인구 감소법이 전쟁 아닐까요?"

"그런 개념은 급격히 변화하는 상황에서의 생존법이오. 몇 세기 전에는 전쟁이 당신이 묘사하는 방식으로 전개되지 않았소. 대규모의 농업 인구는 필수적이었고, 전쟁은 당시에도 여전히 쓸모 있던 사람들을 쓸어버렸소. 하지만 산업과 농업의 발달은 필요한 인력의 수를 감소시키오. 이제 대규모의 비지성적인 인구는 부담스러운 짐이 되고 있소. 과학적인 전쟁의 진짜 중요성은 과학자들이 보존되어야 한다는 점이오! 스탈린그라드가 점령되었을 때 희생자는 쾨니히스베르크나 모스크바의 훌륭한 전문 기술자들이 아니었소. 미신에 사로잡힌 바바리아 지방의 농군들과 러시아의 하층 농업 노동자들이 피해를 입었소. 현대 전쟁의 효과는 퇴보하는 인간들을 일소하는 반면, 훌륭한 전문 기술자들을 구제하고 그들이 공공사업을 더욱 장악하게 하는 거요. 지금까지는 단순히 종의 지성적인 핵이었던 것이 새 시대에는 점차 단계를 밟으면서 종 자체가 될 거요. 전처럼 복잡한 장기들과 그것을 담을 큰 체구가 더 이상 필요치 않은 수준에 이를 정도로 영양과 운동력을 단순화하는 방법을 발견한 동물을 연상하면 될 거요. 따라서 큰 체구는 사라질 거요. 현재 몸의 10분의 1만 뇌를 유지하는 데 필요하게 될 거요. 개인이 머리가 되는 거지. 인류는 전문 기술자가 될 거요."

"그렇군요. 전에는 지성적인 핵심은 교육으로 확장된다고 어렴풋이 생각했습니다만."

마크가 말했다.

"그건 순전히 망상이오. 인류의 대다수는 지식이 주어진다는 의미에서만 교육받을 수 있소. 교육으로 지금 필요한 완전히 객관적인 정신을 갖게 할 수는 없소. 그들은 항상 동물로 남아, 흐릿한 주관적인 반응들을 통해 세상을 바라볼 거요. 그들을 교육할 수 있다 해도 많은 인구가 필요한 시대는 지나갔소. '전문 기술자인 객관적인 인간'을 위한 누에고치 역할로 기능을 다한 셈이지. 이제 매크로브들과 그들과 협력할 수 있는 선택된 인간들에게 많은 인구는 쓸모가 없게 되었소."

"그러면 지난 두 번의 전쟁이 재앙이 아니었다고 보는 겁니까?"

"그 반대로 그 전쟁들은 단순히 프로그램의 시작이었소. 금세기에 발발하도록 계획된 열여섯 번의 큰 전쟁 가운데 첫 두 차례였지. 나는 이런 발언이 당신 안에 일으킬 감정적인 (즉 화학적인) 반응들을 알고 있소. 당신이 내게 그걸 감추려고 시간 낭비를 하고 있다는 것도 아오. 나는 당신이 그런 감정들을 제어하리라 기대하지 않소. 그것은 객관성으로 가는 길이 아니오. 나는 당신이 그것들을 순전히 과학적인 관점에서 조망하고 가급적 날카롭게 사실과 구분하는 데 익숙해지게 하려고 일부러 감정을 자극하는 거요."

마크는 바닥을 응시하며 앉아 있었다. 사실 그는 프로스트의 인류에 대한 프로그램 이야기에 마음이 움직이지 않았다. 실은 처음 연구소와 손잡을 때 이론적인 근거로 삼았던 그런 먼 미래와 우주의 이익에는 관심이 없다는 것을 그 순간 깨달았다. 지금은 그런 궁리를 할 여유가 없었다. 이들을 믿지 않겠다는, 다시는 미끼를 덥석 물어 협조하지 않겠다는 각오와 무시무시하게 강한—널빤지를 삼키는 파도 같은—반대 감정의 갈등에 빠져 버렸다. 여기가, 마침내 여기가 (그의 욕망은 그에게 이렇게 속삭였다) 모든 것의 진짜 내부 '동맹'이었기 때문이다. 인류를 중요시하지 않는 '패거리' ……. 궁극적인 비밀, 최고의 능력, 마지막 입문. 완전히 공포스럽다는 사실이 조금도 매력을 감소시키지 않았다. 공포감이 부족한 것은 어떤 것도 지금 그의 관자놀이를 두드려 대는 짜릿한 흥분을 만족시킬 만큼 강렬하지 못할 것이다. 프로스트가 마크의 흥분감을 알며, 반대되는 결심에 대해서도 안다는 생각이 마크의 머리를 스쳤다. 그가 이 흥분을 종일 마음에 담고 있으리라고 프로스트가 계산할 거라는 생각도 들었다.

한동안 얼핏 들리던 달그락대고 두드리는 소리가 이제 너무 커져서, 프로스트는 문쪽으로 몸을 돌렸다.

"저리 가. 왜 이렇게 무례하게 굴지?"

그가 언성을 높였다. 문 밖에서 누군가 알아들을 수 없는 말을 외치며 계속 문을 두드렸다. 프로스트는 활짝 웃으면서 몸을 돌려 문을 열었다. 곧 종이 한 장이 그의 손에 쥐어졌다. 그는 그것을 읽더니 거칠게 움직였다. 프로스트는 마크를 돌아보지도 않고 감방에서 나갔다. 그가 나간 후, 마크는 다시 문이 잠기는 소리를 들었다.

5

"저 둘은 친구로 잘도 지내네!"

아이비 맥스가 말했다. 그녀가 말하는 둘은, 고양이 핀치와 곰 벌티튜드 씨였다. 벌티튜드 씨는 부엌 난로 옆의 따스한 벽에 등을 기대고 앉아 있었다. 뺨이 통통하고 눈이 작아서 마치 웃는 것처럼 보였다. 고양이는 꼬리를 세우고 왔다 갔다 하다가, 곰의 배에 몸을 문지르더니 마침내 곰의 다리 사이에 웅크리고 앉아서 잠들었다. 여전히 대장의 어깨에 앉은 갈까마귀는 오래전에 날개 밑에 고개를 묻었다.

부엌 저 안쪽에 앉은 딤블 부인은 죽을힘을 다해 버티는 듯, 아이비가 말할 때 입술을 빨았다. 그녀는 잠자리에 들 수 없었다. 그녀가 바라는 것은 다들 조용히 있는 것뿐이었다. 극도로 초조해져서, 아무리 작은 일도 짜증으로 변할 지경이었다. 하지만 누군가 그녀의 표정을 지켜보았다면, 가벼운 찌푸림이 얼른 부드럽게 펴진 것을 알았을 것이다. 그녀의 의지에는 견디며 살아온 오랜 세월의 자취가 배어 있었다.

맥피가 말했다.

"두 동물에게 '친구'라는 어휘를 쓸 때는, 당연히 단순히 의인화하는 겁니다. 그들이 인간 같은 개성이 있다는 환상을 피하기 어려워요. 하지만 그렇다는 증거는 없거든."

"그럼 핀치가 벌티튜드 씨에게 왜 저러겠어요?"

아이비가 물었다.

맥피가 대답했다.

"글쎄, 따스함에 대한 욕망이 있겠지. 핀치는 바람을 피해서 안으로 들어왔으니까. 또 익숙한 것 옆에 있어서 안정감을 얻으려는 의미도 있을 테고. 어렴풋이 변화된 성적 충동도 충분히 있겠지."

"맥피 씨, 아무것도 모르는 두 동물에게 그런 말을 하다니 창피한 줄 아세요. 핀치가…… 가여운 벌티튜드가 그러는 걸 본 적이……."

아이비가 발끈 화를 내며 쏘아붙였다. 맥피가 무덤덤하게 말을 잘랐다.

"나는 '변화된'이라고 했소. 아무튼 그들은 기생충이 일으킨 가려움을 해소할 수단으로 서로 털을 비비기를 좋아하오. 이제 잘 보면……."

"그들에게 벼룩이 있다는 뜻이라면, 그런 건 없다는 걸 누구보다 잘 아실 텐데요."

아이비가 말했다. 그녀가 이렇게 말한 이유가 있었다. 매달 한 번씩 작업복을 입고 세면실에서 곰의 주둥이부터 궁둥이까지 비누질하고 미지근한 물을 몇 양동이나 끼얹은 다음 말리는 일을 하는 사람이 바로 맥피였다. 누가 도와준대도 맥피는 듣지 않았다.

아이비가 대장을 바라보며 물었다.

"어떻게 생각하세요?"

랜섬이 대답했다.

"나 말이오? 난 맥피가 동물에게 있지도 않은 구분법을 도입해서, 핀치와 벌티튜드의 감정이 어느 쪽인지 정하려 한다고 생각하오. 육체적 욕망과 애정을 구분하기에 앞서 먼저 인간이 되어야 할 거요. 애정과 자비심을 구분하기 전에 영적이 되어야 하는 것처럼 말이오. 고양이와 곰 안에서 벌어지는 일은 두 가지 중 이쪽이나 저쪽이 아니오. 우정이라 부르는 것의 근원과 육체의 욕망이라 부르는 것의 근원은 분리할 수 없는 하나인 것이오. 하지만 이건 그런 수준이 아니오. 바필드가 말하는 '오래된 통합'(철학자 오언 바필드의 《시적 화법: 의미 연구》에 나오는 개념. 원시인들의 개념과 경험이 시간이 흐르면서 다른 뜻의 어휘가 되었다고 본다―옮긴이)인 것이지요."

"나는 둘이 같이 있는 것을 좋아한다는 점을 부인하지 않았습니다."

맥피가 말했다.

"저, 내가 한 말이 바로 그거라니까요."

아이비 맥스가 반박했다.

맥피가 말했다.

"물을 가치가 있는 질문입니다, 대장. 그것이 이곳의 조직 전반의 핵심적인 오류를 지적한다고 생각하기 때문입니다."

눈을 반쯤 감고 앉아 있던 그레이스 아이언우드가 갑자기 눈을 크게 뜨고, 이 얼스터 사내를 쳐다보았다. 딤블 부인은 카밀라에게 고개를 숙이고 속삭였다.

"그만 잠자리에 들라고 맥피 씨를 설득할 수 있으면 좋을 텐데. 이런 시점에서 정말 참기 힘드네."

"무슨 뜻이오, 맥피?"

대장이 물었다.

"비이성적인 생물들을 오래 지속하지도 못할 태도로 대하려는 심드렁한 시도가 있다는 뜻입니다. 또 여러분은 애쓴 적이 없다고 하는 게 옳을 겁니다. 곰을 집에 두고 배가 터지도록 사과와 시럽을 주고……."

"난 그게 좋아요! 곰에게 늘 사과를 주는 게 누구죠? 그걸 좀 알면 좋겠네요."

맥스 부인이 쏘아붙였다.

맥피가 말했다.

"내가 관찰한 바로, 곰은 집에 있으면서 응석을 부립니다. 돼지들은 돼지우리에 살면서 베이컨 감으로 죽임을 당하지요. 그 차이의 철학적이고 근본적인 이유를 알면 좋겠습니다."

당황한 아이비 맥스는 미소 짓는 대장의 얼굴과 웃음기 없는 맥피의 얼굴을 번갈아 쳐다보았다.

그녀가 말했다.

"어처구니없네요. 곰으로 베이컨을 만들려고 했다는 말을 누가 들어 봤겠어요?"

맥피는 답답한 마음에 살짝 발을 구르면서 뭐라고 말했지만, 처음에는 랜섬의 웃음소리에, 나중에는 밀고 들어올 듯이 창문을 흔들어대는 요란한 바람 소리에 묻혀 버렸다.

"나간 사람들에게는 끔찍한 밤이겠는걸!"

딤블 부인이 말했다.

카밀라가 말했다.

"저는 이런 날이 좋아요. 밖에 나가 있고 싶어요. 높은 언덕에요. 정말이지 저도 그들과 가게 해주시면 좋았을 텐데요, 대장님."

"이런 날이 좋다고요? 어휴, 난 아니에요! 집 모퉁이를 돌아서 나는 소리를 들어 봐요. 혼자 있다면 오싹한 기분이 들겠어요. 대장님이 위층에 계셔도요. 이런 밤이면 늘 그들이—아시겠지만—대장님께 온다는 생각이 들거든요."

아이비가 말했다.

랜섬이 대답했다.

"그들은 이런 날씨든 저런 날씨든 상관하지 않소, 아이비."

아이비가 낮은 목소리로 말했다.

"바로 그게 제가 이해 못하는 점이라는 걸 아시지요? 그들은……
대장님을 찾아오는 이들은 너무 섬뜩해요. 집의 그쪽에 다른 게 있다는 생각이 들면 근처에 얼씬대지 않을 거예요. 억만금을 준다 해도 안 가요. 하지만 하나님에 대한 느낌은 그렇지 않아요. 아마 하나님이 더하실 거예요. 제 말뜻을 알아들으신다면요."

대장이 말했다.

"한때는 그러셨소. '능력자들'에 대해서는 그대가 옳소. 일반적인 천사들은 일반적인 인간들과 대체로 좋은 동반자가 되지 못하오. 선한 천사들이고 선한 인간들일 때조차도 그렇소. 성 베드로 자신이 바

로 그렇소. 하지만 말렐딜에 대해 말하자면 모든 게 변했소. 베들레
헴에서 일어난 일로 인해 변한 것이오."

"이제 크리스마스가 가까워졌네요."

아이비가 누구에게랄 것 없이 말했다.

"그전에 맥스 씨가 우리에게 와야 될 텐데."

랜섬이 말했다.

"하루 이틀 후면 올 겁니다, 대장님."

아이비가 대답했다.

"저게 단순히 바람 소리였나요?"

그레이스 아이언우드가 말했다.

"내 귀에는 말 울음소리 같았는데."

딤블 부인이 말했다.

맥피가 벌떡 일어나며 말했다.

"이런. 고무장화를 신어야 되니까 비켜, 벌티튜드. 브로드 씨네 말
두 필이 내 셀러리 밭을 짓밟나 봅니다. 처음 이런 일이 있을 때 경찰
에 신고하게 해주시면 좋으련만. 왜 그이는 말들을 가둬 두지 않는
지……."

맥피가 투덜대면서 방수 외투를 뒤집어쓰느라 나머지 말은 들리지
않았다.

랜섬이 말했다.

"내 목발 좀 부탁하오, 카밀라. 돌아오시오, 맥피. 그대와 나, 둘이
같이 문으로 갑시다. 숙녀들은 거기 그대로 계시고."

부엌에 있는 이들이 본 적 없는 표정이 그의 얼굴에 떠올랐다. 여인들은 눈이 휘둥그레져서 앞을 보며 망부석이라도 된 듯 앉아 있었다. 잠시 후 랜섬과 맥피 둘이서 부엌 옆방인 식기실에 서 있었다. 뒷문이 바람에 너무나 덜거덕거려서, 누가 문을 두드리는지 아닌지 알 수 없었다.

랜섬이 말했다.

"자, 문을 여시오. 그리고 문 뒤로 물러서요."

잠시 맥피는 잠금 장치를 만졌다. 그러다가 대장의 말을 거역해서든 아니든(의심스럽게 남아 있는 점이다) 폭풍에 문이 벽으로 떠밀리는 바람에 그는 순간적으로 문 뒤에 갇힌 꼴이 되었다. 꼼짝 않고 서 있던 랜섬은 목발을 짚은 채 몸을 숙였다. 그는 방의 불빛으로 어둠 속에서 말의 윤곽선을 보았다. 덩치 큰 말은 땀과 거품 범벅이었고, 누런 이빨을 드러내며 붉은 콧구멍을 벌렁거렸다. 귀를 뒤로 잔뜩 젖히고 눈에서는 광채가 났다. 현관문 바로 앞까지 달려오는 바람에 앞다리 발굽이 문지방에 걸쳐졌다. 말에는 안장도, 등자나 고삐도 없었지만, 바로 그 순간 한 남자가 말 등에서 내렸다. 그는 기골이 장대하고 아주 뚱뚱해서 거인 같았다. 붉은 기가 도는 회색 머리와 수염이 바람에 날려 얼굴이 거의 보이지 않았다. 그가 한 걸음 옮긴 뒤에야 랜섬은 사내의 차림새를 알아보았다. 그는 너덜너덜하고 몸에 맞지 않는 카키색 코트와 헐렁한 바지를 걸치고 부츠를 신고 있었다.

6

벨버리의 큰 방에서는 벽난로가 활활 타고, 방 가운데에는 큰 침대가 있고 조그마한 테이블에는 포도주와 은식기가 차려져 있었다. 위더 부소장이 침묵에 잠겨 지켜보는 사이, 네 청년은 공손하게 혹은 환자를 다루듯 조심스럽게 들것을 옮겼다. 그들이 담요를 벗기고 들것에 실린 사람을 침대에 눕히자, 위더는 극도로 입이 벌어졌다. 관심을 집중했기에 혼란스러운 얼굴에도 한순간 질서가 잡혔고, 평범한 사람처럼 보였다. 그의 눈에 알몸의 인체가 들어왔다. 그것은 살아 있지만 무의식 상태였다. 위더는 청년들에게 더운 물병을 그것의 발치에 놓고, 머리에 베개를 베어 주라고 했다. 그들이 시키는 대로 하고 물러가자, 위더는 의자를 침대 발치로 끌어다 놓고 앉아서, 잠든 이의 얼굴을 찬찬히 살폈다. 두상이 아주 컸다. 가다듬지 않은 수염과 엉킨 긴 회색 머리 때문에 머리통이 더 커 보이는 듯했다. 얼굴은 몹시 쭈그러들고, 눈에 보이는 목 언저리는 세월 때문에 이미 가늘고 앙상했다. 그는 눈을 감고 옅은 미소를 짓고 있었다. 전체적으로 모호한 분위기를 풍겼다. 위더는 오랫동안 바라보면서, 이따금 고개를 움직여 다른 각도에서는 어떻게 보이는지 살폈다. 어떤 특성을 찾는데 찾지 못해서 실망한 사람처럼. 15분쯤 그렇게 앉아 있는데, 문이 열리고 프로스트 교수가 가만히 방으로 들어왔다.

그는 침대 옆으로 가서 몸을 숙이고 낯선 자의 얼굴을 세심히 살폈다. 그러다가 다시 침대의 다른 쪽으로 가서 똑같이 바라보았다.

위더가 속삭였다.

"자는 거요?"

"아닌 듯하군요. 일종의 무아지경에 빠졌다고 할 수 있겠네요. 어떤 종류인지는 모르겠지만."

"당신은 아무 의심도 없는 거요?"

"어디서 이 사람을 찾아냈습니까?"

"지하실 입구에서 4백여 미터 떨어진 계곡에서. 그들은 끝까지 가서 가서 맨발 자국을 찾아냈소."

"지하실은 비어 있던가요?"

"그렇소. 당신이 나간 후 바로 스톤으로부터 보고를 받았소."

"스톤에 대해서는 준비하실 겁니까?"

"그렇소. 교수님 생각은 어떠시오?"

위더는 눈으로 침대를 가리켰다.

프로스트가 말했다.

"그 사람이라고 생각합니다. 장소가 맞습니다. 알몸인 것은 어떤 가설로도 설명하기 어렵네요. 두개골은 내가 예상한 그대로입니다."

"하지만 얼굴은……."

"그렇죠. 약간 불안하게 하는 어떤 특징들이 있지요."

"나는 '마스터'의 얼굴을 안다고 맹세할 수도 있었을 거요. '마스터'로 만들어질 수 있는 얼굴까지도 보면 알 수 있소. 나를 이해할 거요…… 스트레이크나 스터독이 그렇게 될 수 있다는 걸 척 보면 알지. 하드캐슬 국장은 뛰어난 자질이 있지만 '마스터'가 될 순 없소."

"그렇지요. 우린 아주 거친 면모에 대한 마음의 준비를 해야 될 겁

니다……. 이 사람 말입니다. '아틀란티스 집단' (원래 멀린의 이야기에는
나오지 않는, 루이스가 만들어 낸 집단—옮긴이)의 기술이 실제로 어떤지 누
가 알겠습니까?'

"물론이오, 우리는…… 아…… 편협하게 굴면 안 되오. 그 시대의
'마스터' 들은 평범한 자와의 구분이 우리처럼 분명하지 않았다고 짐
작할 수 있소. 우리가 버려야 했던 온갖 감정적이고 심지어 본능적인
요소들을 '아틀란티스인' 들은 용납했겠지."

"그렇게 짐작해도 좋은 게 아니라 짐작해야 될 겁니다. 전체 계획
이 여러 기술들의 재결합으로 구성된다는 점을 잊어서는 안 됩니다."

"맞소. '능력자들' 과 결합하면—그들의 다른 시간 개념 등등—우
리는 인간의 기준으로 시차가 얼마나 큰지 잊는 경향이 있소."

프로스트가 잠든 이를 손짓하며 말했다.

"지금 우리 앞에 있는 것은 5세기에서 온 것이 아니지요. 5세기의
마지막 자취며, 그보다 더 먼 것이 생존한 것이에요. '대재앙' (아틀란
티스의 종말 혹은 톨킨이 만든 이야기상의 공간 '누메노르' 의 몰락을 뜻함—옮긴이)
훨씬 이전부터 내려온 것이지요. 원시 드루이드교보다도 이전, 우리
를 누미노르까지, 빙하기 이전까지 데려가는 것이지요."

"전반적인 실험은 우리가 알던 것보다도 위험한 듯하오."

"전에도 말할 기회가 있었습니다만, 과학적인 토론에 이런 감정적
인 허위진술(pseudo-statements. 우리가 아는 경험이나 상식을 뒤엎는 말하기
방식—옮긴이)을 도입하지 않으면 좋겠습니다."

프로스트가 말했다.

위더는 그를 쳐다보지 않고 말했다.

"친구, 당신이 말한 그 화제에 대해 당신과 '능력자'들 사이에 논의가 오간다는 것을 난 알고 있소. 잘 아오. 비판받는 당신의 방식에 대해 그들이 나와 논의한다는 것을 당신도 알 거요. 우리보다 열등한 것들에게 적용하는 게 마땅할 애매한 규율을 우리 사이에도 적용하려는 것처럼 무익한 일은 없을 거요. 내가 감히 이런 점을 건드리는 것은 바로 당신을 위해서요."

프로스트는 대답 대신 위더에게 손짓했다. 두 사람은 입을 다물고 침대에 시선을 고정시켰다. 잠자는 사람이 눈을 떴기 때문이다.

그의 얼굴에 의미심장한 표정이 떠올랐지만, 무슨 뜻인지 알 수는 없었다. 잠자던 이는 그들을 쳐다보는 것 같았지만, 두 사람은 그가 제대로 본다고 확신하지 못했다. 몇 초가 흐르면서 위더는 조심스러운 얼굴이라는 인상을 받았다. 하지만 거기에는 강렬하거나 불편한 구석은 없었다. 오랜 세월 힘든 경험을 하면서 묵묵히—아마도 유머를 가지고—견딘 듯한, 습관적이고 완고하지 않은 방어 같은 느낌이었다.

위더가 일어나서 헛기침을 하고 말했다.

"마지스터 메를린, 사피엔티심 브리토눔, 세크레티 세트레토룸 포제소르, 인크레디빌리 콰담 콰디오 마피시무르 봐드 테 인 오둠 노스트람 아시페레 노비스-아-콘틴지트. 시토 노스 에티암 하우드 임페리토스 에세 마그나에 아르티스-에-우트 이타 디캄……."(브리튼에서 가장 현명하시며, 비밀을 가지신 멀린님, 저희가-아-저희 집에 당신을 맞이하는 기회를 잡은 것은 표현 못할 기쁨입니다. 저희도 '위대한 기술'을 모르지 않는다는 것을 이해해 주시기 바라며, 혹시 제가 말씀드려도……)

하지만 위더는 말꼬리를 흐렸다. 잠자던 이가 그의 말에 주의를 기울이지 않는 기색이 너무도 역력했다. 5세기의 지식인이 라틴어를 모를 리가 없었다. 그러면 그의 발음에 실수가 있는 걸까? 하지만 위더는 결코 이 사람이 말을 못 알아들었다고 믿을 수 없었다. 전혀 호기심이나 관심이 없는 표정은 그가 듣고 있지 않다는 것을 말해 주었다.

프로스트가 조그마한 테이블에서 적포도주 병을 집어서 한 잔을 따랐다. 그는 침대 옆으로 돌아와 깊이 절하고, 이방인에게 술잔을 건넸다. 이방인은 교활하다고 보일 만한(혹은 보이지 않을) 표정으로 술잔을 쳐다보았다. 그러더니 갑자기 침대에서 일어나 앉았다. 털이 덥수룩한 가슴과 가는 근육질 팔이 드러났다. 그는 탁자를 쳐다보며 손짓했다. 프로스트가 다시 탁자로 가서 다른 술병을 집었다. 이방인은 고개를 저으며 다시 손짓했다.

위더가 말했다.

"내 생각에 우리의 저명하신 손님께서 단지를 가리키시려는 것 같소. 거기 뭐가 들었는지 모르겠소. 아마……."

"맥주가 담겨 있어요."

프로스트가 말했다.

"우리가 그 시대의 관습을 잘 모르는 것이…… 어쩌면…… 낭패로군……."

그가 말을 하는 사이 프로스트는 컵에 맥주를 따라 손님에게 권했다. 처음으로 그 모호한 얼굴에 관심의 빛이 떠올랐다. 그는 잔을 낚아채더니, 헝클어진 수염을 입가로 밀고 술을 마시기 시작했다. 잿빛 머리가 뒤로 넘어가면서 큰 잔의 바닥이 점점 위로 올라왔다. 가는 목 근육의 움직임으로 술을 마시는 동작이 그대로 드러났다. 마침내 사내는 잔을 완전히 거꾸로 들었다가 내려놓고, 손등으로 젖은 입술을 닦았다. 그리고 긴 한숨을 지었다. 그가 도착한 후 처음 낸 소리였다. 그는 다시 한 번 탁자로 관심을 돌렸다.

20분가량 두 노인은 손님을 먹였다. 위더는 떨면서 경의를 표했고, 프로스트는 훈련받은 하인처럼 민첩하고 소리 없이 움직이며 접대했다. 온갖 음식이 제공되었지만, 이방인은 찬 쇠고기, 닭고기, 피클, 빵, 치즈, 버터에만 관심을 쏟았다. 그는 칼끝에 묻은 버터까지 깨끗이 먹었다. 포크에 익숙지 않은 듯했고, 닭고기는 양손으로 들고 먹은 후 뼈를 베개 밑에 넣었다. 그는 소란스럽게 동물처럼 먹어 댔다. 식사를 마치자 맥주를 더 달라는 신호를 보냈고, 한 잔을 두 번 만에 들이킨 후 시트로 입을 닦고 손으로 코를 닦았다. 더 잠을 청할 모양이었다.

위더가 애원조로 다급히 말했다.

"아-어-도미네, 니힐 마지스 미히 디스플리세레트 콤 우트 시비울로 모도-아-몰레스티오르 에셈. 아카멘, 베니타투아……."(아-어-아무튼 당신을 성가시게 하지 않는 것보다 제가 더 바라는 것은 없을 겁니다. 게다가 양해하신다면…….)

하지만 사내는 전혀 개의치 않았다. 그가 눈을 감고 있는지, 반쯤 감은 눈으로 여전히 그들을 보고 있는지 두 사람은 가늠하지 못했다.

하지만 그가 대화할 의사가 없다는 것은 분명했다. 프로스트와 위더
는 궁금한 시선을 주고받았다.

프로스트가 말했다.

"옆방을 통하지 않고는 이 방에 들어올 수 없지요?"

"그렇소."

위더가 대답했다.

"저쪽 방으로 가서 상황에 대해 의논합시다. 문을 조금 열어 놓으
면 될 겁니다. 그가 뒤척이면 소리를 들을 수 있을 거예요."

7

프로스트가 갑자기 떠나고 혼자 남겨지자, 마크는 예상치 못한
가뿐한 마음이 처음으로 느껴졌다. 장래에 대한 두려움에서 놓여났
기 때문은 결코 아니었다. 오히려 그런 두려움의 와중에서 묘한 해
방감이 솟구쳤다. 더 이상 이들의 신뢰를 얻으려고 애쓰지 않아도
되는 해방감과 비참한 소망을 내던지는 것은 들뜬 기분이 들게 할
정도였다. 오랫동안 요령을 피우다 실패 후 직접 벌이는 싸움은 원
기를 되찾아 주었다. 그는 직접적인 싸움에서 패할 터였다. 하지만
적어도 이제 저들과는 다른 편이었다. 또 이제 '그의 편'이라고 할
수 있었다. 이미 그는 제인과 그녀가 상징하는 모든 것과 같은 편이
었다. 사실 최전선에 있는 것은 그였다. 제인은 전투병이 아니었
다……

양심의 승낙이 떨어지면 아주 무모한 밑그림이 그려진다. 거기에 익숙지 않은 사람의 경우는 특히 그렇다. 2분 내에 마크는 처음 느낀 해방감을 지나 의식적으로 용기 있는 태도를 취했고, 거기서 거침없는 영웅주의에 빠져들었다. 거인의 부엌에서도 담담하게 처신하는 '거인 살인자 잭'(《잭과 콩나무》로 알려진 영국 동화—옮긴이) 같은 영웅이자 순교자 모습의 자신이 떠올랐다. 지난 몇 시간 동안 맴돌던, 견디기 힘든 다른 그의 모습들을 영원히 지울 수 있을 것 같았다. 결국 누구나 프로스트의 초대 같은 것을 거부할 수는 없을 터였다. 그것은 인간 생명의 경계를 넘어…… 세상이 시작된 후로 사람들이 찾으려 애쓰던 것으로의 초대……. 역사상 가장 용기 있는 무한히 비밀스런 끈을 건드리는 일이었다. 예전 같았으면 얼마나 끌렸을까!

예전 같았으면 정말 끌렸을 것이다……. 문득 빛의 속도로 무한대를 지나 그에게 달려들 듯 갈망(짬짤하고 검고, 탐욕스럽고 반박할 수 없는 갈망)이 목구멍을 휘감았다. 그 감정을 경험해 본 이들에게는, 약간의 기미만 있어도 개가 생쥐를 흔들듯 마크를 뒤흔든 감정의 결이 전해질 것이다. 그렇지 않은 이들에게는 어떤 설명도 소용이 없을 터였다. 흔히 작가들은 이것에 욕망lust이라는 말을 붙인다. 안에서부터 밝게 비추어 감탄을 자아내는 외관. 밖에서 보는 것은 완전히 잘못된 것이다. 이것은 육체와는 무관하다. 하지만 미로 같은 집의 가장 깊고 어두운 둥근 천장에서 모습을 드러내는 욕망처럼 이것에는 두 가지 면이 있다. 욕망처럼 이것은 우주 전체를 마법에서 풀려나게 한다. 마크가 지금껏 느낀 모든 다른 것—사랑, 야망,

허기, 욕망 자체—은 단순히 우유와 물, 애들 장난감처럼 보였다. 신경이 흥분할 가치가 없는 것들 같았다. 이 어두운 것의 무한한 매력은 모든 다른 열정들을 그 안으로 빨아들였다. 나머지 세상은 허옇고 시들하고 무미건조해 보였다. 허울뿐인 결혼, 허울뿐인 덩어리, 소금이 들어가지 않은 요리, 가짜 돈으로 하는 노름 같았다. 그는 제인에 대해 미각의 용어로 생각할 수밖에 없었다. 하지만 여기서 미각은 호소력이 없었다. 진짜 용의 얼굴을 한 그 뱀은 독니 없는 벌레가 되었다. 하지만 그것은 다른 면에서도 욕망과 비슷했다. 변태자에게 변태에 대한 공포를 지적하는 것은 쓸데없는 짓이다. 반면 공포감이 그의 탐욕에 양념이라는 게 꼭 맞는 말이다. 결국 그의 색욕의 목표가 되는 것은 추함 그 자체다. 아름다움은 오래전에 자극제가 되기에는 너무 약해졌다. 여기서도 마찬가지였다. 프로스트가 이제껏 말한 이 생명체들—또 의심의 여지 없이 마크와 감방에 같이 있는 것들—은 인류와 모든 환희에 죽음을 불어넣었다. 이런 면에도 불구하고가 아니라 이런 면 때문에, 무시무시한 인력은 마크를 그들 쪽으로 빨아들이고 끌어당기고 매혹시켰다. 이전에는 지금 그를 휘감은 순리를 거스르는 움직임의 대단한 강도를 몰랐다. 모든 싫은 것들을 되돌리고 모든 것을 시계 반대 방향으로 돌리려는 충동의 강도를 몰랐다. 어떤 그림들의 의미, '객관성'에 대해 프로스트가 한 말의 의미, 옛날에 마녀들이 한 일들의 의미가 마크에게 선명해졌다. 위더의 얼굴이 기억에 떠올랐다. 이번에는 그냥 꺼림칙한 게 아니었다. 그들끼리 공유한 경험에 간직된 신호들을 알아차리자 마크는 만족감에 몸을 떨었다. 위더도 알았다. 위더는 이해하고 있었다······.

그가 죽임을 당할 거라는 생각이 되살아났다. 그 생각을 떠올림과 동시에 감방이 한층 더 의식되었다. 불빛이 눈부신 썰렁하고 하얀 공간. 좁은 이곳 바닥에 그는 앉아 있었다. 눈을 깜빡거렸다. 지난 몇 분간 눈에 보였던 것들이 기억나지 않았다. 그는 어디 있었던가? 아무튼 이제 정신은 또렷했다. 그와 위더에게 공통점이 있다는 생각은 헛소리였다. 물론 마크가 지혜롭게 스스로를 구하지 못하면 결국 그들은 그를 죽일 터였다. 그걸 잊고 무슨 생각을 하고 뭘 느꼈던 건가?

그가 일종의 공격을 받았으며 아무 저항도 못했다는 것을 차츰 깨달았다. 그 깨달음과 함께 새롭고 무서운 생각이 마음을 비집고 들어왔다. 그는 이론적으로 유물론자였지만, 평생 일관성 없이, 따져보지도 않고 자신의 자유의지를 믿었다. 그는 윤리적인 결단을 내린 적이 거의 없었을 뿐, 몇 시간 전 벨버리 사람들을 더는 안 믿기로 할 때는 당연히 결심을 행할 수 있다고 생각했다. 또한 자신이 '마음을 바꿀 수도 있다는 것을 분명히 알았다. 하지만 마음을 바꾸기 전까지는 물론 계획을 실행할 터였다. 지금까지는 마음이 바뀔 수 있다는 생각은, 의식하지 못한 채 한순간에 바뀔 수 있다는 생각은 한 적이 없었다. 그런 일이 일어날 수 있다면······ 그것은 불공정했다. 여기 (평생 처음으로) 옳다고 여겨지는 일을 하려는 남자가 있었다. 제인과 딤블 부부와 길리 고모가 인정해 주었을 일을. 사람이 그런 식으로 처신하면 우주가 지원해 줄 거라고 예상했으리라. 마크가 몸담았던 약간 미개한 유신론의 잔재가 그가 아는 것보다 강하게 남아 있었다. 입 밖에 내지는 않겠지만 그의 선한 결단에 상을 주는 것은 우주에 '달려 있다'고 느꼈다. 하지만 사람이 착해지려는 첫 순간, 우주는 그를 낙담시킨다. 꿈에도 생각지 않던 간격이 드러난다. 우주가 사람들을 낙담시키려는 목적을 보여 줄 새로운 법이라도 정한 것 같다. 아픔을 느끼는 것은 바로 그 대목이다.

그러고 보면 냉소주의자들이 옳았다. 하지만 마크는 이런 생각을 하다가 문득 멈추었다. 그 생각과 함께 다가온 어떤 '기미'가 그를 멈추게 했다. 또 다른 기분이 들기 시작하는 걸까? 아, 무슨 일이 있어도 그건 안 되는데. 그는 손을 꼭 쥐었다. 아니야, 안 돼. 안 돼. 더는 참을 수 없었다. 그는 제인을 원했다. 딤블 부인을 원했다. 데니스톤을 원했다. 누군가나 뭔가를 원했다.

"아, 그러지 말아. 내가 그리 돌아가게 놔두지 말아."

마크는 중얼댔다. 그러고 나서 더 큰 소리로 말했다.

"안 돼. 안 돼!"

어떤 면으로든 그가 외칠 수 있는 모든 것이 그 비명에 녹아들었다. 마지막 카드를 썼다는 섬뜩한 깨달음이 서서히 평화로움으로 변하기 시작했다. 더 할 일이 없었다. 그는 무의식적으로 몸의 근육을 이완시켰다. 이즈음 젊은 그의 몸뚱이는 몹시 지쳐서, 딱딱한 바닥도 고마울 지경이었다. 감방이 어쩐지 썰렁하고 텅 비어 보였다. 감방마저도 복잡한 갈등을 목격하고 나니 고단한 것처럼⋯⋯. 비

내린 후의 하늘처럼 텅 비고, 울고 난 후의 아이처럼 고단했다. 밤이 거의 지나갔음이 분명하다는 희미한 생각이 엄습했다. 그는 잠에 빠졌다.

13

깊은 하늘을 머리로 끌어내리다

1

"멈추시오! 거기 서서 이름과 용건을 말해 주시오."

랜섬이 말했다.

문지방을 넘던 남루한 사내는 듣지 못하는 사람처럼 고개를 비스듬히 기울였다. 열린 문으로 바람이 밀려들었다. 식기실과 부엌 사이에 난 문이 쾅 소리를 내며 닫히자, 세 남자는 여인들과 떨어져 있게 되었다. 커다란 양철 그릇이 개수대에 떨어져 소리를 냈다. 이방인은 안쪽으로 한 걸음 옮겼다.

랜섬이 큰 소리로 말했다.

"스타, 인 노미네 파트리스 에트 필리 에트 스피리투스 상티, 익미히 뷔 시시 에트 쾀 옵 카우삼 베네리스."(멈추시오. 성부와 성자와 성령의 이름으로 그대가 누구이며 왜 왔는지 말해 주시오.)

이방인은 손을 들어 이마에 쏟아진 머리칼을 뒤로 넘겼다. 빛이 그의 얼굴을 비추었다. 그 모습에서 랜섬은 한없이 고요한 인상을 받았다. 잠자는 사람처럼 온 몸의 근육이 이완되어 있었고, 꼼짝 않고 가만히 서 있었다. 카키색 코트에서 물방울이 뚝뚝 떨어졌다. 한 치의 오차도 없이 그 자리에 떨어졌다.

사내의 눈이 잠시 랜섬에게 머물렀지만 특별히 관심을 보이지는 않았다. 그는 왼쪽으로 고개를 돌렸다. 벽까지 홱 젖혀졌던 문이 거기 있었다. 맥피가 문 뒤에 숨어 있었다.

"나오시오."

이방인이 라틴어로 말했다. 속삭이는 듯한 말투였지만, 어찌나 깊은 소리인지 바람이 부는 방인데도 진동이 느껴졌다. 하지만 랜섬은 맥피가 곧바로 복종했다는 사실이 더 놀라웠다. 그는 랜섬이 아니라 이방인을 바라보았다. 그러더니 뜻밖에도 크게 하품을 했다. 이방인은 그를 아래위로 훑더니 대장에게 시선을 돌렸다.

그가 라틴어로 말했다.

"친구, 이 집 주인에게 내가 왔다고 전하시오."

그가 말할 때 등 뒤로 바람이 불어와 코트 자락이 다리를 휘감았고, 이마에서 머리칼이 나부꼈다. 하지만 이 거구의 사내는 나무처럼 땅에 심겨진 듯 우뚝 서 있었고 서두르는 기색이 없었다. 목소리 역시 나무의 소리라고 상상할 만했다. 크고 느리고 참을성 있는 소리는 땅 속 깊은 곳에서 뿌리와 흙과 자갈돌을 뚫고 올라오는 것 같았다.

랜섬이 그가 한 말과 같은 언어로 대답했다.

"내가 여기 주인입니다."

이방인이 대답했다.

"그렇기도 하겠지! 그럼 저기 있는 애송이는 물을 것도 없이 그대의 주교겠소 그려."

그는 미소 짓지는 않았지만, 날카로운 눈에 재미있어하는 기색이 떠올랐다. 보는 이를 섬뜩하게 하는 눈빛이었다. 갑자기 그가 고개를 쑥 내밀고 얼굴을 대장에게 들이밀었다.

사내는 아까와 똑같은 목소리로 거듭 말했다.

"그대의 주인에게 내가 왔다고 전하시오."

랜섬은 눈썹도 까딱하지 않고 그를 바라보았다.

마침내 그가 말했다.

"내가 주인들을 부르기를 정말로 바랍니까?"

상대가 대답했다.

"은자의 방에 사는 갈까마귀가 전에 라틴어로 수다를 떠는 법을 배웠군 그래. 어디, 부르는 소리 한 번 들어 봅시다, 난쟁이."

"그러려면 다른 언어를 써야 합니다."

랜섬이 말했다.

"갈까마귀가 그 부리로 그리스어도 할 줄 아나 보네."

"그리스어가 아닙니다."

"어디 그대의 히브리어나 들어 볼까나."

"히브리어가 아닙니다."

"이런."

사내는 키득대는 웃음 비슷한 소리를 내며 대답했다. 널따란 가슴 속 깊이 숨어 있다가 어깨가 가볍게 떨리는 것으로, 웃음은 그 기색을 드러냈다. 그가 덧붙였다.

"야만족이 지껄이는 말을 한다면, 곤란하긴 하겠지만 내 맞장구를 쳐 주지. 이거 재미있는 놀이인걸."

랜섬이 말했다.

"당신에게는 야만족의 말로 들릴지도 모르겠습니다. 들어 본 지 오래된 언어이기 때문입니다. 누미노르에서도 거리에서는 듣지 못한 언어니까요."

이방인은 놀라지 않았다. 전보다 더하면 더했지 덜하지 않은 차분한 표정이었다. 그가 말했다.

"주인들은 그대가 위험한 장난감을 갖고 놀게 하는군. 노예여, 말해 보게. 누미노르가 뭐요?"

랜섬이 말했다.

"서쪽 지역이지요(톨킨이 만들어 낸 누메노르는 동쪽에 있지만 루이스가 착각한 듯하다 ─옮긴이)."

랜섬이 대답했다.

"글쎄."

상대방은 잠시 가만히 있다가 덧붙였다.

"이 집에서는 예절이란 찾아볼 수 없군. 등 뒤로 찬바람이 불고 나는 오래 침대에 누워 있었소. 보다시피 난 이미 문턱을 넘었소."

랜섬이 대답했다.

"그건 별로 중요하지 않습니다. 문을 닫게, 맥피."

그가 맥피에게 영어로 말했다. 하지만 대답이 없었다. 랜섬이 처음으로 고개를 돌리니 맥피는 식기실에 있는 의자에 앉아 곤히 자고 있었다.

랜섬이 날카롭게 이방인을 바라보며 물었다.

"이 어리석은 짓의 의미는 무엇입니까?"

"그대가 정말 이 집 주인이라면 들을 필요 없을 거요. 주인이 아니라면 내가 왜 그런 걸 그대에게 설명하겠소? 두려워하지 마시오. 그대의 마부는 잘못되지 않을 테니."

"그거야 곧 알게 되겠지요. 그런데 저는 당신이 이 집에 들어온 게 두렵지 않습니다. 당신이 달아날까 봐 두려워할 이유가 있지요. 발이 아프니 문을 닫아 주십시오."

이방인은 랜섬에게서 눈을 떼지 않고, 왼손을 뒤로 돌려 문고리를 잡아 문을 쾅 닫았다. 맥피는 꿈쩍도 하지 않았다. 이방인이 말했다.

"자, 당신의 주인들은 누구요?"

"제 주인님들은 오야르사들입니다."

이방인이 물었다.

"그 이름은 어디서 들었소? 혹은 그대가 정말 그 무리라면 왜 노예처럼 옷을 입었소?"

"당신의 옷은 드루이드 사제의 옷이 아니군요."

랜섬이 말했다.

상대가 대답했다.

"한 방 제대로 먹이는군. 당신은 알 테니, 용기가 있다면 내 세 가지 질문에 대답해 보오."

"대답할 수 있으면 그러겠습니다. 하지만 용기에 대해서는 두고 봐야 알겠지요."

이방인은 잠시 생각에 잠겼다. 그러다가 전에 배운 것을 반복하는 것처럼 노래하듯 라틴어의 6보격 두 행으로 물었다.

"술바는 누구인가? 그녀는 어떤 길을 걷는가?

왜 한쪽 자궁이 황폐한가? 냉랭한 결혼들은 어디 있는가?"

랜섬이 대답했다.

"술바를 인간들은 달이라고 부릅니다. 그녀는 가장 낮은 곳을 걷습니다. 황폐한 세상의 테두리가 그녀를 지나갑니다. 그녀의 구체球體의 절반은 우리 쪽을 향해 있으며 우리의 저주를 함께 나눕니다. 그녀의 다른 절반은 '깊은 하늘'을 바라봅니다. 그 경계를 넘어서 그녀의 다른 쪽 지역을 볼 수 있는 사람은 행복할 겁니다. 이쪽에서는 자궁이 메말랐고 결혼은 냉랭합니다. 자만심과 욕정이 넘치는 저주받은 사람들이 삽니다. 젊은이가 처녀와 결혼하면, 그들은 나란히 눕지 않고 각각 교묘하게 만들어진 상대의 상image과 누워서 사악한 방법으로 움직이고 따뜻해집니다. 진짜 살은 그들을 즐겁게 하지 않기 때문에 그들은 욕정에 넘치는 꿈속에서 무척 우아(섬세)합니다. 그들은 은밀한 곳에서 비열한 방법으로 진짜 자식들을 만들어 내지요."

이방인이 말했다.

"잘 대답했소. 세상에 이 질문의 답을 아는 사람이 셋뿐인 줄 알았는데. 하지만 내 두 번째 질문은 더 어렵소. 아서 왕의 반지는 어디 있소? 어떤 주인이 자기 집에 이 보물을 갖고 있소?"

랜섬이 대답했다.

"왕의 반지는 아서의 손가락에 있습니다. 왕은 컵처럼 생긴 아브할진(아서가 부상당한 후 옮겨져 회복한 섬인 아발론을 뜻함. 아브할진은 루이스가 지어낸 지명─옮긴이)의 '왕의 집'에 앉아 있습니다. 아브할진은 페렐란드라(금성을 뜻함─옮긴이)의 루르(페렐란드라의 왕이 머무른 섬─옮긴이)의 바다 저편에 있지요. 아서는 죽지 않았으니까요. 우리 주님이 그를 데려가셔서 시간이 끝나고 술바가 부서질 때까지 몸에 머물게 하여, 에녹과 엘리야와 모세와 멜기세덱 왕과 함께 있게 하셨습니다. 바로 멜기세덱의 방에서 뾰족한 돌로 된 반지가 왕의 검지에서 반짝입니다."

이방인이 말했다.

"잘 대답했소. 내 집단에서는 세상에 이걸 아는 사람은 둘뿐으로 알고 있었소. 하지만 세 번째 질문은 나 외에는 누구도 답을 몰랐소. 토성이 그의 별에서 내려올 때 누가 브리튼의 왕이겠소? 어떤 세상에서 그는 전쟁을 배웠소?"

"나는 금성에서 전쟁을 배웠습니다. 이 시대에 루르가(토성을 뜻함─옮긴이)가 내려올 것입니다. 내가 '왕'입니다."

이 말을 하고 나서 체구가 큰 이방인이 움직이기 시작하자 그는 한 걸음 물러났다. 그의 눈에 새로운 빛이 떠올랐다. 그들이 그렇게 얼굴을 맞대고 서 있는 광경을 봤다면 당장 싸움이 벌어질 거라고 짐작했을 것이다. 하지만 이방인은 적대적인 의도로 움직인 게 아니었다. 산이 파도처럼 가라앉듯이 천천히, 육중하지만 어색하지 않게 그는 한쪽 무릎을 꿇었다. 그래도 그의 얼굴은 대장의 얼굴과 같은 높이에 있었다.

2

"이거 우리에게 예기치 못한 부담을 떠안기는군. 고백건대 난 언어에 심각한 어려움이 있을 줄 예상하지 못했소."

위더가 프로스트에게 말했다. 그들은 문을 조금 열어 놓고 바깥방에 앉아 있었다.

프로스트가 대답했다.

"당장 켈트어(주전 2000년부터 주전 1세기까지 유럽 전역에 살던 켈트 족이 쓰던 언어. 영국의 북부 스코틀랜드, 웨일스 및 아일랜드 등에 그 흔적이 남아 있다—옮긴이) 학자를 불러야겠군요. 우린 언어학 분야에서 안타까울 만큼 약합니다. 현재 고대 브리튼에 대해 누가 가장 많이 아는지 모르겠군요. 연락이 닿는다면 랜섬이 조언을 주기에 가장 좋은 인물일 겁니다. 부소장님 쪽 부서에서는 랜섬에 대해 들은 바가 없지요?"

"우리가 랜섬 박사를 찾으려고 안달하는 이유가 그의 언어학 실력 때문만이 결코 아니라는 점은 새삼 지적할 필요가 없을 거요. 최소한의 자취라도 발견되었다면, 내 분명히 말하건대 당신은 오래전에 여기서 그를 개인적으로 만나…… 아…… 만족감을 맛보았을 거요."

"물론입니다. 그는 지구에 있지 않을 거니까요."

위더가 눈을 반쯤 감고 말했다.

"그를 한 번 만났소. 나름 대단히 총명한 사람이더군. 반동을 대의로 포용하지 않았다면 그의 통찰력과 직감은 무한한 가치가 있었을 텐데. 우울한 회고구만……."

프로스트가 말을 끊었다.

"물론 스트레이크는 현대 웨일스어를 알아요. 그의 모친이 웨일스 사람이었으니까."

위더가 말했다.

"말하자면 집안에서 모든 문제를 우리가 해결할 수 있다면 훨씬 만족스러웠을 것을. 외부에서 켈트어 전문가를 데려오는 게 나는 몹시 못마땅하오. 그대도 그렇게 생각하리라 믿소만."

"물론 그가 필요 없게 되는 대로 즉시 처리될 겁니다. 시간 낭비가 문제지요. 스트레이크와는 진도가 어느 정도입니까?"

부소장이 대답했다.

"아, 아주 잘되고 있소. 실은 약간 실망스러울 정도요. 내 제자가 진도가 너무 빨라서, 솔직히 내 마음을 끄는 생각을 접어야 되니 말이오. 그대가 방에서 나가 있는 동안, 그대의 제자와 내 제자가 같이 입회할 수 있다면…… 아…… 특별히 적절하고 만족스러울 거라는 생각을 했소. 분명히 우리 둘 다 느꼈을 거요……. 하지만 물론 스트레이크가 스터독보다 먼저 준비가 된다면 내가 그를 막을 자격은 없을 것 같소. 친구, 내가 이 일로 우리의 매우 다른 방식이 얼마나 효율적인지 가늠해 보려 하지 않는다는 점을 이해하시오."

"가늠해 보는 게 불가능할 테지요. 나는 스터독을 고작 한 차례 면담했으니까요. 그 한 번의 면담은 더할 나위 없이 성공적이었어요. 스트레이크를 언급한 것은 그가 이미 헌신적이 되어서 우리 손님에게 소개해도 적절한지 알고 싶어서였어요."

"아…… 헌신적이라 함은…… 어찌 보면…… 한동안 어떤 미묘한 차이를 무시하고 궁극적인 중요성을 인정하는 것인데…… 난 우리가 합당하다고…… 주저 없이 말하겠소."

위더가 말했다.

프로스트가 말했다.

"나는 여기 당번이 있어야 된다고 생각했습니다. 그가 언제라도 깨어날 테니까. 우리 제자들인 스트레이크와 스터독이 차례로 불침번을 설 수 있을 겁니다. 완전히 입회하기 전이더라도 그들을 적절히 쓰지 않을 이유가 없지요. 물론 그들은 무슨 일이 벌어지면 당장 우리에게 알리라는 명령을 받게 될 테고요."

"그러니까…… 저…… 스터독이 그 정도가 된다고 생각하오?"

"그건 중요하지 않아요. 그가 무슨 해를 끼칠 수 있겠습니까? 빠져나갈 수가 없는데요. 우리가 원하는 건 그저 감시할 사람이잖습니까. 유용한 시험대가 될 겁니다."

3

맥피는 나중에 기억 못할 꿈속에서 대답을 듣지 못할 날선 공방을 벌여 랜섬과 알카산의 머리 둘 다에 대해 반박했다. 그러다가 누군가 어깨를 세차게 흔들자 잠에서 확 깼다. 갑자기 춥다는 걸 느꼈고 왼발에 감각이 없었다. 그때 그의 얼굴을 들여다보는 데니스톤의 얼굴이 보였다. 데니스톤, 딤블, 제인이 들어와서 식기실이 북적댔다. 그들은 흠뻑 젖었고, 진흙투성이에 지쳐 보였다.

데니스톤이 말했다.

"괜찮으십니까? 저희가 몇 분 동안이나 깨웠습니다."

"괜찮으냐고? 그래, 난 괜찮네."

맥피는 한두 차례 침을 삼키고 입술을 핥았다. 그러다가 똑바로 앉으며 덧붙여 말했다.

"여기 어떤 사내가 있었는데."

"어떤 사내요?"

딤블이 물었다.

맥피가 대답했다.

"저, 그 사람에 대해서는…… 쉽지가 않은데…… 솔직히 말하면 그와 대화하다 잠들었습니다. 무슨 이야기를 했는지는 떠올릴 수 없군요."

나머지 세 사람은 서로 눈짓을 주고받았다. 겨울밤에 따끈한 토디(위스키에 뜨거운 물, 설탕, 레몬을 타서 만든 음료—옮긴이)를 즐겨 마시곤 하던 맥피였지만, 그는 취기 없이 말짱했다. 그들은 맥피의 이런 모습을 본 적이 없었다. 곧 그가 벌떡 일어났다.

"하나님, 맙소사! 그가 여기서 대장을 만났어요. 서둘러요! 우린 집과 정원을 다 찾아봐야 합니다. 사기꾼이나 스파이일 거예요. 말도 있었는데. 그 말이 걸립니다."

이 마지막 말이 듣던 사람들에게 당장 반향을 일으켰다. 데니스톤이 부엌문을 홱 열자, 모두 그를 뒤따라 몰려갔다. 그 순간, 몇 시간이나 살피지 않아 활활 타는 난로불의 붉은 불꽃을 보았다. 그때 데니스톤이 전등을 켜자 모두 크게 숨을 들이쉬었다. 여인 넷이 깊이 잠들어 있었다. 갈까마귀는 빈 의자의 등받이에 걸터앉아 자고 있었다. 벌티튜드 씨도 난롯가에서 옆으로 누워 잠들어 있었다. 곰의 덩치에 어울리지 않게 아이처럼 작게 코고는 소리가 적막을 깨뜨렸다. 불편해 보이는 자세로 웅크린 딤블 부인은 반쯤 뜨개질한 양말을 무릎 위에 올린 채 식탁에 머리를 대고 잤다. 딤블은 짠한 연민을 느끼며 그녀를 바라보았다. 누구든 잠든 사람을 보면 안쓰럽지만 아내는 특히 더 그랬다. 흔들의자에 앉은 카밀라는 어디서나 자는 게 익숙한 동물처럼 우아한 자태로 웅크리고 있었다. 맥스 부인은 그 상냥하고 평범한 입을 헤벌리고 잤고, 그레이스 아이언우드는 깨어 있는 사람처럼 꼿꼿하지만 한쪽으로 살짝 기울어진 자세였다. 수치스러운 무의식을 단단히 인내하며 받아들이기라도 하는 듯했다.

뒤에서 맥피가 말했다.

"다들 괜찮군요. 그가 나한테 한 것과 똑같은 상태입니다. 이들을 깨울 시간이 없어요. 나갑시다."

그들은 부엌에서 나와 포석이 깔린 통로로 접어들었다. 맥피를 제외하고 다들 비바람 속에서 헤맨 터라 집 안에 깔린 침묵이 유독 무겁게 느껴졌다. 통로를 지나며 전등을 켜자 텅 빈 방들과 복도가 차례로 모습을 드러냈다. 버려진 집의 자정 무렵 풍경 같았다. 벽난로마다 불이 다 타버리고, 소파에는 석간신문이 나뒹굴고, 시계는 멈추었다. 하지만 그들은 1층에서 별다른 것을 발견하리라 기대하지 않았다.

"이제 위층으로 올라갑시다."

딤블이 말했다.

다들 계단이 시작되는 곳에 이르자 제인이 말했다.

"위층에는 불이 켜져 있네요."

딤블이 말했다.

"우리가 복도에서 켰으니까."

"그런 것 같지 않습니다만."

데니스톤이 말했다.

딤블이 맥피에게 말했다.

"실례지만 내가 앞장서는 게 낫겠소."

첫 계단참에서 그들은 어둠에 휩싸였다. 두 번째와 마지막 계단참에는 2층에서 불빛이 쏟아졌다. 각 계단참마다 계단이 오른쪽으로 굽어서 3층에 다다를 때까지 바로 위층 로비가 보이지 않았다. 마지막에 선 제인과 데니스톤은 맥피와 딤블이 3층 계단참에서 우뚝 멈추는 것을 보았다. 불빛에 그들의 옆모습이 보였고, 뒤통수는 어둠 속에 있었다. 맥피는 입을 꾹 다물고 적대감과 두려움이 섞인 표정을 지었다. 딤블의 입이 벌어졌다. 그러자 제인은 힘없는 팔다리를 움직여 그들 옆으로 뛰어 올라가, 그들이 본 것을 보았다.

두 남자가 난간에서 그들을 내려다보고 있었다. 한 사람은 하늘하늘한 붉은 옷을, 다른 한 사람은 파란 옷을 입고 있었다. 파란 옷을 입은 사람은 대장인데, 그 순간 제인의 마음에 악몽 같은 생각이 떠올랐다. 같은 옷을 입은 두 사람은 같은 부류로 보였다……. 바로 이날 밤, 마법을 부려서 그녀를 이 집에 오게 한 이 대장에 대해 그녀는 뭘 알았을까? 그녀에게 꿈을 꾸게 하고, 지옥에 대한 공포감을 가르쳐 준 그에 대해? 그리고 여기 두 사람이 있었다. 식구가 집을 비운 틈을 타서 남은 사람들을 재우고 자기들은 비밀을 나누는, 그런 자들이 할 만한 행동을 하고 있었다. 흙구덩이에서 밖으로 나온 사내와 외계에 다녀온 사내……. 후자는 그들에게 전자를 적이라고 말한 적이 있었다. 그런데 이제 둘은 만나자마자 여기서 수은 두 방울처럼 어울려 다녔다. 지금까지 그녀는 이방인은 거의 쳐다보지 않았다. 대장은 목발을 치워 놓은 듯했고, 제인은 그가 그렇게 꼿꼿하게 똑바로 선 것을 처음 보았다. 빛이 그의 수염에 떨어져서 후광처럼 보였다. 제인은 그의 머리 위에서도 금빛을 보았다. 문득 이런 것들을 생각하면서 그녀는 자기도 모르게 이방인의 눈을 똑바로 보았다. 다음 순간 그녀는 상대방의 체구를 알아차렸다. 사내는 괴물 같았다. 그리고 두 남자는 비슷한 부류였다. 또 이방인이 말을 하면서 그녀를 손짓했다.

제인은 그 말을 알아듣지 못했지만 딤블은 알아들었다. 멀린은 그에게는 낯선 라틴어로 말하고 있었다.

"산 사람들 중 가장 어울리지 않는 여인이 그대의 집에 있소."

딤블은 대장이 같은 언어로 그에게 대답하는 소리를 들었다.

"잘못 보셨습니다. 우리 모두가 그렇듯 그녀 역시 죄인이지만, 순결합니다."

"그녀가 로그레스에서 저지른 일은 발리누스(아서의 원탁의 기사 중 한 명으로, 성미가 고약해서 십자가의 예수를 찌른 창으로 펠럼을 찔렀고 이로 인해 주변 지역이 오랫동안 황폐해졌다는 이야기—옮긴이)가 가한 타격보다 덜하지 않은 슬픔을 안길 거라는 점을 알아 두시오. 왜냐면 그녀와 그녀의 주인 사이에 아기를 갖는 것이 신의 목적이었기 때문이오. 그 아기를 통해 적은 천 년간 로그레스에 대한 힘을 잃었을 텐데 그러지 못했잖소."

멀린이 말했다.

"그녀는 겨우 최근에 결혼했습니다. 아기는 아직 나지도 않았습니다."

랜섬이 말했다.

멀린이 대꾸했다.

"수태 기간이 지났으니 그 아이는 태어나지 않을 거라는 점을 알아 두시오. 그들은 자식을 갖지 않으려는 거요. 지금까지 당신들이 그렇게 흔하게 술바를 이용하는 줄 몰랐소. 두 가계에서 백 세대 동안 이 아이의 잉태가 준비되고 있었소. 신이 시간의 작동을 멈추게 하지 않는다면, 그런 땅에서 그런 씨앗과 그런 시간은 다시 존재치 않을 거요."

랜섬이 대답했다.

"설명은 충분합니다. 여인이 우리가 자기 이야기를 하는 줄 압니다."

멀린이 말했다.

"그대가 그녀의 어깨에서 머리통을 자르라고 한다면 큰 자비를 베푸는 것일 거요. 그녀를 쳐다보는 게 싫소."

제인은 라틴어를 조금 알았지만, 그들의 대화는 알아듣지 못했다. 억양이 낯설었고, 늙은 드루이드 교도는 그녀가 공부한 것을 훨씬 넘어서는 어휘를 사용했다. 그에게 아풀레이우스(2세기 로마의 저술가—옮긴이)와 마르티아누스 카펠라(5세기 북아프리카 카르타고 출신의 라틴어 저술가—옮긴이)의 글은 기본적인 고전이었고, 그 우아한 말투는 '히스페리카 파미나'(중세 초기의 문헌. 특이한 문체로 유명하다—옮긴이)와 비슷했다. 하지만 딤블은 그 말을 쭉 알아들었다. 그가 제인을 등 뒤에 숨기면서 소리쳤다.

"랜섬! 도대체 이 말이 무슨 뜻입니까?"

멀린이 다시 라틴어로 말했다. 랜섬이 대답하려고 몸을 돌리는데 딤블이 다시 소리쳤다.

"우리한테 답하십시오. 무슨 일이 벌어진 겁니까? 옷은 왜 그렇게 입었습니까? 그 피에 굶주린 노인네와 뭐 하고 있는 겁니까?"

맥피는 라틴어는 제인만큼도 몰랐지만, 성난 테리어 개가 정원에 침입한 뉴펀들랜드 개를 노려보듯 멀린을 쏘아보고 있었다. 그가 대뜸 대화에 끼어들었다.

"랜섬 박사님. 거구의 사내가 누군지 모르고 난 라틴어도 모릅니다. 하지만 당신들이 밤새도록 내가 표명한 의지에 어긋나게 나를 감시했고 취하게 해서 최면에 걸리게 내버려 두었다는 것을 압니다. 박사님이 무언극에 등장하는 인물처럼 차려입고 그 요가 수행자인지 뭔지와 나란히 서 있는 것을 보니 그다지 유쾌하지 않군요. 그에게 그런 눈으로 날 볼 필요 없다고 전해 주십시오. 난 그가 두렵지 않아요. 또 위험을 무릅쓰고 말하거니와 랜섬 박사님, 이런저런 일을 겪은 후 변심하셨다면, 나 역시 별 쓸모가 없으리란 생각이 드는군요. 하지만 난 목숨을 빼앗기더라도 조롱당하지는 않을 작정입니다. 우리는 설명을 기다리고 있습니다."

잠시 대장은 침묵하며 그들을 내려다보았다.

랜섬이 말했다.

"정말 이렇게 되는 건가? 그대들 중 아무도 날 믿지 않는가?"

"저는 믿습니다."

불쑥 제인이 말했다.

맥피가 말했다.

"이렇게 흥분과 감정에 호소하는 것은 적절하지 않습니다. 나도 마음만 먹으면 누구 못지않게 이 순간 올 수도 있습니다."

잠시 가만히 있다가 대장이 말했다.

"여러분 모두에게 우리를 오해할 만한 이유가 있소. 적도 마찬가지요. 이 분은 멀리누스 암브로시우스요. 그들은 그가 돌아오면 그들편에 설 거라고 생각했소. 나는 그가 우리 편임을 알았소. 딤블, 항상 이런 가능성이 있었다는 것을 그대는 알 거요."

딤블이 대답했다.

"사실입니다. 그런데…… 모양새로 봐서…… 대장과 그가 나란히 거기 서 있는 것을 볼 때…… 그렇게 말입니다. 그의 경악할 만한 살벌함도 그렇고."

랜섬이 말했다.

"나 자신도 깜짝 놀랐소. 하지만 결국 우리는 그가 19세기의 형법을 알 거라고 기대할 권리가 없소. 그에게 내가 전제 군주가 아니라는 점을 이해시키는 것 역시나 몹시 어렵소."

"그는…… 그는 기독교도입니까?"

딤블이 물었다.

랜섬이 대답했다.

"그렇소. 내 옷차림은 그에게 경의를 표하기 위해 예복을 입은 거요. 또한 내가 수모를 당했기 때문이오. 그는 맥피와 나를 부엌이나 마굿간 시종으로 착각했소. 그의 시절에는 남자는 꼭 필요한 경우 외에는 헐렁한 옷을 입고 돌아다니지 않았고, 칙칙한 갈색은 선호하는 색상이 아니었소."

이 대목에서 멀린이 다시 입을 열었다. 그의 말을 알아들을 수 있는 딤블과 대장은 멀린의 말을 들었다.

"이자들은 누구요? 그대의 노예라면 이들은 왜 경의를 표하지 않소? 그대의 적이라면 왜 우리가 그들을 처결하지 않는 거요?"

"저들은 내 친구들입니다."

랜섬이 라틴어로 대답하기 시작했지만 맥피가 끼어들었다.

"랜섬 박사님, 이 사람을 우리 조직의 일원으로 받아들이라고 하시는 걸로 이해해야 합니까?"

대장이 말했다.

"그런 식으로 표현할 수 없을 듯하네. 그는 조직의 일원이네. 그리고 나는 그대들 모두에게 그를 받아들이라고 명령할 수밖에 없소."

맥피가 말했다.

"다음으로, 그의 자격에 대해 어떤 질문들을 했는지 물어야겠습니다."

대장이 대답했다.

"난 아주 만족스럽소. 그대들의 믿음만큼 그의 믿음도 훌륭하다는 확신이 드오."

맥피가 물러서지 않고 물었다.

"하지만 그 신뢰의 근거는 무엇입니까? 우리가 그의 말을 들어 봐야 하지 않습니까?"

"내가 멀리누스 암브로시우스를 신뢰하는 이유를 그대들에게 설명하기는 곤란할 거요. 하지만 오해의 소지가 있는 겉모습에도 불구하고 내가 그대들을 신뢰하는 이유를 그에게 설명하기가 더 어렵소."

대장이 말했다. 이 말을 할 때 그의 입가에 유령 같은 미소가 떠올랐다. 그때 멀린이 다시 라틴어로 말하자 랜섬이 대답했다. 그러자 멀린이 딤블에게 말했다.

"왕은 내게 그대가 나를 극악하고 잔인한 사람이라고 비난한다고 하오. 그런 비난은 들어 본 적이 없소. 나는 재산의 3분의 1을 과부들과 가난한 이들에게 주었소. 사기꾼들과 이교도 색슨족 외에는 죽이려 한 적도 없소. 그 여자로 말하자면 나를 위해 살 수도 있소. 난 이집 주인이 아니오. 한데 그녀의 머리를 빼버린다면 그게 그리 대수요? 그녀를 몸종으로 삼을 만한 지체 높은 왕비들과 귀부인들도 그보다 못한 이유로 화형장으로 가는 마당에? 그대 옆에 있는 멜빵바지 사내는(악인이구만)…… 그래, 당신. 한 가지 야만족 말밖에 못하고, 상한 우유 같은 얼굴하며 단단한 나무 자르는 톱 같은 목소리, 학 같은 다리하며…… 소매치기 같은 꼴이란…… 감옥에 보내지는 않겠지만 밧줄로 목이 아니라 등을 묶는 게 좋겠어."

맥피는 말의 내용은 못 알아들었지만 비호의적인 발언의 대상이 자신임을 알았다. 그는 잉글랜드보다는 북아일랜드와 스코틀랜드 저지대에 흔한, 판결을 보류하는 표정으로 들으면서 서 있었다.(영국 Great Britain은 잉글랜드, 스코틀랜드, 웨일스, 북아일랜드로 이루어지며, 스코틀랜드는 고지대인 하이랜드와 저지대인 로랜드로 나뉘기도 한다. 잉글랜드 주민은 대부분 '잉글리시'로 앵글로색슨 족이며, 스코틀랜드 주민은 대부분 '스코티시'로 서로 다른 민족이다. 아서 왕의 이야기의 기반인 켈트 문화는 스코틀랜드에 주로 남아 있으며 아일랜드와 웨일스에도 일부 남아 있다—옮긴이)

멀린이 말을 마치자 맥피가 말했다.

"대장님, 제가……."

랜섬이 불쑥 말했다.

"갑시다. 오늘 밤 우리 모두 잠을 못 잤소. 아서, 이 복도 북쪽 끝에 붙은 큰 방에 가서 우리 손님을 위해 불을 지펴 주겠소? 그리고 누가 여인들을 깨우겠소? 손님에게 먹을 것을 올려다드리라고 하시오. 버건디 한 병과 뭐든 찬 음식으로. 그런 다음 모두 잠자리에 듭시다. 내일 아침 일찍부터 부산 떨 필요 없소. 모든 게 아주 잘 풀릴 거요."

4

"우리 새 동료 때문에 곤란한 점이 많을 것 같소."

딤블이 말했다. 다음 날 오후 그는 세인트 앤의 부부 침실에 아내와 단둘이 있었다.

잠시 가만히 있다가 그가 다시 말했다.

"그렇소. 소위 '힘센' 동료니까."

"당신 몹시 고단해 보여요, 세실."

딤블 부인이 말했다.

그가 대답했다.

"녹초로 만드는 회의를 해서 그렇소. 상대를 지치게 만드는 사람이오. 우리 모두 바보들이었다는 걸 이제 알겠소. 다들 그가 20세기에서 왔으니 20세기 사람일 거라고 상상했으니 말이오. 시간은 우리가 생각했던 것보다 더 중요하오."

그의 아내가 말했다.

"점심시간에 그가 포크를 모르리라는 걸 미리 알지 못했다니 정말 바보 같았어요. 하지만 그보다 더 놀란 것은 (첫 충격을 받은 뒤) 그가 포크를 쓰지 않고도 정말로…… 정말로 기품 있다는 점이었어요. 포크를 안 쓰는 것은 매너가 없는 게 아니라 매너가 다르다는 점을 알아야 된다는 뜻으로 말하는 거예요."

"아, 그 친구도 나름으로는 신사지. 그거야 누구나 알 수 있지. 하지만…… 글쎄, 난 모르겠소. 괜찮을 테지."

"회의에서 무슨 일이 있었어요?"

"글쎄, 모든 것이 양측의 관점에서 설명되어야 했지. 우리는 랜섬이 이 나라의 왕이 아니며 왕이 되려 하지도 않는다는 점을 그에게 이해시키느라 진땀을 빼야 했소. 그런 다음 우리가 브리튼 사람이 아니라 잉글리시—그가 '색슨족'이라고 하는—라는 사실을 밝혀야 했소. 그가 그것을 받아들이는 데 시간이 좀 걸렸소."

"알만 해요."

"그러자 맥피는 그 순간을 이용해서 스코틀랜드, 아일랜드, 잉글랜드의 관계를 끝없이 설명했소. 물론 모든 말은 통역되어야 했고. 정말 어처구니없는 일이었지. 많은 이들이 그렇듯 맥피는 그를 켈트족이라고 상상하거든. 사실 성씨를 빼면, 벌티튜드 씨만큼이나 켈트족과 무관한데 말이지. 그런데 멀리누스 암브로시우스가 벌티튜드 씨에 대해 예언을 했소."

"그래요? 뭐라고 했는데요?"

"이 곰이 우리가 들어 본 적 없는 몇몇 곰을 제외한 브리튼의 어떤 곰보다도 대단한 일을 크리스마스 이전에 할 거라고 했소. 그는 계속 그런 말을 하오. 우리가 다른 이야기를 하는 중에 불쑥불쑥 그런 말이 튀어나오는데 다른 목소리로 말을 하지. 자기도 어쩔 수 없는 것처럼 말이오. 당신이 내 말뜻을 알지 모르겠지만, 그도 무슨 말인지 모르고 말하는 것 같거든. 마음 안쪽에서 카메라 셔터 같은 게 열려 있다가 곧장 다시 닫히는 것처럼. 그러면서 그 이야기가 나오는 거지. 못마땅한 효과를 내지만."

"설마 또 맥피랑 싸우지는 않았겠지요."

"딱히 싸운 건 아니오. 멀리누스 암브로시우스는 맥피를 별로 진지하게 생각하지 않은 것 같소. 맥피가 늘 방해하고 좀 무례하고 가만히 있지 않는다는 사실 때문에 멀리누스는 그가 대장의 어릿광대라고 결론내린 것 같아. 그는 맥피를 싫어하는 마음은 극복한 듯하오. 하지만 맥피는 멀리누스를 좋아하게 될 것 같지 않소."

"진짜 일에 착수한 건가요?"

딤블 부인이 물었다.

딤블은 이맛살을 찌푸리며 대답했다.

"글쎄, 어찌 보면 우리는 동문서답을 했지. 아이비의 남편이 감옥에서 나오는 일에 대한 이야기가 나오자, 멀리누스는 왜 우리가 그를 구하지 않았는지 의아해했소. 그는 우리가 감옥을 폭풍처럼 급습하는 것을 상상한 것 같았소. 그런 일은 늘 반대가 있었는데."

딤블 부인이 불쑥 말했다.

"세실, 그가 쓸모가 있을까요?"

"여러 가지 일을 할 수 있을 거요, 당신의 말뜻이 그런 거라면. 그런 의미에서 쓸모가 없다기보다 너무 많을 위험이 있지."

"어떤 종류의 일 말인가요?"

아내가 물었다.

"우주는 대단히 복잡하오."

"당신이 전에 자주 한 말이잖아요."

딤블이 미소 지으며 대답했다.

"내가 그랬나? 얼마나 자주 했을까? 당신이 돌리시(잉글랜드 남부에 있는 고장—옮긴이)의 조랑말과 덫 이야기를 한 것만큼?"

"세실! 난 그 이야기는 몇 년간 한 적이 없다구요."

"이봐요, 그저께 밤에도 당신이 카밀라에게 그 이야기를 하는 걸 내가 들었는데 왜 이러실까."

"아, 카밀라. 그 경우는 아주 다르지요. 카밀라는 그 이야기를 들어 본 적이 없거든요."

"우린 그것조차도 자신할 수 없을 것 같은데……. 우주가 너무 복잡 미묘해지고 있으니 말이오."

한동안 둘 사이에 침묵이 흘렀다.

그러다 딤블 부인이 물었다.

"그럼 멀린에 대해서는요?"

"세계가, 세계의 작은 일부 하나하나까지 늘 단단해지고 좁아지고 한 점으로 모인다는 걸 알아차렸소?"

그의 아내는, 오랜 경험으로 말하는 사람의 사고 과정을 알고 기다리는 사람처럼 기다렸다.

딤블은 그녀가 묻지 않은 질문에 대답했다.

"내 말은 이런 뜻이오. 어떤 대학이나 학교, 교구, 가족—뭐든 좋을 대로—의 역사 가운데 어느 시점에서 거기 들어가면, 그전에는 더 여유가 있고 대립이 날카롭지 않았다는 것을 알게 되오. 그리고 그 시점 이후에는 우유부단할 여유가 없고 선택이 훨씬 중요한 시기가 온다는 걸 알게 되오. 좋은 것은 늘 더 좋아지고, 나쁜 것은 늘 더 나빠지지. 중간의 가능성은 점점 줄어들고 있소. 어떤 일 전체가 늘 알아서 정리되어 어떤 지점으로 모이고, 점점 더 날카롭고 단단해지고 있소. 천국과 지옥이 위와 아래에서 파먹으며 들어와 즐거운 가운데 땅까지 이른다(중세 영시—옮긴이)는 내용의 시처럼 말이오……. 시가 어떻게 되더라? '매일 먹는다' 뭐 그런 구절인데……. '모든 게 없어질 때까지' 던가? '먹힌다' 일 리는 없는데. 그러면 운율이 맞지 않으니. 지난 몇 년 사이 기억력이 형편없이 나빠졌다니까. 당신도 그 대목을 아오, 마저리?"

"당신 말을 듣자니 성경에 나오는 키를 까부른다는 표현이 연상되네요(이사야 30장 24절—옮긴이). 밀과 겨를 분리하는 거죠. 아니면 브라우닝의 시가 생각나네요. '인생의 일은 무서운 선택일 뿐'(빅토리아 시대를 대표하는 영국 시인 로버트 브라우닝의 〈반지와 책〉에 나오는 구절—옮긴이)이라는 구절요.

"바로 그거네! 시간의 경과라는 게 다름 아닌 그걸 뜻하는 거지.

하지만 윤리적인 선택의 문제만은 아니오. 늘 모든 것이 점점 자기처럼 되고 다른 모든 것과 점점 달라지지. 진화란 종種이 점점 서로 덜 닮아간다는 것을 뜻하오. 정신은 점점 더 영적이 되고, 물질은 점점 더 물질적이 되오. 문학에서도 시와 산문은 점점 거리가 멀어지고."

딤블 부인은 오랜 경험으로 가정 내 대화가 단순히 문학적으로 흘러가는 위험을 피했다.

"그래요. 영혼과 물질, 그렇지요. 스터독 내외 같은 이들이 행복한 결혼 생활을 그토록 어려워하는 것도 바로 그런 이유예요."

"스터독 내외?"

딤블이 아내를 애매하게 쳐다보며 반문했다. 그는 신혼부부의 가정사에 부인만큼 신경을 쓰진 않았다. 그가 말을 이었다.

"아, 알겠군. 맞소. 감히 말하거니와 그것과 관계가 있겠군. 하지만 멀린에 대해서 말인데……. 내가 이해하기론 결론은 이렇소. 그 시대 사람에게는 우리 시대 사람에게 없는 가능성들이 있지. 그 시절에는 지구 자체가 더 동물 같았소. 정신적인 과정들은 육체적인 행동들과 더욱 비슷했고. 그리고…… 저, 중립자들이 있었겠지."

"중립자들요?"

"물론 진정한 중립이 있을 수 있다는 의미는 아니오. 의식적인 존재는 신에게 순종하거나 불순종하거나 둘 중 하나지. 하지만 우리와의 관계에서는 중립적인 것들이 있었을 테지."

"엘딜들…… 천사들 말인가요?"

"저, '천사'란 단어에는 의문이 있지. 오야르사들도 우리의 수호천사 같은 의미의 천사들은 아니오. 기술적으로는 '영'들이지. 세상의 마지막에 모든 엘딜들을 천사나 악마로 묘사하는 것이 옳을지, 또 지금도 그런 묘사가 옳을지 모르지만, 멀린의 시대에는 그렇지 않았소. 말하자면 이 지구에서 자기 볼일을 보는 존재들이 있었소. 그들은 타락한 인간들을 도우려고 보냄을 받은 영혼들이 아니었고, 우리를 괴롭히려는 적들도 아니었소. 성 바울에게서까지도 우리의 천사와 악마의 이분법에 딱 들어맞지 않는 존재들이 힐끗 보이오. 더 위로 올라가면…… 모든 신들, 정령들, 난쟁이들, 수중 인간들, 요정들, 신령들이 있소. 당신과 나는 그들을 단지 환영으로 치부하지 않을 만큼 잘 알잖소."

"그런 것들이 있다고 생각해요?"

"있었다고 생각하오. 그때는 그런 것들이 끼어들 자리가 있었지만, 우주는 더욱 한 점으로 모이고 있소. 아마 이성적인 것들만 있는 건 아닐 거요. 더러는 의식이 아니라 사물이 지닌 고유한 의지에 불과할 거요. 더 동물적이라 해야겠지. 다른 이들은……. 하지만 실은 나도 모르겠소. 아무튼 멀린 같은 사람을 맞는 상황이 된 거요."

"모든 게 끔찍하게 들리네요."

"상당히 끔찍했지. 여전히 우주에서 그런 종류의 것들을 순수하게 쓸 수 있긴 하지만 멀린의 시대조차도(그는 그 시대의 맨 끝에 살았지) 안전하게 그럴 수는 없었소. 일들 자체가 나쁘지는 않았지만, 벌써 우리에게는 안 좋았소. 그것들을 감당하는 사람을 위축시켰지. 고의는 아니었소. 그러지 않을 수 없었던 게지. 멀리누스는 위축되었소. 그는 경건하고 겸손하고 다 좋은 인물이지만, 뭔가를 빼앗겼소. 그의 조용함은 극도로 노쇠한 건물의 고요함처럼 약간 치명적이오. 그건 그가 뭔가에 마음을 열어 상황이 좀 지나치게 나간 결과요. 일부다처제처럼. 아브라함에게는 잘못된 제도가 아니지만, 우리는 그가 일부다처제로 인해 뭔가 잃었다고 느끼지 않을 수 없으니까."

딤블 부인이 말했다.

"세실, 대장님이 이런 사람을 쓰는 게 마음 편해요? 벨버리의 무기로 벨버리와 싸우는 것으로 보이지 않느냐는 뜻이에요."

"아니오. 나도 그 생각을 해봤소. 멀린은 벨버리와는 반대요. 그는 우리 시각으로 볼 때 물질과 영혼이 혼재된 구질서의 마지막 자취요. 그에게 자연을 조작하는 것은 아기를 달래거나 말을 쓰다듬는 것 같은 일종의 개인 접촉이오. 멀린 이후의 현대인에게 자연은 죽은 것이고 작동해야 하는 기계요. 원하는 대로 돌아가지 않으면 손을 대야 하는 사물이지. 결국 벨버리 사람들은 그 현대인의 관점을 그대로 취해서, 거기에 영혼의 조력을 더하여 그들의 권력을 키우고 싶어 할 뿐이오. 초자연적, 반자연적 영들의 도움을 받는 거지. 물론 그들은 영들을 양쪽으로 취하고 싶었소. 벨버리 사람들은 멀린의 옛 마법이 자연의 영적인 면을 가지고 발휘되어 그들을 사랑하고 숭배하며, 그들을 내면으로부터 알 거라고 생각했소. 그의 마법이 새로운 마법—외부로부터의 무시무시한 수술—과 결합될 수 있다고 예상했지. 그런데 아니오. 어떤 면으로 멀린은 우리가 다른 방식으로 되돌려야 되는 것을 대표하는 사람이오. 자라는 것에 날카로운 연장을 사용하지 못하게 하는 규칙을 그가 지킨다는 걸 아오?"

딤블 부인이 말했다.

"어머나! 6시예요. 6시 15분 전에 부엌에 가겠다고 아이비에게 약속했는데. 당신까지 움직일 필요는 없어요, 세실."

딤블이 말했다.

"내가 당신을 대단한 여인이라고 생각하는 걸 알아 줘요."

"왜요?"

"당신처럼 30년간 자기 집에 살다가 이런 동물원에 적응할 수 있는 여자가 몇이나 될까?"

"그건 아무것도 아니에요. 아이비도 자기 집이 있었잖아요. 더구나 아이비는 사정이 더 나쁘죠. 남편이 감옥에 있으니 말이에요."

"남편도 곧 돌아올 거요. 멀리누스 암브로시우스의 계획들 중 반만 실행되어도 그럴 수 있을 거요."

5

멀린과 대장은 '파란 방'에서 한참 대화 중이었다. 랜섬은 의상과 머리의 관을 벗고 소파에 누웠다. 드루이드 사제인 멀린은 그와 마주 놓인 의자에 앉아 있었다. 그는 다리를 꼬지 않고 창백한 큰 손을 무릎에 가만히 놓고, 현대인인 랜섬의 눈을 전형적인 왕의 동상처럼 바라보았다. 멀린은 여전히 가운을 걸치고 있었다. 그 밑에 놀랄 정도로 옷을 별로 입지 않았다는 것을 랜섬은 알았다. 그에게는 집이 너무 더워서 바지를 입는 게 불편했다. 멀린이 목욕 후 시끄럽게 기름을 요구해서, 데니스톤이 서둘러 마을로 가서 '브릴리언타인'을 한 통 사와야 했다. 멀린이 기름을 마음껏 바른 바람에 머리와 수염은 번들거렸고, 방 안에 달작지근하고 끈적한 냄새가 온통 번졌다. 그 냄새를 맡고 벌티튜드 씨가 문을 마구 긁어 대서 결국은 안으로 들여보냈다. 곰은 마법사 옆에 바싹 붙어 앉아서 콧구멍을 벌름댔다. 이렇게 묘한 냄새를 풍기는 인간은 처음이었다.

방금 대장이 던진 질문에 멀린이 대답했다.

"당신께 깊이 감사드립니다. 사실 나는 당신들이 사는 방식을 이해할 수 없고 이 집이 내게는 이상합니다. 당신은 내게 황제도 부러워할 만한 목욕을 하게 해주지만, 아무도 시중을 들어 주지 않습니다. 침대는 잠 자체보다도 부드러우나, 거기서 일어나면 농부처럼 내 손으로 옷을 입어야 된다는 것을 압니다. 방에 누워 있자면, 유리창이 순수한 수정 같아서 창을 열 때나 닫을 때나 하늘을 똑똑히 볼 수 있습니다. 게다가 바람막이가 없는 가느다란 초가 꺼지지 않을 정도로 방에 바람이 들지 않습니다. 하지만 거기 홀로 누워 있는 것이 체면이 서지 않기는 감옥에서 감방에 누워 있는 것과 진배없습니다. 당신의 사람들은 맛없는 마른 고기를 먹지만, 상아처럼 매끄럽고 태양처럼 동그란 접시에 담아 먹습니다. 이 집은 따뜻하고 포근하고 조용해서 지상의 천국이라 생각할 만하죠. 하지만 벽걸이 장식도 없고, 아름다운 판석도 깔려 있지 않습니다. 악사도 없고 향수도 없으며,

높은 의자도 없고, 번쩍이는 황금도 없네요. 매도 없고 사냥개도 없고요. 당신은 내가 보기에 부자도, 가난뱅이도 아니오. 왕 같지도 않고 은자 같지도 않습니다. 내가 이런 말을 하는 것은 당신이 내게 물었기 때문입니다. 그런 것은 전혀 중요하지 않죠. 이제 로그레스의 일곱 곰 중 마지막 곰을 제외하면 아무도 우리 말을 듣지 않으니, 우리가 터놓고 의논할 때가 되었습니다."

멀린은 말하면서 대장의 얼굴을 힐끗 보다가, 뭔가에 깜짝 놀란 것처럼 몸을 홱 숙였다.

"다친 데가 아픕니까?"

그가 물었다.

랜섬은 고개를 저으며 대답했다.

"아니오. 다쳐서가 아닙니다. 우리가 의논해야 할 끔찍한 일들이 있습니다."

멀린이 불편하게 몸을 뒤척였다.

그는 더 깊고 부드러운 목소리로 말했다.

"내가 당신 발꿈치에서 스폰지로 닦아 낸 것처럼 통증을 싹 걷어 낼 수 있습니다. 내게 이레만 주면, 들어갔다 나갔다, 올라갔다 내려갔다, 앞으로 갔다 뒤로 갔다 하면서 옛 친구들과 다시 만나겠습니다. 이 들판들과 나, 이 숲과 나는 서로 할 이야기가 많습니다."

이 말을 하면서 그는 얼굴을 곰의 얼굴과 나란할 정도로 몸을 굽혔다. 마치 둘이 으르렁대고 툴툴대며 대화라도 한 것 같았다. 드루이드 사제의 얼굴에 묘하게 동물의 모습이 떠올랐다. 육감적이지도 맹렬하지도 않고, 인내심 있고 의심의 여지 없는 현명함이 넘치는 동물의 얼굴이었다. 한편 랜섬의 얼굴에는 고뇌가 넘쳐났다.

그가 억지로 미소 지으며 말했다.

"나라가 많이 변했음을 알게 될 겁니다."

멀린이 대답했다.

"아닙니다. 많이 변했다고 보지 않습니다."

두 사람 사이의 거리가 시시각각 멀어졌다. 멀린은 실내에 있으면 안 될 사람처럼 보였다. 목욕을 하고 기름까지 발랐지만, 그는 흙과 자갈과 젖은 낙엽, 잡초가 우거진 웅덩이의 느낌을 풍겼다.

"변하지 않았죠."

그가 거의 들리지 않는 소리로 되뇌었다. 깊은 내면의 고요가 깃든 그의 얼굴을 본 사람은 그가 스치고 지나가는 웅성거림을 계속 듣고 있다고 믿었을 것이다. 생쥐와 흰 담비가 부스럭대는 소리, 개구리들이 톡톡 튀며 지나는 소리, 개암이 톡 떨어지면서 나는 소리, 나뭇가지 부서지는 소리, 개울이 졸졸 흐르는 소리, 풀이 자라는 소리…… 곰이 눈을 감고 있었다. 방 전체가 마취된 것처럼 점점 무거워졌다.

멀린이 말했다.

"지구에서 빨아들인 것으로 당신이 모든 통증을 잊게 할 수 있습니다."

"조용하시오."

대장이 날카롭게 말했다. 그는 소파의 쿠션에 등을 기대고 고개를 푹 숙이고 있다가 갑자기 일어나 똑바로 앉았다. 마법사도 놀라서 똑같이 반듯하게 앉았다. 방 안 공기가 맑아졌다. 곰까지도 다시 눈을 떴다.

대장이 말했다.

"안 돼요. 맙소사, 그대는 내 발꿈치에 바를 연고를 주려고 땅을 파고 밖으로 내보내졌다고 생각합니까? 우리에게는 그대의 흙 마법과 같거나 더 효과 좋은, 통증을 가라앉힐 수 있는 약이 있습니다. 통증을 끝까지 안고 가야 하기에 쓰지 않는 겁니다. 그 이야기는 더 듣지 않겠소. 알겠습니까?"

마법사가 대답했다.

"그렇게 들었으니 따르겠소이다. 허나 나쁜 뜻은 아니었소. 당신의 상처를 치유할 목적이 아니더라도, 아서 왕국의 회복을 위해 내가 들판과 물과 교제해야 될 거요. 내가 들어갔다 나왔다, 앞으로 갔다 뒤로 갔다 하면서 옛 친구들과 새로 만나야 된다는 뜻이오. 그것은 변하지 않을 거요. 당신이 '변했다'고 하는 변화는 아닐 거외다."

'파란 방'에 산사나무 향 같은 짙은 달콤함이 다시 번졌다.

대장이 더 큰 소리로 말했다.

"아니, 더 이상 그러지 못할 겁니다. 숲과 물에서 영이 나왔습니다. 아, 감히 말하거니와 그대가 그들을 깨울 수는 있지요, 조금은. 하지만 그걸로 충분치 않을 겁니다. 폭풍이 몰아치거나 강이 넘쳐도 우리의 현재 적에게는 아무 소용이 없을 겁니다. 그대의 무기는 그대의 손에서 망가질 겁니다. '무시무시한 세력'이 우리와 맞서기 때문입니다. 지금은 니므롯이 하늘에 다다르기 위해 탑을 세우던 시기와 같습니다(니므롯은 창세기 10장에 나오는 뛰어난 사냥꾼. 그가 바벨탑을 세웠다고 명시되지 않았지만 바로 뒤에 바벨탑 이야기가 나오기에 바벨탑과 연결시키기도 한다—옮긴이)."

멀리누스가 말했다.

"감추어져 있을지 몰라도 변하지는 않았습니다. 내게 일을 맡겨 주십시오. 내가 그것을 깨우겠소이다. 내가 모든 풀이 날이 서게 하여 그들에게 상처를 주고, 흙덩이가 그들의 발에 독이 되게 하겠습니다. 내가……."

대장이 말했다.

"아니오, 그대가 그 말을 하는 것을 금하겠습니다. 그게 가능하다 해도 법에 어긋날 겁니다. 땅 속에 여전히 어떤 영이 머물든, 그대의 시기 이후 우리에게서 천오백 년이나 멀어졌지요. 그대는 그 영에게 한마디 말도 못 붙일 겁니다. 손가락을 까딱여 영을 부르지 못할 겁니다. 내가 명령합니다. 이 시대에는 그게 완전히 불법입니다."

랜섬은 엄격하고 냉정하게 말한 뒤 몸을 숙이고 다른 말투로 말을 이었다.

"그대의 시대에도 그것은 합법적인 일은 아니었지요. 그대가 깨어나리라는 것을 처음 알았을 때 우리는 그대가 적의 편이리라 생각했지요. 그 일을 기억해 봐요. 우리 주님은 각각을 위해 모든 일을 하시므로, 그대가 다시 깨어난 것은 그대의 영혼이 구원받게 하기 위함이었을 겁니다."

멀린은 늘어진 사람처럼 의자에 기대앉았다. 그가 창백한 손을 의자 팔걸이 위로 늘어뜨리자, 곰이 손을 핥았다.

멀린이 말했다.

"내가 그런 식으로 그대들을 위해 일하지 않는다면, 그대는 집에 빙충맞은 살덩어리를 들여 놓은 거요. 이제 나는 전쟁을 하는 사람이 아니기 때문이오. 본론을 말하자면 나는 쓸모가 없소."

"그런 방식도 마찬가지입니다."

랜섬이 말했다. 그는 결론을 말하기 싫은 사람처럼 주저하다가 마침내 덧붙였다.

"지상의 능력만으로는 '무시무시한 세력'에 맞서지 못합니다."

"그럼 우리 모두 기도합시다. 하지만 그 또한…… 나는 크게 도움이 되지 못합니다……. 사람들은 더러 나를 악마의 자식이라 불렀죠. 그건 거짓말입니다. 하지만 왜 내가 불려 왔는지 모르겠습니다."

"물론 우리는 기도에 의지해야 합니다. 지금도 그렇고 항상 그렇지요. 하지만 내가 하려는 말은 그게 아니었습니다. 천상의 능력들이 있습니다. 이 지구가 아니라 하늘에서 만들어진 힘들이."

멀리누스는 말없이 그를 바라보았다.

랜섬이 말했다.

"내가 무슨 말을 하는지 잘 알 겁니다. 처음 우리가 만났을 때 오야르사들이 내 주인들이라고 하지 않았습니까?"

"물론 그랬죠. 그래서 당신이 우리 무리의 일원임을 알았습니다. 그게 온 지구에서 통하는 우리의 암호가 아니겠습니까?"

랜섬이 놀란 표정으로 말했다.

"암호요? 그런 줄 몰랐는데요."

"한데…… 한데 암호를 모르면서 어떻게 그 말을 했습니까?"

"사실이기 때문에 그렇게 말한 겁니다."

마법사는 창백해진 입술을 핥았다.

랜섬이 되풀이해서 말했다.

"명명백백한 사실이니까요. 당신이 여기 내 곰 옆에 앉아 있는 게 사실인 것만큼 분명한 사실이니까요."

멀린은 양손을 펼치고 말했다.

"당신은 내 아버지, 내 어머니요."

그는 놀란 아이처럼 랜섬을 계속 바라보았다. 눈이 엄청 커졌지만, 다른 부위들은 랜섬이 처음에 가늠했던 것보다 작아 보였다.

마침내 멀린이 말했다.

"내가 말하게 해주십시오. 아니면 이제 나는 당신 수중에 있으니 원하면 나를 베어 버리십시오. 내가 살던 시대에도 그 이야기를 들어 본 적이 있습니다……. 신들과 대화하는 자들이 있었습니다. 내 주인인 블레이즈는 그런 말 몇 마디를 알았습니다. 하지만 결국 이들은 지상의 세력들이었죠. 나보다 더 잘 아실테니 내가 가르쳐 드릴 필요가 없겠지만, 가장 뛰어난 재주가 있는 인간이 만나는 것은 하늘의 진정한 능력자들인 오야르사들이 아니라 지상의 영, 그들의 그림자이기 때문이죠. 지상의 금성, 지상의 수성이지 페렐란드라(금성) 자체가 아니고 비리트릴비아(수성) 자체가 아닙니다. 그것은 단지……."

랜섬이 말했다.

"나는 영들에 대해 말하는 게 아닙니다. 나는 화성에서 화성 앞에 서봤고, 금성에서 금성(화성의 오야르사를 화성이라고, 금성의 오야르사를 금성이라고 부름—옮긴이) 앞에 서봤습니다. 우리의 적들을 파멸시킬 것은 그들의 힘, 그리고 그들보다 더 위대한 힘입니다."

"하지만 어떻게 이럴 수 있습니까? 그것은 제7법칙에 어긋나지 않소이까?"

멀린이 말했다.

랜섬이 물었다.

"그게 무슨 법칙입니까?"

"우리의 좋으신 주님께서는 스스로 지킬 법을 만드셨잖소? 모든 것이 끝나기 전에는 이 지구에 살리거나 죽일 권력들을 내려 보내지 않으시겠다고 말이오? 혹시 지금 종말이 오고 있는 거요?"

랜섬이 말했다.

"종말의 시작일지도 모릅니다. 하지만 나는 그것에 대해 아는 바가 없습니다. 말렐딜이 능력들을 내려 보내지 않겠다는 법을 만드셨을지도 모릅니다. 허나 인간들이 엔진과 자연 철학을 통해 하늘로 날아가는 법을 배운다면, 그래서 천상의 권력들 속에 들어가서 그들을 괴롭힐 경우, 말렐딜은 권력들이 대응하는 것을 금하지 않으셨습니다. 이 모든 것이 자연의 순리 안에 있기 때문이지요. 사악한 자가 그 방법을 알아냈습니다. 그는 정교한 기계를 타고 천상의 화성이 사는 곳과 금성이 사는 곳에 날아갔지요. 그러면서 나를 인질로 데려갔습니다. 거기서 나는 진짜 오야르사들과 대화했습니다. 이해가 됩니까?"

멀린은 고개를 끄덕였다.

"그래서 그 사악한 자는, 유다가 그랬듯이 의도하지 않던 일을 일으키게 되었습니다. 이제 오야르사들에게 알려진 사람, 신의 기적이나 누미노르의 마법을 통해서가 아니라 길에서 두 사람이 만난 듯 자연스럽게 그들의 언어를 아는 사람이 세상에 생겼으니까요. 그 사람이 바로 나지요. 우리 적들은 스스로 제7법칙의 보호를 내던져 버렸습니다. 신이 신의 능력으로 부수지 않을 장벽을 그들은 자연 철학으로 부순 겁니다. 그렇더라도 그들은 당신을 끌어들여 스스로 벌받을 짓을 모색했지요. '하늘의 권력들'이 이 집에 내려오는 것도 그 때문입니다. 지금 우리가 대화하는 바로 이 방에서 말라칸드라와 페렐란드라가 내게 말했습니다."

멀린의 얼굴이 약간 창백해졌다. 곰이 무심코 그의 손에 코를 박았다.

랜섬이 말했다.

"나는 다리가 되었습니다."

멀린이 말했다.

"이 일이 어떻게 되는 겁니까? 그들이 능력을 발휘한다면 지구 전체를 무너뜨리게 될 터인데."

"그들의 있는 그대로의 능력으로는 그렇게 됩니다. 그래서 그들은 인간을 통해서만 활동할 겁니다."

마법사는 큼직한 손으로 이마를 짚었다.

랜섬이 말했다.

"그들의 침입을 받아들이도록 마음이 열려 있는 인간을 통해서……. 자기 의지로 마음을 열어 보았던 사람을 통해서 말입니다. 공의로운 주님을 증인 삼아 말하건대, 그것이 내게 주어진 임무라면 난 거부하지 않을 겁니다. 하지만 주님은 그런 일을 겪어 보지 못한 사람이 겪게 하여 마음에 고통을 주시지 않을 겁니다. 또 검은 마법사의 정신을 통해서는 그들의 순수함이 펼쳐질 수도 없고 그러지도 않을 겁니다. 가벼운 마법이 사악해지기 이전, 혹은 사악해지기 시작하던 시절에…… 마법을 써본 사람…… 그리고 기독교인이며 참회한 사람을 쓰실 겁니다. (간단히 말해야겠군요.) 그렇게 쓰기에 충분히 선하고 지나치게 선하지 않은 도구. 그 시대에 살았고 여전히 기억되는 사람은 세상의 이 서쪽 지역 전체에서 한 명뿐입니다. 바로 당신……."

랜섬은 순간 충격을 받아 말을 멈추었다. 거구의 사내가 의자에서 벌떡 일어나 큰 키로 버티고 섰다. 무시무시하게 벌린 입에서 비명이 터져 나왔다. 실은 원시 켈트어로 한탄하는 소리였지만 랜섬이 듣기에는 짐승의 포효 같았다. 쭈글쭈글하고 수염 기른 얼굴에 아이처럼 눈물이 철철 흐르는 모습을 보는 것은 끔찍한 일이었다. 멀리누스에게서 로마적인 겉모습은 사라져 버렸다. 그는 창피를 모르는 고대의 괴물이 되어서, 웨일스어와 스페인어처럼 들리는 말을 섞어 가며 애걸복걸했다.

랜섬이 소리쳤다.

"조용히 하시오. 앉아요. 당신은 우리 둘 다 수치스럽게 하는군요."

소동은 시작된 때처럼 갑자기 가라앉았다. 멀린은 다시 의자에 앉았다. 현대인의 눈에는 그가 자제력을 되찾은 게 이상해 보였다. 그는 순간적으로 자제력을 잃은 것이 조금도 당황스럽지 않은 듯했다. 랜섬은 이 사람이 살았을 양면적인 사회의 특징에 대해 어느 역사서보다도 명확하게 파악할 수 있었다.

랜섬이 말했다.

"당신에게 권능을 주러 내려올 이들을 만나는 일이 내게 어린애 장난 같으리라 여기지 마십시오."

멀린이 말했다.

"당신은 천상에 다녀왔습니다. 난 인간에 불과합니다. 난 정령의 아들도 아닙니다(멀린이 사람의 아들이 아닌 정령의 아들이라는 설이 있다—옮긴이). 그 이야기는 거짓말이었습니다. 그런 내가 어떻게 감당할 수 있겠습니까……? 당신은 나와는 다릅니다. 당신은 그들의 얼굴을 본 적이 있습니다."

랜섬이 대답했다.

"그들 모두를 본 것은 아니지요. 이번에는 말라칸드라와 페렐란드 라보다 위대한 영들이 내려올 겁니다. 우리는 신의 손 안에 있습니 다. 그 일이 우리 둘 다 멸망시킬지 모릅니다. 당신이나 내가 목숨이 나 이성을 구하리라는 보장이 없습니다. 우리가 감히 어떻게 그들의 얼굴을 볼 수 있을지 나는 모릅니다. 하지만 우리가 이 일을 거부한 다면 감히 신의 얼굴을 볼 수 없다는 것은 압니다."

마법사는 갑자기 자기 무릎을 세게 때렸다.

"이런! 우리가 너무 서두르는 게 아닙니까? 당신이 펜드래건이고 내가 로그레스의 고위직이라면 나는 당신께 조언할 겁니다. 우리 적 을 무너뜨리기 위해 '능력'들이 나를 갈갈이 찢어야 한다면 신께서 그리하실 것이오. 하지만 그런 일은 나중에 해도 되지 않소? 지금 당 신네 색슨족 왕은 윈저에 버티고 있소. 그에게서 도움을 구하지 못합 니까?"

"그는 이런 문제에는 아무 힘도 없습니다."

"그러면 전복될 만큼 약하다는 게 아니오?"

"나는 그를 전복시키고 싶지 않습니다. 그가 왕입니다. 대주교가 그에게 왕관을 씌우고 왕으로 삼았습니다. 아서 왕국 체제에서는 내 가 왕일지 몰라도, 영국 체제에서 나는 왕의 신하입니다."

"그렇다면 사악한 짓을 하는 것은 왕의 고위 대신들인 백작들, 특 사들, 주교들이고 왕은 그런 사실을 모르는 것이오?"

"그렇습니다. 당신이 생각하는 고위 대신들과는 다르지만요."

"우리는 간단한 전투에서 그들과 맞설 만하지 않소?"

"우리는 남자 넷에 여자 몇 명과 곰 한 마리뿐입니다."

"아서 왕국 사람은 나 하나에 남자 하나, 소년 둘인데 그나마 한 명은 최하층이었던 때가 있었소. 하지만 정복했소."

"지금은 그럴 수 없습니다. 저들에게는 언론이라는 도구가 있고, 그것을 통해 사람들을 기만합니다. 우리는 쥐도 새도 모르게 죽음을 맞을 겁니다."

"하지만 진정한 사제들은 어떻소? 그들에게 도움을 구할 수 없소? 사제들과 주교들이 전부 다 부패할 리는 없을 텐데."

"당신의 시대 이후 신앙 자체가 찢겨서 분열된 목소리를 냅니다. 설령 우리가 하나라 해도 기독교도는 인구의 10분의 1밖에 안 됩니다. 거기서 도움을 얻을 수 없는 형편이지요."

"그렇다면 외국에서 도움을 구해 봅시다. 부르면 와서 브리튼을 정리해 줄 네우스트리아(중세 초기에 프랑스의 일부 지역을 다스린 왕조—옮긴이)나 아일랜드, 혹은 벤위크(아서의 전설에 나오는 프랑스 왕국—옮긴이)의 기독교도 왕자가 없습니까?"

"기독교도 왕자는 남아 있지 않습니다. 다른 나라들도 이 재난에서 영국보다 사정이 더 나쁘면 나쁘지 낫지 않습니다."

"그렇다면 더 높은 곳을 알아 봐야 합니다. 전제 군주들을 내쫓고 죽어 가는 왕국에 생명을 주는 것이 직무인 이에게 가야 하오. 우리 황제에게 가봅시다."

"황제는 없습니다."

"황제가 없다……."

멀린은 말을 시작하다가 흐렸다. 그는 한동안 가만히 앉아서, 전혀 상상하지 못한 세상과 씨름을 벌였다. 곧 그가 말했다.

"한 가지 생각이 떠오르는데, 좋은 생각인지 나쁜 생각인지 모르겠습니다. 하지만 나는 아서 왕국의 대관이므로 당신께 감추지 않겠습니다. 내가 깨어난 시대는 냉혹한 시대군요. 세상의 서쪽 지역 전체가 배교했다면, 도움이 절실한 상황이니 더 먼 곳…… 기독 세계 너머를 찾아봐야 되지 않겠습니까? 완전히 부패하지는 않은 이교도 구세계에서 누군가 찾아야 되지 않나요? 내가 살던 시대에도 그런 이야기들이 있었소. 가장 성스러운 종교의 경전에 대해서는 모르지만, 할 수 있는 한 신을 경배하고 자연의 법칙을 인식하는 자들이 있다고 했소. 거기서라도 도움을 구하는 것이 도리에 맞을 거라고 믿습니다. 비잔틴 너머에서 말이오. 또 그 지역에는 지성이 있다는—누미노르에서 서쪽으로 온 동쪽의 집단과 지혜가 있다는—소문도 돌았습니다. 바벨론, 아라비아나 카타이(중세 유럽에서 중국을 지칭하던 말—옮긴이)가 어딘지 모르오. 당신은 당신의 배들이 지구 전체를 위 아래로 항해했다고 했습니다."

랜섬은 고개를 저으며 말했다.

"이해하지 못하는군요. 이 서쪽 땅에서 독약이 만들어졌지만, 이즈음 어디에나 퍼졌습니다. 아무리 멀리 가도 기계류, 복잡한 도시, 텅 빈 권좌, 거짓 글, 자녀를 낳지 못하는 부부를 보게 될 겁니다. 인간들은 헛된 약속에 미쳤고, 진짜 고통에 짓눌려 있습니다. 자기 손으로 만든 쇠붙이 상들을 숭배하고, 지상의 어머니와 하늘나라 아버지를 떼어내 버렸지요. 동쪽으로 멀리 나가면 서쪽 나라가 나오고, 결국 대양 너머의 영국으로 돌아오게 됩니다. 그러더라도 어디서도 빛이 나타나지 않습니다. 텔루스(지구) 전체에 검은 날개의 그림자가 드리워졌습니다."

"그럼 이게 종말입니까?"

멀린이 물었다.

랜섬은 그 질문을 무시하고 말했다.

"또 이것이 내가 말한 한 가지 외에는 우리에게 아무런 방법도 남지 않은 이유입니다. '무시무시한 세력'은 이 지구를 손에 쥐고 마음대로 쥐락펴락합니다. 그들이 저지른 한 가지 실수가 아니라면, 아무 희망도 남아 있지 않을 겁니다. 그들 자신의 사악한 의지가 경계를 무너뜨리고 하늘의 '능력들'을 불러들이지 않았다면, 지금 그들은 승리의 순간을 누릴 겁니다. 그들의 힘이 자신을 배반했습니다. 그들은 오지 않았을 신들에게 갔고, '깊은 하늘'을 자기들 머리 위로 끌어내렸습니다. 따라서 그들은 죽을 겁니다. 그대는 날아갈 틈을 샅샅이 찾는데도 이제 그런 틈이 다 닫혔다는 것을 알았으니, 내게 복종하게 될 겁니다."

그때 멀린의 하얀 얼굴에 아주 서서히 변화가 나타났다. 처음에는 절망해서 입을 다물고 있었지만, 마침내 그의 눈에 동물 같은 번뜩임이 떠올랐다. 세속의 건강하고, 반쯤은 유머가 담긴 교활함이 묻어나는 눈빛이었다.

멀린이 말했다.

"굴이 다 막혔다면 여우는 사냥개와 맞서는 법. 하지만 우리가 처음 만났을 때 당신이 누군지 알았다면, 당신의 광대처럼 당신도 잠재웠을 텐데."

"나는 하늘을 여행한 후로는 잠을 아주 조금 잡니다."

랜섬이 대답했다.

14

진정한 삶이 만나다

1

바깥세상의 밤과 낮이 마크의 감방에서는 차이가 없었으므로, 다시 깼을 때 그는 몇 분 후인지, 몇 시간이 지났는지 몰랐다. 다시 한 번 프로스트 교수와 만났고 여전히 아무것도 먹지 못했다. 교수는 저번에 나눈 대화에 대해 생각해 봤느냐고 물었다. 마크는 못마땅한 기색을 보여야 마지막의 항복이 더 설득력 있을 거라고 판단했다. 그래서 여전히 마음에 걸리는 게 한 가지 있다고 대답했다. 마크는 매크로브와 협조하면 일반적으로는 인류, 또는 특별히 그에게 무슨 득이 있는지 알지 못했다. 흔히 인간들의 행동의 바탕이 되는 동기들, 또 애국심이나 인간에 대한 의무감이라는 이름으로 높이 사는 동기들이 동물 유기체의 부산물에 불과하며, 공동체마다 행동 패턴에 따라 다르다는 것을 분명히 알았다. 하지만 무엇으로 이 비이성적인 동기들을 대신할 수 있는지는 알지 못했다. 향후 어떤 근거에서 행동들이 합리화되거나 비난받는가?

프로스트가 말했다.

"그 질문을 그런 용어로 묻기를 고집한다면, 워딩턴(C. H. Wadding-ton. 영국의 발생학자 겸 유전학자―옮긴이)이 최선의 답을 줬다는 생각이 드네. 존재는 그 자체로 정당화되네. 진화라 부르는 발전의 변화 경향은, 그것이 생물학적 존재의 일반적 특성이라는 사실로 합리화되지. 최고의 생물학적 존재와 매크로브의 접촉이 이루어진 것은 접촉이 일어나고 있으며 증가세에 있기에 증가해야 하므로 정당화되는 걸세."

마크가 말했다.

"그러면 우주의 일반적 경향이 소위 '나쁜' 방향으로 가는지 아닌지 묻는 것은 소용없는 일이라고 생각하십니까?"

"그럴 수밖에 없지. 자네가 내리려는 판단이란, 조사해 보면 감정의 표현에 불과하네. 헉슬리(T. H. Huxley. 영국의 생물학자이자 인기 있는 과학 관련 저술가. 당시 진화론 옹호에 앞장섰다―옮긴이) 같은 사람도 윤리적인 판단을 표현하는 데 '전투사 같은' '무자비한' 따위의 감정을 나타내는 어휘를 쓸 수밖에 없었네. 그 유명한 '로메인스 강연'(헉슬리의 친구이자 생물학자인 로메인스가 옥스퍼드에 개설한 대중 강연. 헉슬리는 '로메인스 강연'에서 '진화와 윤리'에 대해 강의했다―옮긴이)을 말하는 걸세. 소위 존재하기 위한 투쟁은 '수학의 정수만큼이나 감정에 좌우되지 않는 개념'이라는 워딩턴의 말에서 간단히 드러나네. 감정은 사라지네. 감

정과 더불어, 감정이 만들어 낸 외적인 가치 기준이라는 비상식적인
개념도 사라지지."

마크가 말했다.

"그러면 사건들의 실제 경향은 자기 정당화가 되는 겁니까? 모든
생물의 소멸을 위해 작용해도 그런 의미에서 '좋은' 거냐 말입니다."

"자네가 그 문제를 그런 식으로 공식화하겠다면 물론이네. 사실
그 문제는 무의미하네. 그것은 아리스토텔레스부터 내려오는 사고의
수단과 목적 패턴을 전제로 하네. 아리스토텔레스는 철기시대 농경
사회의 경험에서 요소들을 실체화한 사람이지. 동기는 행동의 원인
이 아니라 행동의 부산물이네. 자네가 그런 것을 따지는 것은 시간
낭비일 뿐일세. 진짜 객관성을 얻게 되면, 일부 동기가 아닌 모든 동
기가 동물적, 주관적이며 부수적 현상에 불과하다는 것을 인지하게
될 걸세. 그러면 자네는 동기를 갖지 않을 테고, 그런 게 필요하지도
않다는 것을 알게 될 걸세. 그 자리에 다른 것이 들어오지. 그것에 대
해서는 곧 지금보다 잘 알게 될 걸세. 자네의 행동은 힘을 잃기는커
녕 훨씬 더 효율적이 될 걸세."

"그렇군요."

마크가 대답했다. 프로스트가 상세히 설명하는 개념이 그에게 결
코 낯설지 않았다. 지금까지는 늘 그 논리적인 결론을 받아들였지만,
이제는 당장 엄청난 거부감이 밀려들었다. 프로스트의 입장을 아는
데다, 그의 표정과 이 감방에서의 경험이 뒤섞여서 마음이 전혀 다르
게 변했다. 세상의 모든 철학자들과 복음전도자들을 동원했어도 사

람을 이렇게까지 바꾸지는 못했을 터였다.

프로스트가 계속 말했다.

"자네에게 체계적인 객관성 훈련을 시켜야 되는 것도 그 때문이지. 자네가 여태까지 행동의 근거라고 여긴 것들을 마음에서 차례차례 제거하는 게 훈련의 목적일세. 신경을 죽이는 것과 비슷하지. 윤리든, 미학이든, 논리든 어떤 탈을 썼든 간에 본능적으로 선호한 체계 전부를 일제히 없애게 될 걸세."

"무슨 뜻인지 알겠습니다."

마크가 말했다. 하지만 속으로는 지금 교수의 얼굴을 흠씬 때리고 싶은 본능적인 욕망을 없애기가 쉽지 않을 거라고 생각했다.

프로스트는 마크를 감방에서 데리고 나가 근처의 방으로 가서 음식을 주었다. 그 방 역시 조명 장치가 있고 창문은 없었다. 마크가 식사하는 동안 프로스트는 똑바로 서서 지켜보았다. 어떤 음식인지 몰랐고 별로 마음에 들지도 않았지만, 마크는 이제 너무 허기져서 거절할 수 있다 해도 그럴 수가 없었다. 식사가 끝나자 프로스트는 그를 '헤드'가 있는 방의 부속실로 데려갔다. 다시 옷을 벗고 수술복 같은 옷과 마스크를 착용했다. 그런 다음 방으로 들어갔다. 입을 헤벌리고 침을 흘리는 '헤드'가 있었다. 놀랍게도 프로스트는 그것을 거의 의식하지 않았다. 그는 마크를 데리고 방을 지나 더 좁은 문으로 이끌었다. 먼 벽에 난 문 위에 뾰족한 아치가 있었다. 프로스트가 여기 서서 말했다.

"들어가게. 여기서 뭘 봤는지 누구에게도 얘기하지 말아야 할 걸세. 난 금방 돌아오겠네."

프로스트가 문을 열어 주자 마크는 안으로 들어갔다.

방은 처음 봤을 때는 시시했다. 썰렁한 위원회실처럼 보였다. 긴 탁자 하나, 의자 여덟 혹은 아홉 개, 그림 몇 점, 구석에 (이상하게도) 커다란 발판 사다리가 놓여 있었다. 이 방도 창문이 없었다. 전등이 켜져 있고, 대낮 같은 느낌을 주어 마크가 이제껏 본 것보다는 나았다. 방은 황량한 잿빛 야외 같았다. 게다가 벽난로가 없어서 실제로 온도가 아주 낮지 않은데도 썰렁한 느낌이었다.

훈련된 감각이 있는 사람이라면 방이 균형 잡히지 않았다는 것을 금방 알아차렸을 것이었다. 해괴하진 않았지만 혐오감을 느낄 만한 구조였다. 너무 높고 너무 좁았다. 마크는 원인을 분석하지 않고 분위기를 느꼈다. 시간이 흐르면서 점점 압박감이 느껴졌다. 앉은 자세로 주위를 둘러보니, 문이 눈에 들어왔다. 처음에는 착시 현상에 속았다고 생각했다. 그렇지 않다는 것을 스스로 증명하는 데 꽤 오랜 시간이 걸렸다. 아치의 꼭지점이 문의 중심에 있는 게 아니어서 아치 전체가 기울어져 있었다. 이번에도 심한 착각은 아니었다. 살짝만 기울어져서 순간적으로 속을 수 있었고, 원인이 밝혀진 후에도 계속 정신이 없었다. 아치가 제대로인지 계속 확인하려고 자기도 모르게 고개를 기울이게 되었다. 마크는 아예 몸을 돌려 문을 등지고 앉았다……. 강박적이 되지 않아야 했다.

그러다가 천장의 점들이 눈에 들어왔다. 얼룩이나 색이 바랜 부분이 아니었다. 일부러 칠한 것들이었다. 연겨자색 바탕에 검고 작은

원들이 불규칙한 간격으로 찍혀 있었다. 많지는 않았다. 아마도 서른
개…… 아니 백 개쯤 되려나? 그는 점의 개수를 세는 함정에 빠지지
않기로 했다. 점이 너무 불규칙하게 있어서 헤아리기 어려울 터였다.
아니, 그게 아닌가? 눈이 점들에 점점 익숙해지니(오른쪽으로 작은 무리
를 이룬 다섯 개의 점은 누구라도 알아볼 터였다) 배열이 거의 규칙적인 듯했
다. 일종의 패턴을 이루고 있었다. 점들이 규칙을 이루는 것 같다가
그 기대를 무너뜨린다는 사실 때문에 유독 점들이 흉해 보였다. 문득
그는 이것이 또 다른 함정임을 깨달았다. 그는 탁자에 시선을 고정시
켰다.

　탁자에도 점들이 있는데 흰색이었다. 빛나는 흰 점들은 딱히 둥근
것은 아니었다. 그리고 천장에 찍힌 점들과 어울리게 배열된 것 같았
다. 그런가? 아니, 물론 아니었다……. 아, 그는 이제 알아차렸다! 탁
자 위의 패턴은(그것을 패턴이라고 부를 수 있다면) 천장의 패턴과 정반대
였다. 하지만 예외도 있었다. 마크는 자기도 모르게 천장과 탁자를
번갈아 흘끔대며 퍼즐을 풀려고 했다. 세 번째로 그는 자신을 점검했
다. 일어나서 방 안을 돌아다녔다. 그림이 눈에 들어왔다.

　몇 점은 학교에 붙어 있는 그림들 같아서 낯익었다. 젊은 여자의
초상화가 있었다. 입을 크게 벌렸는데 입 안에 털이 빼곡하게 나 있
는 게 드러났다. 사진처럼 아주 솜씨 좋게 그려서 털의 감촉이 느껴
지는 듯했다. 사실 아무리 안간힘을 써도 그 촉감을 무시할 수 없었
다. 거대한 사마귀가 바이올린을 연주하는 동안 옆에서 다른 사마귀
가 그 사마귀를 뜯어먹고 있었다. 양팔 대신 코르크 마개뽑이를 단

남자가 여름 낙조 아래 단조롭고 칙칙한 색의 바다에서 수영했다. 하지만 대부분은 이런 종류의 그림이 아니었다. 처음에는 성서 이야기를 주제로 한 그림이 대다수여서 좀 놀라긴 했지만, 대개 평범해 보였다. 그러다가 세세한 부분이 설명 불가능하다는 것을 알아차린 것은 두 번이나 세 번째로 힐끗 봤을 때였다. 인물들의 발이나 손가락 위치며 사람들의 배치가 좀 이상했다. 예수와 나사로 사이에 서 있는 사람은 누구일까? 최후의 만찬 식탁 밑에 딱정벌레가 왜 그렇게 많을까? 조명을 어떻게 눈속임했기에 그림마다 미몽 속에서 보는 것 같은 느낌을 줄까? 이런 질문들이 떠오르자 평범해 보이던 그림들이 몹시 위협적으로 느껴졌다. 표면적으로는 아무렇지 않지만 불길한 꿈들과 비슷했다. 커튼 주름마다, 건축물마다 손에 잡을 수는 없지만 마음을 움츠러들게 하는 의미가 깃들어 있었다. 이런 그림들에 비하면, 다른 초현실적인 그림들은 싱겁기 짝이 없었다. 오래전 마크는 어디선가 '경험 없는 이들에게는 결백하게 보이는 극단적인 악한 것들'이라는 문구를 보고 그런 게 뭘까 의아해했다. 그런데 이제 그 의미를 알 것 같았다.

그는 그림들을 등지고 앉았다. 이제 무슨 일인지 납득이 됐다. 프로스트는 그를 미치게 하려고 애쓰는 게 아니었다. 적어도 마크가 지금껏 '미치다'라고 표현한 그런 것은 아니었다. 프로스트는 그가 한 말을 보여 주고 있었다. 이 방에 앉아 있는 것은, 프로스트가 객관성이라고 한 것을 향한 첫 걸음이었다. 인간 안에서 특히 인간다운 모든 반응이 없어져서 매크로브의 난해한 사회에 적합해지게 만드는 과정이었다. 자연을 거스르는 더 높은 수준의 고행이 뒤따를 게 자명했다. 혐오스러운 음식 먹기, 흙과 핏속에서 뒹굴기, 불경한 짓을 계획적으로 거행하는 의식이 벌어질 터였다. 어떤 면에서 그런 과정은 마크를 공평하게 대접하는 일이었다. 그들 자신이 거친 입회를 위한 통과 의례를 그에게 겪게 하는 것이었다. 그 의례가 그들을 인간과 분리시켜서, 위더는 더 팽창되고 소멸되어 형태 없는 폐허가된 반면 날카로워진 프로스트는 지금처럼 더 강하고 밝고 작은 바늘처럼 되었다.

하지만 이렇게 한 시간쯤 지나자, 천장이 높은 관 같은 방이 마크에게 다른 효과를 내기 시작했다. 그의 선생 격인 프로스트도 예상못한 일일 터였다. 지난 밤 감방에서 느꼈던 공격은 다시 일어나지 않았다. 그가 이미 공격을 견뎌 내서일까, 임박한 죽음이 평생 품은신비에 대한 욕망의 이빨을 거둬서일까, 아니면 그가 (어떤 방식으로) 아주 다급히 도움을 구해서일까? 모양새와 그림들이 이상한 이 방이 그에게 정반대를 인식하게 했다. 전에는 몰랐던 것을 깨닫게 되었다. 사막이 처음으로 사람들에게 물을 사랑하게 가르치듯, 그 사람이 곁에 없어야 사랑을 절감하듯, 시큼하고 굽은 느낌을 주는 이 배경은 달콤하고 똑바른 것을 보게 만들었다. 다른 것, 즉 그가 애매하게 '정상'이라고 부르는 것이 분명히 존재했다. 그는 전에는 이런 생각을 해본 적이 없었다. 하지만 그런 게 있었다. 나름의 모양이 있는 견고하고 커다란 덩어리. 우리가 만지거나 먹거나 사랑에 빠질 수 있는것과 거의 비슷한 것. 제인, 달걀 프라이, 비누, 햇살, 큐어 하디에서 까악대는 당까마귀, 지금 이 순간 바깥 어딘가에서 빛이 환하게 비치고 있다는 생각이 뒤섞여서 정상적인 것을 이루었다. 마크는 윤리적인 관점에서 생각하지 않았다. 아니, (같은 말이겠지만) 그는 처음으로 깊은 윤리적인 경험을 하고 있었다. 그는 한쪽을 택하고 있었다. 정상 쪽을. 그가 '그따위'라고 하던 것을 선택했다. '그따위'에서 과학적 관점이 빠져나간다면 과학적 관점 따위는 개나 물어가라고 해! 이 치열한 선택 때문에 숨을 쉴 수 없었다. 이런 감정은 느껴본 적이 없었다. 그 순간 그는 프로스트와 위더가 죽인다 해도 상관없었다.

이런 기분이 얼마나 지속되었을지 모르지만, 아직 최고조의 상태일 때 프로스트가 돌아왔다. 그는 마크를 어느 침실로 데려갔다. 벽난로가 활활 타오르는 방에 침대가 있고 노인이 그 위에 누워 있었다. 마크는 유리와 은식기에 반사되는 빛과 방의 포근한 호화로움에 기운이 나서, 프로스트의 말을 귀담아 듣기가 힘들었다. 프로스트는 그에게 교대할 때까지 여기 남아서 당번을 서야 하며, 환자가 말을 하거나 뒤척이면 부소장에게 알려야 한다고 했다. 마크 자신은 말을 하지 말아야 했다. 사실 환자가 영어를 알아듣지 못하니까 말을 해도 소용없을 거라고 했다.

프로스트가 나갔다. 마크는 방을 힐끗 둘러보았다. 이제 그는 개의치 않았다. 그 자신이 매크로브의 비인간적인 똘마니가 되지 않는다면, 살아서 벨버리를 떠날 가능성은 없었다. 어쨌거나 그러든, 안 그러고 죽든 요기부터 할 작정이었다. 그 식탁에는 갖가지 맛있는 음식이 차려져 있었다. 벽난로 가리개에 발을 얹고 담배부터 피워야지.

"빌어먹을!"

주머니에 손을 넣었지만 아무것도 잡히는 게 없자 나온 말이었다. 그와 동시에 침대에 누운 사내가 눈을 뜨고 그를 쳐다보는 것을 알았다.

"미안합니다. 깨우려던 의도는……."

마크가 말하다가 입을 다물었다.

사내가 일어나 앉아서 문 쪽으로 고개를 젖혔다.

"어?"

그가 묻는 듯이 말했다.

"뭐라는 말씀인지요."

마크가 말했다.

"어?"

사내가 다시 말했다. 그러더니 덧붙였다.

"외국인들인가?"

"그럼 영어를 할 줄 아는 겁니까?"

마크가 물었다.

"어."

사내가 대답했다. 몇 초 후 그가 다시 말했다.

"이보시오."

마크가 그를 바라보았다. 환자가 활기차게 반복해서 말했다.

"이보시오. 혹시 당신 주변에 담배 같은 건 없소? 어?"

2

딤블 엄마가 말했다.

"당장 우리가 할 수 있는 일은 이게 다인 것 같아. 오늘 오후에 꽃을 꽂으면 되고."

그녀는 제인에게 말하고 있었다. 두 사람은 '오두막'에 있었다. 제인이 처음 장원에 오면서 들어온 정원 문 바로 옆에 있는 작은 돌집이었다. 딤블 부인과 제인은 맥스 부부를 위해 집 정돈을 하고 있었다. 맥스 씨의 형기가 오늘 만료되기 때문에 아이비는 전날 오후에 기차를 타고 그가 수감된 마을로 갔다. 그녀는 숙모와 거기서 밤을 보내고, 교도소 정문에서 남편을 만날 계획이었다.

딤블 부인이 이날 아침 어떻게 준비할지에 대해 말하자, 그녀의 남편이 대답했다.

"난로에 불을 지피고 침구를 정돈하는 데 오래 걸리지 않을 것 아니오."

나 역시 딤블 교수 같은 남자들처럼 간단하게 생각한다. 두 여자가 오랜 시간 '오두막'에 머물면서 무슨 일을 그렇게 했는지 모르겠다. 제인마저도 그럴 줄 예상하지 못했다. 작은 집을 환기시키고, 아이비와 감옥에서 나온 남편을 위해 침구를 정리하는 일이 딤블 부인의 손에서는 놀이와 의식 사이의 뭔가가 되었다. 제인은 어린아이였을 때 교회에서 크리스마스나 부활절 장식을 돕던 기억이 얼핏 떠올랐다. 하지만 16세기 결혼 축가들에 나오는 문학적인 기억이 떠오르기도 했다. 초야와 신랑 신부에 관련된 오래된 미신, 농담, 문지방에

얽힌 불길한 징조와 난로 요정 이야기. 제인이 자란 환경과는 이질적인 독특한 분위기였다. 몇 주 전이었다면 그녀는 그런 게 못마땅했을 것이다. 그 뻣뻣하고 반짝거리는 구식 세상은 우스꽝스러운 데가 있지 않은가? 얌전과 관능, 신랑의 정형화된 모습으로 나타나는 열정과 신부가 으레 보이는 수줍음, 종교의 승낙, 허용되는 음탕한 페세나인 노래(초기 이탈리아 시─옮긴이)가 뒤섞여 있었다. 게다가 당사자들을 제외한 모두가 취하기를 기대하는 분위기는? 어쩌다 인류는 그런 격식 차린 행사에 세상에서 가장 격식 차리지 않는 일을 포함시키게 되었을까? 하지만 이제 제인은 자신의 반응에 확신이 없었다. 딤블 엄마가 있는 세계와 그 바깥 세계로 나뉜다는 것만이 확실했다. 딤블 엄마는 19세기 태생인데도, 아니 그렇기 때문에 이날 오후 옛날 사람처럼 굴었다. 매순간 진지하지만 흥이 많은, 분주한 옛날 노파들─세상이 시작된 이래 그들은 고개를 끄덕이고 눈을 찡긋하고, 축복하면서 눈물짓는 모순되는 행동을 하면서 젊은 연인을 신방으로 떠밀었다─속에 있는 듯했다. 또 커다란 주름 장식이 있는 옷을 입거나 베일을 쓰고, 셰익스피어 시대 사람들처럼 '거시기'와 바람난 여편네에 대해 농지거리를 주고받다가 곧 제단 앞에 성스럽게 무릎을 꿇는 노파들 같았다. 정말 이상했다. 물론 대화를 들어 보자면, 딤블 부인과 제인은 입장이 뒤바뀌었다. 문학 토론장에서 제인은 남자의 성기에 대해 태연자약하게 말할 수도 있었다. 반면 딤블 엄마는 신여성이 불운하게도 그녀 앞에서 그런 말을 꺼내면 못 들은 체 무시할 에드워드 시대의 부인이었다. 어쩌면 날씨 때문에 제인이 독특한 기분을 느끼는 것인지도 몰랐다. 서리가 그치고, 이른 초겨울에 가끔 경험하는 산뜻하게 온화한 날이었다.

　아이비는 전날 밤에야 제인에게 사연을 털어놓았다. 맥스 씨는 일하던 세탁소에서 돈을 훔쳤다고 했다. 아이비를 만나기 전, 불량한 사람들과 어울릴 때 저지른 짓이었다. 아이비와 사귀기 시작하면서 그는 '반듯하기 짝이 없는' 사람이 되었지만, 작은 범죄가 파헤쳐지면서 과거의 잘못이 그를 붙잡았다. 맥스 씨는 결혼한 지 6주 만에 체포당했다. 제인은 사연을 듣는 동안 거의 입을 열지 않았다. 아이비는 가벼운 절도죄와 징역이 사회적으로 낙인을 찍는다는 것을 의식하지 못하는 듯했다. 그래서 제인은 그러고 싶었다 해도, 흔히 가난한 이들의 슬픔에 표하는 '겉치레'의 말을 할 기회가 없었다. 다른 한편, 모든 부유함이 범죄가 아니듯 도둑질도 범죄가 아니라는 식의 생각이나 사색적인 태도를 취할 기회도 없었다. 아이비는 전통적인 도덕을 당연한 것으로 여기는 듯했다. 그녀는 과거에는 그런 사람이 아니었다. 지금 그녀는 한쪽으로는 큰일이지만 다른 쪽으로는 별일 아닌 것 같다고 생각했다. 아이비는 그 일이 남편과의 관계를 바꾸어 놓는다는 생각은 한 적이 없었다. 마치 도둑질을 병치레처럼 상대 배우자가 흔히 겪는 위험 부담 정도로 여기는 것 같았다.

　전날 밤, 아이비는 말했다.

　"항상 말하지만, 결혼하기 전에는 남자에 대해 다 안다고 기대할 수 없는 노릇이잖아요."

　"그렇지요."

제인이 말했다.

"물론 남자들도 마찬가지겠죠. 우리 아버지는 어머니가 그렇게 코를 고는 줄 알았다면 결혼하지 않았을 거라고 종종 말하셨어요. 그러면 엄마가 혼잣말로 '아이구, 퍽이나 그랬겠네!'라고 중얼대셨지요."

"그건 다른 이야기 같네요."

제인이 말했다.

"내 말은 그게 아니더라도 다른 문제도 있을 거라는 거죠. 내가 보기에는 그래요. 두 분이 참아야 될 게 많았던 것도 사실이고요. 그래도 서로 맞으면 결혼해야 되는 거니까요. 하지만 제인, 우리가 뭐라고 하든 여자가 많은 걸 누리며 살아요. 소위 나쁜 여자라는 뜻은 아니고요. 제인이 오기 전 어느 날이었어요. 딤블 엄마가 박사님에게 뭔가 말하고 있었는데 박사님은 앉아서 뭔가 읽었지요, 알잖아요. 나나 제인과는 달리 손가락을 책갈피에 끼고 연필을 손에 들고 읽으시죠. 박사님은 '그래요, 여보'라고만 대답했고, 그가 전혀 듣지 않는다는 것을 우린 알았죠. 그래서 내가 말했어요. '그것 보세요, 딤블 엄마. 남자들은 결혼하면 우리한테 저런다니까요. 우리 여자들 말은 듣지도 않아요.' 그랬더니 딤블 엄마가 뭐라고 하신지 아세요? '아이비 맥스, 우리 여자들 말을 다 들어 줄 수 있는 사람이 있을까 스스로 물어본 적 있어?' 딱 그렇게 말씀하시더라니까요. 물론 나는 박사님 앞에서 물러서지 않으려 했죠. 그래서 '물론 들어 주는 사람이 있죠'라고 대답했어요. 하지만 완전히 한 방 먹은 거였죠. 내가 남편에게 오래 이야기하면 그이는 고개를 들고 무슨 말을 하는 거냐고 묻는 경우가 많아요. 그런데 아세요? 나 자신도 무슨 말을 했는지 기억을 못한다니까요!"

"아, 그거야 다르죠. 사람들이 나뉘어서 각기 의견이 다를 때는……. 각각 다른 쪽에 합류할 때는……."

아이비가 말했다.

"스터독 씨 때문에 너무 애가 타시겠어요. 내가 제인 입장이라면 한숨도 못 잘 거예요. 하지만 결국 대장이 매사를 바로잡으실 거예요. 두고 보세요."

딤블 부인은 '오두막'의 침실을 마지막으로 장식할 물건을 가지러 본채로 갔다. 약간 피곤해진 제인은 창가의 의자에 무릎을 꿇고 앉아 팔꿈치를 창틀에 올리고 턱을 양손으로 받쳤다. 햇볕이 덥게 느껴질 정도였다. 제인은 마크가 벨버리에서 구출되면 그에게 돌아가겠다고 오래전에 마음먹었다. 그 생각이 두렵지 않고 무덤덤했다. 가끔은 그녀의 말보다 그녀 자체를 좋아하고, 둘의 생각보다는 자기 생각을 더 좋아한 마크의 죄를 이 순간 완전히 용서했기 때문이기도 했다. 왜 누가 그녀의 말에 특히 관심을 가져야 할까? 상대가 마크보다 흥미로운 인물이었다면 제인으로서는 이 새로운 겸손이 유쾌하기까지 했을 것이다. 물론 둘이 다시 만나면 틀림없이 그녀는 남편과 다를 터였다. 하지만 굳은 각오를 김새게 하는 것은 그 '다시'였다. 이미 계산이 틀린 문제를 지저분한 문제지에 다시 푸는 것과 비슷했다. '다시 만나면…….' 제인은 초조감이 덜해서 죄책감이 느껴졌다. 그와 동시에 자기도 모르게 조금 초조해졌다. 이제껏 어쩐지 마크가 돌아올 거라고 예측했기 때문이다. 이제 그가 죽을 가능성이 떠올랐다. 그녀는 이후에 살아갈 일에 대해서는 별다른 감정이 생기지 않았다. 그저 마크가 죽은 모습이 그려질 따름이었다. 베개를 벤 죽은 얼굴, **뻣뻣한 몸**, 인형처럼 쭉 뻗은 쓸모없는(좋든 나쁘든 다른 사람들과는 다른) 손과 팔. 제인은 한기를 느꼈다. 하지만 어느 때보다도 햇볕이 따가웠다. 일 년 중 이맘때는 있을 수 없는 일이었다. 아주 조용하기도 했다. 어찌나 고요한지, 창밖의 오솔길에서 뛰노는 작은 새가 움직이는 기척이 들릴 정도였다. 이 길은 제인이 처음 온 날 들어온 정원 담에 난 문으로 이어졌다. 새가 그 문의 문지방 위를 걷다가 누군가의 발 위로 갔다. 이제 제인은 문 바로 안쪽의 작은 의자에 앉은 사람을 보았다. 그 사람과 불과 몇 미터 떨어져 있는데도 지금까지 제인이 알아차리지 못한 걸 보면, 그 사람은 아주 조용히 앉아 있었음이 분명했다.

여자는 발끝부터 목덜미까지 불꽃 색깔의 가운을 걸치고, 가운 속에 양손을 감추고 있었다. 주름이 뒷목 부분을 덮었지만 앞쪽으로는 깊이 패거나 열려 있어서 풍만한 가슴이 드러났다. 남방 사람처럼 가무잡잡하고 윤기 나는 피부는 꿀색에 가까웠다. 제인은 옛 크노소스 궁전에서 출토된 화병에 그려진 미노스 문명의 여사제가 그런 옷을 입은 것을 본 적이 있었다. 탄탄한 기둥 같은 목에 달린 머리는 꼼짝도 하지 않고 제인을 똑바로 응시했다. 발그레한 **뺨**, 촉촉한 입술, 까마귀 눈처럼 검은 눈을 가진 얼굴에는 수수께끼 같은 표정이 어려 있었다. 보통 기준으로 보면 결코 딤블 엄마의 얼굴이 아니었지만, 제인은 금세 알아보았다. 음악가처럼 말하자면, 지난 몇 시간 동안 딤블 엄마의 얼굴을 살그머니 따라다니던 주제가 고스란히 드러나 있었다. 그것은 뭔가 빠진 딤블 엄마의 얼굴이었고, 그 뭔가 빠진 것이 제인에게 충격을 주었다. 그녀는 그 기에 눌려서 '잔인해' 라고 생각했다. 하지만 마음이 바뀌어서 '겉만 멀쩡할 뿐 약해 빠진 건 바로 나지' 라고 생각했다. '나를 놀리고 있구나' 라고 속으로 중얼거렸지만 곧 또 마음이 변해서 '나를 무시할 거야. 나를 쳐다보지 않아' 라고 생각했다. 그 얼굴에는 도깨비 비슷한 밝은 구석이 있었지만, 제인은 같이 우스개 이야기를 하자고 권유받지 못한 듯했다. 그 얼굴의 옆쪽을 보려고 하자 그렇게 됐다. 다른 것들도 같이 있다는 사실을 비로소 알았다. 넷이나 다섯쯤, 아니 그 이상의 기이하게 작은 사내들 무리였다. 술 달린 빨간 모자를 쓴 뚱뚱한 난쟁이들이었다. 토실토실하고 꼬마 도깨비 같은 작은 남자들은 참을 수 없을 만큼 친근하고 경박하게 까불었다. 아무튼 그들이 그녀를 조롱하고 있는 것은 분명했다. 그들은 제인을 손짓하면서 고개를 끄덕이고, 놀리고, 물구나무서기를 하고 공중제비를 했다. 제인은 두렵지 않았다. 열린 창가의 더운 공기에 나른해진 까닭도 있었다. 이맘때 치고는 얼토당토않은 날씨였다. 가장 크게 느껴지는 감정은 모욕감이었다. 전에 한두 번 떠올랐던 의혹이 막을 수 없을 만치 강하게 솟구쳤다. 진짜 우주는 아주 유치한 것일지 모른다는 의혹이었다. 거기에는 어릴 때 그녀를 화나게 했던 어른들의 웃음, 총각 삼촌들이 주고받는 시끄럽고 조심성 없는 웃음에 대한 기억들이 뒤섞여 있었다. 몹시 진지한 학교 토론반은 고마운 도피처였다.

하지만 잠시 후 제인은 몹시 두려워졌다. 거구의 여인이 일어났다. 그들 모두 그녀에게 모여들었다. 불길 같은 빛과 소리를 내며 불꽃같은 옷을 입은 여인과 난쟁이들이 집으로 몰려왔다. 그들은 제인과 함께 방에 있었다. 이상한 여인은 손에 횃불을 들고 있었다. 횃불이 빛을 발하며 엄청나게 타올라 탁탁 소리를 내면서 자욱한 검은 연기구름을 뿜어 앞이 보이지 않았다. 침실에 끈적한 고무 같은 냄새가 가득 찼다. 제인은 생각했다. '자칫하면 저들이 집에 불을 지르겠어.' 하지만 그녀는 온통 난쟁이들의 못마땅한 행동에 관심이 쏠려서 다른 생각을 할 여유가 없었다. 그들은 방을 마구 어질렀다. 순식간에 침실은 난장판이 되었다. 이불보는 바닥에 나뒹굴었고, 난쟁이들이 담요를 빼내서 가장 뚱뚱한 동료에게 던졌다. 베개를 공중에 내던지자 깃털이 사방에 흩날렸다.

"조심해요! 조심하지 못하겠어요?"

거구의 여인이 방 곳곳을 횃불로 건드리자 제인이 소리쳤다. 그녀는 벽난로 선반에 놓인 화병을 건드렸다. 곧 화병에서 어떤 색깔이 솟구치자 제인은 불로 착각했다. 벽에 달린 그림에서도 같은 일이 일어나자 그녀는 계속 불을 끄고 다니기만 했다. 그때 사방에서 점점 더 빠르게 불이 일었다. 난쟁이들의 나비 리본에 불이 붙었다. 하지만 공포감을 도저히 참지 못하게 되었을 때, 제인은 횃불이 닿은 모든 것에서 일어난 것이 불꽃이 아니라 식물임을 알았다. 아이비와 인동덩굴이 침대 다리를 휘감아 오르고, 키 작은 사내들의 머리에서 붉은 장미들이 피었다. 또 사방에서 커다란 백합 송이가 그녀의 무릎과 허리께까지 쑥쑥 자라, 노란 혀 같은 수술을 그녀에게 내밀었다. 향기와 더위, 분주함과 이상함이 뒤섞여 제인은 기절할 것만 같았다. 꿈을 꾸고 있다는 생각은 들지 않았다. 사람들은 꿈을 실제 상황이라고 착각한다. 하지만 실제 상황을 꿈으로 착각하지는 않는다……

"제인! 제인! 도대체 무슨 일이야?"

갑자기 딤블 부인의 목소리가 들렸다.

제인은 일어나 앉았다. 방은 비어 있었지만 침대는 헝클어져 있었다. 누워 있었던 모양이었다. 춥고 몹시 고단했다.

"무슨 일이 있었던 거야?"

딤블 부인이 다시 물었다.

"모르겠어요."

제인이 대답했다.

"우리 제인이 아픈가?"

딤블 엄마가 물었다.

"당장 대장을 만나야겠어요. 괜찮아요. 마음 쓰지 마세요. 혼자 일어날 수 있어요……. 정말이에요. 하지만 빨리 대장을 만나고 싶어요."

3

벌티튜드 씨의 마음은 그의 생김새처럼 인간을 닮은 구석이라곤 전혀 없었다. 인간이었다면 기억했겠지만, 그는 불이 났을 때 동물원

진정한 삶이 만나다 **531**

에서 달아난 일을 기억 못했다. 겁에 질려 으르렁대며 처음 '영지'에 도착했던 것도, 이 집 식구들을 사랑하고 신뢰하는 법을 차츰 배운 것도 기억 못했다. 지금 그는 그들을 사랑하고 신뢰한다는 것을 몰랐다. 그들이 사람이라는 것도, 그가 곰이라는 것도 몰랐다. 사실 그가 존재한다는 것조차 몰랐다. '내가' '나를' '네가' 라는 어휘들이 뜻하는 모든 것이 그의 마음에는 없었다. 맥스 부인이 매주 일요일 아침 깡통에 든 황금색 시럽을 줄 때도, 그는 주고받는다는 개념을 몰랐다. 좋은 게 생겼고 그는 그것을 맛보았다. 그게 다였다. 그러니 그의 사랑은 굳이 말하자면 이해타산적인 사랑으로 표현될 터였다. 그런 사랑의 대상은 음식과 따뜻함, 쓰다듬는 손길, 달래는 목소리였다. 하지만 타산적인 사랑을 냉정하거나 계산적인 것으로 이해한다면, 이 동물의 감정을 완전히 오해했다고 할 수 있다. 벌티튜드는 이타주의적인 인간이 아니듯 이기주의적인 인간과도 닮지 않았다. 그의 생애는 평범하지 않았다. 인간이 이해타산적이라고 경멸하는 강한 욕망들이 그에게는 떨리고 황홀한, 전 존재를 흡수하는 열망이었다. 또 무한한 갈망이었고, 비극의 위협이 도사리고 있었으며 낙원의 색깔로 몸을 파고들었다. 아담 이전의 따뜻하고 떨리는, 오색찬란한 웅덩이 같은 의식으로 잠시 돌아간다면, 인간은 완전함을 붙잡았다고 믿었을 것이다. 이성의 아래와 위의 상태는 표면적으로는 비슷하니까. 어릴 때 기쁘거나 두려운 것과 무관한 이름 모를 기쁨이나 공포를 경험한 기억이 가끔 난다. 이름 붙일 수 없는 공허 속에서 떠다니는 잠재적인 형용사, 순수한 특징이라 할 감정이다. 그런 순간이면 우리는 그 얕은 웅덩이를 경험한다. 하지만 어떤 기억보다도 깊은 심연이 우리를 따스하고 어두침침한 한가운데로 데려갈 수도 있다. 곰은 평생 그런 삶을 살았다.

오늘 벌티튜드 씨에게 묘한 일이 일어났다. 그가 주둥이를 막지 않은 채 정원으로 나간 것이었다. 바깥에 나갈 때는 늘 주둥이를 막았다. 해를 끼칠까 걱정스러워서가 아니라, 그가 과일과 달콤한 채소를 유난히 좋아하기 때문이었다. 아이비 맥스는 제인 스터독에게 이렇게 말한 적이 있다.

"그가 길들여지지 않아서가 아니라 정직하지 않기 때문이에요. 입을 막지 않고 밖에 내보냈다면 우리가 먹을 채소가 남아나지 않을 걸요."

하지만 오늘 단속하는 것을 잊은 덕분에 곰은 순무밭을 돌아다니면서 흡족한 아침나절을 보냈다. 이른 오후, 그는 정원 담장에 다가갔다. 거기 그가 쉽게 타고 오를 수 있는 밤나무가 있었다. 밤나무 가지에서 담장 밖으로 떨어질 수도 있었다. 그는 서서 이 나무를 올려다보았다. 맥스 부인이라면 '정원 밖으로 나갈 수 없다는 것을 아주 잘 안다'라고 곰의 정신 상태를 표현했을 것이다. 하지만 벌티튜드 씨가 보기에는 그게 아니었다. 그는 도덕심이 없었지만 대장이 금지한 일들이 있었다. 벽이 너무 가까이 있으니까 묘한 거부감이 일었다. 감정이라는 날씨에 구름이 낀 것 같았다. 하지만 그 감정과 담 저편으로 가겠다는 반대되는 충동이 뒤섞였다. 물론 그는 이유를 몰랐고, 질문조차 할 수 없었다. 이 충동 뒤에 깔린 압박감은 생각이라기보다 신화에 가까웠다. 곰은 정원에서 벌 떼를 만났지만 벌집은 찾지 못했다. 벌 떼는 담장 밖으로 날아가 버렸다. 그러니 벌을 쫓아가는 것이 마땅히 해야 할 일이었다. 곰의 마음속에—그림이라고 할 수는 없겠지만—담장 너머로 끝없이 펼쳐진 푸른 땅에 대한 감각이 있었으리라. 수많은 벌통과 참새만 한 벌들……. 거기서 기다리거나 걸어서 조금씩 나아가다 보면, 꿀보다 더 끈적거리고 달콤하고, 더 황금빛인 뭔가나 누군가를 만나겠지.

오늘 이런 안절부절못하는 감정이 유독 심하게 엄습했다. 벌티튜드 씨는 아이비 맥스를 그리워하고 있었다. 그런 사람이 있는 줄도 몰랐고, 우리가 생각하는 기억한다는 의미로 그녀를 기억하지도 않았다. 하지만 그의 경험에 콕 짚어 낼 수 없는 빈 부분이 있었다. 그는 나름대로 대장의 지배력을 느꼈다. 대장과의 만남은 곰에게는 인간이 신비로운 경험을 하는 것과 같았다. 대장은 인간이 잃어버린, 동물을 고상하게 만드는 특권 같은 것을 금성에서 갖고 돌아왔기 때문이었다. 그와 있으면 벌티튜드 씨는 인간의 경계선상에서 떨었다. 생각할 수도 없는 것을 생각했고, 불가능한 일을 했다. 또 그의 털북숭이 세계 너머에서 번뜩이는 빛 때문에 괴롭고 황홀했으며, 지쳐서 가버리곤 했다. 하지만 아이비와 있을 때면 더없이 편안했다. 저 멀리 있는 높은 신을 믿는 야만인이 숲과 물의 작은 신들에게 편안함을 느끼는 것과 비슷했다. 그를 먹이고 출입 금지인 곳에서 쫓아내고, 찰싹 때리고, 온종일 말을 거는 사람이 아이비였다. 그녀는 곰이 '내가 하는 말을 다 알아 듣는다'고 굳게 믿었다. 이 말을 문자 그대로 받아들인다면 그건 틀린 말이었다. 하지만 달리 보면 그리 틀린 말도 아니었다. 아이비는 대화 중에 대개 생각이 아닌 감정을 표현했다. 벌티튜드 씨의 민첩함, 포근함, 물리적인 애정에 대한 감정 표현이었다. 그들 나름으로 둘은 서로 아주 잘 이해했다.

벌티튜드 씨는 세 번이나 나무와 담장에서 등을 돌렸지만 매번 다시 갔다. 그러다가 아주 조심스럽게 소리없이 나무를 오르기 시작했다. 갈라진 가지에 이르자 그는 거기 한참 동안 앉아 있었다. 밑으로 도로로 이어지는 가파른 풀밭 둔치가 보였다. 이제 욕망과 금지, 모두 강해졌다. 그는 거의 반 시간 동안 거기 앉아 있었다. 가끔 마음이 다른 데로 흘렀고, 한 번은 거의 잠들 뻔했다. 결국 그는 담장 밖으로 내려갔다. 그 일이 정말 일어났다는 것을 알자, 너무 겁이 나서 도로가의 풀밭 둔치에 가만히 앉아 있었다.

승합차 한 대가 눈에 보였다. 국공연 제복을 입은 사내가 운전했고, 조수석에 같은 옷차림의 남자가 앉아 있었다.

"오호라······. 세상에! 차를 세워, 시드. 저게 뭐지?"

조수석에 앉은 사내가 말했다.

"뭐?"

운전수 시드가 물었다.

"눈이 어디 달린 거야?"

그의 동료가 투덜댔다.

"맙소사."

시드는 차를 세우면서 덧붙였다.

"살벌하게 큰 곰일세. 와아…… 설마 우리 곰일 리는 없겠지, 안 그래?"

"정신 차려. 오늘 아침에 녀석은 우리에 얌전히 있었다구."

"곰이 줄행랑을 칠 수도 있었을 거라고는 생각 안 해? 만일 그랬다면 자네랑 나랑 엄청난 돈을 물어야 될 거야……."

"달아났다 해도 저기 와 있을 리는 없다구. 곰은 시간당 60킬로미터도 못 가는걸. 그러니 우리 곰인지 따질 필요 없지. 하지만 이 곰을 잡는 게 더 낫지 않을까?"

"그런 명령은 받지 않았는데."

시드가 말했다.

"그렇지. 한데 우린 망할 놈의 늑대를 손에 넣지 못했잖아, 안 그래?"

"우리 잘못이 아니라구. 자네도 거기서 목격했지만, 늑대를 팔 거라던 할멈이 팔지 않으려 했잖아. 우린 최선을 다했다구. 벨버리에서 하는 실험들이 그녀가 생각하는 것과 다르다고 했잖아. 시간이 지나서 늑대가 자라면 애완동물 노릇도 끝날 거라고도 했고. 내 평생 하루아침에 그렇게 거짓말을 많이 한 적은 없다니까. 할멈이 누구한테 단단히 넘어간 게지."

"물론 그건 우리 잘못은 아니었어. 하지만 보스는 그런 건 고려하지 않을 거라구. 벨버리에 붙어 있기 아니면 나가기지."

"나가기? 나갈 방법을 알면 진짜 좋을 텐데."

시드가 말했다.

동료 렌이 옆으로 침을 뱉었다. 잠시 침묵이 흘렀다.

시드가 곧바로 말했다.

"어쨌거나 저 곰을 데려가 봤자 좋을 게 뭐 있어?"

"빈손으로 가는 것보다는 낫지 않을까? 게다가 곰은 비싸거든. 연구소에 한 마리 더 있어야 된다더군. 더구나 이건 공짜니까."

"알았어. 그렇게 데려가고 싶으면, 내려서 '어서 옵쇼' 하면서 차에 타라고 졸라 보시지."

시드가 비아냥댔다.

"멍청이."

렌이 중얼댔다.

"내 도시락을 미끼로 쓸 생각은 하지도 마셔."

시드가 말했다.

"자넨 진짜 환상의 짝궁이야."

렌이 기름종이 꾸러미를 집으면서 말을 이었다.

"내가 고자질하지 않는 사람이어서 다행인 줄 알라구."

"벌써 고자질했으면서 무슨 소리야. 자네의 얕은 수작을 모르는 줄 알아?"

운전수 시드가 투덜댔다.

렌은 두툼한 샌드위치를 꺼내서, 병에 든 독한 냄새가 나는 액체를 뿌렸다. 액체가 빵에 흡수되자 그는 문을 열고 한 걸음 나아갔다. 한 손으로는 차 문짝을 잡고 있었다. 곰과는 6미터쯤 떨어져 있었다. 곰은 그들을 본 뒤 꼼짝 않고 그대로 있었다. 렌이 곰에게 샌드위치를 던졌다.

반 시간 후 벌티튜드 씨는 의식을 잃고 크게 숨을 쉬며 모로 쓰러져 있었다. 그들은 곰의 입과 사지를 수월하게 묶었지만, 차에 태우기는 꽤 힘들었다.

시드가 손으로 왼쪽 옆구리를 누르면서 말했다.

"내가 배짱이 있으니 가능한 일이지."

렌은 눈가에서 땀을 닦으며 쏘아붙였다.

"배짱 좋아하네. 어서 가자구."

시드는 운전석에 오르더니, 잠시 가만히 앉아서 숨을 골랐다. 그는 '빌어먹을'이라고 여러 번 중얼댔다. 그러곤 시동을 걸고 출발했다.

4

이제 마크가 깨어 있는 시간은, '잠자는 사람'의 침대 옆에 있는 시간과 천장에 점이 그려진 방에 있는 시간으로 나뉘었다. 점이 그려진 방에서 이루어지는 객관성 훈련은 충분히 묘사할 수가 없다. 프로스트가 되풀이해서 가르친 순리에 역행하는 훈련은 현란하거나 극적이지 않았지만, 세세히 쓰면 곤란할 것이다. 사실 유치원 놀이 같은 데가 있으니 그냥 넘어가는 게 최선이다. 마크는 한바탕 껄껄 웃으면 이 일의 전체적인 분위기를 날려 버릴 거라고 느꼈지만 아쉽게도 웃음은 언감생심이었다. 실은 공포가 깔려 있었다. 프로스트의 변함없는 엄한 감시 아래서, 어리석은 아이가 우습게 여겼을 법한 소소한 장난 같은 짓들을 했다. 프로스트는 스톱워치와 공책을 들고 과학 실험 식으로 진행했다. 마크가 해야 했던 일들 중 일부는 무의미했다. 한번은 훈련 중에 발판 사다리 위로 올라가서, 프로스트가 선택한 천장의 점 하나를 만져야 했다. 그냥 검지로 만진 다음 다시 내려왔다. 하지만 다른 실험과 연계해서인지 아니면 거기에 중요한 의미가 숨어 있어서인지, 마크는 늘 이 과정이 불경하고 비인간적으로까지 느껴졌다. 하루하루 과정이 계속되면서, 처음 이 방에 왔을 때 떠오른 '똑바르다'라든가 '정상'이라는 개념이 마음속에서 점점 강하고 확고해져서 결국 산처럼 되었다. 전에는 개념의 의미를 몰랐다. 지금까지는 머릿속에 있는 것쯤으로 여겼다. 하지만 그의 머리가 계속 공격을 받고, 훈련의 찌꺼기로 종종 꽉 차버리는 지금 이 '개념'이 머리 위로 솟구쳤다. 그것은 그와는 별개로 존재하고, 그가 매달릴 수 있는 단단한 바위 같은 표면을 가진 것이었다.

그를 구원해 주는 또 하나는 침대에 누워 있는 사내였다. 그가 영어를 말할 줄 안다는 사실을 알고 마크는 그와 기묘한 친분을 쌓았다. 그들이 대화한다고 할 수는 없다. 둘이 말을 하지만 그 결과는 마크가 지금껏 알던 '대화'는 아니었다. 사내가 대단히 암시적이고 포괄적인 몸짓을 했기에, 마크의 알량한 의사소통 솜씨는 거의 쓸모가 없었다. 마크가 담배가 없다고 설명하자, 사내는 무릎 위에 담뱃갑이 있는 셈 치고 여섯 번이나 탈탈탈 털고, 상상 속의 딱성냥을 그 숫자만큼 그었다. 그때마다 고개를 옆으로 올렸다. 마크는 인간의 얼굴에서 그런 흐뭇한 표정은 처음 보았다. 마크는 '그들'이 외국인들은 아니지만 극도로 위험한 자들이며, 아마도 '낯선 이'가 침묵을 고수하는 것이 최선의 작전일 거라고 설명했다.

"아."

그는 다시 고개를 홱 젖히고 말했다. 그러더니 덧붙였다.

"아. 어?"

그는 손가락으로 입술을 누르지 않고도, 섬세한 팬터마임으로 같은 의미를 분명히 표현했다. 게다가 그를 오랫동안 이 화제에서 벗어나게 할 수 없었다. 그는 거듭해서 비밀 엄수라는 화제로 돌아갔다.

"아, 나한테 못 알아내. 분명히 말하리다. 나한테 못 알아내. 어? 분명히 말하리다. 당신이랑 나랑은 알지. 어?"

마크와 공모한 것을 즐거워하는 표정이 마음을 따뜻하게 했다. 마크는 이 문제가 확실히 매듭지어졌다고 믿고 말했다.

"하지만 앞으로에 대해서는……."

사내는 또 비밀이라는 팬터마임을 하고 나서, 대답을 구하는 말투로 '어?'라고 말했다.

마크가 말했다.

"네, 물론입니다. 우리 둘 다 심각한 위험에 빠져 있습니다. 그리고……."

"아. 외국인들이군. 어?"

사내가 말했다.

"아니요, 아닙니다. 그들이 외국인이 아니라고 하지 않았습니까. 하지만 그들은 당신을 외국인으로 보는 것 같습니다. 그래서……."

사내가 말을 끊었다.

"맞소. 알아. 난 그들을 외국인이라고 부르겠소. 난 알아. 그들은 나한테서 아무것도 못 알아낼걸. 당신이랑 나는 괜찮소. 아."

"계획을 생각해 내려 하고 있습니다만."

마크가 말했다.

"아."

사내는 승락하듯 말했다.

"그리고 궁금하던 참인데……"

마크가 말을 시작하려는데 사내가 갑자기 몸을 굽히면서 유난히 기운차게 말했다.

"내가 말하리다."

"네?"

마크가 반문했다.

"내게 계획이 있소."

"그게 뭡니까?"

"아."

사내는 다 알지 않냐는 듯 눈을 찡긋하며 배를 문질렀다.

"계속하십시오. 무슨 계획입니까?"

마크가 말했다.

"이건 어떻소."

사내는 일어나 앉아서, 철학 토론의 시작이라도 알리는 듯 왼손 엄지를 오른손 검지에 댔다. 그가 말을 이었다.

"이건 어떻소……. 우리끼리 맛있는 치즈 구이를 만들면?"

"난 탈주 계획을 뜻했는데요."

마크가 말했다.

"아. 내 아버지 말인데. 그는 살면서 하루도 안 아팠지. 어? 그건 또 어떻소? 어?"

"놀라운 기록이군요."

"아. 그렇게 말하겠지. 평생 길에서 사셨소. 배앓이를 한 적이 없지. 어?"

그리고 이 대목에서 마크가 그 병을 모를 거라는 듯, 기발하고 생생한 무언극을 오래 보여 주었다.

"야외에서 사는 게 그에게 맞았나 보네요."

마크가 말했다.

"허면 그 양반이 어떻게 건강을 지켰을꼬?"

사내가 물었다. 그는 '지켰을꼬?'를 길게 늘여 발음하고는 덧붙였다.

"난 모든 사람에게 묻소. 그 양반이 어떻게 건강을 지켰을꼬?"

마크가 대답하려는데, 사내는 순전히 수사적인 질문이니 말을 끊지 말라는 몸짓을 했다.

그가 몹시 진지하게 말을 이었다.

"그는 건강을 지키기 위해 구운 치즈를 먹었소. 위에 물이 못 들어가게 한 거지. 그게 건강을 지키지. 어? 안감을 대는 거요. 말이 되지. 아!"

그 후 몇 번의 대화 끝에 마크는 이방인의 내력을, 특히 벨버리로 끌려온 경위를 알아냈다. 그것은 쉽지 않은 일이었다. 부랑자가 자서전을 말하듯 이야기를 했지만, 대부분의 내용은 대화체였다. 그 대화들에서 그는 견해가 불분명한 아연실색할 대꾸를 했다. 지적인 면이 부족한 대목에서 마크는 암시하는 바를 파악하기가 너무 힘들었다. 그는 부랑죄에 관한 권위 있는 논문을 쓴 적이 있지만 길 위의 삶에 무지했다. 하지만 (이 사람을 알아갈수록) 더 주의 깊게 반복하여 질문한 덕분에, 부랑자가 전혀 모르는 사람에게 옷을 강탈당하고 잠들었다는 사실을 알아낼 수 있었다. 부랑자는 많은 어휘를 동원하지 않고 그 이야기를 했다. 그는 마크가 이미 알기라도 하는 것처럼 고집스럽게 말했고, 자세히 설명해 달라고 하면 고개를 끄덕이고 눈을 찡긋하면서 비밀이라는 몸짓을 보였다. 옷을 빼앗은 사람의 신원이나 외모는 아무리 해도 알아낼 수 없었다. 몇 시간에 걸쳐 대화하며 술을 마신 끝에 마크가 거의 그 대목에 이르렀을 때, 부랑자는 '아. 대단한 사람이었어!' 라고 말했다. '그는 일종의…… 어? 아쇼?' 나 '그 양반 대단했어. 대단했지' 라고도 했다. 옷 도둑에게 진심으로 감탄하는 것 같은 열정적인 말투였다.

사실 그의 대화를 통틀어 이런 풍모가 가장 두드러진 특징이었다. 그는 살면서 다양한 일들에 대해 도덕적인 비판을 받았던 대목을 지나치지 않았다. 변명하려고도 하지 않았다. 불공평한 비판이 많았고 이해할 수 없는 경우는 더 많았지만, 그는 인상적인 비판이라면 분노하지 않고 만족스럽게 받아들이는 듯했다. 심지어 현 상황에 대해서도 마크라면 도저히 생각할 수 없을 만큼 담담한 태도를 보였다. 납득되지 않는 상황이지만, 이 사내는 매사에 납득되는 상황을 기대하지 않았다. 그는 담배가 없어서 비탄에 잠겼고 '외국인들'을 몹시 위험한 자로 여겼지만, 현재 상태가 지속되는 한 마음껏 먹고 마실 수 있으리라는 것을 중요시했다. 점차 마크도 그와 같이 행동하게 되었다. 사내는 몸의 악취와 입냄새가 심하고, 식사 예절이 형편없었다. 하지만 둘만의 피크닉이 계속되면서 마크는 까다로운 취향이 시작되기 전의 어린 시절로 돌아가 즐겼다. 상대방의 말을 반의 반밖에 못 알아들었지만, 둘 사이에 친밀감 같은 게 커졌다. 몇 년이 지나서야, 마크는 '거인의 부엌에서 노는 아이들'처럼 허세와 권력이나 안전이 끼어들 틈이 없는 이곳에서 자신도 모르는 사이에 '패거리'의 일원이 되었음을 알았다. 그의 상상을 초월할 정도로 은밀하고, 외부인에게 굳게 담을 친 집단이었다.

둘만의 대담은 더러 방해받기도 했다. 프로스트나 위더, 혹은 둘이 낯선 사람을 데리고 들어왔다. 그들은 알 수 없는 언어로 말을 걸었지만 부랑자에게 아무런 반응도 얻지 못하고 서둘러 쫓겨 나갔다. 모르는 것을 유순하게 대하는 부랑자의 습관과 동물적인 교활함이 이런 접견 시간에 도움이 되었다. 마크가 조언하지 않았더라도 그는 자기를 잡아 온 자들에게 영어로 대답하지 않음으로써 사실을 밝히지 않았을 터였다. 그의 마음속에는 진실을 밝힐 의사가 전혀 없었다. 가끔 극도로 날카로운 눈빛을 보이지만 불안이나 당황한 기색이 전혀 없는 그의 태연한 표정이 질문하는 이들에게는 미스터리였다. 위더는 부랑자의 얼굴에서 그가 찾는 악함을 발견하지 못했지만, 그에게는 위험한 신호가 됐을 미덕의 징후도 찾을 수 없었다. 부랑자는 그가 만나 본 적이 없는 부류의 인간이었다. 잘 속는 인간, 겁먹은 인간, 아첨꾼, 미래의 공범, 라이벌, 정직하지만 눈빛이 혐오스럽고 싫은 사람은 익숙했다. 하지만 이자는 아니었다.

그러던 어느 날, 색다른 면담이 있었다.

5

"티치아노(16세기 이탈리아 르네상스기의 베네치아파 대표 화가—옮긴이)의 신화적인 그림이 현실에 나온 것처럼 들리오."

제인이 '오두막'에서의 경험을 자세히 말하자 대장이 미소 지으며 말했다.

"네, 하지만……."

제인은 대답하다가 입을 다물었다. 곧 그녀가 다시 말했다.

"그렇네요, 아주 비슷했어요. 여인과 그…… 난쟁이들뿐만 아니라…… 광채도요. 마치 공중에 불이 난 것 같았어요. 하지만 저는 늘 티치아노를 좋아한다고 생각했어요. 아마 그의 그림들을 충분히 진지하게 보지 않은 것 같습니다. 보통 사람들이 그러듯 '르네상스' 운운하는 수준이었나 봐요."

"그 광경이 현실이 되었을 때 마음에 들지 않았소?"

제인은 고개를 젓고는 얼른 물었다.

"그게 현실이었나요? 그런 것들이 있습니까?"

랜섬이 대답했다.

"그렇소, 충분히 현실이었소. 여기서 사방 천오백 미터 안에 내가 아직 모르는 게 수천 가지는 있소. 감히 말하거니와 멀리누스의 존재가 어떤 것들을 끌어내는 것이오. 그가 여기 있는 한 우리는 정확히 20세기에 사는 게 아니오. 그리고 그대 자신도……. 그대는 관찰자요. 그대는 그녀를 만나게 되어 있었소. 그녀는 그대가 얻을 사람이오."

"무슨 의미입니까?"

제인이 물었다.

"그대는 그녀가 딤블 엄마와 약간 비슷했다고 했소. 과연 그렇소. 하지만 뭔가 부족한 딤블 엄마요. 딤블 엄마는 온 세상과 친구요. 멀리누스가 숲과 강과 친구이듯 말이오. 하지만 그 자신은 숲이나 강이 아니오. 딤블 엄마는 세상을 거부하지 않고 온 세상에 세례를 주고 있소. 그녀는 신앙을 가진 부인이오. 알다시피 그대는 그렇지 않소. 그대는 처녀도 아니오. 그대는 자신을 그 늙은 여인을 만나야 되는 곳으로 밀어 넣었소. 또 말렐딜이 지구에 온 이후 그녀가 겪은 모든 일을 그대는 거부해 왔소. 그러니 그대는 그 여인을 있는 그대로—딤블 엄마가 그녀를 봤다면 더 강하게 느꼈겠지만 그보다는 약하게, 변형되지 않은 모습대로 광란에 빠진 사람으로—보는 거요. 그리고 그게 싫을 거요. 그대가 살아온 내력도 그렇지 않소?"

제인이 느릿느릿 말했다.

"그러니까 제가 뭔가 억압해 왔다는 뜻인가요?"

대장은 소리 내어 웃었다. 다른 사람들이 그렇게 웃을 때마다 제인이 화를 냈던, 시끄럽고 의기양양한 총각의 웃음이었다.

그가 말했다.

"그렇소. 하지만 내가 프로이트식 억압에 대해 말한다는 생각은 마시오. 그는 절반밖에 몰랐으니까. 이것은 자연스러운 욕구에 반하는 억제—주입된 수치심—의 문제가 아니오. 난 세상에 이교도도 아니고 기독교도도 아닌 사람들이 설 자리가 없지 않을까 생각하오. 너무 고상해서 손으로 음식을 먹지 못하면서 포크도 쓰지 않으려는 사람을 상상해 봐요!"

그의 말보다는 웃음 때문에 제인은 얼굴을 붉혔다. 그녀는 입을 벌린 채 랜섬을 응시했다. 확실히 대장은 딤블 엄마와는 달랐다. 하지만 이 문제에 관해서는 둘이 같은 편인 것이 제인은 못마땅했다. 랜섬이 케케묵은 옛날 사람은 아니지만, 그녀가 끼지 못하는 그 세계에 호의적이라는 사실에 한 방 맞은 셈이었다. '진정으로 이해한' 남자를 찾았다는 나이 든 여성의 꿈이 모욕당한 듯한 느낌이었다. 제인은 무의식적으로 대장을 가장 순결한 남자로 여겼다. 하지만 그의 남성성이 그녀와 반대 입장이라는 것을 제인은 아직 인식하지 못했다. 그의 남성성은 보통 남자들보다 훨씬 깊고 단호했다. 그녀는 그의 집에 살면서 자연을 초월한 세계에 대해 배웠고, 그날 밤 깊은 골짜기에서 죽음의 공포를 맛보며 더 많은 것을 알게 되었다. 하지만 제인은 이 세상을 부정적인 의미에서 '영적'이라고 생각해 왔다. 서로 다른 것이 없어져 버리는 중립적인 상태. 또는 민주적이거나 진공 상태. 거기서는 섹스와 감각이 초월되는 게 아니라, 그저 빼앗겼다. 그런데 이제 위로 올라가면서 점점 차이와 대조가 뚜렷해지고 첨예해지기조차 할 거라는 의심이 밀려왔다. 그녀가 본능에 맞서 움츠렸던 결혼 생활이, 추측한 것처럼 한낱 동물적 삶의 유물이나 야만적인 가부장제의 문제가 아니라면 어떡하나? 가장 낮은 최초의, 가장 느슨한 형태의 충격이 가장 높은 수준에서 현실과 만난 것이라면 어쩌나? 그 현실은 반복되어야겠지만 훨씬 폭넓고 복잡한 방식으로 되풀이될 것이었다.

대장이 말했다.

"그렇소. 달아날 방도는 없소. 처녀가 남자를 거부할 경우 그 남자는 그것을 허락할 것이오. 그런 영혼들은 남자를 피해서 훨씬 남성적이고, 고양된 것을 만나러 갈 수 있소. 그리고 그것에 더 깊이 순종할 수 있소. 하지만 그대의 문제는 옛 시인들이 '위험하다'고 했던 것이오. 우리는 그것을 '자긍심'이라고 하오. 그대는 남성성 자체에 화가 나 있소. 소란스럽고 달려들며, 집착하는 것—황금 사자, 수염 난 황소—이 생울타리를 무너뜨리고, 난쟁이들이 단정하게 정리한 침대를 흩트리듯 그대의 단정한 작은 왕국을 헝클어 버리오. 그대가 남성을 피할 수 있었을 거라면 생물학적인 수준에서만이오. 하지만 남성성은 우리 누구도 피할 수 없소. 모든 것의 위, 모든 것 너머에 있는 것은 너무도 남성적이어서 그것에 비하면 우리 모두는 여성적이오. 상대방과 얼른 화해하는 편이 좋을 거요(마태복음 5장 25절 내용을 인용—옮긴이)."

"제가 기독교도가 되어야 한다는 뜻인가요?"

제인이 물었다.

"그럴 것 같소."

대장이 대답했다.

"하지만…… 저는 그게…… 마크와 무슨 관계가 있는지 모르겠는데요."

제인이 말했다. 이것은 꼭 맞는 말은 아니었다. 지난 몇 분 사이 그녀가 보기 시작한 우주의 모습은 묘하게 폭풍우 같은 구석이 있었다. 밝고 맹렬하고 압도적이었다. 난생처음으로 구약성경의 눈과 바퀴의 이미지(에스겔 10장—옮긴이)가 의미 있는 가능성을 띠었다. 여기에 그녀가 어처구니없는 입장에 빠졌다는 느낌이 더해졌다. 사실 이런 것들을 기독교도들에게 말하는 사람이 그녀여야 마땅했다. 그들의 정형화된 회색 세계에 반해 그녀의 세계는 원색적이고 위험해야 했다. 그녀의 움직임은 빠르고 생동감 있는 움직임이어야 했고, 그들의 태도는 스테인드글라스여야 했다. 그게 제인에게 익숙한 대조였다. 이번에는 갑자기 보라색과 진홍색의 번뜩임 속에서 스테인드글라스가 어떻게 생겼는지 떠올랐다. 그리고 이 새로운 세상에서 마크가 어디서 있는지 그녀는 몰랐다. 예전에 있던 곳은 분명히 아니었다. 그녀가 마크와 정반대로 여기고 싶었던 것은 없어져 버렸다. 문명화했거나 현대적, 학구적이거나 (최근에는) '영적인' 무언가가 없어졌다. 그 무언가는 그녀를 사로잡고 싶어 하지 않았고, 제인이 '나 자신'이라 부르는 특징들로 그녀를 평가했다. 그것은 손 없이도 그녀를 붙들었고, 그녀에게 요구하지 않았다. 하지만 그런 게 없다면 어쩌나? 시간을 벌기 위해 제인은 물었다.

"그 거구의 여인은 누구였나요?"

대장이 대답했다.

"확실치는 않소. 하지만 짐작해 볼 수는 있겠다 싶소. 모든 행성이 각기 대표가 있다는 걸 알았소?"

"아니요, 몰랐는데요."

"확실히 그렇소. 그리고 하늘의 모든 오야르사는 지구에 대표를 두고 있소. 또 세상 어디서나 우리의 검은 아르콘(집정관, 지배자를 뜻함—옮긴이)의 타락하지 않은 반쪽, 즉 일종의 다른 자신self을 만날 수 있소. 하늘의 토성뿐 아니라 이탈리아의 토성이 있었던 것도, 올림피아 산의 주피터뿐 아니라 크레타 섬의 주피터가 있었던 것도 그 때문이오. 옛날에 사람들이 신을 봤다고 했을 때 만났던 것은 높은 영들의 지상의 영들이었소. 멀린 같은 사람이 (때로) 정통한 것도 그들이었소. 아무것도 달 너머에서 실제로 내려오지 않았소. 그대의 관심을 더 끌 만한 것이 있다면, 하늘의 금성뿐 아니라 지상의 금성도 있다는 거요. 페렐란드라뿐 아니라 페렐란드라의 영이 있소."

"그러면 대장은······."

"그렇소. 이 집이 그 여인의 영향을 깊이 받고 있다는 것을 오래전에 알았소. 흙 속에 구리까지 있소(금성Venus의 부호가 생물학에서는 여성, 화학에서는 구리로 상징된다—옮긴이). 또한 지상의 금성은 현재 여기서 유난히 활동적이 될 거요. 그런 이유로 오늘 밤 그녀의 하늘에 있는 원형이 실제로 내려올 거요."

"제가 잊고 있었네요."

제인이 말했다.

"일단 그 일이 벌어지면 그대는 결코 잊지 않을 거요. 그대들 모두 함께 모여 있는 게 좋겠소. 부엌쯤이면 좋겠지. 위층에 오지 마시오. 오늘 밤 나는 내 주인들 앞에 멀린을 데려갈 거요. 비리트릴비아, 페렐란드라, 말라칸드라, 글룬드, 루르가…… . 그들 다섯 앞에. 멀린의 몸이 열리고 권능이 그에게 들어갈 거요."

"그는 무슨 일을 합니까?"

대장이 소리 내어 웃었다.

"첫 단계는 수월하오. 벨버리의 적들은 이미 고대 서구 방언 전문가들을 찾고 있소. 주로 켈트어 전문가를. 우리가 그들에게 통역사를 보낼 거요! 그렇소, 그리스도의 놀라운 섭리로. 우린 그들에게 한 사람을 보낼 거요. '그들에게 광란의 영을 보내 그들을 파멸시킨 자를 속히 데려오게 하라.'(영국 시인 존 밀턴의 〈투사 삼손〉에 나오는 대목 인용―옮긴이) 그들은 신문에 사람을 찾는 광고를 냈소! 첫 단계 이후로는…… . 알겠지만 수월할 거요. 악을 섬기는 자들과 대항해 싸우는 이들에게는 늘 자기편이 있소. 그리고 그들의 주인들은 그들을 미워하오. 그들이 우리를 미워하는 것만큼 말이오. 우리가 졸개들을 무능하게 해서 전혀 쓸모없게 하면, 우리 대신 그들의 주인들이 일을 마무리지을 거요. 그 주인들은 자신들의 도구를 부숴 버릴 거요."

갑자기 문에서 노크 소리가 나더니 그레이스 아이언우드가 들어왔다.

그녀가 말했다.

"아이비가 돌아왔습니다. 대장이 나가 보시는 게 좋을 듯합니다. 아니요, 혼자 왔습니다. 남편을 만나지 못했답니다. 형기는 끝났지만 석방되지 않았습니다. 그는 교정 치료를 위해 벨버리로 보내졌습니다. 새로운 법규 조항이 생겼습니다. 분명히 법정의 판결을 받을 필요가 없을 텐데…… 아이비의 말이 조리가 맞지 않습니다. 그녀는 몹시 괴로워합니다."

6

제인은 생각을 할 필요가 있어 정원으로 나갔다. 그녀는 대장이 한 말을 받아들였지만, 터무니없는 얘기처럼 보였다. 마크의 사랑과 신의 사랑(신이 있는 것은 분명하므로)에 대한 그의 비교는 막 영성이 싹튼 그녀에게 추잡하고 부적절해 보였다. '종교'는 여성이 물건으로, 교환과 욕망과 소유의 대상으로 취급된다는 그녀의 오랜 두려움이 영원히 고착되는 영역을 의미할 터였다. 거기서 '진정한 자아'는 위로 솟구쳐 더 자유롭고 순수한 세계로 뻗어나갈 터였다. 제인은 여전히 '종교'는 일종의 발산이거나 찬미의 구름이라고 여전히 생각했다. 특별한 재능이 있는 영혼들에게서 나와 수용적인 하늘로 가는 무엇이었다. 그때 퍼뜩 이런 생각이 들었다. 대장은 종교에 대해 말하지 않았다. 딤블 부부나 카밀라도 마찬가지였다. 그들은 신에 대해 말했다. 그들의 마음속에는 안개가 피어오르는 그림은 없었다. 오히려 강하고 능숙한 손이 뻗어 나와 만들고, 고치고, 파괴하기도 했다. 인간이 사물이라면? 다른 누군가에 의해 계획되고 만들어지고, 진정한 자아로 보기로 했던 것과는 다른 특징들로 평가된다면? 제인은 총각 삼촌들부터 마크, 딤블 엄마까지 모두에게 흥미롭고 중요한 인물로 보이고 싶은데, 그들이 그녀를 상냥하고 생기 넘치는 사람으로 본다면, 그들이 옳았고 그녀를 제대로 파악한 걸까? 이 문제에 대해 말렐 딜이 그녀가 아닌 그들에게 동의한다면? 그 순간 그녀는 이상야릇하고 일그러진 세상을 보았다. 그 세상에서 신은 이해 못하는, 그녀를 진지하게 봐주지 않을 존재 같았다. 그 순간 구즈베리 밭 한 귀퉁이에서 변화가 일어났다.

거기서 그녀를 기다린 것은 너무도 심각한 슬픔이었다. 형태도 소리도 없었다. 덤불 밑의 곰팡이, 오솔길의 이끼, 작은 벽돌이 박힌 경계선은 시각적으로 변하지 않았다. 하지만 그것들은 변했다. 경계를 넘었다. 그녀는 어떤 세상 속이나 어떤 사람 속으로, 혹은 어떤 이의 앞으로 들어갔다. 기대되고 참을성 있고, 엄연한 무엇이 가리개나 보호막 없이 그녀를 맞이했다. 그 밀착된 접촉 속에서 제인은 곧 대장의 말을 완전히 오해했다는 것을 알았다. 지금 그녀를 압박하는 이 요구는 아무리 유추해 봐도 여느 요구 같지 않았다. 이것은 모든 바른 요구의 근원이며 다른 요구들이 내포된 요구였다. 이에 비추어 다른 요구들을 이해할 순 있어도, 이 요구들로는 아무것도 알 수 없었다. 이런 것은 없었고 이전에도 있던 적이 없었다. 그리고 이제 이것 말고는 아무것도 없었다. 하지만 모든 게 이 요구와 비슷하기도 했다. 오직 이 요구처럼 됨으로써 무엇이든 존재해 왔다. 그녀가 이제껏 '나'라고 칭하던 자신에 대한 관념은 이 높이와 깊이와 넓이 속에 빠져 사라져 버렸다. 공기 없는 공간 속의 새처럼 퍼덕이지도 않고 끝없이 멀리 사라져 버렸다. '나'라는 명칭은 그녀가 존재를 의심한 적 없는 존재의 이름이었다. 아직 온전히 존재하지 않지만 요구되는 존재. 그것은 사람이지만(그녀가 생각했던 사람은 아니고), 사물이기도 했다. 만들어진 것이었다. 다른 이를 기쁘게 하려고, 그 안에서 다른 모든 이들을 기쁘게 하려고 만들어진 것이었다. 바로 이 순간에도 자신의 선택 없이, 꿈꿔 본 적 없는 모양으로 계속 만들어지고 있는 존재. 영광이나 슬픔 혹은 둘 다 속에서 계속 만들어지고 있었는데, 그 영광이나 슬픔이 빚는 손길 속에 있는지, 아니면 반죽된 덩어리 속에 있는지 제인은 판가름할 수 없었다.

말은 시간이 너무 걸린다. 이 모든 것을 의식하는 것과 이미 지나가 버렸음을 아는 것이 단번의 경험으로 이루어졌다. 그것은 떠나면서 드러났다. 그녀가 겪은 가장 큰 일은, 너무 짧아 시간이라 부를 수도 없는 순간에 스스로 공간을 찾아냈다. 그녀는 오직 기억만 붙들었다. 한 순간도 머뭇거리지 않고 기억을 붙들면서, 그녀의 존재 속 사방에서 기쁨 없는 이들의 목소리가 울부짖고 떠들어 댔다.

"조심해. 물러서. 침착해. 말려들지 마."

그들은 말했다. 바로 그때 다른 부분에서 더 미세한 소리가 났다.

"넌 종교적인 체험을 한 거야. 이건 정말 흥미로운걸. 누구나 하는

경험이 아니야. 이제 17세기 시인들을(17세기에는 존 던을 중심으로 형이상
학적 시들이 많았다—옮긴이) 더 잘 이해하겠네!"

또 다른 방향에서 더 부드러운 목소리가 말했다.

"계속 나아가. 다시 이해를 시도하라구. 대장이 기뻐할 거야."

하지만 그녀는 그 말을 물리쳤고 이 격려는 먹히지 않았다.

15

신들의 강림

1

'세인트 앤'의 집은 방 두 칸을 제외하면 텅 비어 있었다. 부엌에
서는 딤블, 맥피, 데니스톤을 비롯해 여인들 모두 창 가리개를 내리
고 난로 앞에 평소보다 가까이 둘러앉았다. 긴 계단과 통로를 지나
'파란 방'에서는 랜섬과 멀린이 만나고 있었다.

누군가 계단을 올라가서 '파란 방' 바깥 복도로 갔다면, 두려움 이
상의 뭔가가 앞을 막는다는 것을 알았을 터였다. 거의 물리적인 제재
를 느꼈을 터였다. 그것을 어떻게든 뚫고 나갔다면, 살랑거리는 소리
가 나는 공간으로 들어갔을 것이다. 그 소리는 또렷이 들리지만 목소
리는 아니었다. 또 복도가 아주 어둡지만 대장의 방 밑으로 난로 불
빛이나 달빛이 아닌 희미한 빛을 봤을 터였다. 그 사람이 자발적으로
문 앞까지 갈 수 있지는 않았을 것이다. 그에게는 이미 집 전체가 비

스케 만(프랑스 서해안의 만―옮긴이)의 폭풍에 휩싸인 배처럼 기울고 가라앉는 것처럼 보였을 것이다. 그는 이 지구가 우주의 바닥이 아니라 회전하는 구체이며, 아찔한 속도로 구르고 있다고 느낄 수밖에 없었으리라. 허공이 아닌 빼곡하게 들어찬, 복잡한 구조의 매개물 속을 굴러가는 것을 느끼며 겁에 질렸을 것이다. 그는 방에 있는 방문자들이 거기 있음을 민감하게 알고 격정에 빠졌을 것이다. 그들은 편안히 있는 게 아니라, (인간들이 허공이라고 부르는) 하늘의 빽빽한 실체를 흘끔대며 지나갔다. 움직이는 지구의 이 지점에 그들의 빛을 계속 쏘기 위해서였다.

드루이드 사제와 랜섬은 일몰 직후부터 이 방문자들을 기다리기 시작했다. 랜섬은 소파에 앉아 있었다. 그 옆에 멀린이 양 손바닥을 마주대고 몸을 약간 숙이고 앉아 있었다. 가끔 잿빛 도는 뺨에 땀방울이 흘러내렸다. 처음에 그는 무릎을 꿇고 있었지만 랜섬이 말렸다. 대장은 "모르겠습니까? 그들이 우리와 같은 종servent이라는(요한계시록 19장 10절과 22장 9절에서 인용―옮긴이) 것을 잊었습니까?"라고 말했다. 창문마다 커튼을 젖혔고, 거기서 드는 빛이 방 안을 비추었다. 그들이 기다리기 시작한 무렵에는 서리 기운이 있는 불그레한 빛이었지만 나중에는 별빛으로 변했다.

'파란 방'에서 어떤 일이 벌어지기 오래전에 부엌에 모인 식구들은 10시 티타임을 가졌다. 그들이 모여 앉아 차를 마실 때 변화가 일어났다. 어른들이 장례식이나 유서 낭독 같은 엄숙하지만 이해할 수 없는 일로 분주할 때 아이들이 소곤대듯, 지금까지 그들은 본능적으로 소리를 낮춰 대화했다. 그런데 갑자기 모두 한꺼번에 큰 소리로 말하기 시작했다. 입씨름을 벌이는 게 아니라 기분 좋게 남의 말을 끊고 떠들어 댔다. 모르는 사람이 부엌에 들어왔다면 그들이 취한 줄 알았을 것이었다. 고주망태는 아니고 기분 좋게 취한 것으로. 또 그들이 고개를 맞대고, 즐겁게 이리저리 시선을 돌리고 신나게 몸을 흔들어 대는 광경도 봤을 터였다. 무슨 이야기가 오갔는지는 나중에 아무도 기억하지 못했다. 딤블은 다같이 말장난을 했었음에 틀림없다고 주장했다. 맥피는 그날 밤까지도 자신은 말장난을 하지 않았다고 했지만, 다들 모두가 재치가 뛰어나다는 데 동의했다. 어휘로 장난하지 않더라도 웃음을 터뜨리지만 (따져 보면) 진지하게 받아들일 만한 생각, 모순, 공상, 일화, 이론이 눈부시게 쏟아져 나왔다. 아이비까지도 큰 슬픔을 잊었다. 딤블 엄마는 늘 데니스톤과 남편이 난로 옆에 나란히 서서 즐거운 지성의 대결을 벌인 것을 기억했다. 두 사람은 상대를 능가하고, 새나 전투기처럼 상대방 위로 높이 더 높이 날아올랐다. 그들이 나눈 말을 기억할 수 있는 사람이 있다면 얼마나 좋을까! 그녀는 평생 그런 대화는 들어 본 적이 없었으니까. 그 유려함, 그 운율(노랫가락이라 해도 될 만했다), 상대를 아찔하게 하는 중의적인 구조, 솟구치는 은유와 암시.

잠시 후 다들 조용해졌다. 바람을 피해 갑자기 담장 뒤에 선 것처럼 차분한 분위기가 내려앉았다. 그들은 지치고 좀 멋쩍어하며 서로 바라보았다.

위층에서는 이 첫 번째 변화가 다르게 일어났다. 두 사람 다 마음의 준비를 하는 순간이 왔다. 랜섬은 소파 옆면을 붙잡았고, 멀린은 자기 무릎을 움켜쥐고 입을 꾹 다물었다. 누구도 이름 붙이거나 그려 낼 수 없는 색의 빛줄기가 그들 사이로 쏟아졌다. 그 이상은 보지 못했고, 보는 것은 그들의 경험에서 최소한의 부분이었다. 그들은 곧 동요에 휩싸였다. 머리와 가슴속에서 뭔가가 펄펄 끓어오르고 부글부글 거품이 생겨 몸을 흔들어 댔다. 어찌나 격하게 흔들어 대던지, 정신이 산산이 부서질 것 같았다. 당시에는 실제로 정신이 산산조각 난 것 같았다. 하지만 그건 중요하지 않았다. 모든 조각들이—바늘 끝 같은 욕망들, 날렵한 흥겨움, 예리한 생각—반짝이는 동그란 사탕처럼 앞뒤로 굴러 스스로 하나로 뭉쳐졌기 때문이었다. 다행히도 두 사람 다 시에 대한 지식이 있었다. 그들 안에서 생각들이 중첩되었다가 나뉘어졌다가 재결합되는 과정은 두 겹과 세 겹으로 보이는 정신의 대위법을 배우지 않은 사람은 못 견뎠을 터였다. 랜섬의 경우 오랜 세월 언어 분야에서 그런 공부를 했기에 이것은 천상의 기쁨이었다. 그는 핵심적인 말들로 펄펄 끓는 하얗고 뜨거운 용광로 속 언어의 심장부에 앉아 있었다. 모든 사실이 깨지고 큰 폭포가 되어 튀고, 붙잡히고 안팎이 바뀌고, 치대지고 베이고 의미로 다시 살아났다. '의미'의 제왕 자신, 전령, 사자, 아르고스(그리스 신화에 나오는 눈이 백 개 달린 거인—옮긴이)를 죽인 자가 그들과 같이 있기 때문이었다. 태양과 가장 가까이서 도는 천사. 비리트릴비아, 사람들은 수성(머큐리) 혹은 토트로 부른다(로마 신화에서는 헤르메스 신을 머큐리라고 불렀고, 그리스 신화에서는 머큐리를 토트와 동일시한다. 토트는 이집트의 달의 신이며 글쓰기의 수호

신이기도 하다—옮긴이).

  아래층 부엌에서는 떠들썩한 말잔치가 끝난 후 졸음이 덮쳤다. 제인은 잠에 **빠져들려다가** 손에서 책을 떨어뜨린 바람에 깜짝 놀라 주위를 둘러보았다. 그녀는 모닥불을 좋아했지만, 오늘 밤 통나무 냄새는 그냥 달콤한 것과는 달랐다. 나무에서 그런 냄새가 날 수 없겠다 싶을 정도로 달콤한 향기라는 생각이 들기 시작했다. 삼나무 타는 냄새 혹은 향 냄새가 부엌에 퍼졌다. 향기가 짙어졌다. 향기로운 명사들이 머릿속을 맴돌았다. 마음을 진정시키는 라벤더와 계피 향과 모든 아라비아의 냄새가 상자에서 피어나는 것 같았다. 그것은 더 미묘하게 달콤하고, 애를 태워, 왜 금지되지 않았을까 싶었지만 억제된다는 것을 그녀는 알았다. 너무 졸려서 어떻게 이럴 수 있는지 깊이 생각할 수가 없었다. 딤블 부부가 대화 중이었지만 소리가 작아서 남들은 들을 수 없었다. 제인이 보기에 그들의 얼굴은 변한 듯했다. 이제는 늙은 얼굴이 아니었다. 그저 8월의 무르익은 들판처럼 성숙하고 고요하며, 욕구가 충족된 평온함이 황금빛을 발했다. 제인의 다른 쪽에서는 아서가 카밀라의 귀에 뭐라고 속삭였다. 또…… 그런데 덥고 달짝지근한 공기가 머릿속을 파고들어 제인은 그들을 더 이상 쳐다볼 수 없었다. 시샘 때문이 아니라(그런 생각은 멀찌감치 달아나 버렸다), 그들이 발산하는 빛 때문에 눈이 부셨다. 마치 그들 안의 신과 여신이 서로의 몸을 지나, 옷을 지나 타올라서, 그녀 앞에서 빛나는 것 같았다. 제인은 어린 벌거벗은 붉은 장미 같은 영혼에 압도당했다. 그들 주변의 모든 것이 춤추었다(그 광경이 절반쯤 보였다). 그날 오후 봤던 땅

딸막하고 우스꽝스러운 난쟁이들과는 달랐다. 환한 날개가 달리고, 상아 막대기처럼 매끄럽고 날렵한 소년 같은 형체의 진중하고 열정적인 영혼들이었다.

이때 '파란 방'에서도 랜섬과 멀린은 온도가 올라갔다고 느꼈다. 어떻게 혹은 언제 그랬는지 모르지만 창문들이 활짝 열려 있었다. 문이 열려 있어도 실내 온도는 떨어지지 않았다. 온기가 밖에서 들어오기 때문이었다. 앙상한 나뭇가지 틈으로, 한때 서리가 내려 딱딱했던 땅 위를 지나 여름 바람이 방으로 불어왔다. 하지만 영국에서 경험한 적 없는 여름의 산들바람이었다. 뱃전이 물 밑에 잠길 듯 미끄러지는 육중한 거룻배 같은 것이 실린 바람이었다. 밤에 피는 꽃들의 짙은 향, 끈적끈적한 고무 냄새, 작은 숲 내음, 한밤중 과일의 서늘한 맛을 머금은 바람. 그 바람에 커튼이 살랑거리고, 탁자에 놓인 편지가 들썩이고, 잠시 전 멀린의 이마에 달라붙었던 머리칼이 흩날렸다. 방 안이 흔들리고 있었다. 그들은 둥둥 떠다녔다. 거품, 꺼지는 물거품처럼 부드러운 일렁임과 떨림이 그들의 살갗을 스쳤다. 랜섬의 뺨에 눈물이 흘러내렸다. 어떤 바다와 어떤 섬에서 그 바람이 불어오는지, 알았다. 멀린은 그런 것은 몰랐다. 하지만 바람결이 그의 안에 있는 인간이 갖고 태어나는 상처를 깨워서 고통을 느꼈다. 선사 시대 켈트어의 처량하고 낮은 음절들이 그의 입술에서 흘러나왔다. 하지만 이 갈망들과 애정 어린 말들은 여신의 전령일 뿐이었다. 그녀의 고결함이 밀려들어 초점을 맞추고, 회전하는 지구의 그 자리에 긴 빛을 드리웠다. 그 부드러운 중심부에서 더 단단하고 강렬하고, 더 찌릿하게 황홀한 것이 나왔다. 두 인간 모두 벌벌 떨었다. 멀린은 무엇이 오는지 몰라서, 랜섬은 알아서였다. 이제 그것이 왔다. 얼얼하고 날카롭고, 밝고 가차 없는 것……. 죽일 준비가 되어 있고 죽을 준비가 되어 있고 빛의 속도를 능가하는 것. 그것은 자애였다. 인간들이 상상하는 대로가 아니었다. '말씀의 육화' 이후 인간들에게 의인화된 모습과도 다른 천상의 미덕이 '제3의 하늘'에서 온전히 그들에게 쏟아졌다. 그들은 앞이 보이지 않았고, 타들어 갔고, 귀가 멀었다. 빛이 그들의 뼈를 태울 거라는 생각이 들었다. 그들은 빛이 지속되는 것을 견딜 수 없었으며, 빛이 멈추는 것도 견딜 수 없었다. 인간이 금성이라 부르는, 행성 중에서도 의기양양한 페렐란드라는 그렇게 왔고, 그 방에 그들과 함께 있었다.

아래층 부엌에서 맥피가 의자를 뒤로 밀자 다리가 타일 바닥에 긁히는 소리가 났다. 연필이 석판을 긁는 소리와 비슷했다. 그가 한탄했다.

"이런! 우리 이렇게 앉아서 불만 들여다보고 있자니 한심하구먼. 대장님이 유리한 위치에 있지 않았다면, 장담컨대 어떻게든 우리가 착수할 방도를 찾아냈을 거요."

카밀라가 그를 쳐다보며 말했다.

"계속해 봐요! 계속해요!"

"무슨 뜻이오, 맥피?"

딤블이 물었다.

"싸움을 말하는 거예요."

카밀라가 말했다.

아서 데니스톤이 말했다.

"우리에 비해 그들의 수가 너무 많은 것 같습니다."

맥피가 말했다.

"그랬겠지! 하지만 앞으로도 이런 식으로 우리에 비해 수가 너무 많을 거요. 하지만 마지막 전에 한 사람을 그들에게 달려들게 하는 것도 좋을 거요. 사실 난 가끔 어떻게 되든 큰 상관이 없다고 느끼오. 그래도 그들이 이기고 내가 손을 못 썼다는 것을 무덤에서 알면 속이 편치 않을 거요. 1차 대전 중에 몽시 인근에서 있었던 기습에 대해 어떤 하사관이 내게 한 말을 전할 수 있으면 좋겠소. 우리 아군은 개머리판을 들고 감행했소. 그는 '그들의 머리통이 갈라지는 소리를 들으셨습니까?' 라고 말했소."

딤블 엄마가 말했다.

"속이 메슥거리는 말인 것 같군요."

카밀라가 말했다.

"그 부분은 그렇겠지요. 하지만…… 옛날 식으로 돌격할 수 있으면 좋겠어요. 저는 일단 말에 타면 꺼릴 게 없거든요."

딤블이 말했다.

"나는 이해가 안 되오. 나는 당신 같지 않소, 맥피. 난 용기가 없소. 하지만 당신이 말하는 동안, 죽임을 당하고 다치는 것이 예전처럼 두렵지 않다는 생각을 했소. 오늘 밤은 두렵지 않소."

제인이 말했다.

"우리가 그런 것 같아요."

딤블 엄마가 말했다.

"우리가 같이 있다면 그렇지. 그것은…… 아냐, 영웅적이란 뜻은 아니고…… 그렇게 죽는 것도 좋은 방법일 거야."

갑자기 모두의 얼굴과 목소리가 변했다. 그들은 다시 웃음을 터뜨렸지만 다른 종류의 웃음이었다. 서로에 대한 사랑이 강렬해졌다. 각자 나머지 식구들을 바라보며 생각했다. '여기 있다니 난 운이 좋아. 이들과 함께 죽을 수도 있어.' 하지만 맥피는 콧노래를 불렀다.

월리엄 왕은 말했지. 지휘관 한 명을 잃었다고 낙담하지 말라.

위층에서 처음에는 똑같았다. 멀린은 기억 속에서 배돈 힐의 겨울 잔디밭을 보았다. 노랑머리의 야만족인 브리튼-로마 기병 부대 위로 긴 성모마리아 깃발이 휘날렸다. 활이 튕겨지는 소리, 나무 방패에 달린 쇠가 딸깍대는 소리, 환호성, 울부짖음, 미늘 갑옷의 고리가 부딪치는 소리가 났다. 멀린은 또 저녁이 떠올랐다. 언덕을 따라 모닥불이 깜빡였고, 찬 서리에 상처가 욱신댔다. 피 웅덩이에 별빛이 쏟아지고 창백한 하늘에는 독수리가 몰려다녔다. 랜섬은 페렐란드라의 동굴에서 오랫동안 버둥대던 기억이 떠올랐다. 하지만 이 모든 것은 지나갔다. 바닷바람처럼 원기를 북돋우고, 왕성하고 기분 좋게 차가운 것이 그들에게 몰려들었다. 어디에도 두려움은 없었다. 몸속에서 피가 행군가에 맞추기라도 한 것처럼 활기차게 돌았다. 그들은 우주의 질서 잡힌 리듬 속에서 자리를 잡은 느낌을 맛보았다. 때 맞춰 변하는 계절들과 정연하게 자리잡은 원자들, 순종하는 천사들과 나란히 있는 듯했다. 엄청난 순종의 무게 아래서 그들의 의지는 여인상 기둥처럼 반듯이, 지칠 줄 모르고 서 있었다. 모든 변덕과 반항심이 지워진 채, 그들은 밝고 경쾌하게, 민첩하고 빈틈없이 서 있었다. 그들은 모든 불안을 극복했다. 근심은 무의미해졌다. 산다는 것은 이런 화려한 행렬을 의미했다. 랜섬은 이제 그들 사이에서 번뜩이는 천상의 영의 명료하고 힘 있는 광채를 눈앞의 불을 보듯 잘 알았다. 조심스러운 말라칸드라였다. 차가운 궤도의 우두머리. 인간들은 그를 마르스(Mars. 화성), 마버스(Mavors. 화성Mars의 고어—옮긴이), 혹은 늑대의 입에 손을 넣은 타르(유럽의 신. 로마 신화의 마르스와 동일—옮긴이)라고 부른다. 랜섬은 손님들을 하늘의 언어로 맞이했다. 하지만 멀린에게는 그가 인간 노릇을 해야 될 때가 왔다고 경고했다. 이미 '파란 방'에 온 세 신은 그들이 아직 기다리는 두 신보다는 인간과 비슷했다. 비리트릴비아(수성), 페렐란드라(금성), 말라칸드라(화성)에서는 생물적인 성별과 유사성을 지닌 '일곱 성Seven Genders' 중 두 가지만 드러났기에 인간들은 어느 정도 이해할 수 있었다. 하지만 내려올 준비 중인 신들은 다를 터였다. 이들 역시 의심의 여지 없이 그들의 성이 있었지만 우리는 그것에 대해 잘 모른다. 이들은 더 강력한 에너지, 즉 고대의 엘딜들일 터였다. 그들은 애초부터 굴욕적인 생명체로 떨어진 적 없는 거대한 세상들의 키잡이였다.

맥피가 말했다.

"아무튼 불을 때게, 데니스톤."

딤블이 말했다.

"추운 밤이구만. 틀림없이 바깥은 더 춥겠지."

모두 그 생각을 했다. 뻣뻣한 풀밭, 닭장, 숲 한가운데 어두운 곳들, 무덤들. 그다음에는 태양의 죽음, 공기 없는 추위 속에서 붙잡혀 질식하는 지구, 별들만 빛나는 검은 하늘에 대해 생각했다. 그러다 별들마저 없어지고······ 우주의 열역학적 죽음(별들과 은하들이 타들어 죽어 가고 우주에는 캄캄한 진공만이 존재한다는 이론—옮긴이), 자연이 되돌아오지 못하는 진공 상태에서 마지막으로 완전한 어둠이 남겠지. 사후 세계? 맥피는 '그럴 수도 있지'라고 생각했다. 데니스톤은 '난 믿어'라고 속으로 중얼댔다. 하지만 예전의 삶은 사라지고 그 모든 때, 모든 날과 시간이 사라져 버리리라. 전능한 신이라도 전생을 불러올 수 있을까? 세월은 어디로 가는 걸까? 또 왜? 인간은 이해하지 못하리라. 불안이 깊어졌다. 어쩌면 이해할 수 있는 게 없었다.

하늘에서 이름이 '루르가'인 토성이 '파란 방'에 서 있었다. 그의 영이 집, 아니 지구 전체에 차가운 압력을 가하자, 지구가 종이처럼 펴질 것 같았다. 그의 납덩이 같은 연로함에 비하면, 다른 신들은 스스로를 젊고 하루살이 같다고 느꼈을 터였다. 그 오래됨은 우리가 인지할 수 있는 가장 오랜 기간보다 수세기 더 높이 쌓인 산 같은 세월이었다. 그 정상은 눈에 들어오지 않는다. 생각이 머물 수 있는 영원이 아닌 더더욱 긴 시간으로도, 이름 붙일 수 없는 숫자의 얼어붙은 황무지와 침묵 속으로도 들어오지 않는다. 또 그것은 산처럼 강했다.

루르가의 나이는 상상하면 몽상에 빠질 수 있는 시간의 늪이 아닌, 살아 있고 스스로 기억하는 기간이었다. 이 기간은 화강암이 물살을 밀어내듯 루르가의 체제에서 가벼운 영들을 내쫓았다. 그 자신은 시들지도 쇠약해지지도 않았지만, 누구든 충고를 무시하고 접근하면 시들게 할 수 있었다. 랜섬과 멀린은 견디기 힘든 추위에 시달렸다. 루르가가 그들에게 들어오자, 거기서 힘이던 모든 것은 슬픔이 되었다. 하지만 그 방 안에는 루르가를 압도하는 것이 있었다. 갑자기 더 위대한 영이 왔다. 그의 영향력은 약동하는 수성, 투명한 화성, 더 미세하게 진동하는 금성, 엄청난 무게의 토성까지도 자체의 특성으로 제어하고 변화시켰다.

부엌에서도 그의 도착이 감지되었다. 어떻게 그런 일이 벌어졌는지 나중에 아무도 몰랐지만, 어찌어찌 해서 주전자를 불에 올리고 따끈한 토디 음료를 준비했다. 그들 중 유일하게 악기를 다루는 아서는 바이올린을 꺼내 들어야 했다. 의자들을 뒤로 밀고 공간을 만들었다. 그들은 춤을 추었다. 어떤 춤이었는지 아무도 기억하지 못했다. 발을 끄는 현대적인 춤이 아니라 둥글게 도는 춤이었다. 바닥을 발로 차고 손뼉을 치고 폴짝폴짝 뛰었다. 춤이 계속되는 동안 누구도 자신이나 동료들을 이상하게 여기지 않았다. 사실 시골 마을의 분위기였을 터였고, 타일 깔린 부엌에 어울리지 않는 것도 아닐 것이었다. 춤출 때의 활기도 마찬가지였다. 각자가 보기에 방에 왕들과 왕비들이 꽉 찬 것 같았다. 그들의 춤의 활기는 영웅적인 에너지를 표현했고, 그보다 조용한 움직임에는 모든 웅장한 의식들의 뒤에 있는 정신이 깔려 있었다.

위층에서 그의 강렬한 빛이 '파란 방'을 빛의 향연으로 바꾸었다. 다른 천사들 앞에서 인간이 주저앉는다면, 이 천사 앞에서 인간은 죽을 터였다. 하지만 산다면 웃음을 터뜨렸으리라. 그가 내쉰 숨을 들이마시면, 전보다 키가 커졌다고 느꼈을 것이다. 장애인이더라도 당당하게 걸었을 것이며, 거지라도 기품 있게 누더기를 걸쳤을 터였다. 그에게서 왕다움, 힘, 잔치의 화려함, 정중함이 모루에서 불꽃 튀듯 번뜩였다. 울리는 종소리, 나팔 소리, 나부끼는 깃발이 지구에서 그의 특징을 어렴풋이 상징하는 데 쓰는 수단이다. 그것은 크림색 꼭대기에 에메랄드 색 아치를 그리는 햇빛 쏟아지는 파도 같았다. 3미터 높이에서 포효하는, 공포감을 주며 참을 수 없는 웃음을 터뜨리는 파도 같았다. 어느 왕의 홀에서 첫 음악이 아주 높이 시작되고, 어느 잔치에서 첫 음악이 아주 장엄하게 시작되어, 그 음악을 들은 젊은이들의 가슴에 두려움에 가까운 떨림이 파고드는 것과도 비슷했다. 왜냐면 그는 왕 중의 왕, 위대한 글룬드-오야르사였으니까. 그를 통해 기본적으로 창조의 기쁨이 태양계에 불어온다. 옛 사람들은 '조브'(그리스 로마 신화의 '주피터', '제우스'. 주피터는 목성이라는 뜻도 있다―옮긴이)로 알았고, 그 이름 때문에 치명적이지만 설명이 불가능한 것도 아닌, 그와 창조자가 혼동되는 오해가 생기기도 했다. 이 목성 위로 몇 단계의 피조물이 있는지 그들은 상상도 못했다.

그가 오자 '파란 방'은 명절이 되었다. 뛰어난 다섯 '자연'이 영원히 부르는 찬가에 푹 빠진 두 인간은, 더 긴박한 만남의 목적을 한순간 잊었다. 그때 다섯 영은 할 일을 진행했다. 멀린은 그의 내면에 능력을 받았다.

다음 날 그는 다르게 보였다. 수염을 깎아서이기도 했지만, 이제 원래의 그가 아니기 때문이기도 했다. 그와 육체의 마지막 분리가 임박했음을 아무도 의심하지 않았다. 그날 나중에 맥피는 그를 차에 태우고 가서 벨버리 인근에 내려 주었다.

2

그날 마크는 부랑자의 방에서 깜빡 졸고 있다가 화들짝 놀랐다. 방문자들이 들어서는 바람에 갑자기 정신을 차린 것이다. 먼저 프로스트가 들어와 문을 잡아 주었다. 다른 두 사람이 뒤따라 들어왔다. 한 사람은 부소장이었고, 다른 한 사람은 마크가 처음 보는 사내였다.

이 사람은 빛바랜 사제복을 입고, 유럽 곳곳에서 성직자들이 쓰는 챙 넓은 검은 모자를 손에 들고 있었다. 덩치가 아주 큰 데다 옷 때문에 더 우람해 보였다. 깔끔하게 면도한 큰 얼굴에는 깊고 복잡한 주름이 많았다. 그는 고개를 약간 숙이고 걸었다. 마크는 그를 고지식한 사람이라고 판단했다. 알 수 없는 교단 소속인 데다 더 알 수 없는 언어의 권위자일 터였다. 또 이 사람이 두 맹금 사이에 서 있는 것을 보니 더욱 못마땅했다. 그의 오른쪽에서는 위더가 심정을 토로하며 비위를 맞추었고, 왼쪽에서는 프로스트가 쇠꼬챙이처럼 뻣뻣하게 서서 과학자적인 관심을 갖고 기다리고 있었다. 프로스트가 못마땅하며 새로운 실험 결과를 기다린다는 것을 마크는 이제 알 수 있었다.

위더는 손님에게 한참 동안 라틴어로 말했다. 마크는 알아듣지는 못했지만 라틴어인 것은 알았다. 그는 속으로 중얼댔다. '사제가 맞군 그래! 그런데 어디서 왔는지 궁금한데? 위더는 평범한 언어는 다 아는데. 이 노인네는 그리스 사람인가? 레반트(동부 지중해 및 섬과 연안 제국—옮긴이) 사람으로 보이지는 않는데. 러시아 사람에 더 가까운 걸.' 하지만 이 시점에서 그의 주의가 딴 데로 돌려졌다. 문고리 돌리는 소리가 나자 눈을 감았던 부랑자가 갑자기 눈을 떴다. 낯선 자를 보더니 눈을 전보다 더 꼭 감았다. 그 후로 그의 행동이 별스러웠다. 부랑자는 과장되게 코를 골기 시작하더니 사람들에게 등을 돌리고 누웠다. 이방인이 침대로 한 걸음 가까이 와서, 낮은 목소리로 두 음절의 말을 했다. 부랑자는 1~2초간 그대로 누워 있었지만, 오한이 온 것 같았다. 배의 키에 따라 뱃머리가 방향을 돌리듯이, 그는 느리지만 지속적으로 움직였다. 몸을 돌려 누워서 낯선 이의 얼굴을 올려다보았다. 그는 눈을 크게 뜨고 입을 크게 벌렸다. 머리와 손을 홱 젖히고 유령처럼 미소 지으려고 했다. 그가 뭔가 말하려 한다고, 어쩌면 탄원이나 교묘한 말을 하려는 거라고 마크는 결론 내렸다. 다음에 벌어진 일 때문에 그는 숨을 멈추었다. 낯선 자가 다시 말을 하자, 부랑자의 얼굴이 일그러졌다. 그는 기침을 해대고, 더듬거리며 푸푸 소리를 내고 가래를 뱉었다. 그러더니 그의 입에서 부자연스러운 높은 톤의 음절이, 어휘들이, 문장 전체가 터져 나왔다. 라틴어도 아니고 영어도 아닌 언어였다. 낯선 이는 내내 부랑자의 눈을 응시했다.

손님이 다시 말했다. 이번에 부랑자는 훨씬 길게 대답했고, 모르는 언어를 조금 더 수월하게 구사하는 것 같았다. 하지만 마크가 지난 며칠간 대화하면서 들은 것과는 전혀 다른 목소리였다. 그는 말을 마칠 무렵 일어나 앉더니 위더와 프로스트가 서 있는 곳을 손짓했다. 그러자 손님은 그에게 묻는 것 같았다. 부랑자가 세 번째로 말을 했다.

손님은 대답에 놀라 물러섰고, 몇 번이나 성호를 그어 공포에 질렸음을 분명히 드러냈다. 그는 다른 두 사람에게 몸을 돌리고 라틴어로 재빨리 말했다. 그가 말할 때 그들의 낯빛이 달라졌다. 그들은 막 냄새를 맡은 개들 같았다. 그러자 손님은 크게 탄식하며 옷자락을 모아 쥐고 얼른 문으로 향했다. 하지만 두 과학자가 그보다 민첩했다. 잠시 문간에서 세 사람은 말다툼을 했다. 프로스트는 동물처럼 이를 드러냈고, 늘어진 가면 같은 위더의 얼굴에 딱 한 번 또렷한 표정이 떠올랐다. 늙은 사제는 협박당하고 있었다. 마크는 자신이 스스로 한 걸음 나선 것을 알아차렸다. 하지만 마크가 어떻게 행동할지 정하기 전에, 사제는 양손을 뻗고 고개를 저으면서 순순히 침대로 돌아갔다. 문간에서 입씨름이 벌어지는 동안 느긋했던 부랑자가 갑자기 다시 몸이 굳으니 이상한 일이었다. 그는 명령을 기다리기라도 하듯 이 겁먹은 노인에게서 눈을 떼지 않았다.

알지 못할 언어로 더 많은 말이 오갔다. 부랑자는 다시금 위더와 프로스트를 손짓했다. 사제는 몸을 돌리고 그들에게 라틴어로 말했다. 부랑자의 말을 통역하는 모양이었다. 위더와 프로스트는 상대가 행동을 취하기를 기다리는 사람들처럼 서로 마주보았다. 그 후는 완전히 광란의 도가니였다. 늙은 부소장은 씨근거리고 끽끽거리면서 몸을 떨더니 극도로 조심스럽게 무릎을 꿇었다. 거의 동시에 프로스트도 금속처럼 뻣뻣하게 움직여 위더 옆에 무릎을 꿇었다. 그는 몸을 낮추면서 갑자기 어깨 너머로 마크가 선 곳을 돌아보았다. 그의 얼굴에서 증오의 빛이 번뜩였지만, 너무도 뚜렷한 것이어서 더 이상 격정도 아니었고 열기도 없었다. 그저 금속이 타는 북극에서 금속을 만지는 것 같았다.

"꿇게."

프로스트가 염소 울음 같은 소리로 말하고 이내 고개를 돌렸다. 나중에 마크는 지시에 따르는 것을 그냥 잊었는지, 진짜 반항이 이 순간 시작된 건지 기억할 수 없었다.

부랑자가 다시 말했다. 그는 사제복을 입은 노인에게서 눈을 떼지 않았다. 사제는 또다시 그 말을 통역하고는 옆으로 물러섰다. 위더와 프로스트가 무릎걸음으로 나오기 시작해 침대까지 갔다. 부랑자는 털 많은 더러운 손을 그들에게 내밀었다. 물어뜯은 손톱이 지저분해 보였다. 그들이 손에 입을 맞추었다. 그러더니 또 그들에게 지시가 내려진 듯했다. 두 사람이 일어섰고, 마크는 위더가 라틴어로 이 명령에 가볍게 이의를 제기하는 것을 알아차렸다. 그는 계속 프로스트를 가리켰다. '베니아 투아'('친절하게도 허락하신다면' 또는 '저를 용서하신다면')[위더는 매번 '베니아 베스트라'(거룩하신 분이시여)로 고쳐 말했다]란 말이 워낙 자주 나와서 마크는 그 말을 알아들을 수 있었다. 하지만 위더의 간언은 허사였다. 얼마 후 위더와 프로스트 둘 다 방에서 나갔다.

문이 닫히자 부랑자는 공기 빠진 풍선처럼 쓰러졌다. 그는 침대에서 몸을 굴리며 중얼댔다.

"아뿔싸. 믿을 수가 없었어. 대단해. 정말 대단해."

하지만 마크는 이 말에 신경을 쓸 여유가 없었다. 사제가 마크에게 말을 걸고 있었고, 뜻을 알아들을 수는 없었지만 고개를 들었다. 곧 다시 시선을 돌리고 싶었지만 그럴 수 없다는 것을 알았다. 그는 지금쯤 두려운 얼굴들을 참는 데는 이력이 났다고 할 수도 있었을 것이다. 하지만 이 얼굴을 봤을 때 두려웠다는 사실이 달라지진 않았다. 얼굴을 알아볼 새도 없이 졸음이 밀려들었다. 잠시 후 그는 의자에 주저앉아 잠들었다.

3

"그래서요?"

문 밖으로 나와 둘만 있게 되자마자 프로스트가 말했다.

"이게…… 저…… 몹시 당황스럽소."

부소장이 말했다.

그들은 나직이 대화를 나누며 복도를 내려갔다.

프로스트가 말했다.

"내가 보기에는, '보기에는'이라고 말합니다. 침대에 누운 자는 최면에 걸리고 바스크족(스페인 피레네 산맥에 사는 민족—옮긴이) 사제가 상황을 통제하는 것 같더군요."

"아. 정말이지 그건 가장 불안하게 하는 가설이오, 친구."

"실례합니다만 나는 가설을 세우지 않습니다. 상황을 본 대로 묘사하는 겁니다."

"그래서 당신의 가설에 따르면…… 용서하시오. 그건 가설이 맞소……. 바스크족 사제가 우리 손님이 멀리누스 암브로시우스라는 이야기를 지어 내려고 왔다는 거요?"

"바로 그겁니다. 침대에 누운 자가 멀리누스가 아니라면 누군가가, 우리 계산 밖에 있는 누군가…… 즉 사제가 우리의 활동 계획을 전부 안다는 뜻이 됩니다."

"이 두 사람 모두 붙잡고 있고, 우리가 그들에게 극도로 겸손한 태도를 보여야 하는 것도 바로 그 때문이오, 친구. 적어도 더 많은 것이 파악될 때까지는 그래야 하오."

"물론 그들을 억류해야 됩니다."

"나는 '억류'란 말은 쓰지 않겠소. 함축적인 의미들이 담겨 있으니까……. 지금 당장은 우리 특별한 손님의 신원에 어떤 의심도 하지 않겠소. 감금은 의문의 여지가 없소. 하지만 더없이 따뜻하게 환영하고, 세심하게 예절을 갖추어야 하오……."

"부소장님은 멀리누스가 동료보다는 독재자로 연구소에 들어오는 상상을 하신다고 알고 있습니다만?"

"그것에 대해 말하자면, 우리의 사적 혹은 공적인 관계를 나는 탄력적으로 받아들이고, 언제든 필요하면 조정할 준비가 되어 있소. 내가 당신이 자기 위치를 잘못 파악한다고 생각하게 되면 그건 진짜 슬픈 일일 거요……. 아, 간단히 말해 그가 멀리누스라면 말이오……. 내 말을 알아듣겠소?"

"당장 어디로 데려갈 겁니까?"

"내 숙소로. 기억할지 모르지만 우리는 손님에게 옷가지를 제공해야 하오."

"그거야 당연합니다. 우린 지시를 받았으니까요."

이 말에 위더는 대답하지 않았다. 두 사람이 그의 침실에 들어가서 문을 닫자, 프로스트가 말했다.

"난 흡족하지 않군요. 부소장님이 상황의 위험성을 인식하지 못하는 것 같습니다. 우리는 그가 멀리누스가 아닐 수도 있다는 점을 고려해야 합니다. 그리고 그가 멀리누스가 아니라면, 그때는 사제가 알아서는 안 되는 것을 안다는 뜻이 됩니다. 사기꾼과 스파이가 연구소에 남아 있는 것은 말이 안 됩니다. 우리는 사제가 어디서 정보를 알았는지 당장 알아 봐야 합니다. 그 사제를 어디서 데려오셨습니까?"

"가장 어울릴 만한 셔츠는 저거 같소……."

위더가 침대에 셔츠를 놓으면서 말을 이었다.

"양복은 여기 있소. 그…… 아…… 사제의 말로는 우리가 낸 광고를 보고 왔다고 하오. 나는 당신이 밝힌 관점을 제대로 평가하고 싶소, 프로스트. 한편 진짜 멀리누스를 퇴짜 놓는 것이라면…… 우리 계획에 필수 요소인 능력을 내던지는 거라면…… 위험하기는 마찬가지일 거요. 또 사제가 적인지도 확실하지 않소. 그는 매크로브와 개인적으로 접촉했을지도 모르오. 그가 잠재적인 동지일지도 모르는 일이오."

"그자가 그렇게 생겼다고 생각했습니까? 사제인 게 안 어울리던데요."

"지금 우리는 칼라와 넥타이를 찾아야 하오. 이런 말을 하는 걸 용서하시오만, 나는 여태껏 종교에 대한 당신의 태도에 전혀 공감할 수 없었소. 원시적인 형태의 독단적인 기독교에 대해 말하는 것은 아니오. 하지만 종교 조직 내부—성직자 집단—에서 진정 가치 있는 타입의 영성이 가끔 나오기도 하오. 그럴 때는 종종 엄청난 에너지를 발산하지. 도일 신부는 비록 대단한 재능은 없지만 우리의 든든한 동료요. 또 스트레이크의 내면에는 아주 드문 완전한 충성심(당신은 '객관성'이란 용어를 선호하리라 믿소만)의 싹이 있소. 아무튼 운신의 폭을 좁히는 것은 도움이 되지 않소."

"실제로 어떻게 할 작정입니까?"

"물론 우리는 당장 '헤드'와 의논할 거요. 내가 이 용어를 쓴 것은 순전히 편리성 때문이라는 점을 알아주시오."

"한데 어떻게 그게 가능합니까? 오늘 밤 취임 파티가 열려서 줄스가 내려온다는 것을 잊었습니까? 아마 한 시간 후면 여기 도착할 겁니다. 부소장님은 자정까지 그의 춤 시중을 들게 될 거고요."

한순간 위더는 입을 벌린 채 표정이 굳어졌다. 꼭두각시 소장이, 대중을 속이는 데 쓰는 연구소의 허수아비가 그날 밤 온다는 것을 까맞게 잊었다. 하지만 그것을 잊고 있었다는 깨달음은 소장이 온다는 사실보다 더 위더를 고통스럽게 했다. 첫 겨울 공기를 마신 것과 비슷했다. 대단한 제2의 자신 혹은, 그가 생활을 영위하려고 만든 머릿속 기계에 생긴 첫 균열의 기미와 비슷했다. 다른 위더로 사는 동안 그는, 진짜 위더는 유령의 애매한 경계선에서 떠다녔다.

"환장하겠구만!"

위더가 말했다.

"그러니까 바로 오늘 저녁에 이 두 사람을 어떻게 할 건지 당장 고민해야 합니다. 그들을 파티에 참석하게 하는 건 안 됩니다. 두 사람끼리만 두는 것도 미친 짓일 겁니다."

"그 말을 들으니 생각나는데, 우린 이미 10분 넘게 둘만 남겨 두었소. 스터독도 같이 있지. 당장 옷을 챙겨서 돌아가야 하오."

"계획도 없이 말입니까?"

프로스트가 물었다. 하지만 그는 위더를 따라서 방을 나서고 있었다.

"상황에 따라 대응해야겠소."

위더가 말했다.

그 방에 이르니 사제복을 입은 사내가 라틴어로 떠들어 대는 듯한 애원으로 그들을 맞이했다.

그는 말했다.

"보내 주십시오. 간청 드립니다. 제발 해를 끼치지 않는 가여운 노인에게 폭력을 가하지 마십시오. 나는 아무 말도—신이여, 저를 용서

하소서―하지 않겠지만 여기 머물 수는 없습니다. 자기가 멀리누스라는 이 사람은 죽음에서 돌아온 자입니다. 그는 악마주의자이며, 악마 같은 기적들을 행사합니다. 보십시오! 당신들이 방에서 나간 순간, 그가 가여운 청년에게 무슨 짓을 했는지 보십시오."

그는 의식을 잃고 의자에 누운 마크를 손짓했다. 사제가 말을 이었다.

"그는 눈으로, 단지 청년을 쳐다보는 것만으로 이렇게 했습니다. 악마의 눈입니다. 악마의 눈이에요."

프로스트가 라틴어로 말했다.

"조용하시오! 그리고 잘 들으시오. 당신이 시키는 대로 한다면 아무런 해도 당하지 않을 것이오. 그러지 않으면 처리되는 수가 있소. 내 생각에 당신이 골칫거리다 싶으면, 당신은 목숨뿐 아니라 영혼도 잃게 될 거요. 당신 말을 들어 보면 별로 순교자 같지 않으니 말이오."

사제복을 입은 사내는 양손으로 얼굴을 가리고 징징댔다. 느닷없이 프로스트가 그를 걷어찼다. 그러고 싶어서가 아니라 기계적으로 그런 것 같았다. 프로스트가 말했다.

"자, 이제 그에게 우리가 보통 사람들이 입는 옷을 가져왔다고 하시오."

사내는 걷어 채이고도 비틀대지 않았다.

결국 부랑자는 씻고 옷을 입었다. 이 일이 마무리되자, 사제복을 입은 사내가 말했다.

"그는 이제 당신네 집 전체를 돌아보고 비밀들을 봐야 된다고 합니다."

위더가 말했다.

"아주 기쁜 일이며 특권이 될 거라고 그에게 말하시오……."

하지만 부랑자가 다시 뭔가 말했다.

거구의 사내가 통역했다.

"먼저 '헤드'와 동물들과 고문당하고 있는 죄수들부터 봐야겠다고 합니다. 다음으로 그는 당신들 중 한 명하고만 가겠답니다. 당신이랑 간답니다."

여기서 그는 위더에게 몸을 돌렸다.

"나는 그런 조치는 허락하지 않겠소."

프로스트가 영어로 말했다.

위더가 말했다.

"이보시오, 프로스트. 지금은 그럴 때가 아니오……. 또 우리 중 한 명은 자유롭게 줄스를 만나야 하오."

부랑자가 다시 말했다. 사제복 입은 사내가 전했다.

"양해하십시오. 저는 그의 말대로 할 수밖에 없습니다. 이것은 제 말이 아닙니다. 그는 금한답니다. 그 앞에서 나를 통해서도 그가 알아들을 수 없는 언어로 대화하는 것을요. 그리고 그는 복종받는 것이 오랜 습관이라고 합니다. 이제 그가 당신들이 그를 친구로 삼을지, 적으로 삼을지 묻습니다."

프로스트가 가짜 멀린에게 한 걸음 다가가다가, 진짜 멀린의 낡은 사제복에 어깨가 스쳤다. 위더는 프로스트가 무슨 말인가 하려다 겁을 먹었다고 생각했다. 프로스트는 한 마디도 떠올릴 수 없었다. 라틴어를 하다가 영어로 급히 바꾸어 말해서일 듯했다. 그는 말을 할 수 없었다. 헛소리 외에는 머리에 떠오르지 않았다. 매크로브라는 존재와의 지속적인 교류가 예측할 수 없는 그의 심리에 영향을 미쳤으리라는 것을 프로스트는 오래전부터 알았다. 어렴풋이 완전한 몰락의 가능성이 생각에서 떠나지 않았다. 그는 개의치 않도록 자신을 단련해 왔다. 이제 그것이 밀려오고 있는 듯했다. 프로스트는 두려움은 화학적 현상에 불과하다고 되새겼다. 지금은 괴로움에서 벗어나 정신을 차리고, 저녁에 새로운 출발을 해야 했다. 물론 이것이 마지막일 리 없기 때문이었다. 최악의 경우라도 이것은 종말의 첫 암시가 될 수 있을 뿐이었다. 어쩌면 그에게는 앞으로 일할 세월이 있었다. 그는 위더보다 오래 버틸 터였다. 사제를 죽이고 싶었다. 멀린까지도……. 그가 진짜 멀린이라면…… 매크로브를 감당하는 데 프로스트 자신보다 나을 게 없을 터였다. 그는 옆으로 물러섰고, 부랑자는 진짜 멀린과 부소장을 따라 방에서 나갔다.

실어증이 일시적 현상일 거라는 프로스트의 생각은 옳았다. 그들이 혼자 있을 때면 그는 말하는 데 어려움이 없었다. 그는 마크의 어깨를 흔들었다.

"일어나. 여기서 자면 어떻게 해? 나와 객관의 방으로 가자고."

4

조사를 위한 순시에 앞서 멀린은 부랑자에게 가운을 입히라고 했고, 위더는 결국 그에게 에지스토 대학교의 철학박사 가운을 입혔다. 그렇게 차려입자 어리둥절한 부랑자는 눈을 반쯤 감고, 달걀 위를 걷기라도 하는 듯이 조심스럽게 계단을 오르내리며 동물원과 감방들을 지나갔다. 이따금 무슨 말을 하려고 안간힘을 쓰기라도 하듯 그의 얼굴에 경련이 일었다. 하지만 진짜 멀린이 질문을 하면서 눈을 맞출 때 외에는 결국 아무 말도 못했다. 물론 이 모든 것은 부랑자가 아닌, 교육받은 부유한 사람에게나 어울렸을 법한 일이었다. 이 '기묘한 일'이, 세상에서 가장 기묘한 일이 그에게 떨어졌다는 것은 분명했다. 진홍색 가운과 무관하게, 그리고 그가 알지도 못하는 말이 입에서 나온다는 사실은 고사하고 온몸이 깨끗한 느낌만으로도 이상하기 짝이 없었다. 하지만 그에게 벌어진 설명할 수 없는 일이 이게 처음은 아니었다.

한편 '객관의 방'에서는 마크와 프로스트 교수 사이에 뭔가 위기스러운 일이 벌어졌다. 방에 이르자마자 마크는 테이블이 치워졌음을 알았다. 실물 크기의 대형 그리스도 수난상이 바닥에 놓여 있었다. 스페인 식으로 그려진 십자가상은 오싹하면서도 사실적이었다.

"우리가 훈련할 수 있는 시간이 30분이네."

프로스트가 손목시계를 보면서 말했다. 그러더니 마크에게 십자가를 밟고 다른 여러 방식으로 모욕하라고 지시했다.

제인은 어린 시절에 요정과 산타클로스가 없다는 것을 알면서 기독교를 버린 반면, 마크는 기독교를 믿어 본 적이 없었다. 따라서 이 순간 거기 뭔가가 있을 거라는 생각이 처음으로 마음을 스치고 지나갔다. 마크를 유심히 지켜보던 프로스트는, 이것이 현재 실험의 결과이리라는 것을 잘 알았다. 매크로브에게 훈련받다가 어느 시점에 프로스트 자신도 이런 이상한 생각을 한 적이 있었다. 그러니 마크도 얼마든지 그럴 만했다. 하지만 그에게는 선택의 여지가 없었다. 원하든 아니든 이런 종류의 행위는 입회 과정의 일부였다.

마크가 말했다.

"하지만 이걸 보십시오."

"뭔데 그래? 빨리 하라구. 우리가 쓸 수 있는 시간이 얼마 없네."

프로스트가 말했다.

마크는 십자가에 달린 오싹한 하얀 상을 왠지 꺼림직해하며 손짓했다.

"이건…… 이건 틀림없이 순전한 미신입니다."

"그래서?"

"그래서, 그렇다면 그 얼굴을 밟는 데 무슨 객관성이 있겠습니까? 그것을 숭배하는 것이나 그것에 침을 뱉는 것이나 똑같이 주관적이지 않습니까? 제 말은…… 제기랄! ……이게 나무 덩어리에 불과하다면 왜 무슨 짓을 하느냐는 겁니다."

"그건 피상적인 발상일세. 자네가 비기독교 사회에서 성장했다면 이런 일을 하도록 요구받지 않을 걸세. 물론 이건 미신이지. 하지만 이 독특한 미신이 수세기 동안 우리 사회를 압박해 왔지. 의식적인 사고는 기독교에서 완전히 탈피한 것 같아도 무의식 속에는 여전히 기독교가 지배적인 체계로 고착된 개인들이 많네. 따라서 그 반대 방향의 확실한 행동이 완전한 객관성으로 가는 데 꼭 필요한 과정이네. 이것은 토론할 문제가 아니네. 반드시 거쳐야 하는 과정일세."

밀려드는 감정들에 마크 스스로도 놀랐다. 그는 그리스도상을 신앙과 비슷한 감정으로 바라보지 않았다. 지난 며칠간 벨버리의 핵심 패거리에 맞서면서 그를 지탱시킨 '똑바르거나 정상적이거나 건전한' 개념과 이 감정은 별개였다. 이 방의 다른 것들과 그 개념의 거리만큼이나, 사실적이고 섬뜩한 십자가가 지닌 힘은 나름대로 그 개념과 동떨어졌다. 그것이 마크가 꺼리는 한 가지 이유였다. 조각된 것이라도 괴로워하는 모습의 상을 모욕하는 것은 혐오스러운 짓 같았다. 하지만 그 이유만은 아니었다. 이 기독교의 상징이 등장하면서, 어쩐지 상황 전체가 바뀌었다. 가늠할 수 없는 상황이 되고 있었다. 그가 주장한 '정상적인 것'과 '병든 것'이라는 단순한 대조로는 설명되지 않았다. 왜 거기 그리스도 수난상이 있을까? 왜 종교화가 그리 많을까? 그는 새로운 집단들이 충돌하는 것을 느꼈다. 각각 우군과 적군으로 믿었던 것들이 맞붙었다. 마크는 속으로 중얼댔다. '내가 어느 방향으로든 발을 떼면 절벽으로 떨어지는 걸 거야.' 무슨 일이 있어도 버티고 서서 꼼짝 않는 나귀 같은 단호함이 그의 마음속에서 솟구쳤다.

"서두르게."

프로스트가 재촉했다.

나직하지만 다급한 말투였다. 전에 그 목소리에 자주 복종했다는 사실에 무릎 꿇을 뻔했다. 그의 말을 따르며 바보 같은 일을 끝내려는 순간, 십자가상이 무방비 상태인 점이 그를 가로막았다. 아주 비논리적인 감정이었다. 그 손이 못 박혀 꼼짝 못해서가 아니라, 그게 나무에 불과하고 그래서 더욱 무기력하기 때문이었다. 아무리 사실적이라 해도 그 상이 생명이 없어서 맞서지 못하기 때문에 마크는 그대로 있었다. 어릴 때 그가 산산조각 낸 인형—누이 머틀의 인형—의 복수를 모르는 얼굴도 같은 영향을 미쳤다. 지금에 와서도 그 기억이 마음을 뭉클하게 했다.

"뭘 기다리고 있나, 스터독?"

프로스트가 말했다.

마크는 위험이 커지고 있다는 것을 잘 알았다. 그가 복종하지 않으면 살아서 벨버리를 나갈 마지막 기회가 날아갈 터였다. 살아서 이 방을 나갈 수도 없었다. 다시금 압박감이 그를 짓눌렀다. 마크는 자신이 나무 예수처럼 무기력하다고 느꼈다. 이런 생각을 하면서 자기도 모르게 수난상을 새로운 눈으로 바라보았다. 나무 조각도 아니고, 미신에 따른 기념비도 아닌 역사의 일부로 보았다. 기독교는 허튼소리였지만, 예수가 생존한 인물이며 그 시대의 '벨버리'에게 처형당했다는 것은 의심의 여지가 없었다. 그것은 십자가가 '곧음'이나 '정상'의 이미지는 아니지만, 왜 왜곡된 벨버리의 정반대인지 설명해주었다. 그것은 '곧음'과 '왜곡'이 만나면 일어나는 상황의 그림이었다. 왜곡된 것들이 곧은 것들에게 저지르는 일의 그림, 그가 곧게 남아 있으면 어떤 일을 당할지를 보여 주는 그림이었다. 그것은 마크가 이제껏 알던 것보다 더 명확한 의미에서 '십자가'(cross. '십자가', '교차' 등의 뜻이 있다—옮긴이)였다.

"훈련을 계속할 작정인가, 아닌가?"

프로스트가 말했다. 그의 시선이 시계에 머물렀다. 위더 일행이 관내 순시 중이며 줄스가 벨버리에 거의 다 왔다는 것을 그는 알고 있었다. 이제 언제라도 훈련이 방해받을 수 있었다. 그가 마크의 입회 절차 중에 이 과정을 지금 행한 것은 예상치 못한 충동을(매일 점점 자주 그런 충동에 휩싸였다) 자제하지 못해서였다. 하지만 불확실한 일이 벌어진 지금 상황에서 마크를 단단히 붙들기 위해서기도 했다. 국공연에서 정식 입회한 사람은 그와 위더, 그리고 (지금쯤은) 스트레이크뿐이었다. 멀린이라고 주장하는 자와 미스터리한 통역사를 다루는데 그들이 엉뚱한 방향으로 나갈 위험이 있었다. 방향을 제대로 잡은 그가 다른 이들을 물리칠 기회가 있는 셈이었다. 프로스트는 그들에게 그의 위상을 보여 주고, 그들은 나머지 연구소 전체에 그들의 위상을 보여 줄 기회였다. 연구소가 영국 전체에 위상을 과시할 기회이기도 했다. 그가 실수하기를 위더가 학수고대한다는 것을 프로스트는 알았다. 그래서 가급적 서둘러 마크를 그 지점으로 끌고 가는 게 급선무로 보였다. 돌아갈 수 없는 지점, 매크로브와 그를 입회시킨 스승에게 제자로서 충성하는 지점을 넘어서게 하는 것이 심리적, 물리적으로 필요해진 것 같았다.

"내 말을 듣지 않고 있나?"

프로스트가 다시 물었다.

마크는 대답하지 않았다. 그는 열심히 생각하고 또 생각했다. 잠시라도 생각을 멈추면, 그가 손에 쥔 결정권을 죽음에 대한 공포에게 빼앗기리란 것을 알아서였다. 그에게 기독교는 우화fable였다. 믿지도 않는 종교 때문에 죽는 것은 어처구니없는 짓일 터였다. 이 사람은 그 십자가에서 그게 우화임을 알았고, 믿던 신이 자신을 버렸다고 불평하며 죽었다. 사실 그 사람은 우주가 속임수임을 알았던 것이다. 하지만 그때 마크는 생각해 본 적 없는 궁금증이 생겨났다. 그렇다고 이 사람에게 등을 돌려야 하나? 우주가 속임수라면 그 옆쪽에 합류할 핑계가 될까? '곧은' 것이 완전히 무기력하고, 늘 어디서나 조롱과 고문에 시달리다 결국 '왜곡된' 것의 손에 죽는다면 그때는 어쩐다? 배와 함께 침몰하면 안 될까? 마크는 순간적으로 두려움이 사라진 것 같다는 사실이 겁나기 시작했다. 두려움은 안전판이었다……. 이제 하려는 것 같은 정신나간 결정을 평생 못 하게 막은 게 두려움이었다. 그는 프로스트에게 몸을 돌리고 말했다.

"말도 안 되는 헛소리군요. 난 그 따위 짓은 안 할 겁니다."

마크는 이 말을 하면서도 앞으로 어떤 일이 벌어질지 몰랐다. 프로스트가 벨을 울릴지, 권총을 꺼낼지, 다른 요구를 할지 알 수 없었다. 실제로 프로스트는 계속 멍하니 그를 노려보았고, 마크도 그를 쳐다보았다. 그때 마크는 프로스트가 다른 소리에 귀 기울인다는 것을 알았고, 그도 신경 써서 듣기 시작했다. 잠시 후 문이 열렸다. 방에 갑자기 사람들이 북적대는 것 같았다. 붉은 가운을 입은 사내(마크는 부랑자를 금방 알아보지 못했다), 검은 가운을 걸친 거구의 사내, 그리고 위더였다.

5

벨버리의 대규모 응접실에는 유난히 마음을 불편하게 하는 무리가 모여 있었다. 국공연 소장인 호레이스 줄스는 반 시간 전쯤 도착했다. 그들은 그를 부소장의 서재로 안내했지만, 위더는 거기 없었다. 그러자 줄스를 소장실로 안내했고, 그가 거기서 시간을 끌면서 쉬기를 기대했다. 하지만 그는 오래 끌지 않았다. 5분 후 다시 아래층으로 내려와 그들의 대접을 받았다. 벨버리 사람들이 가서 옷을 갈아입기에는 너무 이른 시간이었다. 이제 그는 벽난로를 등지고 서서 셰리주(남부 스페인산 백포도주―옮긴이)를 마셨다. 연구소 핵심 인사들이 주위에 서 있었다. 대화가 시작되었다.

줄스와의 대화는 늘 힘들었다. 줄스가 자신을 '얼굴 소장'이 아닌 진짜 소장으로 여겼기 때문이었다. 심지어 연구소의 아이디어 대부분이 그에게서 시작됐다고 믿었다. 사실 그가 아는 과학은 50여 년 전 런던대학에서 배운 게 고작이었고, 그가 아는 철학은 헤켈(Ernst Haeckel. 독일의 생물학자이자 철학자―옮긴이), 조지프 맥카비(가톨릭 사제였으나 환속 후 자유주의 사상의 글을 쓴 저술가―옮긴이), 윈우드 리드(아프리카 관련서를 저술한 집필가―옮긴이) 같은 저자들의 글에서 배운 내용이었다.

그는 사실 구식인 데다 당시에도 수준 이하의 개념들에 대한 무의미한 질문을 던졌다. 그때마다 사람들은 대답을 만들어 내느라 쩔쩔맸다. 이런 자리에 부소장이 없어서 큰일인 것도 그 때문이었다. 위더야말로 줄스에게 알맞은 대화 스타일의 고수였으니까.

줄스는 런던 토박이였다. 체구가 왜소해서, 심하게 말하면 오리 다리에 견줄 만큼 다리가 짧았다. 코끝이 올라가고, 원래 얼굴은 쾌활했지만 풍족하고 거만하게 살아 오며 변해 버렸다. 처음에는 소설 덕분에 부와 명성을 얻었고, 나중에는 〈우리는 알고 싶다〉라는 주간지의 편집장으로 온 나라에 권력을 휘둘렀다. 그래서 그의 이름이 국공연에 필요했다.

줄스가 말했다.

"내가 대주교에게 말했지. '모르시겠지만, 오늘날 연구 결과 예루살렘 성전이 영국의 마을 교회만 한 크기였다는 것을 알아 냈습니다.'"

"맙소사!"

피버스톤이 무리 가장자리에 조용히 서 있다가 중얼댔다.

"셰리주 좀더 드시지요, 소장님."

하드캐슬이 말했다.

"음, 그래도 괜찮겠군. 그리 형편없는 셰리주는 아닌걸. 어디 가면 더 나은 셰리주를 살 수 있는지 여러분에게 말해 줄 수 있겠지만 말이오. 그래, 형벌 제도 개혁 일은 어떻게 되고 있소, 하드캐슬 국장?"

"잘 진척되고 있습니다. '펠로토프' 방식을 약간 수정한 것으로 생각됩니다만⋯⋯."

줄스가 그녀의 말을 끊었다.

"내가 늘 말하는 것은, 왜 범죄를 다른 질병들처럼 다루지 않느냐 이거지. '체벌'이란 건 쓸모없소. 사람을 올바른 줄에 세우고 다시 시작하게 하고 삶에 흥미를 갖게 하면 되는 거요. 그런 시각에서 보면 모든 게 아주 간단하지. 내가 노샘프턴에서 그 주제로 연설한 원고를 여러분이 읽었으리라 생각하오만."

"소장님 생각에 동의합니다."

하드캐슬이 말했다.

줄스가 말했다.

"그렇소. 한데 누가 동의하지 않았는지 말해 주지. 힝기스트⋯⋯. 그런데 그거 참 이상한 일이었소. 아직 범인을 못 잡았지, 맞소? 하지만 그 양반, 안되긴 했지만 그와는 견해가 아주 달랐지. 마지막으로 그를 만났을 때 우리 한둘이 비행 청소년들에 대해 토론 중이었는데 그가 뭐라고 했는지 아시오? 힝기스트는 이렇게 말했소. '소년 범죄자들을 다루는 법정의 문제는, 법정이 젊은이들에게 고개를 숙여야 할 때 그들을 속박하려 든다는 거지요.' 나쁜 생각은 아니잖나? 그래도 위더의 말마따나⋯⋯. 그런데 위더는 어디 있소?"

"지금쯤 여기 있을 줄 알았습니다만. 왜 이 자리에 없는지 모르겠군요."

하드캐슬이 말했다.

필로스트라토가 끼어들었다.

"제 생각에는 자동차가 고장난 것 같습니다. 소장님을 맞이하지 못해 몹시 속상해할 겁니다."

"아, 위더가 마음 쓰지 않아도 되는데. 난 격식 차리는 사람은 아니니까. 물론 도착하면 부소장이 여기 있을 거라 생각하긴 했지만. 아주 좋아 보이는군, 필로스트라토. 자네의 연구물을 대단히 흥미롭게 지켜보고 있다네. 난 자네를 인류를 창조하는 사람들 중 한 명으로 본다네."

"네, 네. 그게 진짜 일이지요. 이미 저희는 착수해서……."

필로스트라토가 말했다.

줄스가 말했다.

"나는 기술적 측면 외에는 할 수 있는 모든 일을 다해 그대들을 도우려 하오. 오랜 세월 나는 싸움을 벌이고 있소. 우리 성생활이라는 포괄적인 문제 때문에 말이오. 내가 늘 하는 말은, 일단 전체를 개방하면 더 이상의 골칫거리는 없다는 거요. 빅토리아 시대적인 비밀주의가 해악을 끼치는 거요. 성 문제를 신비롭게 하는 거지. 나는 이 나라의 모든 소년 소녀가……."

"맙소사!"

피버스톤이 내뱉었다.

"양해하십시오. 하지만 그것은 핵심 사안이 아닙니다……."

필로스트라토가 말했다. 외국인인 그는 줄스를 일깨워 주려는 노력을 아직도 포기하지 않았다.

줄스가 중간에서 말을 자르며, 통통한 검지를 필로스트라토의 소매에 대고 말했다.

"내 논문을 읽지 않는군. 하지만 내 말을 믿게나. 지난 달 전반기 〈우리는 알고 싶다〉를 보면 짤막한 사설이 실려 있네, 전문 용어를 쓰지 않아 자네 같은 사람들은 그냥 지나치지. 하지만 그 글을 읽고, 문제가 전체적으로 간결하게 조망되지 않았는지 보라고 하고 싶네. 보통 사람도 다 이해할 수 있는 글이니까."

그 순간 15분마다 울리는 시계종이 쳤다.

"만찬은 몇 시에 하오?"

줄스가 물었다. 그는 연회를 좋아했다. 연설을 할 수 있는 연회를 특히 선호했다. 그리고 계속 기다리는 것은 질색이었다.

"7시 45분입니다."

하드캐슬이 대답했다.

줄스가 말했다.

"이 친구 위더가 정말 여기 와 있어야 하는데. 난 특별한 사람은 아니지만, 우리끼리만 말하자면 좀 마음이 상하는군. 누가 이런 대접을 받을 줄 알았겠나?"

"부소장님께 아무 일도 없으면 좋겠습니다."

하드캐슬이 말했다.

"이런 날 그가 다른 데 갔으리라고는 생각되지 않는데."

줄스가 말했다.

"아, 누가 오는데요."

필로스트라토가 말했다.

응접실에 들어온 사람은 바로 위더였다. 줄스가 생각지 않았던 일행이 함께 들어왔다. 위더의 얼굴이 평소보다 훨씬 혼란스러워 보일만도 했다. 그는 자기 연구소에서 사환처럼 부랴부랴 쫓겼다. 그들이 다그쳐서 '헤드'의 방으로 안내했을 때는 '헤드'에게 수혈하고 공기를 주입하는 허락조차 받지 못했다. 그리고 '멀린'(그가 멀린이라면)은 헤드를 무시했다. 이 참기 힘든 압박을 가하는 자와 통역사가 만찬에 참석할 의사가 뚜렷하다는 게 점점 분명해졌다. 젠장! 철학박사 가운 차림을 한 우스꽝스런 행색의 사내를 담당한, 영어를 못하는 초라한 늙은 사제. 그들을 줄스에게 소개하는 것이 어처구니없는 짓인 줄 누구보다 위더가 잘 알았다. 줄스에게 사실을 설명하는 것은—뭐가 진짜 설명인지 그가 안다 해도—고민할 필요도 없는 일이었다. 줄스는 '중세'란 어휘가 '야만적'이라는 뜻인 줄로 아는 단순한 인물이었다. 그는 '마법' 하면 《황금가지》(제임스 프레이저의 마법과 종교 연구서—옮긴이)의 내용을 떠올렸다. 그들이 '객관의 방'을 방문한 이후, 프로스트와 스터독, 둘 다 배석시켜야 했던 것도 거슬리는 일이었다. 더구나 줄스에게 다가갈 때 모두의 시선이 그들에게 쏠렸고, 가짜 멀린이 의자에 주저앉아 중얼대며 눈을 감자 문제가 더 커졌다.

위더가 가볍게 헐떡이며 말을 시작했다.

"친애하는 소장님. 제 평생 지금처럼 행복한 순간이 없었습니다. 모든 면에서 편안한 접대를 받으셨길 바랍니다. 말할 수 없이 안타깝게도 소장님이 도착을 기다리던 그 순간 저는 불려갔습니다. 우연히도…… 다른 아주 저명한 분이 지금 이 순간 저희와 함께 자리하셨습니다. 외국인이시며…….”

줄스가 약간 거슬리는 목소리로 말을 끊었다.

“아. 그게 누구요?”

“알려드리겠습니다.”

위더는 살짝 옆으로 물러났다.

“저 사람을 말하는 거요?”

가짜 멀린은 의자 양쪽으로 팔을 늘어뜨리고 눈을 감고는, 고개를 살짝 기울이고 가벼운 미소를 지었다.

줄스가 다시 물었다.

“술에 취했소? 아니면 아픈가? 아무튼 저 사람이 누구요?”

“제가 아는 바로는 저분은 외국인입니다.”

위더가 말했다.

“그렇다고 나와 인사하는 때 자게 내버려 둬도 되는 거요?”

“쉿!”

위더가 줄스를 무리에서 떨어진 곳으로 데려가서 소리를 낮춰 설명했다.

“여러 상황에…… 여기서 설명하기가 아주 어려울 듯싶습니다……. 제가 깜짝 놀라서, 만약 소장님께서 이미 와 계시지 않았다면 제가 당장 의논드렸을 겁니다. 우리 저명한 손님은 아주 긴 여행을 하신 데다가 실은 아주 별난 데가 있어서…….”

“한데 그가 누구요?”

줄스가 다그쳤다.

"그의 이름은…… 어…… 암브로시우스입니다. 아실 겁니다. 암브로시우스 박사라고."

"그런 이름은 금시초문이오."

줄스가 쏘아붙였다. 다른 때였다면 순순히 맞장구쳤겠지만, 저녁 내내 기대와 다르게 흘러가서 슬슬 부아가 났다.

위더가 말했다.

"아직은 우리 가운데 그에 대해 들은 사람이 없다시피 합니다. 하지만 곧 모든 사람이 듣게 될 겁니다. 바로 그런 이유로……."

"그런데 저 사람은 또 누구요? 즐거운 기색이구료."

줄스가 진짜 멀린을 손짓하며 물었다.

"아, 저 사람은 암브로시우스 박사의 통역관일 뿐입니다."

"통역관? 그가 영어를 못 하오?"

"안타깝게도 그렇습니다. 그는 자기만의 세계에 삽니다."

"그럼 저 사제 말고 그를 위해 다른 사람을 부를 수는 없소? 저 친구 표정이 마음에 안 드는군. 여기서 우린 저런 꼴은 보고 싶지 않소. 이런! 자네는 누군가?"

마지막 질문은 스트레이크를 향한 것이었다. 스트레이크는 바로 이 순간 소장 쪽으로 서둘러 오고 있었다. 그는 전능자 같은 눈으로 줄스를 응시하며 말했다.

"줄스 씨, 저는 소장님이 들으셔야 하는 메시지를 갖고 온 사람입니다. 저는……."

"입 다물게."

프로스트가 스트레이크에게 말했다.

"진정하게, 스트레이크. 진정해."

위더가 말했다. 그들은 스트레이크를 밀어 냈다.

줄스가 말했다.

"이제 여길 보시오, 위더. 내 단도직입적으로 말하건대, 결코 만족스럽지 않소. 여기 또 다른 사제가 있소. 내 앞으로 나오려는 그런 자의 이름은 기억 못하겠지만, 만약 기억했다면 날 그냥 지나치지 않았을 거요. 그렇지 않소? 그대랑 나는 아주 진지한 대화를 해야 할 거요. 당신은 나 모르게 사람들을 끌어들여서 이곳을 일종의 신학교로 바꾸고 있는 것 같소. 나는 결코 좌시하지 않을 것이오. 영국 국민들도 마찬가지일 거요."

"알겠습니다. 압니다. 소장님의 기분을 정확히 알고 있습니다. 전적으로 공감합니다. 저는 소장님께 상황을 설명드리고 싶고, 때를 기다리고 있습니다. 한편으로 암브로시우스 박사님이 약간 기운이 없으신 듯하고, 옷을 갈아입으라는 종이 막 울린 터라……. 아, 양해해 주십시오. 이분이 암브로시우스 박사십니다."

방금 진짜 마법사가 몸을 돌려 바라보자 부랑자는 의자에서 일어나 그들에게 다가왔다. 줄스가 샐쭉하게 손을 내밀었다. 부랑자는 줄스의 어깨 너머를 쳐다보았다. 알 수 없는 미소를 지으면서 그는 줄스의 손을 잡고 정신없이 열 번에서 열다섯 번쯤 흔들었다. 줄스는 그의 호흡이 힘차고 손이 딱딱하다는 것을 느꼈다. 그는 암브로시우스 박사가 마음에 들지 않았다. 두 사람 위에 버티고 선 통역자라는 거구의 사내는 더욱 못마땅했다.

16
벨버리의 연회

1

다시 갖춰 입고 만찬에 참여하니 마크는 매우 즐거웠다. 식사도 아주 훌륭한 것 같았다. 그의 오른편에는 필로스트라토가, 왼편에는 별로 눈에 띄지 않는 새 인물이 앉았다. 위더와 프로스트에 비하면 필로스트라토는 인간적이고 다정해 보였고, 새로 온 사람에게는 마음이 따뜻해졌다. 부랑자가 주빈 테이블에, 줄스와 위더 사이에 앉은 것을 알고 마크는 놀랐다. 하지만 부랑자가 눈이 마주치자 잔을 들며 윙크를 해서 그쪽을 자주 쳐다보지 않았다. 낯선 사제는 부랑자의 의자 뒤에 묵묵히 서 있었다. 그 외에는 왕의 건강을 위해 건배할 때까지 중요한 일은 일어나지 않았다. 곧 줄스의 연설이 시작되었다.

처음 몇 분간, 누가 긴 테이블들을 힐끗 봤다면 그런 자리에서 흔히 보는 광경이라고 여겼을 것이었다. 나이 든 미식가들은 담담한 표정을 지었다. 그들은 음식과 와인이 만족스러우면 아무리 연설이 길어져도 상관하지 않았다. 책임감이 강하지만 진지한 사람들의 참을성 있는 표정도 보였다. 자기 생각에 빠진 그들은 남들이 웃거나 감탄하며 동의할 때를 놓치지 않을 정도로만 연설에 신경을 썼다. 안절부절못하는 젊은이들의 얼굴도 보였다. 그들은 포트(포르투갈 원산의 적포도주—옮긴이)의 진가를 몰랐고 그저 담배를 피우고 싶어 안달이었다. 공들여 화장한 환한 여자들의 얼굴도 보였다. 하지만 테이블을 계속 지켜봤다면 곧 그와는 다른 광경을 봤을 것이다. 줄줄이 앉은 사람들은 고개를 꼿꼿이 들고 연사 쪽을 바라보았다. 처음에는 호기심에 이 광경을 보겠지만, 곧 주목했다가 믿을 수 없다고 느낄 터였다. 마지막에는 홀이 아주 조용하다는 것을 알아차릴 것이다. 기침 소리나 삐걱대는 소리조차 나지 않았고, 모두의 눈이 줄스에게 쏠려 있었다. 곧 모두 입을 헤벌리며 당황스러움과 놀람이 뒤섞인 탄식을 내뱉었다.

청중 중에는 다르게 반응하는 이들도 있었다. 프로스트의 경우 줄스가 "현대 전쟁에서 구원을 기방에 의존하는 것처럼 엄청난 시대착오입니다"라고 문장을 끝내는 것을 들은 순간, 변하기 시작했다. 프로스트는 "기병대겠지"라고 소리칠 뻔했다. 저 멍청이는 왜 주의해서 말하지 못하는 걸까? 큰 실수가 극도의 짜증을 일으켰다. 아마…… 그런데 이것 봐라! 이건 또 뭐야? 그가 잘못 들었을까? 줄스가 미래의 인구 밀도는 야생마들의 내부 붕괴에 달려 있다고 하는 것 같아서였다. '저 사람, 취했군.' 프로스트는 속으로 중얼댔다. 그때 줄스가 실수일 가능성이 전혀 없을 만큼 분명히 말했다.

"오나도라 치만사라는 반드시 옹팽니소 되어야 합니다."

위더는 무슨 일이 벌어지는지 프로스트보다 늦게 알아차렸다. 그는 줄스에게 대체로 의미 있는 연설을 기대한 적이 없었고, 오래전부터 귀에 거슬리지 않는 낯익은 어휘들만 골라 들었다. 사실 그는 줄스가 아슬아슬한 말을 하고 있다고 생각했다. 아주 살짝만 헛발질해도, 연사와 청중 모두가 그럴 듯한 연설인 체하며 있을 수 없을 터였다. 하지만 경계선을 넘지만 않는다면, 위더는 연설에 감탄했다. 그것은 지극히 줄스다운 것이기 때문이다. 그러다 그는 생각했다. '이런! 너무 엇나가는데. 미래의 도전에 응하지 않음으로써 과거의 도전을 인정한다는 말은 할 수 없다는 것은 저들이라도 알 텐데.' 그는 조심스럽게 좌중을 둘러보았다. 모든 게 순조로웠다. 하지만 줄스가 금방 자리에 앉지 않으면 얘기가 달라질 터였다. 그 마지막 문장은 위더도 못 알아들을 말들이 있었다. 도대체 무슨 의미로 '오호라이'라는 말을 했을까? 그는 다시 좌중을 둘러보았다. 다들 바싹 집중하고 있었다. 안 좋은 징조였다. 그때 다른 문장이 들렸다.

"지속적인 흡수성 변주 가운데 대리인들이 송심어집니다."

마크는 처음에는 연설에 주의를 기울이지 않았다. 생각할 일들이 너무 많았다. 위태로운 사정의 와중에서 이 청산유수 같은 수다쟁이의 등장은 큰 방해가 아니었다. 너무 큰 위험에 맞닥뜨렸지만 너무 즐거워서 줄스가 신경 쓰이지 않기도 했다. 한두 차례 어구가 귀에 들어오자 미소가 지어졌다. 처음 그가 상황을 제대로 인식한 것은,

옆사람들의 행동 때문이었다. 마크는 그들이 점점 꼼짝하지 않는 것을 알아차렸다. 그를 제외한 모든 사람이 집중하기 시작하는 것을 감지했다. 고개를 들어 그들의 얼굴을 보았다. 그때 처음으로 제대로 귀담아 들었다. 줄스가 말하고 있었다.

"우리는 모든 마춘 장도의 강절을 확실히 할 수 있을 때까지, 그러지 않을 겁니다. 그러지 않을 겁니다."

마크는 줄스에게 신경이 쓰인 것이 아니라, 갑자기 자신에게 놀라 충격으로 몸이 잔뜩 긴장했다. 다시 주위를 둘러보았다. 분명히 미친 사람은 그가 아니었다. 그들 모두 말도 안 되는 헛소리를 들었다. 판사처럼 엄숙해 보이는 부랑자만은 아닐 수 있었다. 그는 이런 진짜 상류 사회 인사의 연설을 들어 본 적이 없었고, 그 내용을 이해할 수 있었다면 실망했을 터였다. 그는 고급 포트와인을 마시는 것도 처음이었다. 맛이 별로 좋지는 않았지만, 그는 보통 사람처럼 부지런히 먹고 마시고 있었다.

위더는 기자들이 참석하고 있다는 사실을 한시도 잊은 적이 없었다. 그 일 자체는 큰 문제가 아니었다. 내일 신문에 부적절한 내용이 나오면, 기자들이 만취했다거나 미쳐서 제정신이 아니었다고 둘러대는 것은 식은 죽 먹기였다. 다른 한편, 그런 기사가 나가게 내버려 둬야 될 것 같았다. 줄스는 여러 면에서 못마땅한 인물이니, 이번이 그의 이력에 종지부를 찍을 가장 좋은 기회일 수도 있었다. 하지만 당장의 문제는 그게 아니었다. 줄스가 자리에 앉을 때까지 기다려야 할지, 아니면 일어나서 지각 있는 몇 마디로 그를 말려야 할지 고민스러웠다. 소란스러워지는 것은 원치 않았다. 줄스가 알아서 자리에 앉으면 더 좋으련만. 때마침 복잡한 방 안 분위기는 너무 지체하면 안 됨을 일깨워 주었다. 위더는 손목시계를 힐끗 보면서 2분만 더 기다리기로 했다. 그 순간, 그는 잘못된 판단이었음을 알았다. 참기 힘든 날카로운 웃음소리가 터져 나와 멈추지 않았다. 어떤 바보 같은 여자가 히스테리를 부리는 것이었다. 곧 위더는 줄스의 팔을 잡고 고개를 끄덕여 신호하면서 자리에서 일어났다.

"어? 뭔시기 볼래?"

줄스가 중얼댔다. 하지만 위더는 왜소한 사내의 어깨를 말없이 힘껏 잡아서 의자에 눌러 앉혔다. 그런 다음 목청을 가다듬었다. 좌중의 모든 눈이 곧 그에게 향하게 하는 방법을 알고 있었다. 여자는 비명 같은 웃음을 멈추었다. 여전히 긴장해서 죽은 듯 앉아 있던 사람들은 움직이면서 긴장을 풀었다. 위더는 청중을 장악하는 기운을 느끼면서 1~2초쯤 말없이 테이블들을 내려다보았다. 그는 이미 분위기를 압도했음을 알았다. 더 이상의 히스테리는 없을 터였다. 그때 그가 말을 시작했다.

그가 말을 할수록 사람들이 점점 편해 보이다가, 곧 방금 목격한 비극적인 상황을 안타까워하는 말을 중얼대야 당연했다. 그게 위더가 기대하는 것이었다. 하지만 그가 본 상황은 당혹스러웠다. 줄스가 연설할 때 퍼진, 지나치게 집중하는 침묵이 똑같이 감돌았다. 사방에서 모두 빛나는 눈을 깜빡이지도 않으며 입을 벌리고 그를 맞이했다. 그 여자는 다시 웃기 시작했다. 아니 이번에는 여자 둘이 웃었다. 코서는 겁에 질려 힐끔대더니, 의자가 뒤로 넘어갈 정도로 벌떡 일어나 쏜살같이 밖으로 나갔다.

부소장은 이런 상황이 이해되지 않았다. 그의 귀에는 그가 연설하려고 마음먹었던 말을 하고 있는 것처럼 들렸기 때문이었다.

"물골과 안자는…… 내가 노가리에 우리 모두…… 저…… 가장 고푸르게 호자민 망을 수 있고 나는 세면장…… 우리는 이 기만을 조사할 사람을 선별했습니다. 그것은…… 아…… 누구의 사채에서도 고리대금업자가 되십시오, 고리대금 업자가……."

웃음을 터뜨렸던 여자는 황망히 의자에서 일어났다. 그녀는 옆에 앉은 남자의 귀에 대고 속삭였다.

"부드울루."

그는 한순간 무의미한 소리와 그녀의 부자연스러운 표정에 집중했다. 웬일인지 그 두 가지가 그를 격노하게 했다. 그는 일어나서, 현대 사회에서 주먹질 대신 쓰는 거친 예절을 보이며 여자가 의자를 움직이는 것을 거들었다. 사실 그는 여자의 손에서 의자를 낚아챘다. 그녀가 비명을 지르다가 카펫 위의 쓰레기에 발이 걸려 넘어졌다. 그녀의 다른 쪽에 앉은 남자는 그녀가 쓰러지는 것을 보았고, 의자를 뺏은 남자의 성난 표정도 보았다.

"홍데 놈 찻 하는 거요?"

그가 소리치면서 위협적인 동작으로 다른 사내에게 몸을 숙였다. 그들은 고함을 질렀다. 동시에 다른 곳에서도 움직임이 일었다. 젊은 사람 몇 명이 문으로 향했다.

"요로분, 요로분."

위더가 더 큰 소리로 단호하게 말했다. 전에도 자주 그랬다. 그가 소리 높여 권위 있게 한 마디만 하면 소란스러운 좌중이 잠잠해졌다.

하지만 이번에는 그의 말소리는 들리지도 않았다. 바로 이 순간 적어도 스무 명이 한꺼번에 같은 말을 하려고 했다. 각자 새로운 사람이 상식적인 말 한두 마디만 하면 좌중이 다시 정상적이 될 것 같았다. 누구는 날카로운 한 마디를, 누구는 농담을, 누구는 아주 나직이 조곤조곤 말했다. 결과적으로 엄청나게 다양한 어조의 횡설수설이 한꺼번에 여러 군데서 터져 나왔다. 지도자들 중에서 잠자코 있으려는 사람은 프로스트 혼자였다. 대신 그는 종이에 몇 마디 적어서 시종을 불러, 몸짓으로 하드캐슬에게 전하라고 일렀다.

쪽지가 그녀에게 전해질 즈음, 온 연회실이 시끌벅적했다. 마크는 외국의 복잡한 레스토랑에서 나는 소리 같다고 생각했다. 하드캐슬은 종이를 반듯이 펴더니 고개를 들고 읽었다.

"곱창스런 수동을 하갈하시오. 작시. 코스트."

그녀는 종이를 구겨 버렸다.

하드캐슬은 쪽지를 받기 전부터 자신이 만취했음을 알고 있었다. 예상했고 의도했던 일이었다. 이따가 밤에 그녀는 감방에 내려가서 일을 할 작정이었다. 거기 새로 들어온 여죄수—'요정'이 좋아하는 솜털이 보송보송한 아가씨—와 재미난 시간을 보낼 수 있을 터였다. 그녀는 횡설수설하는 소란이 불안하지 않았다. 오히려 흥분됐다. 프로스트는 그녀가 조치를 취하길 바라는 게 분명했다. 그녀는 그러기로 했다. 일어나 방 끝쪽 문으로 가서 문을 잠갔다. 열쇠를 호주머니에 넣고 몸을 돌려 사람들을 둘러보았다. 그때 멀린이라는 자와 바스크족 사제가 어디에도 보이지 않는다는 것을 비로소 알았다. 위더와 줄스는 둘 다 일어나서 서로 옥신각신하고 있었다. 하드캐슬은 그들을 향해 걸어갔다.

이제 워낙 많은 사람들이 일어나 있어서, 그들에게 다가가는 데 오래 걸렸다. 만찬회 풍경은 사라져 버렸다. 공휴일의 어느 런던 종착역 풍경과 비슷했다. 모두 질서를 되찾으려 했지만, 다들 알아듣기 어려웠다. 남들에게 자기 말을 이해시키려고 모두 점점 더 악을 써댔다. 하드캐슬도 몇 차례 고함을 질렀다. 그녀도 심한 몸싸움을 벌인 후에야 목적지에 닿을 수 있었다.

고막을 찢는 소음이 일었고, 그 후에는 마침내 몇 초간 죽은 듯한 적막감이 흘렀다. 마크는 줄스가 살해되었다는 것을 먼저 알아차렸고, 하드캐슬이 총을 쐈다는 것은 그다음에야 알았다. 그다음에는 무슨 일이 벌어졌는지 자신하기 힘들었다. 살인녀에게서 무기를 뺏으려는 합리적인 계획 열댓 가지가 발 구르는 소리와 고함 소리에 가려졌는지 몰라도 실행되지 않았다. 발길질과 몸부림, 테이블 위로 올라가고 밑으로 내려가고, 밀어붙이고 당기고, 비명을 지르고 유리를 깨는 것 말고는 다른 조치가 없었다. 하드캐슬은 계속 총을 쐈다. 나중에 마크는 이 장면을 회상하면 무엇보다 냄새가 떠올랐다. 끈적한 피와 포트와인과 마데이라(프랑스령 마데이라에서 생산되는 백포도주―옮긴이) 냄새와 뒤섞인 화약 냄새.

갑자기 혼란스런 비명들이 길게 빼는 가늘고 무서운 소리로 모아졌다. 모두 더욱 두려움에 떨게 되었다. 긴 테이블 두 개 사이의 바닥에서 뭔가 재빨리 뛰어나왔다가 테이블 밑으로 사라져 버렸다. 참석자의 절반 가량은 그게 뭔지 보지 못하고 검정색과 황갈색으로 된 빛만 보았다. 그것을 똑똑히 본 이들은 다른 사람들에게 말할 수가 없었다. 손짓하며 무의미한 말을 내지르기만 했다. 하지만 마크는 그것을 알아보았다. 호랑이였다.

그날 저녁 처음으로 모든 사람이 이 방에 숨을 곳이 얼마나 많은지 알았다. 호랑이는 어느 테이블 밑에 있을지 몰랐다. 어느 베이 윈도(밖으로 돌출된 창문—옮긴이)나 커튼 뒤에 있을 수도 있었다. 방 한쪽 구석에 가리개도 있었다.

지금쯤 참석자 중 냉정을 되찾은 사람도 있었을 것이다. 방 전체에 큰 소리로 호소하거나 바로 옆에 있는 이들에게 다급히 속삭이며 그들은 공포감을 해소하려 했다. 질서정연하게 방에서 나가고, 짐승을 유인하거나 겁나게 해서 트인 공간으로 데려가 총으로 쏘려고 했다. 하지만 횡설수설하며 어수선한 분위기가 그들의 노력을 허사로 돌렸다. 그들은 벌어지는 두 가지 움직임을 통제하지 못했다. 대다수는 하드캐슬이 문을 잠그는 것을 보지 못했다. 그들은 문 쪽으로 밀려갔고 어떻게든 연회실에서 나가려 했다. 그들은 문까지 가지 못하니 차라리 싸우고, 할 수만 있다면 죽일 작정이었다. 한편 몇몇 사람들은 문이 잠겨 있다는 것을 알았다. 음식을 나르는 사람들이 드나드는 다른 문이 있을 터였다. 그 문으로 호랑이가 들어왔으니까. 그들은 그 문을 찾으려고 연회실 반대편 끝으로 몰려갔다. 연회실 한가운데서 두 집단이 맞닥뜨렸다. 거대한 풋볼 스크럼 같았다. 처음에는 미친 듯이 설명하려고 소란스러웠지만 곧 다툼이 심해지면서 씨근대는 소리와 발길질하거나 발 구르는 소리, 무의미한 중얼거림만 들렸다.

맞붙어 싸우던 네댓 명이 비틀대며 육중하게 테이블에 부딪치자, 테이블보가 벗겨지면서 과일 그릇, 술병, 유리잔, 접시가 와르르 쏟아졌다. 그런 혼란 속에서 호랑이가 공포스럽게 울부짖었다. 워낙 급작스럽게 벌어진 일이라 마크는 거의 알아차리지 못했다. 그는 무시무시한 머리통, 고양이처럼 으르렁대는 입, 번뜩이는 눈을 보았다. 총소리가 들렸다. 마지막 소리였다. 그러더니 호랑이는 다시 사라졌다. 뚱뚱하고 피범벅이 된 흰 몸뚱이가 엉겨 붙은 사람들의 발 사이에 쓰러졌다. 처음에 쓰러진 것의 얼굴을 봤을 때 마크는 뭔지 알아보지 못했다. 그가 서 있는 곳에서는 형체가 거꾸로 보였고, 완전히 죽을 때까지는 잔뜩 찡그려서 알아볼 수 없었다. 그러다가 그는 하드캐슬이 죽었다는 것을 알았다.

이제 위더와 프로스트는 보이지 않았다. 가까이서 포효 소리가 났다. 마크는 호랑이가 있다고 생각하며 몸을 돌렸다. 그때 곁눈으로 호랑이보다 작은 회색 동물이 힐끗 보였다. 그는 독일산 셰퍼드라고 생각했다. 그렇다면 미친 개였다. 개는 군침을 흘리면서 꼬리를 내리고 테이블 옆을 달렸다. 테이블을 등지고 있던 여자가 몸을 돌려 개를 보았다. 그녀는 비명을 지르려 했지만, 곧 개가 덮쳐서 목을 물어뜯자 나자빠졌다. 그것은 늑대였다.

"아…… 아!"

필로스트라토가 비명을 지르며 테이블 위로 뛰어올랐다. 다른 뭔가가 그의 발 사이로 휙 지나갔다. 마크는 그것이 바닥 위를 스르르 지나가, 서로 밀치는 사람들 속으로 들어가는 것을 보았다. 공포에 휩싸인 무리는 또다시 미친 듯이 발작을 일으켰다. 그것은 뱀 같은 종류였다.

1분마다 새로운 동물이 방에 나타나는 것 같았다. 소음의 혼돈을 뚫고 마지막 소리가 들렸다. 아직도 제정신인 사람은 그 소리에서 위로받을 수 있었다. 탕-탕-탕. 밖에서 문이 부서지고 있었다. 대형 접이식 문이었다. 베르사유 궁을 본떠 만든 방이라, 소형 자동차도 드나들 만큼 문짝이 컸다. 이미 나무 패널 한두 개가 갈라지고 있었다. 소리는 그 문을 목적지로 삼은 사람들을 미치게 했다. 동물들도 미치게 만든 것 같았다. 동물들은 죽인 사람을 먹거나 피라도 핥으려고 멈춰 서지 않았다. 이제 죽은 사람들과 죽어 가는 사람들이 사방에 널브러져 있었다. 동물들의 공격으로 죽은 사람만큼이나 사람들에 짓밟혀 죽어 가는 사람도 많았다. 또 사방에서 문 밖에 있는 사람들에게 지르는 고함소리가 난무했다.

"빨리! 빨리. 서두르시오!"

하지만 소리쳐 봤자 헛일이었다. 문 두드리는 소리가 점점 요란해졌다. 흉내라도 내는 것처럼, 커다란 고릴라가 줄스가 앉았던 자리의 식탁에 올라가서 가슴을 두드려 댔다. 그러더니 포효하면서 군중 속으로 뛰어내렸다.

마침내 문이 덜렁거렸다. 양쪽 끝이 헐렁해졌다. 문간의 통로는 어두웠다. 어둠 속에서 회색 뱀같이 생긴 것이 나왔다. 그것은 공중에서 흔들리더니, 문 양쪽의 쪼개진 나무를 솜씨 있게 부수기 시작해 문간의 길을 텄다. 그때 마크는 분명히 보았다. 그것이 몸을 숙이고 사람을 말아서—스틸이라는 생각이 들었지만 이제 모든 사람이 전과 다르게 보였다—바닥에서 위로 들어올렸다. 그후 괴물 같고, 세상에 존재할 것 같지 않은 커다란 형체의 코끼리가 연회실로 들어왔다. 눈은 수수께끼 같고, 귀는 바짝 세운 것이 머리통 양옆으로 악마의 날개가 달린 것 같았다. 코끼리는 스틸을 코로 말고 잠깐 서 있더니, 그를 바닥에 내동댕이쳤다. 그리고 짓밟았다. 코끼리는 다시 머리와 코를 들더니 무시무시하게 울부짖었다. 앞으로 돌진해 안쪽으로 들어오면서 나팔 소리를 내며 짓밟았다. 포도주를 만들려고 포도를 밟는 여자처럼 젖은 발로 계속 피, 뼈, 살, 포도주, 과일, 젖은 테이블보를 뭉갰다. 이 광경을 보자 위험 이상의 뭔가가 마크의 머리를 파고들었다. 짐승의 자만심과 오만하고 득의만만한, 함부로 저지르는 살육, 그 넓적한 발로 사람들을 짓뭉갤 때 그의 영혼도 짓뭉개지는 것 같았다. 여기 세상의 왕이 왔음이 분명했다……. 그때 모든 게 까매지면서 그는 더 이상 아무것도 인식할 수 없었다.

2

벌티튜드 씨가 정신을 차려 보니, 낯선 냄새가 풍기는 어두운 곳에 있었다. 대단히 놀랍거나 고민스러운 일은 아니었다. 그는 미스터리한 상황에 단련되어 있었다. 가끔 기회를 틈타 세인트 앤의 여분의 침실에 살짝 들어가면, 지금 당하는 상황 못지않은 모험을 했다. 또 여기서 나는 냄새는 대체로 희망적이었다. 근처에서 음식 냄새가 났고, 그보다도 흥분되는 것은 같은 부류의 암컷 냄새였다. 주변에 틀림없이 다른 동물들도 아주 많았지만, 겁나기보다는 부적절하게 느껴졌다. 그는 가서 암컷과 먹이, 둘 다 찾아보기로 했다. 바로 그때 삼면이 벽이고 한 면은 쇠창살이라는 것을 알았다. 밖으로 나갈 수 없었다. 게다가 인간과 같이 있는 것에 익숙해졌는데 이제 격리된 아쉬움이 더해져서, 벌티튜드 씨는 점차 낙담했다. 동물들만 아는 슬픔—이성이라는 뗏목 하나 띄울 수 없는 비애스러운 감정의 망망대해—이 그를 깊은 심연에 빠뜨렸다. 그는 나름 목청을 높여 울었다.

하지만 멀지 않은 곳에서는 다른 인간 포로가 거의 똑같은 절망에 사로잡혀 있었다. 맥스 씨는 희고 작은 방에 앉아서 크나큰 슬픔을 곱씹고 있었다. 단순한 사람만 그렇게 슬픔을 곱씹을 수 있다. 교육받은 사람이 그런 처지였다면 회고와 함께 고뇌에 빠졌을 것이다. 형벌 대신 치료라는 이 새로운 개념은 외견상 인간적으로 보이지만 실은 범법자의 모든 권리를 박탈했다. 게다가 '형벌'이라는 명칭을 뺌으로써 그것을 영원하게 만들어 버린다는 생각을 했을 터였다. 하지만 맥스 씨는 늘 단순하게 한 가지 생각만 하는 사람이었다. 오늘은 그가 형을 사는 내내 손꼽아 기다리던 날이었다. 이 시간쯤이면 집에서 아이비와 식사 중일 거라고 기대했건만 (그녀는 첫날 밤 그를 위해 맛있는 음식을 준비했으리라) 그렇게 되지 않았다. 그는 꼼짝 않고 앉아 있었다. 2분에 한 번씩 닭똥 같은 눈물이 뚝뚝 흘러내렸다. 담배라도 한 갑 허락되었다면 이렇게까지 속상하지는 않았을 것이다.

곰과 맥스 씨를 풀어 주러 온 사람은 멀린이었다. 그는 바벨의 저주가 적들에게 쏟아지자마자 만찬실에서 나왔다. 아무도 그가 빠져나오는 것을 보지 못했다. 그가 크게 외치는 소리를 듣자, 위더는 어처구니없는 소동 속에서 말할 수 없이 반가웠던 것이 사실이다. 멀린은 이렇게 소리쳤다. "퀴 베르붐 데이 콘템프세룬트, 에이스 마우페 레투르 에티암 베르붐 호미니스"(하나님의 말씀을 경시한 자들, 인간의 말 또한 그들에게서 빼앗으리). 그 후 그는 멀린을 보지 못했고, 부랑자도 마찬가지였다. 멀린은 자취를 감추고 그 집을 망가뜨렸다. 그는 짐승들과 인간들을 풀어 주었다. 이미 사지가 손상된 동물들은 그에게 내재된 능력을 순간적으로 발휘해서 죽였다. 아르테미스(그리스 신화의 달과 사냥의 여신—옮긴이)의 부드러운 화살처럼 빠르고 고통 없는 죽음이었다. 맥스 씨에게 그는 손으로 쓴 편지를 건네주었다. 내용은 이랬다. '사랑하는 톰, 당신이 건강하길 바라고, 여기 계신 대장님은 좋은 분이신데 최대한 빨리 세인트 앤의 장원으로 오라고 하세요. 그리고 톰, 무슨 일이 있더라도 에지스토를 통과하지 말고 아무튼 여기로 와요. 누군가 차를 태워 줄 거예요. 이젠 모든 게 괜찮은 게 아니예요. 사랑을 담아서 당신의 아이비가.' 멀린은 다른 사람들은 원하는 곳으로 가게 해주었다. 부랑자는 멀린이 순간적으로 등을 돌린 사이, 집이 빈 것을 알아차리고는 달아났다. 우선 부엌으로 가서 먹을 것을 주머니에 가득 채우고 넓은 세상으로 나갔다. 나는 이후 그의 행적을 추적하지 못했다.

멀린은 부랑자와 같은 때 사라진 나귀 한 마리를 제외한 나머지 짐 승들을 연회실로 보냈다. 그의 목소리와 손길에 짐승들은 날뛰었다. 하지만 그는 벌티튜드 씨는 붙들어 두었다. 곰은 멀린을 보자마자 '파란 방'에서 옆에 앉았던 사내라고 알아보았다. 그 당시보다는 달 짝지근하고 끈적거리는 기운이 덜했지만, 멀린에겐 곰의 마음에 드 는 구석이 있었다. 둘이 만나자, 벌티튜드는 동물이 인간에게 줄 수 있는 활기를 멀린에게 주었다. 멀린이 곰의 머리에 손을 얹고 귀에 속 삭이니, 곰의 어두운 마음에 흥분이 차올랐다. 오랫동안 금지되고 잊 었던 쾌락이 갑자기 밀려들기라도 한 것 같았다. 곰은 멀린의 뒤에 서 서 벨버리의 길고 휑한 통로를 걸었다. 입에서 침이 뚝뚝 흐르자, 벌 티튜드 씨는 으르렁대기 시작했다. 따뜻하고 짭짤한 맛을 생각하고 있었다. 기분 좋게 딱딱한 뼈와 오드득 씹을 것, 핥을 것, 물고 흔들 것 등이 생각났다.

3

마크는 떨리는 기운을 느끼다가 얼굴에 끼얹은 찬물의 충격을 느 꼈다. 그는 어렵사리 일어나 앉았다. 연회실은 뒤틀린 채 널브러진 시 신들로 가득했다. 꼼짝 않는 전등이 무시무시한 혼돈을 비추었다. 음 식과 오물, 망가진 호사스런 물품과 난도질당한 시신들. 모든 게 합해져서 더욱 살풍경해 보였다. 그를 깨운 사람은 바스크인 사제였다.

"수르게, 미셸레"(일어나게, 불쌍한 젊은이).

마크가 일어서도록 도우며 사제가 말했다. 마크는 일어났다. 곳곳이 베이고 멍들고 머리가 아팠지만, 전체적으로 큰 부상을 당하진 않았다. 사제가 포도주가 담긴 큼직한 은잔을 내밀었지만, 마크는 몸을 떨면서 외면했다. 낯선 자의 당황한 표정을 바라보는데, 사제가 손에 편지를 쥐어 주었다. 내용은 이랬다. "자네 부인이 언덕 위의 '세인트 앤' 장원에서 자네를 기다리네. 육로로 가급적 빨리 오게. 에지스토 근처에는 가지 말게 — A. 데니스톤." 그는 다시 멀린을 바라보았다. 끔찍한 얼굴이라고 생각했다. 하지만 멀린은 웃음기 없는 권위적인 표정으로 그를 마주보았다. 그가 한 손을 마크의 어깨에 대고 떠밀자 마크는 걸리적거리고 미끄러운 난장판을 지나 문으로 갔다. 멀린의 손가락이 닿자 살이 따끔거렸다. 마크는 외투 보관실로 가서 코트와 모자를(둘 다 그의 것이 아니었다) 걸치고, 별빛 아래로 나섰다. 새벽 2시, 추위가 매서웠다. 하늘에서는 천랑성天狼星이 초록으로 빛나고, 마른 눈송이가 내리기 시작했다. 마크는 머뭇거렸다. 이방인은 잠시 등 뒤에 서 있다가, 손을 펴더니 마크의 등을 때렸다. 마크는 그 후 그 기억만 하면 뼈마디가 쑤셨다. 다음 순간 그는 자기도 모르게 달렸다. 어릴 적 이후 이렇게 달려 본 적이 없었다. 두려움 때문이 아니라 다리가 멈추지 않아서였다. 다시 팔다리를 뜻대로 움직인 것은 벨버리에서 8백 미터쯤 떨어진 곳에서였다. 돌아보니 하늘에 한 줄기 빛이 보였다.

4

위더는 연회장에서 살아남았다. 그는 그 방에서 나올 수 있는 길을 당연히 알았고, 호랑이가 나타나기 전에 거기서 빠져나왔다. 그는 무슨 일이 벌어지는지 완전히는 아니지만 누구보다 잘 파악했다. 모두 바스크족 통역관이 저지른 짓이라는 것도 알았다. 그로 인해 인간을 능가하는 세력들이 벨버리를 파괴하려고 내려왔다는 사실도 알았다. 그 영혼의 안장에 수성Mercury을 태울 수 있는 자만이 만들어지지 않은 언어를 가질 수 있었을 터였다. 그리고 다시 이것은 그에게 더 나쁜 상황을 알게 해주었다. 위더 자신의 어두운 '주인들'의 계산이 완전히 틀렸다는 의미였다. 그들은 '깊은 하늘'의 세력들이 지구 표면에 닿지 못하게 하는 장벽에 대해 말한 적이 있었다. 그들은 외계의 무엇도 달의 궤도를 지날 수 없다며 위더를 안심시켰다. 그들의 조직은, 텔루스(지구)가 차단되어 있다는 믿음 위에 세워졌다. 외계의 도움이 닿을 수 없어서 지구는 (지속되는 한) 그들과 위더의 손아귀에 있다고 했다. 그러므로 그는 모든 것을 잃었다는 것을 알았다.

이런 사실을 알고도 그는 미동도 하지 않았다. 믿기지 않을 정도였다. 오래전에 '아는 것' 자체를 불신했기 때문에 그럴 수 있었다. 어린 시절 느낀 척박하거나 천박한 현실에 대한 심미적 혐오감이 해가 갈수록 깊어지고 어두워졌다. 결국 자신을 제외한 모든 것을 어느 정도까지 거부하게 되었다. 위더는 헤겔(변증법을 주창한 독일 철학자—옮긴이)을 지나 흄(스코틀랜드 출신의 경험론 철학자—옮긴이), 거기서 실용주의

(실제 결과가 진리를 판단하는 기준이라고 주장하는 철학 사상—옮긴이)를 지나 논리 실증주의(과학의 논리적 분석 방법을 철학에 적용하고자 하는 사상—옮긴이)로, 거기서 마침내 완전한 무의 상태로 넘어갔다. 마음이 생각을 받아들일 수 없으니 기분은 생각에 반응하지 않았다. 현실도, 진실도 없게 하려는 것이 그의 진심 어린 의지였다. 이제 그는 들이닥칠 파멸이 자신을 깨우지 못하기를 바랐다. 인간이 지옥의 경계에서 절규하고 애원하는 《닥터 포스터스》(말로의 희곡. 닥터 포스터스가 악마 메피스토펠레스에게 영혼을 팔고 지식을 얻지만 죽음 직전에 절규한다는 내용의, 《파우스트》에 기초한 작품—옮긴이)의 마지막 장면은 불의 무대다. 지옥행 직전의 마지막 순간은 그다지 극적이지 않은 경우가 많다. 그는 자신의 의지가 담긴 어떤 행위가 아직은 자신을 구원할 수 있다는 것을 분명히 안다. 하지만 이 지식을 자신에게 적용할 수 없다. 작은 습관적인 관능미, 너무 사소해서 하잘것없는 분노, 치명적인 무기력에의 탐닉이 그 순간 그에게는 완전한 기쁨과 철저한 파멸 사이의 양자택일보다 중요해 보인다. 눈을 크게 뜨고 그 끝없는 공포가 시작되는 것을 보려 하지만 (순간적으로) 공포를 느낄 수 없는 것이다. 자신을 구하기 위해 손가락도 까딱 않고 무심히 지켜보는 사이, 기쁨과 이성의 마지막 연결고리가 끊기고, 영혼을 조여 오는 덫이 나른하게 눈에 들어온다. 완전히 잠에 빠져들면서 그것들은 제 갈길로 사라진다.

　스트레이크와 필로스트라토도 아직 살아 있었다. 그들은 불 켜진 추운 복도에서 만났다. 연회실과 멀어서 대학살의 소동이 아련하게 들렸다. 필로스트라토는 오른팔을 심하게 다쳤다. 그들은 말없이 나란히 걸었다. 말을 해봤자 소용없음을 둘 다 알았다. 필로스트라토는 뒷길로 차고로 갈 참이었다. 어찌어찌하면 스터크까지는 운전할 수 있을 거라고 생각했다.

모퉁이를 돌았을 때, 두 사람은 전에 자주 봤지만 다시 보리라 기대하지 않았던 광경과 맞닥뜨렸다. 구부정한 부소장이 새된 소리로 흥얼대며 거닐고 있었다. 필로스트라토는 그와 가고 싶지 않았지만, 위더는 부상당한 것을 알아차린 것처럼 한 팔을 내밀었다. 필로스트라토는 그 팔을 거부하려 했지만 입에서는 엉뚱한 소리가 나왔다. 위더가 그의 왼팔을 꽉 잡았고, 스트레이크가 상처 입은 오른팔을 붙잡았다. 통증에 비명을 지르고 몸을 떨면서 필로스트라토는 어쩔 수 없이 그들을 따라갔다. 하지만 더 나쁜 게 그를 기다리고 있었다. 그는 정식 회원이 아니어서 어두운 엘딜들에 대해 전혀 몰랐다. 필로스트라토는 그의 기술이 알카산의 뇌를 살아 있게 한다고 믿었다. 두 사람이 '헤드'의 곁방을 지나 '헤드' 앞으로 끌고 가자, 필로스트라토는 통증이 심한데도 공포에 질려 소리쳤다. 그들은 그가 동료들에게 늘 해주던 소독 준비를 하려고 멈추지 않고 곧장 '헤드' 앞으로 갔다. 필로스트라토는 그렇게 부주의하면 공들인 일이 허사가 될 거라고 설득하려 했지만 소용없었다. 하지만 두 사람은 '헤드'의 방에서 옷을 벗기 시작했다. 이번에는 완전히 알몸이 됐다.

그들은 필로스트라토의 옷도 벗겼다. 피가 굳어서 오른쪽 소매가 벗겨지지 않자, 위더는 곁방에서 칼을 가져와서 소매를 찢었다. 결국 세 남자는 알몸으로 '헤드' 앞에 섰다. 뼈대가 굵고 수척한 스트레이크, 흔들리는 산처럼 뚱뚱한 필로스트라토, 흉하게 늙은 위더. 그러고 나서 필로스트라토는 다시는 내려오지 못할 공포의 산꼭대기로 끌려갔다. 그가 불가능하다고 생각한 일이 벌어지기 시작했다. 아무도 다이얼을 확인하지 않았고, 압력을 조정하거나 공기와 인공 타액을 주입하지 않았다. 그런데도 죽은 자의 머리에 달린 메마르고 벌어진 입에서 말이 나왔다.

"경배하라!"

'헤드'가 말했다.

필로스트라토는 두 사람이 몸을 앞으로 밀었다가 다시 올리고, 밀었다가 아래로 누르는 것을 느꼈다. 그는 강제로 위아래로 움직이며 리듬에 맞춰 절을 했다. 다른 두 사람도 똑같이 하고 있었다. 그가 지상에서 거의 마지막으로 본 것은, 칠면조 수컷의 늘어진 목살처럼 흔들리는 위더의 목주름이었다. 거의 마지막에 그는 위더가 노래를 시작하는 소리를 들었다. 스트레이크가 합세했다. 끔찍하게도 그다음에는 그도 노래하고 있었다.

아우로보린드라!
아아로보린드라!
아우로보린드라 바-바-히!

하지만 노래는 오래 계속되지 않았다.

"다른…… 내게 다른 머리를 달라."

'헤드'의 목소리가 말했다. 필로스트라토는 그들이 그를 벽 속의 공간으로 떠미는 이유를 금방 알아차렸다. 바로 그가 고안한 장치였다. '헤드'의 방과 곁방 사이의 벽에 작은 가리개가 있었다. 그것을 젖히면 벽에 창이 나타나고, 재빨리 묵직하게 떨어질 수 있는 창틀이 있었다. 그런데 그 창틀은 칼이었다. 이 소형 교수대는 이런 경우에 쓰려고 만든 게 아니었다. 그들은 그를 쓸데없이, 비과학적으로 처형하려 했다. 필라스트라토가 그들이라면 모든 게 달랐을 것이었다. 모든 것은 몇 주일 전에 준비되었을 터였다. 양쪽 방의 온도가 정확히 맞는지, 칼날이 소독되었는지, 머리가 절단되기 전에 부속품들이 제대로 만들어졌는지 확인했을 터였다. 그는 희생자의 공포심이 혈압에 어떤 변화를 주는지까지 계산한 적이 있었다. 두 머리의 연속성에 문제가 없도록 인공 혈액이 가동되는지도 점검할 터였다. 필로스트라토의 마지막 생각은, 그가 공포감을 과소평가했다는 것이었다.

머리끝부터 발끝까지 새빨간 두 정식 입회자는 헐떡이며 서로 쳐다보았다. 이탈리아인의 살집 많은 다리와 엉덩이가 떨림을 멈추기 직전, 그들은 다시 의식을 거행하기 시작했다.

아우로보린드라!
아아로보린드라!
아우로보린드라 바—바—히!

같은 생각이 동시에 두 사람의 머리를 스쳤다. '그는 다른 머리를 요구할 거야.' 그때 스트레이크는 위더가 칼을 갖고 있음을 떠올렸다. 그는 두려움에 빠져 가까스로 리듬에서 몸을 빼냈다. 날카로운 발톱이 가슴을 찢는 듯했다. 위더는 자신이 무엇을 하려는지 알았다. 스트레이크가 총알처럼 뛰어나갔을 때 위더는 이미 그를 뒤따르고 있었다. 스트레이크는 곁방에 들어서다가 필로스트라토의 피를 밟고 미끄러졌다. 위더가 그를 칼로 베고 또 베었다. 목을 자를 힘이 없었지만 이미 그는 죽은 상태였다. 위더가 일어났다. 통증이 노인의 심장을 파고들었다. 그때 그는 바닥에 나뒹구는 필로스트라토의 머리를 보았다. 이탈리아인의 머리통을 집어서 안쪽 방으로 가져가서 원래 '헤드'에게 보이는 게 좋을 성싶었다. 위더는 그렇게 했다. 그러다 그는 곁방에서 뭔가 움직이는 것을 눈치 챘다. 바깥방의 문을 닫지 않았을 수도 있을까? 기억이 나지 않았다. 아까 그들은 양쪽에서 필로스트라토를 끌고 들어왔다. 그것도 가능할 수 있다…… 모든 게 너무나 비정상적이었으니까. 그는 손에 든 것을 내려놓고 조심스럽게, 지금도 거의 경배하듯이 두 방 사이의 문으로 걸어갔다. 다음 순간 그는 물러났다. 커다란 곰이 뒷발로 서서 다가오는 게 눈에 들어왔다. 곰은 문간에서 위더와 마주쳤다. 벌린 입에, 눈은 불타오르고, 포옹이라도 하려는 듯 양팔을 벌리고 있었다. 스트레이크가 변해서 곰이 되었을까? 위더는(이 순간 그 생각에 신경 쓸 수 없었지만) 그런 일이 일어날 수 있는 세상의 최전선에 있음을 알고 있었다.

5

그날 밤 벨버리에서 가장 정신을 바짝 차린 사람은 피버스톤이었다. 그는 위더 같은 정식 회원도 아니었고, 필로스트라토 같은 바보도 아니었다. 매크로브에 대해 알았지만, 그의 관심사가 아니었다. 피버스톤은 벨버리의 계획이 실행되지 않을 줄 알았고, 그 경우 때를 봐서 빠져나갈 작정이었다. 그래서 열두어 가지 탈주로를 마련해 두었다. 게다가 피버스톤은 맑디맑은 양심을 가졌고, 마음을 속인 적도 없었다. 일을 차지할 목적이 아니면 남을 비방하지 않았고, 돈을 원할 때가 아니면 남을 속이지 않았다. 따분하게 하지 않는 사람은 싫어하지 않았다. 일이 잘못 되기 시작한 무렵, 피버스톤은 그걸 감지했다. 상황이 어디까지 갈지 예측해야 했다. 이게 벨버리의 종말인가? 그렇다면 그는 에지스토로 돌아가서, 이미 준비해 놓은 국공연에 맞선 대학의 수호자 역할에 매진해야 했다. 한편 위기의 순간 벨버리를 구한 인물로 부각될 가능성이 있다면, 그쪽이 확실히 나은 노선일 터였다. 피버스톤은 안전할 때까지 기다렸다. 그는 창구를 발견했다. 주방에서 보낸 김이 모락모락 나는 요리는, 통로를 지나 이 창구로 연회실로 옮겨졌다. 그는 이 창구로 나가서 광경을 지켜보았다. 그는 운동신경이 뛰어났다. 그래서 위험한 동물이 창구로 돌진하더라도 때맞춰 셔터를 당겨 닫을 수 있을 거라고 생각했다. 대량 학살이 벌어지는 동안 그는 거기 서서 구경했다. 눈에서는 빛이 났고 얼굴에는 미소 비슷한 게 떠올랐다. 끊임없이 담배를 피우면서, 창구 문틀을 손가락으로 탁탁 두드렸다. 모든 게 끝나자 그는 혼잣말로 중얼댔다.

"이런, 끝장이구만!"

이렇게 특이한 쇼는 없었을 터였다.

짐승들은 모두 어디론가 달려갔다. 통로에서 짐승 한두 마리와 마주치게 될 줄 알았지만 위험을 무릅써야 했다. 적절한 위험은 그에게 강장제 같은 구실을 했다. 피버스톤은 건물 뒤쪽으로 가서 차고로 들어갔다. 당장 에지스토로 가야 될 것 같았다. 차고에서 그의 차를 찾을 수 없었다. 사실 주차된 차량은 예상보다 적었다. 몇몇 사람이 피할 수 있었을 때 빠져나가기로 마음먹고 그의 차를 훔쳐간 모양이었다. 피버스톤은 분노하지 않고, 제조사가 같은 다른 차를 찾기 시작했다. 시간이 오래 걸렸다. 적당한 차를 찾았지만 시동을 걸기가 너무나 어려웠다. 추운 밤이었고, 눈이 올 듯했다. 피버스톤은 그날 밤 처음으로 얼굴을 찌푸렸다. 그는 눈을 싫어했다. 2시가 넘어서야 나갈 수 있었다.

출발 직전, 차 뒷좌석에 누군가 있다는 묘한 느낌을 받았다.

"누구요?"

그가 날카롭게 물었다. 차에서 내려서 보기로 했다. 하지만 놀랍게도 몸이 말을 듣지 않았다. 그의 몸은 차를 차고에서 빼내서 건물 앞쪽을 돌아 도로로 나섰다. 이제 눈이 내리고 있었다. 그는 고개를 돌리려 했지만 운전을 멈출 수 없었다. 게다가 눈이 많이 내리는데도 이상스럽게 쌩쌩 달리고 있었다. 피버스톤에게는 선택권이 없었다. 뒷좌석에서 운전하는 차에 대해 자주 들어 보긴 했지만, 지금 실제로 그런 일이 벌어지는 듯했다. 그러다 도로를 벗어났음을 알자 그는 낙심했다. 차는 '집시 길'(교육받은 자들에게는 노변길)로 알려진 길 위를 이리저리 부딪치고 덜컹대며 질주했다. 이 벨버리에서 에지스토까지 이어지는 옛 로마시대 도로는 풀과 바퀴 자국투성이였다. 피버스톤은 생각했다. '이것 봐라! 대체 내가 무슨 짓을 하는 거야? 내가 제정신인가? 조심하지 않으면 이러다 목이 부러지겠어!' 하지만 이 길을 명품 도로로 여기는 자가 운전하는 것처럼 차는 달렸다. 에지스토에 갈 때는 당연히 이 길을 달려야 된다고 믿는 듯했다.

6

프로스트는 위더보다 몇 분 늦게 연회실에서 나왔다. 그는 어디로 가야 할지, 어떻게 해야 할지 몰랐다. 긴 세월 동안 이론적으로는 마음에 동기나 의도로 나타나는 모든 것이 몸이 하는 행위의 부산물에 불과하다고 믿었다. 하지만 정식 입회한 지난 1년가량은 오랫동안 이론으로 여겨온 것을 사실로 경험하기 시작했다. 점점 그의 행위에는 동기가 없어졌다. 그의 마음은 관찰자에 불과했다. 왜 그 관찰자가 존재해야 하는지 이해되지 않았다. 그는 분노도 화학적인 현상에 불과하다고 자위하면서도 그 존재에 분노했다. 프로스트에게 남아 있는 인간의 감정에 가장 가까운 것은, 정신이란 게 있다고 믿는 자들에 대한 차가운 분노였다. 그런 환상은 참을 수가 없었다. 하지만 육체와 그 움직임이 유일한 현실이라는 것을 이날처럼 생생하게 느낀 적은 없었다. 육체가 연회실에서 나와 '헤드'의 방으로 향하는 것을 지켜보는 듯한 자신은 실재하지 않는 허상에 불과했다. 육체가 허상인 자아를 보호할 힘이 있다니 얼마나 격노할 일인가!

그래서 프로스트가 존재를 부정하는 '프로스트'는 몸이 곁방에 들어가는 것을 지켜보았다. 그가 알몸으로 피투성이가 된 시신을 보자 갑자기 멈추는 것이 보였다. 프로스트는 시신을 뒤척여 보고는 스트레이크임을 알았다. 잠시 후 번뜩이는 코안경을 쓰고 수염을 뾰족하게 기른 그가 '헤드'의 방을 들여다보는 게 보였다. 그는 거기 있는 위더와 필로스트라토의 시체를 알아차리지 못했다. 그의 관심은 더 심각한 것에 쏠렸다. '헤드'가 있어야 할 자리가 비어 있었다. 쇠고리가 비틀리고 고무관들은 엉키고 끊어져 있었다. 그때 그는 바닥에 있는 두상을 보고 허리를 굽혀 살폈다. 필로스트라토의 머리통이었다. 알카산의 머리는 흔적을 찾지 못했다. 필로스트라토의 머리 옆에 흩어진, 부서진 뼈들이 '헤드'라면 몰라도.

프로스트는 여전히 무엇을 할지, 왜 그래야 할지 몰라서 차고로 갔다. 사방이 조용하고 텅 비어 있었다. 이즈음 눈이 쌓였다. 그는 석유통을 최대한 많이 챙겼다. '객관의 방'에서 떠올릴 수 있는 모든 인화물질을 쌓았다. 그러고 나서 곁방 바깥문을 잠그고 자신을 방에 가두었다. 무엇 때문에 그런 행위를 하게 되었는지 몰라도, 프로스트는 통로와 연결되어 말을 주고받는 관 속으로 열쇠를 밀었다. 손가락이 닿는 곳까지 밀고 난 후, 주머니에서 연필을 꺼내 열쇠를 더 쑥 밀었다. 곧 열쇠가 바깥 복도 바닥에 떨어지는 소리가 들렸다. 그 지루한 환상 곧 그의 의식은 비명을 지르며 반항했다. 그가 원했다 한들 몸은 그 비명에 신경 쓸 기운이 없었다. 그가 선호하는, 자동으로 움직이는 몸처럼 이제 차가워진 **뻣뻣한** 몸은 도로 '객관의 방'으로 걸어가서, 석유를 붓고 발화물질 더미에 성냥불을 붙였다. 그제야 그를 통제하던 자들은 그에게, 죽음이 영혼이라는 환상을 치유해 주지 않을 거라고 의심하는 것을 허락했다. 아니, 죽음은 환상이 영원히 날뛰고 통제되지 않는 세상으로 들어가는 입구임이 밝혀질 듯했다. 그에게 육신을 위해서는 아니어도 영혼을 위한 탈출이 주어졌다. 프로스트는 그가 처음부터 틀렸다는 것을, 영혼과 개인의 책임이 존재한다는 것을 알 수 있게 되었다(그리고 동시에 그것을 거부했다). 그는 반쯤 알았다. 철저히 증오했다. 불에 타는 물리적인 고통은 그것에 대한 증오보다 지독하지 않았다. 엄청난 노력으로 그는 환상 속으로 다시 몸을 던졌다. 그 과정에서 영원이 그를 휘감았다. 옛 이야기에서 해가 뜨면서 모든 것을 휘감아 변치 않는 돌로 바꾸듯이 그렇게.

17
세인트 앤의 금성

1

마크가 여정 중 가장 높은 지대에 올라서자, 해 뜨는 광경은 보이지 않고 햇빛이 비쳤다. 지나간 사람이 없는 흰 눈길에는 여기저기 새와 토끼의 발자국이 보였다. 그즈음 비처럼 내리던 눈은 멈추고 큰 눈송이가 천천히 흩날리고 있었다. 그런 가운데 온기를 뿜는 검은색 대형 트럭이 마크 앞을 지나갔다. 운전수가 고개를 내밀고 물었다.

"버밍엄에 가는 길이요, 형씨?"

"비슷합니다. '세인트 앤'에 가는 길입니다."

"거기가 어디요?"

운전수가 물었다.

"페닝턴 뒤쪽 언덕 위 마을입니다."

마크가 대답했다.

"아, 페닝턴 모퉁이까지는 태워 줄 수 있겠소. 도움이 될 거요."

마크는 조수석에 올라탔다.

운전수가 페닝턴 모퉁이의 작은 시골 호텔에 내려 준 것은 아침나절이었다. 눈은 그쳤지만 하늘을 보니 더 내릴 듯했다. 쥐죽은 듯 고요한 오전이었다. 마크가 작은 호텔로 들어가니 주인인 노부인이 친절하게 맞아 주었다. 그는 뜨거운 물로 목욕을 하고 아침 식사를 한 다음, 활활 타는 벽난로 앞 의자에서 잠들었다. 4시쯤에야 깼다. '세인트 앤'까지는 얼마 안 되는 거리여서, 출발 전에 차를 마시기로 했다. 차를 주문했다. 여주인의 권유대로 홍차에 삶은 달걀을 곁들였다. 작은 거실에 놓인 책꽂이 두 칸에 《스트랜드》 시리즈(연작 동화집—옮긴이)가 꽂혀 있었다. 마크는 어릴 때 읽기 시작해서 도중에 그만둔 책을 찾아냈다. 열 살이 된 후까지 그 책을 읽는 게 창피해서였다. 이제 그는 한 권 한 권 끝까지 다 읽었다. 재미있었다. 이제 보니 열 살 생일 이후 읽은 어른 소설은 《셜록 홈스》 외에는 쓰레기 같았다. 그는 '곧 출발해야 될 거야'라고 혼잣말로 중얼댔다.

출발하기가 다소 꺼려지는 것은 지친 몸 때문이 아니라 창피해서였다. 사실 몸은 지난 몇 주간보다 잘 쉬어서 더 좋은 상태로 느껴졌다. 그는 제인을 만날 터였다. 데니스톤도. 그리고 (아마도) 딤블 부부도 만날 터였다. 사실 이제 그가 제인에게 적합한 세상이라고 느끼는 곳에서 그녀를 만나게 되었다. 하지만 그에게 적합한 세상은 아니었다. '주요 그룹'에 들어가려고 평생 안달했지만 '엉뚱한' 그룹을 선택했다는 생각이 들었다. 제인은 그녀에게 어울리는 곳에 있었다. 그들이 마크를 받아주는 것은, 제인이 어리석게도 그와 결혼했기에 친절을 베푸는 것일 뿐이었다. 그는 그게 싫지 않았지만 창피했다. 그는 이 새로운 집단이 그를 바라볼 시각으로 자신을 보았다. 더 속물스럽고, 스틸과 코서 부류의 인간들와 비슷하고, 멍청하고 존재감 없는 인간. 겁쟁이인 데다가 계산을 해대며 냉담한 인간. 마크는 왜 그렇게 됐는지 의아했다. 데니스톤이나 딤블 같은 사람들은 온몸의 긴장을 풀고 느긋하게 걸으면서, 담담하게 수평선 너머를 바라보며 멋지고 우스운 이야기를 주절대는 게 쉬웠다. 그들은 아름다움을 감상하고, 계속 경계하지 않았으며 경계심을 품을 필요도 없었다. 흉내낼 엄두조차 낼 수 없는 그의 기분 좋고 편안한 웃음의 비결은 무엇일까? 그들과 모든 것이 달랐다. 그들은 의자에 털썩 주저앉아도, 팔다리의 모양새가 당당하고 사자같이 늠름해 보였다. 마크의 인생에는 없었던 여유가 그들의 인생에는 있었다. 그들은 하트 카드였고, 그는 스페이드 카드(카드점에서 스페이드 카드는 악재를 의미한다—옮긴이)에 불과했다. 그렇지만 그는 버텨 나가야 했다……. 당연히 제인은 하트 카드였다. 아내에게 자유를 주어야 했다. 제인에 대한 그의 사랑이 관능에 기초한다는 것은 틀린 말이었다. 플라톤에 따르면 사랑은 욕구의 아들이다. 최근까지 마음이 알던 것보다 이제 몸이 더 잘 알았다. 관능적인 욕구까지도 그는 부족했고 제인이 주어야 했다. 그의 마음이 살던 먼지 나는 메마른 세계를 처음 제인이 건너왔을 때, 그녀는 봄비 같았다. 그가 그것에 자신을 열 때는 아무 오해도 없었다. 다만 결혼 자체가 그 싱그러움을 누릴 권력이나 자격을 준다고 예측한 데서부터 잘못이 시작되었다. 이제 그는 알았다. 들판에 노을이 지는 것을 보고 들판을 사면 노을을 얻는다고 생각하는 사람과 같았다는 것을.

그는 벨을 울려 계산서를 부탁했다.

2

같은 날 오후, 딤블 엄마와 세 여성은 위층 큰 방에 모였다. 장원 한쪽 옆의 부속 건물 꼭대기 층을 차지하는 넓은 방이었다. 대장은 이 방을 '옷장'이라고 불렀다. 힐끗 들여다보면 순간적으로 방이 아니라 숲 속에 있는 느낌이 들 터였다. 밝은 색깔들이 빛나는 남국의 숲 같았다. 다시 보면, 늘어선 카펫 뭉치와 천장에 매달린 화려한 물건들이 실로 짠 숲의 분위기를 풍기는 큰 상점 위층에 그들이 있다는 생각이 들 터였다. 사실 그들은 화려한 의상들 틈에 서 있었다. 수십 벌의 의상이 각각 작은 나무 기둥에 걸려 있었다.

"이 옷은 아이비가 입으면 아름답겠는걸."

딤블 엄마가 화사한 초록색 망토의 주름을 매만지며 말했다. 옷 전체에 얇은 금사로 가늘게 꼬인 나선형 무늬가 화려한 느낌을 주었다. 그녀가 말을 이었다.

"이리 와봐, 아이비. 마음에 안 들어? 아직도 톰 때문에 안절부절 못하는 거야? 오늘 밤이나 늦어도 내일 낮까지는 여기 올 거라고 대장님이 말씀하셨잖아?"

아이비는 걱정스러운 눈으로 딤블 엄마를 보았다.

"그게 아니고요. 대장님은 어디 계실 건데요?"

아이비가 말했다.

카밀라가 말했다.

"하지만 대장님이 계속 고통받는 상태로 머무는 걸 바랄 수는 없어요, 아이비. 에지스토에서 모든 게 잘 되면 그분 일은 마무리될 거예요."

"대장님은 페렐란드라로 돌아가고 싶어 하셨지. 일종의…… 향수병이지. 늘, 항상…… 그의 눈빛에서 그걸 알 수 있었어."

"그 멀린이란 사람은 여기로 돌아올 건가요?"

아이비가 물었다.

제인이 말했다.

"아닐 거예요. 멀린 자신도 그렇고 대장님도 그가 여기 올 거라고 생각하지 않았을 거예요. 어젯밤 꿈이 그랬어요. 멀린이 불에 휩싸인 것 같았어요……. 몸이 탔다는 뜻이 아니라, 아주 이상한 빛깔의 온갖 빛들이 그의 몸에서 뿜어져 나와 그의 위아래로 너울댔다는 뜻이에요. 그게 마지막 광경이었어요. 멀린은 기둥처럼 거기 서 있었고, 그의 주변에서 온갖 무시무시한 일이 일어났어요. 그리고 그의 얼굴에서, 마지막 한 방울까지 다 썼다는 것을 알 수 있었어요. 제 말이 무슨 뜻인지 아신다면…… 그는 능력들에서 놓여난 순간 산산조각나는 거지요."

"이러다간 우리가 오늘 밤에 입을 드레스를 고르지도 못하겠네."

"이건 뭐로 만든 거지요?"

카밀라가 말하면서 초록색 망토를 만져 보더니 냄새를 맡았다. 그렇게 물을 만도 했다. 옷감이 투명하지는 않았지만, 늘어진 주름들 속에 온갖 빛과 색깔이 들어 있어서, 폭포수처럼 카밀라의 손 사이로 흘러내렸다. 아이비가 관심을 가졌다.

"세상에! 이런 옷감은 얼마나 할까?"

아이비가 말했다.

"어디 보자."

딤블 엄마는 아이비에게 능숙하게 망토를 둘러 주고 감탄했다.

"세상에!"

진심으로 놀란 말투였다. 세 사람은 아이비와 떨어져 서서, 즐거운 마음으로 그녀를 바라보았다. 그녀의 몸매와 얼굴에서 평범한 일면은 사라지고, 대신 옷이 휘감았다. 위대한 작곡가가 민요의 선율을 교향곡에 공처럼 던져 넣어 웅장하면서도 그 느낌은 남아 있게 하는 것과 비슷했다. 활력은 여전하지만 '완벽한 요정' 이나 '장난꾸러기 아기 요정' 이 그들 앞에 서 있는 듯했다. 그래도 아이비 맥스다운 구석은 여전했다.

딤블 부인이 탄복했다.

"사람 같지가 않네! 방에 거울이 없지."

"우리가 자기 모습을 보면 안 된다니 믿을 수가 없어요. 대장님은 상대가 비춰 보기에 충분한 거울들이 되는 것처럼 말하셨지요."

"뒷모습이 어떤지 보면 좋겠어요."

아이비가 말했다.

딤블 엄마가 말했다.

"이제 카밀라 차례야. 어떤 게 어울릴지 궁리할 것도 없어. 이게 딱 카밀라의 옷이야."

"아, 그게 좋다고 생각해요?"

카밀라가 말했다.

"네, 당연해요."

제인이 말했다.

"이걸 입으면 정말 예뻐 보일 거예요."

아이비가 말했다. 길쭉한 모양의 옷이었다. 만지면 거품처럼 부드럽지만 금속 빛깔이었다. 허리 부분에서 조여져 발꿈치까지 반짝이며 늘어졌다. 제인은 '인어 같아'라고 속으로 중얼대다가 곧 '발키리 (북유럽 신화에 나오는 오딘 신의 시녀—옮긴이) 같아'라고 생각했다.

딤블 엄마가 말했다.

"그 옷에는 머리에 관을 써야 될 것 같은데."

"그러면 좀……?"

하지만 딤블 엄마는 이미 카밀라의 머리에 관을 얹고 있었다. 여자라면 누구나 느낄 법한 보석에 대한 감탄(꼭 돈 가치와 관계있지는 않은)으로 세 사람 모두 순간적으로 조용해졌다. 영국에 그런 다이아몬드는 없을 것 같았다. 광채가 어마어마하고 기막히게 멋졌다.

"다들 뭘 그렇게 보는 거예요?"

부인이 든 관을 얼핏 봤을 뿐, 본인이 "전리품을 쓰고 별빛처럼"

서 있는 줄(벤 존슨의 희곡《교활한 여우》에 나오는 대사 인용—옮긴이) 모르는
카밀라가 물었다.

"진품인가요?"

아이비가 물었다.

"어디서 나온 거예요, 딤블 엄마?"

제인이 물었다.

"로그레스의 보물이지. 로그레스의 보물이야. 아마 달 너머, 홍수
이전에 생겼을 거야. 이제 제인."

제인은 다른 사람들이 입으라고 권한 옷이 어울릴 것 같지 않았다.
사실 파란색은 그녀에게 어울리는 색상이지만, 좀더 단아하고 품위
있는 옷을 생각하고 있었다. 그녀더러 판단하라고 한다면, 이 옷은
좀 '야단스럽다'고 했을 것이다. 하지만 다른 사람들이 손뼉 치는 것
을 보자 그냥 입기로 했다. 사실 다른 옷을 입을 생각은 나지 않았다.
실은 잠시 후 그 일은 까맣게 잊었다. 딤블 엄마의 의상을 고르는 흥
분된 순간이 다가왔다.

"얌전한 걸로 하자구. 늙은이가 망신당하고 싶지 않단 말이야."

딤블 엄마가 말했다.

"절대 그렇지 않을 거예요."

카밀라가 말했다. 그녀는 옷들이 걸린 긴 통로를 내려갔다. 보라
색, 금색, 진홍색, 부드러운 눈과 무지갯빛이 얼핏 감도는 색을 배경
으로 지나가는 카밀라는 유성처럼 보였다. 모피, 실크, 벨벳, 호박단
(단단한 평직으로 짠 옷감—옮긴이), 수단(수놓은 것같이 무늬가 돋아나게 짠 옷

감—옮긴이)으로 만든 옷들이 걸려 있었다.

"저것도 예쁘네요. 하지만 사모님께 어울리지 않아요. 그리고 어머! 저걸 보세요. 하지만 이건 별로일 것 같아요. 눈에 들어오는 게 없네요……."

"여기요! 아, 와서 보세요! 이리 와보세요."

아이비가 외쳤다. 다들 얼른 보지 않으면, 발견한 옷이 달아날 것 같은 목소리였다.

"아! 그래요, 딱 좋네요."

제인이 말했다.

"정말이에요."

카밀라가 맞장구쳤다.

아이비가 말했다.

"입어 보세요, 딤블 엄마. 그래야 된다는 걸 아시잖아요."

제인이 '오두막'에서 환영 속에서 본 화려한 불꽃색 옷과 비슷했다. 하지만 다르게 마름질되고, 목에 붙은 근사한 구리 브로치 주변에 모피 장식이 있는 데다가 거기부터 긴 소매가 달려 있었다. 주름 장식이 많은 모자도 곁들여져 있었다. 그들은 딤블 엄마의 몸에 옷을 걸치자마자 깜짝 놀랐다. 제인은 어떤 모습일지 짐작했을 만한데도 세 사람 중 가장 놀랐다. 딤블 엄마는 원래 자식이 없는 평범한 학자의 아내로, 흰 머리에 턱이 늘어지고 후덕한 여인이었다. 이제 앞에 서 있는 여인은 여제사장 같고, 선사시대 다산의 여신의 시녀 같았다. 늙은 부족의 가부장, 진중하고 당당하고 엄격한 어머니들의 어머니였다. 뱀이 휘감은 듯한 독특하게 조각된 지팡이도 의상의 일부였다. 그들은 딤블 엄마의 손에 지팡이를 들려 주었다.

"나, 끔찍하지?"

그녀는 세 사람의 말 없는 얼굴을 차례로 보면서 물었다.

"아름다우세요."

카밀라가 말했다.

제인은 노부인의 손을 잡고 입 맞추었다.

그녀가 말했다.

"옛 의미로 '경외감'이 딱 어울리는 모습이세요."

"남자들은 뭘 입을 건가요?"

느닷없이 카밀라가 물었다.

아이비가 말했다.

"화려한 옷을 차려 입지는 못할 것 같은데요. 요리하고, 계속 이것저것 나르려면 말이에요. 또 오늘이 마지막 밤이라면 우리가 저녁 식사를 준비할 걸 그랬다는 생각이 들어요. 포도주는 남자들이 알아서 하게 맡겨 두고요. 남자들이 그 거위를 어떻게 할지 생각하기도 싫어요. 맥피 씨가 뭐라고 하든 그가 평생 칠면조를 구워 봤다고 믿을 수가 없거든요."

"어쨌든 굴을 망가뜨리면 안 되는데."

카밀라가 말했다.

아이비가 대꾸했다.

"맞아요. 사실 자두 푸딩도 잘 만들어야 되는데. 내려가서 어떻게 되어 가는지 살펴보고 싶은데요."

제인이 웃으면서 말했다.

"안 그러는 게 나을 걸요. 그가 부엌을 책임지면 어떤지 알면서 그래요."

"난 맥피 씨는 겁나지 않아요."

아이비가 말했다. 하지만 혀를 쏙 내미느라 끝까지 말하지 못했다. 그 행동은 지금의 옷차림과 제법 어울렸다.

딤블 엄마가 말했다.

"여러분, 저녁 식사는 아무 걱정할 필요 없어요. 그가 아주 잘할 거야. 맥피와 내 남편이 음식을 만들어야 될 때 철학 논쟁만 벌이지 않으면 괜찮을 거야. 우리는 가서 즐기자구. 이 방은 정말 따뜻하네."

"아름답고요."

아이비가 말했다.

그 순간 끝에서 끝까지 방 전체가 흔들렸다.

"도대체 뭐지요?"

제인이 말했다.

"아직도 전쟁 중이라면 폭탄이 떨어진 줄 알겠네요."

아이비가 말했다.

"가서 보죠."

카밀라가 말했다. 다른 사람들보다 빨리 침착함을 되찾은 그녀는 창가에 가서 서 있었다. 서쪽으로 윈드 강의 계곡이 내다보였다.

카밀라가 다시 말했다.

"어머나, 보세요! 아니에요. 화재가 아닌데요. 그렇다고 조명탄도 아니고요. 번개가 치는 것도 아닌데. 어! ……또 충격이 있어요. 그리고 저기…… 저기를 보세요. 교회 너머가 대낮처럼 환해요. 이제 겨우 3시니 대낮인데 제가 무슨 말을 하는 건지……한낮보다도 환하네요. 또 열기하며!"

"시작됐군."

딤블 엄마가 말했다.

3

그날 아침 마크가 트럭에 올라탄 무렵, 피버스톤은 크게 다치지는 않았지만 무척 떨면서 훔친 차에서 내렸다. 차가 가다가 깊은 도랑에 거꾸로 처박히자, 매사를 긍정적으로 보는 그는 차에서 빠져나오면서, 그의 차였다면 상황이 더 나빴을 거라고 생각했다. 도랑에 눈이 잔뜩 쌓여서 옷이 흠딱 젖었다. 일어나 주변을 둘러보니 혼자가 아니었다. 검은 외투를 걸친 키 큰 거구의 사내가 5미터쯤 앞에 있었다. 그는 피버스톤을 등지고 서서 묵묵히 걷고 있었다.

"이보시오!"

피버스톤이 소리쳤다. 사내는 몸을 돌리고 1~2초쯤 말없이 그를 쳐다보더니 다시 걷기 시작했다. 피버스톤은 이 사람이 잘 지낼 부류가 아니란 것을 금방 알아차렸다. 사실 그렇게 마음에 안 드는 얼굴은 처음이었다. 정장 구두가 젖고 망가진 탓에, 부츠를 신고 시속 7킬로

미터 정도로 걷는 걸음을 따라갈 수도 없었다. 그래서 따라가려는 시도조차 하지 않았다. 검은 형체가 문에 이르자 멈추더니 히잉 소리를 냈다. 문 너머의 말과 대화하는 듯했다. 다음 순간(피버스톤은 어떻게 그런 일이 생겼는지 잘 몰랐다) 사내가 문을 넘어 말의 등에 올라타고 거친 들판을 달렸다. 새하얀 들판이 쭉 뻗어 있었다.

피버스톤은 어디가 어딘지 몰랐지만, 우선 도로로 나가야 하는 것은 분명했다. 예상보다 훨씬 오래 걸렸다. 이제 얼 정도로 춥지는 않았다. 눈 밑에 깊은 웅덩이가 있는 곳이 많았다. 첫 번째 언덕 기슭에서 그는 수렁에 푹 빠져 결국 로마 길에서 벗어나 들판을 가로질러 가야 했다. 이 결정은 치명타였다. 생울타리 틈새를 찾고, 멀리서 보면 도로로 보이지만 막상 가보면 아무것도 아닌 허탕 치기를 두 시간이나 했다. 피버스톤은 늘 시골을 싫어했고, 궂은 날씨를 질색했다. 걷는 것도 좋아하지 않았다.

12시가 다 되어서 그는 표지판이 없는 길을 발견했고, 한 시간 후에는 큰 도로를 만났다. 다행히도 이곳에는 차량과 보행자가 제법 있고, 모두 같은 방향을 향했다. 처음 자동차 석 대는 피버스톤의 신호를 못 보고 지나쳤다. 네 번째 차는 멈추어 섰다.

"서두르세요. 얼른 타요."

운전자가 말했다.

"에지스토로 가시오?"

피버스톤이 문을 잡고 물었다.

"맙소사, 아니오! 에지스토에 가려면 저쪽이오!"

운전자가 말하며 등 뒤쪽을 가리켰다. 그는 놀라고 상당히 흥분한 것 같았다.

결국 걸을 수밖에 다른 방도가 없었다. 모든 차량은 에지스토에서 나오는 길이었고, 그쪽으로 가는 차가 없었다. 피버스톤은 조금 놀랐다. 탈출에 대해서는 알고 있었지만(사실 최대한 도시를 쓸어버리는 것이 그의 계획의 일부이기도 했다), 지금쯤 다 마무리되었을 줄 알았다. 하지만 그날 오후 내내 그가 첨벙대고 눈밭에서 미끄러질 때, 탈출 행렬이 여전히 옆을 지나갔다. 우리에게는 그날 오후와 저녁에 에지스토에서 일어난 일에 대한 직접적인 증거가 (당연히) 없다. 하지만 그렇게 많은 사람들이 마지막 순간 어떻게 도시를 빠져나왔는지에 대한 이야기는 많이 안다. 그 사연이 몇 주간 신문에 잔뜩 실렸고, 몇 달간 사람들 사이에 화제가 되다가 결국 농담이 되었다. "아니, 자네가 어떻게 에지스토에서 나왔는지 듣고 싶지 않네"가 유행어가 되었다. 하지만 모든 과장된 이야기 뒤에는 분명한 사실이 남아 있다. 놀랄 만큼 많은 시민이 늦지 않게 도시를 떠났다. 누구는 죽어가는 아버지의 소식을 받았다. 어떤 사람은 느닷없이 결정을 내렸는데, 이유를 말할 수는 없지만 짧은 휴가를 떠나기로 마음먹었다. 또 다른 사람은 서리가 내려 집의 파이프가 터지는 바람에 수리가 끝날 때까지 떠나는 게 좋겠다고 생각했다. 꿈, 깨진 거울, 찻잔에 남은 얼룩 같은 작은 사소한 것을 전조로 보고 떠난 사람이 적지 않았다. 이 위기에는 옛 미신도 되살아났다. 어떤 이는 나귀의, 다른 이는 고양이의 '떠나라'는 말을 '똑똑히' 들었다. 어쩔 수 없어서 집을 떠난 사람도 수백 명이었다. 그들은 연구소 경찰이 집을 빼앗고 동네를 파괴하고 자유를 위협해서 떠났다.

오후 4시, 피버스톤은 얼굴을 땅에 부딪치며 엎어졌다. 그게 첫 번째 충격이었다. 이어 몇 시간 동안 충격은 계속되고, 더 빈번해졌다. 땅이 무시무시하게 흔들리더니 솟구쳤고, 넓은 지하 세계의 소음이 점점 윙윙댔다. 눈이 녹아서 피어오른 아지랑이가 자욱했다. 에지스토로 들어가는 마지막 가파른 내리막길에 이르렀을 때, 피버스톤은 흔적이 사라진 도시를 발견했다. 또 충격이 일어 그는 팔다리를 벌리고 엎어졌다. 이제 에지스토로 내려가지 않기로 했다. 방향을 돌려 행렬을 쫓아갈 작정이었다. 기차역으로 가서 런던행 기차를 탈 참이었다. 그는 클럽 회원들과 김 나는 욕조와 끽연실 벽난로 앞에서 이 모든 이야기를 하는 모습을 머릿속에 그렸다. 벨버리와 브랙톤, 두 곳에서 살아남은 것은 대단한 일일 것이었다. 그는 여러 번 목숨을 건졌기에 행운을 믿었다.

피버스톤이 이 결정을 내렸을 때는 이미 언덕을 몇 걸음 내려갔을 때여서, 얼른 몸을 돌렸다. 하지만 언덕을 오르는 게 아니라 자기도 모르게 내려가고 있었다. 판판한 도로가 아니라 산꼭대기 이판암(점토가 굳어져 이루어진 수성암水成巖—옮긴이) 위에 있는 것처럼, 바닥이 뒤로 미끄러졌다. 그가 내려가기를 멈추었을 때는 30미터쯤 아래쪽에 있었다. 그는 다시 시작했다. 이번에는 발이 솟구치며 곤두박질쳤다. 돌, 흙, 풀, 물이 피버스톤의 몸 위와 주변에 마구 쏟아져 내렸다. 수영할 때 큰 파도가 덮친 것과 비슷했다. 그는 또다시 일어나 언덕을 향해 출발했다. 뒤쪽에서는 계곡이 지옥으로 변한 것 같았다. 안개 구덩이에 불이 붙어서, 앞이 안 보이는 보라색 불꽃이 활활 타올랐다. 어디선가 물이 요동쳤고, 건물들이 무너졌고, 군중이 고함을 질렀다. 앞에 있는 언덕은 폐허가 되었다. 도로나 생울타리나 들판의 흔적은 없고, 흙이 폭포처럼 쏟아질 뿐이었다. 언덕은 아까보다 훨씬 경사가 컸다. 그의 입과 머리와 콧구멍까지 흙이 가득 찼다. 바라보니 경사면이 점점 가팔라졌다. 등성이가 위로 위로 솟구쳤다. 그때 흙의 파도가 치솟더니 부채꼴을 그리며 흔들렸고, 그 무게와 소리가 피버스톤에게 와르르 쏟아졌다.

4

"왜 로그레스입니까, 대장님?"

카밀라가 물었다.

세인트 앤에서는 저녁 식사가 끝나자 모두들 포도주를 들고 식당 벽난로 앞에 둘러앉았다. 딤블 부인의 예상대로 남자들은 음식을 아주 잘 만들었다. 준비한 음식을 대접하고 식탁을 정리한 후에야 그들은 축제 의상으로 갈아입었다. 이제 모두 가지각색의 화려한 차림으로 느긋하게 앉아 있었다. 랜섬은 왕관을 쓰고 벽난로 오른쪽에 자리 잡았고, 검은색과 은색 옷을 입은 그레이스 아이언우드가 맞은편에 앉았다. 너무 따뜻해서 장작불을 아주 낮게 줄였는데, 촛불 속에서 옷들이 스스로 광채를 내는 것 같았다.

랜섬이 말했다.

"모두에게 말해 주시오, 딤블. 나는 이제부터 말을 많이 하지 않겠소."

"고단하십니까, 대장님? 통증이 심한가요?"

그레이스가 물었다.

랜섬이 대답했다.

"아니오, 그레이스. 그런 게 아니오. 하지만 이제 내가 떠날 때가 임박하니 모든 게 꿈처럼 느껴지기 시작하오. 행복한 꿈이오. 모든 것이, 통증조차 그렇소. 하나하나 음미하고 싶소. 말을 많이 하면 그게 녹아 버릴 것만 같소."

"꼭 가셔야 되나요?"

아이비가 물었다.

그가 대답했다.

"달리 내가 할 일이 있겠소? 난 페렐란드라에서 돌아온 후 하루도, 한 시간도 성숙해지지 않았소. 자연사를 기대할 수는 없소. 상처는 그것을 얻은 세상에서만 치유될 것이오."

"이 모든 것이 순리에 어긋나게 돌아가는 문제가 있지요."

맥피가 말했다. 대장은 대화에 끌려들기를 거부하며 말없이 미소 지었다.

"이건 순리에 어긋나는 게 아니네."

그레이스 아이언우드가 앉아 있는 구석에서 목소리가 들렸다. 그림자에 가려서 모습이 보이지 않았다. 그녀의 말이 이어졌다.

"당신 말이 맞아요. 우주의 법칙은 무너지지 않아요. 어느 행성에서 수백 년간 지켜 온 작은 규칙들을 깨지지 않는 순리라고 생각하는 것이 당신의 착각이지요. 그 규칙들은 진정한 순리가 이따금 우연히 일으키는 동떨어진 결과일 뿐인데 말이에요."

딤블이 말했다.

"셰익스피어는 시의 진정한 법칙을 위반하지 않습니다. 하지만 법을 지킴으로써 이따금 작은 규칙들을 위반하지요. 비평가들은 이 규칙들을 진짜 법으로 착각하는 겁니다. 소심한 비평가들은 이것을 '파격'이라 부르지요. 하지만 셰익스피어에게 파격적인 면은 전혀 없습니다."

데니스톤이 말했다.

"또 그 때문에 자연에 아주 일정한 게 없는 겁니다. 늘 예외는 있지요. 대체로 일정한 것은 있지만 완전히 균일한 것은 없습니다."

맥피가 말했다.

"예외가 별로 없는 죽음의 법칙이 내게 닥치는 거구만."

"어떻게…… 어떻게 거기 예외가 있기를 기대하지요? 당신이 아서나 바르바로사(12세기 독일과 신성 로마제국의 왕. 아서 왕처럼 마법의 잠에 빠져서 장차 돌아올 거라는 믿음이 있다―옮긴이)의 친구라도 되나요? 에녹이나 엘리야(구약성경에서 죽지 않고 승천한 인물들―옮긴이)와 아는 사이였나요?"

그레이스가 '어떻게'란 말에 힘주어 쏘아붙였다.

제인이 물었다.

"그러니까 대장님은…… 펜드래건은…… 그들이 간 곳으로 가신다는 뜻인가요?"

딤블이 대답했다.

"분명히 아서와 같이 계실 거야. 나머지는 대답할 수 없군. 죽지 않은 사람들이 있지. 아직 이유는 모른다네. 어떻게 그런지는 예전보다는 조금 더 알지. 우주에는 생물이 실질적으로 영원히 살 수 있는 곳들이 많네. 우리 지구가 움직이는 이 우주 안에 말이지. 우리는 아서가 살고 있는 곳으로 알고 있네."

"어딘데요?"

카밀라가 물었다.

"제3의 하늘에, 페렐란드라에. 토르와 티니드릴(페렐란드라의 왕과 왕비—옮긴이)의 후손들이 100세기 동안 찾지 못할 머나먼 섬, 아팔린(허구의 고대. 아발론의 옛 이름—옮긴이)에. 다만……."

딤블이 머뭇거리며 쳐다보자 랜섬은 고개를 저었다.

카밀라가 말했다.

"그러면 로그레스가 나오는 데가 이 대목인 거지요? 왜냐면 대장님은 아서와 함께 있을 테니까?"

딤블은 한동안 침묵하면서 과일용 나이프와 포크를 접시 위에서 이리저리 움직였다. 그러고 나서 입을 열었다.

"우리가 아서 이야기가 대부분 사실이라는 것을 알았을 때 모든 게 시작되었지요. 뭔가가 늘 이 나라에 파고들려고 안간힘을 썼는데, 6세기에 성공할 뻔하기도 했지. '로그레스'는 우리가 그것에 붙인

이름이었어요. 앞으로도 그럴 테지만. 그런데…… 차츰 우리는 모든 영국 역사를 새로운 시각으로 보기 시작한 겁니다. 우리는 '늘 맴도는 것' 을 발견한 거였소."

"맴도는 것, 그게 뭔데요?"

카밀라가 물었다.

"우리가 '로그레스' 라고 부르는 것이 항상 브리튼을 맴돌고 있지요. 우리가 두 나라라는 것을 눈치 채지 못했소? 모든 아서 다음에는 모드레드(아서의 조카 혹은 아들로, 아서를 왕위에서 몰아내려다 실패했다—옮긴이)가 나오고, 모든 밀턴('실낙원' 을 쓴 대시인. 청교도 혁명 시 크롬웰 편에 섰으나 그보다 훨씬 명예로운 인물로 언론의 자유와 양심을 수호했다—옮긴이) 뒤에는 크롬웰(영국의 군인, 정치가. 청교도 혁명 뒤 종교개혁에 힘썼으나 결국 처형당했다—옮긴이)이 있지. 시인들의 나라면서 상점 주인들의 나라이고, 시드니(필립 시드니 경. 영국 시인. 산문 로맨스 《아카디아》의 저자—옮긴이)가 있는가 하면 세실 로즈(영국인 사업가. 남아프리카에서 영국 제국주의를 대표한 인물. 짐바브웨의 예전 명칭 '로디지아' 는 그의 이름에서 따왔다—옮긴이)가 있소. 사람들이 영국인들을 위선자라고 부르는 게 놀라운 일일까? 하지만 그들이 위선으로 오해하는 것이 실은 로그레스와 브리튼의 투쟁인 게지."

그는 말을 멈추고 포도주를 마신 뒤 계속 설명했다.

"대장님은 제3의 하늘에서 돌아와서 오래 지난 후에야 우리에게 조금 말해 주었어요. 이 '맴도는 것' 이 보이지 않는 벽 저편에만 있는 게 아님이 밝혀졌지요. 랜섬은 컴버랜드에서 죽어 가던 노인의 병상으로 불려갔어요. 내가 노인의 이름을 말한다 해도 여러분에게는 별 의미가 없을 겁니다. 그 사람이 펜드래건이었지요. 아서와 유서(아서 왕의 아버지. 그로부터 '펜드래건'이 시작됨—옮긴이)와 캐시벌룬Cassibelaun 의 후계자였어요. 그때 우리는 진실을 알았지. 오랜 세월 브리튼의 심장부에 비밀스런 로그레스가 있었고, 펜드래건도 끊기지 않고 이어져 내려왔습니다. 그 노인은 아서 이후 78대 펜드래건이었고. 우리 대장님이 그에게 직분과 축복을 받은 거지요. 금명간 우리는 누가 80대 팬드래건이 될지 알게 될 겁니다. 펜드래건 중 일부는 역사에서 잘 알려져 있지요. 그 이름으로는 아닐지라도 말입니다. 다른 펜드래건들은 들어 본 적이 없을 거예요. 하지만 모든 시대에 그들과 그들 주위에 모인 소수 로그레스들은 살짝 밀거나 거의 알아차리지 못하게 당기는 손가락 역할을 하면서, 영국을 술에 취한 잠에서 깨게 하거나, 영국이 브리튼의 유혹에 마지막으로 빠지지 않게 끌어내는 역할을 한 겁니다."

"교수님의 이 새로운 역사는 기록이 많지 않지요."

맥피가 말했다.

딤블이 미소 지으며 대꾸했다.

"많이 있지요. 하지만 당신은 그것이 쓰인 언어를 모르지요. 지난 몇 달간의 역사를 '당신'의 언어로 기록하고 인쇄하고 학교에서 가르친다면, 당신과 나에 대해서는 언급되지 않을 거요. 멀린과 펜드래건과 행성들에 대한 이야기도 들어가지 않겠지. 하지만 이 몇 달 동안 브리튼은 로그레스에 맞서 가장 위험하게 저항했고, 때맞춰 패배

당했소."

맥피가 말했다.

"네, 교수님과 나, 여기 있는 사람들에 대한 언급이 없어도 훌륭한 역사가 될 수 있습니다. 그런데 그 동안 돼지 밥 주고 채소를 실하게 키운 것 외에 우리가 뭘 했는지 누가 말해 주면 고맙겠군요."

대장이 말했다.

"그대들은 해야 할 바를 해왔소. 그대들은 순종하고 기다렸소. 그런 식으로 일이 이루어지는 경우가 많지요. 현대의 어느 작가가 말한 것처럼, 어떤 곳에 제단이 세워져야 다른 곳으로 하늘의 불이 내려올 수 있는 거요. 하지만 성급히 결론짓지는 맙시다. 한 달이 지나기 전에 그대들이 할 일이 많을지 모르오. 브리튼은 전쟁에서 졌지만 다시 일어날 거요."

딤블 엄마가 말했다.

"그러니까 영국이 이렇다는 거군요. 로그레스와 브리튼 사이에서 이리저리 흔들리는 거로군요?"

그녀의 남편이 대답했다.

"맞소. 그걸 느끼지 못했소? 영국의 특징 말이오. 우리가 머리가 아둔하다면, 요정의 숲에서 거닐어서 그런 거요. 우리가 들어온 것은 우리의 능력을 벗어나는 일들이지만 우리는 그것을 잊지 못하오……. 영국적인 모든 것에 어색한 기품, 겸손하고 유머러스한 불완전함이 배어 있다는 걸 모르겠소? 샘 웰러가 피크위크 씨(영국 소설가 찰스 디킨스의 《피크위크 페이퍼스》에 나오는 인물들—옮긴이)를 각반을 찬 천사로 부른 것은 적절한 표현이오. 여기 있는 모든 것이……."

"딤블!"

랜섬이 말했다. 점점 격정적으로 말하던 딤블은 말을 멈추고 그를 바라보았다. 딤블은 머뭇거리다가 (제인의 생각에) 얼굴을 붉힐 듯하더니 다시 말하기 시작했다.

"대장이 옳습니다. 대장이 늘 염두에 두라고 경고하셨던 바를 제가 잊고 있었습니다. 이 '맴도는 것'은 우리에게만 특별한 일이 아니지요. 모든 사람에게 맴도는 것이 있습니다. 영국에 특별한 특혜가 있는 것도 아닙니다. 선택된 나라라는 것은 어처구니없는 생각이지요. 우리가 로그레스에 대해 말하는 것은 그게 우리를 '맴도는 것'이고, 우리가 그것에 대해 알기 때문이지요."

맥피가 말했다.

"하지만 이것은 사방에 선한 사람과 나쁜 사람이 있다는 것을 에두른 표현 같은데요."

"그렇게 말할 수는 없어요. 맥피, 알겠지만 선을 추상적으로만 생각하면, 곧 표준화된 것이라는 치명적인 개념에 맞닥뜨릴 겁니다. 모든 국가가 나아가야 할 공통적인 삶 같은 것 말이오. 물론 모든 선이 따라야 할 보편적인 규칙이 있지요. 하지만 그것이 미덕의 유일한 문법은 아니에요. 거기에는 생명력이 없거든. 신은 풀잎의 양날을 똑같이 만들지 않아요. 하물며 같은 두 성인, 두 나라, 두 천사가 있겠소? 지구를 치유하는 일은 그 작은 불씨를 되살리는 데 달려 있소. 모든 사람 안에, 각각 다르게 여전히 살아 있는 그 희미한 흔적을 부활시키는 데 달려 있소. 로그레스가 브리튼을 진정으로 지배한다면, '이성'이라는 명석한 여신이 프랑스에 즉위한다면, 중국에서 하늘의 질서를 따른다면 그때는 봄일 겁니다. 하지만 당장의 우리 관심사는 로그레스지요. 우리는 브리튼을 눌렀지만 그 상태가 얼마나 지속될 수 있을지 누가 알겠소? 에지스토는 오늘 밤 겪고 있는 일에서 회복하지 못할 겁니다. 하지만 또 다른 에지스토들이 있을 거예요."

딤블 엄마가 말했다.

"에지스토에 대해 묻고 싶었어요. 멀린과 엘딜들이 조금…… 대대적인 건 아닌가요? 에지스토 전체가 휩쓸릴 정도로 잘못했나요?"

맥피가 말했다.

"누구를 안쓰러워하는 겁니까? 국공연을 에지스토에 끌어들일 수 있다면 자기 아내와 딸들도 팔았을 의원들입니까?"

"저기, 난 그들에 대해서는 잘 몰라요. 하지만 대학은요. 심지어 브랙톤 자체는요. 물론 우리 모두 거기가 끔찍한 칼리지였다는 걸 알았어요. 하지만 그들이 그 야단스런 음모로 정말 큰 해를 입힐 의도였을까요? 무엇보다 어리석어서 그런 게 아니었나요?"

딤블 부인이 말했다.

맥피가 말했다.

"아이구. 그들은 사기 친 것뿐입니다. 고양이들이 호랑이인 체한 거지요. 하지만 주변에 진짜 호랑이가 있었고, 그들의 사기행각은 결국 호랑이를 끌어들이고 말았지요. 사냥꾼이 호랑이를 쫓으면서 그들의 굴에서 앞장서게 했다 해도 그들은 불평하지 못합니다. 나쁜 무리와 어울리지 말라는 교훈을 얻겠지요."

"그러면 다른 칼리지의 교원들은요. 노섬버랜드와 듀크 칼리지의 교직원들은 어쩌고요?"

데니스톤이 대답했다.

"처치우드 같은 사람은 참 안됐습니다. 그를 잘 알지요. 좋은 노인이었습니다. 사생활에서는 1페니를 빌리느니 16킬로미터를 걸어갈 분이었지만, 도덕의 불가능함을 증명하는 데 역점을 두고 모든 강의를 하셨지요. 하지만 그래도…… 에지스토에서 교수들이 강의하지 않았는데 벨버리에서 실행된 사상이 한 가지라도 있습니까? 아, 물론 자기들의 이론이 실행될 거라 생각한 교수는 한 명도 없겠지요! 그들이 오랫동안 말한 것이 불현듯 현실이 되자 그들이 가장 놀랐을 겁니다. 하지만 그들이 낳은 자식이 그들에게 돌아온 겁니다. 자라서 알아볼 수 없지만 그래도 그들이 낳은 자식이지요."

딤블이 말했다.

"모두 사실인 것 같네. '지식인의 배반'(줄리앙 방다의 저서 제목. 주로 프랑스와 이탈리아의 지식인들이 국수주의와 비합리주의에 맞서 계몽사상을 퍼뜨리는 데 실패한 내용을 다룬 저서—옮긴이)이라 하겠지. 우리 모두 결백할 수 없지."

딤블 부인이 말했다.

"말도 안 되는 소리예요, 세실."

그레이스가 말했다.

"아주 선한 이들(아름답게 물러갈 때가 무르익은)과 아주 나쁜 자들을 제외한 거의 모두가 이미 에지스토를 빠져나왔다는 사실을 잊고 계시는군요. 하지만 나도 아서의 견해에 동의해요. 로그레스를 잊은 사람들은 브리튼에 빠지겠지요. 허튼짓을 원하는 자들은 그렇게 되는 것을 알 거고요."

그때 뭔가가 그녀의 말을 가로막았다. 문에서 긁으면서 칭얼대는 소리가 또렷이 들렸다.

"문을 여시오, 아서."

랜섬이 말했다. 잠시 후 사람들 모두 환영의 말을 하면서 일어났다. 새로 도착한 이는 벌티튜드 씨였다.

아이비가 말했다.

"세상에. 이럴 수가. 가여운 것 같으니! 온통 눈을 뒤집어썼네. 제가 부엌에 데려가서 뭘 좀 먹일게요. 어디 갔다 온 거야, 이 녀석아? 응? 네 꼬락서니 좀 봐라."

5

10분 사이에 세 번째로 기차가 휙 쏠리면서 멈춰 섰다. 이번에는 충격에 전등이 전부 꺼졌다.

"이거 상황이 진짜 나빠지는구만."

어둠 속에서 누군가 말했다. 1등석의 나머지 승객 넷은, 갈색 양복을 입은 거구의 신사가 말했다는 것을 알았다. 좋은 집안 출신인 그는 아는 게 많아서, 여행 초반에 승객들에게 어디서 갈아탈지, 왜 기차가 스트랫포드를 지나지 않고 스터크로 가는지, 실제로 누가 이 노선을 관할하는지 말해 주었다.

그 사람이 다시 말했다.

"나로서는 곤란하게 됐소. 지금쯤 에지스토에 있어야 하는데."

그는 일어나서 창문을 열고 어둠 속을 내다보았다. 곧 다른 승객이 춥다고 불평했다. 신사는 창문을 닫고 자리에 앉았다.

그가 말했다.

"벌써 10분간 여기 붙들려 있구만."

"실례지만 12분입니다."

다른 승객이 말했다.

여전히 기차는 꼼짝하지 않았다. 옆 칸에서 두 남자가 입씨름하는 소리가 들렸다.

그러다가 다시 조용해졌다.

갑자기 어둠 속에서 그들 모두 충격에 빠졌다. 마치 기차가 전속력으로 달리다가 미숙하게 멈춰선 것 같았다.

"도대체 무슨 일이람?"

한 승객이 말했다.

"문을 여시오."

"충돌이 있었나요?"

박식한 신사가 차분한 말투로 크게 말했다.

"괜찮소. 다른 차량을 연결하는 겁니다. 그런데 일을 잘 못하는구만. 최근에는 뽑는 기관사들이 모두 신참이란 말이야."

"와아! 움직이는데요."

누군가 말했다.

기차가 툴툴대는 소리를 내면서 천천히 가기 시작했다.

"속도를 내려면 시간이 걸리겠지요."

누군가 말했다.

"아, 1분 후면 잃어버린 시간을 만회하고 있을 테니 두고 보십시오."

박식한 신사가 말했다.

"열차에 불이나 켜주면 좋겠네요."

여자 목소리가 들렸다.

"속도가 빨라지지 않는데요."

다른 사람이 말했다.

"속도가 느려지고 있습니다. 이런! 다시 멈추는 건가요?"

"아니오. 여전히 움직이고 있소. 앗!!"

또 한 번 그들은 거센 충격에 휩싸였다. 아까보다도 심했다. 거의 1분간 모든 게 앞뒤로 마구 흔들렸다.

"이거 심각하구만."

박식한 신사가 말하고 다시 창문을 열었다. 이번에는 아까보다 운이 좋았다. 검은 형체가 손전등을 흔들면서 아래를 지나가고 있었다.

"이봐요! 짐꾼! 차장 양반!"

그가 소리쳤다.

"괜찮습니다, 신사숙녀 여러분. 괜찮으니 좌석에 앉으십시오."

검은 형체가 소리쳤다. 그는 신사의 말을 무시하고 지나갔다.

"찬바람을 들어오게 해봤자 좋을 것 없습니다."

창문 옆에 앉은 승객이 말했다.

"저 앞에 불빛이 있소."

박식한 신사가 말했다.

"우리에게 오지 말라고 신호하는 겁니까?"

다른 승객이 물었다.

"아니오. 그런 것은 아니오. 하늘 전체가 환하오. 불이 났거나 탐조등을 비추는 것 같소."

창가의 사내가 말했다.

"그게 뭐든 상관 없어요. 제발…… 앗!"

또다시 충격. 그때 멀리 어둠 속에서 얼핏 무서운 소리가 났다. 기차가 다시 움직이기 시작했다. 더듬더듬 나가듯 천천히 달렸다.

박식한 신사가 말했다.

"내 이 일에 대해 항의하겠소. 보통 큰 일이 아니오."

반 시간쯤 뒤, 스터크의 불 켜진 플랫폼이 모습을 드러냈다.

"역에서 알려 드립니다. 중요한 발표가 있으니 자리에 앉아 주십시오. 약간의 지진 충격과 홍수로 에지스토를 지날 수 없게 되었습니다. 상세한 내용은 알려지지 않았습니다. 에지스토에 가시는 승객들께서는……."

그 박식한 신사는 커리였다. 그는 열차에서 내렸다. 그런 인물은 기차역 직원들 모두와 알기 마련이어서, 몇 분 후에는 매표소 안의 난로 옆에 서서 상황에 대해 상세히 들을 수 있었다.

역무원이 말했다.

"저희도 아직 정확히는 모릅니다, 커리 씨. 한 시간 가량 아무 소식도 들어오지 않고 있습니다. 아주 안 좋은 상황입니다. 저쪽에서도 최선을 다해 처리하고 있습니다. 제가 듣기에 지금까지 영국에는 이런 지진이 없었습니다. 홍수도 났지요. 아닙니다, 브랙톤 칼리지에 가셔도 아무것도 없을 겁니다. 도시의 그 지역이 단번에 사라졌습니다. 지난주에 아버님을 모시고 나와서 정말 다행입니다."

나중에 커리는 항상 이때를 인생의 전환점으로 여겼다. 그때까지 그는 독실한 사람이 아니었다. 하지만 이제 곧 그의 마음에 '신의 섭리'란 말이 떠올랐다. 정말이지 다른 식으로 볼 수가 없었다. 그는 먼저 떠난 기차를 탈 뻔했다. 그랬다면…… 지금쯤 이 세상 사람이 아닐 것이다. 그것이 생각하게 만들었다. 칼리지 전체가 휩쓸려 버렸다! 학교를 다시 세워야 할 터였다. 완전히 (또는 거의 완전히) 새 교직원들, 새 학장이 임명될 것이다. 이런 크나큰 위기를 감당하도록 책임감 있는 사람이 목숨을 구한 것 역시 신의 섭리였다. 물론 정상적인 선출 과정은 있을 수가 없었다. 칼리지 감찰관(총장이었다)은 새 학장을 임명해야 될 테고, 그러면 그와 협조해서 새로운 교원진이 정해질 터였다. 커리는 생각하면 할수록, 장차 칼리지의 구도 전체가 유일한 생존자의 손에 달려 있음을 절감했다. 제2의 창립자와도 비슷했다. 신의 섭리야…… 신의 섭리. 그는 이미 새로 지은 강당에 걸린 제2의 창립자의 초상화가 상상되었다. 새로 만든 안뜰에 세워진 그의 동상,

칼리지 역사에는 그에 관련된 내용이 길고도 길게 이어질 것이다. 그러는 사이 조금의 위선도 없이, 습관과 본능으로 어깨가 늘어졌고, 눈은 그리도 엄숙하고 단호했으며, 눈썹에는 숭고한 무게감이 실렸다. 좋은 예감을 느끼는 사람이 그런 소식을 듣고 지을 만한 표정이었다. 검표원은 대단히 감명을 받았다. 나중에 그는 "그 양반, 얼마나 마음이 안 좋은지 알겠더군요. 하지만 잘 이겨 내실 수 있겠지요. 워낙 좋은 분이거든요"라고 말했다.

커리가 물었다.

"런던행 다음 열차는 언제 있소? 내일 아침 일찍 거기 있어야 되는데."

6

아이비 맥스는 벌티튜드 씨를 보살피려고 식당에서 나갔다. 그래서 1분도 지나지 않아 그녀가 당황한 표정으로 돌아오자 모두 놀랐다.

아이비가 숨을 몰아쉬며 말했다.

"저기, 누가 좀 와보세요. 얼른 오세요! 부엌에 곰이 있어요."

"곰이 있소, 아이비? 하지만 당연히 곰이……."

"아, 벌티튜드 씨가 아닙니다. 낯선 곰이 있어요. 다른 곰이 있습니다."

"세상에!"

"그리고 그 곰이 남은 거위구이를 싹 먹어 치우고, 햄 절반이랑 유제품을 다 먹었어요. 지금은 식탁에 누워서 뭐든 먹어 치우고 접시 사이를 누비며 오지그릇을 죄다 깨고 있다니까요. 아, 빨리 와보세요! 남아나는 게 없다구요."

"그러면 벌티튜드 씨는 어쩌고 있소, 아이비?"

랜섬이 물었다.

"저기, 누가 와서 봐야 된다는 게 그래서예요. 벌티튜드 씨가 이상한 짓을 하고 있습니다, 대장님. 그런 꼴은 처음 봤어요. 자기가 춤출 수 있다고 생각하는지 우스꽝스럽게 다리를 들고 서 있어요. 그가 춤을 못 추는 것은 우리가 아는데요. 한데 그는 서랍장에 올라가 뒷발로 서서, 몸을 아래위로 움직이며 요상한 소리를 냅니다. 꽥꽥대는 소리 같아요. 그리고 한 발은 벌써 자두 푸딩에 담겼고, 머리통은 양파 범벅이 되었어요. 제가 도저히 어쩔 수가 없어요. 정말 손댈 수가 없다구요."

"평소의 벌티튜드 씨에 비하면 아주 이상한 행동이군. 낯선 곰이 혹시 암컷인 것 같지는 않소?"

"그런 말씀 마세요, 대장님!"

아이비가 극도로 낙심하며 탄식했다.

"내 생각에는 암컷이 맞을 것 같소, 아이비. 이 곰이 장차 벌티튜드 부인이 되리란 생각이 강하게 드오."

"우리가 이렇게 앉아서 이야기를 더 나누면, 지금 벌티튜드 부인이 될 겁니다."

맥피가 벌떡 일어나서 말했다.

"어쩜 좋아. 어떻게 해야 될까요?"

아이비가 물었다.

대장이 대답했다.

"벌티튜드 씨도 똑같은 상황일 것 같소. '시네 케레레 에트 바코.' (먹고 마실 게 없으면 사랑도 식을 거요.) 딤블, 자기들끼리 잘 처리할 거라고 믿어도 될 거요."

"그럼요, 그렇습니다. 하지만 우리 주방에서는 곤란합니다."

맥피가 말했다.

랜섬이 말했다.

"아이비, 아주 침착해야 하오. 주방에 가서, 낯선 곰에게 내가 만나고 싶어 한다고 하시오. 겁나는 건 아니겠지요?"

"겁이요? 아닙니다. 제가 곰을 이곳 대장님께 안내하겠습니다."

"저 까마귀는 무슨 일일까?"

딤블 교수가 말했다.

데니스톤이 대답했다.

"나가고 싶어 하는 것 같은데요. 창문을 열어도 되겠습니까?"

"어쨌거나 창문을 열어도 될 만큼 따뜻하네."

대장이 말했다. 창이 열리자마자 코르보 남작이 폴짝 뛰어 나갔고, 밖에서 난투극을 벌이며 재잘대는 소리가 났다.

딤블 부인이 말했다.

"또 다른 애인들이 저기 있네. 꼭 총각이 처녀를 찾기라도 한 것 같은걸……. 근사한 밤이군요!"

커튼이 바람에 부풀어 열린 창문이 드러나자, 한여름 밤의 싱그러운 바람이 방으로 들어왔다. 그 순간 조금 더 떨어진 곳에서 힝 하고 우는 소리가 났다.

"여어! 늙은 노새가 신이 났는데요."

"쉿! 잘 들어 봐요."

제인이 말했다.

"저건 다른 말인데요."

데니스톤이 말했다.

"종마네요."

카밀라가 말했다.

"이거 점점 추잡해지는구만."

맥피가 힘주어 말했다.

"그 반대지. 옛 개념으로는 고결한 거라네. 적절한 일이지. 금성이 세인트 앤 위에 있는 거네."

랜섬이 말했다.

"금성은 평소 인간들을 미치게 하려고 지구에 접근하는 것보다 더 가까이 다가와 있군요."

딤블이 작품을 인용해서 말했다(셰익스피어의 《오셀로》의 한 구절. 하지만 오셀로는 금성이 아닌 달이 그렇다고 말했다—옮긴이).

랜섬이 말했다.

"금성은 어떤 천문학자가 아는 것보다 가까이 있소. 에지스토의 일이 마무리되어 다른 신들은 철수했소. 금성은 여전히 기다리고 있고, 그녀가 자기 영역으로 돌아갈 때는 내가 같이 타고 갈 거요."

갑자기 어둑어둑한 곳에서 딤블 부인의 날카로운 목소리가 들렸다.

"조심해! 조심하라구! 세실! 미안해요. 난 박쥐는 못 참겠어요. 박쥐가 내 머리칼을 파고들 거예요!"

박쥐 두 마리가 찍찍대는 소리가 났다. 촛불 위에서 앞뒤로 날갯짓하기라도 하는 것 같았다. 그림자 때문에 두 마리가 아니라 네 마리로 보였다.

대장이 말했다.

"그대는 가보는 게 좋겠소, 마거릿. 그대와 세실, 둘 다 가는 게 낫겠소. 이제 나도 금방 떠날 거요. 작별 인사를 오래 나눌 필요는 없소."

"저는 정말 가봐야 될 것 같습니다. 박쥐는 참을 수가 없어서요."

딤블 엄마가 말했다.

"마거릿을 달래 주시오, 세실. 그래요. 머물 것 없소. 난 죽는 게 아니오. 사람들을 배웅하는 것은 늘 어리석은 짓이오. 이건 유쾌한 일도 아니고 슬픈 일도 아니오."

"저희더러 가라는 뜻입니까, 대장?"

딤블이 물었다.

"가시오, 내 사랑하는 친구들. 우렌디 말렐딜('말렐딜의 축복이 있기를' 이라는 의미로 추정됨—옮긴이)."

랜섬은 양손을 그들의 머리에 올렸다. 세실이 아내와 팔짱을 끼고 함께 떠났다.

"여기 곰이 왔는데요."

잠시 후 아이비 맥스가 다시 방에 들어왔다. 불그레한 얼굴에 빛이 났다. 곰이 그녀 옆에서 걸어왔다. 유제품이 묻어 주둥이가 하얗고, 뺨은 구즈베리 잼이 묻어 끈적거렸다. 아이비가 덧붙여 말했다.

"그리고…… 참, 대장님!"

"무슨 일이오, 아이비?"

랜섬이 물었다.

"대장님, 가여운 톰이 왔어요. 제 남편요. 양해하시면……."

"먹을 것과 마실 것을 챙겨 주지 그랬소?"

"저기, 그랬지요. 곰들을 거기 더 오래 두었다면 아무것도 남아나지 않았을 겁니다."

"톰에게 뭘 주었소, 아이비?"

"찬 파이와 피클(그는 늘 피클을 아주 좋아했지요), 남은 치즈와 흑맥주 한 병을 주었습니다. 주전자를 올려놓았지요. 우리가 차를 만들듯이 그도 맛있는 차를 직접 만들어 마시도록요. 또 톰은 늘 그러기를 좋아하거든요. 그이는 사람을 잘 사귀는 편이 아니라며, 대장님께 와서 인사 드리지 않아도 괜찮으시겠냐고 하던데요. 제 말이 무슨 뜻인지 아시면요."

그동안 낯선 곰은 대장을 빤히 쳐다보면서 꼼짝 않고 서 있었다. 이제 랜섬은 곰의 평편한 머리통에 손을 얹었다.

대장이 말했다.

"우렌디 말렐딜. 너는 착한 곰이다. 네 짝에게 가거라. 그런데 그가 여기 오는구나."

그 순간, 이미 조금 열려 있던 문이 더 열리면서, 궁금하고 초조한 표정의 벌티튜드 씨가 들어왔다.

"곰을 데려가거라, 벌티튜드. 하지만 이 집에서는 안 된다. 제인, 다른 문을 여시오. 유리문을 열어 주시오. 7월의 밤 같소."

창문이 활짝 열리자, 곰 두 마리는 따뜻하고 축축한 바깥으로 걸어 나갔다. 모두 밖이 얼마나 환해졌는지 알아차렸다.

"새들이 12시 15분 전에 노래하다니, 다 정신이 없나 봅니다."

맥피가 말했다.

랜섬이 대꾸했다.

"아니. 저들은 온전하네. 자, 아이비. 그대는 가서 톰과 이야기를 나누고 싶을 거요. 딤블 엄마가 두 사람을 위해 중간층의 작은 방을 준비해 두었소. '오두막' 에는 가지 못하오."

"아, 대장님."

아이비가 말하다가 멈추었다. 대장이 몸을 숙여 그녀의 머리에 한 손을 올렸다. 그가 말했다.

"물론 그대는 가고 싶을 거요. 그는 아직 새 드레스를 입은 그대를 볼 짬이 없었소. 톰에게 키스도 해주지 않은 거요?"

그는 아이비에게 입 맞추고 말했다.

"그러면 내 키스를 전해 주오. 직접은 아니지만 대신 전해 주오. 울지 말아요. 그대는 착한 여인이오. 가서 이 남자를 치유해 주시오. 우렌디 말렐딜. 우리는 다시 만날 거요."

"더 꽥꽥대고 찍찍대는 소리는 뭡니까? 설마 돼지가 풀려 나온 건 아니겠지요. 이 집과 정원 주변에서 이미 벌어진 일만 해도 참기 어렵습니다."

맥피가 말했다.

"고슴도치 같은데요."

그레이스 아이언우드가 말했다.

"마지막 소리는 집 안 어디선가 난 것 같아요."

제인이 말했다.

"들어 보시오!"

대장이 말했다. 잠시 모두 가만히 있었다. 그러자 그의 얼굴에 미소가 번졌다. 랜섬이 말했다.

"벽 뒤에 있는 내 친구들이오. 거기서도 잔치가 벌어지고 있군……."

스뷔체푸타우젤에서는

노래하고 춤추네!(작자 미상의 17세기 독일 민요—옮긴이)

"제 생각에는……."

맥피가 냉담하게 말을 시작했다. 그는 수사 옷 같은 분위기를 풍기는 회색 옷에서 담배 상자를 꺼냈다. 그의 판단과 달리 다른 사람들은 옷이 그에게 어울린다고 느꼈다. 그가 말을 이었다.

"제 생각에는 기린, 하마, 코끼리 같은 건 오지 않아 다행인 듯……. 하나님 맙소사, 저게 뭐지?"

맥피가 말할 때, 길고 유연한 회색 관이 커튼 사이로 쑥 들어와서는 그의 어깨를 지나 바나나 송이를 낚아챘다.

"도대체 이 동물들이 어디서 온 겁니까?"

맥피가 물었다.

대장이 대답했다.

"모두 벨버리에 잡혀 있다가 풀려났소. 금성이 평소보다 지구에 더 가까이 있는 것은 지구를 제정신으로 만들기 위해서요. 페렐란드라는 우리 주변에 있고, 더 이상 인간은 고립되지 않았소. 이제 우리는 형님 같은 천사들과, 우리의 재롱둥이요 하인이자 놀이 친구인 짐승들의 중간에 있다고 봐야 하오."

맥피가 대꾸하려던 말은, 창 뒤에서 나는 귀가 찢어지는 듯한 소리에 묻혔다.

제인이 힘없이 말했다.

"코끼리들이에요! 두 마리인데요. 어머나, 셀러리! 장미밭!"

"대장님, 허락해 주시면 제가 이 커튼을 치겠습니다. 여기 숙녀들이 계신다는 것을 잊으신 듯합니다."

맥피가 말했다.

"아니에요. 못 봐줄 광경은 없을 거예요. 커튼을 더 활짝 걷도록 해요. 정말 밝군요! 달빛보다 밝고, 낮보다도 밝을 정도군요. 보세요! 코끼리들이 춤추고 있어요. 어쩜 저렇게 발을 높이 올리는지. 그리고 빙빙 도네요. 어머나, 저기 봐요! 코를 드는데요. 정말 잔치를 벌이네. 거인들이 미뉴엣을 추는 것 같아요. 저것들은 다른 동물과는 달라요. 착한 악동들이죠.”

그레이스 아이언우드가 말했다.

“코끼리들이 옮겨 가고 있는데요.”

카밀라가 말했다.

대장이 말했다.

“연인들처럼 둘만 있을 거요. 보통 짐승이 아니거든.”

맥피가 말했다.

“제 생각에는 사무실로 가서 계산을 해봐야겠습니다. 악어나 캥거루가 제 서류철 사이에서 사랑을 나누기 전에 문을 잠그고 방에 있는 편이 더 속 편하겠습니다. 여러분 모두 제정신이 아니니, 오늘밤 정신이 온전한 사람이 한 명은 있는 게 좋을 겁니다. 안녕히 주무십시오, 숙녀분들.”

“잘 있게, 맥피.”

랜섬이 말했다.

“아니, 이럴 수가.”

맥피는 뒤에 서 있었지만 손을 뻗으며 말을 이었다.

“저한테는 축복의 말을 하지 마십시오. 제가 종교에 빠진다 해도 대장님이 믿는 종교는 아닐 겁니다. 제 숙부가 장로교 총회의 사회자였거든요. 하지만 악수를 하시지요. 대장님과 제가 같이 지켜본 것들…… 뭐든지 간에요. 이 말은 하겠습니다, 랜섬 박사님. 대장님은 여러 단점이 있지만(그것에 대해서는 저처럼 잘 아는 사람이 없지요), 제가 알

았던 바나 들은 바로는 가장 훌륭한 사람입니다. 대장님은…… 대장
님과 나는…… 그런데 숙녀분들이 울고 있군요. 제가 무슨 말을 하려
했는지 잘 모르겠습니다. 이제 물러가렵니다. 누가 이런 순간을 질질
끌고 싶겠습니까? 신의 축복이 임하시길, 랜섬 박사님. 여러분, 안녕
히 주무십시오."

랜섬이 말했다.

"모든 창문을 여시오. 내가 타고 가야 할 것이 이 세계의 대기 중
으로 거의 들어왔소."

"시시각각 점점 환해집니다."

데니스톤이 말했다.

"저희가 마지막 순간까지 함께 있을 수 있나요?"

제인이 물었다.

"그대는 그때까지 머무르면 안 되오."

"왜 그렇습니까?"

"그대를 기다리는 사람이 있소."

"저를요?"

"그렇소. 그대의 남편이 '오두막'에서 기다리고 있소. 그대가 준비
한 것은 그대의 신방이었소. 그에게 가봐야 되지 않겠소?"

"지금 가야 될까요?"

"그 결정을 내게 맡긴다면, 나는 그대를 지금 보내겠소."

"그러면 가겠습니다, 대장님. 하지만…… 하지만…… 제가 곰이나
고슴도치입니까?"

"그 이상이오. 그보다 못하지 않소. 가서 순종하면 그대는 사랑을 찾을 거요. 더 이상 꿈을 꾸지 않을 거요. 그 대신 자녀를 가지시오. 우렌디 말렐딜."

7

마크는 세인트 앤에 도착하기 한참 전에 자신이나 주변 세상이 몹시 이상한 상태임을 알아차렸다. 가는 길이 예상보다 멀었지만, 그것은 그가 한두 가지 실수를 해서일 터였다. 훨씬 설명하기 힘든 것은 서쪽의 에지스토 위로 보이는 무시무시한 빛이었다. 또 땅이 출렁대고 흔들렸다. 그때 갑자기 훈기가 밀려들면서 눈이 녹아 산허리에서 급류가 흘러내렸다. 모든 게 안개가 되었다가, 서쪽의 빛이 사라지자 이 안개는 다른 곳에서 점점 부드럽게 빛났다. 마치 빛이 세인트 앤에 머무는 것처럼 마크의 머리 위쪽이 빛났다. 동시에 그는 아지랑이 속에서 다양한 모양과 크기의 사물들이 옆을 스치고 지나는 인상을 받았다. 동물들이라는 생각이 들었다. 아마도 모든 게 꿈이었다. 아니면 세상의 종말이었다. 아니면 그가 죽은 것이었다. 하지만 모든 당혹스러움에도 불구하고 그는 더없는 행복을 맛보았다. 마음은 편치 않았지만 몸은 건강, 젊음, 즐거움, 갈망이 구름 낀 빛에서 언덕으로 그에게 부는 듯했다. 계속 가야 한다는 데는 의심의 여지가 없었다.

마음은 편치 않았다. 제인을 만나리라는 것을 알았다. 진작 벌어졌어야 될 일이 지금 그에게 일어나기 시작했다. 제인은 일반적인 사랑에 대한 관념 때문에 아내의 겸손을 갖추지 못했다. 구애 기간 중 그 관념 때문에 마크는 연인의 겸손을 갖추지 못했다. 아니면 '너무 아름다워서 쓸 수 없고, 이 세상에게는 너무 사랑스러운' 줄 알았다 해도 그는 외면해 버렸다. 무미건조하면서 공상에 사로잡힌 엉터리 이론들은 그것을 답답하고 비현실적인 구닥다리 감정쯤으로 보이게 했다. 이제 모든 호감을 인정하니 예상치 못한 불안감이 그를 휘감았다. 마크는 그 기분을 떨치려 했다. 그들은 결혼하지 않았나? 또 지각 있는 현대인들이 아닌가? 그보다 자연스럽고 평범한 게 뭐가 있을까?

하지만 그때 짧은 결혼 기간 중 잊지 못할 잘못한 순간들이 떠올랐다. 마크는 그가 제인의 '감정'이라고 싸잡았던 것에 자주 불평했다. 그런데 이번에는 그의 아둔한 고집이 생각났다. 그리고 그 생각이 떠나지 않았다. 꺼려졌지만 따져 보니 차츰 그의 안에 있는 모든 아둔함, 바보스러움, 촌스러움이 드러났다. 굳은살 박인 손, 징 박힌 신발에 턱이 처진 투박한 촌놈이 위대한 연인들과 기사들, 시인들이라면 밟기조차 두려웠을 곳에서 뛰지는 않아도—그럴 수가 없어서—쿵쿵대며 어슬렁거리는 꼴이었다. 아기가 입 맞추면 자국이 남을 듯한 제인의 부드럽고 흰 살결(또는 그의 상상이었다)이 눈앞에 어른거렸다. 어떻게 감히 그랬을까? 그녀의 고결함, 그녀의 음악, 그 신성함, 그 기품 있는 움직임……. 어떻게 그가 감히 그랬을까? 막무가내로 아둔하게, 무심하고 함부로인 줄도 모르고 감히! 순간순간 제인의 얼굴에

스친 생각들, 그의 손이 닿지 않는 그 생각들이 그녀 주변에 울타리를 둘렀다(그런 줄 알 만큼 그가 재치 있었으면 좋았을 것을). 마크는 그것을 뚫고 지나갈 엄두를 내지 못했을 터였다. 맞다, 그랬다. 물론 그가 울타리를 통과하게 허락한 것은 제인이었다. 불운하고, 멋모르는 동정심 때문이리라. 그는 제인의 숭고한 판단 착오를 모리배처럼 이용했다. 이 담장 두른 정원에 익숙한 것처럼, 심지어 이곳의 당연한 주인인 것처럼 굴었다.

전 같으면 꺼림칙한 즐거움이었을 이 모든 게 이제는 마크에게 고문이었다. 너무 늦어 버렸으니. 그는 장미를 뽑은 후에야 울타리를 발견하고 있었다. 뽑았을 뿐 아니라, 뜨겁고 무디고 탐욕스런 손가락으로 찢고 짓뭉갠 후에야…… 어떻게 감히 그랬을까? 그걸 알면 누가 그를 용서할 수 있을까? 이제 마크는 제인의 친구들의 눈에 자신이 어떻게 보일지 알았다. 그 그림을 그리니, 안개 속에 혼자 있는데도 이마가 후끈 달아올랐다.

'숙녀'라는 어휘는 문자 그대로 또는 조롱할 때가 아니면 마크가 쓰는 말이 아니었다. 그는 너무 일찍 웃어 버린 셈이었다.

마크는 아내를 보내 주려 했다. 제인도 그에게서 벗어나는 것을 반기겠지. 그럴 만도 했다. 마크로서는 그렇지 않다면 오히려 충격일 터였다. 우아한 넓은 방에 숙녀들이 모여 차분하게 대화를 나누리라. 그들은 침입자가—목청이 크거나, 입을 꾹 다문, 마구간이나 어울릴 투박한 자가—사라진 줄 알면 진중해지거나 밝은 웃음을 터뜨릴 터였다. 그런 방에서 그가 어떻게 할까? 그의 감탄은 모욕이 되고, 진중하거나 명랑하려는 그의 최선의 노력은 냉담한 오해로 여겨질 수 있는 곳에서? 그가 냉정하다고 생각한 제인의 면모는 이제 인내로 보였다. 거기서 추억이 끓어올랐다. 이제 그는 제인을 사랑하기 때문이었다. 하지만 모든 게 망쳐졌다. 상황을 수습하기에는 너무 늦어 버렸다.

갑자기 흩어진 빛이 밝아지면서 깜빡거렸다. 고개를 드니, 벽에 난 문 옆에 당당한 숙녀가 서 있었다. 제인은 아니었다. 제인과 비슷하지도 않았다. 거인 같다고 할 정도로 컸다. 키가 크고, 불꽃색 옷으로 알몸을 반만 가린 여인 같았지만 사람이 아니었다. 그녀에게서 빛이 나왔다. 얼굴이 수수께끼 같았다. 마크는 차갑고 비인간적인 미모라고 생각했다. 그녀가 그에게 문을 열어 주었다. 마크는 순종할 수밖에 없어서(그는 '그래, 난 분명히 죽은 거야'라고 생각했다) 안으로 들어갔다. 거기 달콤한 향기와 환한 모닥불, 음식과 포도주, 폭신한 잠자리가 있었다.

8

제인은 입술에는 대장의 입맞춤을, 귀에는 그의 말을 간직하고 본채에서 나갔다. 정원에는 촉촉한 빛과 현실이 아닌 것 같은 따스함이 있었다. 젖은 잔디밭을 걸어(사방에 새들이 있었다) 시소와 온실과 돼지우리를 지났다. 계속 '오두막'으로 내려갔다. 겸손의 사다리를 내려가고 있었다. 처음에는 대장을, 다음에는 말렐딜을 떠올렸다. 그러다가 순종에 대해 생각하자, 한 걸음 한 걸음이 희생 의례 같은 게 되었다. 또 아이들에 대해, 고통과 죽음에 대해 생각했다. 이제 본채와 '오두막'의 중간쯤에서 그녀는 마크와 그의 온갖 고생을 떠올렸다. '오두막'에 이르니 사방이 어둡고 문이 닫혀 있어서 놀랐다. 한 손으로 문을 잡고 서니 새로운 생각이 머리를 스쳤다. 마크가 그녀를 원하지 않으면 어쩌나? 오늘 밤에, 이런 식으로도, 어떤 때도, 아무 방식으로도 그녀를 원치 않는다면? 마크가 아예 거기 있지 않다면? 이런 생각을 하자 그녀의 마음에 커다란 구멍이 생겼다. 안도감 때문인지, 실망 때문인지는 아무도 알 수 없었다. 그녀는 여전히 문을 열지 않았다. 그때 창문이, 침실 창이 열려 있는 것을 알아차렸다. 방 안의 의자에 옷이 아무렇게나 쌓여서 일부는 창틀에 걸쳐져 있었다. 소매를 보니 마크의 셔츠였는데 외벽에 걸쳐져 있기도 했다. 하나같이 축축했다. 얼마나 마크다운지! 안으로 들어갈 때임이 분명했다.

옮긴이 **공경희**

서울대학교 영문과를 졸업하고 성균관대학교 번역대학원 겸임교수를 역임했다. 번역 작가로 작업하면서 《침묵의 행성 밖에서》, 《페렐란드라》, 《그 가공할 힘》, 《시간의 모래밭》, 《메디슨 카운티의 다리》, 《모리와 함께한 화요일》, 《파이 이야기》, 《우리는 사랑일까》, 《행복한 사람, 타샤 튜더》 등을 번역했고, 에세이 《아직도 거기, 머물다》를 썼다.

그 가공할 힘
That Hideous Strength

지은이 C. S. 루이스
옮긴이 공경희
펴낸곳 주식회사 홍성사
펴낸이 정애주
국효숙 김의연 김준표 박혜란 송민규
오민택 오형탁 임영주 주예경 차길환 허은

2012. 4. 3. 양장 1쇄 발행
2021. 6. 4. 무선 1쇄 인쇄 2021. 6. 15. 무선 1쇄 발행

등록번호 제1-499호 1977. 8. 1.
주소 (04084) 서울시 마포구 양화진4길 3 전화 02) 333-5161 팩스 02) 333-5165
홈페이지 hongsungsa.com 이메일 hsbooks@hongsungsa.com
페이스북 facebook.com/hongsungsa 양화진책방 02) 333-5161

ISBN 978-89-365-1483-9 (04230)